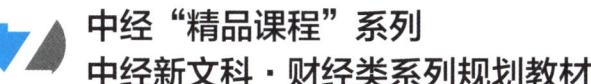

中经"精品课程"系列

中经新文科·财经类系列规划教材

大数据财务分析

主　编：黄延霞　刘万琼　吴巧婷
副主编：张　平　高　栗　邓　娜　杨　秋　吴　静

中国经济出版社　　中国石化出版社

·北京·

图书在版编目（CIP）数据

大数据财务分析 / 黄延霞，刘万琼，吴巧婷主编.
北京：中国经济出版社：中国石化出版社，2025.4.
ISBN 978-7-5136-8057-8

Ⅰ. F275

中国国家版本馆 CIP 数据核字第 2025TW2011 号

选题策划	雷　生
责任编辑	彭　欣
责任印制	李　伟
封面设计	任燕飞

出版发行	中国经济出版社
印 刷 者	宝蕾元仁浩（天津）印刷有限公司
经 销 者	各地新华书店
开　　本	889mm×1194mm　1/16
印　　张	25.75
字　　数	655 千字
版　　次	2025 年 4 月第 1 版
印　　次	2025 年 4 月第 1 次
定　　价	57.00 元
广告经营许可证	京西工商广字第 8179 号

中国经济出版社 网址 http://epc.sinopec.com/epc/ 社址 北京市东城区安定门外大街 58 号 邮编 100011
本版图书如存在印装质量问题，请与本社销售中心联系调换（联系电话：010-57512564）

版权所有　盗版必究（举报电话：010-57512600）
国家版权局反盗版举报中心（举报电话：12390）　　服务热线：010-57512564

PREFACE 序

在当今数字化浪潮汹涌澎湃的时代,信息技术的飞速发展正深刻重塑着社会经济的运行模式。随着互联网、人工智能、云计算、区块链等前沿科学技术的迅猛发展,全球数据呈爆炸式增长,大数据正以前所未有的速度改变着企业的运作和管理模式,财务数字化转型已成为不可阻挡的潮流,企业迫切渴望拥有一批能够驾驭大数据技术、善于从海量财务数据中挖掘有价值信息、具备前瞻性眼光和精准预判能力,同时兼具管理智慧与服务意识的财务人员。2021年,财政部颁布的《会计改革与发展"十四五"规划纲要》中指出,推动会计工作与经济业务深度融合、推动会计智能化发展,迫切需要一批既精通专业又熟悉信息技术,既具备战略思维又富有创新能力的复合型会计人才。这一市场人才需求的变革,有力地推动了教育领域的数字化转型进程。

为顺应大数据财务分析领域对应用型人才的需求,积极推动高水平专业建设,致力于培养契合时代发展需求、紧跟现代信息技术步伐的新型复合型财会技能人才,我们汇编了《大数据财务分析》一书。本书主要面向应用型大学会计学、财务管理等专业的学生,以及从事财务工作且渴望提升大数据分析技能的在职人员,旨在为其提供一本紧密贴合时代需求、注重实践应用、兼具创新思维与职业素养培养的专业教材。

本书着眼于大数据技术在财务中的应用场景和实践操作,介绍如何利用大数据分析工具对财务大数据进行清洗和整理、交互可视化展示、多维度对比分析,进而辅助企业管理和决策。本书按照章节任务式编排教学内容,全书理实一体,共计7章内容,第1章主要介绍大数据财务分析基础,包括大数据以及大数据财务分析的基本概念、方法和工具;第2章主要介绍大数据采集、建模及可视化基础;第3章主要介绍大数据财务分析数据仓库,包括采集数据维度表、上市公司财务报表,合并数据以及数据仓库与关系模型建立等内容;第4章主要介绍交互式资产负债表的设计、创建与分析;第5章主要介绍交互式利润表的设计、创建与分析;第6章主要介绍交互式现金流量表的设计、创建与分析;第7章主要介绍大数据企业经营与风险分析,利用大数据进行企业战略分析、企业成长性与重要性指标分析及企业价值评估与预测。

本书由黄延霞、刘万琼、吴巧婷担任主编,负责全书的整体策划、编写大纲制定以及最终的统稿和审核工作;高栗、邓娜、杨秋、张平、吴静担任副主编。

在本书的编写过程中，得到了众多专家学者、企业财务人员以及同行的大力支持与帮助。感谢各位同人在教材编写过程中提出的宝贵意见和建议，使本书的内容更加丰富和完善。特别要感谢中国经济出版社的编辑，他们在教材的编辑和出版过程中付出了辛勤努力，提供了专业的指导和帮助。同时，本书参考了大量学者的研究成果，在此向他们致以崇高的敬意。此外，参与校对工作的人员认真负责，确保了教材的准确性和质量，在此一并表示感谢。

尽管编者在编写过程中竭尽全力，但由于人工智能、大数据技术仍在飞速发展，加之编者自身能力和水平有限，本书可能存在不足之处，我们真诚地希望广大读者朋友，无论是使用本书的教师、学生，还是从事财务工作的专业人士，都能够不吝批评指正。您的宝贵意见和建议将是我们不断改进和完善教材的动力源泉。

编 者

2024 年 12 月

CONTENTS 目录

第1章　大数据财务分析总论　001

1.1　认识大数据 …… 002
1.2　认识数据分析 …… 004
1.3　大数据财务分析实践平台（BDA）简介 …… 005
1.4　平台登录指南 …… 006

第2章　大数据获取与整理、建模及可视化　010

2.1　数据获取与整理 …… 012
2.2　数据建模 …… 058
2.3　数据可视化 …… 078

第3章　大数据财务分析数据仓库　110

3.1　采集数据维度表 …… 117
3.2　合并数据 …… 157
3.3　采集上市公司财务报表 …… 166
3.4　数据仓库与关系模型建立 …… 182

第 4 章　交互式资产负债表　187

    4.1　交互式资产负债表设计 …………………………………………… 188

    4.2　交互式资产负债表创建 …………………………………………… 189

    4.3　交互式资产负债表分析 …………………………………………… 235

第 5 章　交互式利润表　243

    5.1　交互式利润表设计 ………………………………………………… 244

    5.2　交互式利润表创建 ………………………………………………… 246

    5.3　交互式利润表分析 ………………………………………………… 272

第 6 章　交互式现金流量表　278

    6.1　交互式现金流量表设计 …………………………………………… 279

    6.2　交互式现金流量表创建 …………………………………………… 280

    6.3　交互式现金流量表分析 …………………………………………… 294

第 7 章　大数据企业经营与风险分析　298

    7.1　企业战略分析 ……………………………………………………… 299

    7.2　企业成长性与重要性指标分析 …………………………………… 339

    7.3　企业价值评估与预测 ……………………………………………… 395

第1章 大数据财务分析总论

知识目标

（1）了解大数据的定义及特征。
（2）了解数据分析的定义及其重要性。
（3）了解大数据财务分析实践平台的使用。

技能目标

（1）能够识别结构化数据、非结构化数据和半结构化数据。
（2）能够在大数据财务分析实践平台上进行基本操作。

素养目标

（1）培养学生基本的数据素养，为企业数字化运营提供数据阅读、操作、分析和讨论的基本素质支撑。
（2）拓宽学生视野，增加学生的知识储备，培育学生树立直面大数据、用好大数据的目标和信心。

思维导图

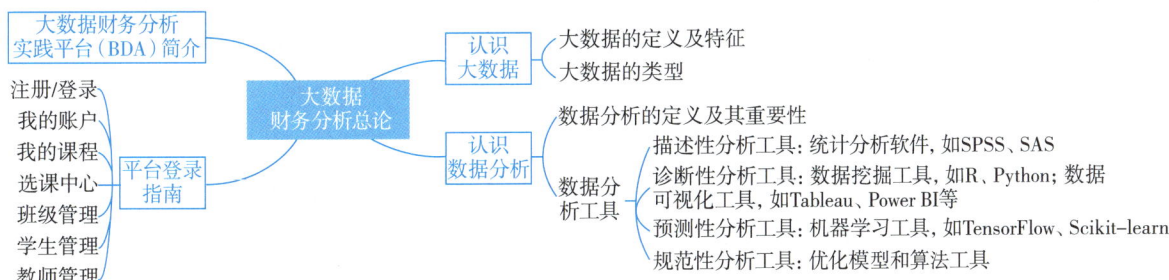

导 读

随着云时代的来临，大数据（big data）受到了越来越多的关注。在大数据时代，数据生成的量和速度十分惊人。所谓数据（data），是事实或观察的结果，是对客观事物的逻辑归纳，是用于表示客观事物的未经加工的原始素材。在计算机系统中，各种符号、文字、数字、语音、图像、视频等统称为数据，而数据经过一定的加工就成了我们平时所说的信息。数据和信息是不可分离的，数据是信息的表达，信息是数据的内涵。例如，我们在研究天气情况时，风速、湿度、温度、云层移动轨迹等都属于数据，在对其进行分析后，我们就能获得相关区域天气的信息，也能较为精准地预测未来一段时间内的天气情况，这就是大数据时代数据作用的最初展现。所以，人们是通过数据得到信息，从而认识世界的。

1.1 认识大数据

高速发展的时代，科技发达、信息畅通，大数据就是这个高科技时代的产物。大数据已经开启了一次重大的社会转型，它正在改变人们的生活、工作及其理解世界的方式，且渗透到各行各业的业务领域中，逐渐成为重要的生产要素和数据资产。我们要学好大数据、用好大数据，增强利用大数据推进各项工作的本领，使大数据发挥更大的作用。

1.1.1 大数据的定义及特征

1.1.1.1 大数据的定义

关于大数据，目前还没有一个权威的定义。不同的机构给出了不同的定义。麦肯锡基于数据特征的视角将大数据定义为：大数据是指无法在一定时间内用传统数据库软件工具对其内容进行采集、存储、管理和分析的数据集合。也就是说，该数据集合巨大到无法通过目前主流软件工具，在合理时间内获取、管理、处理并整理成有助于企业经营决策的信息。专业研究机构 Gartner 从描述数据的系统过程角度将大数据定义为：大数据是指那些需要采用新的处理方法才能通过数据体现出更强的决策力、洞察力和流程优化能力的海量、高增长率和多样化的信息资产。尽管"大数据"没有明确的定义，但从上述主流的定义中不难发现以下几点：第一，大数据中的"大"不仅仅是指数据量的积累，它的真正意义在于实现由量的积累到质的变化。第二，大数据中的数据不是传统意义上的数据，这些数据的集合具有很高的利用价值。第三，要基于这些大数据产生价值和效能，就必然要求这些数据之间存在意义和结构上的关联。第四，大数据不是"死"数据，而是"活"数据，不是"假"数据，而是"真"数据，是必须予以应用并产生实际效用的数据。

1.1.1.2 大数据的特征

尽管对大数据概念的界定没有统一标准，但学术界对大数据的五个基本特征达成了较为统一的认识。大数据区别于普通数据的五个特征分别为数据量巨大（Volume）、数据种类多样（Variety）、实时处理（Velocity）、低密度高价值（Value）、真实（Veracity），也称为"5V"特征。

(1) 数据量巨大（Volume）

大数据的特征首先就是数据规模大。数据量的存储单位从原来的 GB 到 TB，甚至到 PB、EB，而大数据通常指 10TB 规模以上的数据量，"信息爆炸""海量数据"等已经不足以描述大数据。之所以会产生如此巨大的数据量，一是由于各种仪器设备的使用，我们能够感知到更多的事物，这些事物的部分甚至全部数据都可以被存储；二是由于通信工具的使用，人们能够全时段进行联系，机器—机器（Machine to Machine，M2M）方式的出现，使得交流的数据量成倍增长；三是由于集成电路价格降低，很多物品有了智能的元素。

(2) 数据种类多样（Variety）

随着传感器种类的增多，以及智能设备、社交网络等的流行，数据类型变得更加复杂，不仅包括传统的关系数据类型，还包括以网页、视频、音频、E-mail、文档等形式存在的未加工的、半结构化的和非结构化的数据。

(3) 实时处理（Velocity）

大数据具有数据增长速度快、处理速度快、时效性要求高的特点。实时处理是大数据区别于传统数据的显著特征。在大数据时代，快速从海量数据中挖掘出用户所需的信息需要强大的信息技术作支撑。例如，淘宝"双11"促销时，销量、销售金额、订单量等信息可以实时展示；智慧搜索引擎能将几分钟前的新闻推送给用户；电子商务个性化推荐算法实时根据用户搜索或购买结果进行商品推荐；等等。

(4) 低密度高价值（Value）

大数据背后隐藏着极高的经济意义和经济价值，但是大数据的价值深藏于浩瀚的数据当中，需要通过对多来源数据的参照、关联、对比分析，运用独到的思维、高超的技术才能挖掘出来，就像沙里淘金一样。大数据的巨大价值来自其超前的预测能力和数据的真实性。

(5) 真实（Veracity）

真实是指数据的准确性和可信赖度，即数据的质量。大数据与真实世界密切相关，研究大数据就需要从庞大的网络中提取数据，以解释现实、预测未来，所以这些数据必须是真实的、权威的、原始的、高质量的、可用的。

讨论：根据你的认识谈谈大数据与传统数据的关系。

1.1.2 大数据的类型

大数据是一个数据集合，不仅数量巨大，而且数据类型较多。按照不同的分类标准，大数据可分为不同的类别。按照数据结构的不同可以将大数据划分为三类，即结构化数据、非结构化数据、半结构化数据。

1.1.2.1 结构化数据

传统的数据大多是结构化数据，即使在大数据时代，结构化数据也是非常重要的数据类型之一。结构化数据具有统一的数据结构，一般用关系型数据库表示和存储，可以通过固有键值获取相应信息，表现为二维形式数据。例如企业的财务系统数据、信息管理系统数据、客户关系管理数据、订单数据等。表 1-1 所示的是典型的结构化数据表现形式——关系数据模型。关系数据模型用二维表来表示数据，二维表由若干行和列组成，表中的行数据即二维表的数据，由列的若干取值构成。

表 1-1 关系数据模型

员工编码	部门	员工姓名	职位	基本工资/元
101	总裁办	吴弘易	总裁	100 000.00
102	总裁办	张诚毅	副总裁	80 000.00
103	总裁办	施新河	副总裁	90 000.00
104	研发管理部	吴雅玲	研发总监	30 000.00
105	研发管理部	陈晓东	质量总监	25 000.00
106	研发管理部	许冬冬	研发助理	6 000.00
107	研发管理部	林怡航	UI 界面设计师	12 000.00
108	研发一部	蔡以周	产品经理	18 000.00
109	研发一部	尹诗晴	需求分析师	15 000.00

1.1.2.2 非结构化数据

非结构化数据是指不能采用预先定义好的数据模型或者没有以一个预先定义的方式来组织的数据。常见的非结构化数据有声音、图像、视频等。非结构化数据库是针对非结构化数据的存储和处理而产生的新型数据库，与传统关系数据库不同的是，它突破了数据固定长度的限制，支持重复字段、子字段和变长字段的应用，从而实现了对变长数据和重复字段的存储和管理。

1.1.2.3 半结构化数据

半结构化数据是介于结构化数据和非结构化数据之间的数据，互联网中的 XML 文件、HTML 文件就属于半结构化数据。半结构化数据一般是自描述的，数据的结构和内容混在一起，没有明显的区分。与结构化数据和非结构化数据相比，半结构化数据的格式更接近于结构化数据，但其结构变化很大。因此，半结构化数据通常需要采用非结构化数据的处理方式来管理。实际上，结构化、半结构化及非结构化数据就是根据数据的格式划分的。

讨论：你能将下列描述人员档案的 XML 文件转换成结构化数据吗？

```
<person>
    <name> 李莎 </name>
    <age>25</age>
    <gender> 女 </gender>
</person>
```

1.2 认识数据分析

1.2.1 数据分析的定义及其重要性

1.2.1.1 数据分析的定义

数据分析是指采用适当的统计分析方法对收集来的大量数据进行分析，提取有用信息和形成结论数据，并对数据加以详细研究和概括总结的过程。这一过程借助专门的统计软件，如 SPSS、SAS、Excel 等，运用数据对比分析、趋势分析、相关分析、因子分析、回归分析等多种方法，发现数据中的模式、趋势和关联性，从而帮助人们更好地理解数据、揭示数据的内在规律和特征。

1.2.1.2 数据分析的重要性

数据分析在现代社会中扮演着至关重要的角色，其重要性主要体现在以下几个方面：

（1）决策支持

数据分析可以为企业和组织的决策提供有力的依据。通过对历史数据和实时数据的分析，可以揭示出趋势、模式、关联性和异常值，帮助决策者做出更加明智和精准的决策。

（2）业务优化

在运营管理中，数据分析可以识别出流程中的瓶颈和效率问题，有利于企业采取针对性的改进措施。例如，通过分析销售数据，可以确定哪些产品或服务最受欢迎，进而调整库存和生产计划。

（3）效率提升

数据分析可以自动化和优化许多业务流程，从而提高工作效率。例如，在供应链管理中，通过数据分析可以优化库存管理和物流路径，降低成本并提高响应速度。

（4）创新驱动

数据分析是创新的重要驱动力。通过对大数据的挖掘和分析，可以发现新的市场机会、产品概念和商业模式，从而推动企业和组织的创新与发展。

综上所述，数据分析在现代社会中具有不可替代的作用。它不仅是企业和组织决策的重要依据，也是推动业务优化、效率提升和创新的关键工具。因此，掌握数据分析技能对于个人职业发展和企业成功都具有重要意义。数据分析在人工智能领域的应用无处不在，贯穿了人工智能系统的整个生命周期：从数据的预处理到模型的选择和评估，再到最终的应用和优化。因此，数据分析是推动人工智能发展的重要力量。未来，随着数据量的不断增加和人工智能技术的不断发展，数据分析的重要性将越发凸显。

1.2.2 数据分析工具

数据分析工具是指用于收集、整理、处理和解释数据的软件或系统，能够帮助人们从海量的数据中发现有价值的信息，并支持决策和业务发展。以下是一些常见的数据分析工具：

描述性分析工具：统计分析软件，如 SPSS、SAS。

诊断性分析工具：数据挖掘工具，如 R、Python；数据可视化工具，如 Tableau、Power BI 等。

预测性分析工具：机器学习工具，如 TensorFlow、Scikit-learn。

规范性分析工具：优化模型和算法工具。

1.3 大数据财务分析实践平台（BDA）简介

大数据财务分析实践平台（BDA）是利用 Power BI 数据建模与可视化技术，从零开始采集行业大数据、上市公司财报数据等信息，通过清洗、建模、可视化等过程建立企业用于开展大数据财务分析的数据仓库，基于经典财务分析方法在大数据背景下的应用，开展大数据企业财务综合分析、大数据企业经营与风险分析等的实训实践平台。

大数据财务分析实践平台针对非 IT 专业学生的学习特点，采用财务分析业务场景及仿真案例导入方式开展实训，并以数据获取、数据清洗、数据建模、指标度量、可视化报表、穿透式分析等大数据财务分析工具全流程为学生进行讲解并锻炼其实操能力，在避免传统课程晦涩难懂的同时，强化了学生专技融合的业务意识，培养了学生贴近实战的技术技能和 IT 思维，使学生步入工作岗位后，能够迅速找到所学技术的应用场景，适应并胜任财务数字化转型工作，为企业创造价值。

1.4 平台登录指南

1.4.1 注册/登录

支持用户通过电脑、手机等自行注册账号，注册时需填写手机号码以获得短信验证码通过验证；同一手机号码不允许重复注册；支持教师/管理员导入名单批量注册平台账号；支持通过用户名、手机号码登录平台。大数据财务分析实践平台界面及新用户注册界面如图 1-1 和图 1-2 所示。

图 1-1 大数据财务分析实践平台界面

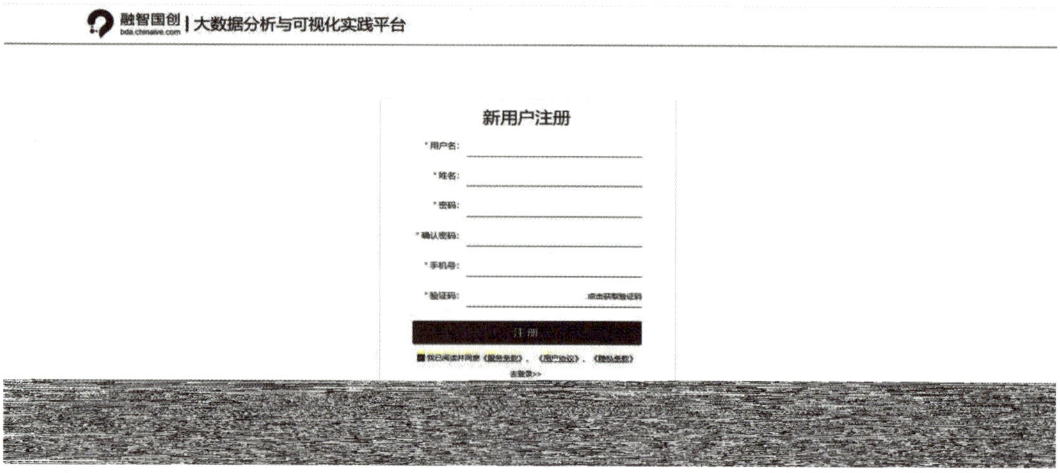

图 1-2 新用户注册界面

1.4.2 我的账户

支持修改密码、头像及个人资料，可以通过手机短信验证码验证后重置密码；支持修改平台头像；支持修改姓名、学校、学院、班级、学号等个人资料。我的账户界面如图1-3所示。

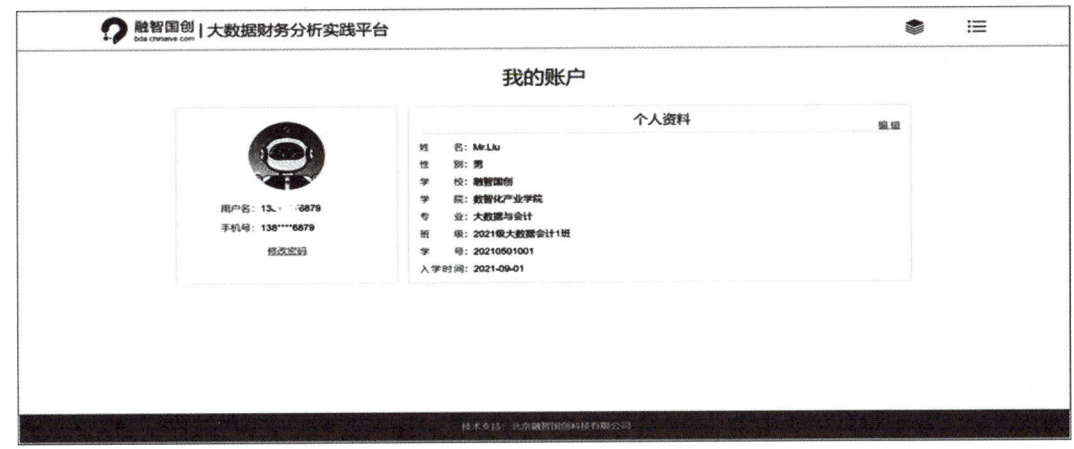

图1-3 我的账户界面

1.4.3 我的课程

展示用户所有已开通课程，每门课程均可查看课程名称、课时、所属班级、关课日期、学习人数、课程入口；支持用户通过班级码加入班级并开通课程。

1.4.4 选课中心

展示学校开通给学生用于自主选修的所有课程，每门课程均可查看课程的详细信息，包括课程名称、课程评价、课程内容、教学目标、教学要求、课时分配等。学生可通过班级码直接开通。

1.4.5 班级管理

支持教师创建/关闭班级、设置开/关日期、开通/关闭班级码加入功能、编辑班级信息、添加班级教师、复制班级；支持按班设置实践项目、实践训练、实践任务、实践资源和实践考核，可设置成绩权重；支持查看全班训练结果、任务结果、考核结果、实践成绩、考核成绩、总成绩。班级管理界面如图1-4所示。

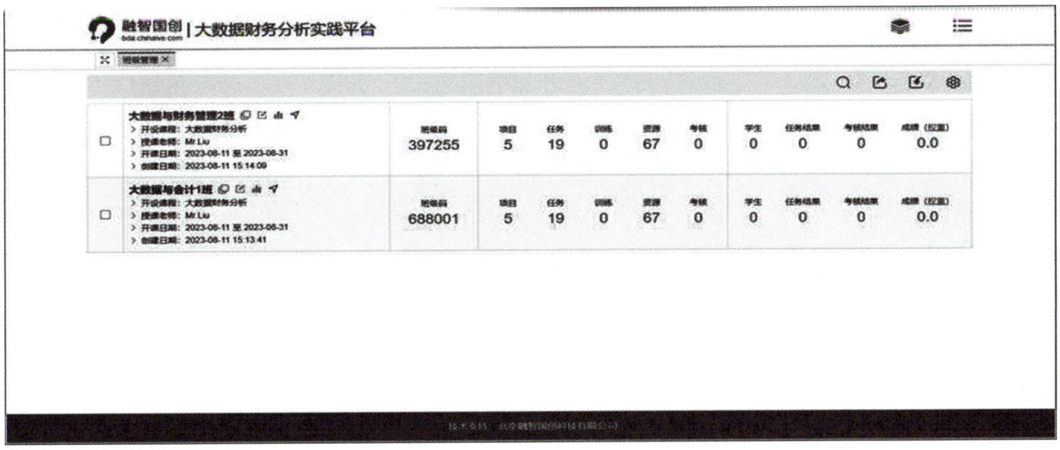

图1-4 班级管理界面

1.4.6 学生管理

支持教师新建/批量导入学生、移除/关闭学生、导出学生成绩，查看每位学生的登录次数、学习时长、学习记录、训练结果、任务结果、考核结果、实践成绩、考核成绩、总成绩等。学生管理界面如图1-5所示。

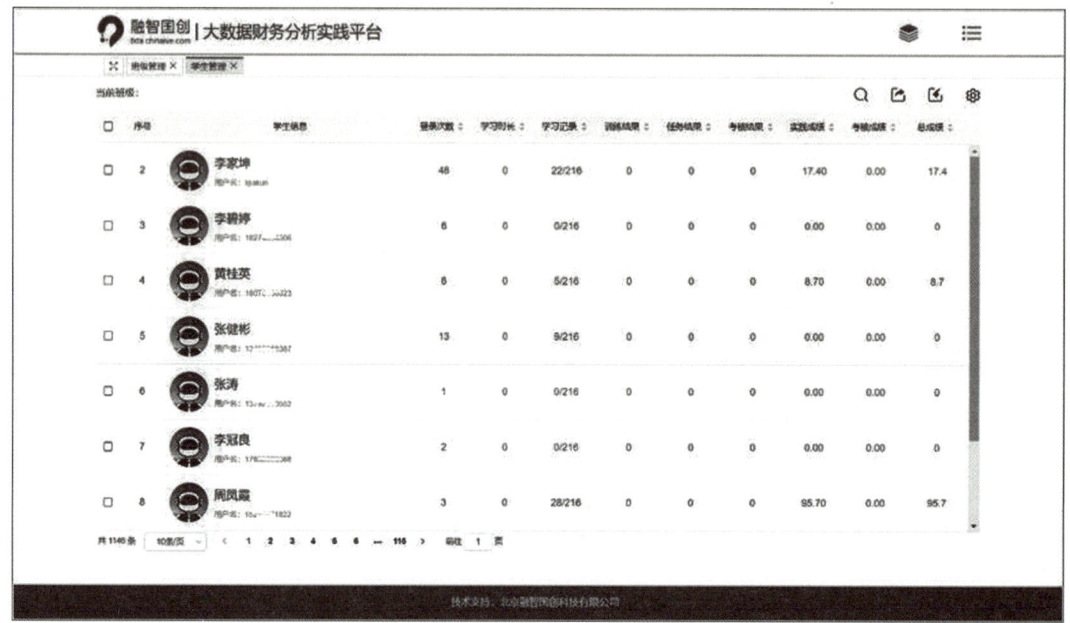

图1-5 学生管理界面

1.4.7 教师管理

仅限于管理员使用，支持新建账号授权为教师，允许将平台已有账号设为教师；支持重置教师密码、开通/关闭教师权限，可删除教师权限，但不删除账号。教师管理界面如图1-6所示。

图1-6 教师管理界面

至此，大数据财务分析实践平台的注册登录、学生如何在平台上选课及教师如何进行学生管理、课程管理等基本操作介绍完毕，后续章节将介绍如何使用平台进行大数据信息的处理及大数据财务分析。

练一练

请用手机号在大数据财务分析实践平台注册个人账号，登录并修改密码，进入"我的课程"进行选课。

课后思考题

1. 如何从企业的财务报表上看出其所处行业的特点？
2. 为何同一行业的不同企业，其财务报表表现差异巨大？
3. 大数据环境下，如何精准获取不同行业的财务报表数据？
4. 同一企业不同财务报表之间的逻辑关系是怎样的？
5. 大数据技术对企业进行财务分析会产生哪些影响？

第2章

大数据获取与整理、建模及可视化

知识目标

(1) 理解合并查询中表的各种链接方式。
(2) 熟悉 Power BI 获取数据的常用方法。
(3) 熟悉 Power BI 数据整理的常用方法。
(4) 掌握 Power BI 数据拆分、提取和合并等常用操作。
(5) 掌握 Power BI 数据透视和逆透视的操作。
(6) 掌握 Power BI 追加查询与合并查询操作。
(7) 熟悉 Power BI 的两种关系模型及其创建方法。
(8) 掌握新建列和新建度量值的操作。
(9) 理解 DAX 公式的语法。
(10) 熟悉 DAX 常见函数。
(11) 掌握 CALCULATE、DIVIDE、FILTER、时间智能等函数的用法。
(12) 熟悉 Power BI 默认的可视化元素和常见的自定义可视化元素。
(13) 掌握常用可视化元素的设置操作。
(14) 熟悉图表的美化操作。
(15) 掌握图表的筛选、钻取和编辑交互。

技能目标

(1) 能够结合具体案例，通过 Power BI 获取各种类型的数据。
(2) 能够结合具体案例，通过 Power BI 进行各种数据整理操作，使数据符合可视化要求。
(3) 能够结合具体案例，通过 Power BI 创建关系模型。
(4) 能够结合具体案例，通过 Power BI 新建列和各种度量值。
(5) 能够结合具体案例，设计并选择合适的可视化元素。

（6）能够根据需要进行图表的筛选、钻取和编辑交互，满足组织进行智能分析的可视化需求。

素养目标

（1）结合财务报表的重要性与真实性进行社会主义诚信价值观教育。

（2）通过介绍"大智移云物"的时代背景，引导学生树立科技强国的梦想。

（3）通过DAX函数在不同场景的应用，引导学生树立科技强国的理想。

（4）通过DAX建模结果的呈现，加强学生在数智财经领域的社会实践。

（5）通过对上市公司财务报表Power BI智能可视化制作过程的讲解，向学生传递传统财务过程数智化转型的思路与方法。

（6）通过上市公司财务指标概念讲解，结合现实的上市公司案例，让学生理解企业规模、赚钱能力与稳健发展之间的关系。

思维导图

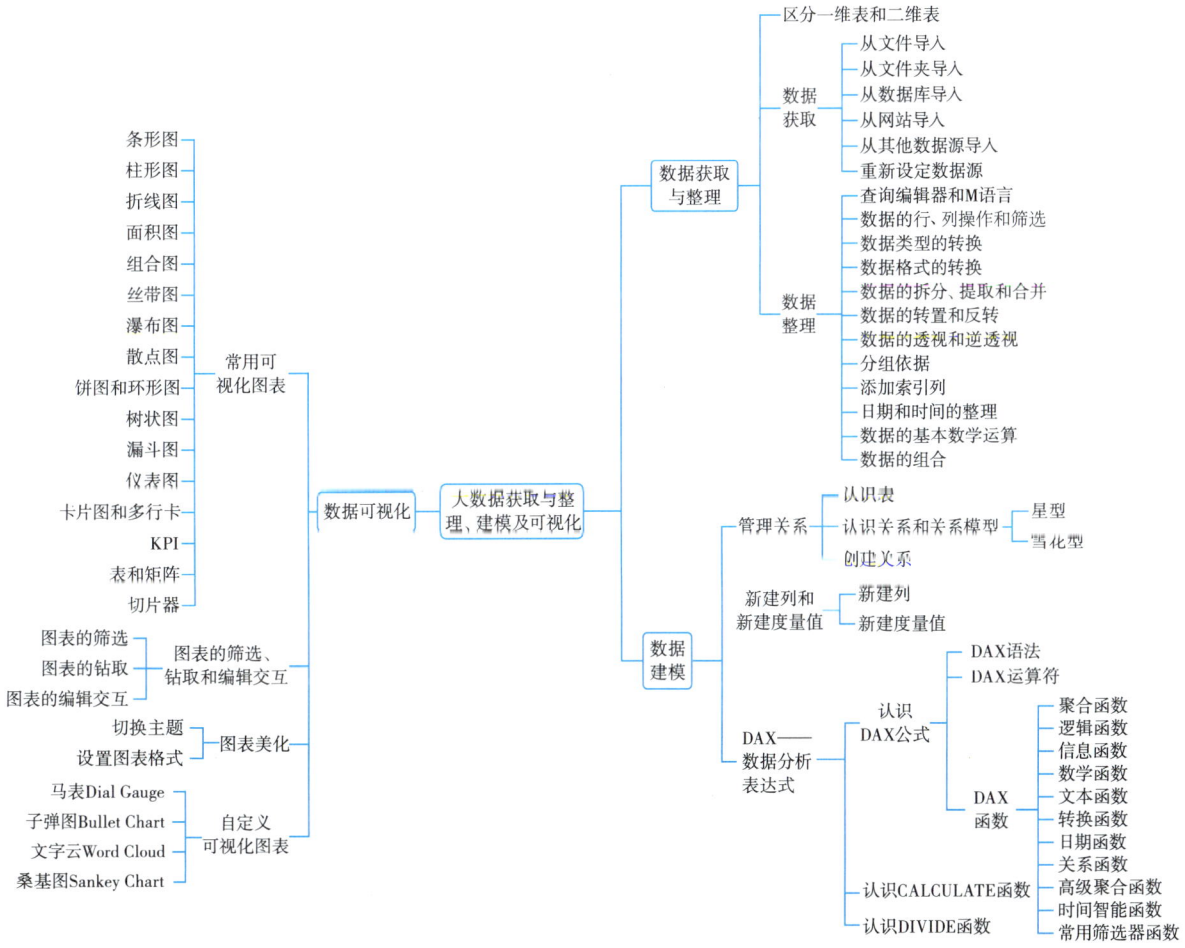

导读

在当今这个"大智移云物"的时代,数据已成为企业决策的重要依据。A 上市公司为了更精准地掌握公司的财务状况,提升决策效率,决定引入 Power BI 这一强大的数据可视化工具,对公司的财务报表进行智能化分析。

张经理是这家公司的财务总监,他首先面临的任务是从公司的 ERP 系统、银行系统以及外部数据源中获取大量的财务数据。这些数据包括销售数据、成本数据、利润数据以及市场数据等,格式多样,既有 Excel 表格,也有数据库中的记录。张经理需要利用 Power BI 的获取数据功能,快速整合这些数据,并通过数据整理操作,如拆分、提取、合并等,使数据符合可视化分析的要求。

数据整合完毕后,张经理发现这些数据之间存在复杂的关联关系,如销售数据与库存数据、成本数据与利润数据等。为了深入分析这些数据之间的关系,他需要在 Power BI 中创建关系模型,明确数据表之间的链接方式。同时,为了更直观地展示公司的财务状况,他还需要新建列和各种度量值,如毛利率、净利率、总资产周转率等,这些度量值将基于 DAX 公式进行计算。有了准确的数据和度量值后,张经理开始利用 Power BI 的可视化元素进行报表设计。他选择了柱状图、折线图、饼图等多种可视化元素来展示公司的销售趋势、成本构成、利润分布等关键指标。同时,他还设计了图表的筛选、钻取和编辑交互功能,使得报表使用者可以根据需要灵活调整分析的角度和深度。

在报表设计过程中,张经理深刻体会到了 DAX 函数的强大功能。他利用 CALCULATE、DIVIDE、FILTER 等函数进行了复杂的数据计算和条件筛选,得出了更加精准的分析结果。他还将这些分析结果以直观的形式呈现出来,如动态图表、交互式仪表板等,使得公司的管理层能够一目了然地了解公司的财务状况。

在进行财务数据的收集和整理过程中,财务报表的真实性和准确性对于公司信誉非常重要,作为财务人员要树立诚信为本的价值观。同时,Power BI 等智能化分析工具在财务管理中的应用,展示了科技对于提升工作效率和决策准确性的重要作用,作为青年大学生更加要树立科技强国的梦想。此外,通过上市公司财务报表 Power BI 智能可视化制作过程,了解传统财务过程数智化转型的思路和方法,作为青年大学生要有意识培养创新思维和实践能力。

请思考:A 上市公司中张经理的工作包含哪些部分?这些部分之间有什么联系?你如何看待财务过程数智化转型?

2.1 数据获取与整理

本节介绍的数据比较分散,很难用一个案例讲述所有功能,所以我们用了多个案例。通过本节学习,我们可以了解到,日常在进行数据分析时,都会接触到什么类型的案例,以及如何对这些案例进行整理。

本节案例数据的类型包括：Excel 文件格式、文本文件格式、数据库（mdb）文件格式、文件夹格式等。

本节案例数据原型：

（1）某连锁店销售数据。

（2）空气质量检测数据。

（3）某市年度财政收入数据。

（4）某公司 ERP 系统中的财务数据。

（5）淘宝某店铺的日访问量和日销售数据。

（6）某健身会所的会员信息。

（7）某电子公司产品销售数据。

（8）某公司会议邀请信息和参会信息数据。

（9）沪深 A 股上市公司信息首页看板。

（10）2006—2015 年国家财政收入年度数据。

（11）常用维度日期表数据。

（12）2017 年 1 月的日期表数据。

本节案例数据如图 2－1 所示。

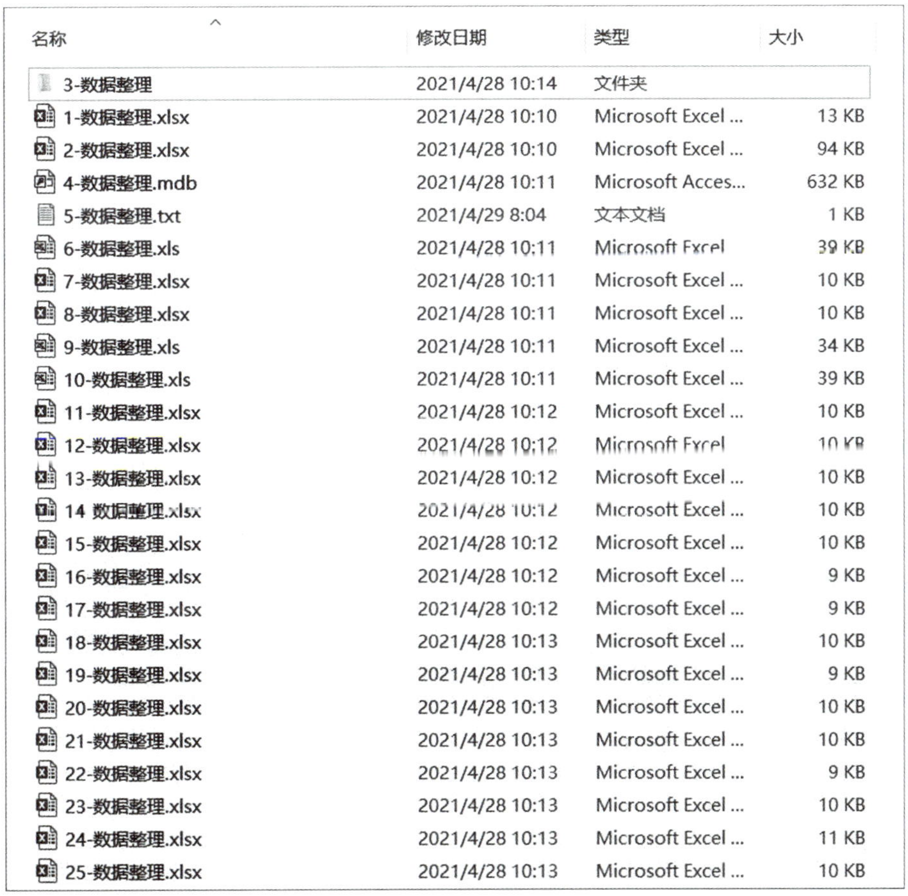

名称	修改日期	类型	大小
3-数据整理	2021/4/28 10:14	文件夹	
1-数据整理.xlsx	2021/4/28 10:10	Microsoft Excel ...	13 KB
2-数据整理.xlsx	2021/4/28 10:10	Microsoft Excel ...	94 KB
4-数据整理.mdb	2021/4/28 10:11	Microsoft Acces...	632 KB
5-数据整理.txt	2021/4/29 8:04	文本文档	1 KB
6-数据整理.xls	2021/4/28 10:11	Microsoft Excel	39 KB
7-数据整理.xlsx	2021/4/28 10:11	Microsoft Excel ...	10 KB
8-数据整理.xlsx	2021/4/28 10:11	Microsoft Excel ...	10 KB
9-数据整理.xls	2021/4/28 10:11	Microsoft Excel ...	34 KB
10-数据整理.xls	2021/4/28 10:11	Microsoft Excel ...	39 KB
11-数据整理.xlsx	2021/4/28 10:12	Microsoft Excel ...	10 KB
12-数据整理.xlsx	2021/4/28 10:12	Microsoft Excel	10 KB
13-数据整理.xlsx	2021/4/28 10:12	Microsoft Excel ...	10 KB
14-数据整理.xlsx	2021/4/28 10:12	Microsoft Excel ...	10 KB
15-数据整理.xlsx	2021/4/28 10:12	Microsoft Excel ...	10 KB
16-数据整理.xlsx	2021/4/28 10:12	Microsoft Excel ...	9 KB
17-数据整理.xlsx	2021/4/28 10:12	Microsoft Excel ...	9 KB
18-数据整理.xlsx	2021/4/28 10:13	Microsoft Excel ...	10 KB
19-数据整理.xlsx	2021/4/28 10:13	Microsoft Excel ...	9 KB
20-数据整理.xlsx	2021/4/28 10:13	Microsoft Excel ...	10 KB
21-数据整理.xlsx	2021/4/28 10:13	Microsoft Excel ...	10 KB
22-数据整理.xlsx	2021/4/28 10:13	Microsoft Excel ...	9 KB
23-数据整理.xlsx	2021/4/28 10:13	Microsoft Excel ...	10 KB
24-数据整理.xlsx	2021/4/28 10:13	Microsoft Excel ...	11 KB
25-数据整理.xlsx	2021/4/28 10:13	Microsoft Excel ...	10 KB

图 2－1　本节案例数据

2.1.1 区分一维表和二维表

首先了解清单型表格的概念，即按照一定的顺序，清晰明了地保存最原始数据的表格。清单型表格可以分为一维表和二维表。

一维表就是简单的字段、记录的罗列，如图 2－2 所示。

地区	季度	销售额
东部	第1季	300
东部	第2季	320
东部	第3季	400
东部	第4季	450
西部	第1季	100
西部	第2季	130
西部	第3季	150
西部	第4季	180
南部	第1季	320
南部	第2季	350
南部	第3季	460
南部	第4季	500
北部	第1季	210
北部	第2季	290
北部	第3季	310
北部	第4季	370

图 2－2 一维表

二维表则从两个维度来描述记录属性，并且两个字段属性存在一定关系，如图 2－3 所示。

地区	第1季	第2季	第3季	第4季
东部	300	320	400	450
西部	100	130	150	180
南部	320	350	460	500
北部	210	290	310	370

图 2－3 二维表

在数据分析过程中，应尽量使用一维表。

如果案例数据是二维表形式，可以采取两种方式将二维表处理成一维表：第一，在 Power BI 中利用“逆透视列”功能进行处理；第二，在 Excel 中利用数据透视表中多重数据透视功能进行处理。

接下来利用 Power BI“逆透视列”功能，将二维表分步转换为一维表。

步骤 1：打开 Power BI Desktop，依次点击“主页”→“获取数据”→“Excel 工作簿”，导入“区分一维表和二维表的案例数据”，如图 2－4 所示。

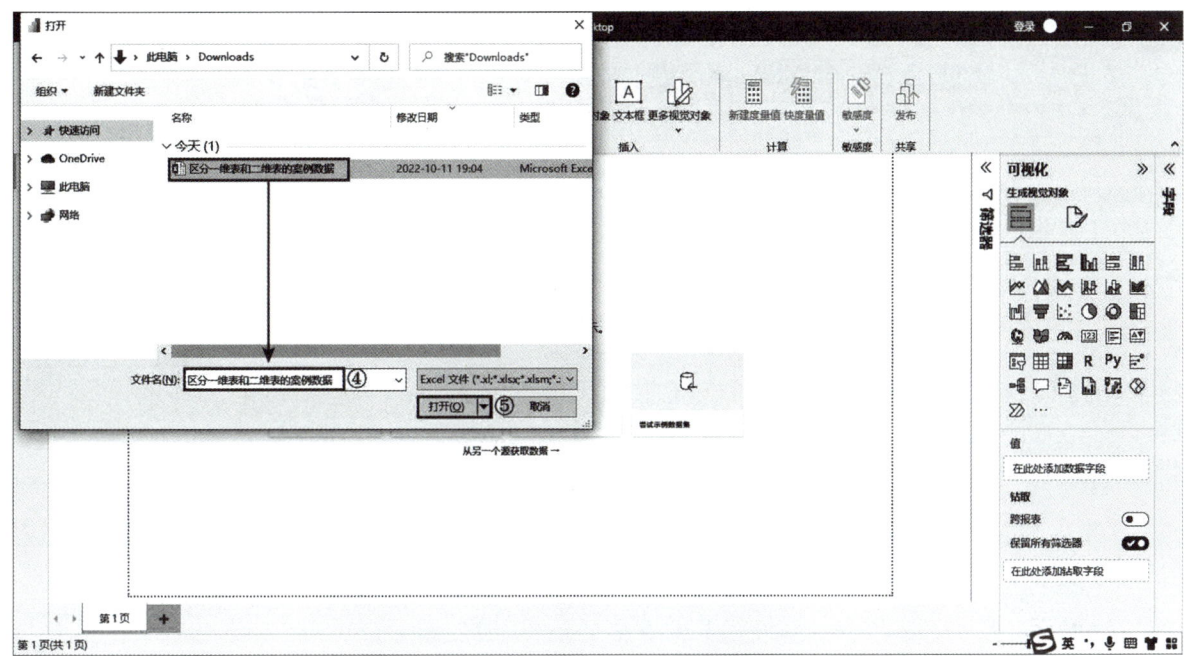

图 2-4 区分一维表和二维表的案例数据

步骤 2：勾选"二维表"，点击"转换数据"，如图 2-5 所示。

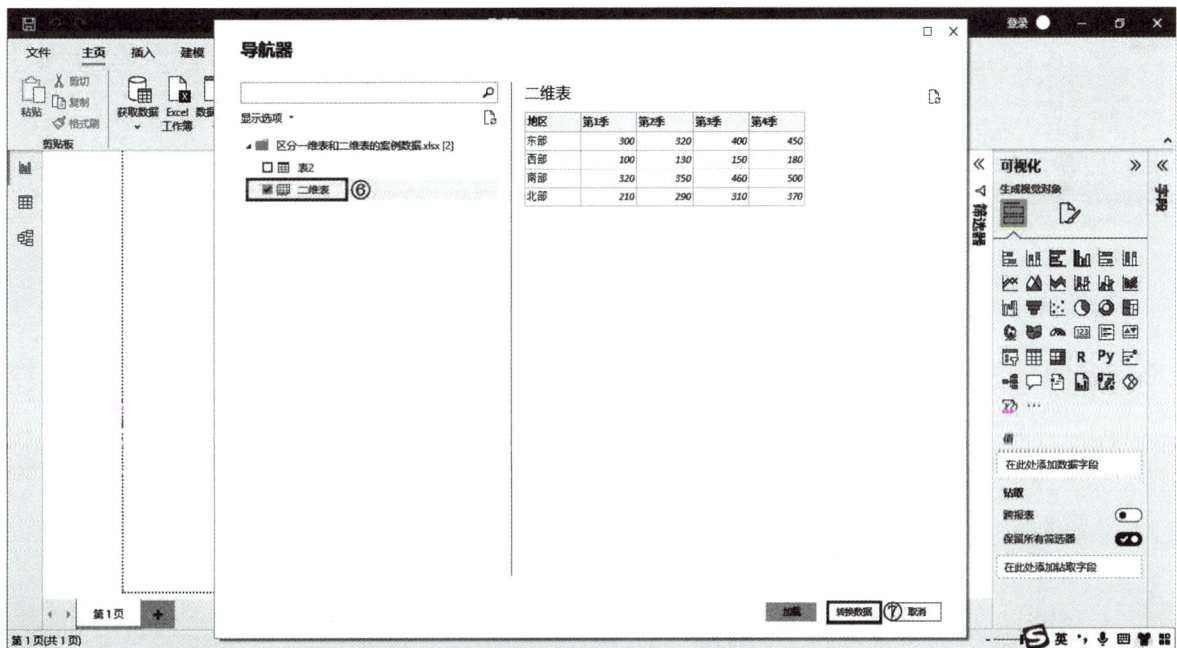

图 2-5 转换数据操作步骤

步骤 3：在 Power Query 编辑器中，连续选中第 1 季至第 4 季，然后依次点击"转换"→"逆透视列"→"逆透视列"，如图 2-6 所示。

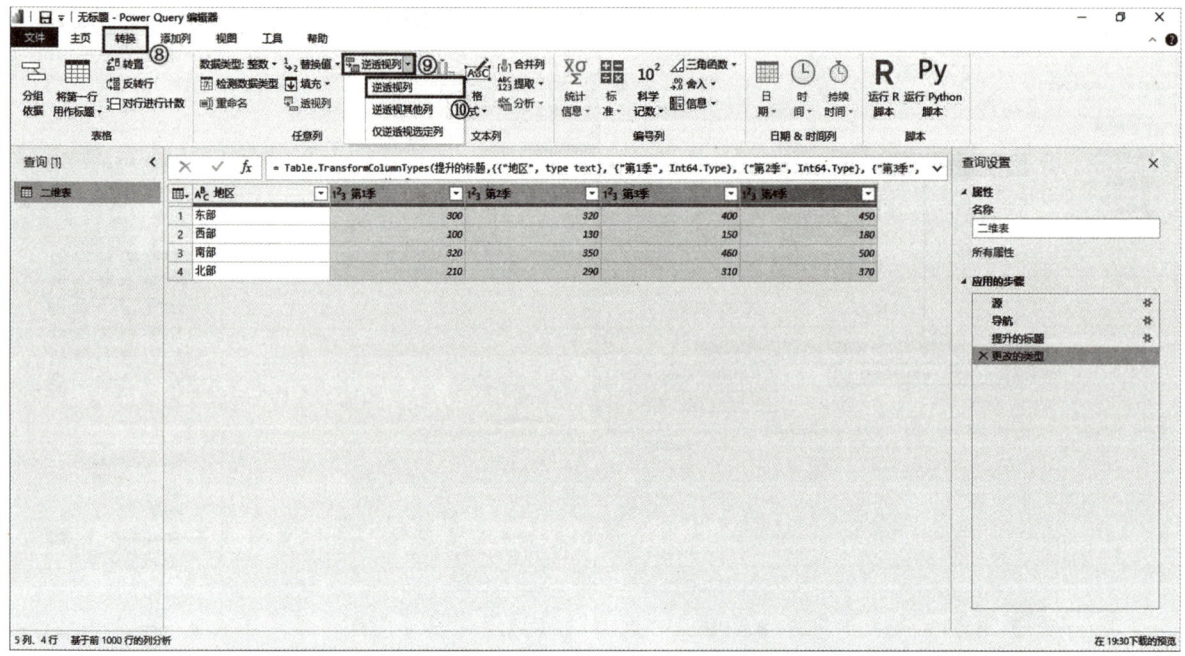

图2-6 "转换"→"逆透视列"→"逆透视列"操作步骤

步骤4：将季度和金额的列标题分别修改为"季度"和"销售额"，如图2-7所示。

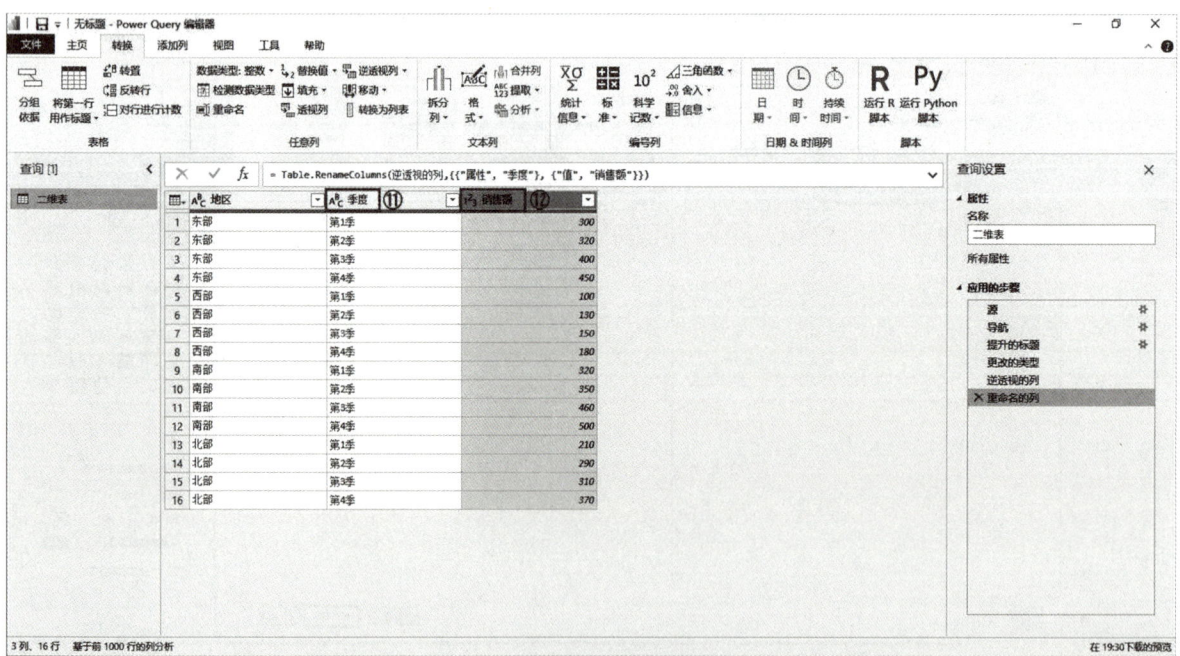

图2-7 修改季度和金额列标题

步骤5：依次点击"主页"→"关闭并应用"，如图2-8所示。

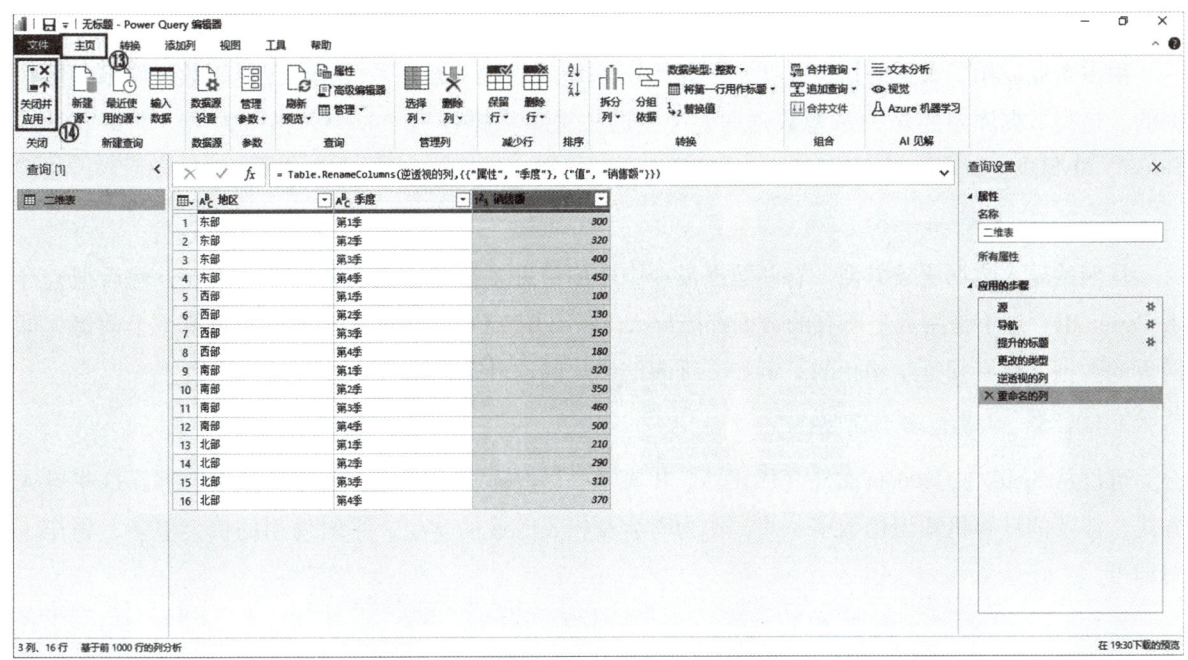

图 2-8 点击"主页"→"关闭并应用"操作步骤

2.1.2 数据获取

在 Power BI 中可以从不同渠道导入数据，例如：

2.1.2.1 从文件导入

（1）Excel 文件：该种文件格式最为常见。

（2）文本文件：是指以 ASCII 码方式（也称文本方式）存储的文件，如英文字母、数字等字符，通常它的扩展名是".txt"。

（3）CSV 文件：用逗号作为分隔符 [Comma-Separated Values（CSV），有时也称为字符分隔值，因为分隔字符也可以不是逗号] 的文件，其文件以纯文本形式存储表格数据（数字和文本）。

（4）XML（eXtensible Markup Language）：可扩展标记语言，它非常适合万维网传输，提供统一的方法来描述和交换独立于应用程序或供应商的结构化数据。

（5）JSON（JavaScript Object Notation，JS 对象简谱）：是一种轻量级的数据交换格式。它基于 ECMAScript（欧洲计算机制造商协会制定的一种脚本语言规范）的一个子集，采用完全独立于编程语言的文本格式来存储和表示数据。

（6）PDF（Portable Document Format，便携式文档格式）：是由 Adobe Systems 用与应用程序、操作系统、硬件无关的方式进行文件交换所发展出的文件格式。

需重点关注的是 Excel 文件、文本文件、CSV 文件和 PDF 文件。

2.1.2.2 从文件夹导入

需要汇总一些业务或经营数据时，可以从文件夹导入，然后汇总。例如某集团公司下有很多分子公司，分子公司提交的数据格式是一样的，如果一张表一张表地导入，操作比较烦琐，我们可以将分子公司的数据放到一个文件夹下，然后一次性导入文件夹。

2.1.2.3 从数据库导入

很多企业应用了大量的信息系统，例如 ERP 系统等，这些信息系统基本上是以数据库来存储数据的。这类数据库主要是关系型数据库，小型的关系型数据库有 Access，稍微大型一些的有 SQL Server、MySQL、Oracle、SAP HANA、SAP BW 等。

2.1.2.4 从网站导入

从网站导入数据比较方便。有些数据没在企业的信息系统里，需要到网站上去找，然后把它导入 Power BI。是不是网页上所有的数据都能导入 Power BI 呢？从网页直接提取数据有一个前提，即网页的数据文件必须是结构化的，例如二维表结构化的这种数据。

2.1.2.5 从其他数据源导入

可以从 Spark 、Hadoop 文件（HDFS）、R 脚本、Python 脚本等更多数据源获取数据。这些导入方式，涉及的计算机知识稍微多一些，作为财会及相关专业的学生，平时使用的机会不多，稍作了解即可。

2.1.2.6 重新设定数据源

如果 Power BI 连接的数据源文件是 Excel 文件，即使在 Power BI 中已经完成数据整理、建模和可视化等操作，对 Excel 源文件也是没有任何影响的。

当 Excel 源文件中的数据有更新时，例如原来是 1000 条数据，又追加了 1000 条数据，只需在 Power BI 中点击"刷新"按钮，新追加的 1000 条数据就会自动更新到 Power BI 中，在 Power BI 中按照 2000 条数据进行可视化展示。也就是说，在做好一个可视化分析的模板后，如果数据有变动，只需要更新原始数据，然后在 Power BI 中刷新即可。

在 Power BI 中刷新时，与 Power BI 连接的 Excel 源文件的绝对路径不能发生变化，一旦绝对路径发生变化，刷新时就会出错。这时需要重新设定数据源。

数据获取的具体操作步骤如下：

打开 Power BI Desktop，依次从文件、文件夹、数据库和网站导入数据，并且学习从其他数据源导入数据、重新设定数据源的方法。

（1）从文件导入

【任务数据】

数据获取的案例数据 – 1. xlsx

本案例为空气质量检测数据。

【操作步骤】

步骤 1：在 Power BI 中，执行"主页→获取数据→Excel 工作簿"命令。具体操作如图 2 – 9 所示。

步骤 2：选择下载的"数据获取的案例数据 – 1. xls"或"数据获取的案例数据 – 1. xlsx"（请根据 Excel 版本选择相应格式的数据源），单击"打开"按钮。具体操作如图 2 – 10 所示。

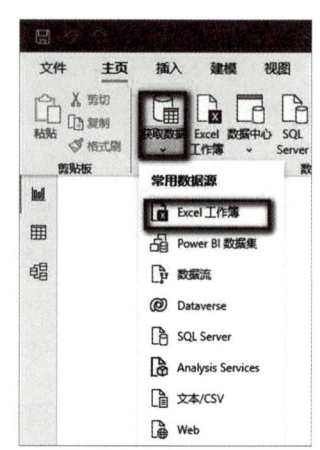

图 2 – 9　从文件中获取数据

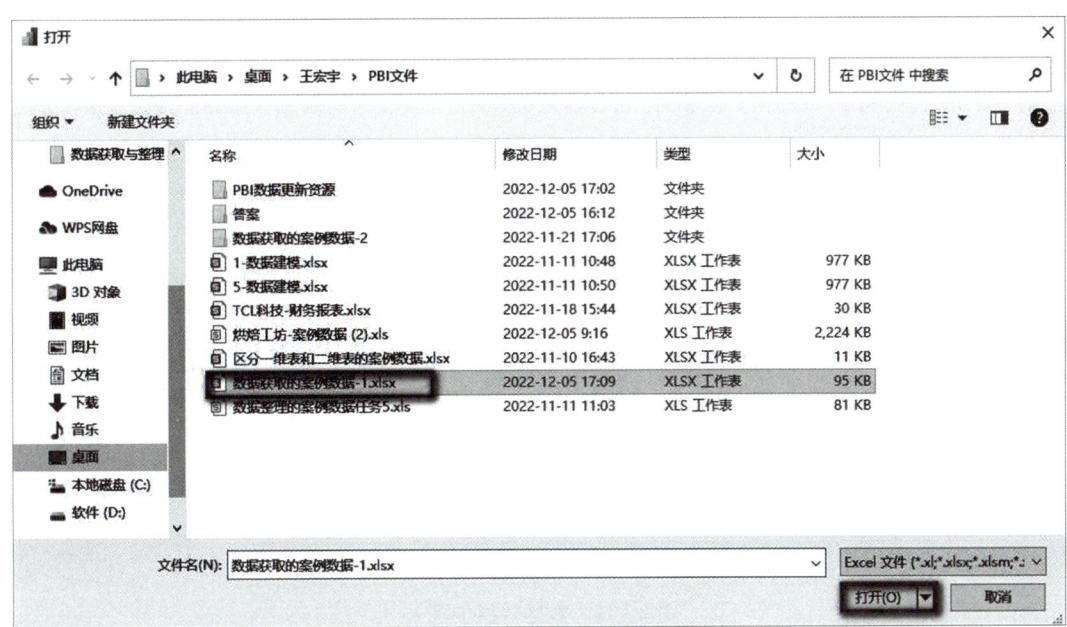

图 2-10　选择案例数据

步骤3：单击选中"数据获取"表，表中数据如图2-11所示。

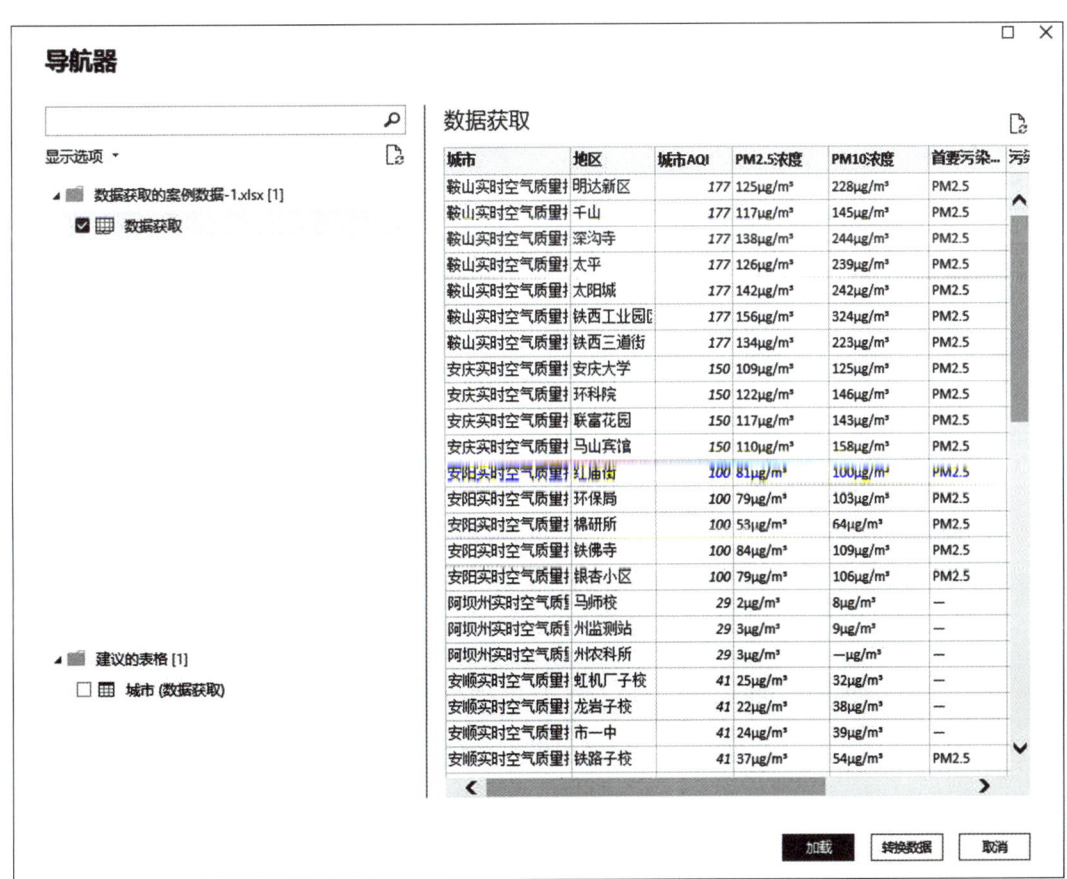

图 2-11　数据获取

步骤4：若单击选中"转换数据"按钮，则进入查询编辑器界面，如图2-12所示。可在查询编辑器（Power Query 编辑器）界面对数据进行处理，使数据规范化。再单击"关闭并应用"按钮，将数据加载到 Power BI Desktop 中。

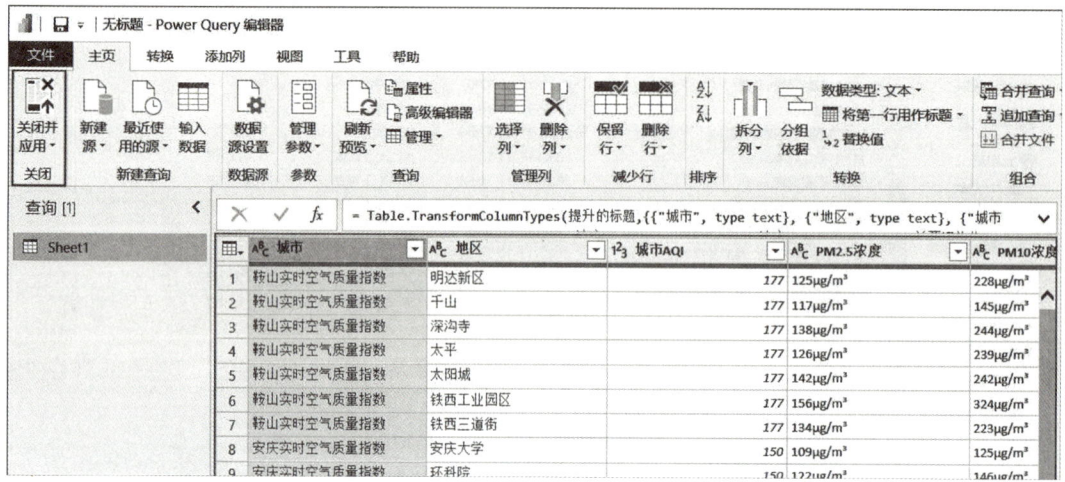

图 2－12　数据转换步骤一

若单击选中"加载"按钮，则可将数据直接加载到 Power BI Desktop 中。如图 2－13 所示，如需对数据进行处理，可以执行"主页→转换数据→转换数据"命令，进入查询编辑器（Power Query 编辑器）界面。

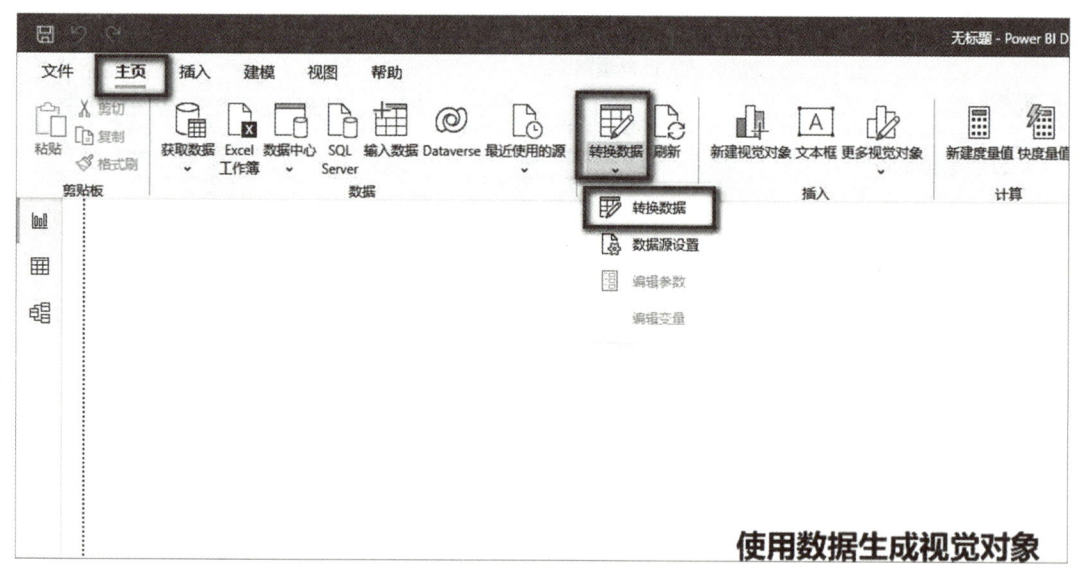

图 2－13　数据转换步骤二

（2）从文件夹导入

【任务数据】

"数据获取的案例数据－2"文件夹

此文件夹下共有北京市、天津市、上海市、重庆市 4 个直辖市的年度财政收入数据，分别存放在 4 个 Excel 工作簿中。

【操作步骤】

步骤1：在 Power BI 中，执行"主页→获取数据"命令，单击"全部"按钮，选择"文件夹"。具体操作如图2-14所示。

图2-14 文件夹获取数据

步骤2：单击"连接"按钮，再单击"浏览"按钮，设置需要连接的文件夹，具体操作如图2-15所示。

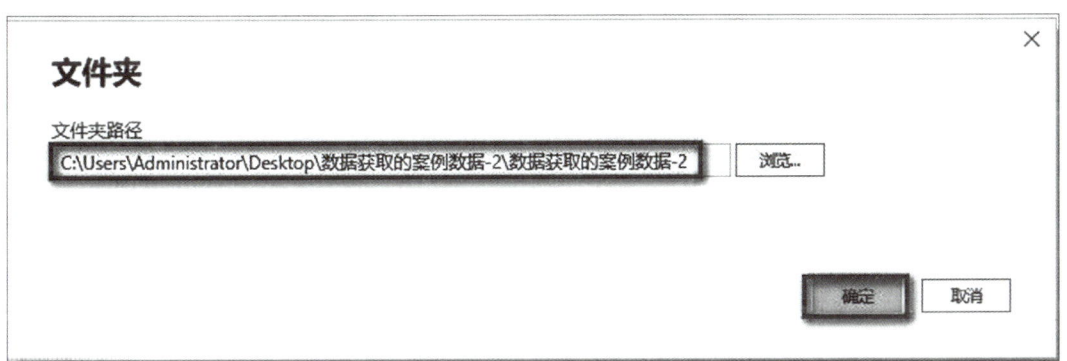

图2-15 连接文件夹

步骤3：单击"确定"按钮，显示4个被连接的 Excel 文件，操作结果如图2-16所示。

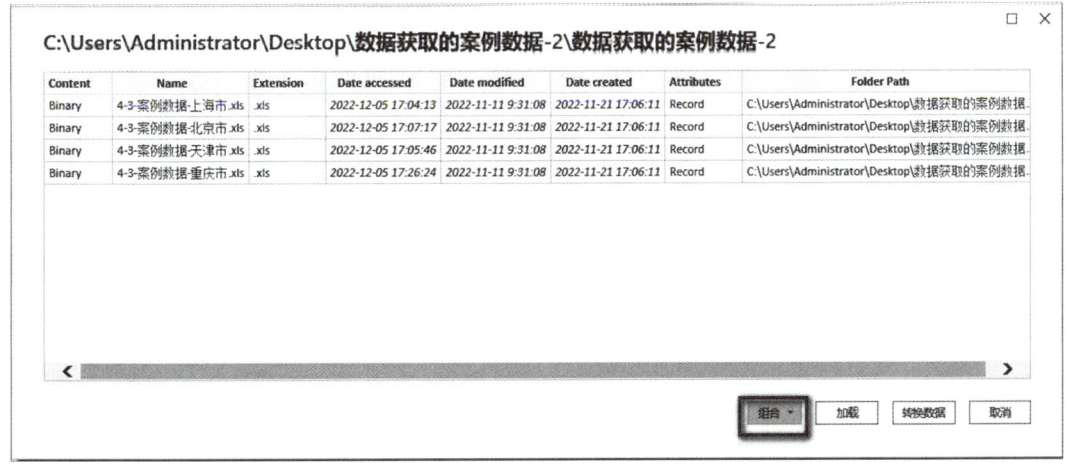

图2-16 显示4个被连接的 Excel 文件

步骤4：单击"组合"下的"合并和转换数据"，可将4个文件合并，进入查询编辑器窗口，对数据进行整理，如图2-17所示。

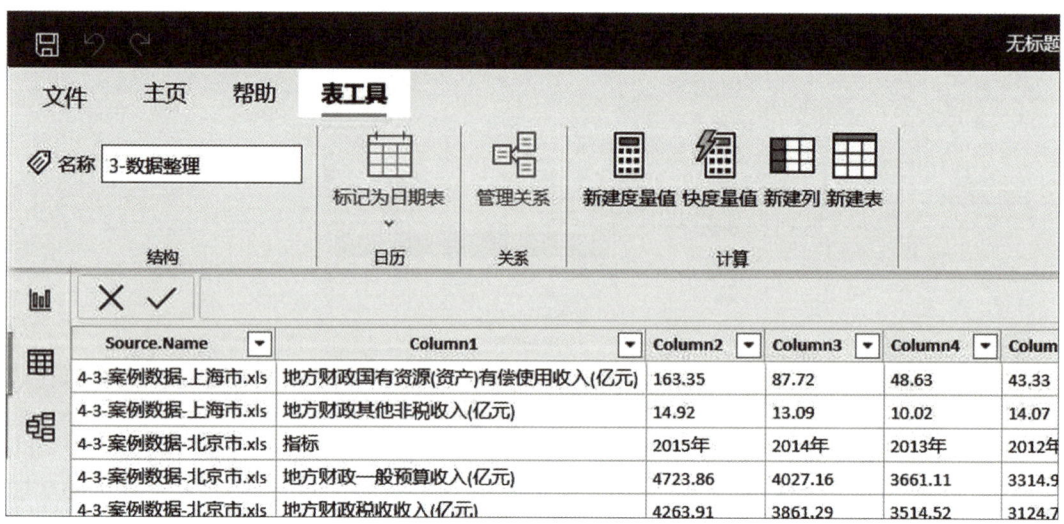

图2-17 合并和转换数据

也可以单击"组合"下的"合并和加载"，将4个文件合并加载到Power BI Desktop中。

（3）从数据库导入

【任务数据】

数据获取的案例数据-3.mdb

"数据获取的案例数据-3.mdb"是Access数据库文件，是从某公司ERP系统中获取的财务数据。

【操作步骤】

步骤1：在Power BI中，执行"主页→获取数据"命令，单击"全部"按钮，选择"Access数据库"。具体操作如图2-18所示。

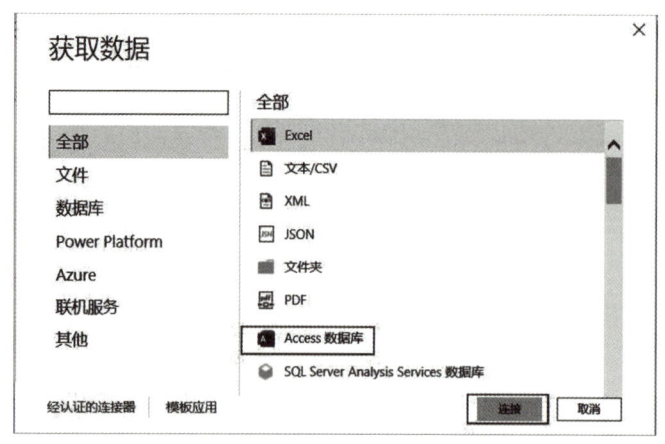

图2-18 从数据库获取数据

步骤2：单击"连接"按钮，选择"数据获取的案例数据-3.mdb"，操作结果如图2-19所示。

图 2-19　连接数据

步骤3：单击"打开"按钮后，选择4张表，操作结果如图2-20所示。单击"加载"按钮。

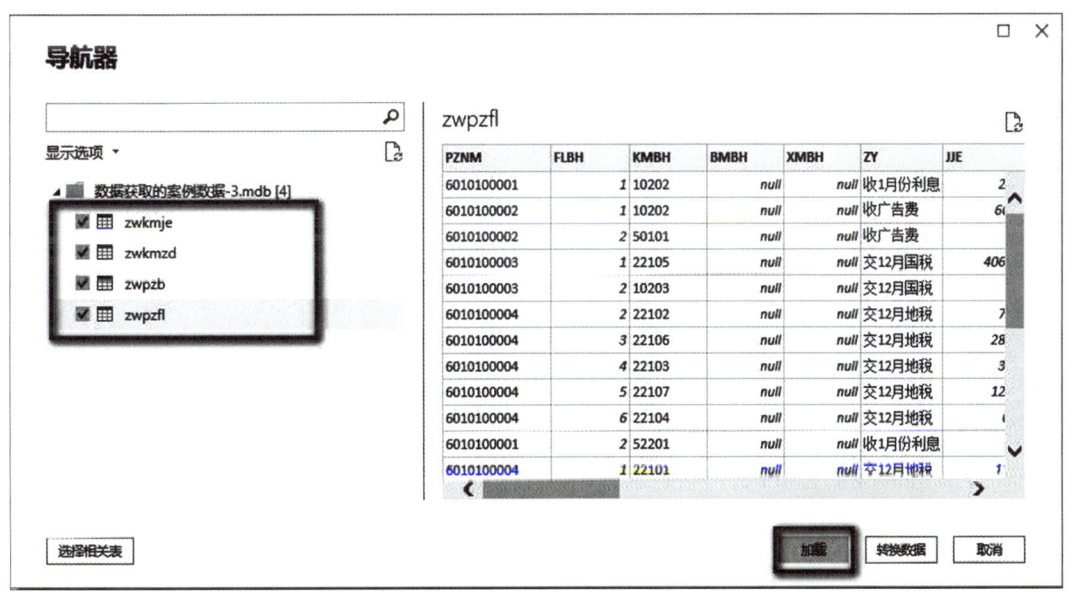

图 2-20　加载数据

若要导入 SQL Server 数据库，需在"主页"功能区选项中单击"获取数据"下拉按钮，选择"SQL Server"，然后输入 SQL Server 服务器地址和数据库名称，数据连接模式可以选择"导入"或者"DirectQuery"（直接查询）模式。具体操作如图2-21所示。

图 2-21　导入 SQL Server 数据库

（4）从网站导入

【任务数据】

http：//fz.chinaive.com/febd/？username=rzgc-pbi

此网页为融智财经大数据平台的沪深 A 股上市公司信息首页看板，如图 2-22 所示。

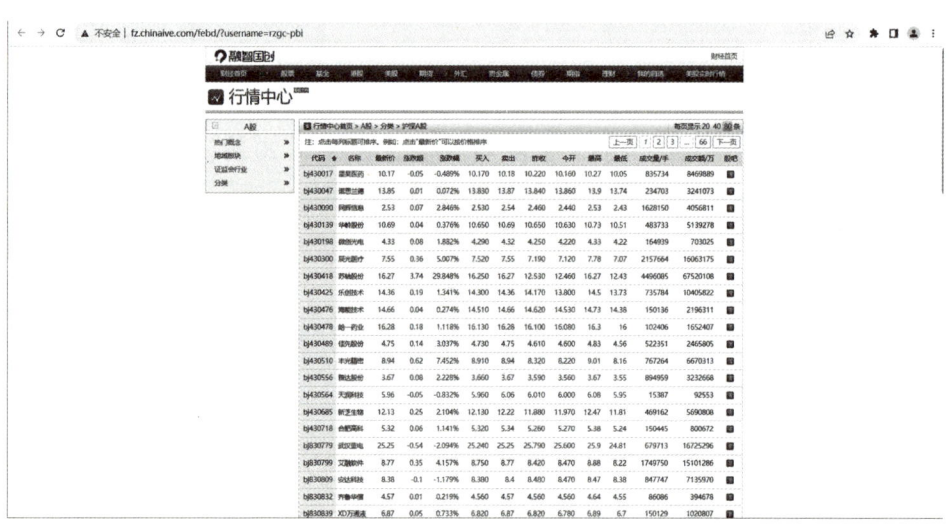

图 2-22　沪深 A 股上市公司信息首页看板

【操作步骤】

步骤 1：在 Power BI 中，执行"主页→获取数据→Web"命令，具体操作如图 2-23 所示。

图 2-23　从网页导入数据

步骤2：在URL中输入Web地址，http：//fz.chinaive.com/febd/？username=rzgc-pbi。具体操作如图2-24所示。

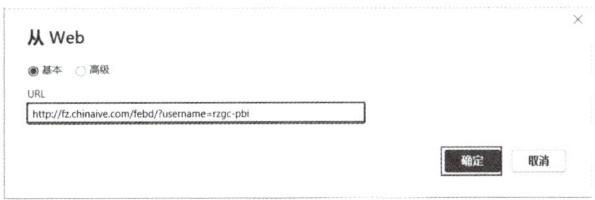

图2-24　在URL中输入Web地址

步骤3：单击"确定"按钮后，选择"表1"，具体操作如图2-25所示。单击"加载"按钮。

图2-25　选择"表1"

（5）从其他数据源导入

Power BI还可以从Spark、Hadoop文件（HDFS）、R脚本、Python脚本等更多数据源获取数据。具体操作如图2-26所示。

（6）重新设定数据源

【操作步骤】

执行"主页→转换数据→数据源设置"命令，如图2-27所示，单击"更改源…"按钮，可根据实际情况更改数据源。

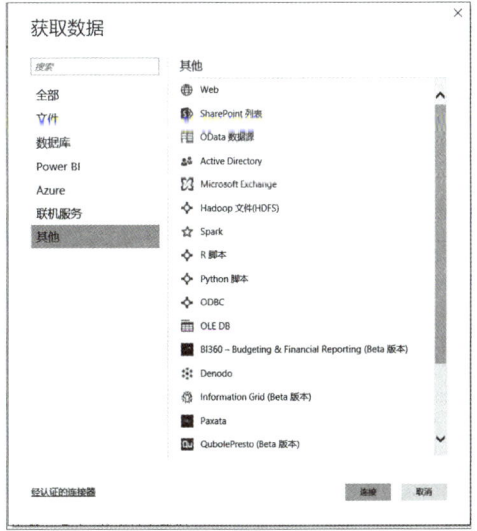

图2-26　从Spark、Hadoop文件（HDFS）、R脚本、Python脚本获取数据

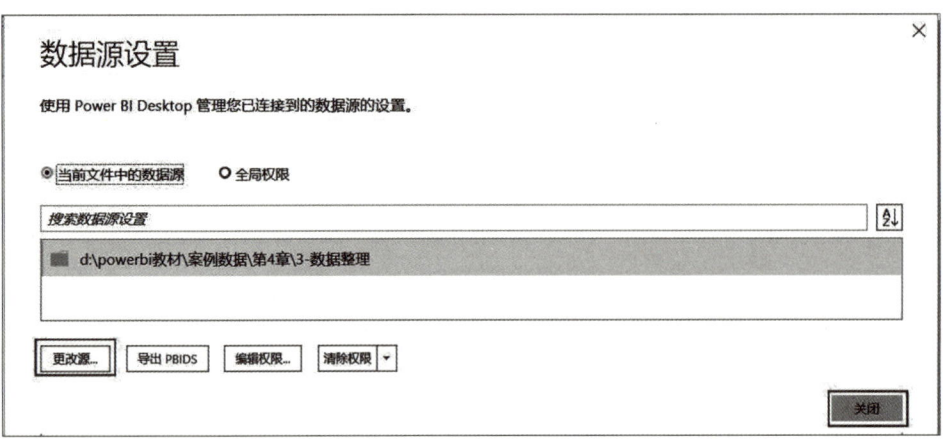

图 2-27　重新设定数据源

2.1.3　数据整理

数据整理也叫数据清洗、数据处理，在众多的自助式商务智能软件中，Power BI 的数据整理功能非常强大。在 Power BI 中，数据整理的操作是通过查询编辑器（Power Query）来实现的，也就是说，在进行数据整理时，会自动调用 Power Query 应用程序，单独打开一个窗口进行相关操作。

数据整理的具体内容包括类型转换、拆分、提取、归并等。

（1）类型转换：例如将字符型数据转换为整型数据。

（2）拆分：例如将姓名中的姓和名进行拆分。

（3）提取：例如从身份证号码中提取生日。

（4）归并：例如将两个字段的内容归并为一个字段。

数据整理的具体操作步骤如下：

在 Power BI Desktop 中导入"数据整理的案例数据.xlsx"，导入时全选 22 张 Sheet 表，然后点击"加载"，如图 2-28 所示。

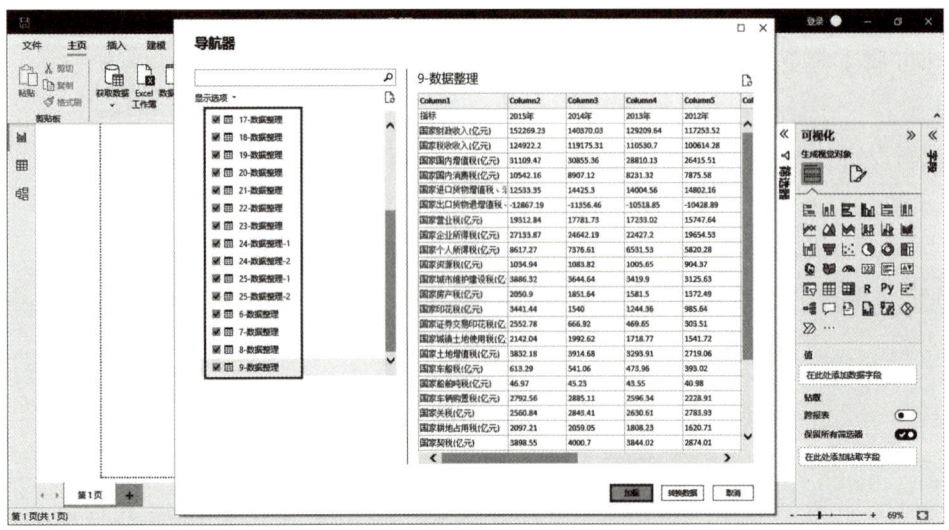

图 2-28　导入"数据整理的案例数据.xlsx"

2.1.3.1 查询编辑器和 M 语言

（1）查询编辑器（Power Query 编辑器）

在 Power BI Desktop 中导入数据表后，执行"主页→转换数据→转换数据"命令，可打开查询编辑器。查询编辑器界面如图 2-29 所示。

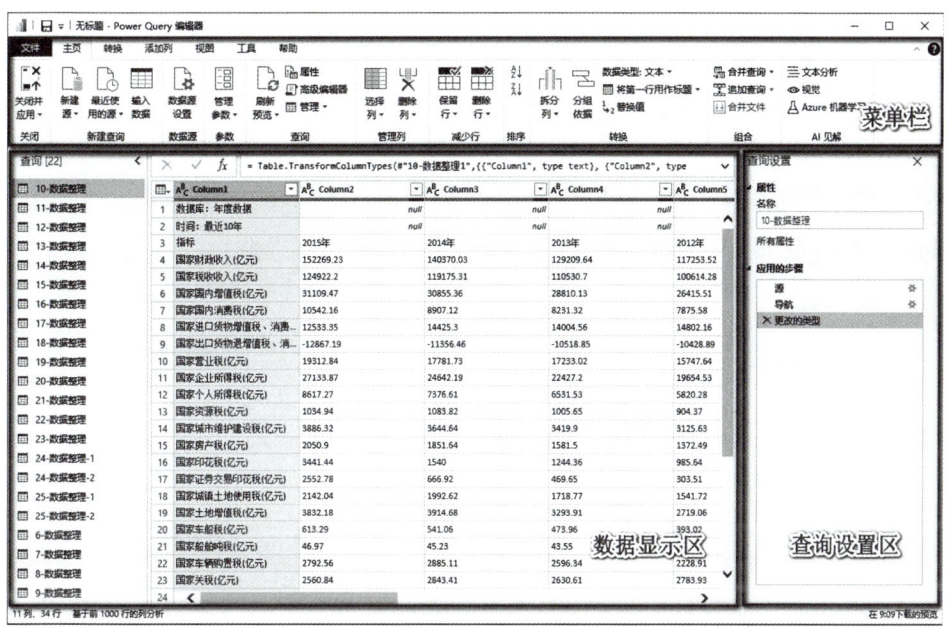

图 2-29 查询编辑器界面

（2）M 语言

在查询编辑器（Power Query 编辑器）界面，执行"主页→高级编辑器"命令，可查看自动生成的 M 语言代码，如图 2-30 所示。

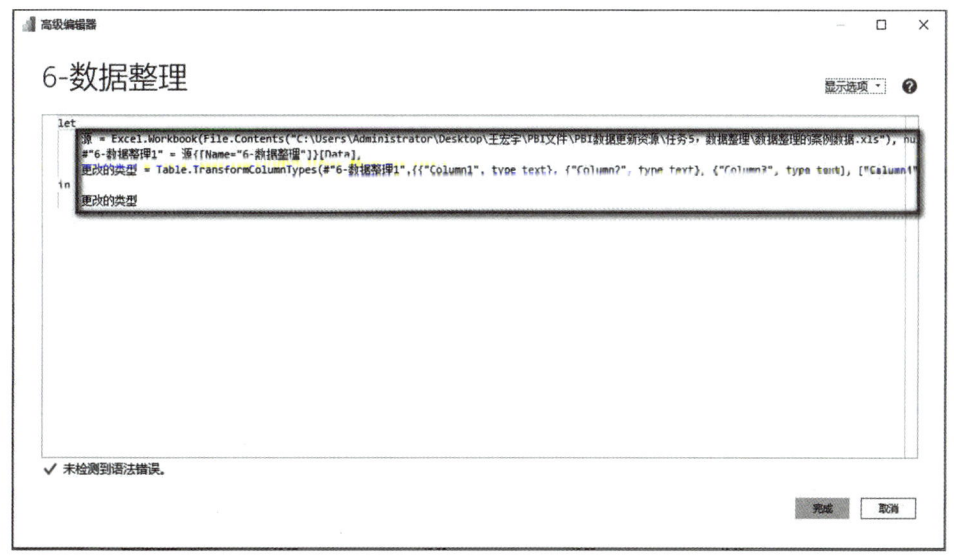

图 2-30 查看 M 语言代码

2.1.3.2 数据的行、列操作和筛选

（1）数据的行操作

①将首行提升为列标题

删除表中不需要的行，并将删除行后的表格首行提升为列标题。

【任务数据】

"6-数据整理"Sheet 表

此案例数据原型为2006—2015年国家财政收入年度数据。

【操作步骤】

步骤1：在查询编辑器中，如应用的步骤中有图2-31方框中标注的两步操作，请删除，确认"6-数据整理"Sheet 表如图2-32所示（应用的步骤中只有源和导航）。

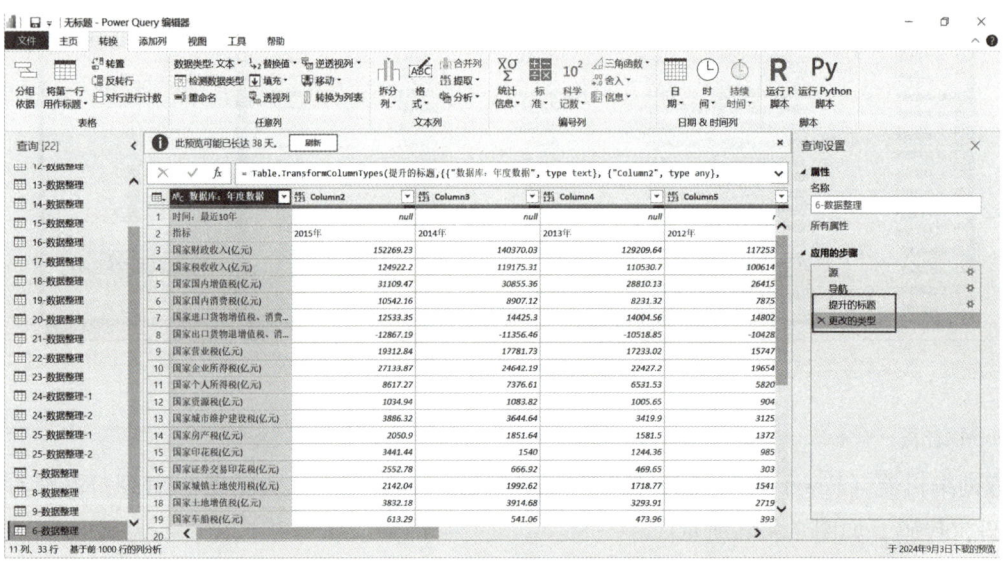

图2-31 应用的步骤中有多余两行

图2-32 应用的步骤中只有源和导航

步骤2：在查询编辑器中，执行"主页→删除行→删除最前面几行"命令，具体操作如图2-33所示。

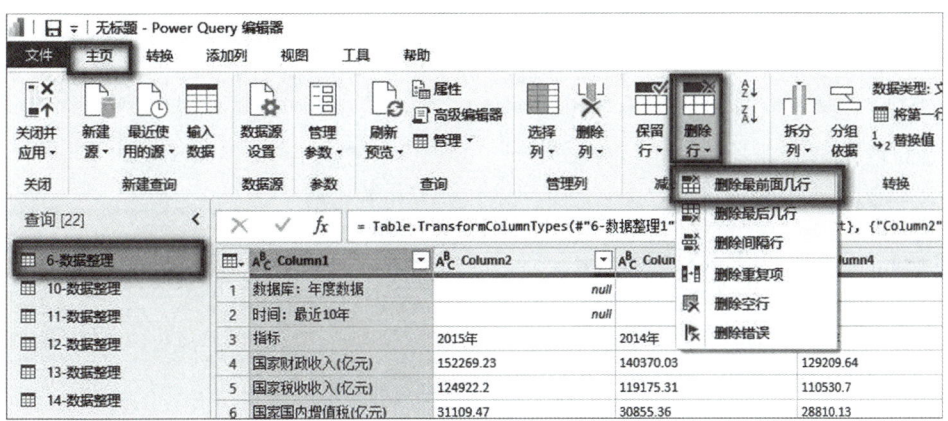

图2-33 删除行

步骤3：输入要删除的行数2，单击"确定"按钮，具体操作如图2-34所示。

图2-34 输入要删除的行数

步骤4：同理，删除最后两行。
步骤5：执行"转换→将第一行用作标题"命令，具体操作如图2-35所示。

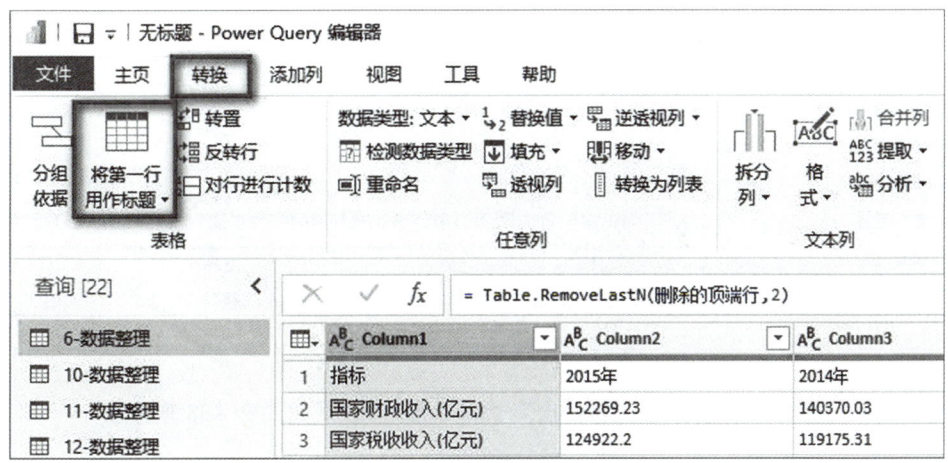

图2-35 将第一行用作标题

步骤6：将首行提升为列标题，操作结果如图2-36所示。

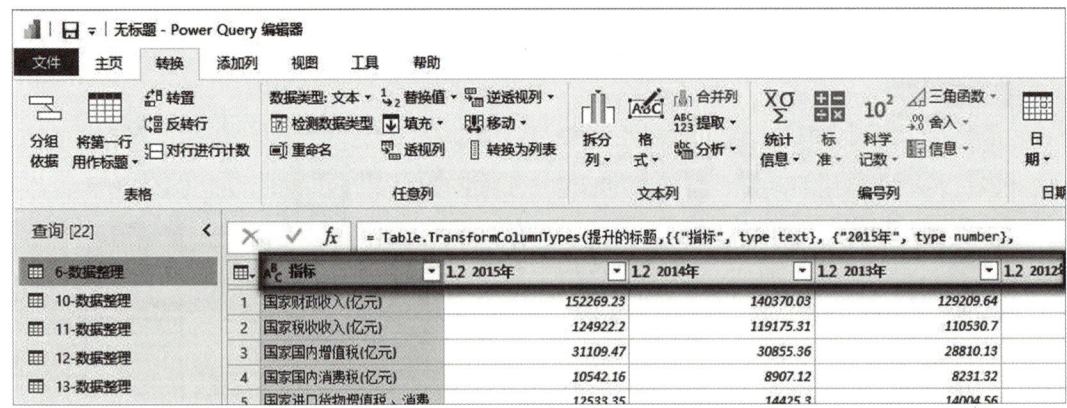

图2-36　将首行提升为列标题

②删除错误行

【任务数据】

"7-数据整理"Sheet 表

此案例数据原型为淘宝某店铺的日访问量和日销售数据。

【操作步骤】

步骤1：在查询编辑器中，单击日期字段前的 ，将数据类型改为整数，则表中出现两行 Error 行，具体操作如图2-37所示。

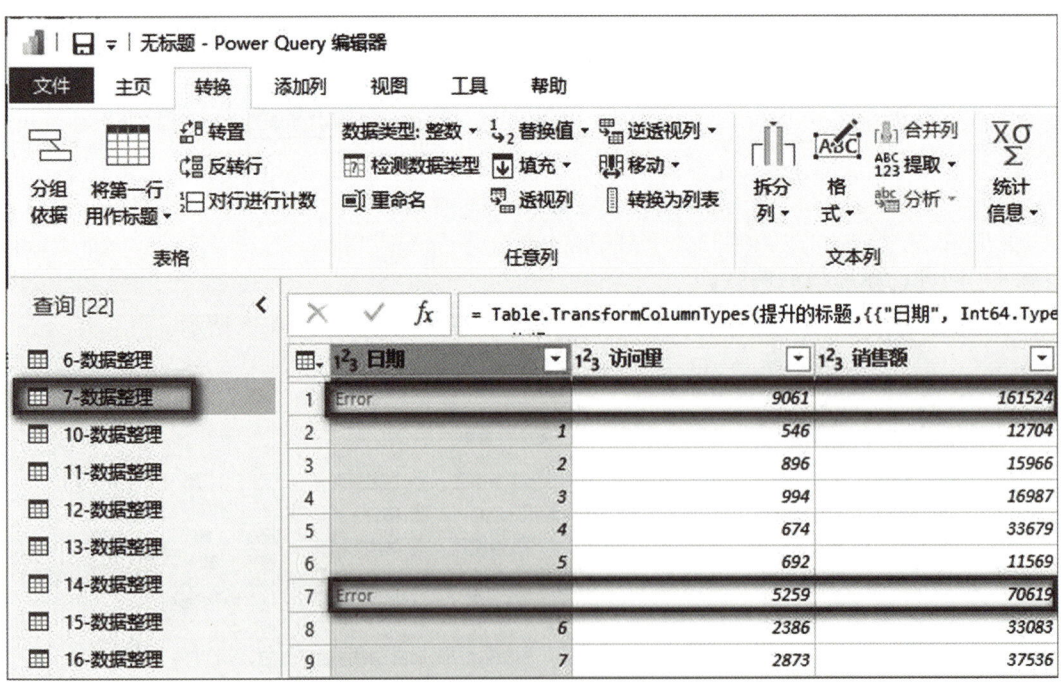

图2-37　将数据类型改为整数

步骤2：执行"主页→删除行→删除错误"命令，操作结果如图2-38所示。

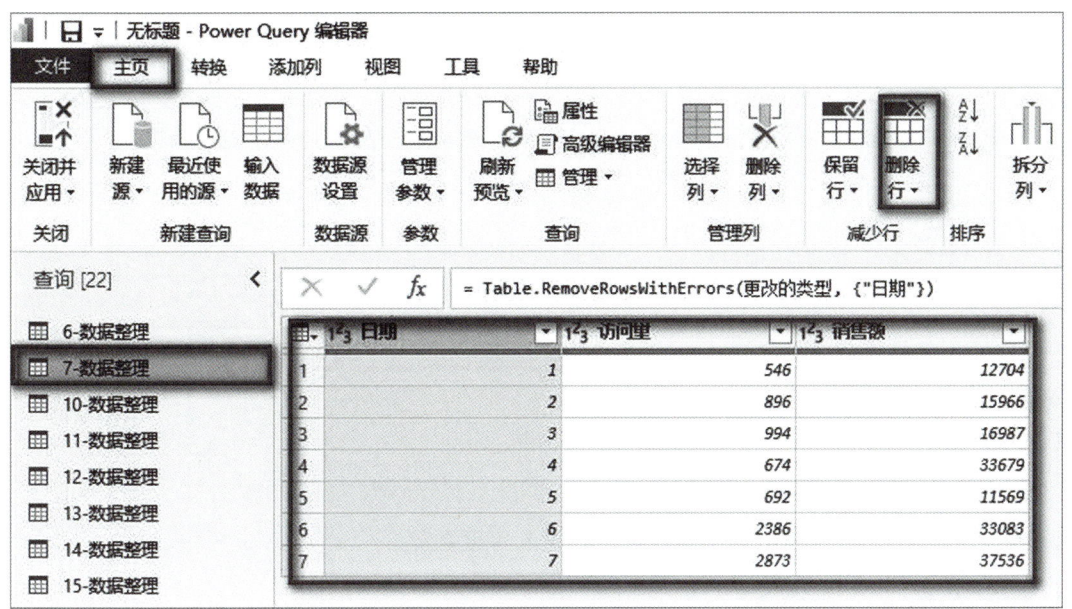

图 2-38 删除错误行

③删除重复项

【任务数据】

"8-数据整理"Sheet 表

此案例数据原型为某连锁店的销售数据,需要将客户的最大订单销售额保留在查询表中。

【操作步骤】

步骤1:在查询编辑器中,将日期列的数据类型修改为"日期"或"文本",并将原有更改的类型删掉。单击客户名称、金额字段后的▼,将客户名称字段升序排序(Power BI 中的汉字排序遵循 ASCII 国际标准,而非首字母拼音序号或笔画数),将金额字段降序排序,再将客户名称改为文本类型,将金额改为小数类型,操作结果如图 2-39 所示。

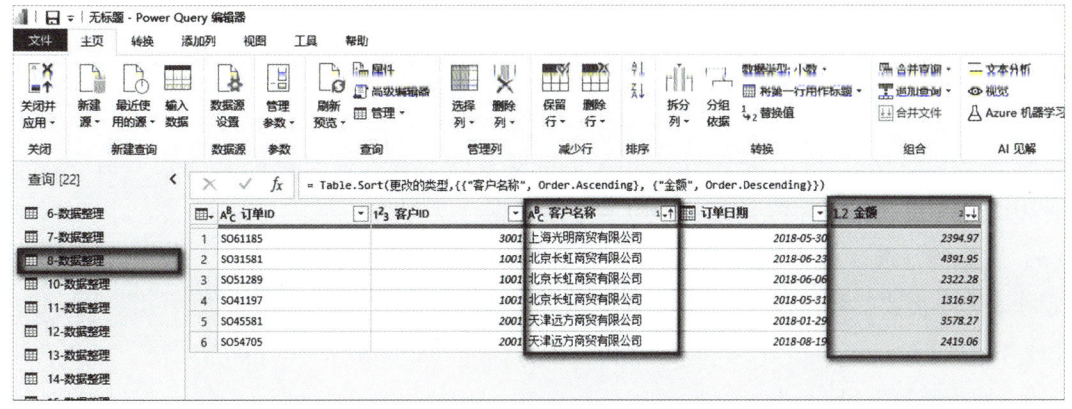

图 2-39 修改数据类型

步骤2:执行"转换→检测数据类型"命令,选中"客户名称"列,再执行"主页→删除行→删除重复项"命令,即可得到每个客户的最大销售额数据,操作结果如图 2-40 所示。

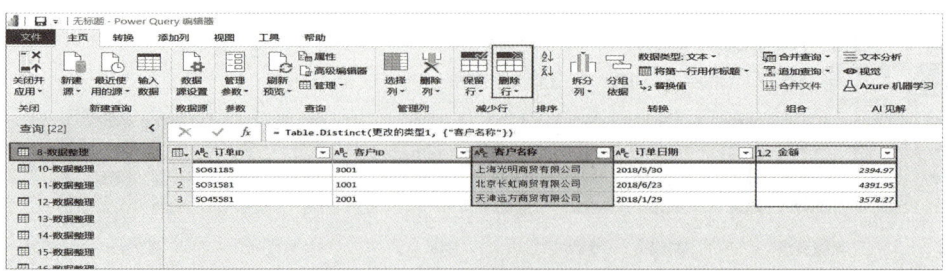

图 2-40 获取客户最大销售额

（2）数据的列操作

删除表中 2006—2010 年年度数据。

【任务数据】

"9-数据整理" Sheet 表

此案例数据原型为 2006—2015 年国家财政收入年度数据。

【操作步骤】

步骤 1：在查询编辑器中，将首行提升为标题后，按住 Ctrl 键，单击列标题，选中 2006—2010 年度列，执行"主页→删除列→删除列"命令，具体操作如图 2-41 所示。

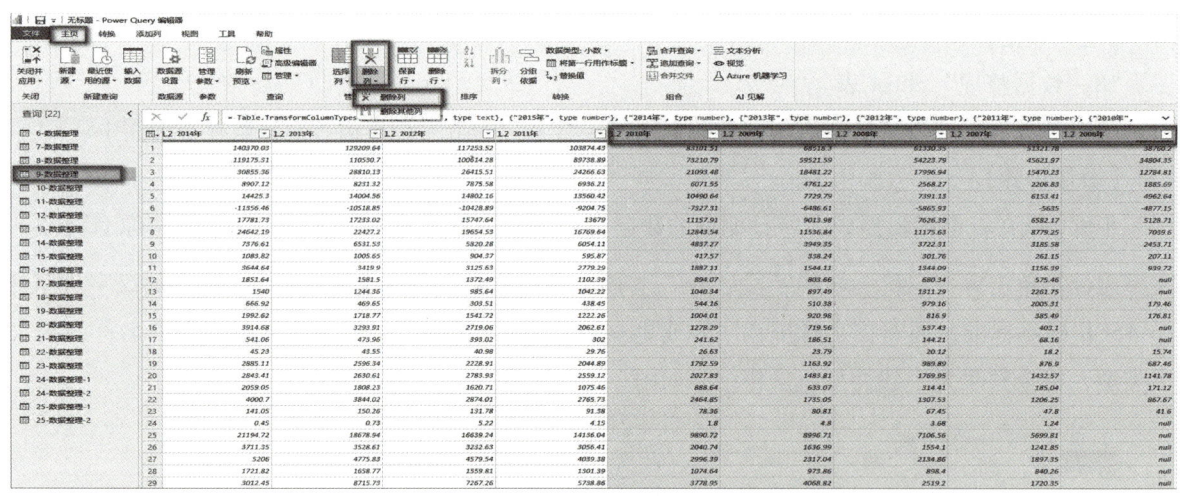

图 2-41 删除列

步骤 2：删除列后，只保留 2011—2015 年年度数据。若选择"删除其他列"命令，则删除 2011—2015 年年度数据，保留 2006—2010 年年度数据。

（3）数据的筛选

删除表中不需要的数据行。

【任务数据】

"10-数据整理" Sheet 表

此案例数据原型为 2006—2015 年国家财政收入年度数据。

【操作步骤】

步骤 1：在查询编辑器中，应用的步骤中如有图 2-42（a）方框中标注的两步操作，请删除，确认"10-数据整理" Sheet 表如图 2-42（b）所示（应用的步骤中只有源和导航）。

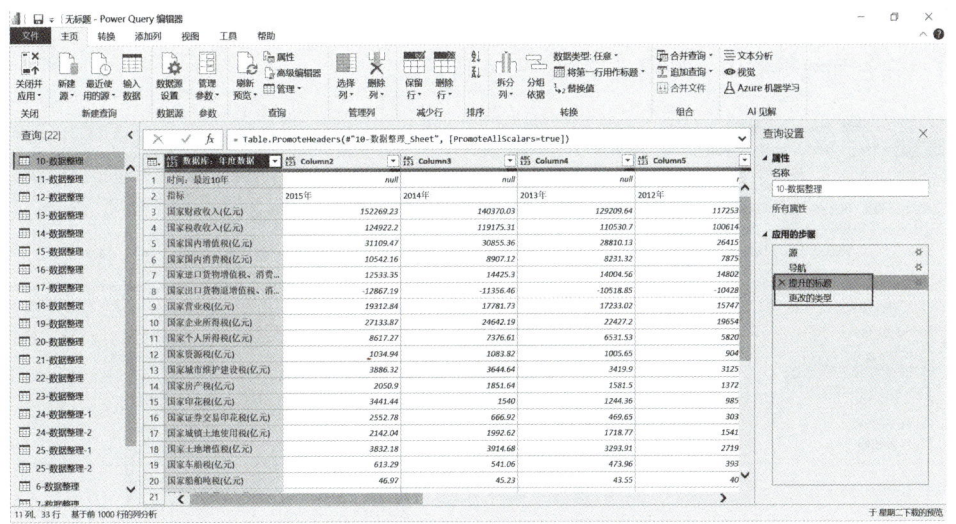

图 2-42（a） 应用的步骤中有多余两行

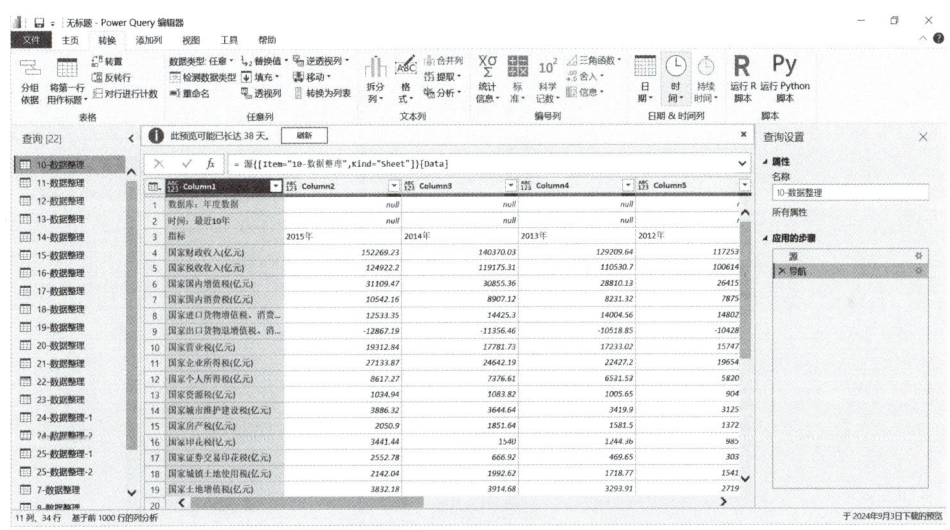

图 2-42（b） 应用的步骤中只有源和导航

步骤 2：在查询编辑器中，单击第一个字段 Column1 右侧的 ，显示空值行排在最后，单击不选择最后四个空值行，具体操作如图 2-43 所示。

步骤 3：单击"确定"按钮即可删除表中不需要的最前 2 行和最后 2 行。

2.1.3.3 数据类型的转换

将年度、月份字段数据恢复成源表中的文本型数据。

【任务数据】

"11-数据整理"Sheet 表

此案例数据原型为 2017 年 1 月的日期表数据。

图 2-43 选择数据

【操作步骤】

步骤1：在查询编辑器中，日期表如图2-44所示。

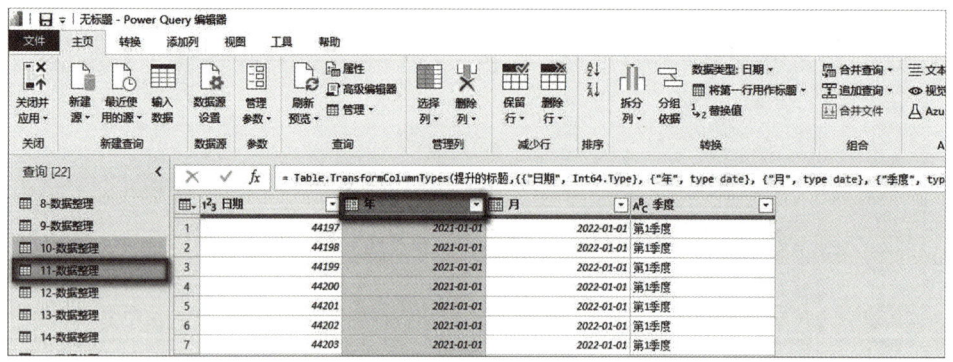

图2-44 查询日期表

步骤2：单击"年"字段前的 图标，选择"文本"，具体操作如图2-45所示。

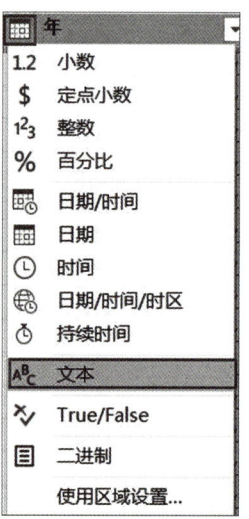

图2-45 选择文本

步骤3：单击"替换当前转换"按钮，将"年"字段数据由日期型转变为文本型，操作结果如图2-46所示。

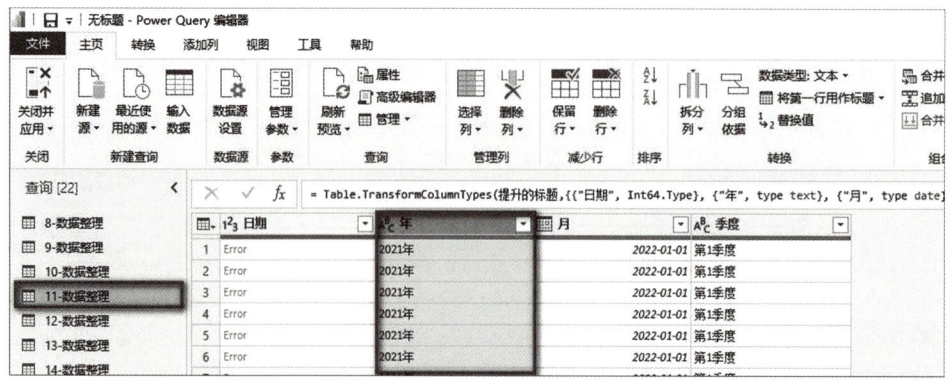

图2-46 "年"字段数据由日期型转变为文本型

步骤4：同理，将"月"字段由日期型转变为文本型，操作结果如图2-47所示。

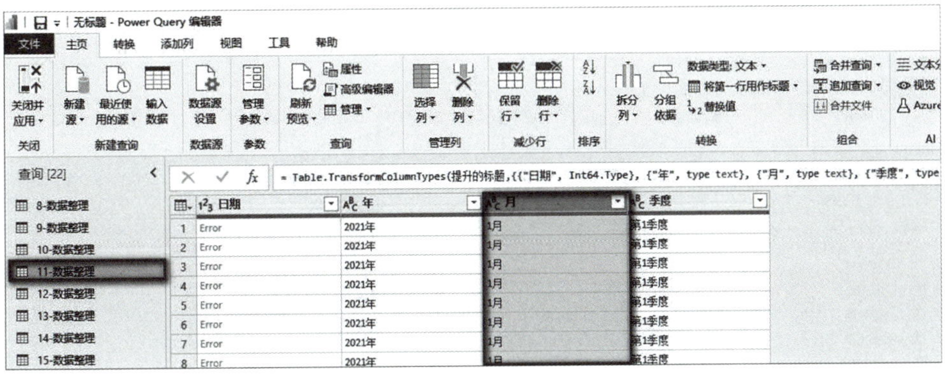

图2-47 "月"字段数据由日期型转变为文本型

2.1.3.4 数据格式的转换

删除表中不正确的格式。

【任务数据】

"12-数据整理"Sheet表

此案例数据原型为某健身会所会员信息。

表中用黄色（Sheet表中自带的颜色）标出的为不正确的格式：

（1）中文名字前后有空格；

（2）中文名字中有多行回车符；

（3）英文姓氏都为大写；

（4）出生年份字段中存在多余的"年"字。

【操作步骤】

步骤1：在查询编辑器中，先执行"转换→将第一行用作标题"命令，将首行内容作为标题，具体操作如图2-48所示。

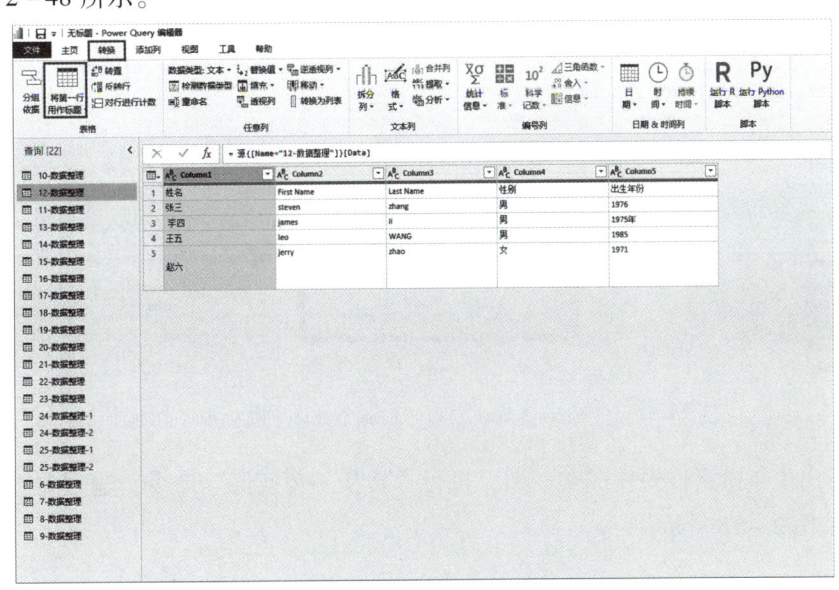

图2-48 转换→将第一行用作标题

步骤2：选中"姓名"列，分别执行"转换→格式→修整""转换→格式→清除"命令，具体操作如图2-49所示。

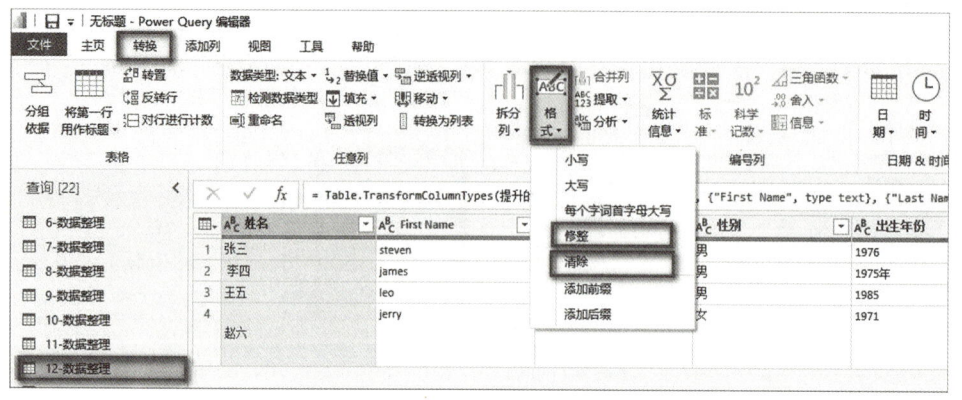

图2-49　"姓名"列具体操作步骤

步骤3：清除中文名字中的前后空格及回车符，操作结果如图2-50所示。

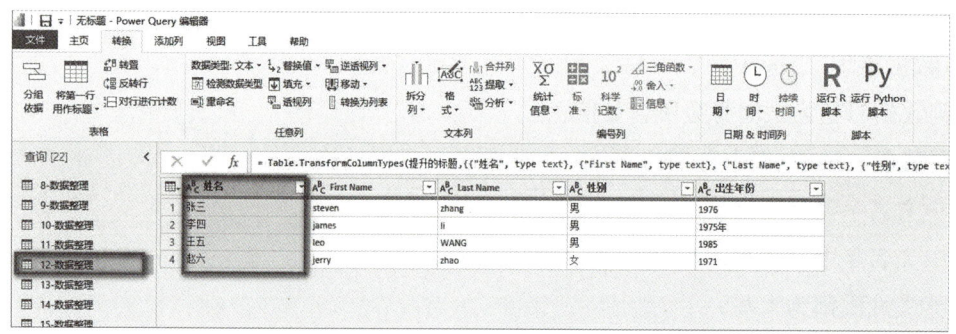

图2-50　清除中文名字中的前后空格及回车符

步骤4：选中"First Name"和"Last Name"两列，执行"转换→格式→小写"命令，将英文名字转换成小写，再执行"转换→格式→每个字词首字母大写"命令，将英文名字首字母变为大写。操作结果如图2-51所示。

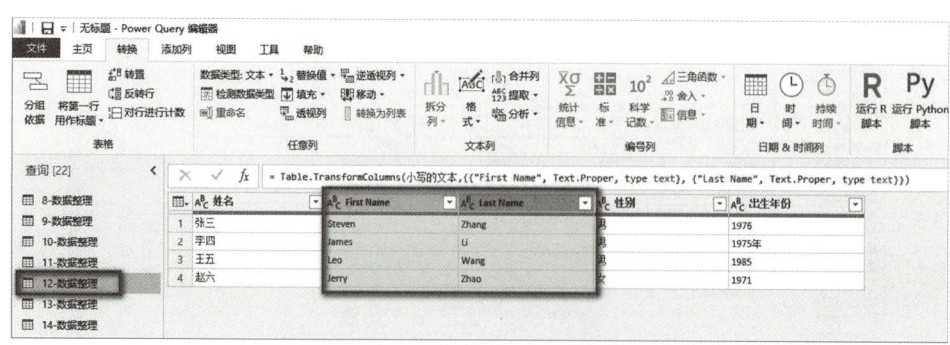

图2-51　"First Name"和"Last Name"两列操作结果

步骤5：将出生年份字段先变成文本型，执行"转换→替换值"命令，输入要查找的值"年"，替换为空值，如图2-52所示。

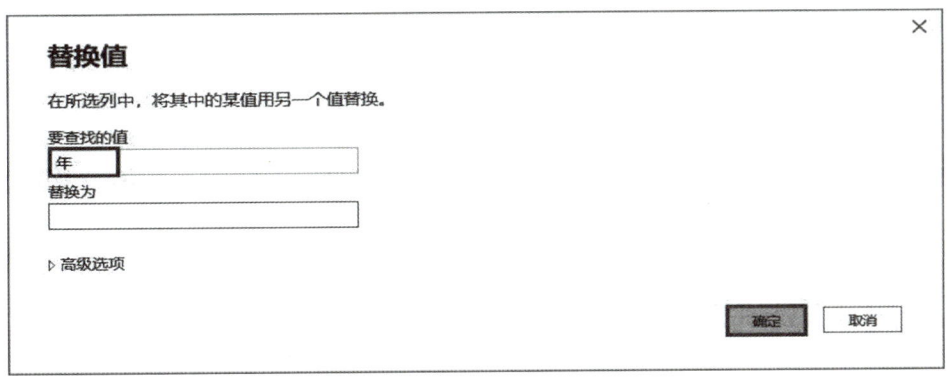

图 2-52 出生年份操作步骤

步骤 6：单击"确定"按钮，再将出生年份字段变为整数类型，操作结果如图 2-53 所示。

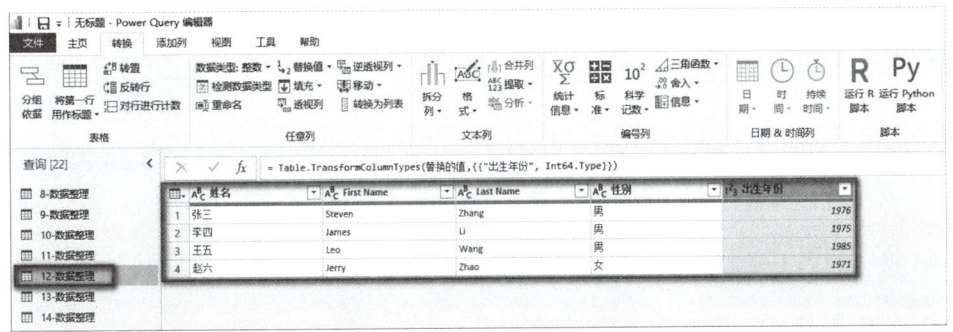

图 2-53 出生年份操作结果

2.1.3.5 数据的拆分、提取和合并

（1）数据的拆分

将表中的中文名字字段拆分成姓和名两个字段。

【任务数据】

"13-数据整理"Sheet 表

此案例数据原型为某健身会所的会员信息。

【操作步骤】

步骤 1：在查询编辑器中，选中"姓名"列，执行"添加列→重复列"命令，将"姓名"列复制一份，具体操作如图 2-54 所示。

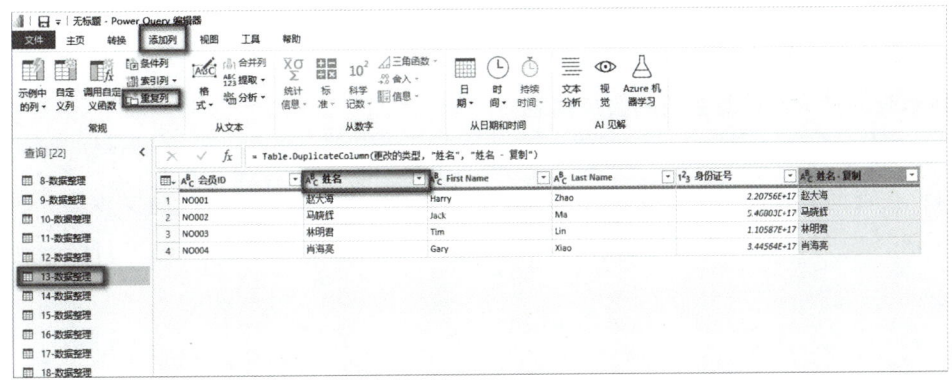

图 2-54 复制"姓名"列

步骤2：选中"姓名－复制"列，执行"转换→拆分列→按字符数"命令，输入拆分字符数"1"，选择拆分模式"一次，尽可能靠左"，如图2-55所示。

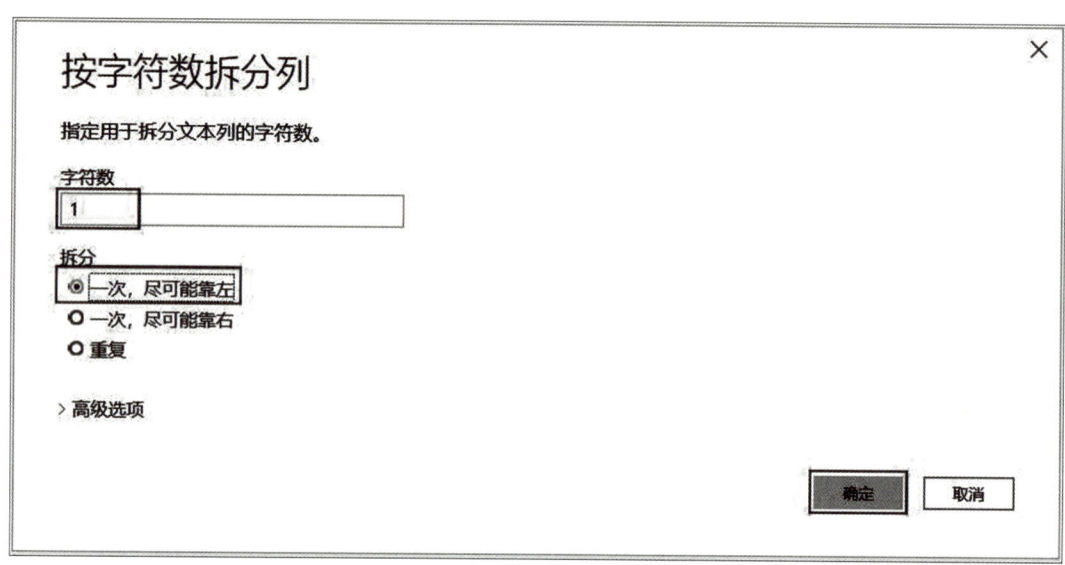

图2-55 按字符数拆分"姓名"列

步骤3：将"姓名－复制"字段拆分成两列，修改拆分后的字段名为"姓"和"名"，具体操作如图2-56所示。

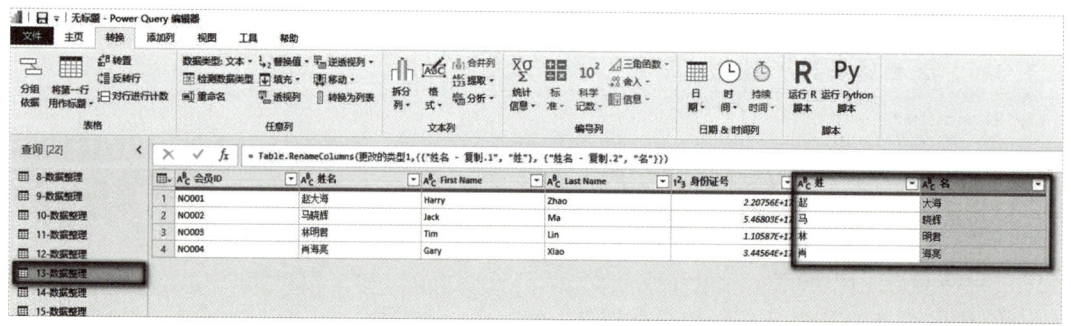

图2-56 修改拆分后的字段名

（2）数据的提取

从表中的身份证号码字段中提取出生年份信息。

【任务数据】

"14-数据整理"Sheet表

此案例数据原型为某健身会所的会员信息。

【操作步骤】

步骤1：在查询编辑器中，选中"身份证号"列，将其数据类型转换为文本型，具体操作如图2-57所示。

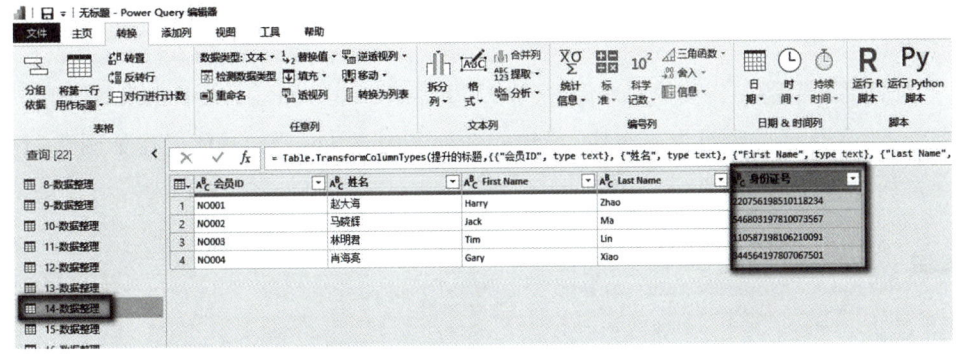

图 2-57 "身份证号"列数据文本转换

步骤2：执行"添加列→提取→范围"命令，输入起始索引"6"（起始索引为要提取的字符前面的字符数），字符数"4"，具体操作如图 2-58 所示。

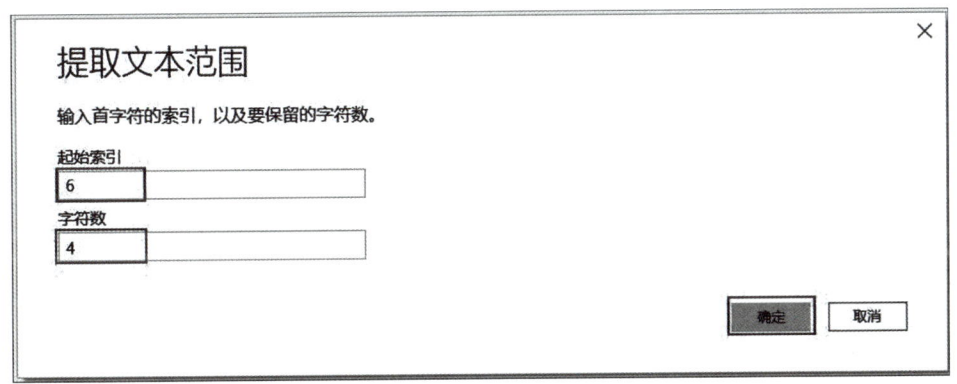

图 2-58 提取文本范围

步骤3：将提取的年份字段名修改为"出生年份"，执行"转换→格式→添加后缀"命令，输入"年"，单击"确定"按钮，操作结果如图 2-59 所示。

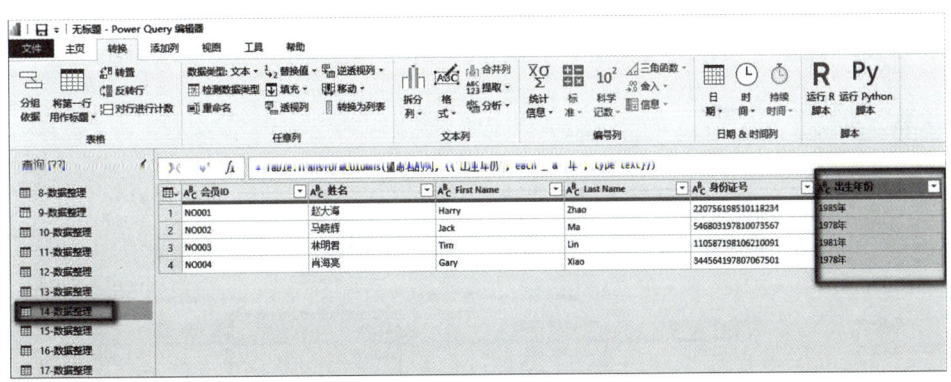

图 2-59 数据提取结果

（3）数据的合并

将表中的英文名字合并成一列，原列删除。

【任务数据】

"15 - 数据整理"Sheet 表

此案例数据原型为某健身会所的会员信息。

【操作步骤】

步骤1：在查询编辑器中，按住Ctrl键，选中"First Name"和"Last Name"两列，执行"转换→合并列"命令，选择分隔符为"空格"、输入新列名为"Name"，具体操作如图2-60（a）和图2-60（b）所示。

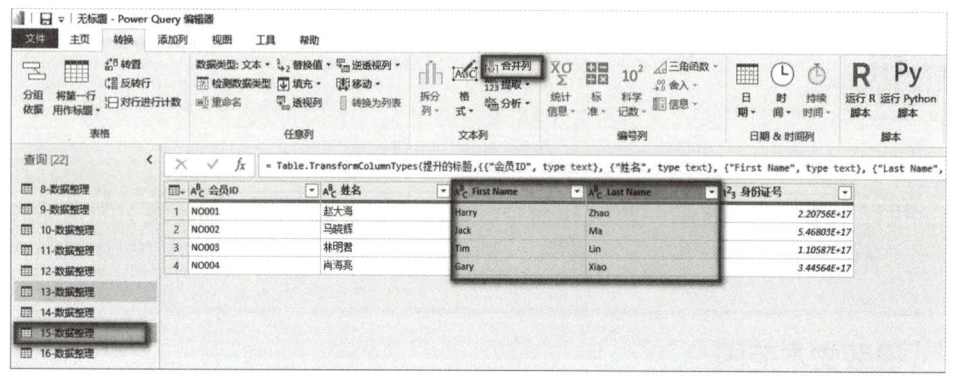

图2-60（a） 选择"First Name"和"Last Name"

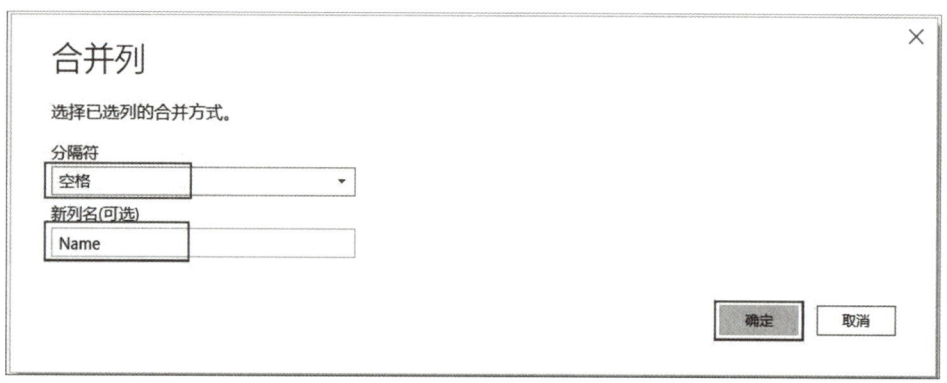

图2-60（b） 合并列

步骤2：单击"确定"按钮，将英文名字合并，操作结果如图2-61所示。

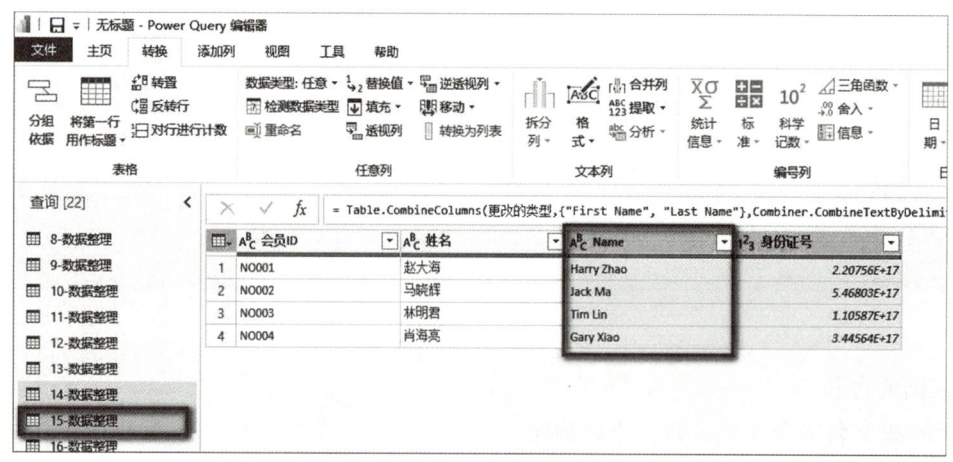

图2-61 数据合并结果

2.1.3.6 数据的转置和反转

(1) 数据的转置

将表中的数据进行行列互换。

【任务数据】

"16 – 数据整理"Sheet 表

此案例数据原型为某公司各月的销售数据。

【操作步骤】

步骤1：在查询编辑器中，执行"转换→转置"命令，如图2－62（a）所示，转换结果如图2－62（b）所示。

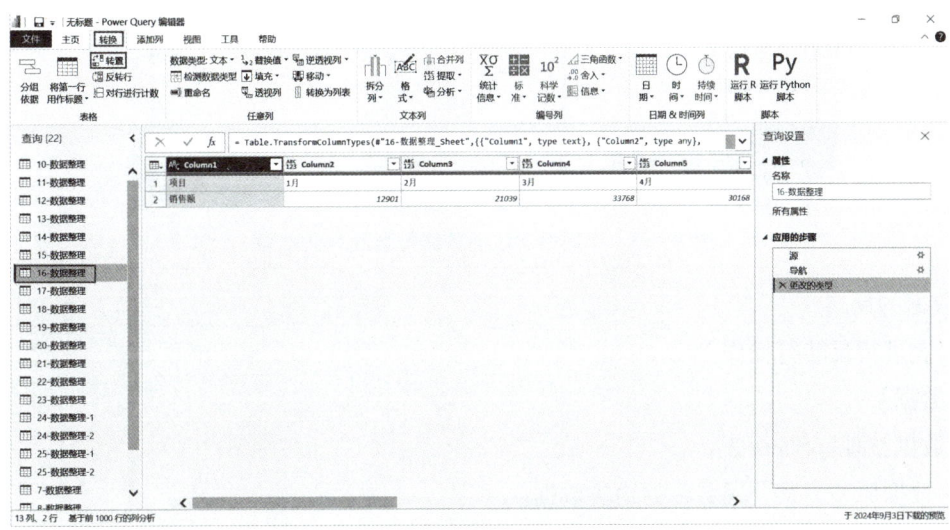

图2－62（a） 执行"转换→转置"命令

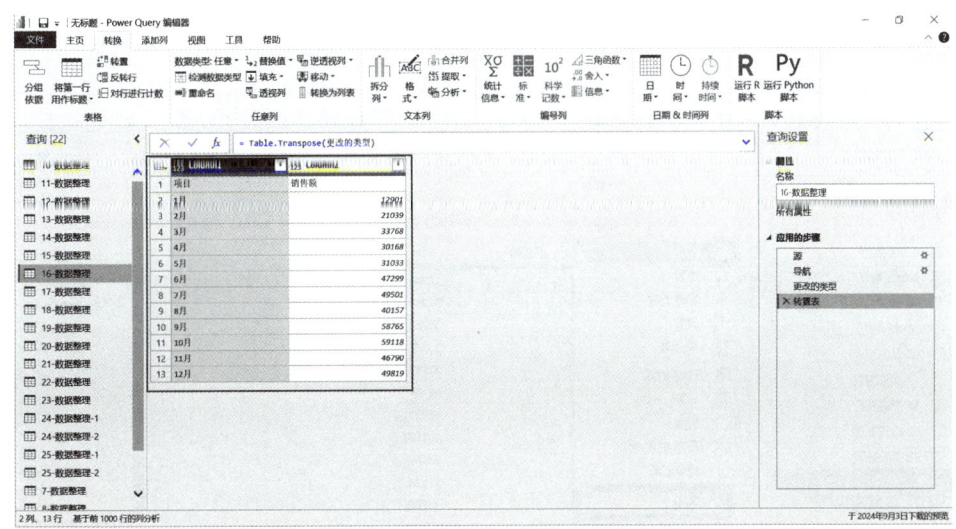

图2－62（b） 转换结果

步骤2：执行"转换→将第一行用作标题"命令，将项目字段的数据类型改为文本型，具体操作如图2－63所示。

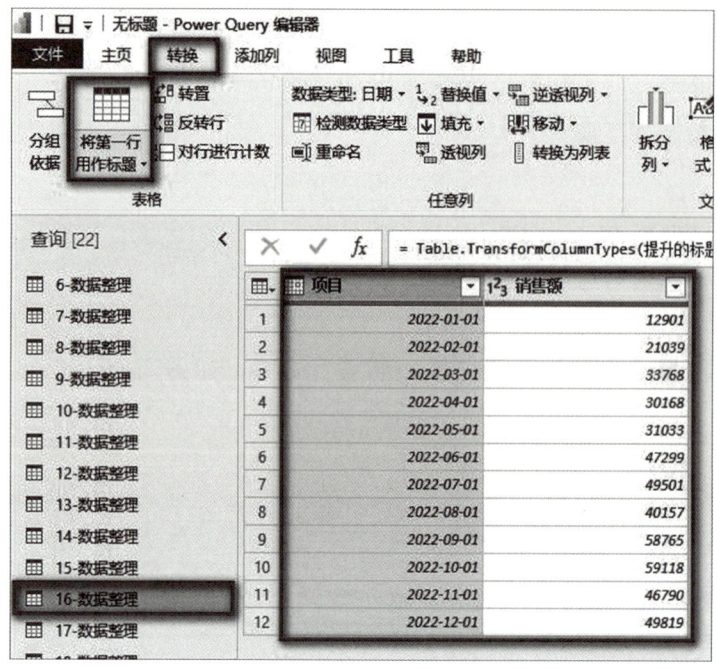

图2-63 将项目字段的数据类型改为文本型

(2) 数据的反转

对数据表进行反转行操作。

【任务数据】

"17-数据整理"Sheet表

此案例数据原型为某公司各月的销售数据。

【操作步骤】

步骤1：在查询编辑器中，将项目字段的数据类型改为文本型，具体操作如图2-64所示。

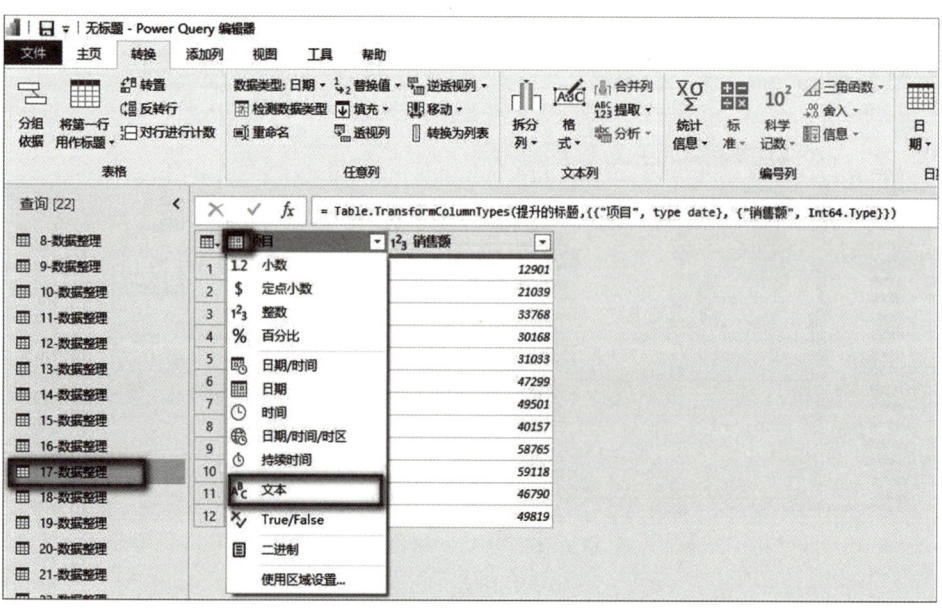

图2-64 将项目字段的数据类型改为文本型

步骤2：执行"转换→反转行"命令，反转结果如图2-65所示。

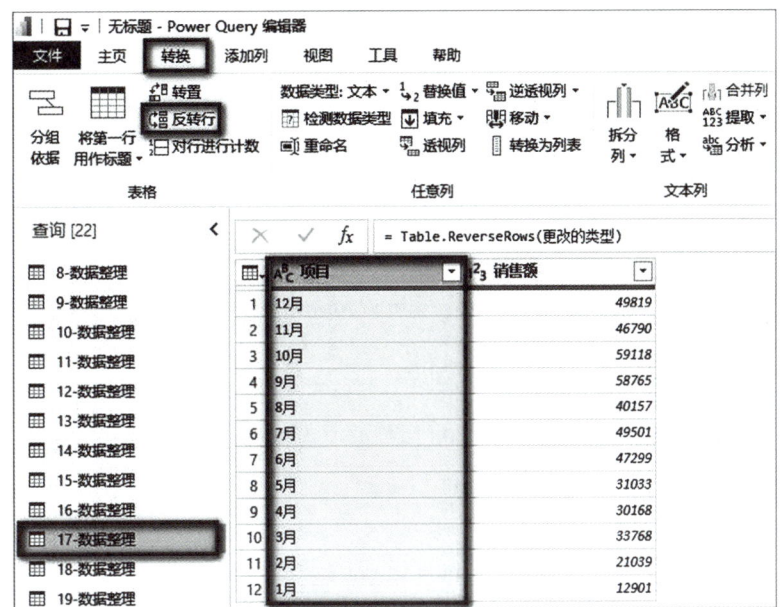

图2-65 反转结果

2.1.3.7 数据的透视和逆透视

（1）数据的透视

将一维表透视成二维表。

【任务数据】

"18-数据整理"Sheet表

此案例数据原型为某公司4种产品各月的销售数据。

【操作步骤】

步骤1：在查询编辑器中，将月份字段更改为文本型，具体操作如图2-66所示。

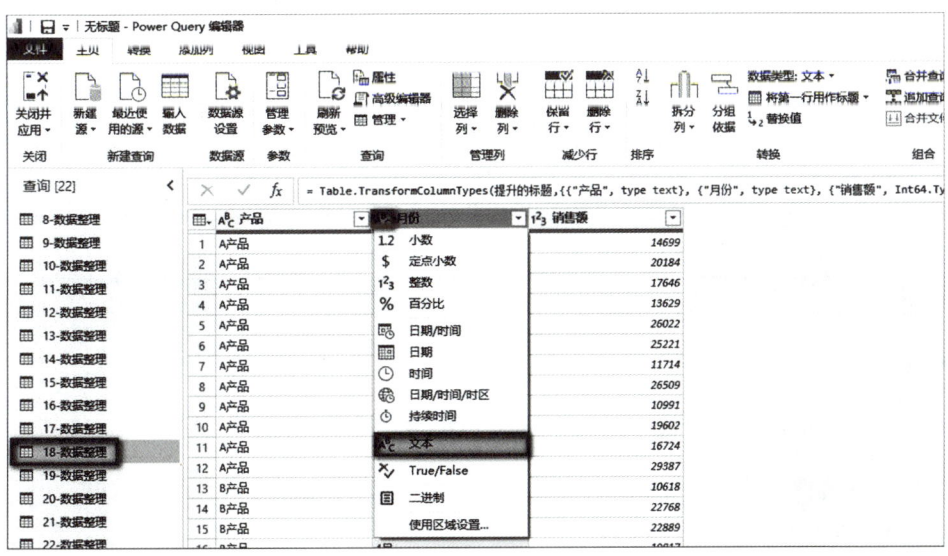

图2-66 将月份字段更改为文本型

043

步骤2：选中"月份"列，然后执行"转换→透视列"命令，如图2-67所示，值列选择"销售额"，具体操作如图2-68所示。

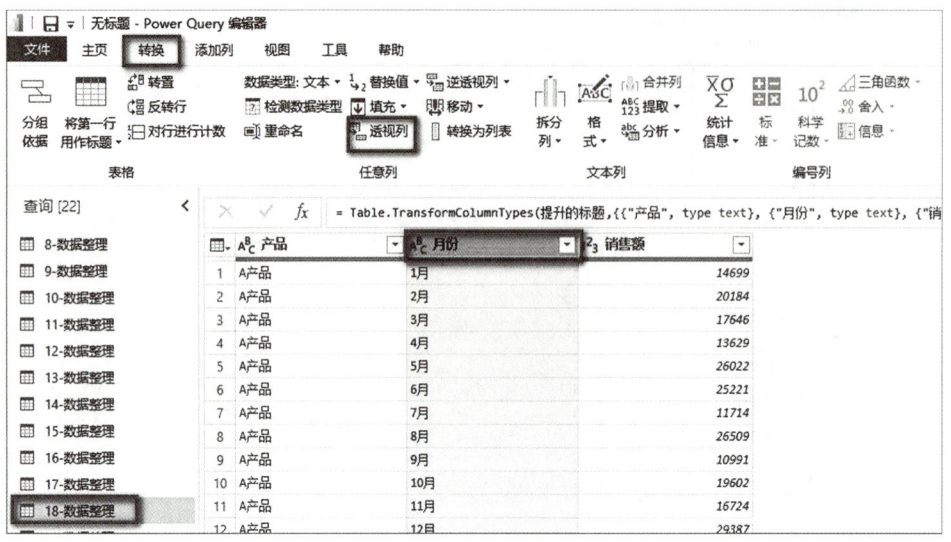

图2-67 执行"转换→透视列"命令

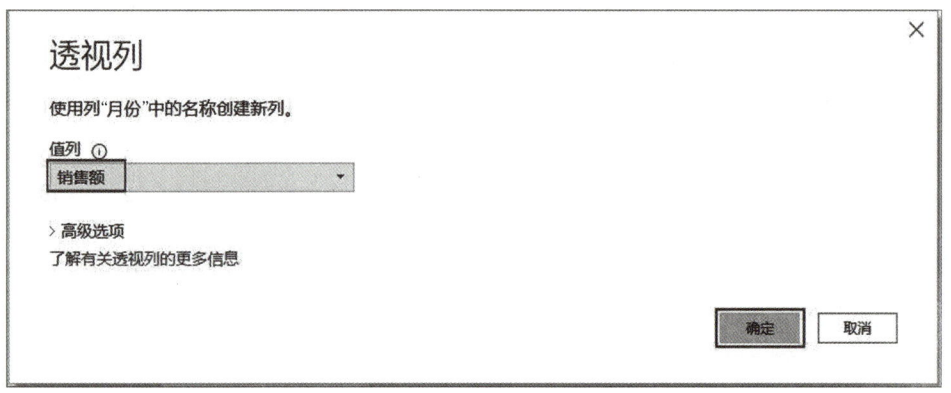

图2-68 值列选择"销售额"

步骤3：单击"确定"按钮，将一维表数据透视成二维表数据，操作结果如图2-69所示。

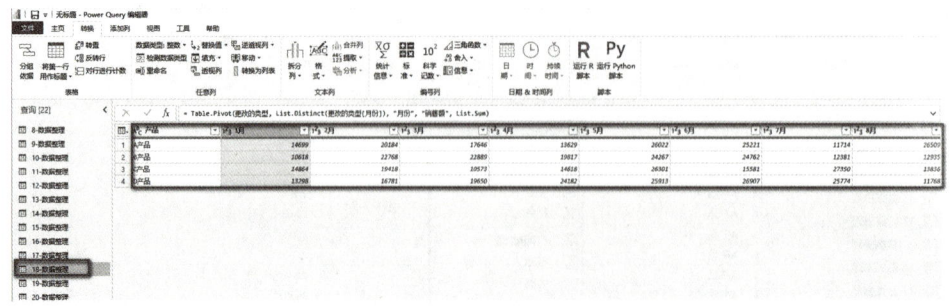

图2-69 一维表数据透视成二维表数据操作结果

（2）数据的逆透视

将二维表透视成一维表。

【任务数据】

"19-数据整理"Sheet 表

此案例数据原型为某公司 4 种产品各月的销售数据。

【操作步骤】

步骤 1：在查询编辑器中，执行"转换→将第一行用作标题"命令，将首行提升为标题。

步骤 2：连续选中 1—12 月列，执行"转换→逆透视列"命令，将属性字段改为"月份"，值字段改为"销售额"，操作结果如图 2-70 所示。

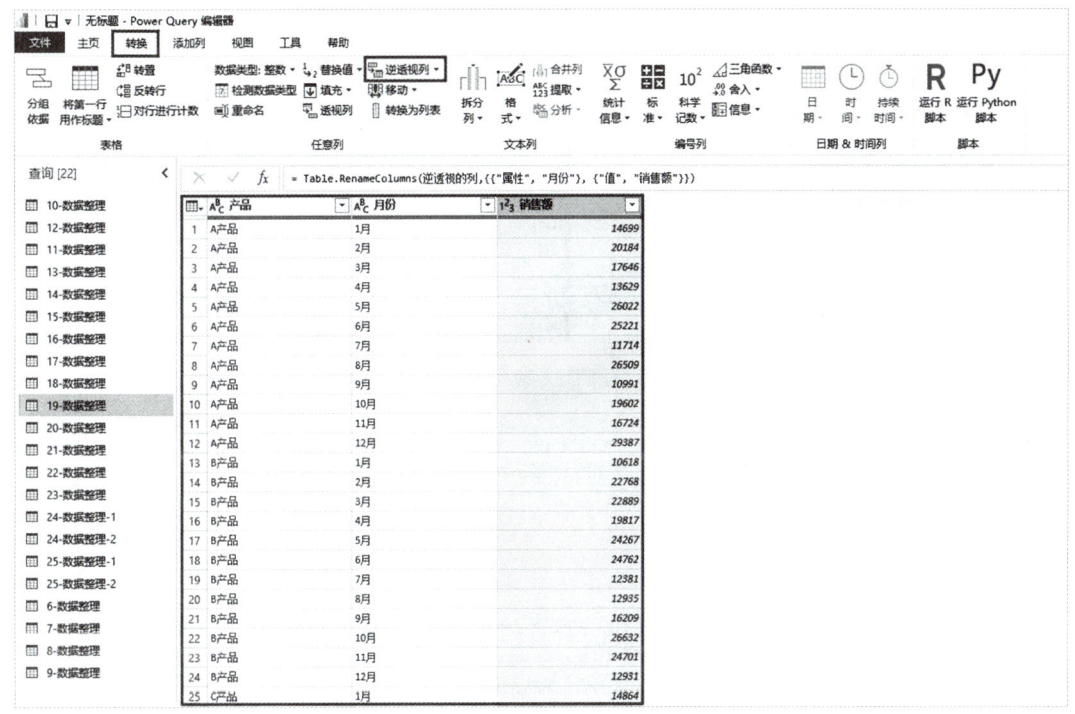

图 2-70　执行"转换→逆透视列"命令

或者选中产品列，执行"转换→逆透视列→透视其他列"命令，如图 2-71 所示，将属性字段改为"月份"，值字段改为"销售额"，操作结果如图 2-72 所示。

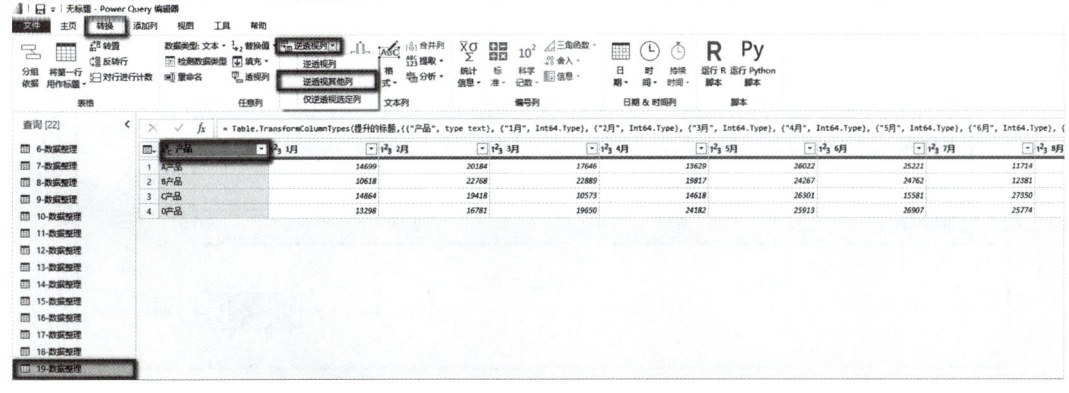

图 2-71　执行"转换→逆透视列→透视其他列"命令

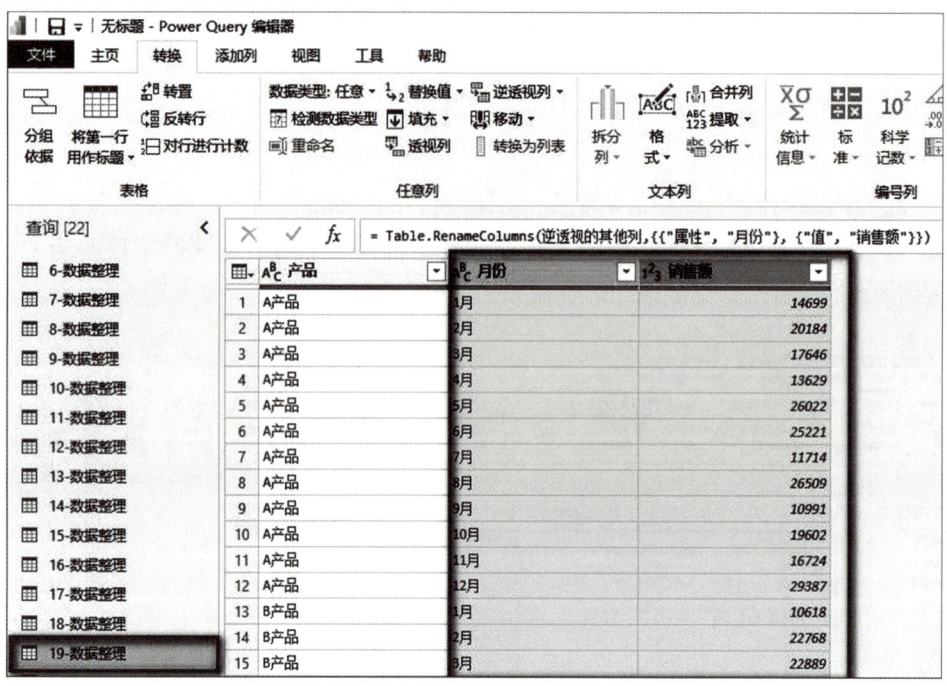

图 2-72 修改属性字段及值字段操作结果

2.1.3.8 分组依据

按客户名称统计各客户的销售总额。

【任务数据】

"20-数据整理"Sheet 表

此案例数据原型为某公司的产品销售数据。

【操作步骤】

步骤 1：在查询编辑器中，执行"转换→分组依据"命令，选择分组依据"客户名称"、新列名"销售总额"、操作"求和"、柱"金额"，具体操作如图 2-73 所示。

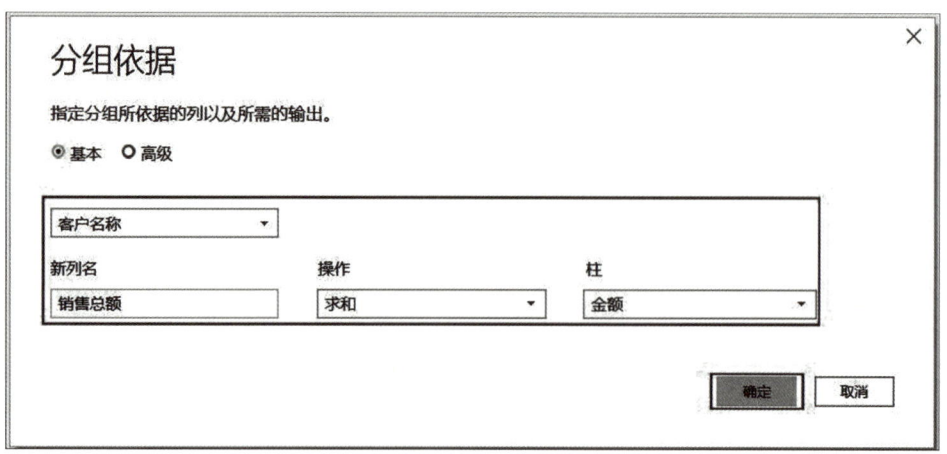

图 2-73 选择"分组依据"

步骤 2：单击"确定"按钮，操作结果如图 2-74 所示。

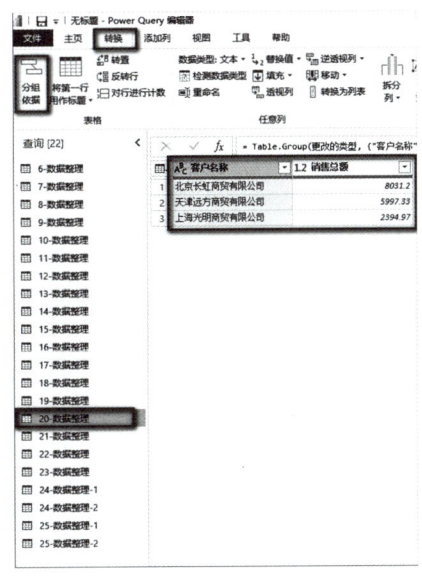

图 2-74 操作结果

2.1.3.9 添加索引列

为月份字段创建索引列，在对月份字段进行排序时以索引序号作为排序依据。

【任务数据】

"21-数据整理"Sheet 表

此案例数据原型为常用维度日期表数据。

月份默认的排序为：10 月、11 月、12 月、1 月、2 月、3 月、4 月、5 月、6 月、7 月、8 月、9 月。

通过设置索引列，可将其按正常顺序排序：1 月、2 月、3 月、4 月、5 月、6 月、7 月、8 月、9 月、10 月、11 月、12 月。

【操作步骤】

步骤 1：在查询编辑器中，将月份字段改为文本型，操作结果如图 2-75 所示。

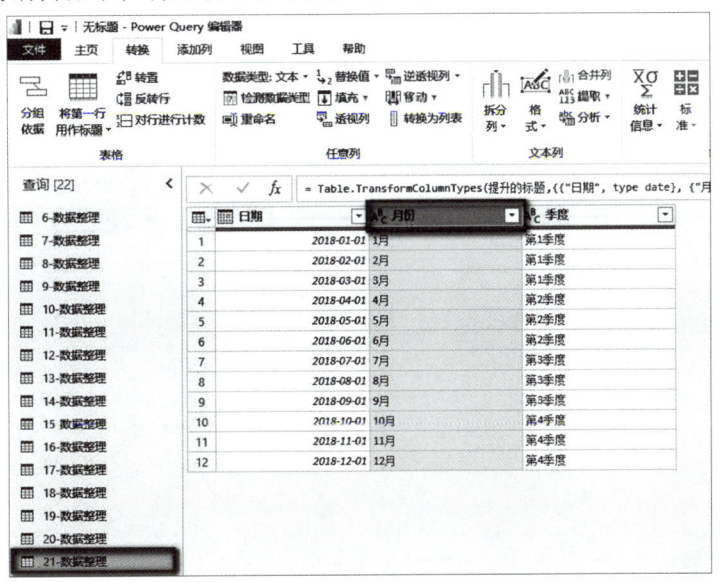

图 2-75 将月份字段改为文本型

步骤2：执行"添加列→索引列→从1"命令，将索引字段名改为"月份排序依据"，具体操作及结果如图2-76所示。在Power BI数据分析中，当需要对月份排序时，选择排序依据为"月份排序依据"，即可按正常月份顺序显示数据了。

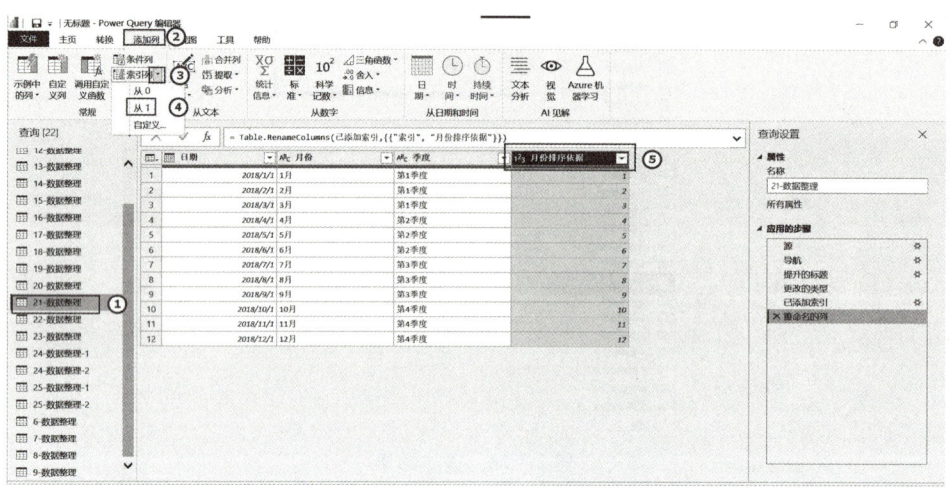

图2-76 添加"索引列"操作及结果

2.1.3.10 日期和时间的整理

提取日期字段中的年、月、季度和星期几信息，并添加到新建列中。

【任务数据】

"22-数据整理"Sheet表

此案例数据原型为某日期表数据，根据日期表中的日期构建年、月、日、星期几等字段列。

【操作步骤】

步骤1：在查询编辑器中，选中日期列，执行"添加列→日期→年→年"命令，得到年份数据，具体操作如图2-77所示。

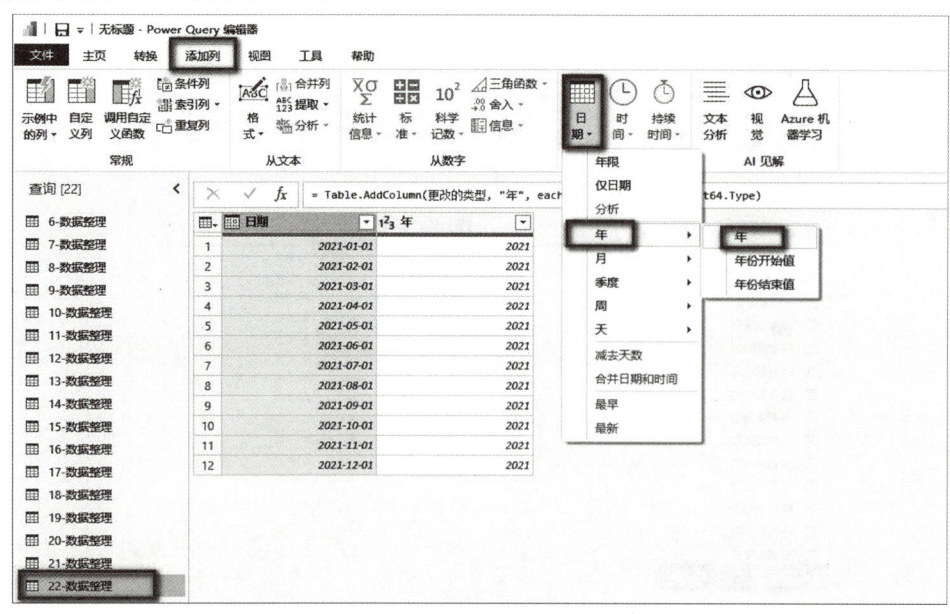

图2-77 执行"添加列→日期→年→年"命令

步骤2：选中日期列，执行"添加列→日期→月→月"命令，得到月份数据如图2-78所示。

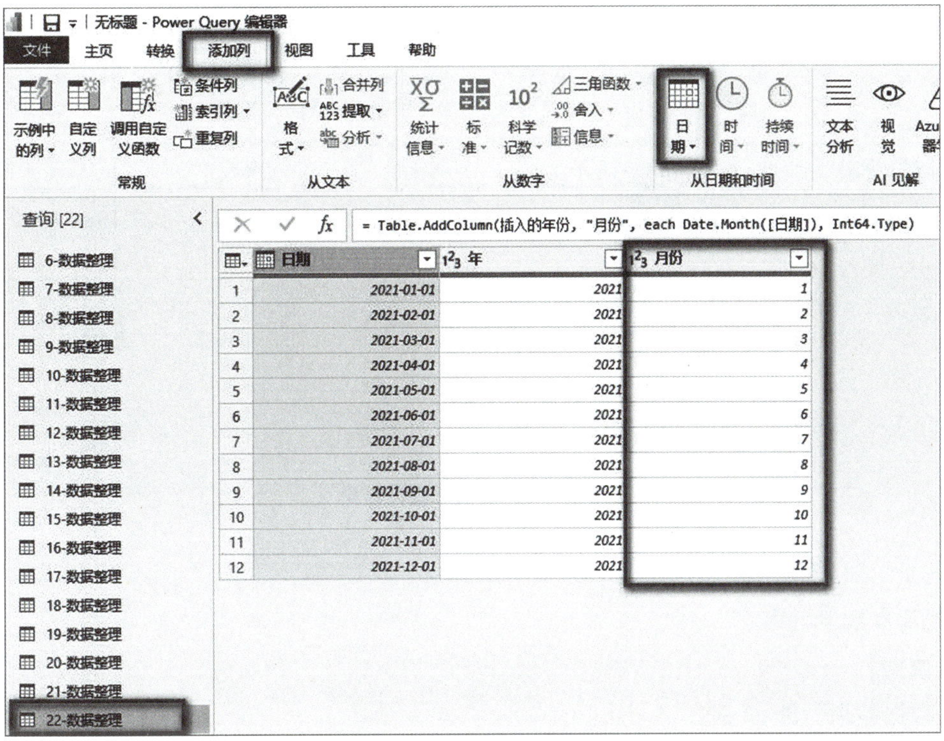

图2-78 月份数据结果

步骤3：选中日期列，执行"添加列→日期→季度→一年的某一季度"命令，得到季度数据如图2-79所示。

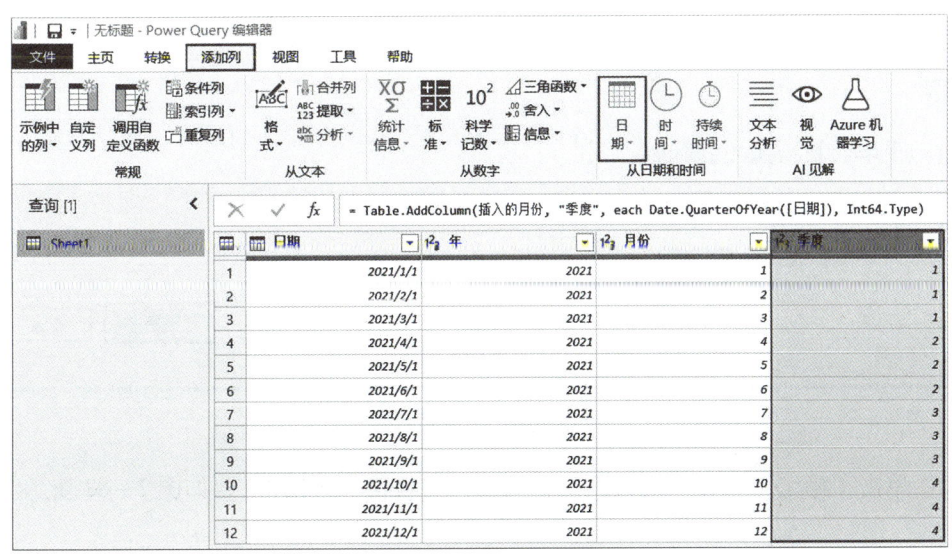

图2-79 季度数据结果

步骤4：选中日期列，执行"添加列→日期→天→星期几"命令，得到星期几数据，操作结果如图2-80所示。

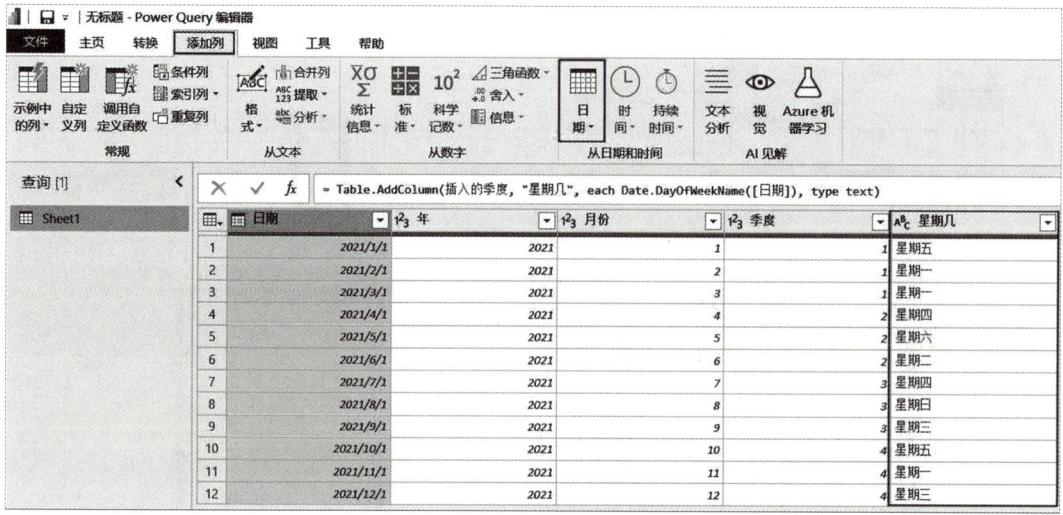

图 2-80　星期几数据结果

2.1.3.11　数据的基本数学运算

数据的基本数学运算。

【任务数据】

"23-数据整理" Sheet 表

此案例数据原型为某公司产品定价数据。

【操作步骤】

步骤 1：在查询编辑器中，选中"售价-美元"列，执行"添加列→标准→乘"命令，输入值"6.5"，具体操作如图 2-81 所示。

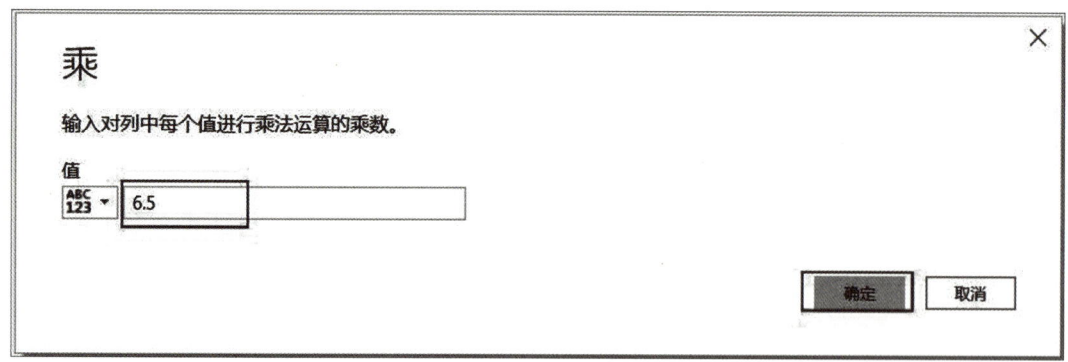

图 2-81　输入汇率值

步骤 2：单击"确定"按钮，更改新列字段名为"售价-人民币"，如图 2-82 所示。

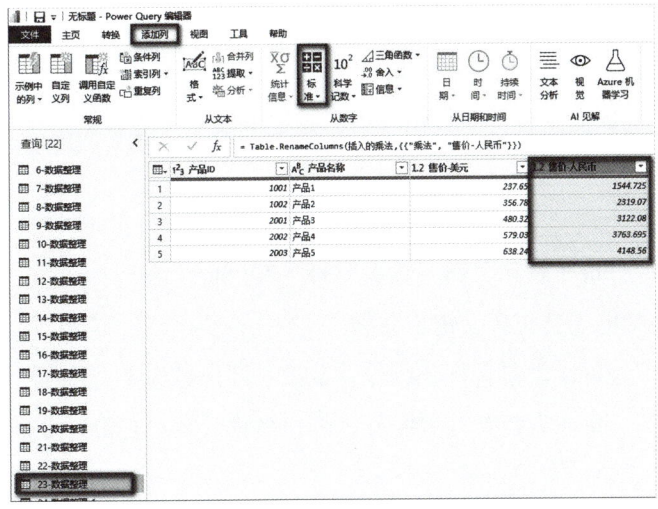

图 2-82　更改新列字段名为"售价-人民币"

步骤 3：选中"售价-人民币"列，执行"转换→舍入→舍入"命令，输入小数位数"1"，具体操作如图 2-83 所示。

图 2-83　输入小数位数

步骤 4：单击"确定"按钮，四舍五入后的数据如图 2-84 所示。

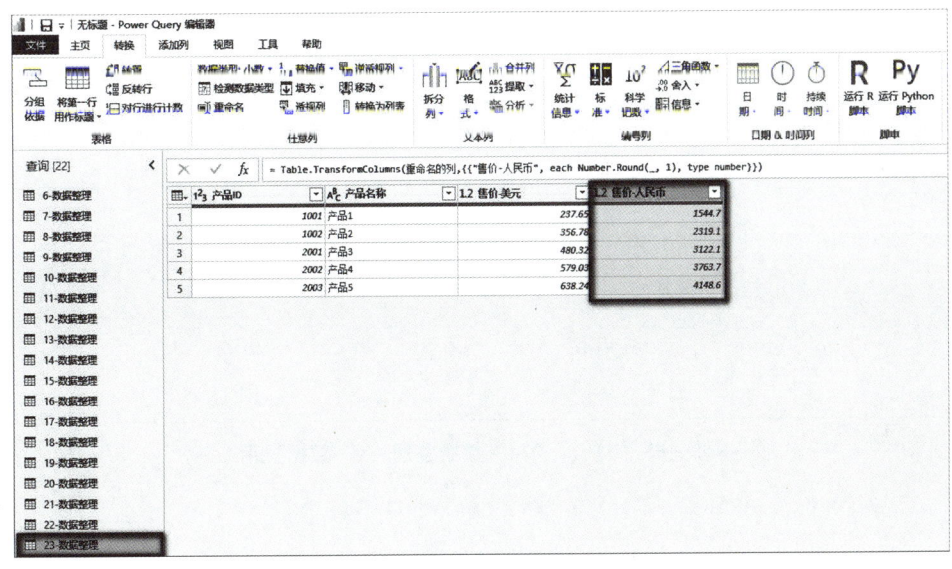

图 2-84　操作结果

2.1.3.12 数据的组合

(1) 追加查询

追加查询是表与表的纵向组合。一般情况下,是把字段一样的数据追加到一张表中,即将两张表做追加查询。

【任务数据】

"24-数据整理-1"Sheet表和"24-数据整理-2"Sheet表

此案例数据原型为某电子公司产品销售数据。

"24-数据整理-1"Sheet表包含订单编号、金额、客户名称3个字段,6条记录。

"24-数据整理-2"Sheet表包含订单编号、客户名称、客户省份、金额4个字段,5条记录。

【操作步骤】

步骤1:在查询编辑器中,"24-数据整理-1"Sheet表和"24-数据整理-2"Sheet表数据显示分别如图2-85(a)和图2-85(b)所示。

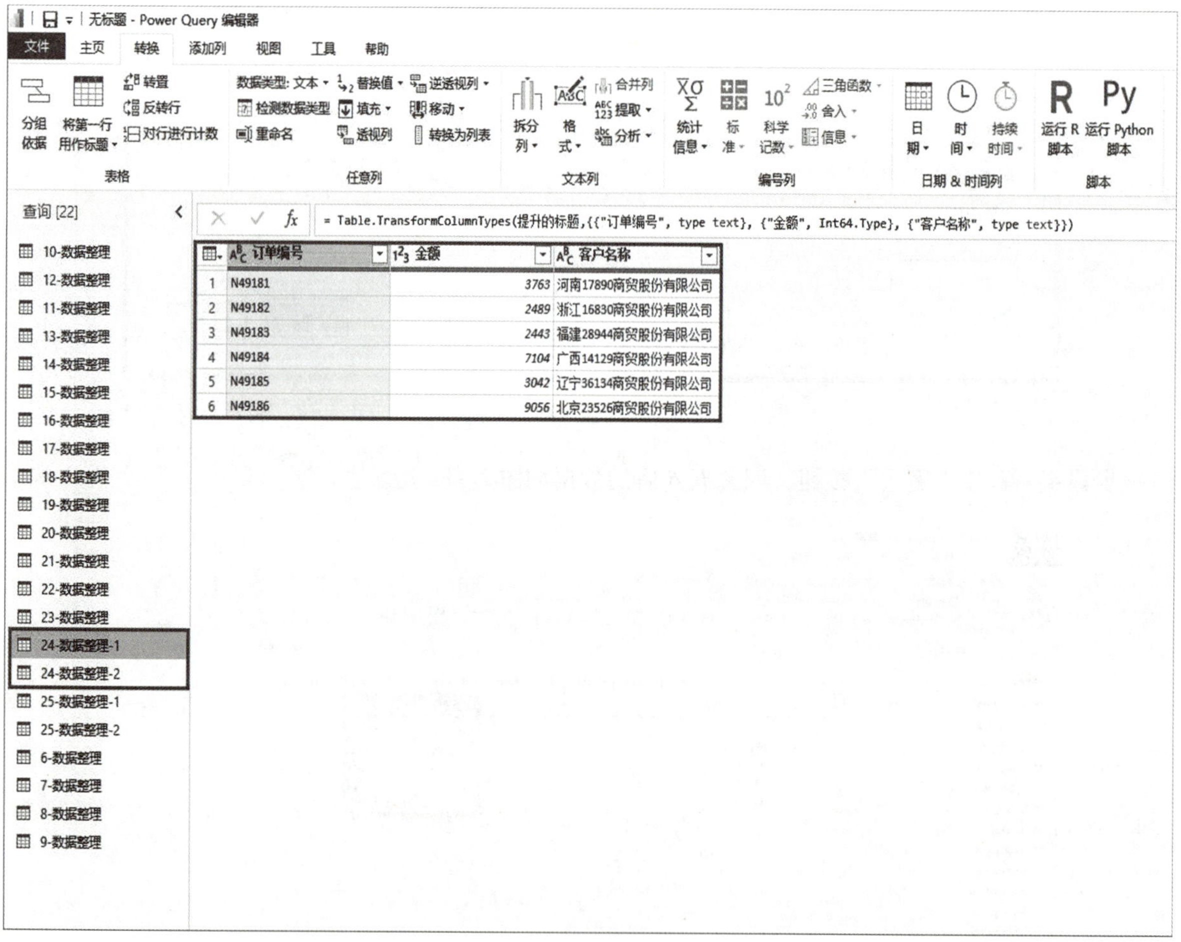

图2-85(a) "24-数据整理-1"数据显示

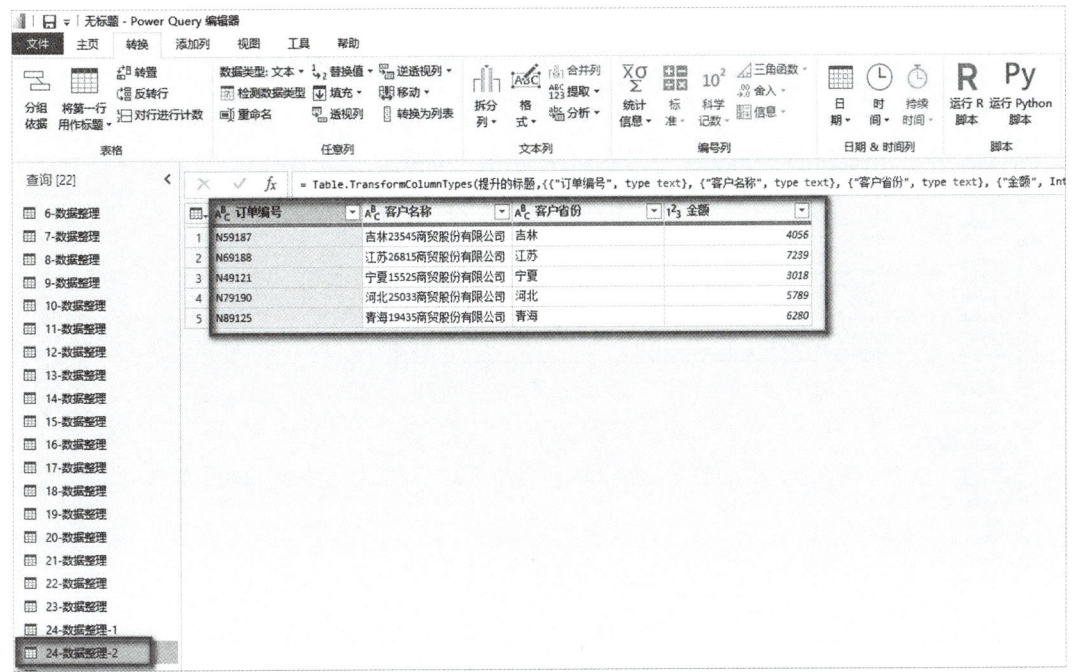

图 2–85（b）　"24–数据整理–2"数据显示

步骤 2：在"24–数据整理–2"Sheet 表中，执行"主页→追加查询"命令，选择要追加的表"24–数据整理–1"，具体操作如图 2–86 所示。

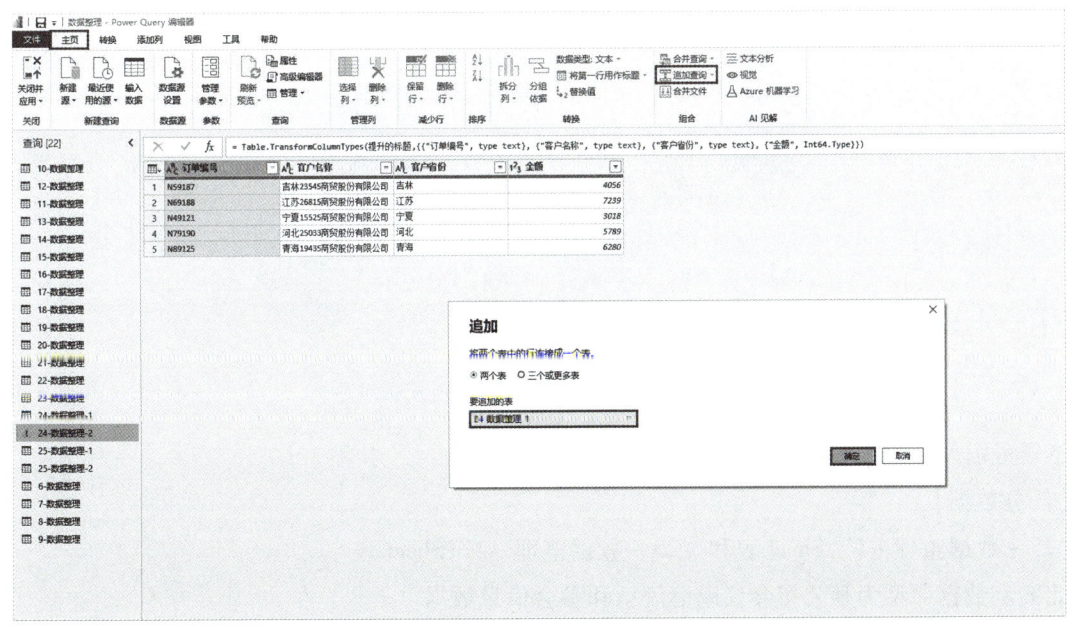

图 2–86　执行"主页→追加查询"命令

步骤 3：单击"确定"按钮，被追加后的"24–数据整理–2"Sheet 表如图 2–87 所示。

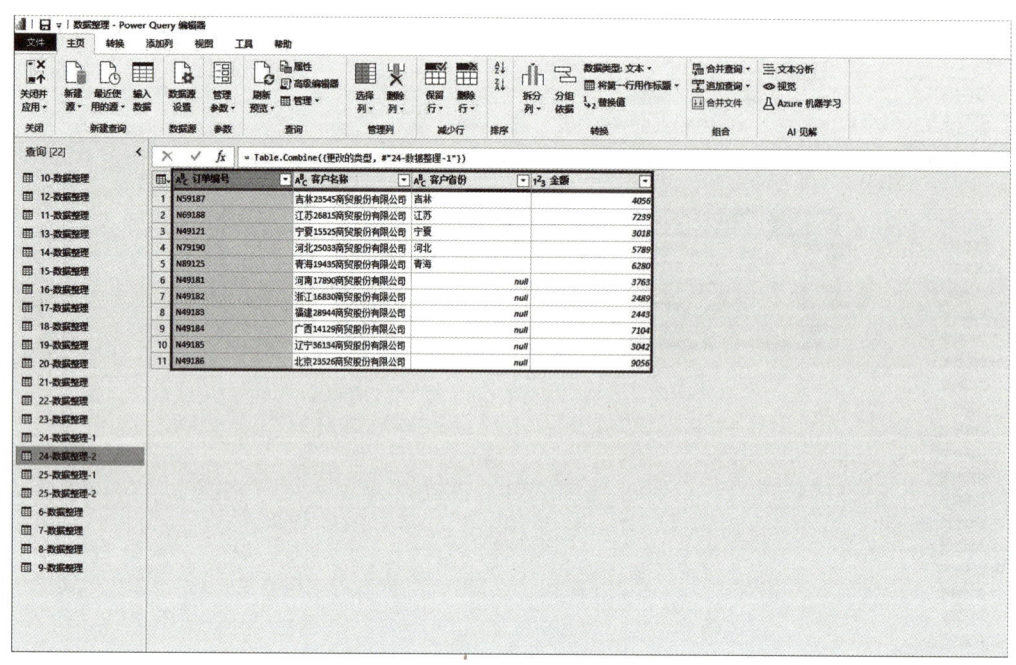

图 2-87　追加后的"24-数据整理-2"Sheet 表界面

(2) 合并查询

合并查询是表与表的横向组合,这需要两张表有相互关联的字段。合并查询的新表中,会生成两张表所有的字段,而生成哪些数据记录要看两张表的链接关系。合并查询中,表的链接关系有左外部、右外部、完全外部、内部、左反、右反6种,如图 2-88 所示。

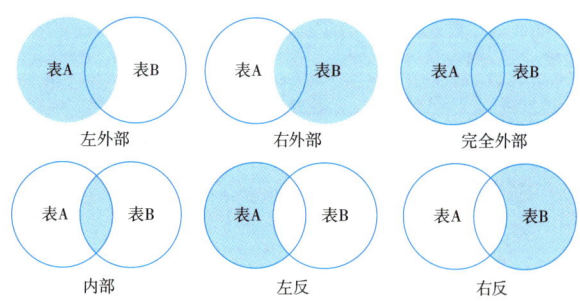

图 2-88　合并查询中表的链接关系

本任务需要将两张表做合并查询(左外部链接)。

【任务数据】

"25-数据整理-1"Sheet 表和"25-数据整理-2"Sheet 表

此案例数据原型为某公司会议邀请信息和参会信息数据。

"25-数据整理-1"Sheet 表包含姓名和邀请日期2个字段,5条记录,邀请人分别是A、B、C、D、E。

"25-数据整理-2"Sheet 表包含姓名和参会日期2个字段,4条记录,参会人分别是D、E、F、G。

两张表各种链接方式合并后的结果及表达的含义如表 2-1 所示。

表2-1 两张表各种链接方式合并后的结果及表达的含义

链接方式	含义	结果
左外部	A B C D E	1表中所有行，2表中匹配行（所有邀请人的参会信息）
右外部	D E F G	2表中所有行，1表中匹配行（所有参会人的邀请信息）
完全外部	A B C D E F G	1、2表中所有行（所有邀请及参会人的信息）
内部	D E	1、2表中匹配行（既邀请又参会人的信息）
左反	A B C	1表中去掉2表匹配行（邀请未参会人的信息）
右反	F G	2表中去掉1表匹配行（参会未邀请人的信息）

【操作步骤】

步骤1：在查询编辑器中，"25-数据整理-1" Sheet表和"25-数据整理-2" Sheet表数据显示分别如图2-89（a）和图2-89（b）所示。

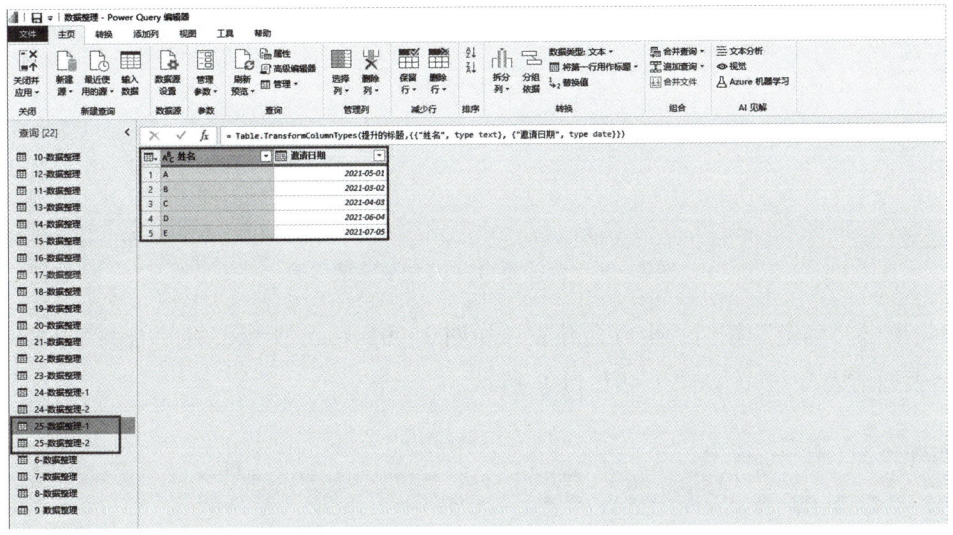

图2-89（a）　"25-数据整理-1"数据显示

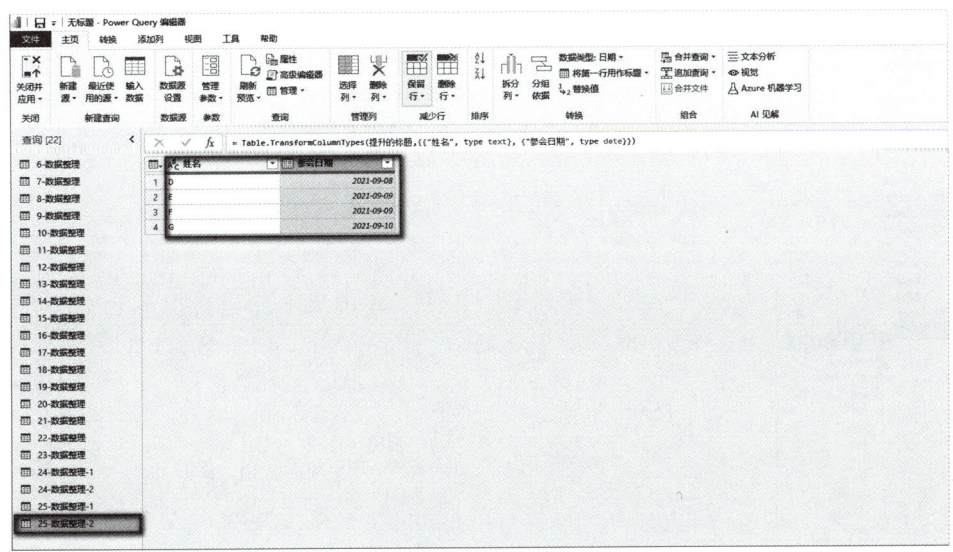

图2-89（b）　"25-数据整理-2"数据显示

步骤2：执行"主页→合并查询→将查询合并为新查询"命令，选择要合并的"25－数据整理－1"Sheet表和"25－数据整理－2"Sheet表，双击两张表的姓名字段，选择链接种类"左外部"，具体操作如图2－90所示。

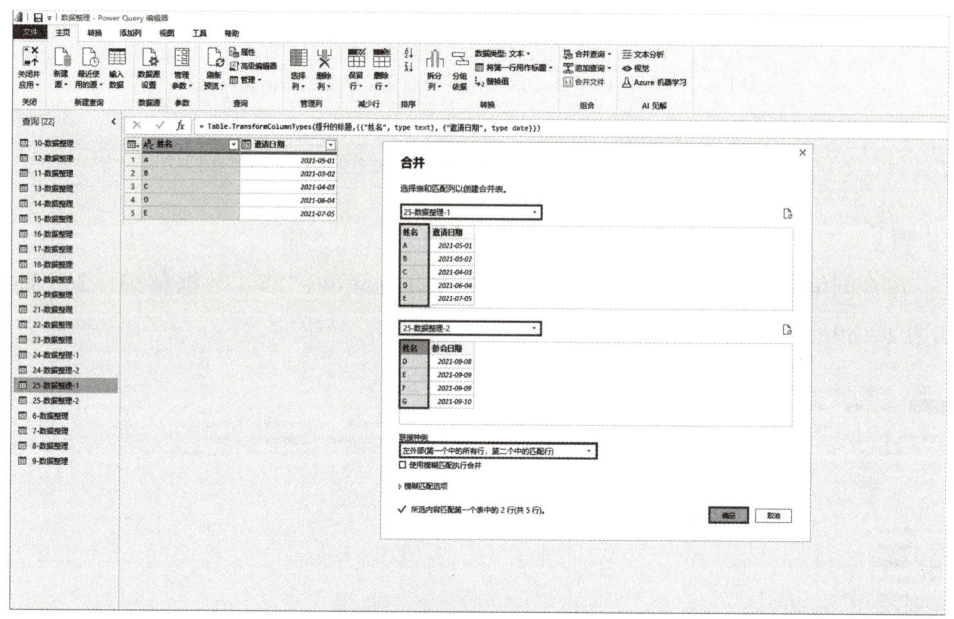

图2－90　选择要合并的表及链接种类

步骤3：单击"确定"按钮，生成合并表，如图2－91（a）所示，将"合并1"Sheet表重命名为"参会表邀请表合并"，如图2－91（b）所示。

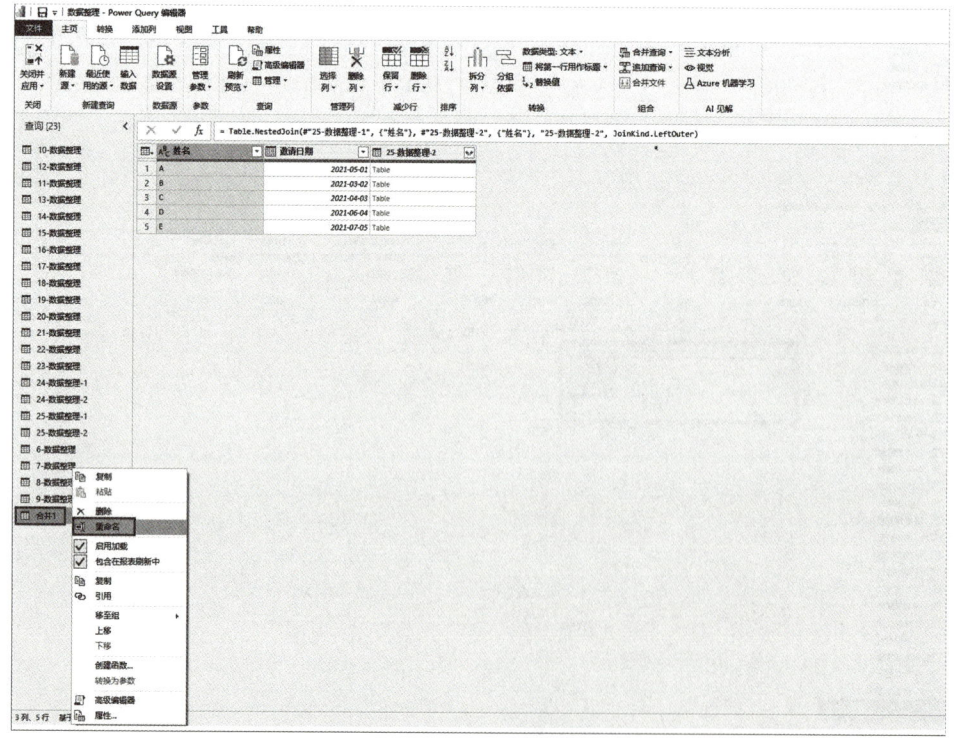

图2－91（a）　生成合并表

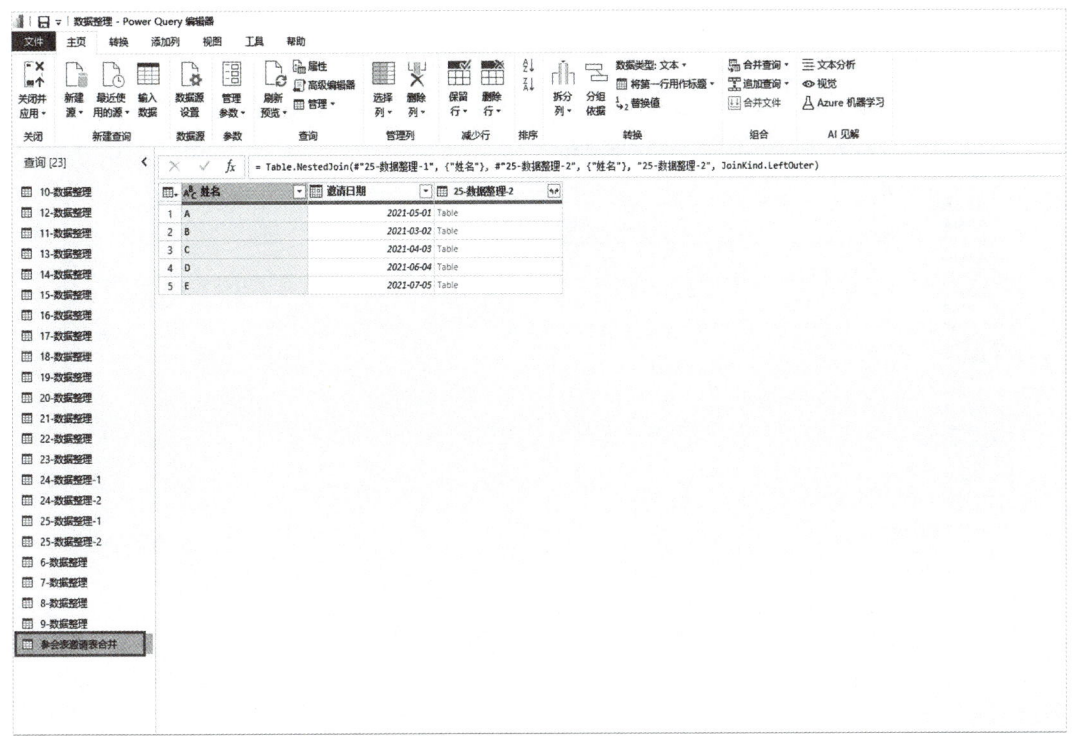

图 2-91（b） "合并 1" Sheet 表重命名

步骤 4：单击"25-数据整理-2"字段右侧的 图标，选择"参会日期"字段，具体操作如图 2-92 所示。

图 2-92 选择"参会日期"具体操作步骤

步骤 5：单击"确定"按钮，展开字段的合并表如图 2-93 所示。

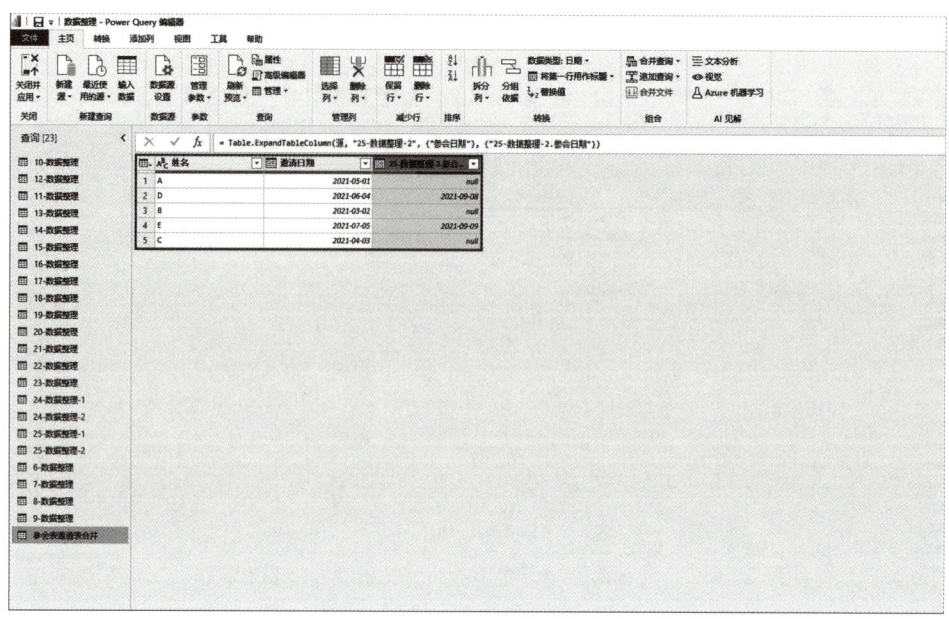

图 2-93 展开字段的合并表

练一练

根据所提供的资料，完成数据导入、类型转换、拆分字段、提取字段、归并字段的练习，并提交一份练习报告，包括数据整理的具体步骤、遇到的问题和解决方法、对 Power Query 功能的理解和评价以及数据整理后的预览截图。

2.2 数据建模

本节案例主要以"烘焙工坊"数据为基础，增加了维度表"会员表"。

本节案例有 4 个维度表和 1 个事实表，维度表分别为产品表、日期表、门店表和会员表（见表 2-94～表 2-97）；事实表为销售表（见表 2-98）。其中：

产品表包括产品分类 ID、产品分类名称、产品 ID、产品名称和单价共 5 个字段，7 条数据（记录）。

日期表包括日期、年、月和季度共 4 个字段，731 条数据。

门店表包括店铺 ID、店铺名称（店铺名称简化为城市名，方便进行地图可视化）和省份名称共 3 个字段，22 条数据。

会员表包括会员 ID、性别 2 个字段，3111 条数据。

销售表包括订单号、订单日期、店铺 ID、产品 ID、会员 ID 和数量共 6 个字段，24812 条数据。

本节案例通过维度表（产品表、日期表、门店表、会员表）中的各个维度来分析事实表（销售表）中的各类销售数据；即通过产品表中的产品分类、产品名称，通过日期表中的年、月、季度，通过门店表中的店铺（城市）、省份，通过会员表中的会员 ID、性别等维度来分析事实表（销售表）中的销售数量等度量值信息。

图 2-94 产品表

图 2-95 日期表

图 2-96 门店表

图 2-97 会员表

图 2-98 销售表

2.2.1 管理关系

2.2.1.1 认识表（见表 2-2）

表 2-2 认识表

区别项	维度表	事实表
特征	通常用于存放各种分类信息，数据较少	又叫数据表，有较多数值型字段，行数较多
举例	日期、地域、客户、产品等	销售数据、存货数据、预算数据等
用途	生成分析表的行或列、生成筛选器和切片器	数值型字段可生成各种分析指标即度量值
关系视图	"1"的一端	"*"的一端，箭头指向的一端

2.2.1.2 认识关系和关系模型

（1）认识关系

① 一对多（1：*）

一对多是指一张表（通常是维度表）中的列具有一个值的一个实例，而与其关联的另一张表

（通常是事实表）的列具有一个值的多个实例。

比如，门店表中的店铺 ID 具有唯一值，而销售表中对于相同的店铺 ID 具有多个值。门店表通过店铺 ID 和销售表建立的关系，即是一对多（1:*）的关系。

②多对一（*:1）

与一对多正好相反，指的是一张表（通常是事实表）中的列可具有一个值的多个实例，而与之相关的另一张表（通常是维度表）仅具有一个值的一个实例。

比如，销售表通过店铺 ID 和门店表建立的关系，即是多对一（*:1）的关系。

③一对一（1:1）

指一张表（事实表）与另一张表（维度表）的记录有一一对应的关系。

比如，销售表中的产品 ID 与产品表中的产品 ID 即是一对一（1:1）的关系。

创建的关系中，一对多应用得最多。

(2) 关系模型的布局

关系模型的布局是指建立了关联的维度表与事实表的分布样式。

①星型布局模式

星型布局模式的特点是在事实表外侧只有一层维度表，所有维度表都直接与事实表关联，呈现的形状就像星星。

②雪花型布局模式

雪花型布局模式的特点是在事实表外侧有多层维度表，每个维度可能串起多个维度表，就像雪花一样由中心向外延伸。

③两种模式的应用选择

星型布局模式较为简单，且更容易掌控，所以一般建议采用星型布局模式。

2.2.1.3 创建关系

单表是最简单的模型，不需要创建关系；若是多表，则需要创建关系。

所谓创建关系，就是建立表和表之间的关联，也叫数据建模，建立的是数据模型而非算法模型。

创建方式包括：自动创建关系、手动创建关系。

创建关系的操作步骤如下：

(1) 认识维度表和事实表

步骤1：打开"管理关系的案例数据.xlsx"文件，查看维度表（产品表、日期表、门店表、会员表）。

步骤2：查看事实表（销售表）。

(2) 认识关系模型

①认识关系模型的星型布局模式（星型分布）

本案例有 4 个维度表（产品表、日期表、门店表和会员表）和 1 个事实表（销售表），星型布局模式的关系视图（星型分布）如图 2-99 所示。

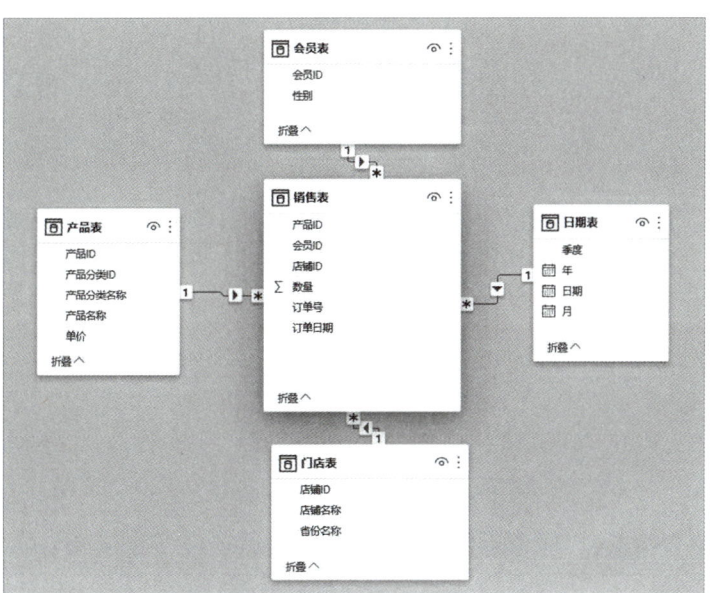

图 2-99　星型布局（星型分布）

②认识关系模型的星型布局模式（上下分布）

本案例有 4 个维度表（产品表、日期表、门店表和会员表）和 1 个事实表（销售表），星型布局模式的关系视图（上下分布）如图 2-100 所示。

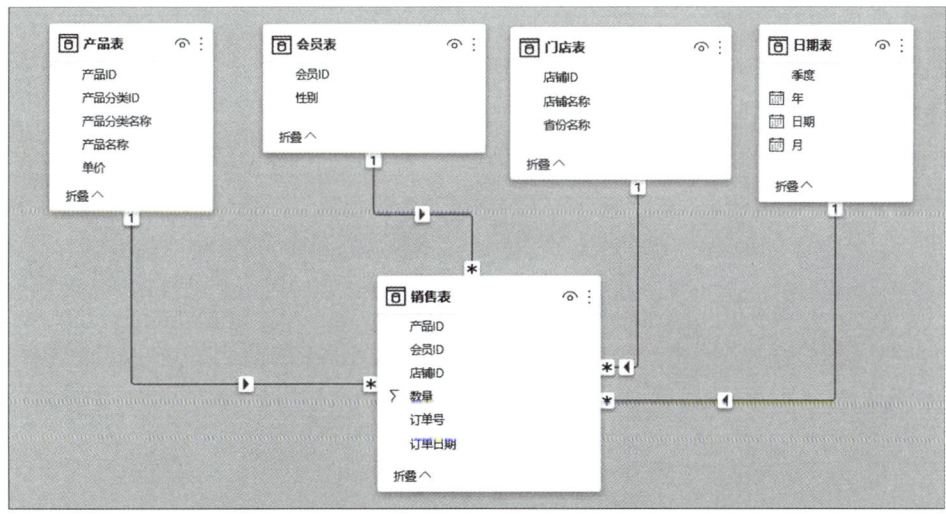

图 2-100　星型布局（上下分布）

③认识关系模型的雪花型布局模式

本案例有 6 个维度表（产品表、产品分类表、日期表、门店表、门店省份表和会员表）和 1 个事实表（销售表），呈雪花型布局模式。

其中，维度表产品分类表和维度表产品表先关联，维度表产品表再和事实表销售表相关联；维度表门店省份表和维度表门店表先关联，维度表门店表再和事实表销售表相关联；维度表日期表和会员表直接与事实表销售表相关联。

雪花型布局模式的关系视图如图 2-101 所示。

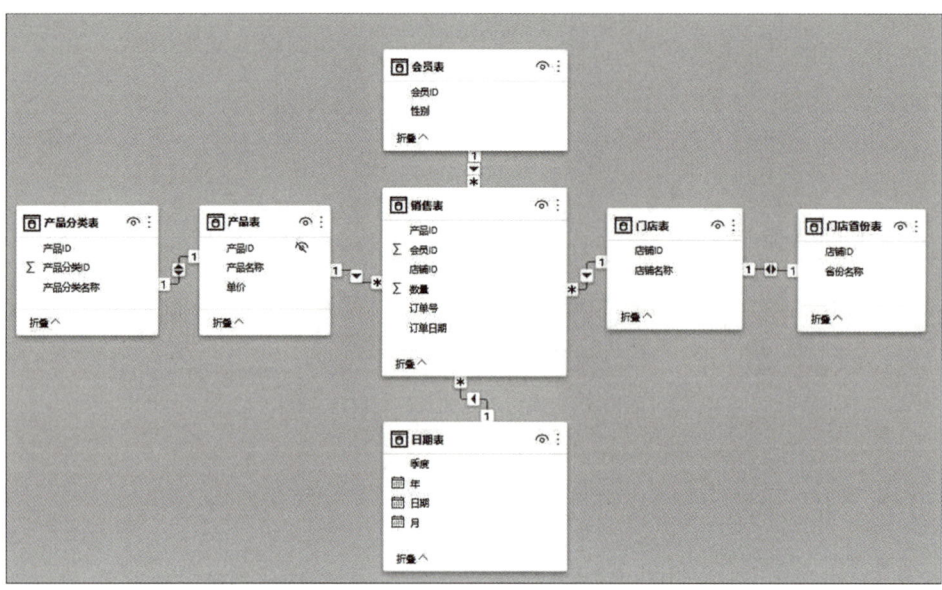

图 2-101 雪花型布局

（3）创建关系

本案例导入表格数据为 4 个维度表（产品表、日期表、门店表和会员表）和 1 个事实表（销售表），查看并创建维度表和事实表之间的关系。

【操作步骤】

①创建关系——自动创建

步骤 1：在 Power BI Desktop 中，导入"管理关系的案例数据.xlsx"文件，全选 5 张 Sheet 表，点击"加载"。

单击模型视图 图标，将 5 张 Sheet 表呈上下排列，查看自动创建关系的报表，如图 2-102 所示。

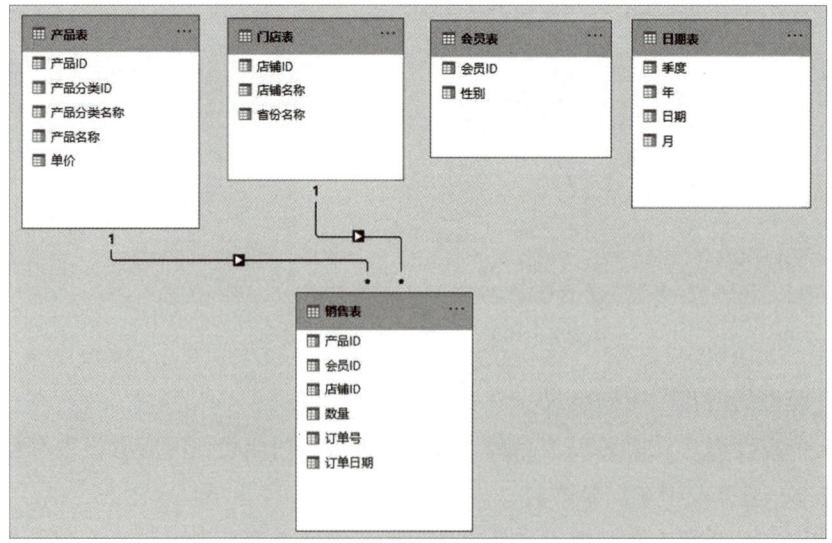

图 2-102 创建关系——自动创建

步骤 2：一般情况下，因为有相同的字段名称，维度表与事实表（销售表）会自动创建 1:* 关系。这里产品表、门店表与销售表自动创建了关系，会员表与销售表没有自动创建关系；日期表与销售表没有相同的字段名称，因此没有自动创建关系。

②创建关系——鼠标拖动

步骤1：在模型视图窗口，日期表的"日期"与销售表的"订单日期"可以建立关联。

单击日期表中"日期"字段，拖动鼠标到销售表中的"订单日期"字段，手动建立日期表与销售表的1：*关系。

同理，根据"会员ID"手动建立会员表与销售表的1：*关系。具体操作如图2-103所示。

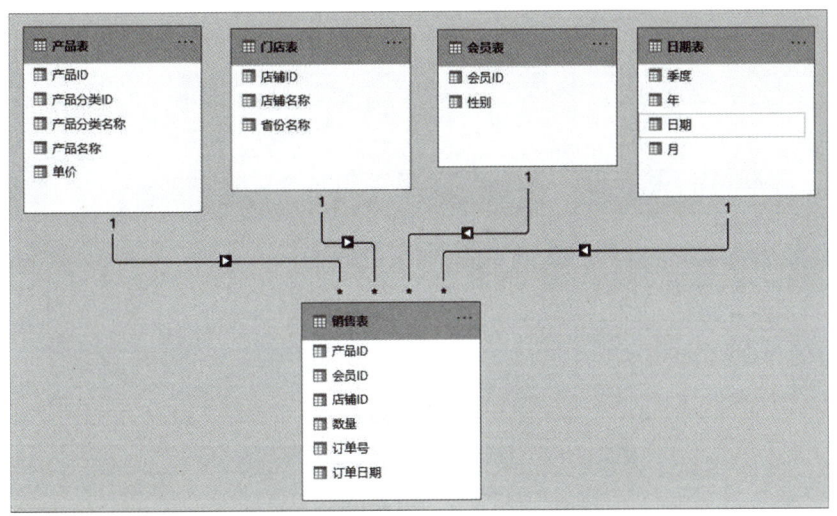

图2-103 创建关系——鼠标拖动

步骤2：在模型视图窗口，右键单击销售表与日期表的关系连接线，选择"删除"命令，删除建立的关系，如图2-104所示。

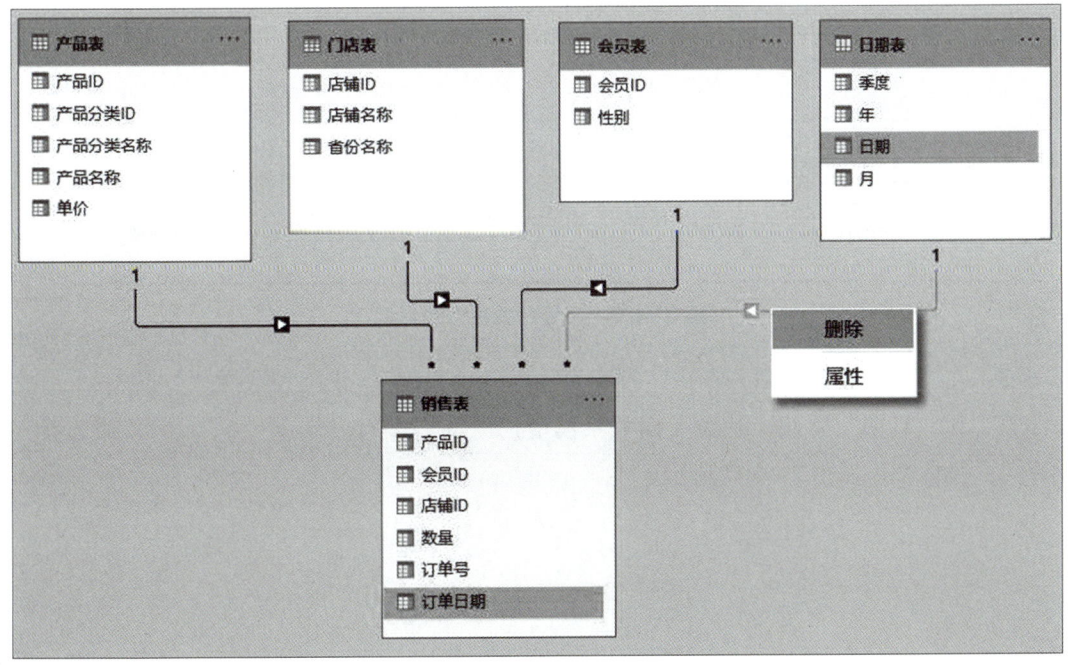

图2-104 创建关系——删除操作

③创建关系——设置属性

步骤1：在模型视图窗口，执行"主页→管理关系"命令，如图2-105所示。

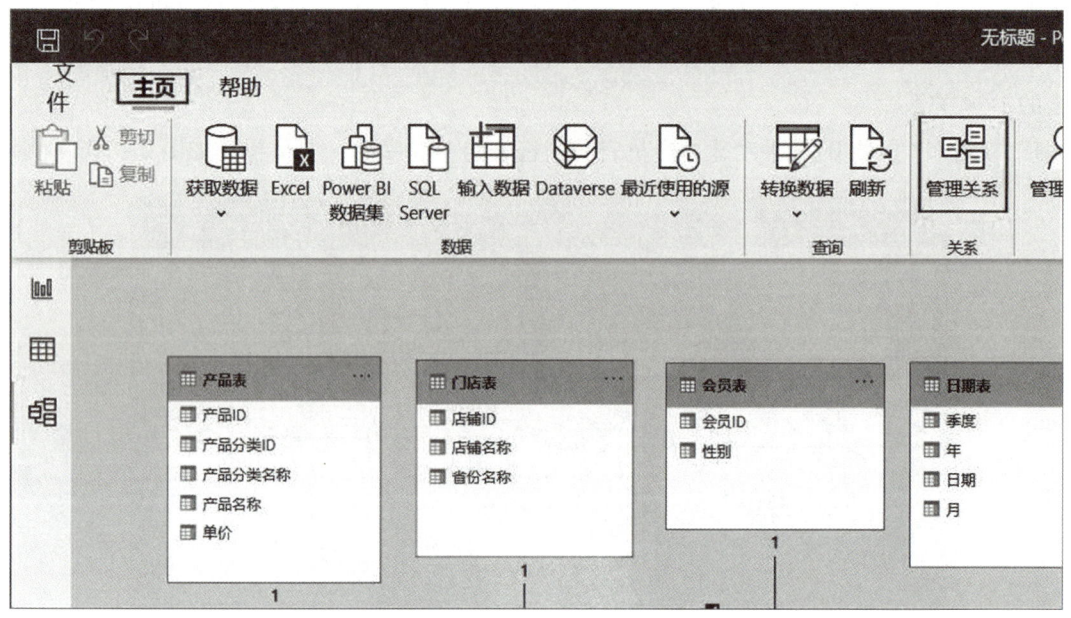

图2-105　执行"主页→管理关系"命令

步骤2：显示"管理关系"对话框，如图2-106所示。单击"新建…"按钮。

图2-106　"管理关系"对话框

步骤3：在"创建关系"对话框中，事实表选择"销售表"，维度表选择"日期表"，分别单击"订单日期"和"日期"字段，基数（即关系模型）默认"多对一（*：1）"，交叉筛选器方向默认"单一"，具体操作如图2-107所示。

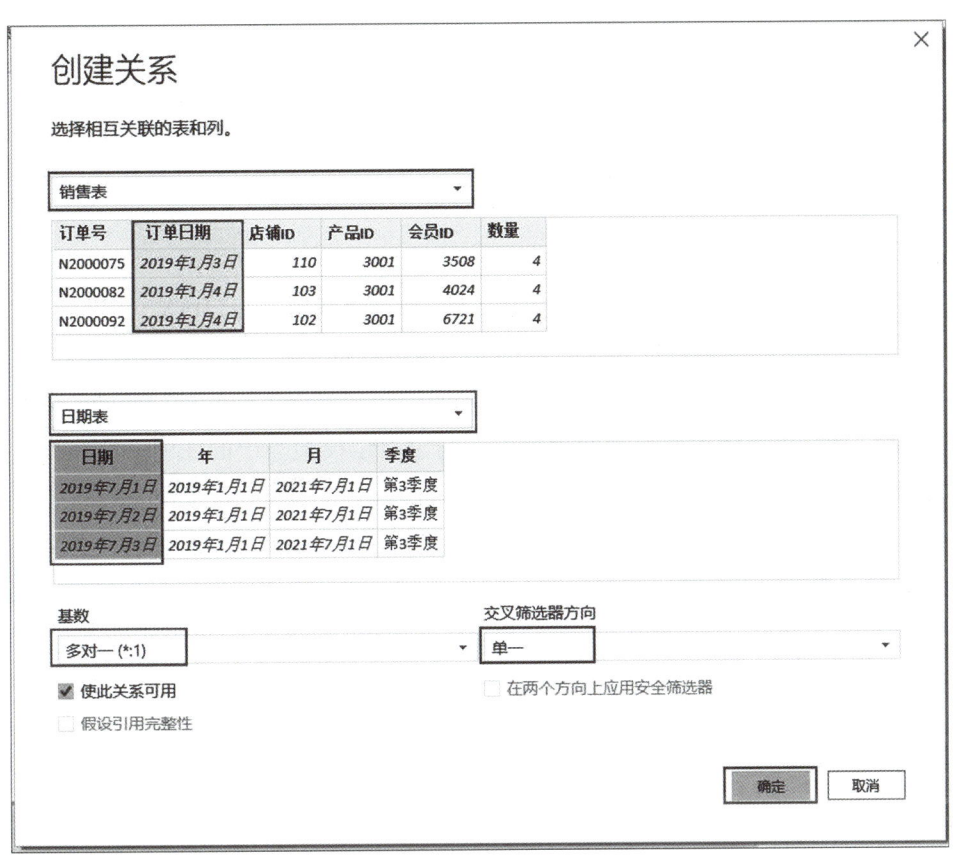

图 2-107 "创建关系"对话框

步骤 4：单击"确定"按钮。销售表与日期表通过设置属性的方式创建了关系，结果如图 2-108 所示。

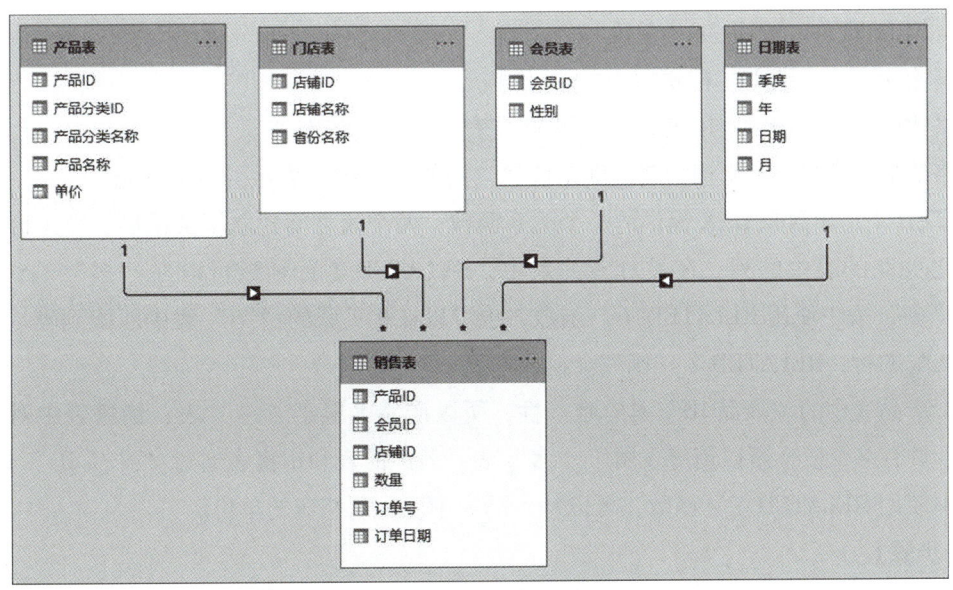

图 2-108 创建关系结果

2.2.2 新建列和新建度量值

在创建关系后,为了辅助数据分析,通常会新建列或新建度量值。新建度量值的使用频率较高,各种分析指标主要通过度量值来体现,若指标不方便通过度量值体现,可以采用新建列的方式实现。

(1) 新建列

新建列也叫创建计算列,新建列中通常会用到 DAX 公式(关于 DAX 公式,详见 2.2.3 节"DAX——数据分析表达式")。

此处的新建列与在 Power Query 中进行数据整理时的新建列的区别在于,此处的新建列是在已经完成数据整理,并且已经创建好模型的情况下,通过引用模型当中的任何一张表的字段来新建列,可以跨表操作。

(2) 新建度量值

度量值是 Power BI 数据建模的灵魂,是用 DAX 公式创建一个虚拟字段的数据值,通常理解为要分析的数据指标。它既不改变源数据,也不改变数据模型,且可以随着不同维度的选择而变化,一般在报表交互时使用,以便进行快速和动态的数据浏览。

可以在"报表视图"或"数据视图"中创建和使用度量值,创建的度量值将显示在带有计算器图标的字段列表中。

本案例导入表格数据为 4 个维度表(产品表、日期表、门店表和会员表)和 1 个事实表(销售表),要在销售表中引入产品表中的"单价"字段列,生成"金额"字段列,并在销售表中创建 4 个度量值。

新建列和新建度量值的具体操作步骤如下:

(1) 新建列

单价 = RELATED ('产品表' [单价])

金额 = '销售表' [数量] * '销售表' [单价]

英文格式的单引号表示引用表名,例如'产品表'表示引用产品表。

英文格式的中括号表示引用列名或度量值名,例如 [单价] 表示引用单价列。

RELATED () 函数是 DAX 提供的一个关系函数,两个表之间建立了关系后,就可以使用该函数访问与之关联的表中的列。在一对多关系中,RELATED () 函数可以在"多"端访问"一"端,即在"多"表中使用 RELATED () 函数,也可以在相关联的"一"表中匹配到唯一值。如果没有与之匹配的行,RELATED () 函数会返回空值。

例如,产品表中的"产品ID"具有唯一性,所以产品表属于"一"表;销售表中对于相同的"产品ID"具有多个值,所以销售表属于"多"表。若产品表和销售表通过"产品ID"建立关系,在销售表中使用 RELATED () 函数,可以从产品表中匹配到相应的单价。

【操作步骤】

步骤1:在 Power BI Desktop 中,打开"新建列和新建度量值的案例数据.pbix"文件,单击 Power BI 窗口左侧的数据视图⊞图标,再选择窗口右侧的"销售表",单击"订单号"右侧的 ,选择"以升序排序",如图 2-109 所示。

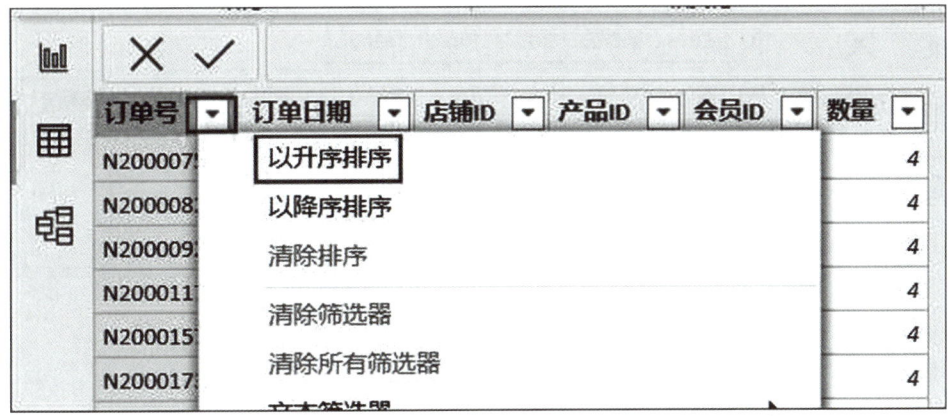

图 2-109　字段排序

步骤 2：执行"表工具（或列工具）→新建列"命令，如图 2-110 所示。

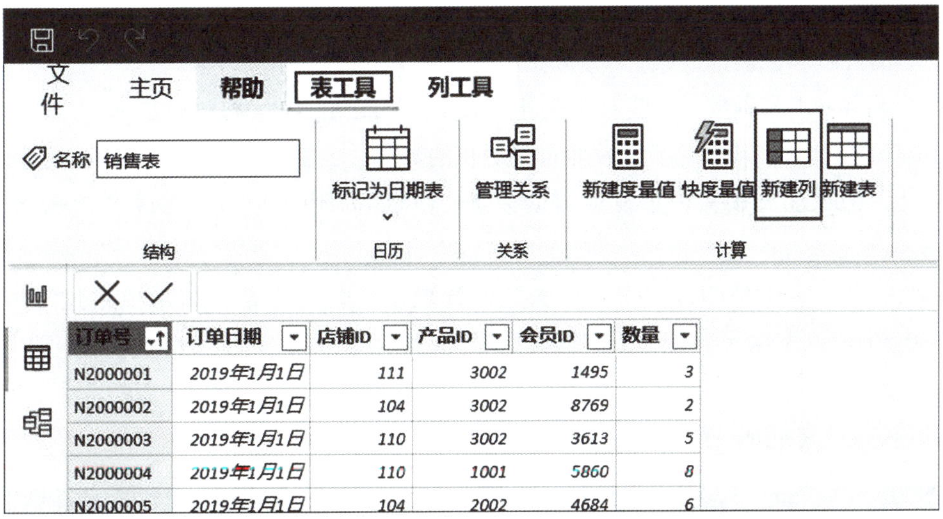

图 2-110　执行"表工具→新建列"命令

步骤 3：在公式编辑器窗口输入公式：单价 = RELATED（'产品表'［单价］），按回车键，生成"单价"列，如图 2-111 所示。

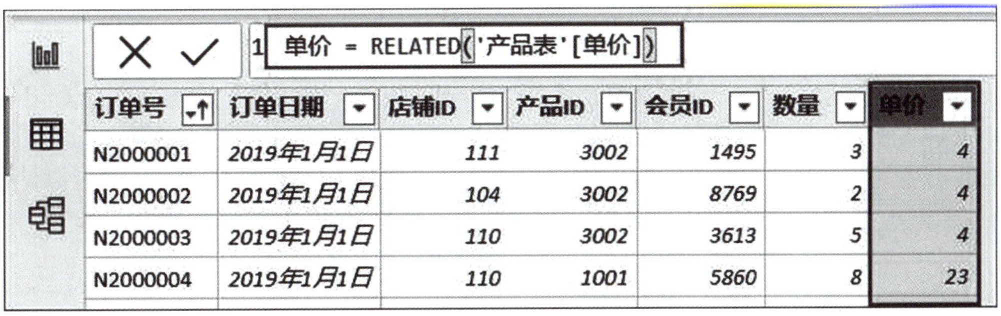

图 2-111　新建"单价"列

步骤 4：继续新建列，在公式编辑器窗口输入公式：金额 = '销售表'［数量］ * '销售表'［单价］，按回车键，生成"金额"列，如图 2-112 所示。

图 2-112 新建"金额"列

（2）新建度量值

在销售表中创建如下 4 个度量值：

销售金额 = SUM（'销售表'[金额]）

销售数量 = SUM（'销售表'[数量]）

营业店铺数量 = DISTINCTCOUNT（'销售表'[店铺 ID]）

单店平均销售额 = [销售金额] / [营业店铺数量]

SUM（）函数是求和函数，只能对数值进行求和，不能对文本字符进行求和。

DISTINCTCOUNT（）函数用于计算非重复项目的数目，也就是去重后的数目。在 Excel 透视表中有计数功能，但无法直接实现重复项目的去重，DISTINCTCOUNT（）函数专门用于解决这个问题。

需要注意的是，DISTINCTCOUNT（）函数的计数结果包含空值，如果要跳过空值，需使用 DISTINCTCOUNTNOBLANK（）函数。案例数据不存在空值，所以选用 DISTINCTCOUNT（）函数。

【操作步骤】

步骤 1：执行"表工具→新建度量值"命令，如图 2-113 所示。

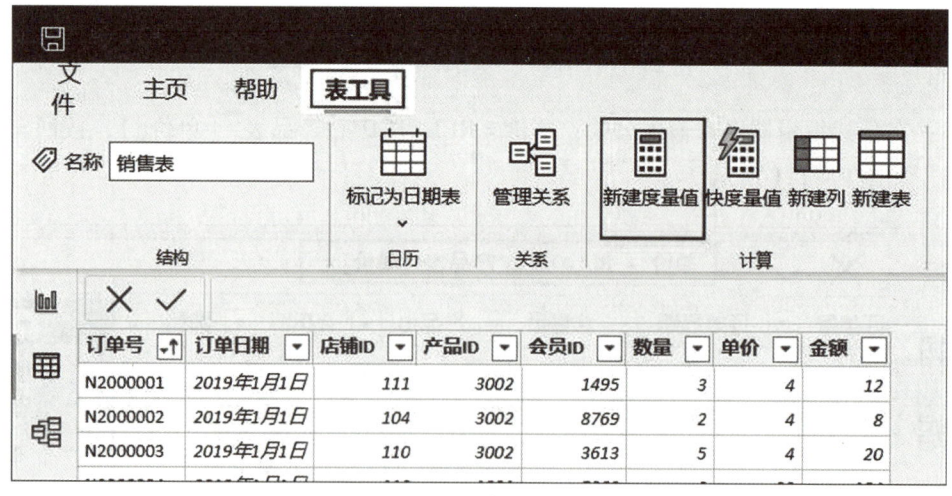

图 2-113 执行"表工具→新建度量值"命令

步骤 2：在公式编辑器窗口输入度量值公式：销售金额 = SUM（'销售表'[金额]），按回车键，生成"销售金额"度量值，如图 2-114 所示。

图 2－114　创建"销售金额"度量值

步骤3：在右侧字段栏下方可查看新增加的"销售金额"度量值，如图 2－115 所示。

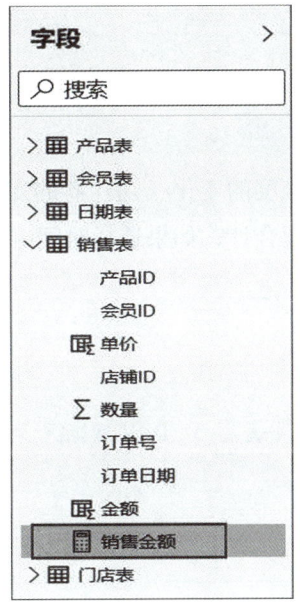

图 2－115　查看"销售金额"度量值

步骤4：同理，创建销售数量、营业店铺数量、单店平均销售额3个度量值。

2.2.3　DAX——数据分析表达式

2.2.3.1　认识 DAX 公式

DAX 是 Data Analysis Expressions 的缩写，可翻译为"数据分析表达式"，它是公式或表达式中可用于计算并返回一个或多个值的函数、运算符或常量的集合。

微软在开发 DAX 时，参考了 Excel 中的很多函数，它们名称相同，参数用法也类似。

本书只介绍 DAX 初级用法，若想构建非常复杂的 DAX 公式，在 Power BI 极客网站参考《DAX 权威指南》，网址为：https：//www.powerbigeek.com/。

（1）DAX 语法

①DAX 公式特点

第一，类似 Excel 函数；第二，是基于列或表的计算；第三，引用"表""列"或"度量值"时，通过英文格式单引号或英文格式中括号启动智能感知。

②举例

销售金额 = SUM（'销售表'［金额］）

该公式表示对销售表的金额字段求和，并生成"销售金额"度量值。

其中：

销售金额表示度量值名称。

=表示公式的开头，完成计算后将会返回结果。

SUM 为 DAX 函数名，表示对销售表中的金额列中的所有数据求和。

（）括住的是包含一个或多个参数的表达式。所有函数都至少需要一个参数，一个参数会传递一个值给函数。

″″用于引用表名。

［］用于引用列名或度量值名。

销售表是引用的表名。

金额是引用的字段列。

销售金额不是固定值，它会随着维度的变化（切片器的变化）自动变化。如果选择商品分类维度，销售金额就是不同商品的销售金额合计；如果选择时间维度，例如选择某一年，销售金额就会随年度变化，或者随门店变化等。

（2）DAX 运算符

DAX 运算符见表 2-3。

表 2-3 DAX 运算符

运算符	符号	所表示内容
算术符	+	加
	-	减
	*	乘
	/	除
比较符	=	等于
	< >	不等于（大于或小于）
	>	大于
	> =	大于等于
	<	小于
	< =	小于等于
文本链接	&	连接字符串
逻辑符	&&	且（and）
	||	或（or）

（3）DAX 函数

各类 DAX 函数如表 2-4 至表 2-14 所示。

①聚合函数

表 2-4 聚合函数

函数	含义
SUM	求和

续表

函数	含义
AVERAGE	求平均值
MEDIEN	求中位值
MAX	求最大值
MIN	求最小值
COUNT	数值格式的计数
COUNTA	所有格式的计数
COUNTBLANK	空单元格的计数
COUNTROWS	表格中的行数
DISTINCTCOUNT	不重复计数

② 逻辑函数

表 2-5　逻辑函数

函数	含义
IF	根据某个或某几个逻辑判断是否成立，返回指定的数值
IFERROR	如果计算出错，返回指定数值
AND	逻辑关系的"且"——&&
OR	逻辑关系的"或"——||
SWITCH	数值转换

③ 信息函数

表 2-6　信息函数

函数	含义
ISBLANK	是否空值
ISNUMBER	是否数值
ISTEXT	是否文本
ISNONTEXT	是否非文本
ISERROR	是否错误

④ 数学函数

表 2-7　数学函数

函数	含义
ABS	绝对值
ROUND	四舍五入
ROUNDUP	向上舍入
ROUNDDOWN	向下舍入
INT	向下舍入到整数（取整数）

⑤文本函数

表2-8 文本函数

函数	含义
FORMAT	日期或数字格式的转换
LEFT	从左向右取
RIGHT	从右向左取
MID	从中间开始取
LEN	返回指定字符串的长度
FIND	查找
SEARCH	查找
REPLACE	替换
SUBSTITUTE	查找替换
VALUE	转换成数值
BLANK	返回空值
CONCATENATE	连接字符串，等同于"&"
LOWER	将字母转换成小写
UPPER	将字母转换成大写
TRIM	从文本中删除两个词之间除了单个空格外的所有空格
REPT	重复字符串

⑥转换函数

表2-9 转换函数

函数	含义
FORMAT	日期或数字格式的转换
VALUE	转换成数值
INT	转换成整数
DATE	转换成日期格式
TIME	转换成时间格式
CURRNCY	转换成货币

⑦日期函数

表2-10 日期函数

函数	含义
YEAR	返回当前日期的年份
MONTH	返回1~12的月份的整数
DAY	返回月中第几天的整数
HOUR	返回0到23的整数（小时）
MINUTE	返回0到59的整数（分钟）
SECOND	返回0到59的整数（秒）
TODAY	返回当前的日期
NOW	返回当前的日期和时间

函数	含义
DATE	根据年、月、日生成日期
TIME	根据时、分、秒生成日期时间
DATEVALUE	将文本格式的日期转换成日期格式
TIMEVALUE	将文本格式的时间转换成日期时间格式
EDATE	调整日期格式中的月份
EOMONTH	返回调整后的日期中月份的最后一天
WEEKDAY	返回1到7的整数（星期几），返回参数建议使用2
WEEKNUM	当前日期在一整年中的周数（从1月1日开始算）

⑧关系函数

表2–11 关系函数

函数	含义
RELATED	从"一"端提取/引用"多"端的列值
RELATEDTABLE	从"多"端提取/引用"一"端的相关行的表格

⑨高级聚合函数

表2–12 高级聚合函数

函数	含义
SUMX	求和
AVERAGEX	求平均值
MAXX	求最大值
MINX	求最小值
COUNTX	数值格式的计数
COUNTAX	所有格式的计数
MEDIENX	求中位值
RANKX	排名

⑩时间智能函数

表2–13 时间智能函数

函数	含义
PREVIOUSYEAR/Q/M/D	上一年/季/月/日
NEXTYEAR/Q/M/D	下一年/季/月/日
TOTALYTD/QTD/MTD	年/季/月初至今
SAMEPERIODLASTYEAR	上年同期
PARALLELPERIOD	上一期
DATESINPERIOD	指定期间的日期
DATEADD	日期推移

⑪常用筛选器函数

表 2-14 常用筛选器函数

函数	含义
FILTER	按条件筛选数据
VALUES	返回列或者表去重后的结果
TOPN	返回前几名的数据
ALL	所有数据
ALLXCPT	所有数据除了……
ALLNONBLANKROW	返回非空白的数据

其中：ALL 函数为筛选函数，不能单独使用，一般与 CALCULATE 函数一起使用。ALL 函数的一般格式为 ALL（表或列），功能是返回表或列的所有值，作用是清除一切外部筛选，并能扩大筛选范围。

FILTER 函数为高级筛选器函数，不能单独使用，一般与 CALCULATE 函数一起使用。作用是按指定筛选条件返回一张表。FILTER 函数的一般格式为 FILTER（表，筛选条件），第一个参数是要筛选的表，第二个参数是筛选条件。返回的是一张表，不能单独使用，需要与其他函数（通常是 CALCULATE 函数）结合使用。

2.2.3.2 认识 CALCULATE 函数

CALCULATE 函数是 DAX 函数中最复杂、最灵活、最强大的函数，是 DAX 函数的引擎。

CALCULATE 函数是在指定筛选器修改的上下文中计算表达式。

（1）语法结构

CALCULATE（表达式，＜筛选条件1＞，＜筛选条件2＞，…）

第一个参数是计算表达式，可以执行各种聚合运算，常常与聚合函数组合使用，常见的聚合函数有 SUM、AVERAGE、MAX、COUNTROWS 等；也可以使用度量值，因为度量值本身就是一个聚合函数运算。

从第二个参数开始，是一系列筛选条件，可以为空，如果有多个筛选条件，需用逗号分隔。

（2）运算顺序

从右到左，根据从第二个参数开始指定的筛选条件，得到一个数据集合，然后对这个数据集合执行第一个参数指定的计算。

（3）特性

CALCULATE 函数的内部筛选条件与外部筛选条件冲突时，会强制删除外部筛选条件，按内部筛选条件执行。例如，当切片器的筛选条件和 CALCULATE 函数内部的筛选条件冲突时，切片器对它不起作用。

创建生成长春市门店的不同产品分类、不同年度的销售金额数据表。

本案例导入表格数据为 4 个维度表（产品表、日期表、门店表和会员表）和 1 个事实表（销售表），要在销售表下创建"长春市门店销售金额"度量值。

公式为：

长春市门店销售金额 = CALCULATE（'销售表'［销售金额］，FILTER（'门店表'，'门店表'

［店铺名称］="长春市"））

在度量值中，若出现复杂的筛选条件，可使用 FILTER 函数。上述度量值因筛选条件比较简单，可以不用 FILTER 函数作为筛选条件，简化为如下表达：

长春市门店销售金额 = CALCULATE（'销售表'［销售金额］,'门店表'［店铺名称］="长春市"）

【操作步骤】

步骤1：在 Power BI Desktop 中，打开"DAX - 数据分析表达式的案例数据.pbix"文件，单击窗口左侧的数据视图 图标，再选择窗口右侧的"销售表"，执行"表工具→新建度量值"命令。

步骤2：在公式编辑栏输入度量值公式：长春市门店销售金额 = CALCULATE（'销售表'［销售金额］,FILTER（'门店表','门店表'［店铺名称］="长春市"）），按回车键，生成"长春市门店销售金额"度量值，如图2-116所示。

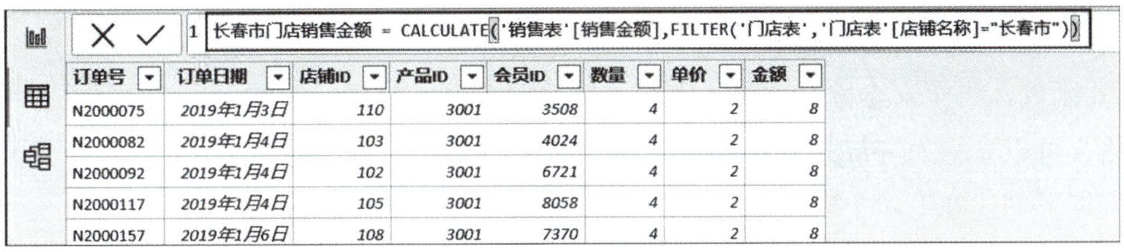

图 2-116　设置度量值公式

步骤3：点击左侧的报表视图 图标，再单击可视化中的 矩阵图标，设置相关参数，如图2-117所示。

步骤4：单击设置视觉对象格式 图标，设置列标题、行标题、值的文本大小为15，如图2-118所示。

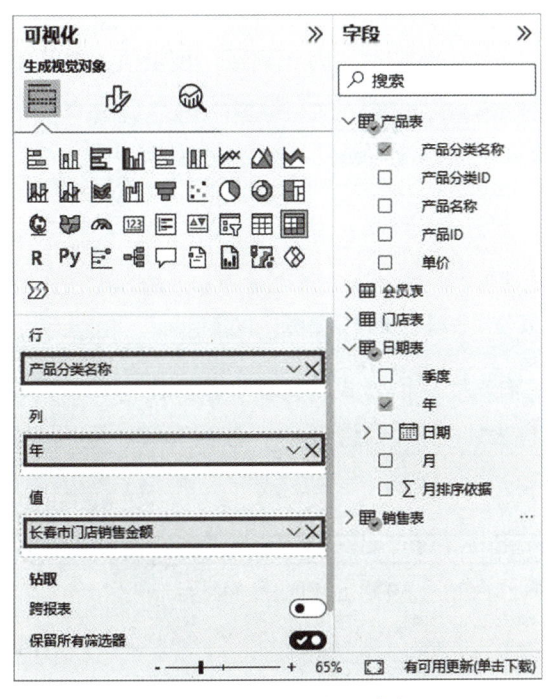

图 2-117　设置相关参数

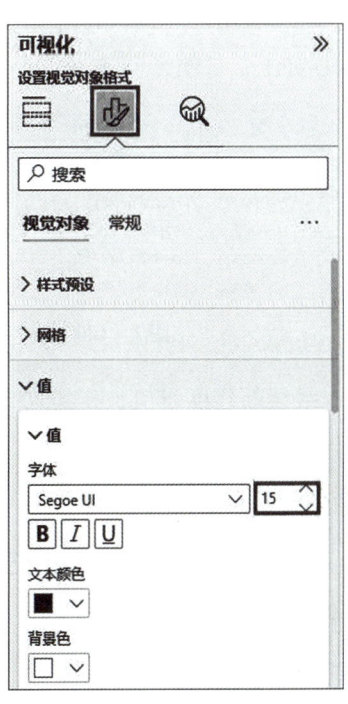

图 2-118　设置文本大小

步骤5：生成的矩阵表如图2-119所示。

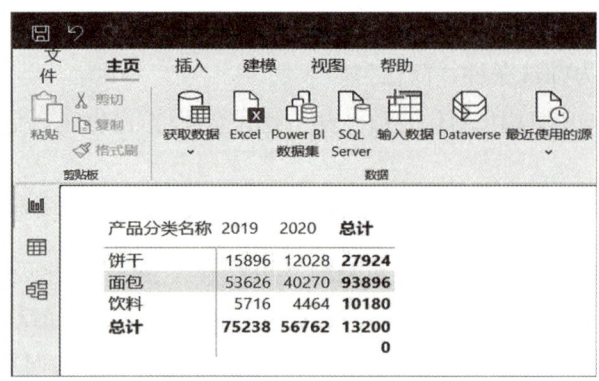

图2-119　生成的矩阵表

2.2.3.3　认识 DIVIDE 函数

DIVIDE 函数又叫作安全除法函数，其格式为 DIVIDE（分子，分母）。它的好处是当分母为0时，不报错，可以显示为空或其他特定信息。

在销售表下创建如下两个度量值，用以计算销售金额的环比增长率。

公式为：

上月销售额 = CALCULATE（'销售表'[销售金额]，PREVIOUSMONTH（'日期表'[日期]））

销售金额环比 = DIVIDE（'销售表'[销售金额] -'销售表'[上月销售额],'销售表'[上月销售额]）

【操作步骤】

步骤1：在"销售表"下，执行"主页→新建度量值"命令。

步骤2：在公式编辑栏输入度量值公式：上月销售额 = CALCULATE（'销售表'[销售金额]，PREVIOUSMONTH（'日期表'[日期]）），按回车键，生成"上月销售额"度量值，如图2-120所示。

图2-120　输入度量值公式生成"上月销售额"度量值

步骤3：继续新建度量值，在公式编辑栏输入度量值公式：销售金额环比 = DIVIDE（'销售表'[销售金额] -'销售表'[上月销售额],'销售表'[上月销售额]），按回车键，生成"销售金额环比"度量值，如图2-121所示。

图2-121　输入度量值公式生成"销售金额环比"度量值

步骤4：点击左侧的报表视图 图标，再单击可视化中的 图标，设置相关参数，如图2-122所示。

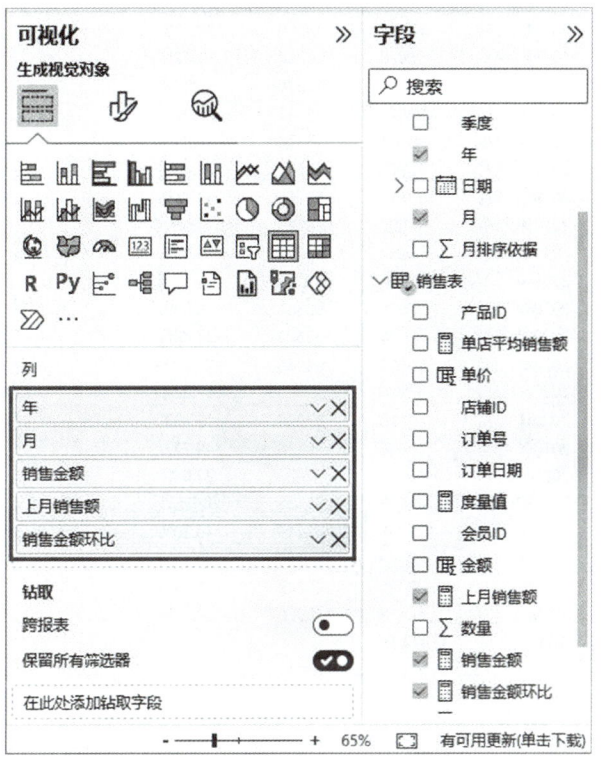

图2-122　设置相关参数

步骤5：选中"销售金额环比"度量值，单击"度量工具"菜单，再单击%图标，设置小数位为2，如图2-123所示。

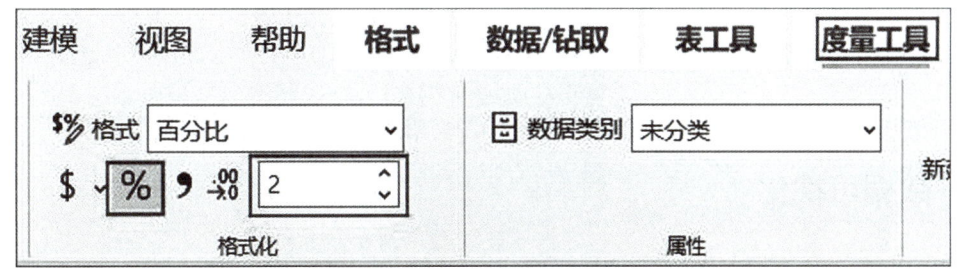

图2-123　设置数据格式

步骤6：单击设置视觉对象格式 图标，设置列标题，并设置值的文本大小为15，生成的表如图2-124所示。

年	月	销售金额	上月销售额	销售金额环比
2019年	1月	34719		
2019年	2月	44600	34719	28.46%
2019年	3月	58384	44600	30.91%
2019年	4月	57670	58384	-1.22%
2019年	5月	55752	57670	-3.33%
2019年	6月	53374	55752	-4.27%
2019年	7月	56581	53374	6.01%
2019年	8月	55765	56581	-1.44%
2019年	9月	54795	55765	-1.74%
2019年	10月	55693	54795	1.64%
2019年	11月	56224	55693	0.95%
2019年	12月	58566	56224	4.17%
2020年	1月	53828	58566	-8.09%
2020年	2月	66045	53828	22.70%
2020年	3月	51763	66045	-21.62%
2020年	4月	67974	51763	31.32%
2020年	5月	79118	67974	16.39%
2020年	6月	71426	79118	-9.72%
2020年	7月	91165	71426	27.64%
2020年	8月	101419	91165	11.25%
2020年	9月	111766	101419	10.20%
2020年	10月	123249	111766	10.27%
2020年	11月	130020	123249	5.49%
2020年	12月	147538	130020	13.47%
总计		1737434		

图 2-124　生成表

练一练

根据所提供的资料，进行实践练习，并提交一份练习报告，包括关系模型的创建过程和结果展示；新建列和度量值的定义、计算公式和结果分析；DAX 函数的应用案例和效果评价；遇到的挑战及其解决方案和反思。

2.3　数据可视化

本节结构包括四部分：

（1）常用可视化图表：Power BI 中预置的常用图表，能够直接使用，例如条形图、折线图、面积图等。

（2）自定义可视化图表：Power BI 提供了丰富的自定义可视化图表库，供用户免费下载使用。该自定义图表库会不定期进行更新，补充新的可视化对象。本节从上百种自定义可视化图表中挑选了比较常用的子弹图、马表图、文字云和桑基图。

（3）图表美化：Power BI 中内置了预定义配色方案，可直接从菜单选择内置报表主题，也可以通过菜单中的"主题库"下载自定义主题。

（4）图表的筛选、钻取和编辑交互。

本节案例涉及的表、关系模型、度量值数据说明如下：

(1) 维度表

产品表：包含产品分类 ID、产品分类名称、产品 ID、产品名称和单价 5 个字段，共 7 条数据（记录）。

日期表：包含日期、年、月、月排序依据和季度 5 个字段，共 730 条数据。

门店表：包含店铺 ID、店铺名称（店铺名称简化为城市名，方便进行地图可视化）和省份名称 3 个字段，共 22 条数据。

会员表：包含会员 ID、性别 2 个字段，共 3111 条数据。

(2) 事实表

销售表：包含订单号、订单日期、店铺 ID、产品 ID、会员 ID 和单价 6 个字段，共 24812 条数据。

任务表：包含店铺名称、年度、任务额、销售任务额和日期 5 个字段，共 33 条数据。

(3) 关系模型

本案例的 4 个维度表（产品表、日期表、门店表和会员表）和 2 个事实表（销售表、任务表）呈上下分布的星型布局模式。

与销售表关联的是产品表、会员表、日期表和门店表，是一对多的关系；与任务表关联的是日期表和门店表，也是一对多的关系，如图 2-125 所示。

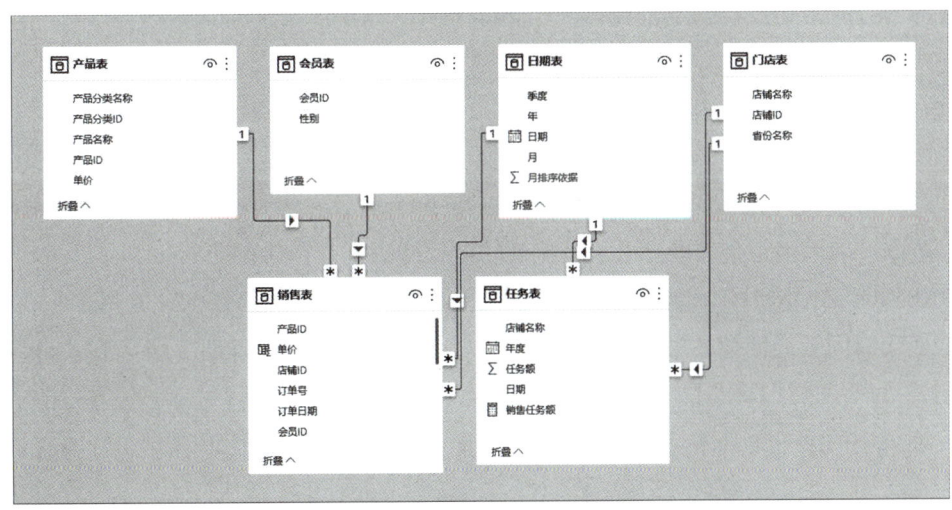

图 2-125　案例涉及的 4 个维度表和 2 个事实表的关系模型

(4) 度量值

本案例共新建 10 个度量值，分别是：

销售金额 = SUM（'销售表'［金额］）

销售数量 = SUM（'销售表'［数量］）

营业店铺数量 = DISTINCTCOUNT（'销售表'［店铺 ID］）

单店平均销售额 = ［销售金额］/［营业店铺数量］

上月销售额 = CALCULATE（'销售表'［销售金额］, PREVIOUSMONTH（'日期表'［日期］））

销售金额环比 = DIVIDE（'销售表'［销售金额］-'销售表'［上月销售额］,'销售表'［上月销

售额]）

上年销售额=CALCULATE（'销售表'[销售金额]，SAMEPERIODLASTYEAR（'日期表'[日期]））

销售金额同比=DIVIDE（'销售表'[销售金额]-'销售表'[上年销售额]，'销售表'[上年销售额]）

销售任务额=SUM（'任务表'[任务额]）

任务额完成度=DIVIDE（'销售表'[销售金额]，'任务表'[销售任务额]）

本节案例用到的函数有以下几种：

（1）SUM（）函数

该函数为求和函数，只能对数值进行求和，不能对文本字符进行求和。

（2）DISTINCTCOUNT（）函数

该函数用来计算非重复项目的数目，也就是去重后的数目。Excel透视表中有计数功能，但无法直接实现重复项目的去重，DISTINCTCOUNT（）函数专门用于解决这个问题。

注意：DISTINCTCOUNT（）函数的计数结果包含空值，如果要跳过空值，需使用DISTINCTCOUNTNOBLANK（）函数。本任务数据不存在空值，所以选用DISTINCTCOUNT（）函数。

（3）DIVIDE（）函数

该函数可以用来表示分子分母相除，与除法运算符（正斜杠"/"）不同的是，DIVIDE函数可自动处理除数为零的情况，由于无须先检测分母的值，使用DIVIDE函数可以使表达式更为简洁顺畅。

例如：

①公式"任务额完成度=DIVIDE（'销售表'[销售金额]，'任务表'[销售任务额]）"表示销售金额除以销售任务额。

②公式"销售金额环比=DIVIDE（'销售表'[销售金额]-'销售表'[上月销售额]，'销售表'[上月销售额]）"表示销售金额减去上月销售额的差，除以上月销售额。

（4）PREVIOUSMONTH（）函数

该函数属于时间智能函数，根据日期列中的第一个日期返回一个日期区间，该区间包含上一月份所有日期，可以用来计算上月的数据汇总。

例如日期列中的第一个日期是2022年6月10日，则此函数将返回2022年5月所有日期的数据汇总。

该函数可以配合CALCULATE（）函数使用。

（5）SAMEPERIODLASTYEAR（）函数

该函数属于时间智能函数，根据日期列中的最大日期返回一个日期区间，该区间包含上一年份所有日期，可以用来计算前一年的数据汇总，通常用来与上年同期进行对比。

该函数可以配合CALCULATE（）函数使用。

（6）CALCULATE（）函数

该函数是DAX函数中最灵活多变，也是适应性最强的函数之一。

该函数的语法结构：CALCULATE（<expression>，<filter1>，<filter2>，…）

该函数接受任意数量的参数，其中只有第一参数<expression>是必填参数，指需要计值的表达式,可以进行各种聚合运算。

第一参数之后的条件表达式 < filter1 > 等,称为筛选器参数,是一系列筛选条件,筛选条件可以为空,可以为一个,也可以为多个。如果筛选条件有多个,要用英文格式的逗号分隔开。

该函数返回结果为筛选出的所有筛选条件的交集,并根据第一参数的表达式计算出相对应的结果。

例如:

①上月销售额 = CALCULATE ('销售表'[销售金额], PREVIOUSMONTH ('日期表'[日期]))

筛选条件是上个月,用于计算上月的销售金额。

②上年销售额 = CALCULATE ('销售表'[销售金额], SAMEPERIODLASTYEAR ('日期表'[日期]))

筛选条件是上年同期,用于计算上年同期的销售金额。

本项目教学活动包括:常用可视化图表;自定义可视化图表;图表美化;图表的筛选、钻取和编辑交互。

2.3.1 常用可视化图表

在 Power BI Desktop 中打开"常用可视化图表的案例数据.pbix"文件,依次完成下列常用可视化图形的设置操作。

2.3.1.1 条形图

(1) 简单条形图

新建简单条形图(展示不同产品分类下的销售金额)。

【操作步骤】

步骤1:单击 Power BI 窗口左侧的报表视图 图标,选择"第1页"表页,将其改名为"条形图"。

步骤2:单击"可视化"下的"简单条形图"图标,设置图的属性(Y轴:产品表"产品分类名称";X轴:销售表"销售金额");单击格式 图标,设置图的格式。具体操作如图2-126所示。

注意:通过 格式设置,可以生成图表的字体、字号、颜色、是否显示数据标签等各种格式,在后续案例中不再赘述。

(2) 堆积条形图

新建堆积条形图(展示不同产品分类下的不同产品的销售金额)。

【操作步骤】

步骤1:单击 Power BI 窗口左侧的报表视图 图标,选择"条形图"表页。

步骤2:单击"可视化"下的"堆积条形图"图标,设置图的属性(Y轴:产品表"产品分类名称";X轴:销售表"销售金额";图例:产品表"产品名称"),具体操作及结果如图2-127所示。

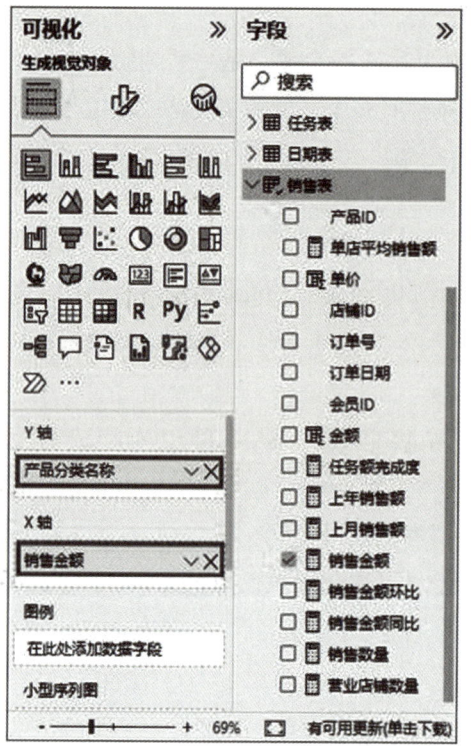

图 2-126 设置图的属性及格式

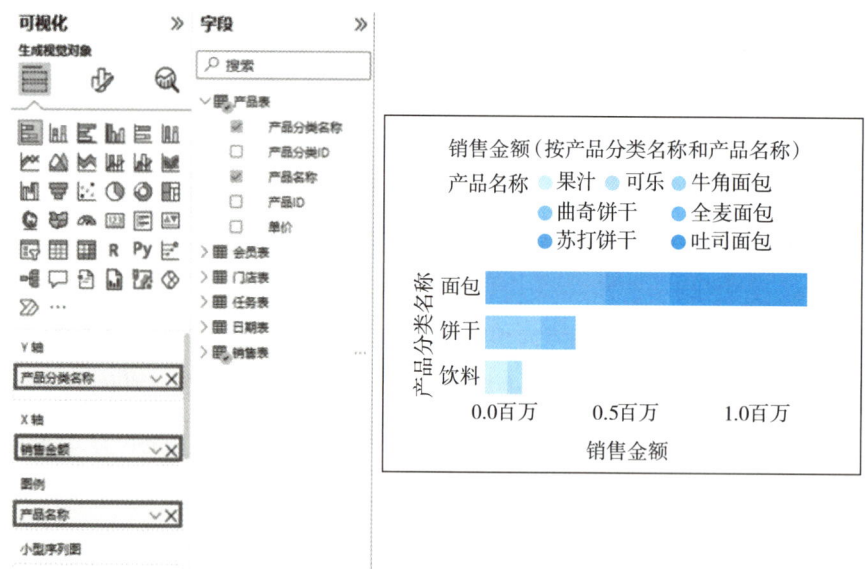

图 2-127 堆积条形图具体操作及结果

（3）簇状条形图

新建簇状条形图（展示不同产品分类下的不同产品的销售金额）。

【操作步骤】

步骤1：单击 Power BI 窗口左侧的报表视图 图标，选择"条形图"表页。

步骤2：单击"可视化"下的"簇状条形图"图标，设置图的属性（Y 轴：产品表"产品分类名称";X 轴:销售表"销售金额";图例:产品表"产品名称"),具体操作及结果如图 2-128 所示。

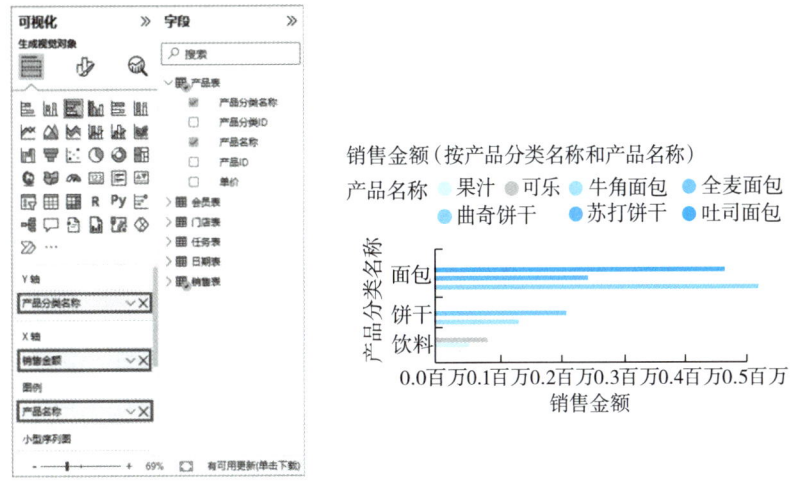

图 2-128　簇状条形图具体操作及结果

(4)百分比堆积条形图

新建百分比堆积条形图(展示不同产品分类下的不同产品的销售金额占总分类金额的百分比)。

【操作步骤】

步骤 1:单击 Power BI 窗口左侧的报表视图 图标,选择"条形图"表页。

步骤 2:单击"可视化"下的"百分比堆积条形图"图标,设置图的属性(Y 轴:产品表"产品分类名称";X 轴:销售表"销售金额";图例:产品表"产品名称"),具体操作及结果如图 2-129 所示。

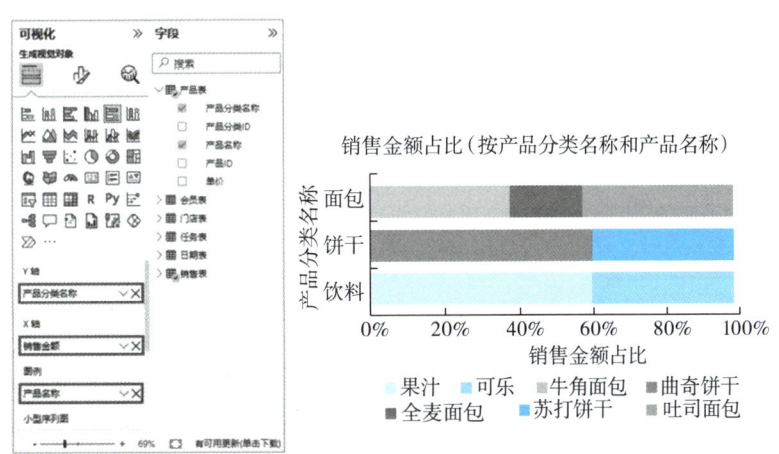

图 2-129　百分比堆积条形图具体操作及结果

2.3.1.2　柱形图

(1)简单柱形图

新建简单柱形图(展示不同季度的销售金额)。

【操作步骤】

步骤 1:单击 Power BI 窗口左侧的报表视图 图标,新建表页,将其改名为"柱形图"。

步骤 2:单击"可视化"下的"简单柱形图"图标,设置图的属性(X 轴:日期表"季度";

Y 轴：销售表"销售金额"），具体操作及结果如图 2-130 所示。

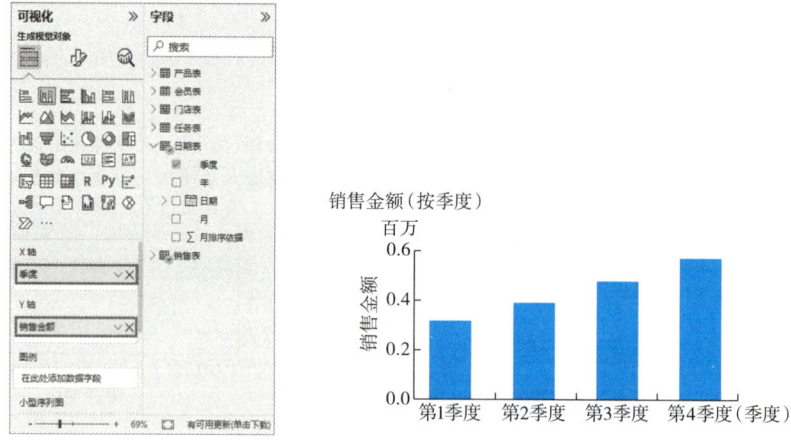

图 2-130　简单柱形图具体操作及结果

（2）堆积柱形图

新建堆积柱形图（展示不同季度的不同产品分类的销售金额）。

【操作步骤】

步骤 1：单击 Power BI 窗口左侧的报表视图 图标，选择"柱形图"表页。

步骤 2：单击"可视化"下的"堆积柱形图"图标，设置图的属性（X 轴：日期表"季度"；Y 轴：销售表"销售金额"；图例：产品表"产品分类名称"），具体操作及结果如图 2-131 所示。

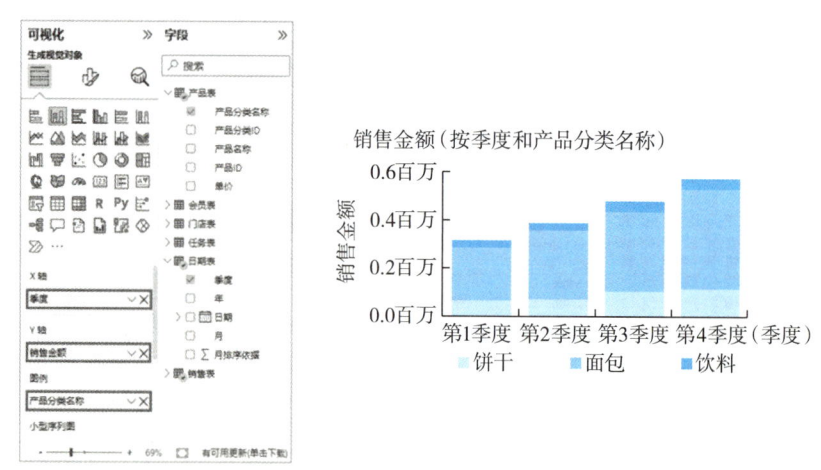

图 2-131　堆积柱形图具体操作及结果

（3）簇状柱形图

新建簇状柱形图（展示不同季度的不同产品分类的销售金额）。

【操作步骤】

步骤 1：单击 Power BI 窗口左侧的报表视图 图标，选择"柱形图"表页。

步骤 2：单击"可视化"下的"簇状柱形图"图标，设置图的属性（X 轴：日期表"季度"；Y 轴：销售表"销售金额"；图例：产品表"产品分类名称"），具体操作及结果如图 2-132 所示。

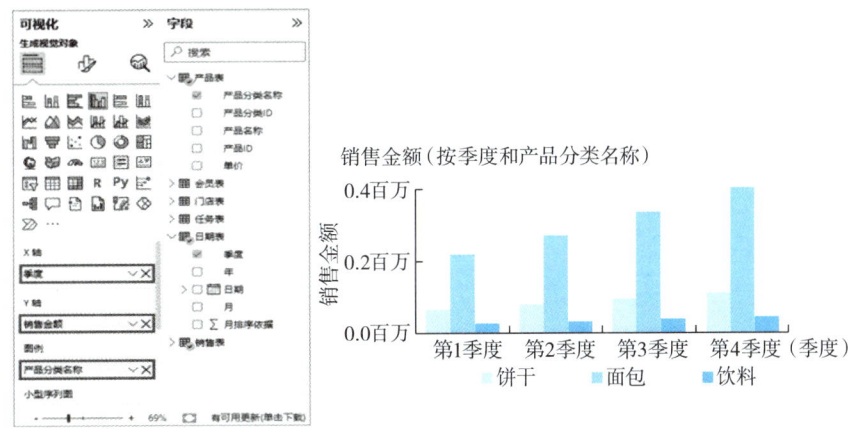

图 2－132　簇状柱形图具体操作及结果

（4）百分比堆积柱形图

新建百分比堆积柱形图（展示不同季度的不同产品分类的销售金额占总分类金额的百分比）。

【操作步骤】

步骤1：单击 Power BI 窗口左侧的报表视图 图标，选择"柱形图"表页。

步骤2：单击"可视化"下的"百分比堆积柱形图"图标，设置图的属性（X轴：日期表"季度"；Y轴：销售表"销售金额"；图例：产品表"产品分类名称"），具体操作及结果如图 2－133 所示。

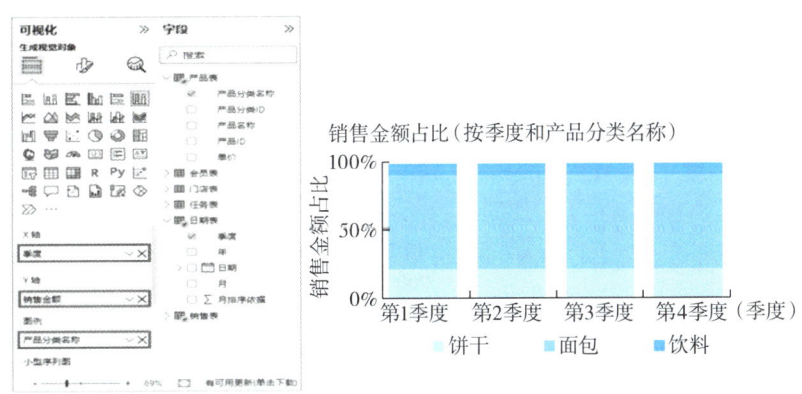

图 2－133　百分比堆积柱形图具体操作及结果

2.3.1.3　折线图

新建折线图（展示不同月份不同产品分类的销售金额变化趋势）。

【操作步骤】

步骤1：单击 Power BI 窗口左侧的报表视图 图标，新建表页，将其改名为"折线图"。

步骤2：单击"可视化"下的"折线图"图标，设置图的属性（X轴：日期表"月"；Y轴：销售表"销售金额"；图例：产品表"产品分类名称"），具体操作及结果如图 2－134 所示。

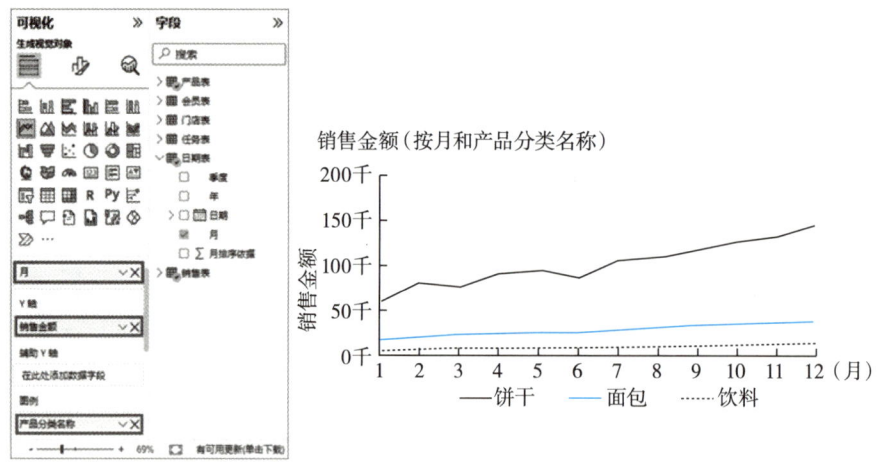

图 2-134　折线图具体操作及结果

2.3.1.4　面积图

（1）分区图

新建分区图（展示不同月份不同产品分类的销售金额变化趋势）。

【操作步骤】

步骤1：单击Power BI窗口左侧的报表视图 图标，新建表页，将其改名为"面积图"。

步骤2：单击"可视化"下的"分区图"图标，设置图的属性（X轴：日期表"月"；Y轴：销售表"销售金额"；图例：产品表"产品分类名称"），具体操作及结果如图2-135所示。

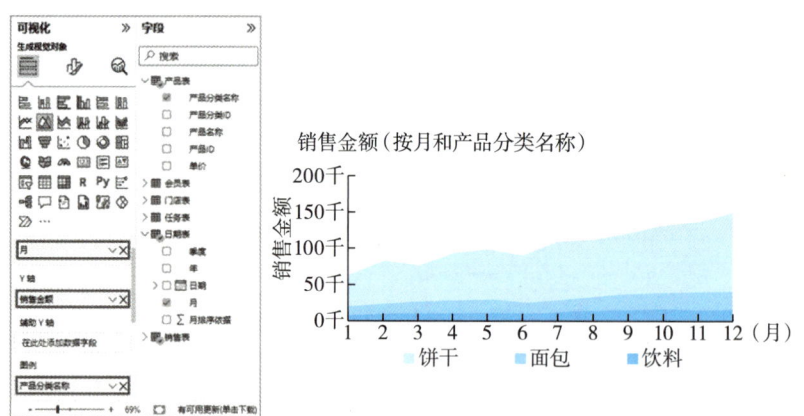

图 2-135　分区图具体操作及结果

（2）堆积面积图

新建堆积面积图（展示不同月份不同产品分类的销售金额变化趋势）。

【操作步骤】

步骤1：单击Power BI窗口左侧的报表视图 图标，选中"面积图"表页。

步骤2：单击"可视化"下的"堆积面积图"图标，设置图的属性（X轴：日期表"月"；Y轴：销售表"销售金额"；图例：产品表"产品分类名称"），具体操作及结果如图2-136所示。

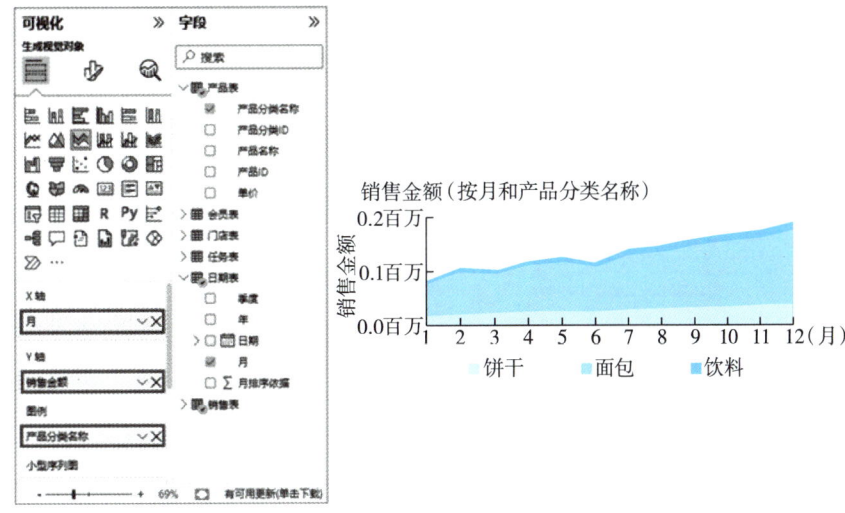

图 2-136　堆积面积图具体操作及结果

2.3.1.5　组合图

(1) 折线和堆积柱形图

新建折线和堆积柱形图(展示不同月份不同产品分类的销售金额、销售数量变化趋势。折线图反映销售数量变化,堆积柱形图反映销售金额变化)。

【操作步骤】

步骤 1:单击 Power BI 窗口左侧的报表视图 图标,新建表页,将其改名为"组合图"。

步骤 2:单击"可视化"下的"折线和堆积柱形图"图标,设置图的属性(X 轴:日期表"月";列 Y 轴:销售表"销售金额";行 Y 轴:销售表"销售数量";列图例:产品表"产品分类名称"),具体操作及结果如图 2-137 所示。

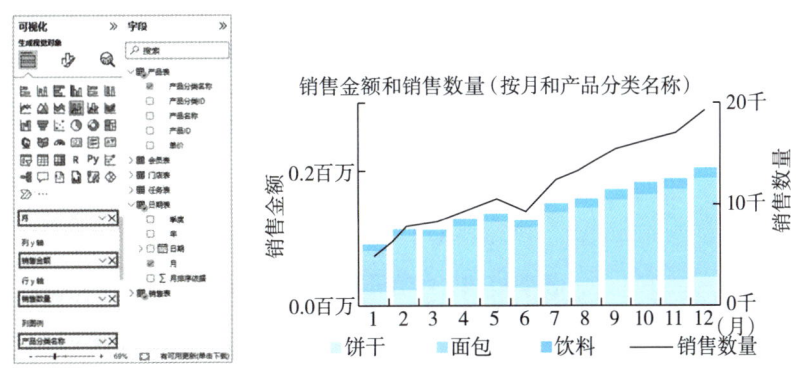

图 2-137　折线和堆积柱形图具体操作及结果

(2) 折线和簇状柱形图

新建折线和簇状柱形图(展示不同月份不同产品分类的销售金额、销售数量变化趋势。折线图反映销售数量变化,簇状柱形图反映销售金额变化)。

【操作步骤】

步骤 1:单击 Power BI 窗口左侧的报表视图 图标,选择"组合图"表页。

步骤 2:单击"可视化"下的"折线和簇状柱形图"图标,设置图的属性(X 轴:日期表

"月";列 Y 轴:销售表"销售金额";行 Y 轴:销售表"销售数量";列图例:产品表"产品分类名称"),具体操作及结果如图 2-138 所示。

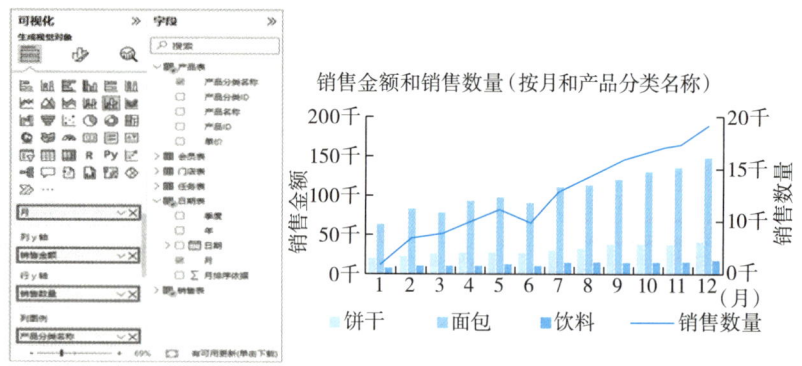

图 2-138 折线和簇状柱形图具体操作及结果

2.3.1.6　丝带图

新建丝带图(展示不同月份不同产品分类的销售金额变化)。

【操作步骤】

步骤 1:单击 Power BI 窗口左侧的报表视图 图标,新建表页,将其改名为"丝带图"。

步骤 2:单击"可视化"下的"丝带图"图标,设置图的属性(X 轴:日期表"月";Y 轴:销售表"销售金额";图例:产品表"产品分类名称"),具体操作及结果如图 2-139 所示。

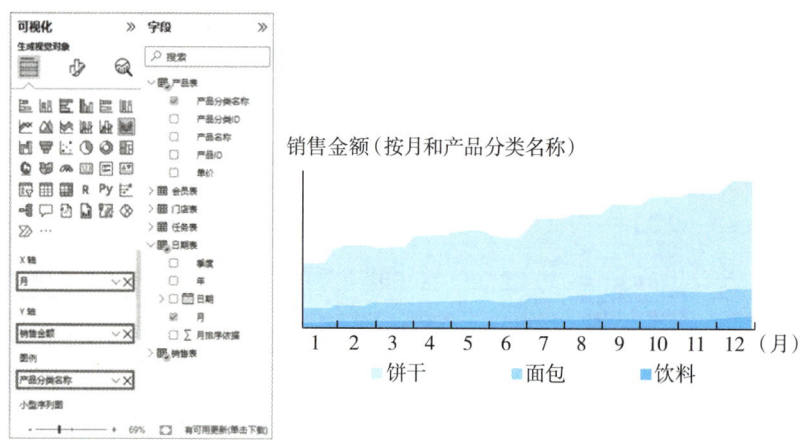

图 2-139 丝带图具体操作及结果

2.3.1.7　瀑布图

新建瀑布图(展示不同产品的销售金额及总计情况)。

【操作步骤】

步骤 1:单击 Power BI 窗口左侧的报表视图 图标,新建表页,将其改名为"瀑布图"。

步骤 2:单击"可视化"下的"瀑布图"图标,设置图的属性(类别:产品表"产品名称";Y 轴:销售表"销售金额"),具体操作及结果如图 2-140 所示。

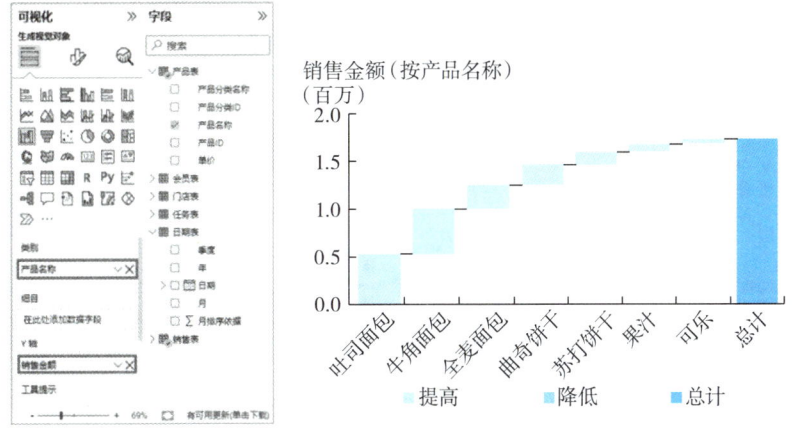

图 2–140　瀑布图具体操作及结果

2.3.1.8　散点图

新建散点图（展示不同店铺、不同月份的销售金额及销售数量的变化情况）。

【操作步骤】

步骤1：单击 Power BI 窗口左侧的报表视图 图标，新建表页，将其改名为"散点图"。

步骤2：单击"可视化"下的"散点图"图标，设置图的属性（X 轴：销售表"销售金额"；Y 轴：销售表"销售数量"；图例：门店表"店铺名称"；大小：销售表"销售金额"；播放轴：日期表"月"），具体操作及结果如图 2–141 所示。

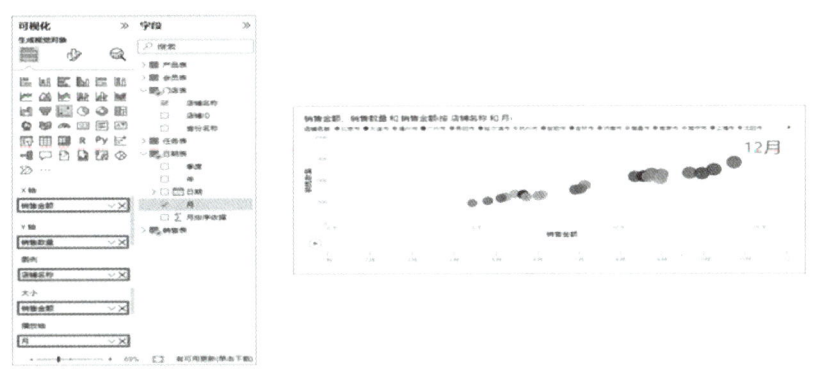

图 2–141　散点图具体操作及结果

2.3.1.9　饼图和环形图

(1) 饼图

新建饼图（展示不同产品分类的销售金额及占比）。

【操作步骤】

步骤1：单击 Power BI 窗口左侧的报表视图 图标，新建表页，将其改名为"饼图和环形图"。

步骤2：单击"可视化"下的"饼图"图标，设置图的属性（图例：产品表"产品分类名称"；值：销售表"销售金额"），并调整图的格式，设置"图例→位置"为"靠上左对齐"，设置"详细信息标签→值→值的小数位"为"2"，具体操作及结果如图 2–142 所示。

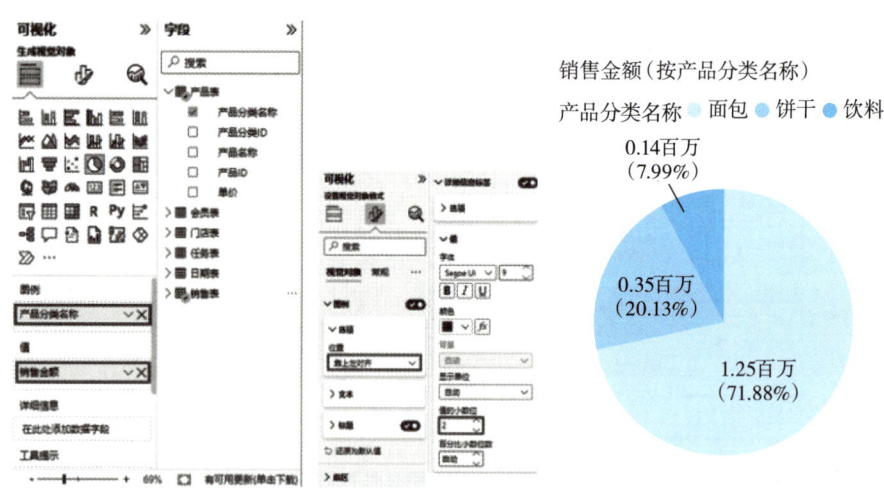

图 2-142　饼图具体操作及结果

（2）环形图

新建环形图（展示不同产品分类的销售金额及占比）。

【操作步骤】

步骤1：单击Power BI窗口左侧的报表视图 图标，选择"饼图和环形图"表页。

步骤2：单击"可视化"下的"环形图"图标，设置图的属性（图例：产品表"产品分类名称"；值：销售表"销售金额"），并调整图的格式，设置"图例→位置"为"靠上左对齐"，设置"详细信息标签→值→值的小数位"为"2"，具体操作及结果如图2-143所示。

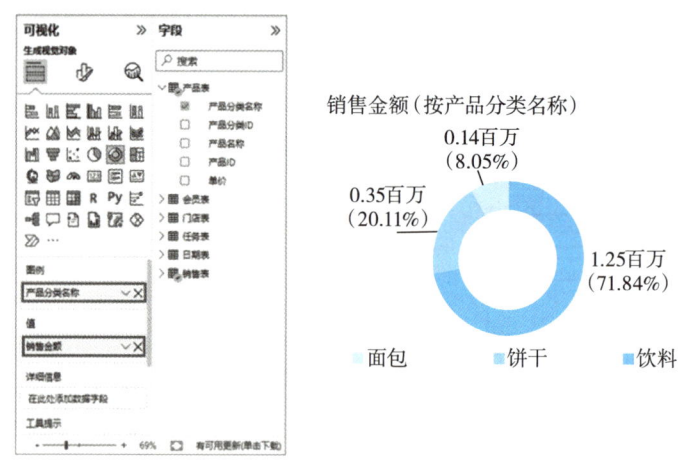

图 2-143　环形图具体操作及结果

2.3.1.10　树状图

新建树状图（展示不同产品的销售金额及占比）。

【操作步骤】

步骤1：单击Power BI窗口左侧的报表视图 图标，新建表页，将其改名为"树状图"。

步骤2：单击"可视化"下的"树状图"图标，设置图的属性（类别：产品表"产品名称"；值：销售表"销售金额"）。调整图的格式，将数据标签打开。具体操作及结果如图2-144所示。

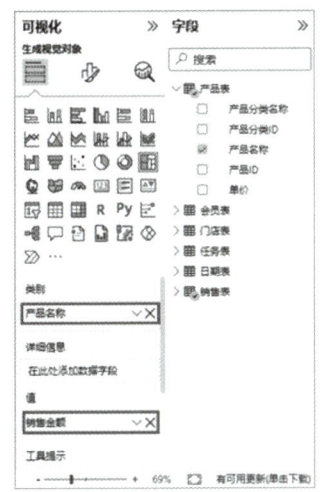
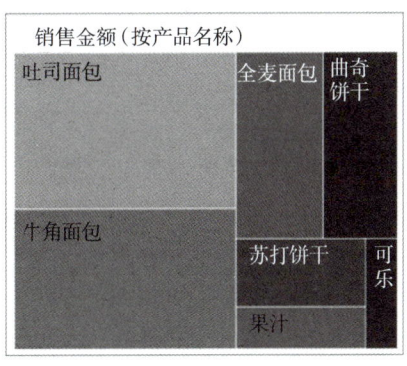

图 2-144　树状图具体操作及结果

2.3.1.11　漏斗图

新建漏斗图（展示不同产品的销售金额变化）。

【操作步骤】

步骤1：单击 Power BI 窗口左侧的报表视图 图标，新建表页，将其改名为"漏斗图"。

步骤2：单击"可视化"下的"漏斗图"图标，设置图的属性（类别：产品表"产品名称"；值：销售表"销售金额"），具体操作及结果如图 2-145 所示。

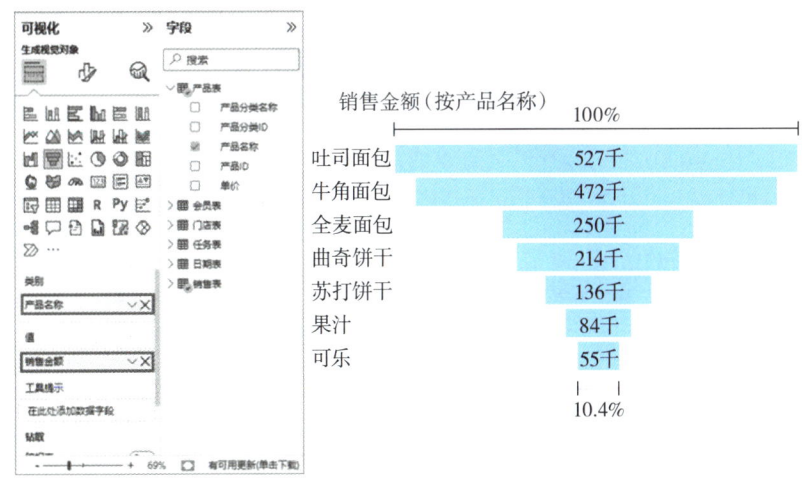

图 2-145　漏斗图具体操作及结果

说明：此案例用漏斗图展示，不是很精确。只是给大家展示漏斗图可视化的效果。

2.3.1.12　仪表图

（1）数值仪表图

新建数值仪表图（展示销售金额与任务额，从而查看销售额的完成情况）。

【操作步骤】

步骤1：单击 Power BI 窗口左侧的报表视图 图标，新建表页，将其改名为"仪表图"。

步骤2：单击"可视化"下的"仪表图"图标，设置图的属性（值：销售表"销售金额"；目标值：任务表"销售任务额"），并设置图表格式，设置"视觉对象→测量轴→最大"为2200000，具体操作如图2-146所示。

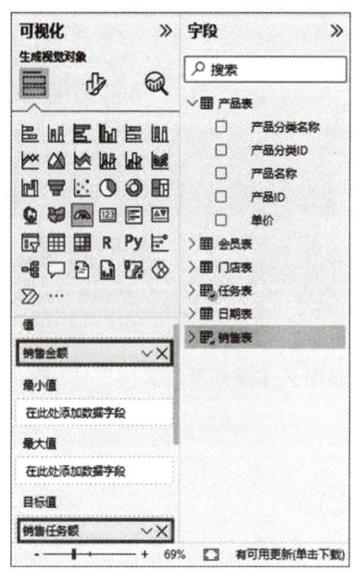

图2-146 数值仪表图具体操作

步骤3：生成的图如图2-147所示。

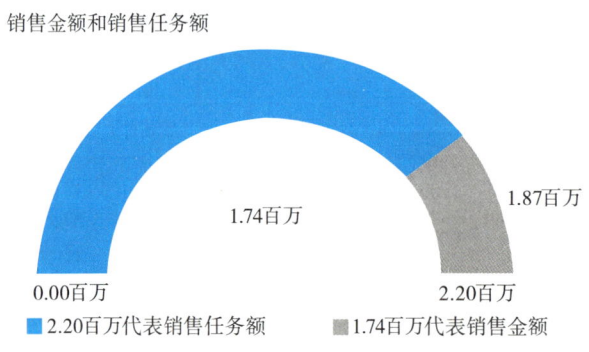

图2-147 数值仪表图操作结果

（2）百分比仪表图

新建百分比仪表图（展示销售金额完成度）。

【操作步骤】

步骤1：单击Power BI窗口左侧的报表视图图标，选择"仪表图"报表页。

步骤2：单击"可视化"下的"仪表图"图标，设置图的属性和格式（值：销售表"任务额完成度"；目标值：任务表"销售任务额"），具体操作如图2-148所示。

步骤3：生成的图如图2-149所示。

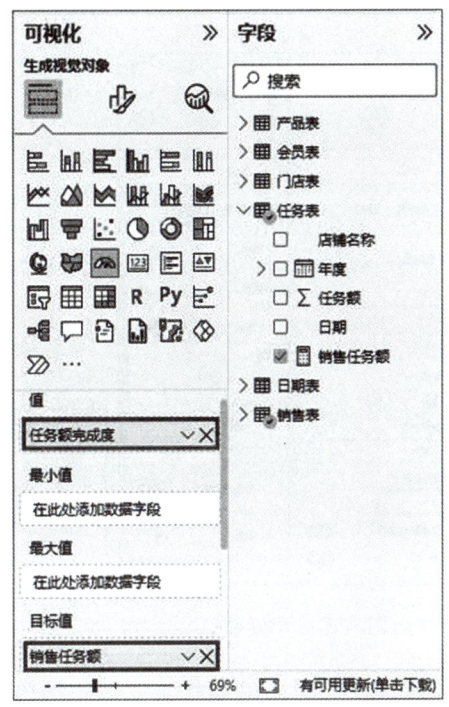
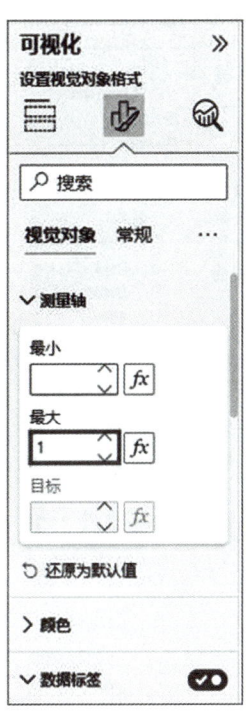

图 2-148 百分比仪表图操作过程

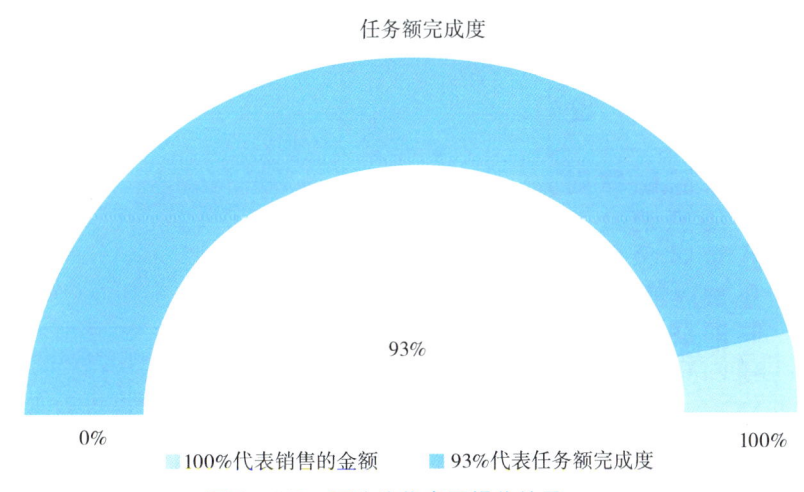

图 2-149 百分比仪表图操作结果

2.3.1.13 卡片图和多行卡

(1) 卡片图

新建卡片图（展示销售金额与任务额完成度）。

【操作步骤】

步骤1：单击 Power BI 窗口左侧的报表视图 图标，新建表页，将其改名为"卡片图和多行卡"。

步骤2：单击"可视化"下的"卡片图"图标，设置图的属性（字段：销售表"销售金额"），调整格式，将"标注值"的值的小数位设置为2，将边框设置为"打开"，具体操作及结果如图 2-150 所示。

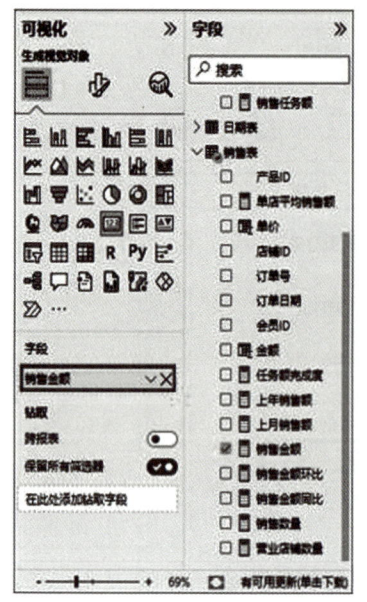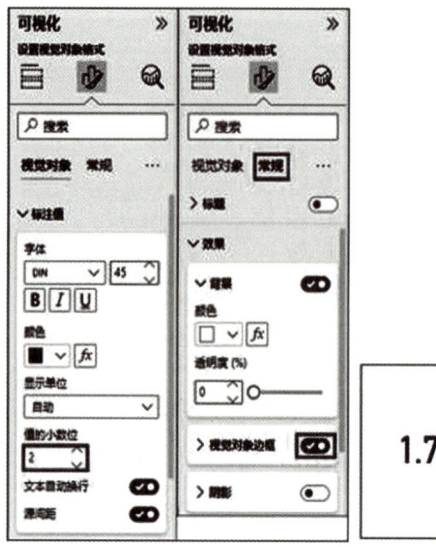

图 2-150　卡片图创建过程及结果

步骤3：再单击"可视化"下的"卡片图"图标，设置图的属性（字段：销售表"任务额完成度"）。同步骤2，调整格式，将边框设置为"打开"。卡片图属性设置操作及最终结果如图 2-151 所示。

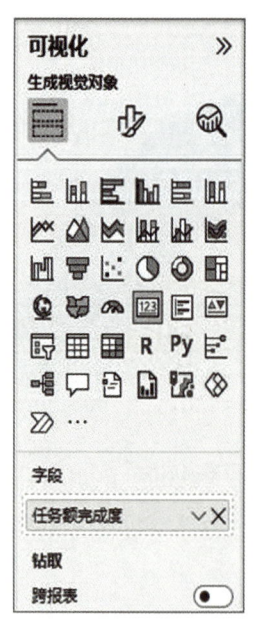

图 2-151　卡片图属性设置操作及最终结果

（2）多行卡

新建多行卡（展示销售金额、销售数量、营业店铺数量、单店平均销售额等）。

【操作步骤】

步骤1：单击 Power BI 窗口左侧的报表视图 图标，选择"卡片图及多行卡"表页。

步骤2：单击"可视化"下的"多行卡"图标，设置图表属性（字段：销售表"销售金额"

"销售数量""营业店铺数量""单店平均销售额"),具体操作及结果如图2-152所示。

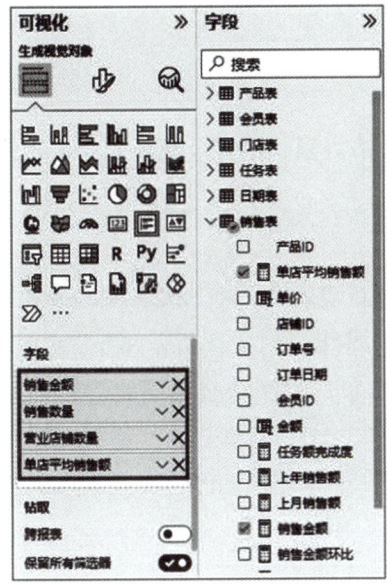
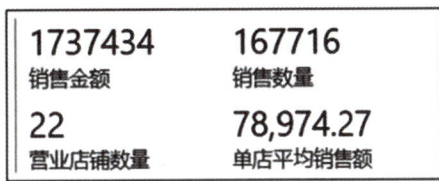

图2-152 多行卡具体操作及结果

2.3.1.14 KPI

新建KPI(按年展示销售金额与销售任务额,以及其差异情况)。

【操作步骤】

步骤1:单击Power BI窗口左侧的报表视图 图标,新建表页,将其改名为"KPI"。

步骤2:单击"可视化"下的"KPI"图标,设置图的属性(值:销售表"销售金额";走向轴:日期表"年";目标:任务表"销售任务额"),具体操作及结果如图2-153所示。

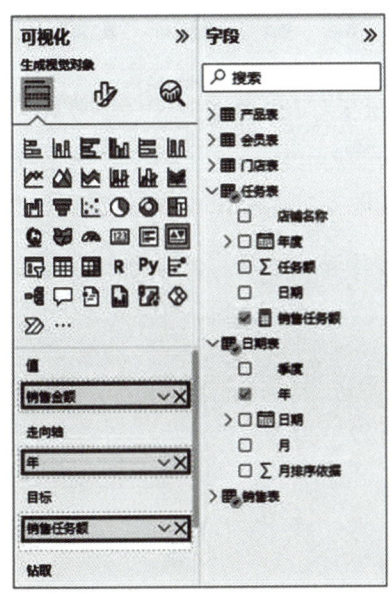

图2-153 KPI具体操作及结果

说明：从图2-153中可以看出，销售金额的实际值为1095311，目标值为1220000，差异率为-10.22%。

2.3.1.15 表和矩阵

（1）表

新建表（展示不同年度及不同月份的销售金额、上月销售额、销售金额环比、上年销售额、销售金额同比等数据）。

【操作步骤】

步骤1：单击Power BI窗口左侧的报表视图 图标，新建表页，将其改名为"表和矩阵"。

步骤2：单击"可视化"下的"表"图标，设置表的属性（列：日期表"年""月"、销售表"销售金额""上月销售额""销售金额环比""上年销售额""销售金额同比"）。然后分别选中"销售金额环比""销售金额同比"两个度量值，在"度量工具"菜单下的"格式化"中，设置百分比和小数位。具体操作如图2-154所示。

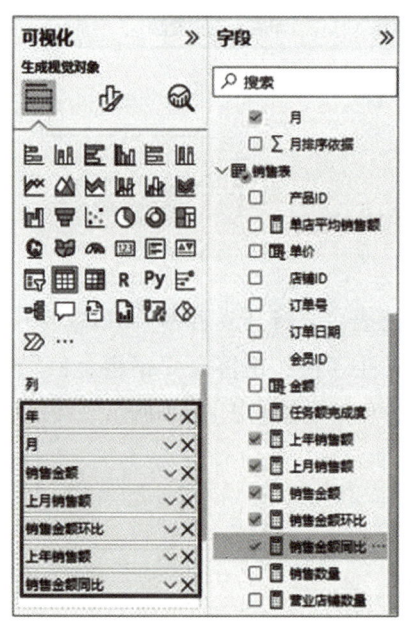
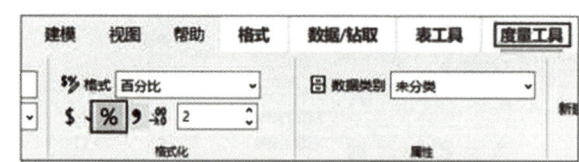

图2-154 表操作过程

步骤3：生成的表如图2-155所示。

年	月	销售金额	上月销售额	销售金额环比	上年销售额	销售金额同比
2019年	1月	34719				
2019年	2月	44600	34719	28.46%		
2019年	3月	58384	44600	30.91%		
2019年	4月	57670	58384	-1.22%		
2019年	5月	55752	57670	-3.33%		
2019年	6月	53374	55752	-4.27%		
2019年	7月	56581	53374	6.01%		
2019年	8月	55765	56581	-1.44%		
2019年	9月	54795	55765	-1.74%		
2019年	10月	55693	54795	1.64%		
2019年	11月	56224	55693	0.95%		
2019年	12月	58566	56224	4.17%		
2020年	1月	53828	58566	-8.09%	34719	55.04%
2020年	2月	67989	53828	26.31%	48321	40.70%
2020年	3月	52194	66045	-20.97%	56520	-7.65%
2020年	4月	68765	51763	32.85%	56715	21.25%
2020年	5月	77570	67974	14.12%	56808	36.55%
2020年	6月	71296	79118	-9.89%	52860	34.88%
2020年	7月	92083	71426	28.92%	57547	60.01%
2020年	8月	100738	91165	10.50%	55273	82.26%
2020年	9月	114539	101419	12.94%	54864	108.77%
2020年	10月	123940	111766	10.89%	56185	120.59%
2020年	11月	129260	123249	4.88%	55827	131.54%
2020年	12月	143109	130020	10.07%	56484	153.36%
总计		1737434			642123	170.58%

图 2 - 155　表操作结果

（2）矩阵

新建矩阵（展示不同店铺、不同产品的销售金额情况）。

【操作步骤】

步骤 1：单击 Power BI 窗口左侧的报表视图 图标，选择"表和矩阵"表页。

步骤 2：单击"可视化"下的"矩阵"图标，设置图的属性（行：门店表"店铺名称"；列：产品表"产品名称"；值：销售表"销售金额"），具体操作及结果如图 2 - 156 所示。

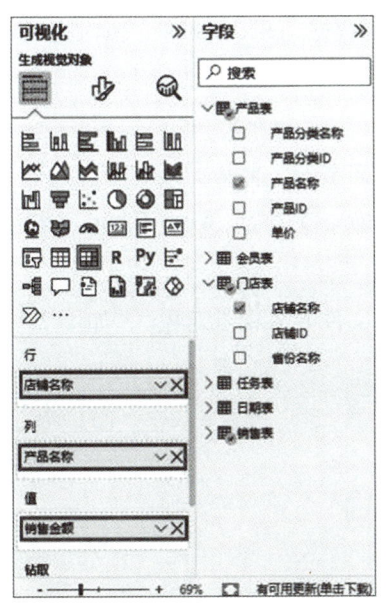

图 2 - 156　矩阵具体操作及结果

2.3.1.16 切片器

新建切片器（新建"年""季度""月"三个切片器，从而展示某一年度、某一季度、某一月份下不同产品分类的销售金额情况）。

【操作步骤】

步骤1：单击Power BI窗口左侧的报表视图图标，新建表页，将其改名为"切片器"。

步骤2：单击"可视化"下的"切片器"图标，分别设置"年""季度""月"三个切片器属性（字段：日期表"年""季度""月"）。给三个切片器加上边框，生成结果如图2-157所示。

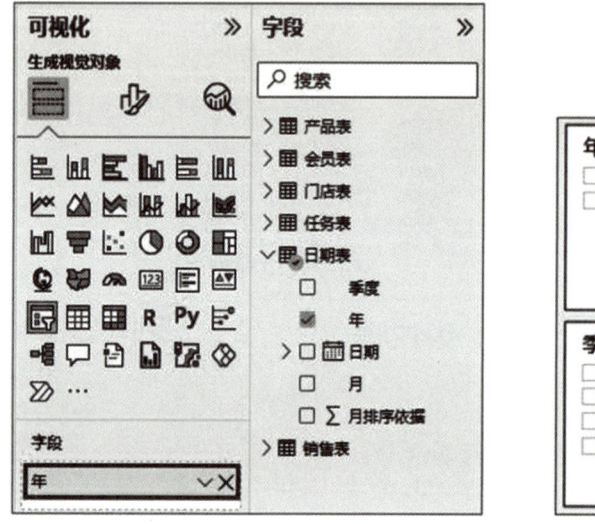

图2-157 切片器属性设置示例及最终结果

2.3.2 自定义可视化图表

在Power BI Desktop中打开"自定义可视化图表的案例数据.pbix"文件，依次完成4个自定义可视化图形的设置操作。

添加自定义可视化对象的方式有两种。

（1）从本地添加自定义可视化对象（子弹图、马表、文字云、桑基图）。

步骤1：点击下载子弹图Bullet Chart、马表Dial Gauge、文字云Word Cloud、桑基图Sankey Chart。

步骤2：单击"可视化"菜单下的图标，选择"从文件导入视觉对象"，如图2-158所示。

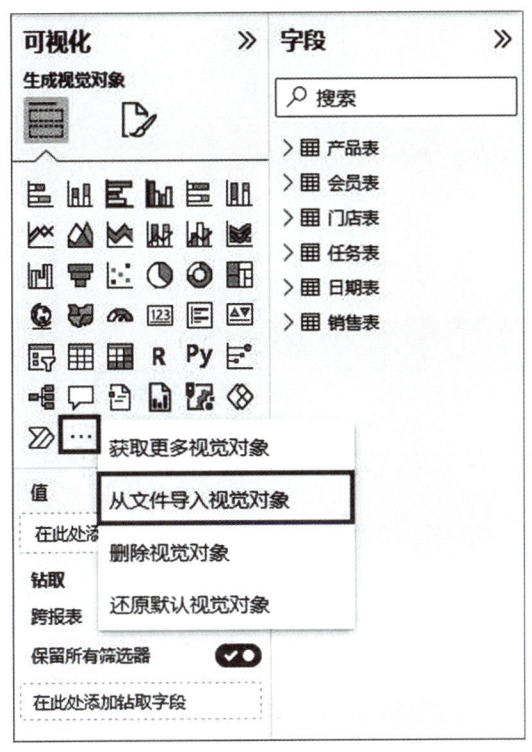

图 2-158　选择"从文件导入视觉对象"

步骤3：选择"子弹图 Bullet Chart.pbiviz"，点击"打开"，如图 2-159 所示。

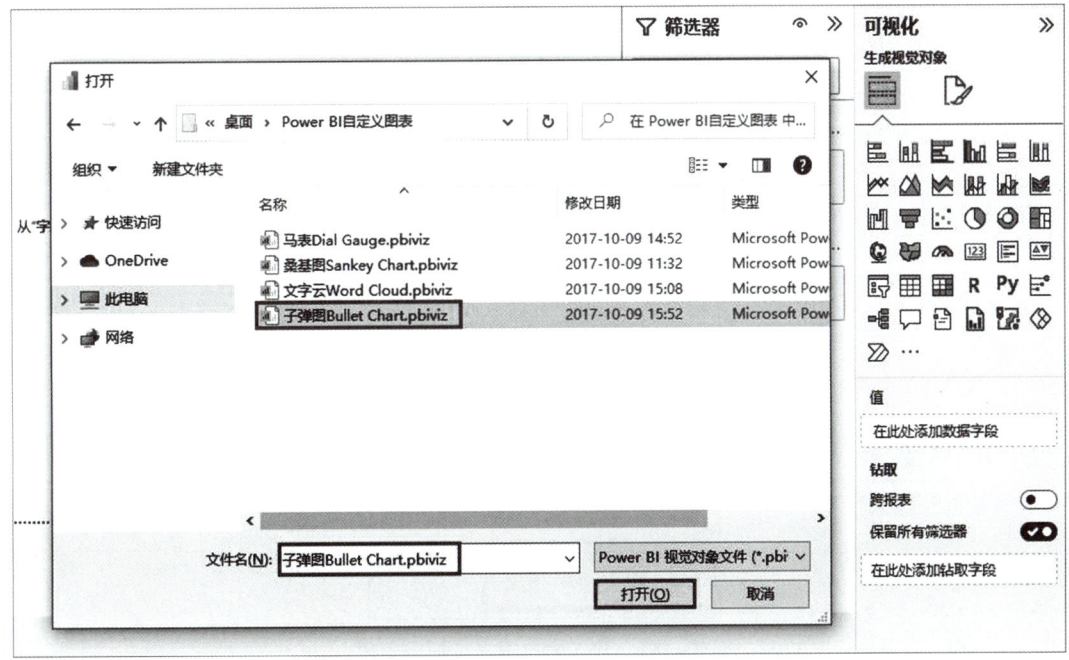

图 2-159　从文件导入子弹图

步骤4：点击"确定"，成功导入子弹图 Bullet Chart，如图 2-160 所示。

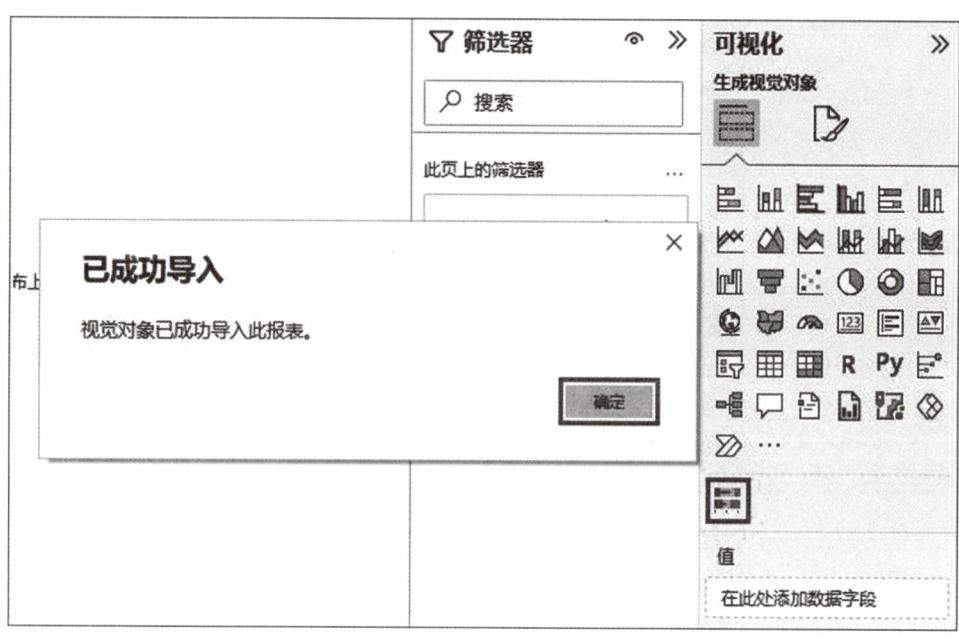

图 2－160　成功导入子弹图

步骤 5：用同样的方法，添加马表 Dial Gauge、文字云 Word Cloud、桑基图 Sankey Chart，如图 2－161 所示。

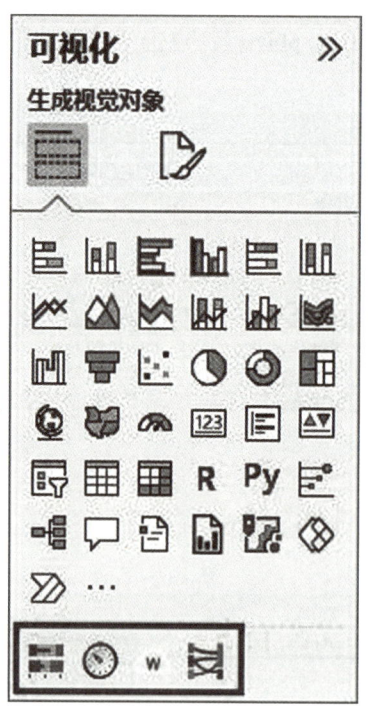

图 2－161　导入的自定义可视化对象

（2）从 AppSource 导入自定义可视化对象（子弹图、马表、文字云、桑基图）。

步骤 1：单击"可视化"菜单下的 图标，选择"获取更多视觉对象→Power BI 认证→Bullet Chart"，如图 2－162 所示。

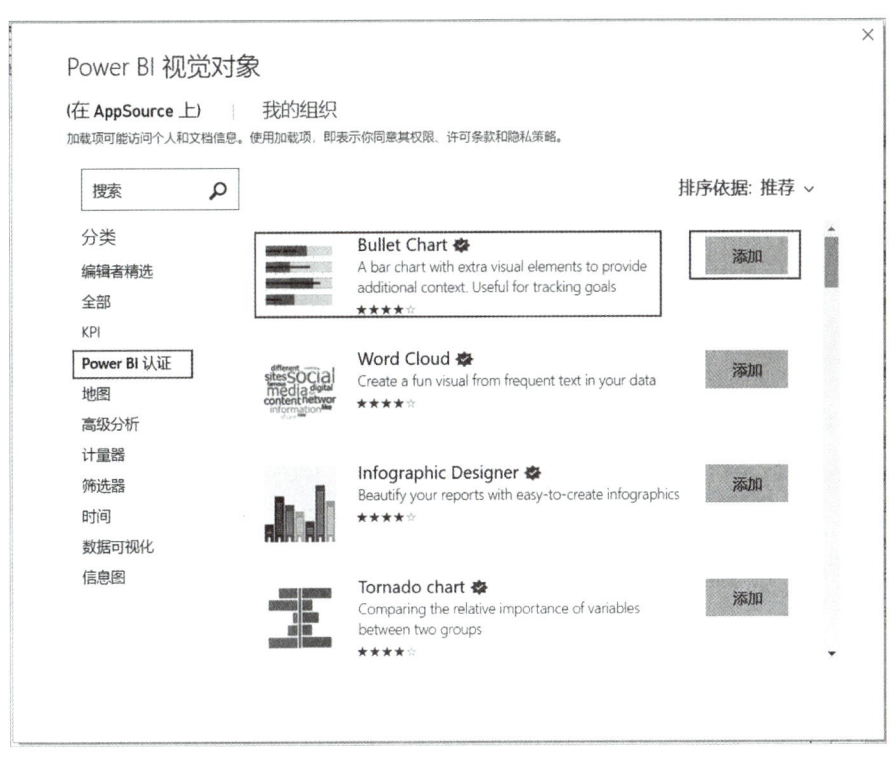

图 2-162　添加自定义可视化对象

步骤 2：单击"添加"按钮，即可成功导入子弹图 Bullet Chart。

步骤 3：用同样的方法，添加马表 Dial Gauge、文字云 Word Cloud、桑基图 Sankey Chart，如图 2-163 所示。

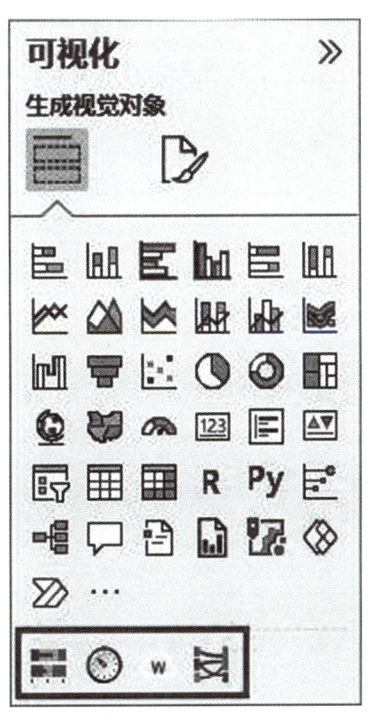

图 2-163　自定义可视化对象

接下来介绍4个自定义可视化图形的设置操作。

2.3.2.1　马表 Dial Gauge

新建马表图（反映销售金额与销售任务额的接近程度）。

在"任务表"下，新建2个度量值：

销售任务额最大值 = '任务表'[销售任务额] * 1.5

销售任务额最小值 = '任务表'[销售任务额] * 0.9

将销售任务额最小值、目标值（销售任务额）、销售任务额最大值放入马表中，可显示出红黄绿三个区域。

0~销售任务额最小值（0~90%）：红色区域（销售任务完成度不好）；

销售任务额最小值~目标值（销售任务额）（90%~100%）：黄色区域（销售任务完成度正常）；

目标值（销售任务额）~销售任务额最大值（100%~150%）：绿色区域（销售任务完成度很好）。

【操作步骤】

步骤1：在"任务表"下，新建2个度量值：

销售任务额最大值 = '任务表'[销售任务额] * 1.5

销售任务额最小值 = '任务表'[销售任务额] * 0.9

在"销售表"下，新建1个度量值：

任务额完成度（两位小数） = FORMAT（[任务额完成度],"＃,＃＃＃＃0.0000"），如图2-164所示。

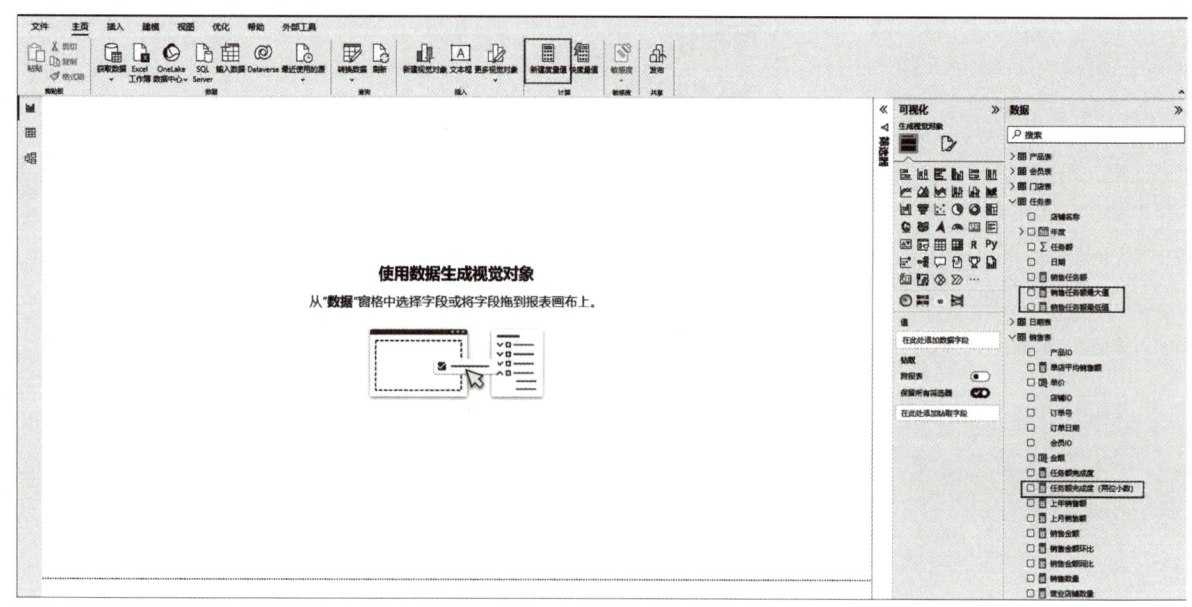

图2-164　新建1个度量值

步骤2：单击 Power BI 窗口左侧的报表视图 图标，鼠标右键点击表页"第1页"，然后选择"重命名页"，将表页重命名为"马表"，如图2-165所示。

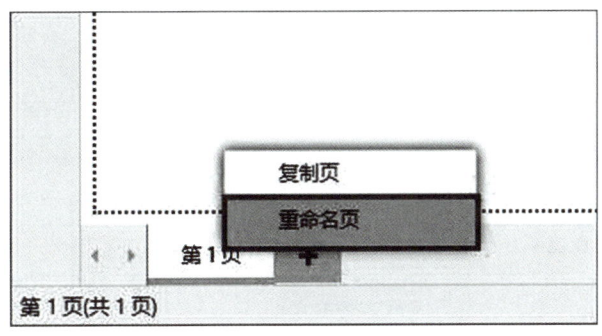

图 2-165　表页重命名

步骤3：单击"可视化"下的"马表 Dial Gauge"图标，按图 2-166 设置属性。生成的图如图 2-167 所示。

图 2-166　设性属性

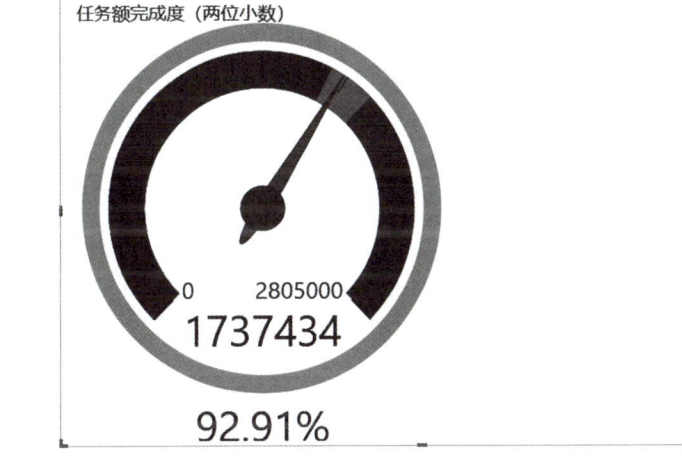

图 2-167　生成马表图

2.3.2.2　子弹图 Bullet Chart

新建子弹图（反映销售金额与销售任务额的接近程度）。

在子弹图中，0～25%：深红色区域，有待改善；25%～70%：红色区域，一般；70%～100%：黄色区域，较好；100%～120%：绿色区域，很好。

【操作步骤】

步骤1：单击 Power BI 窗口左侧的报表视图 图标，新建"子弹图"表页。

步骤2：单击"可视化"下的"子弹图 Bullet Chart"图标，按图 2-168 设置属性，按图 2-169 设置视觉对象的格式。

步骤3：生成的图如图 2-170 所示。

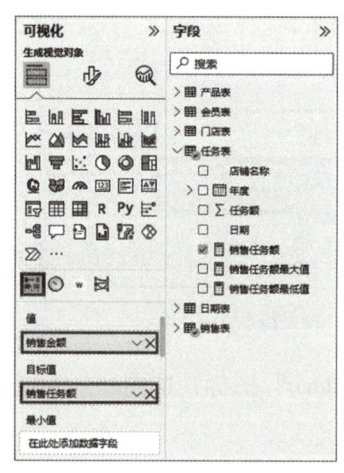
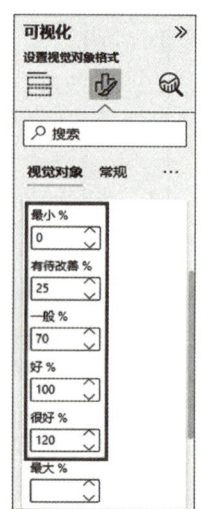

图 2-168　设置属性　　　　图 2-169　设置格式

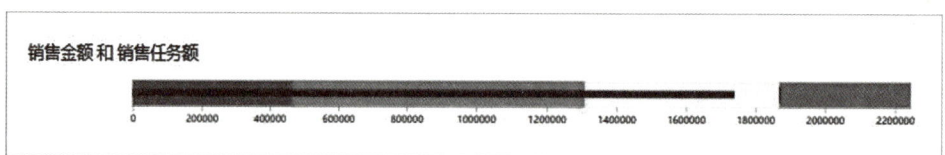

图 2-170　生成子弹图

2.3.2.3　文字云 Word Cloud

新建文字云（反映购买金额最大的会员 ID）。

【操作步骤】

步骤 1：单击 Power BI 窗口左侧的报表视图 图标，新建"文字云"表页。

步骤 2：单击"可视化"下的"文字云 Word Cloud"图标，按图 2-171 设置属性。生成的图如图 2-172 所示，可以看出，购买金额最大的会员 ID 是 7663。

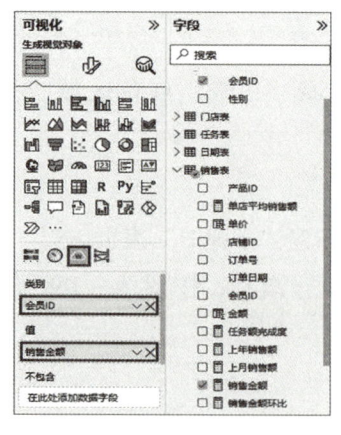
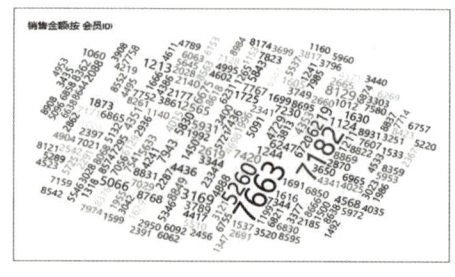

图 2-171　设置属性　　　　图 2-172　生成文字云

2.3.2.4　桑基图 Sankey Chart

新建桑基图（反映不同店铺的不同产品分类的销售金额情况）。

【操作步骤】

步骤1：单击 Power BI 窗口左侧的报表视图 图标，新建"桑基图"表页。

步骤2：单击"可视化"下的"桑基图 Sankey Chart"图标，按图2-173设置属性。生成的图如图2-174所示。

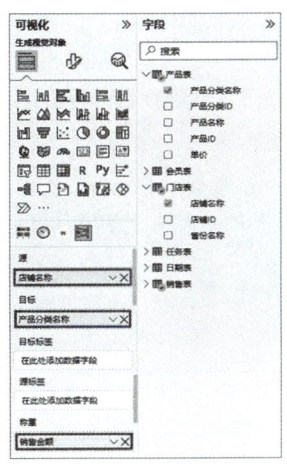

图2-173　设置属性

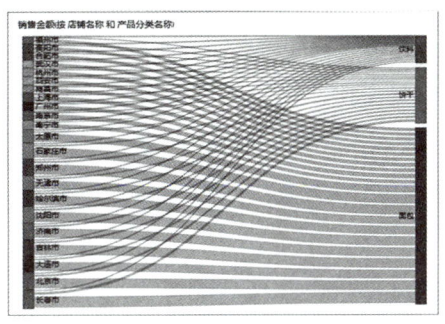

图2-174　生成桑基图

2.3.3　图表美化

在 Power BI Desktop 中打开"图表美化的案例数据.pbix"文件，完成切换主题、设置图表格式操作。

2.3.3.1　切换主题

由系统默认主题切换为"城市公园"主题。

【操作步骤】

步骤1：单击 Power BI 窗口左侧的报表视图 图标，默认主题下的显示效果如图2-175所示。

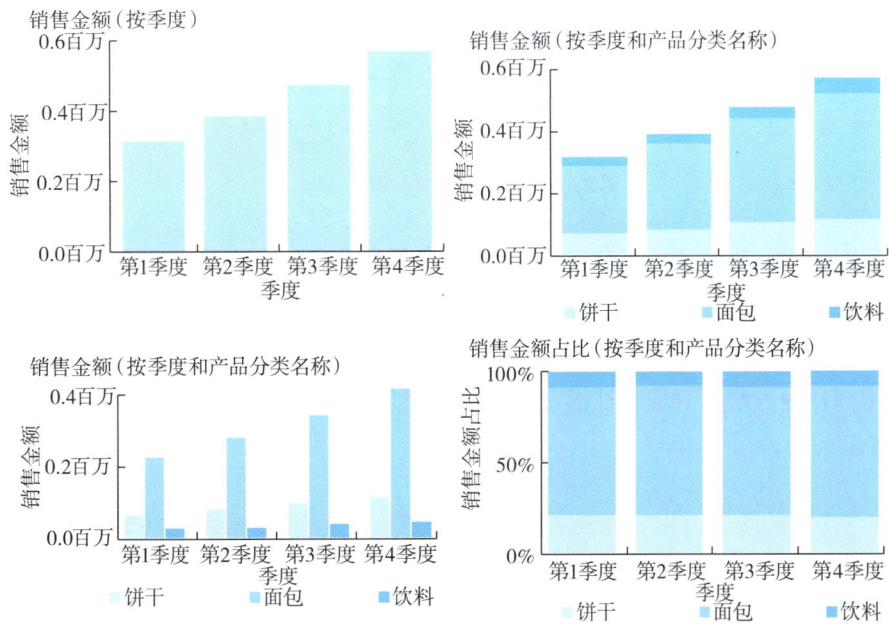

图2-175　默认主题下的显示效果

步骤2：选择"视图→城市公园"主题后，报表页的显示效果如图2-176所示。

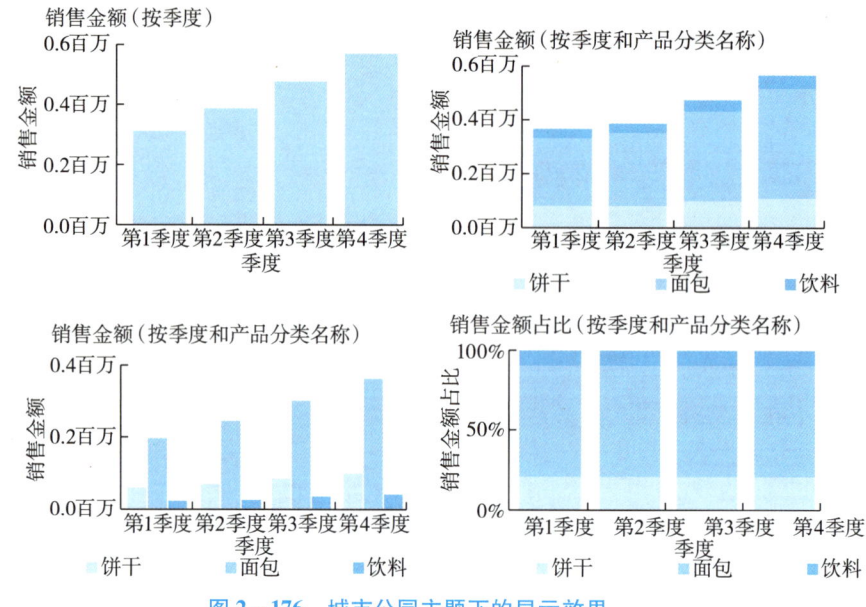

图2-176　城市公园主题下的显示效果

2.3.3.2　设置图表格式

【操作步骤】

步骤1：单击Power BI窗口左侧的报表视图 图标，选中可视化对象"柱状图"，如图2-177所示。

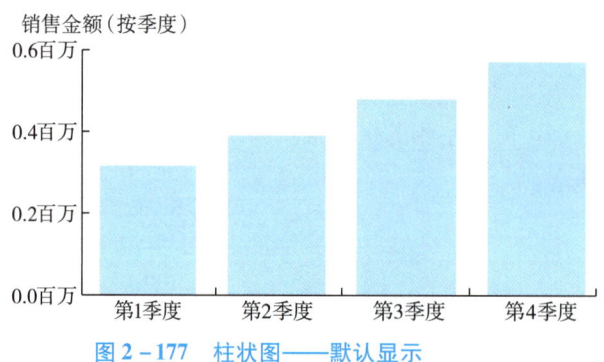

图2-177　柱状图——默认显示

步骤2：选中该图，执行"可视化"下的 命令后，在"视觉对象"下打开"数据标签"，将"显示单位"设置为"无"，并在"常规"下，设置"效果"，启用"视觉对象边框"，给该图加边框，如图2-178所示。

步骤3：用同样的方法，对堆积柱形图、簇状柱形图和百分比堆积柱形图进行格式设置，结果如图2-179所示。

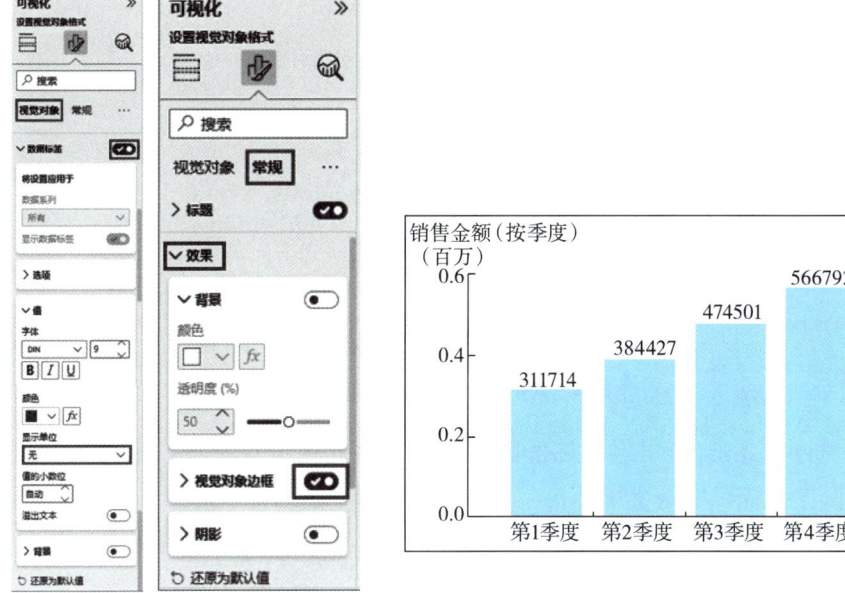

图 2-178　柱状图——设置格式操作及操作完成后的显示

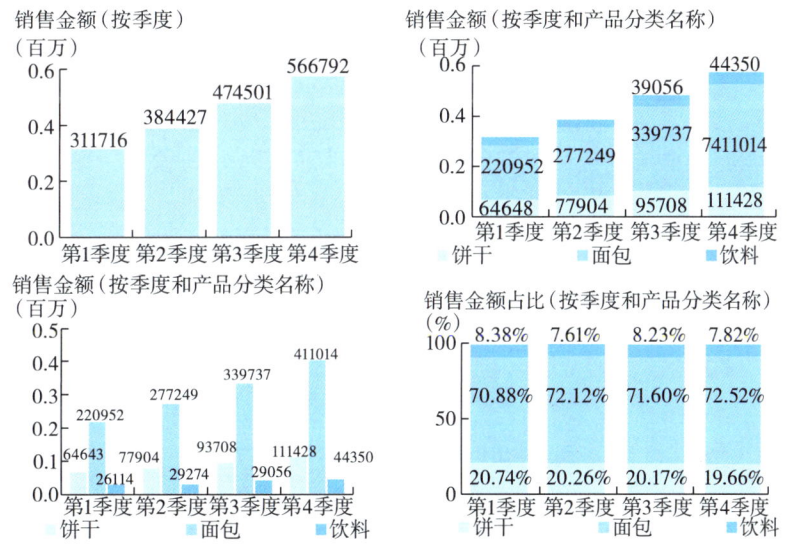

图 2-179　设置格式后的显示

2.3.4　图表的筛选、钻取和编辑交互

在 Power BI Desktop 中打开"图表筛选、钻取和编辑交互的案例数据.pbix"文件，完成图表的筛选、钻取和编辑交互操作。

2.3.4.1　图表的筛选

（1）视觉级筛选器

新建视觉级筛选器（对条形图中数据的筛选不影响本表页折线图中数据显示）。

【操作步骤】

步骤1：单击 Power BI 窗口左侧的报表视图 图标，选择"条形图和折线图（一）"表页。如

图 2-180 所示，条形图和折线图均显示三个产品分类数据。

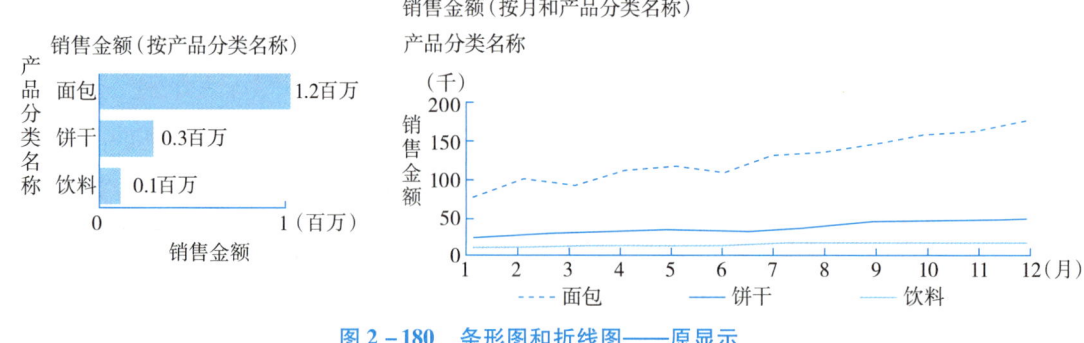

图 2-180　条形图和折线图——原显示

步骤 2：选中"条形图"，在"筛选器"下选择"此视觉对象上的筛选器"，点击展开"产品分类名称"，除了"面包"分类不勾选，其他产品分类全部勾选，如图 2-181 所示。

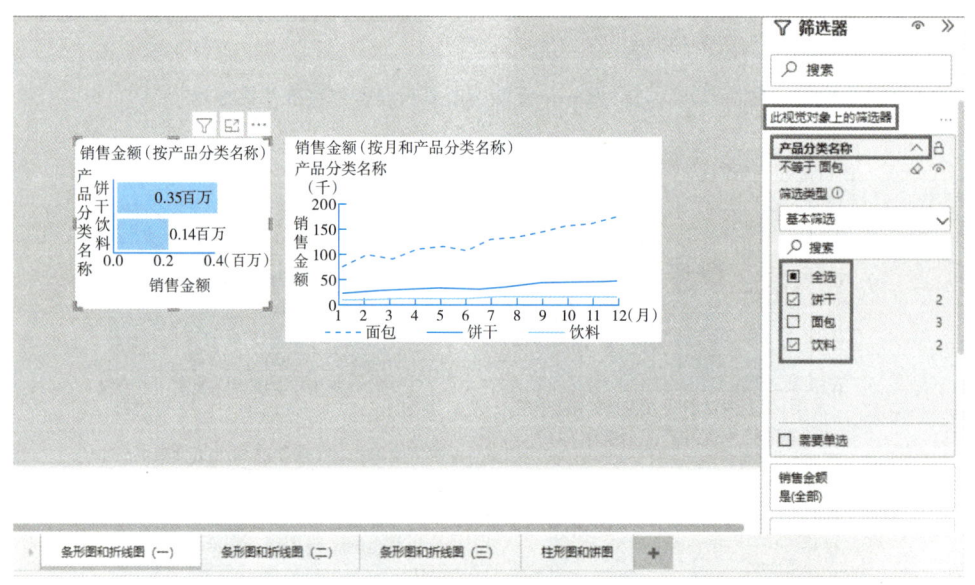

图 2-181　视觉级筛选器的筛选过程

步骤 3：筛选后的报表页显示效果如图 2-182 所示。可以看到，条形图中已经没有"面包"数据，而折线图中还有。

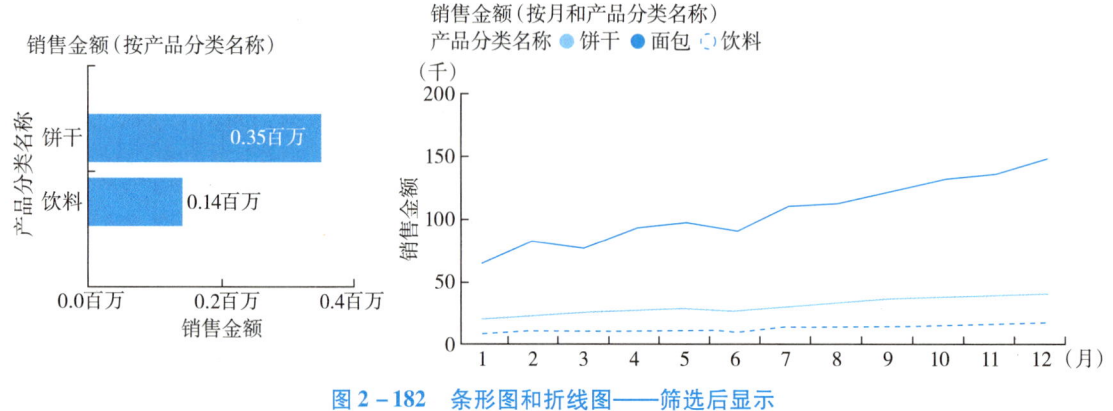

图 2-182　条形图和折线图——筛选后显示

（2）页面级筛选器

新建页面级筛选器（对条形图中数据的筛选将影响本表页折线图中数据显示）。

【操作步骤】

步骤1：单击 Power BI 窗口左侧的报表视图 图标，选择"条形图和折线图（二）"表页。如图2-183所示，条形图和折线图均显示三个产品分类数据。

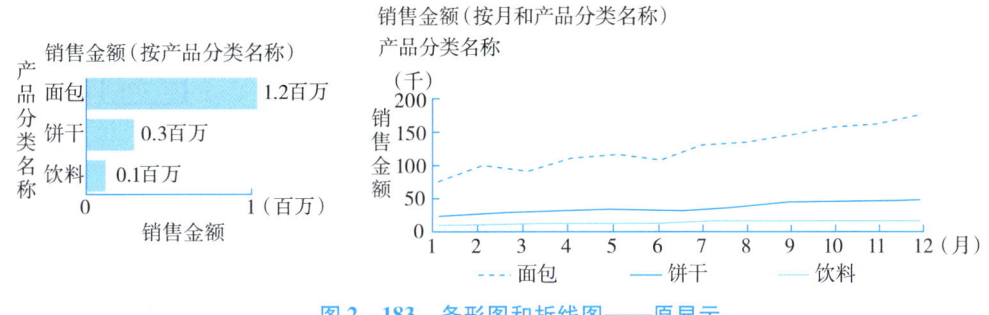

图2-183　条形图和折线图——原显示

步骤2：将"字段"中的"产品分类名称"拖拽到"此页上的筛选器"，如图2-184所示。点击展开"产品分类名称"，除了"面包"分类不勾选，其他产品分类全部勾选，如图2-185所示。

步骤3：筛选后的报表页显示效果如图2-186所示。可以看到，条形图和折线图中均已经没有"面包"数据。

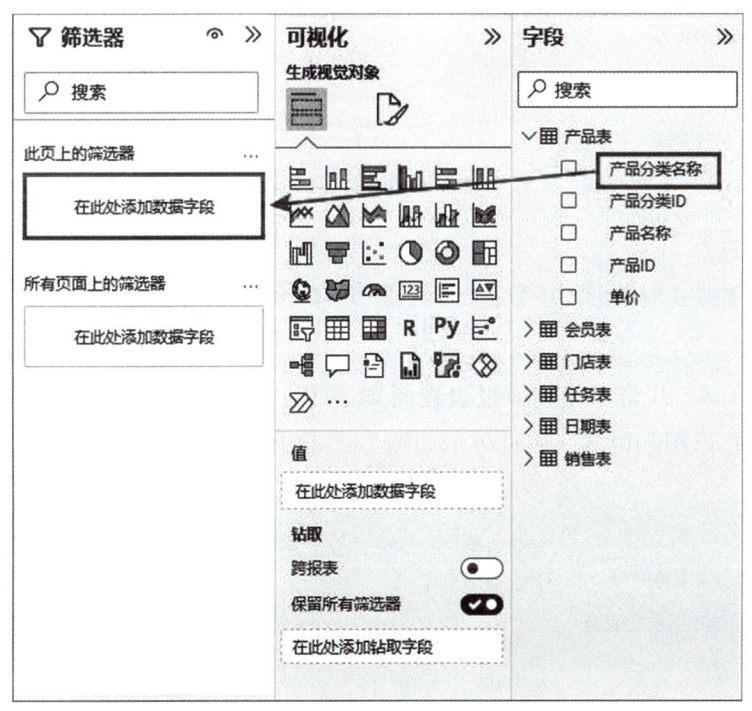

图2-184　页面级筛选器筛选过程（1）

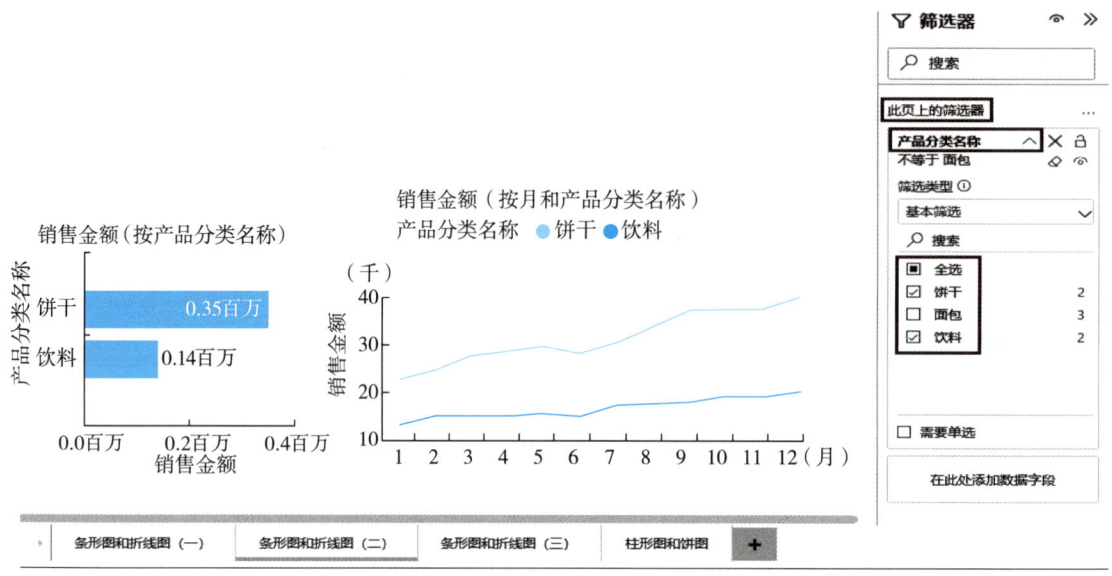

图 2-185 页面级筛选器筛选过程（2）

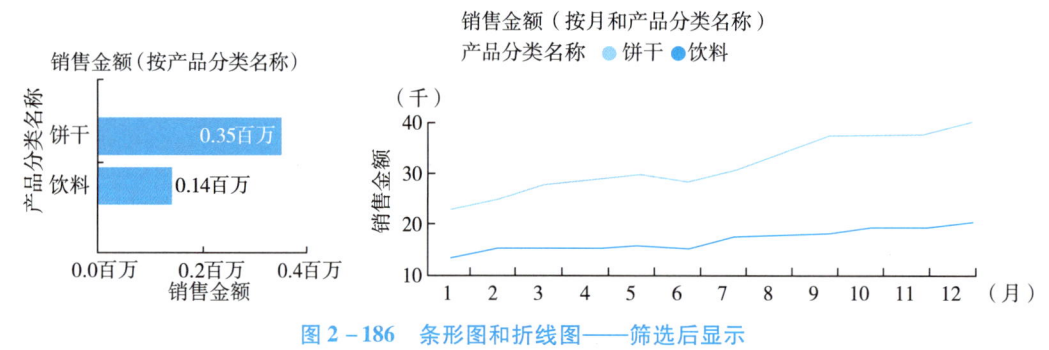

图 2-186 条形图和折线图——筛选后显示

（3）报告级筛选器

新建报告级筛选器（对条形图中数据的筛选将影响所有表页可视化对象中数据显示）。

【操作步骤】

步骤1：单击 Power BI 窗口左侧的报表视图 图标，"条形图和折线图（三）"表页显示如图 2-187 所示，"柱形图和饼图"表页显示如图 2-188 所示，可以看到，两个表页均显示三个产品分类数据。

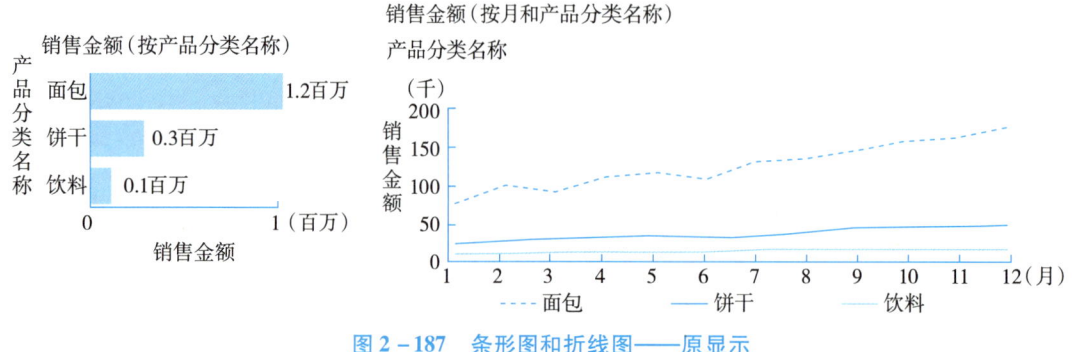

图 2-187 条形图和折线图——原显示

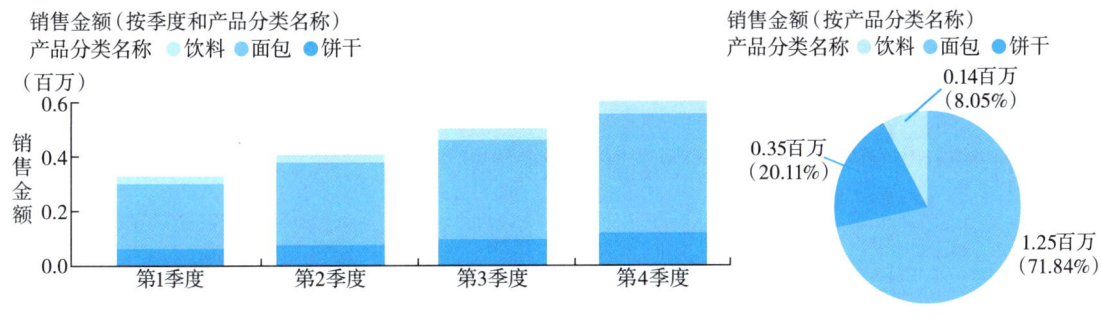

图 2-188　柱形图和饼图——原显示

步骤 2：将"字段"中的"产品分类名称"拖拽到"所有页面上的筛选器"，如图 2-189 所示。点击展开"产品分类名称"，除了"面包"分类不勾选，其他产品分类全部勾选，如图 2-190 所示。

步骤 3：筛选后的"条形图和折线图（三）"报表页显示效果如图 2-191 所示，筛选后的"柱形图和饼图"报表页显示效果如图 2-192 所示。可以看到，所有报表页的可视化对象均已经没有"面包"数据。

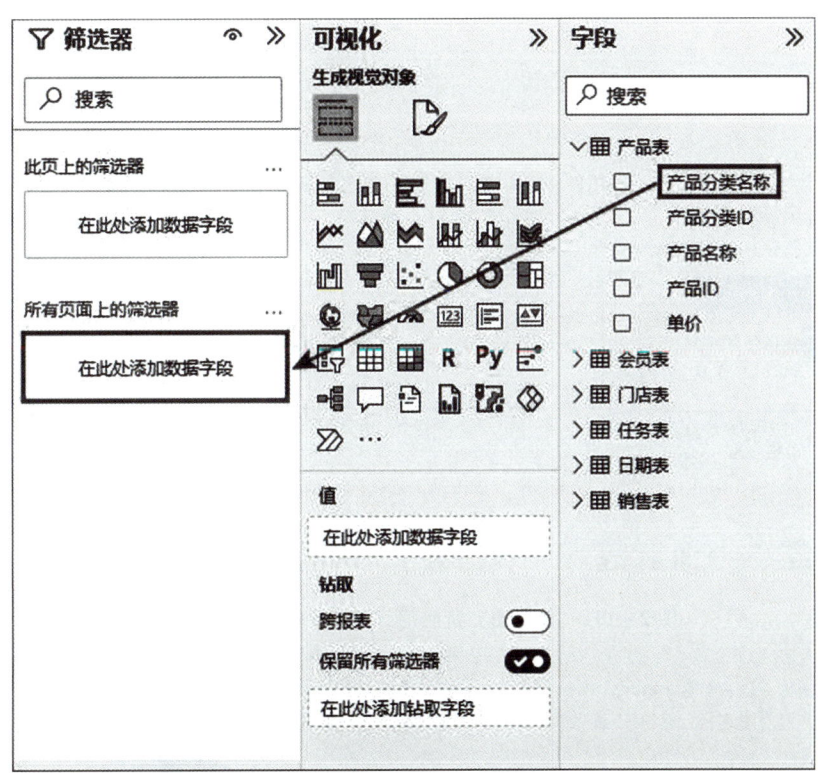

图 2-189　报告级筛选器筛选过程（1）

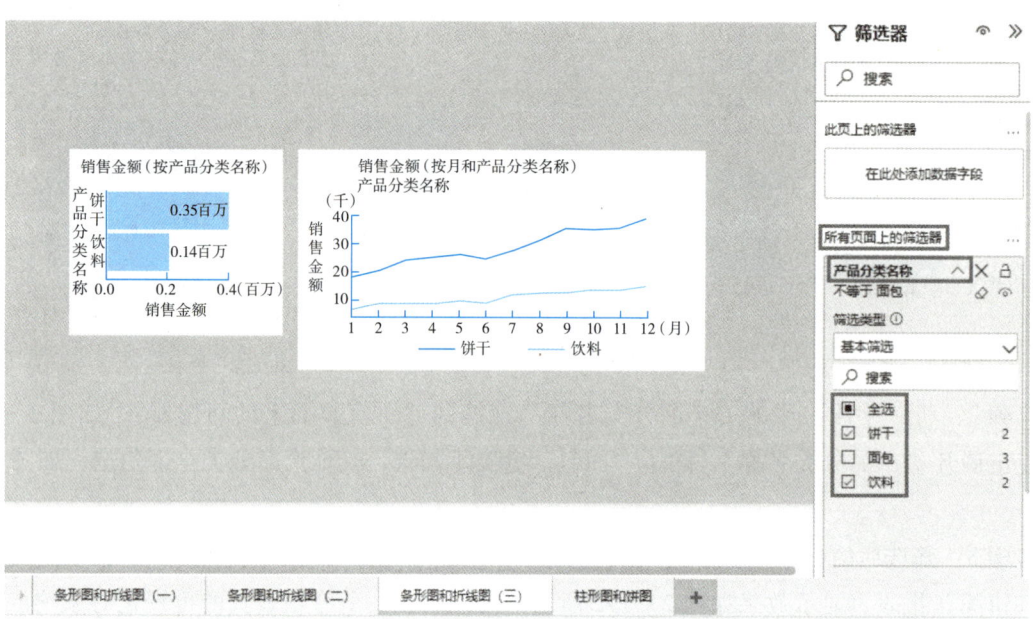

图 2-190 报告级筛选器筛选过程（2）

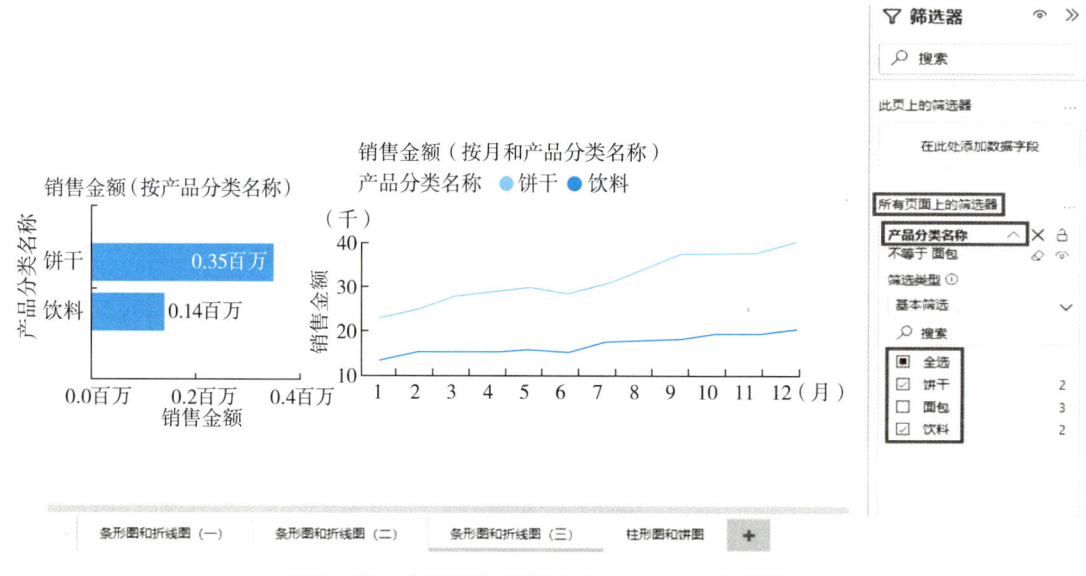

图 2-191 条形图和折线图（三）——筛选后显示

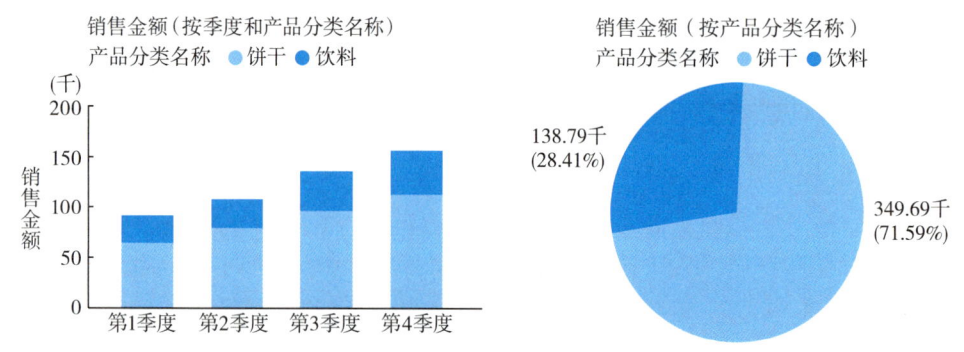

图 2-192 柱形图和饼图——筛选后显示

2.3.4.2 图表的钻取

图表的钻取（对条形图中"面包"数据向下钻取，查看其具体产品名称）。

【操作步骤】

步骤1：单击 Power BI 窗口左侧的报表视图 图标，选择"条形图和折线图（一）"表页。

步骤2：选中"条形图"，在"可视化"下，将"产品名称"字段拖拽到 Y 轴中，放在"产品分类名称"下，如图 2-193 所示。

步骤3：单击条形图上方的 ↓ 图标，再单击条形图中"饼干"数据，如图 2-194 所示。

此时未使用编辑交互功能，只是展示"饼干"下级的产品数据信息，如图 2-195 所示。

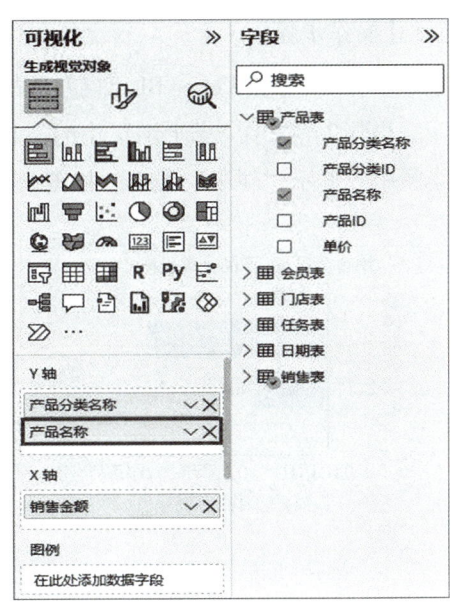

图 2-193 设置属性

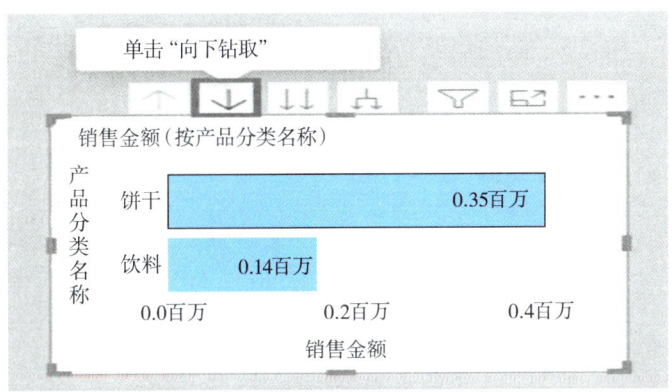

图 2-194 向下钻取

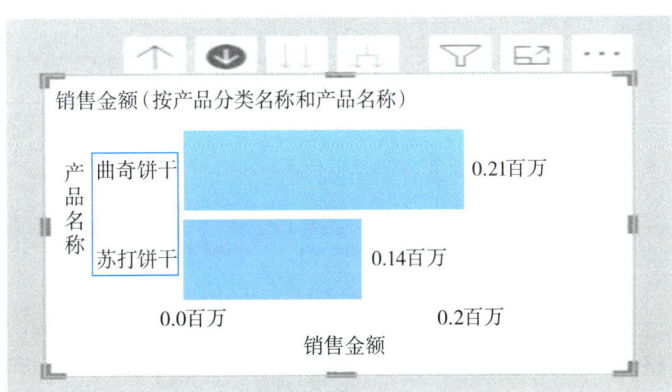

图 2-195 向下钻取结果

2.3.4.3 图表的编辑交互

取消图表的编辑交互（对条形图中"饼干"数据突出显示，而折线图中的数据显示不受影响）。

【操作步骤】

步骤 1：单击 Power BI 窗口左侧的报表视图 图标，选择"条形图和折线图（二）"表页。

步骤 2：选中"条形图"中的"饼干"数据，可以看到条形图中"饼干"数据突出显示，而折线图中只显示"饼干"数据，如图 2-196 所示。

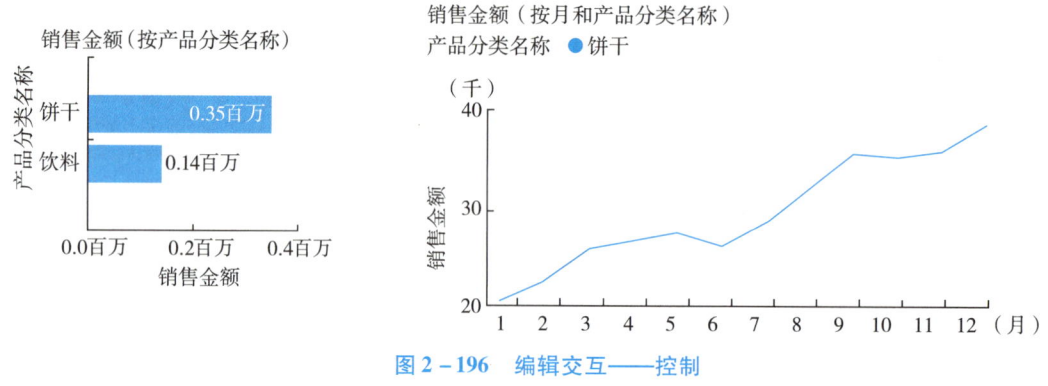

图 2-196　编辑交互——控制

步骤 3：选中条形图，执行"格式→编辑交互"命令，单击折线图右上角的 ⊘ 图标，则折线图不受编辑交互功能控制，如图 2-197 所示；单击折线图右上角的 图标，可恢复编辑交互功能。

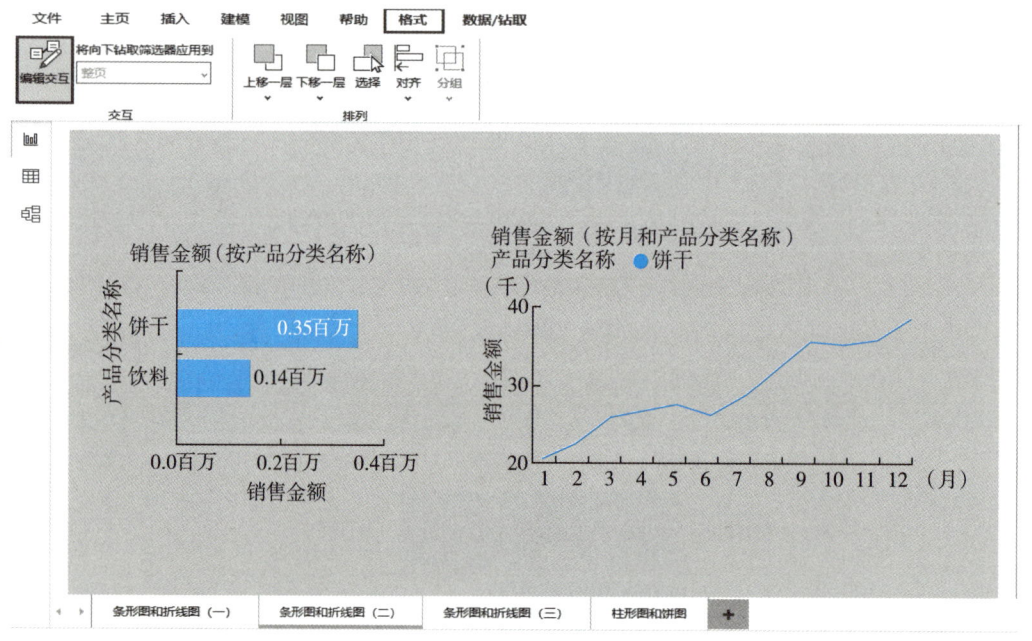

图 2-197　编辑交互——非控制

至此，数据获取与整理、数据建模和数据可视化操作已全部完成，用户可使用自己采集整理的数据及数据仓进行后续的大数据财务可视化分析，如数据采集及整理有缺项，可采用平台提供的数据仓进行后续实践任务的操作学习。

根据所提供的资料进行实践练习，提交一份练习报告，包括使用的可视化元素及其设置方法的

描述；自定义图表的选择和美化过程；图表筛选、钻取和交互功能的实现方法和效果；遇到的挑战和解决方案；对 Power BI 可视化功能的评价和建议。

课后思考题

1. 解释 Power BI 中的两种关系模型（星型模型和雪花模型），并说明它们的优缺点。在构建数据模型时，如何根据业务需求选择合适的关系模型？

2. 描述至少三种 Power BI 获取数据的常用方法，并解释每种方法的适用场景。当你需要从多个数据源获取数据时，你会如何组织和管理这些数据？

3. 请分别解释 CALCULATE、DIVIDE、FILTER 和时间智能函数的用途和用法。在进行时间序列分析时，你如何使用时间智能函数来简化计算？

4. 解释图表筛选、钻取和编辑交互的概念，并说明它们在 Power BI 中的应用。请给出一个使用这些交互功能提升报表用户体验的例子。

5. 请描述一个你使用 Power BI 创建关系模型的案例，并解释你是如何根据业务需求设计模型结构的。

6. 请结合财务报表的重要性和真实性，谈谈你对社会主义诚信价值观的理解。

7. 请描述"大智移云物"时代背景下，你如何理解科技对于国家发展的重要性，并谈谈你的科技强国梦想。

8. 请结合上市公司财务报表 Power BI 智能可视化制作过程的讲解，谈谈你对传统财务过程数智化转型的思路和方法的理解。

9. 请结合现实的上市公司案例，谈谈你对企业规模、赚钱能力与稳健发展之间关系的理解，并谈谈这些理解如何帮助你进行更深入的财务分析。

第3章
大数据财务分析数据仓库

知识目标

（1）了解数据仓库的定义及其重要性。
（2）了解财务分析与数据仓库之间的联系。

技能目标

（1）能够在 Power Query 中创建函数并调用自定义函数。
（2）能够掌握从样表到总表的数据获取的逻辑与操作步骤。
（3）学习如何使用 DAX Studio 迅速建立数据仓库和关系模型。

素养目标

（1）培养学生具备基本的获取数据素养，为企业数字化财务分析提供分析和讨论的基本素质支撑。
（2）拓宽学生视野，更新学生的知识储备，培育学生树立直面大数据、用好大数据的目标和信心。

思维导图

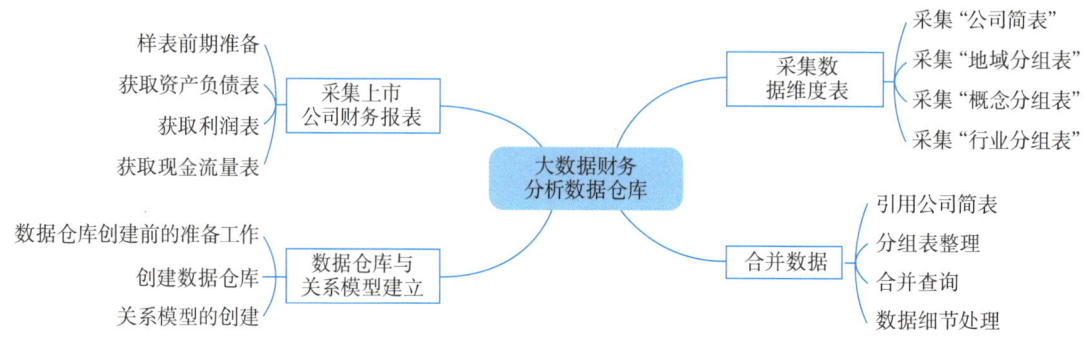

第3章 大数据财务分析数据仓库

导 读

随着信息技术和人类生产交汇融合,各类数据迅猛增长、海量聚集,对经济发展和人民生活产生了重大而深刻的影响,数据安全已成为事关国家安全与经济社会发展的重大问题。党中央高度重视,就加强数据安全工作和促进数字化发展作出一系列重要部署。2021年6月10日,第十三届全国人民代表大会常务委员会第二十九次会议通过《中华人民共和国数据安全法》并于2021年9月1日起施行。

在此时代背景下,企业应该坚持安全与发展并重,保护组织与数据有关的权益,提升数据安全治和数据开发利用水平,促进以数据为关键生产要素的数字经济发展。本章将围绕"大数据仓库"这个核心话题,强调数据安全的重要性,引导大家树立正确的网络安全观,认识到保护数据不仅是技术问题,更是法律和伦理问题。同时,在创建企业数据库的过程中,融入诚信、责任和合规意识,确保每位同学在掌握技术的同时,也能坚守职业道德,维护企业信息安全。让我们一起努力,为构建安全、高效的企业数据管理体系贡献力量,实现个人价值与社会责任的统一。

3.1 采集数据维度表

本节主要介绍如何利用 Power BI 在指定网页(融智财经大数据仿真平台)上获取沪深 A 股近十年来相关数据,主要包括4个维度表,分别为"公司简表""地域分组表""概念分组表"以及"行业分组表"。

3.1.1 采集"公司简表"

本小节介绍如何使用 Power BI 通过融智财经大数据仿真平台获取沪深 A 股近十年来各个行业上市公司股票代码与公司名称,网址为:http://fz.chinaive.com/febd/? username = rzgc – pbi。

3.1.1.1 获取数据源

步骤1:输入来源网页转至股票行情看板。打开浏览器,复制上方网址,进入融智财经大数据仿真平台首页——行情中心,如图3-1所示。

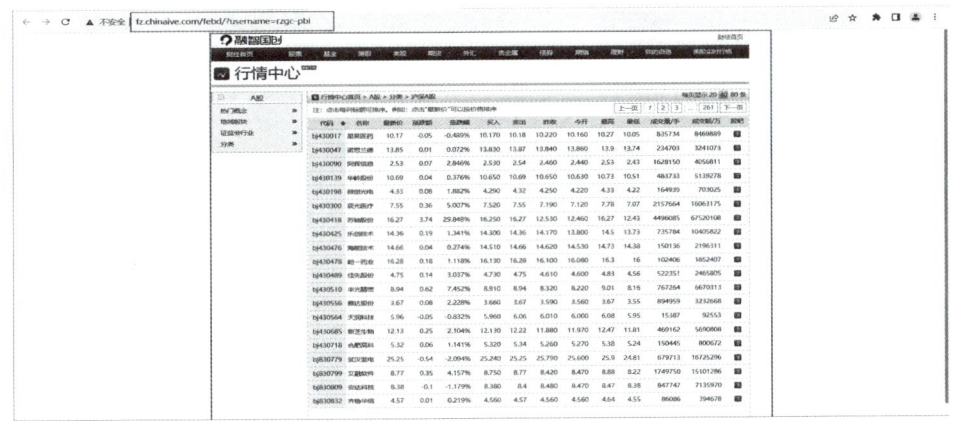

图3-1 输入来源网页转至股票行情看板

步骤2：筛选目标数据。点击网页侧边导航栏"分类"并选择"沪深A股"，确认行情看板已筛选至沪深A股页面，如图3-2所示。

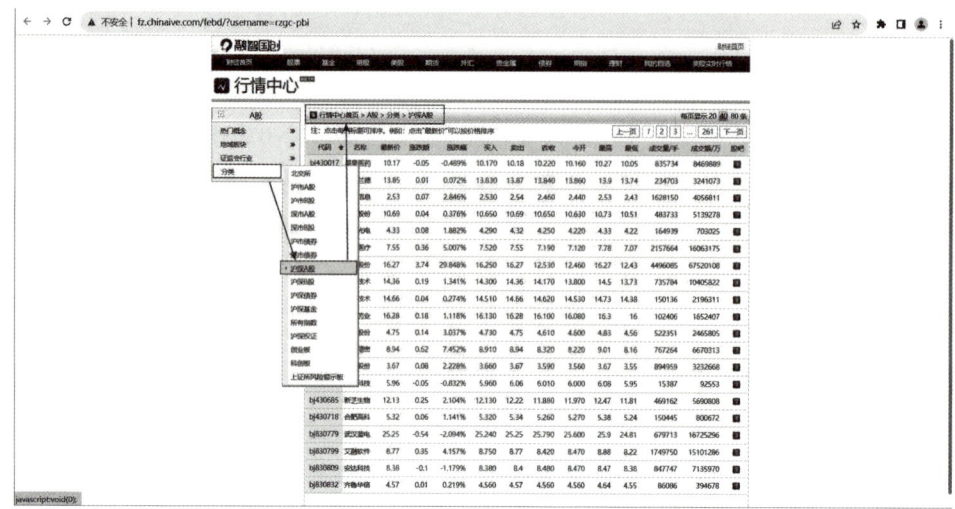

图3-2　确认行情看板已筛选至沪深A股页面

步骤3：打开开发者操作界面。在当前网页页面空白处，右键单击并选择"检查"按钮，如图3-3所示，以获取页面基础URL。URL是Web中的一个核心概念，是浏览器用来检索Web上公布的任何资源的机制，可简单理解为一串网址、字符串所承载的一个网络页面，这个页面中可以有表、图、文本数据等内容。在此处进行该操作，是为了通过点击页面内容找到请求的目标URL网址信息，进而放入Power BI进行数据请求与加载。

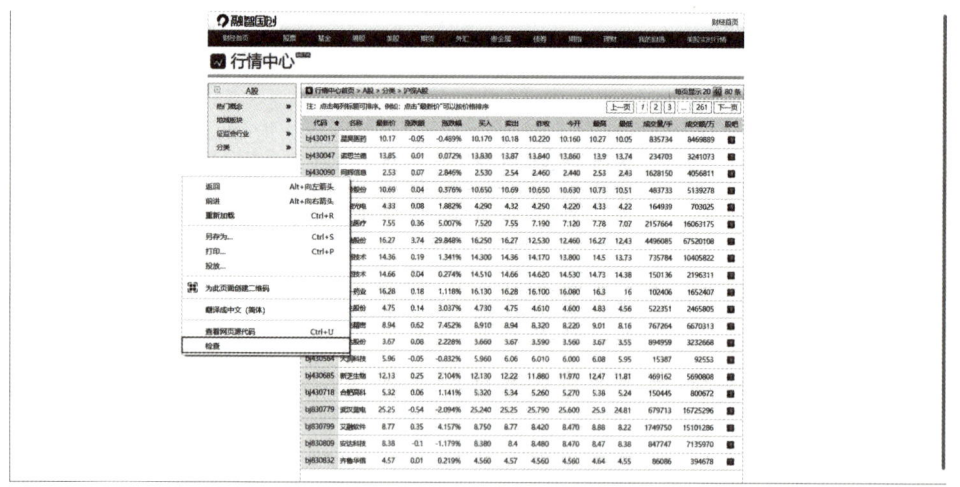

图3-3　打开开发者操作界面

步骤4：获取页面URL网址。进入开发者模式后，在当前页面，点击"网络"监控模块（图3-4中第1步），选择"Fetch/XHR"子选项卡后，通过点击"Ctrl+R"快捷键刷新，生成图3-5。在此页面中选择图3-5中第4步文件进入，然后点击"标头"（图3-5中第5步）数据部分，最后通过鼠标右键复制网页URL地址。需要注意的是，受网址代码结构影响，该步骤或许有变化，但总体逻辑不变。

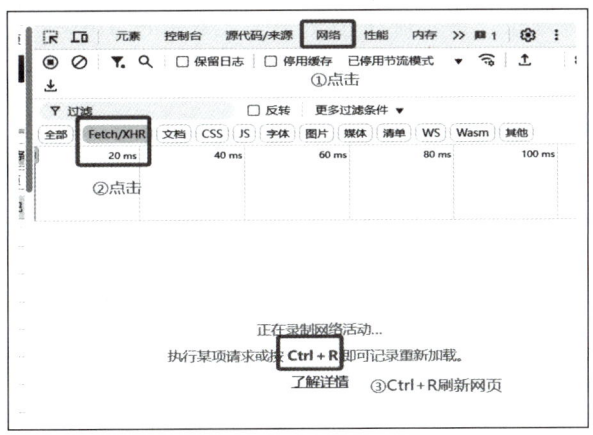

图 3-4　获取页面 URL 网址（1）

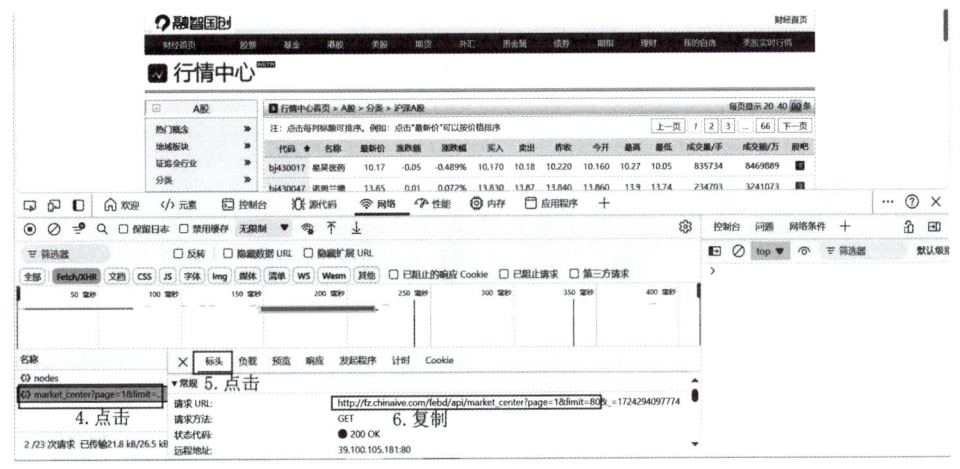

图 3-5　获取页面 URL 网址（2）

步骤5：在获取数据界面选择"Web"。在桌面打开 Power BI Desktop，点击导航栏中的"主页"，接着点击"数据获取"，在下拉框中选择"Web"，如图 3-6 所示。

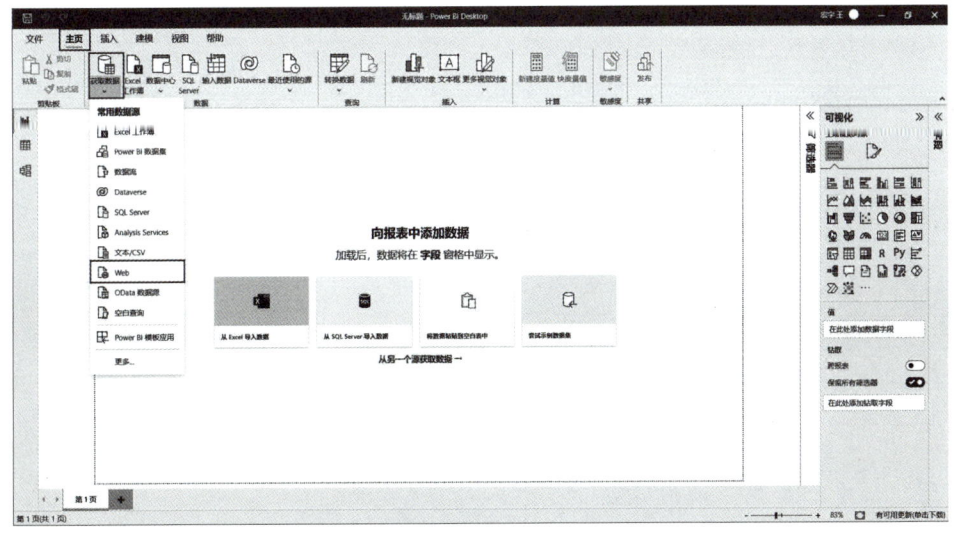

图 3-6　在获取数据界面选择"Web"

步骤6：输入URL网页地址。将步骤4中从网页上复制的URL网址粘贴进输入框中，点击"确定"，如图3-7所示。

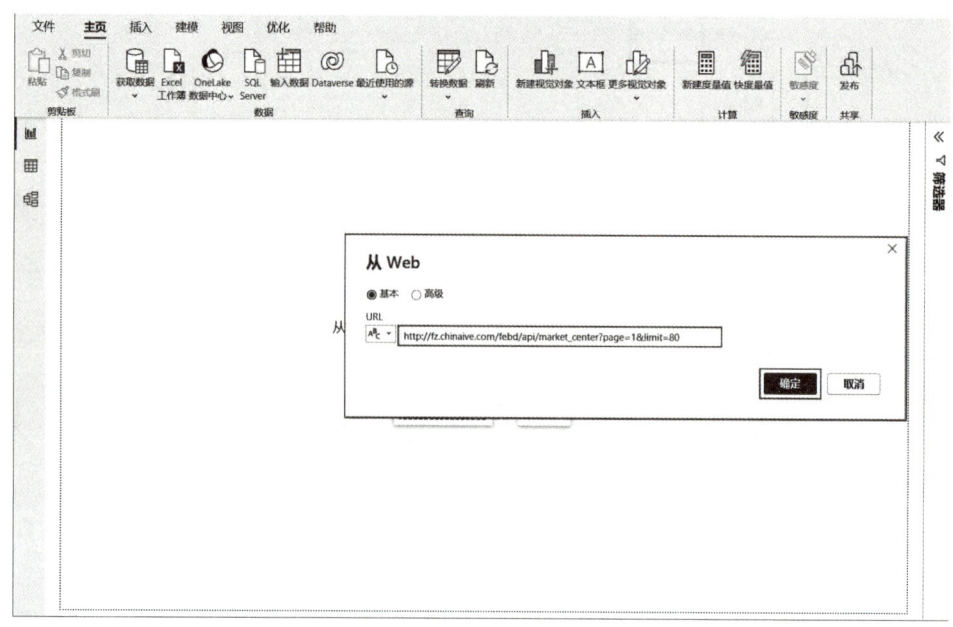

图3-7 输入URL网页地址

步骤7：删除系统默认添加的更改数据类型。输入URL网址后，系统会直接进入Power Query编辑界面，由于该软件内置函数会默认将导入的数据格式，我们需要手动删除系统对数据做出的默认更改，将数据恢复为原始格式。在属性栏删除系统默认添加的更改数据类型，具体操作如图3-8所示。

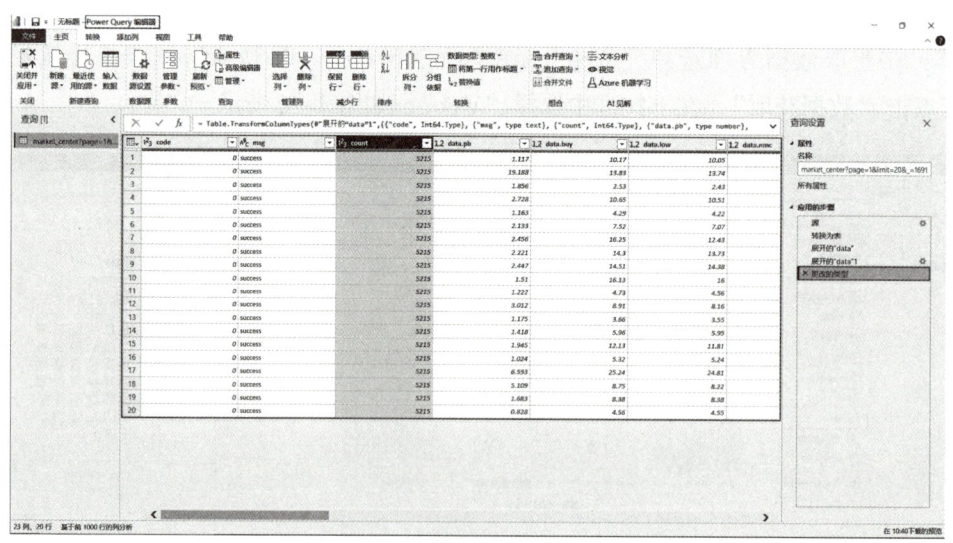

图3-8 删除系统默认添加的更改数据类型

3.1.1.2 创建"页码"调用参数

当采集的数据数量较多时，如本案例的公司名称列表数超过261页，固定的URL参数无法满足我们的需求，需要通过设立新的参数达到批量访问的效果。因为本案例数据以页码计量，所以我们通过新设"页码"调用参数实现批量访问。需要注意的是,由于 URL 中含有的访问页面的页码信息是一项可被替换的信息,所以设置页码参数可以理解为一个批量替换 URL 中页码信息的变量,以此达到批量访问效果。

步骤1:创建"页码"调用参数。首先点击"主页",再点击下拉框中的"管理参数",然后点击"新建参数",并在"管理参数"窗口中,输入参数名称为"页码",类型选择"文本",当前值设定为"1"(从第1页开始访问并获取),点击"确定"创建完成,具体操作如图 3-9 和图 3-10 所示。

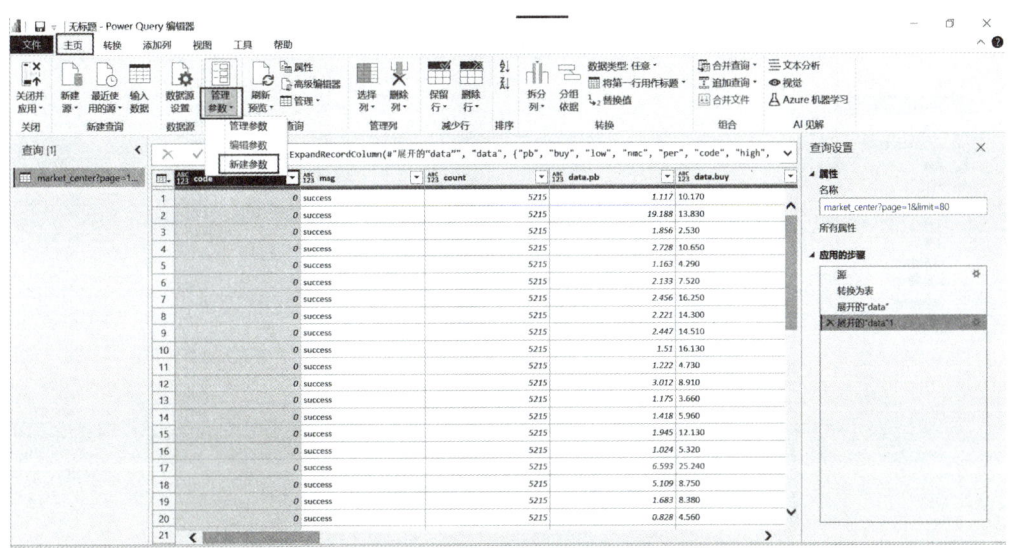

图 3-9 创建新建参数

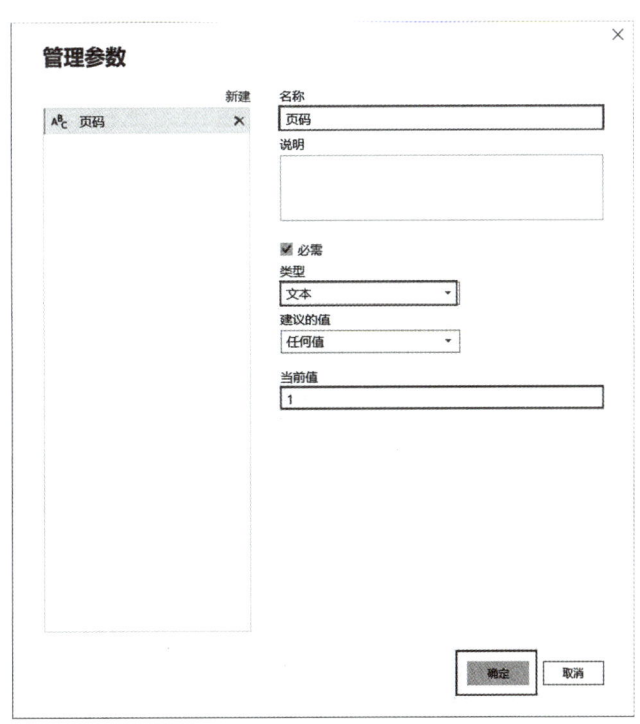

图 3-10 输入新建参数信息

步骤2：设定沪深A股信息样表"源"数据接口。参数创建好之后，将表格重命名为"上市公司基础信息样表"，如图3－11和图3－12所示，然后将该参数添加进网页网址中，并将page＝1中的"1"替换为"& 页码 &"，如图3－13和图3－14所示。至此，沪深A股信息样表"源"数据接口设定完成，后续数据更新只需清理Power BI缓存后刷新即可。

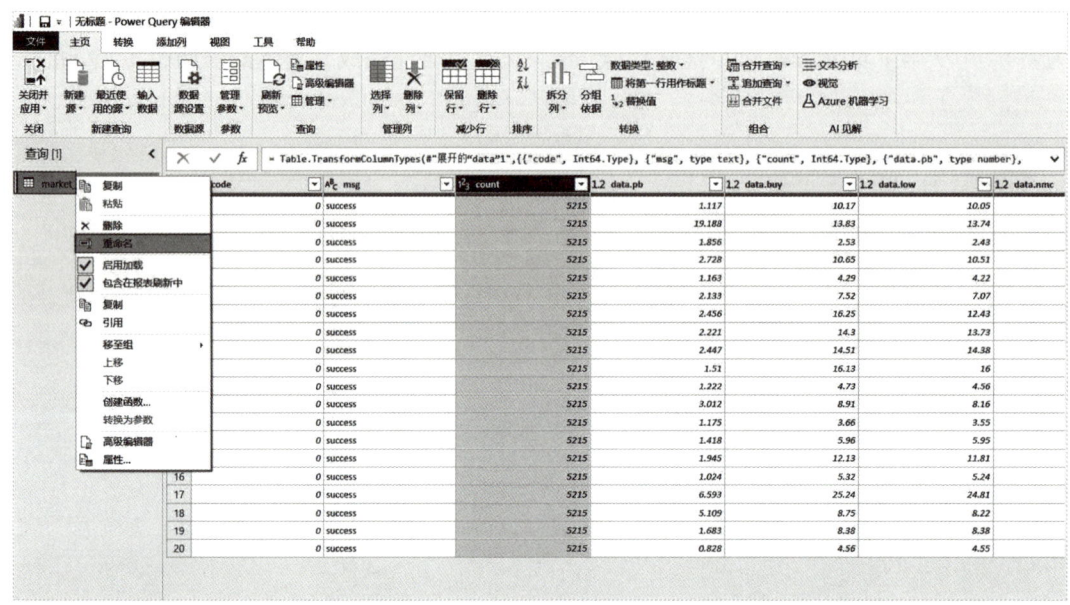

图3－11　选择"重命名"

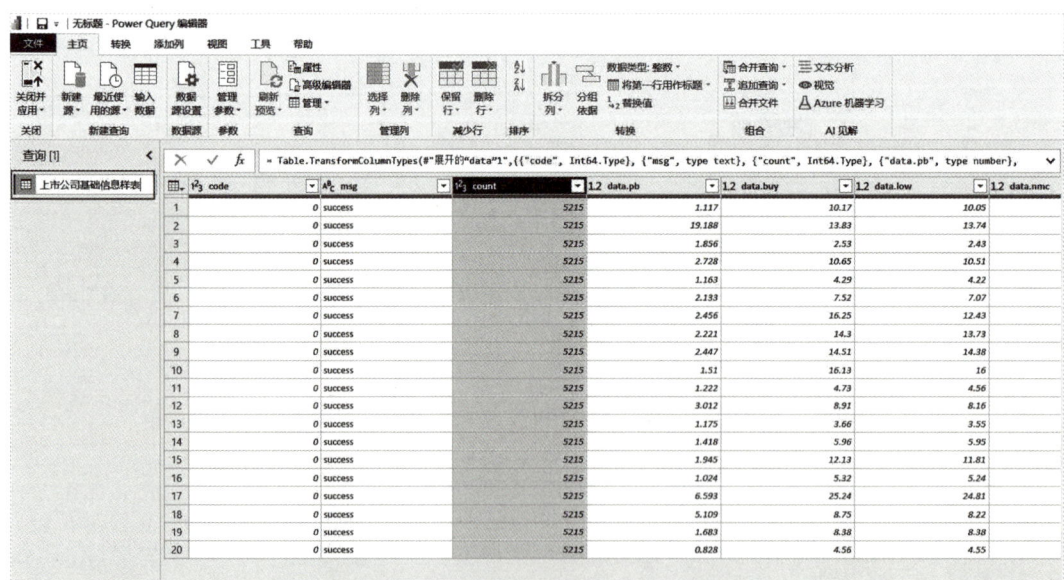

图3－12　重命名表格为"上市公司基础信息样表"

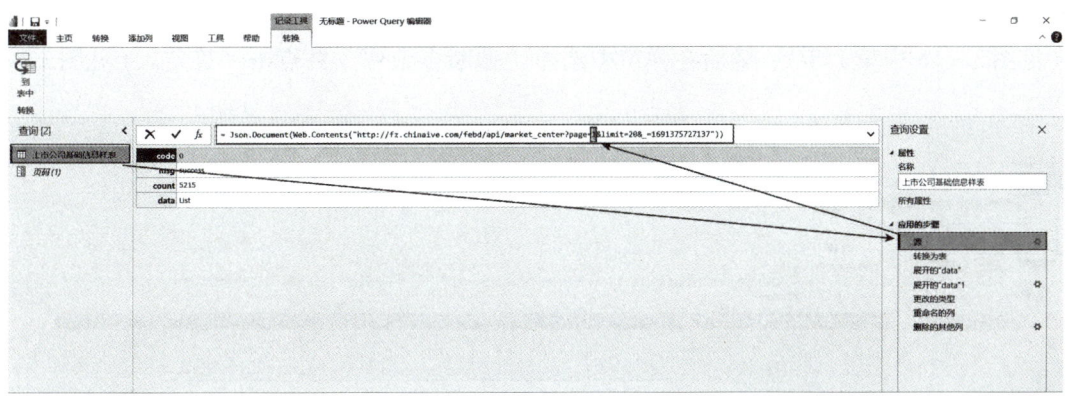

图 3－13　将参数添加进网页网址中

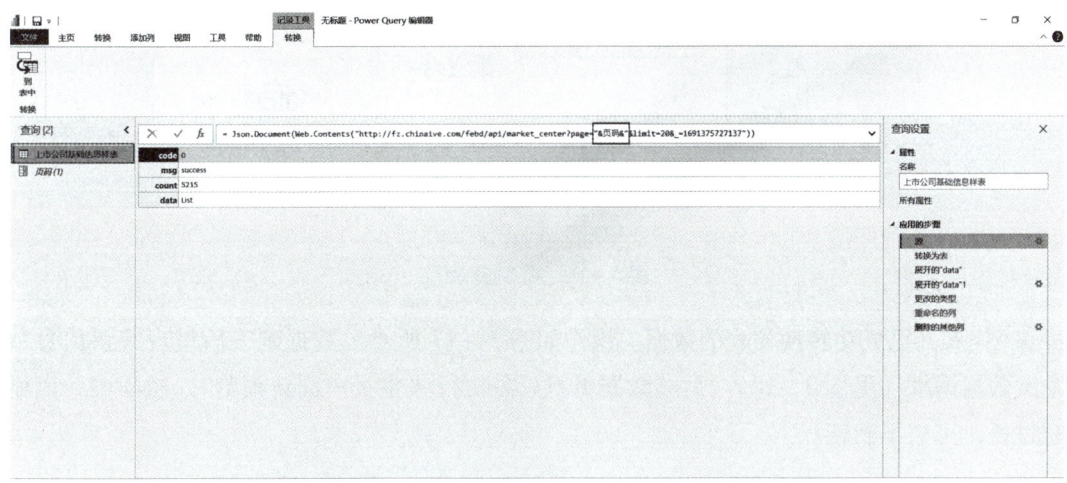

图 3－14　将网址中的"1"替换为"& 页码 &"

步骤 3：生成数据层"List"。沪深 A 股信息样表"源"数据接口设定完成后，点击连接数据接口后刷新出的数据层"List"，如图 3－15 所示，后续数据更新只需清理 Power BI 缓存后刷新即可。List 为 PBI 存储列表型数据（一系列同类型数据）的表现形态，通常 Lsit 当中包含诸多从数据源采集到的具体数据，需要展开或提取以供后续使用。

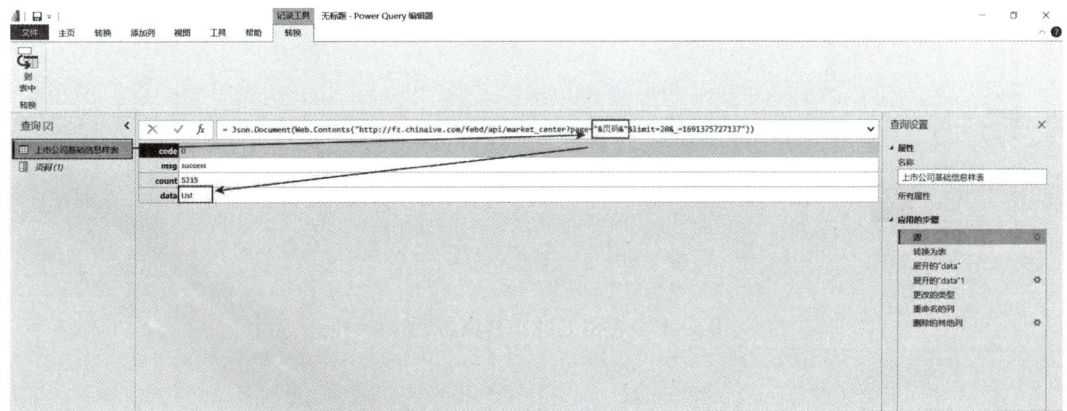

图 3－15　生成数据层"List"

步骤4：截断多余列。"List"数据层展开后，表内数据呈现为Record，点击左上角的"到表"（见图3-16中第1步），随后在弹窗中选择"截断多余列"并点击"确定"（见图3-16中第2步）。

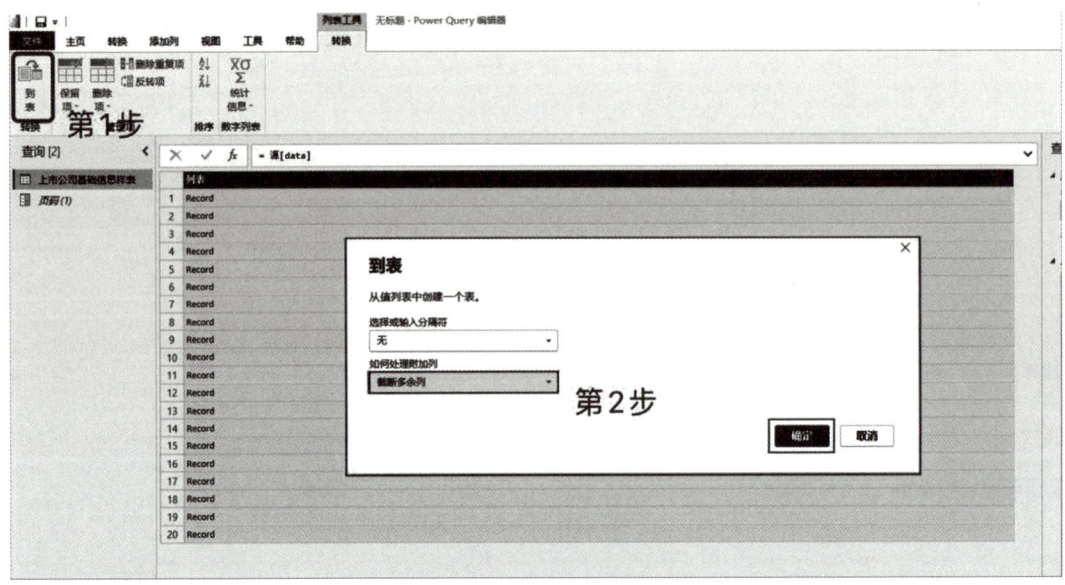

图3-16 截断多余列

步骤5：展开已成功转换为表的数据。操作如图3-17所示。数据到表后呈现股票信息数据即完成本次数据请求（见图3-18）。后续数据更新只需执行"主页→刷新预览"，教学中，因刷新数据耗时过长，可暂不刷新。

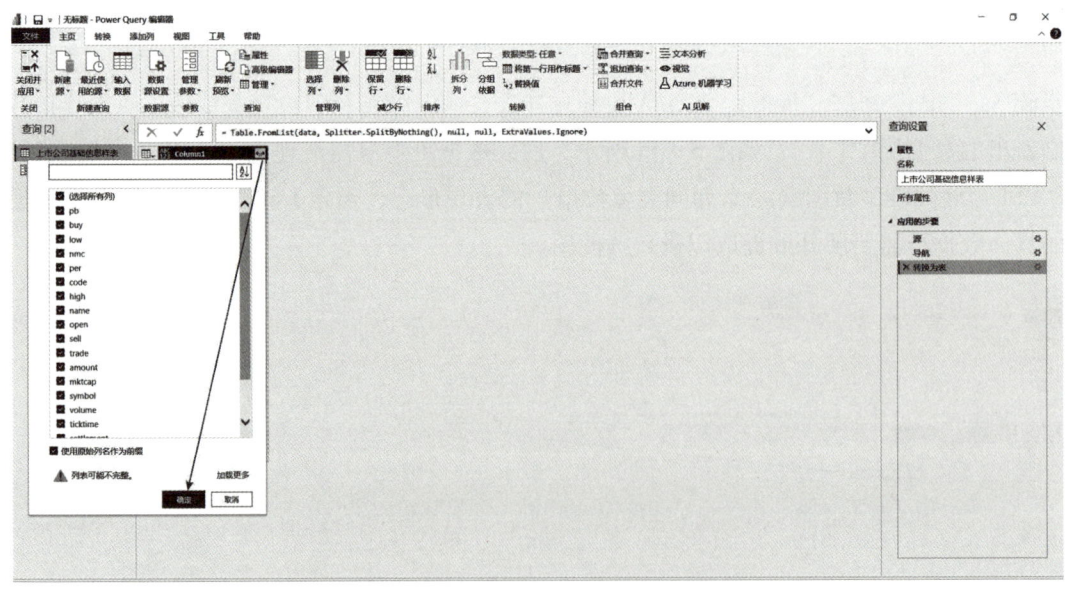

图3-17 展开已成功转换为表的数据

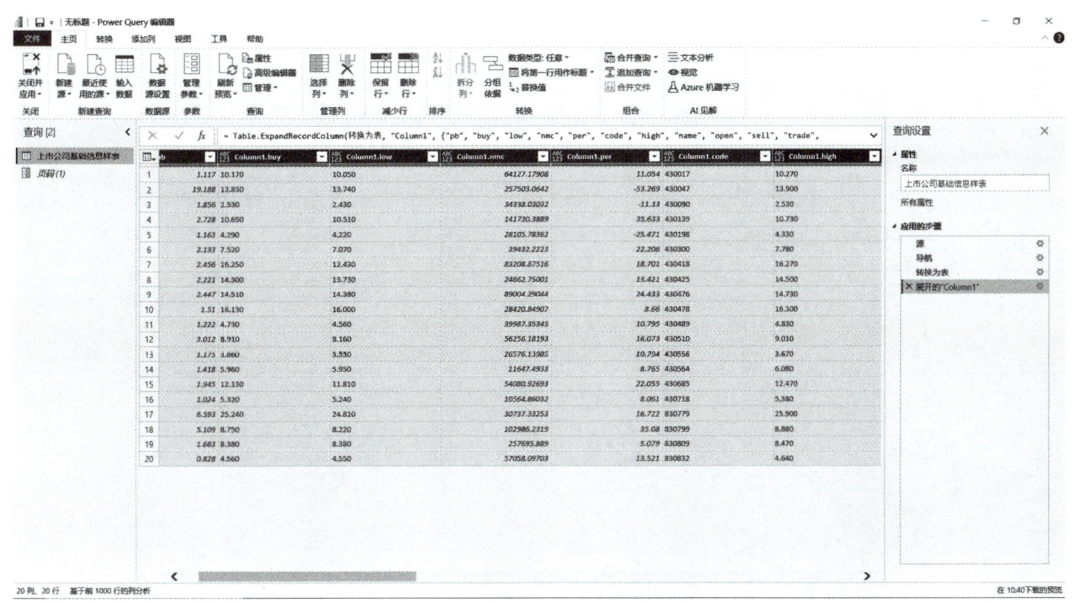

图 3-18 生成股票信息数据表

3.1.1.3 股票信息样表数据整理

上述操作生成的股票数据表格为从 URL 网址导入的第一页数据表，仅显示沪深 A 股第一页上市公司的股票信息，而本案例需要批量获取所有页的沪深 A 股信息，因此还需进一步操作。

步骤 1：修改列名称。在股票信息数据表的第一行中分别找到"data. name"和"data. symbol"，分别双击修改为"公司名称"和"公司代码"，如图 3-19 所示。

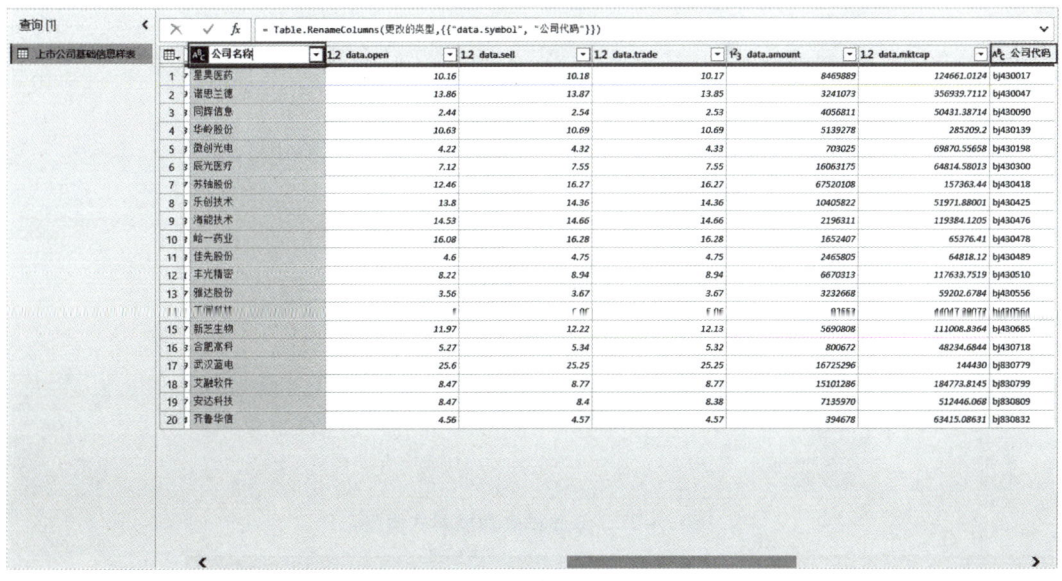

图 3-19 修改股票信息数据表的列名称

步骤 2：删除多余列。因为本案例需要收集的信息仅包括公司名称及代码两项内容，因此需要删除多余信息。首先按住 Ctrl 键，选中"公司名称"和"公司代码"两列，再点击鼠标右键，选择"删除其他列"，如图 3-20 所示。

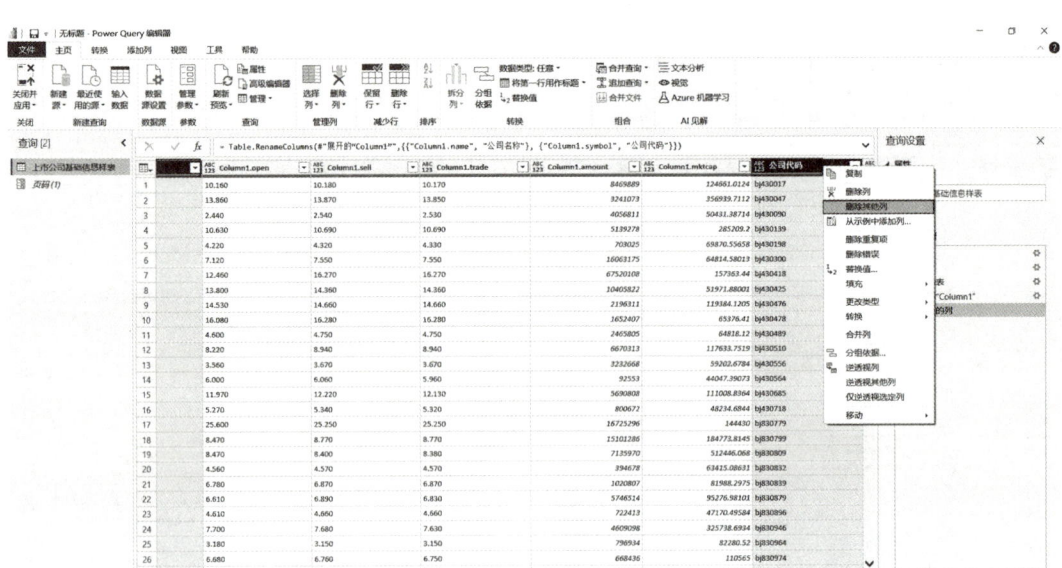

图 3-20 删除多余列

步骤 3：修改样表数据格式类型。选中"公司名称"和"公司代码"两列，并将其数据类型改为文本，如图 3-21 所示。

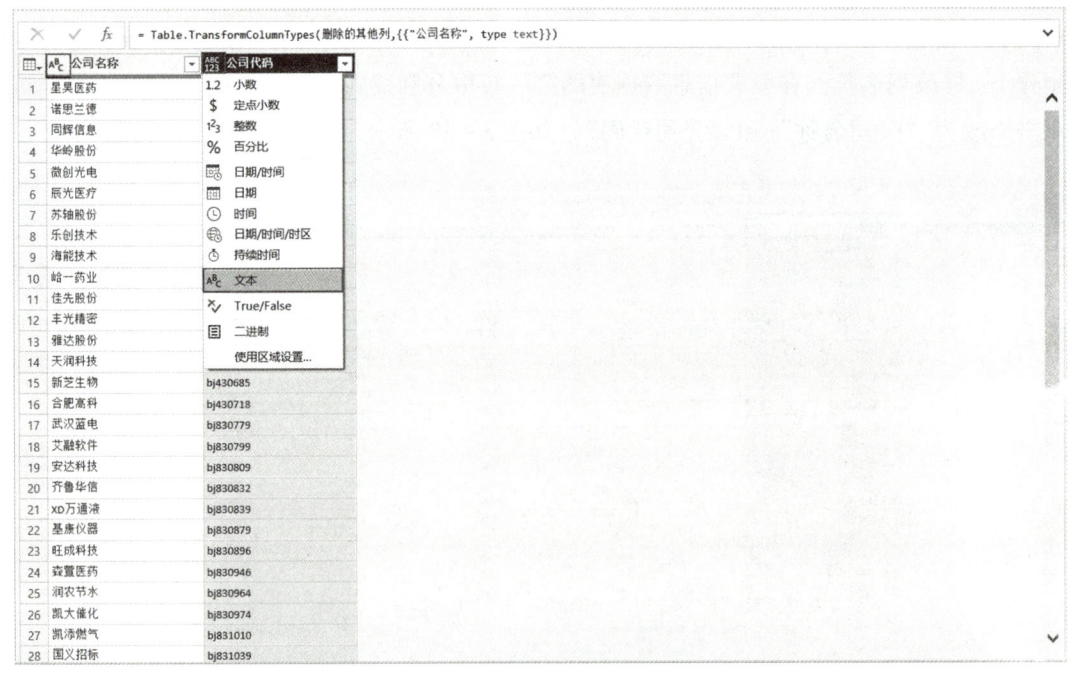

图 3-21 修改样表数据格式类型

3.1.1.4 从"上市公司基础信息样表"到"上市公司基础信息总表"

上述操作形成的股票信息样表是股票信息总表创建的表格模板，通过观察模板表格可以知道，数据来源网站的每一页都对应着数十家公司，为了顺利采集该网站沪深 A 股所有公司数据，我们需要为这些公司创建与网站类似的列表，保证股票总表与数据原网址保存的数据对应。"上市公司基础信息总表"的创建步骤如下：

步骤1：创建空查询。先在 Power Query 编辑器的主页中点击"新建源"，再在下拉框中点击"空查询"，如图 3-22 所示。

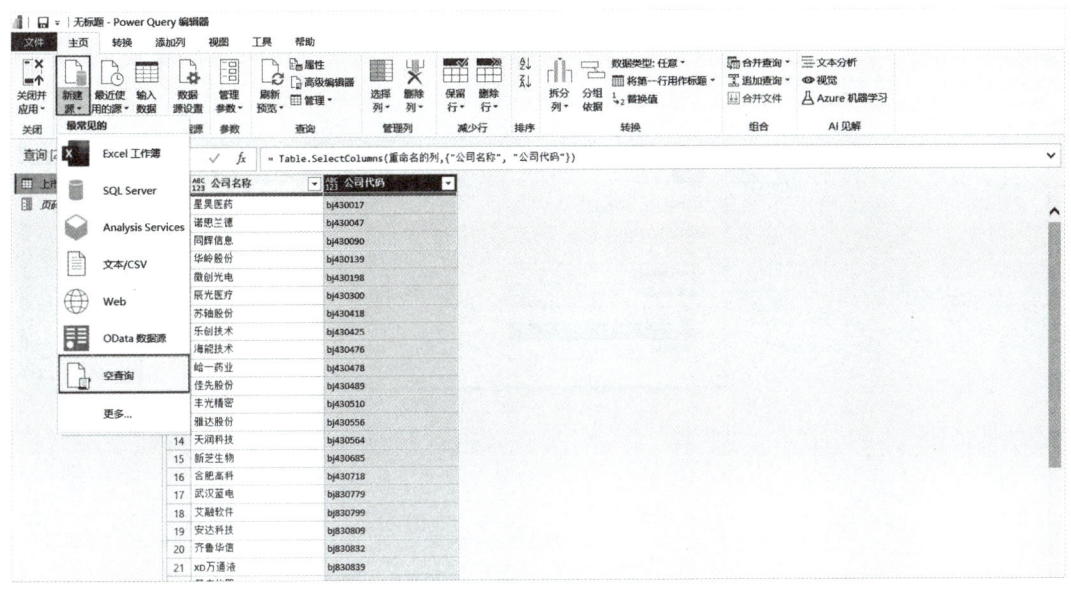

图 3-22　创建空查询

步骤2：创建一维列表。在弹出的空查询界面中写入"= {0..70}"，输入完成后按回车键按即可，如图 3-23 所示。需要注意的是，此处"70"是按照沪深 A 股的数量估计出的区间上限，因为沪深 A 股上市公司总数会随着时间的推移逐渐增加，所以在创建过程中可按照实际情况酌情增加或减少。此操作是为了创建一个 1 到 70 的一维列表，主要作用与网站页码类似。

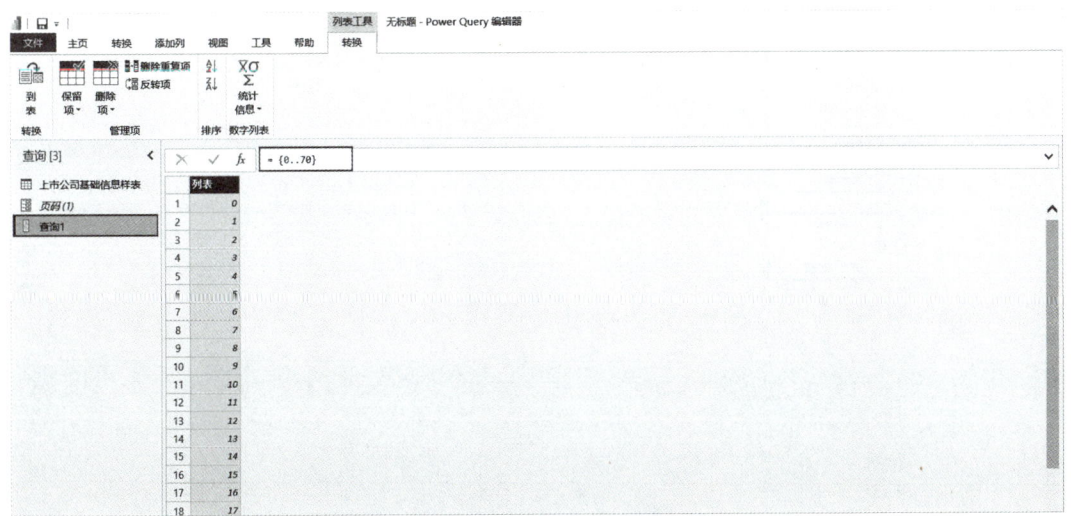

图 3-23　创建一维列表

步骤3：依次进行到表和截断多余列、数据格式转换操作。依次进行"到表→截断多余列"及修改数据格式为"文本"操作，如图 3-24 和图 3-25 所示。

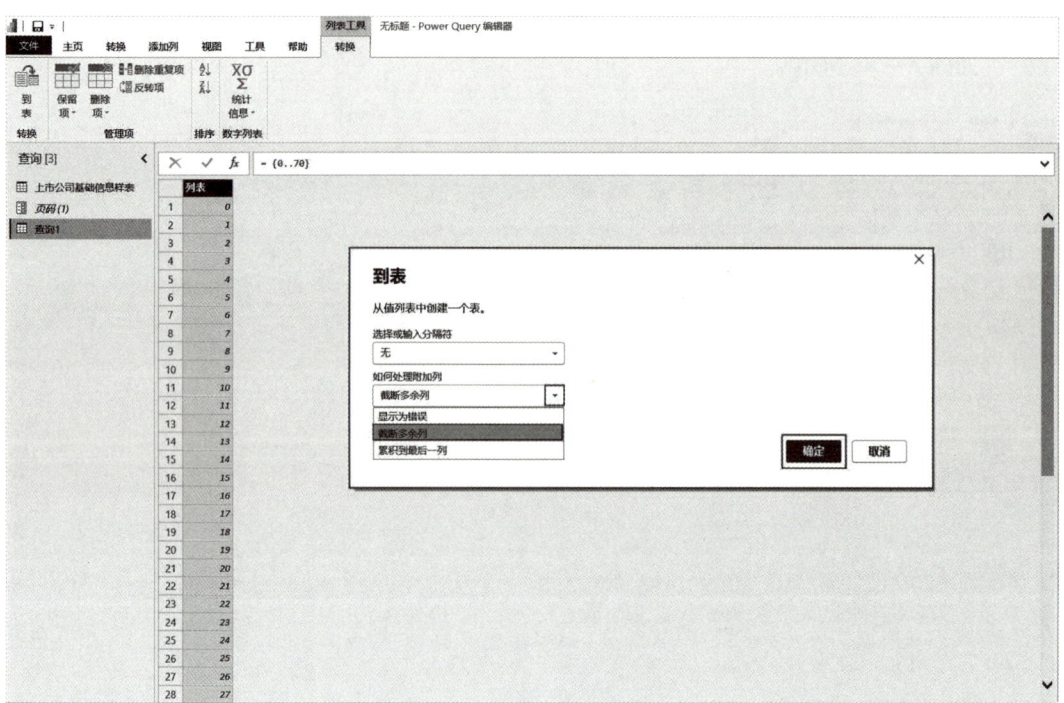

图 3-24 到表→截断多余列

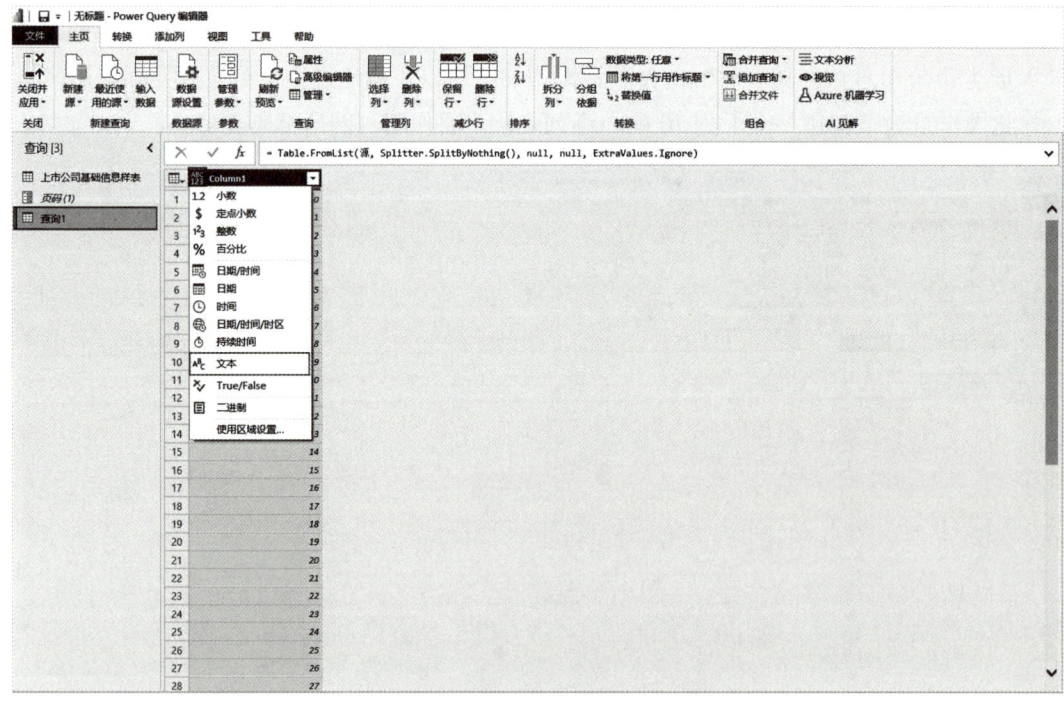

图 3-25 修改数据格式为"文本"

步骤4：创建采集上市公司基础信息函数。首先右键单击"上市公司基础信息样表"，再在弹出的窗口中点击"创建函数"，如图 3-26 所示，会出现图 3-27 所示的页面，可以看到，在创建函数时，已经自动引用了我们预先设置好的参数"页码"；在函数名称中输入"采集上市公司基础信息"，点击确定，最后创建好的采集函数如图 3-28 所示。

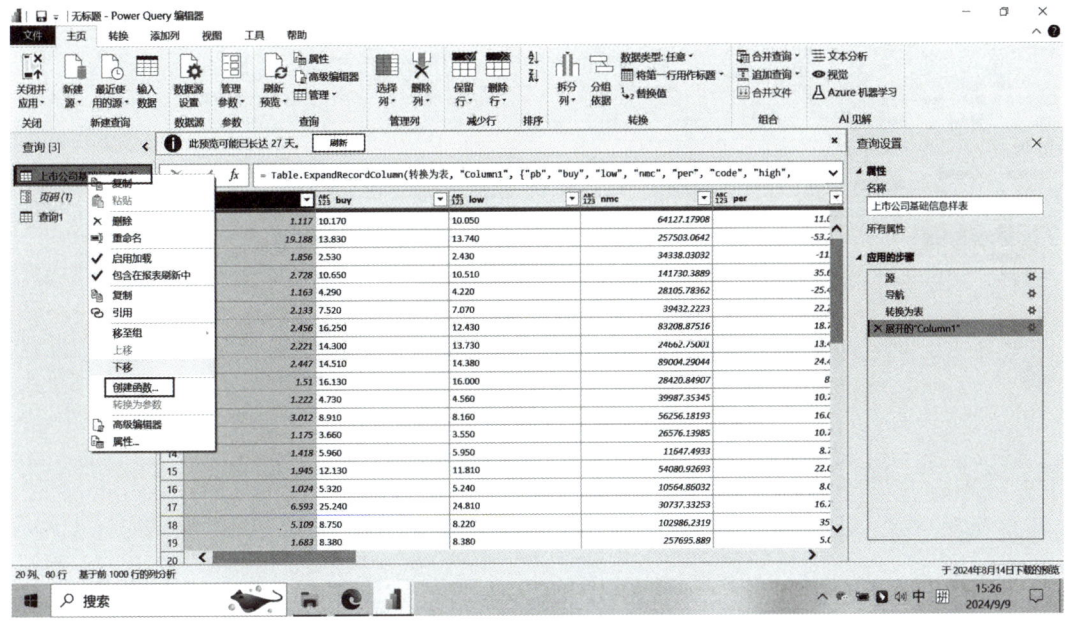

图 3–26 创建函数

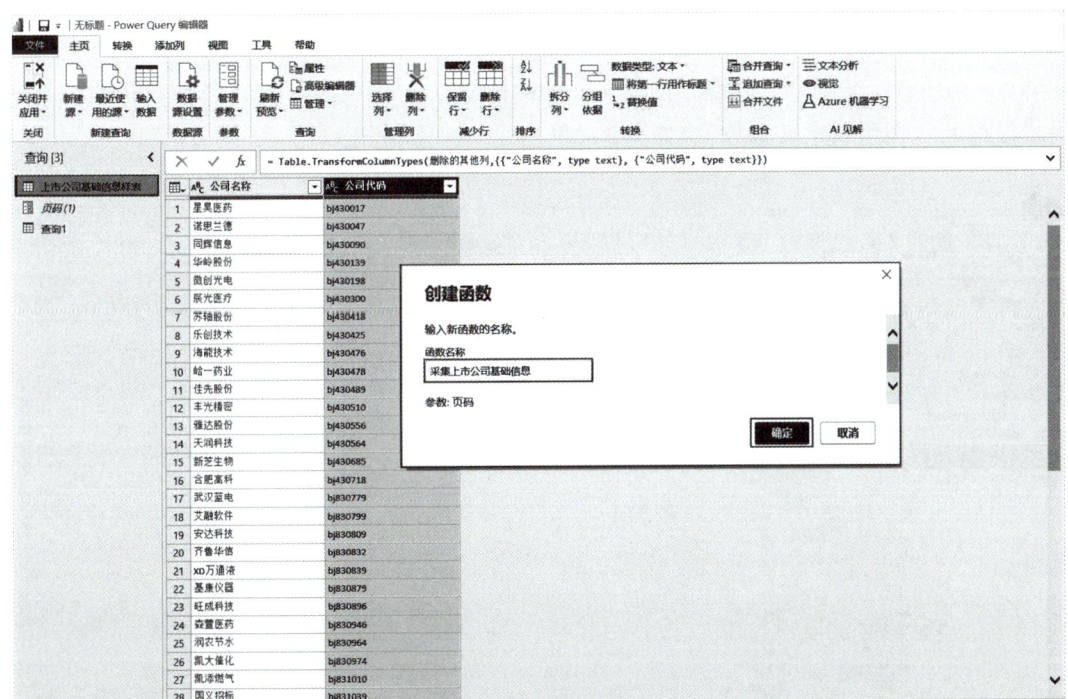

图 3–27 创建"采集上市公司基础信息"函数

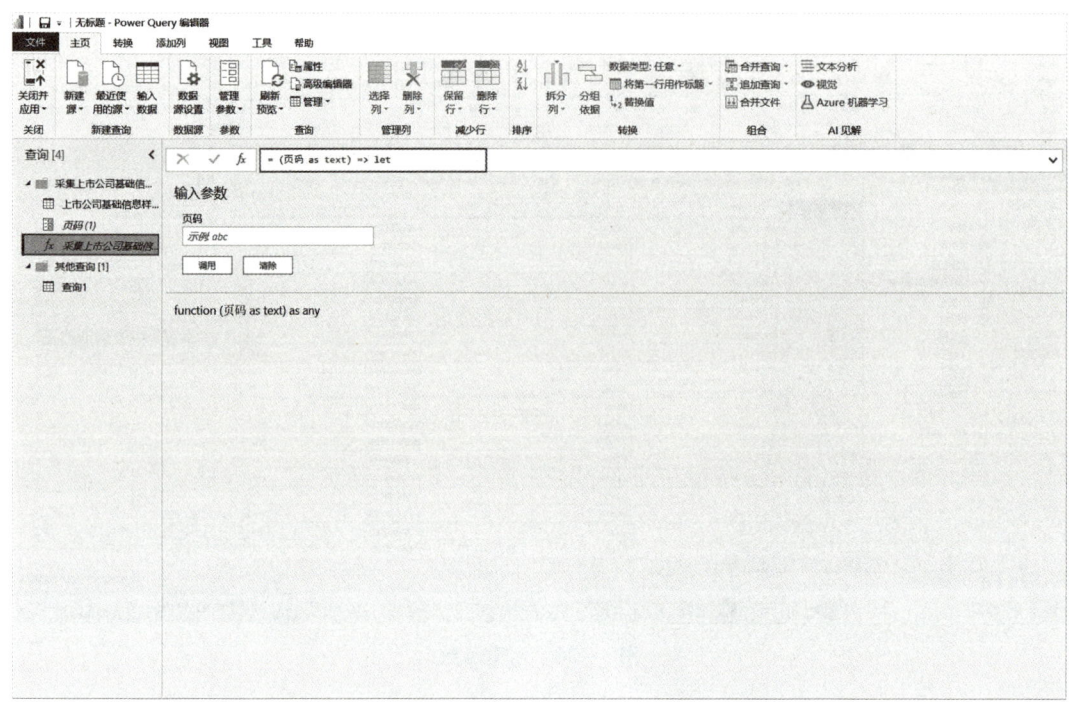

图 3-28　采集函数完成

步骤5：调用自定义函数。创建好自定义采集函数后，单击"查询1"，然后在执行"添加列"后点击导航框的"调用自定义函数"，如图3-29所示。

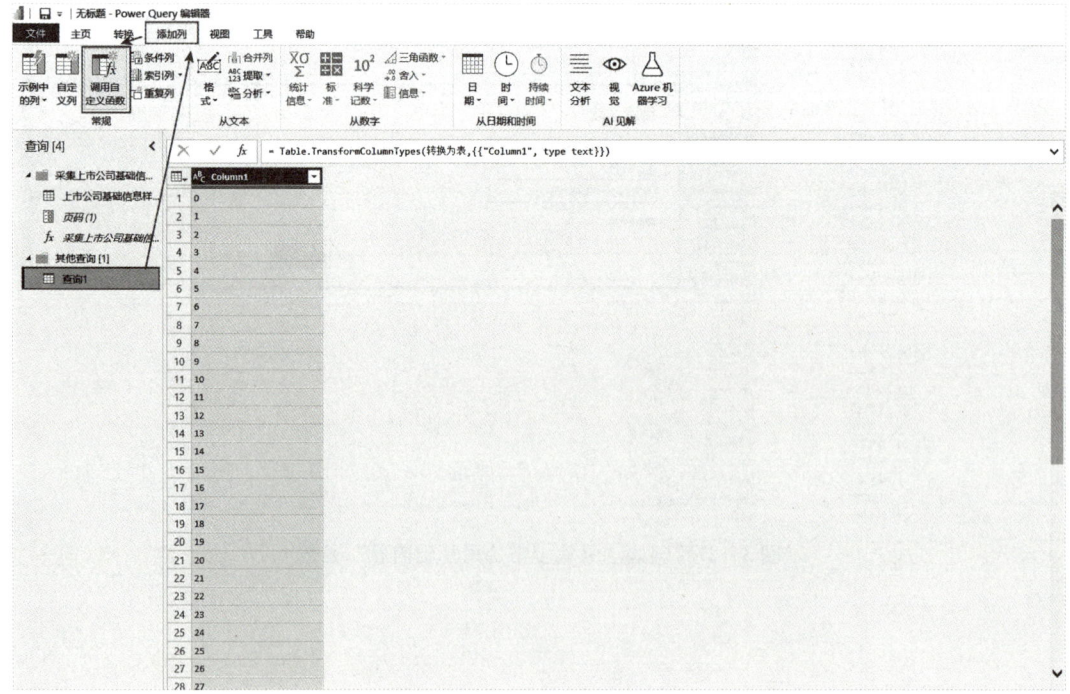

图 3-29　调用自定义函数

步骤6：获取对应的URL中的目标信息。在"调用自定义函数"窗口，直接选中功能查询下的采集函数，会自动生成新列名，"页码"选择"Column1"（按照我们创建的页数来获取），具体操作如图 3-30（a）所示。点击"确定"，系统开始获取对应的 URL 中的目标信息，最终界面显示新增一列数据，内容均为"Table"，如图 3-30（b）所示。

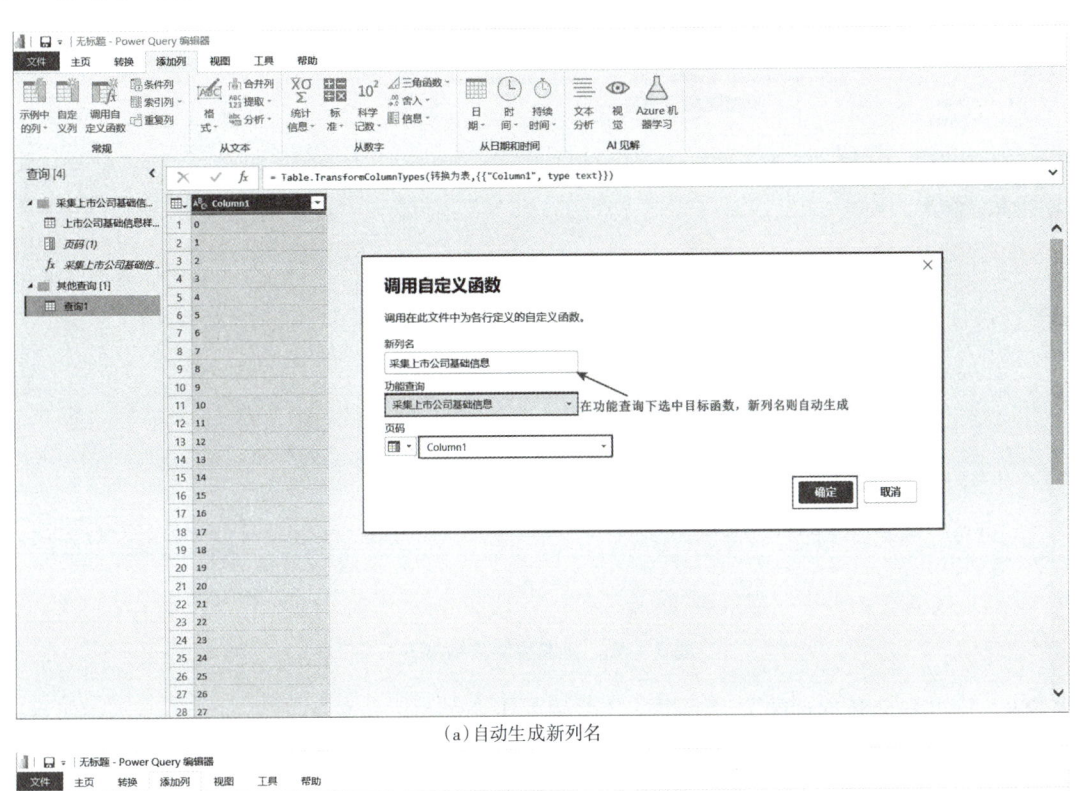

(a) 自动生成新列名

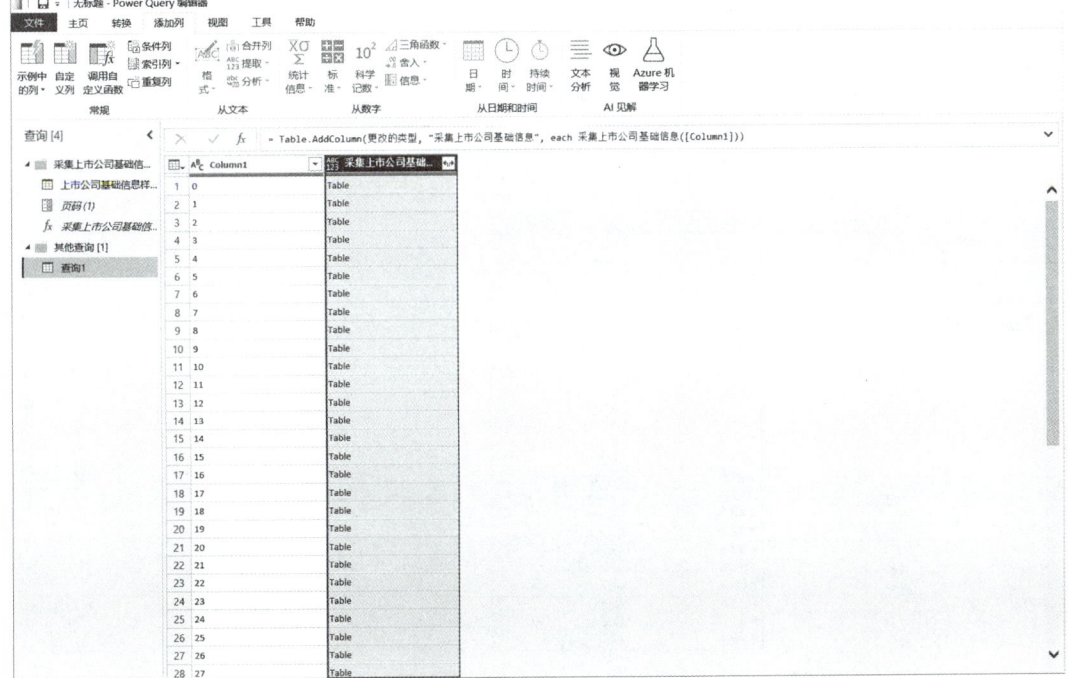

(b) 新增数据后的表格

图 3-30　获取对应的 URL 中的目标信息

步骤7：新增数据列的展开。选中新增数据列的列标题，点击其右侧的"展开"按钮后点击"确定"，如图 3-31 所示。

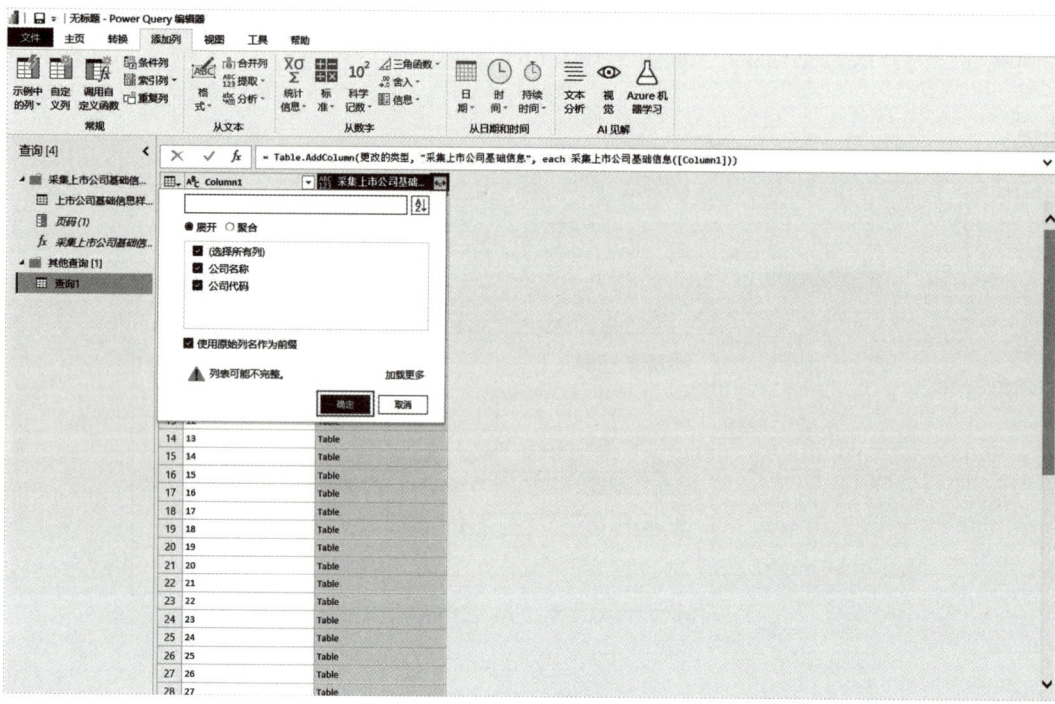

图 3–31　新增数据列的展开

步骤 8：展开后的数据如图 3–32 所示，至此已成功采集到沪深 A 股的所有上市公司股票信息，也可以随机选中某一页的某一条与网站中对照，以此来验证获取的数据是否准确、完整。

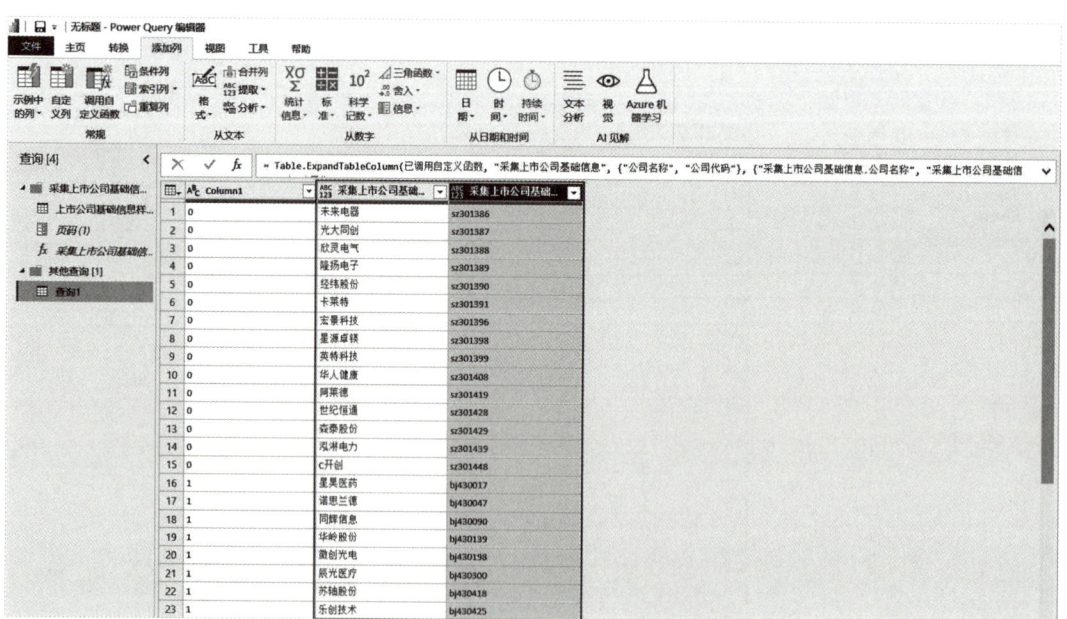

图 3–32　沪深 A 股的所有上市公司股票信息汇总表

步骤 9：修改列名称。同前面修改列名称操作一样，将获取到的两列数据类型改为"文本"，标题同样修改为"公司名称"和"公司代码"，如图 3–33 所示。

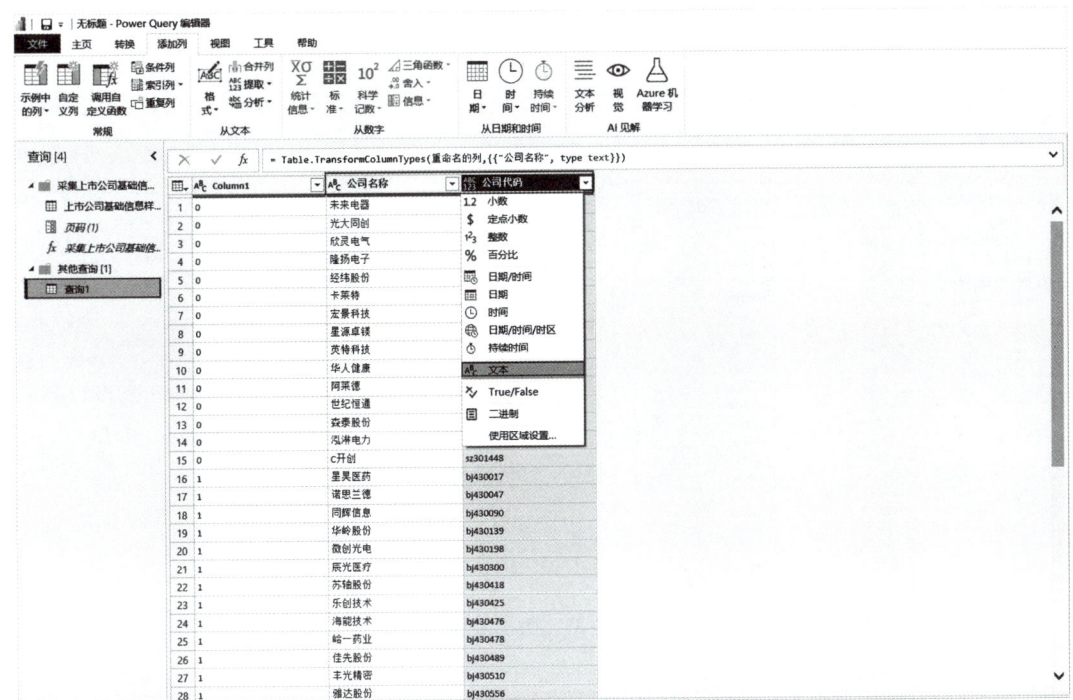

图 3-33　修改列名称

步骤 10：删除 Column1 列。首先在左侧导航栏中双击"查询 1"后输入"上市公司基础信息总表"，然后右键点击 Column1 列，将本列删除，如图 3-34 所示。

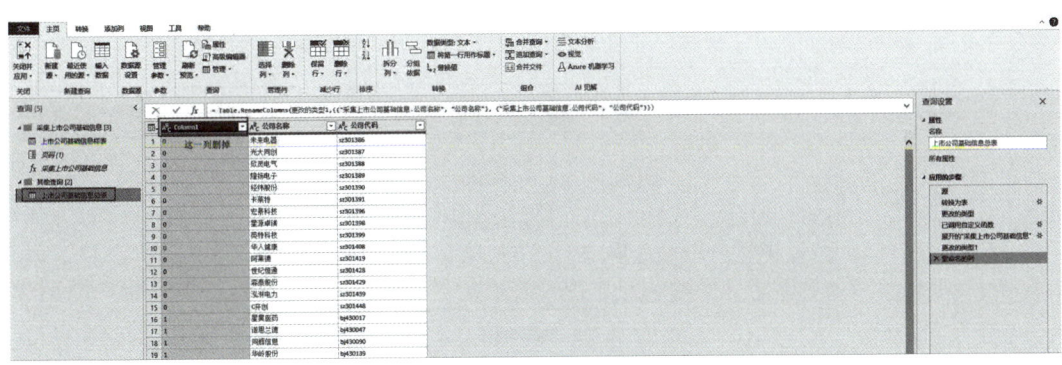

图 3-34　删除 Column1 列

步骤 11：清洗数据。首先确认"上市公司基础信息总表"中的两列数据类型都是"文本"，再选中"公司代码"这列数据通过"删除重复项"进行数据清洗，最后点击"主页"下的"关闭并应用"，如图 3-35 所示。弹出的"加载"界面（见图 3-36），即为系统正在加载从网站中采集到的沪深 A 股的全部信息数据，稍作等待即加载完成。

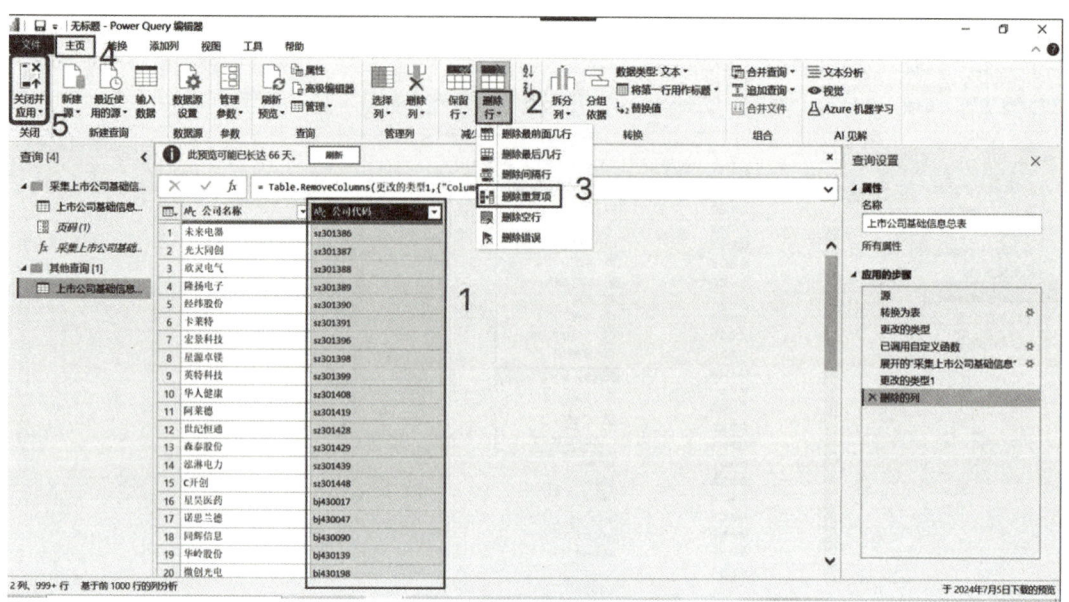

图 3-35 数据清洗

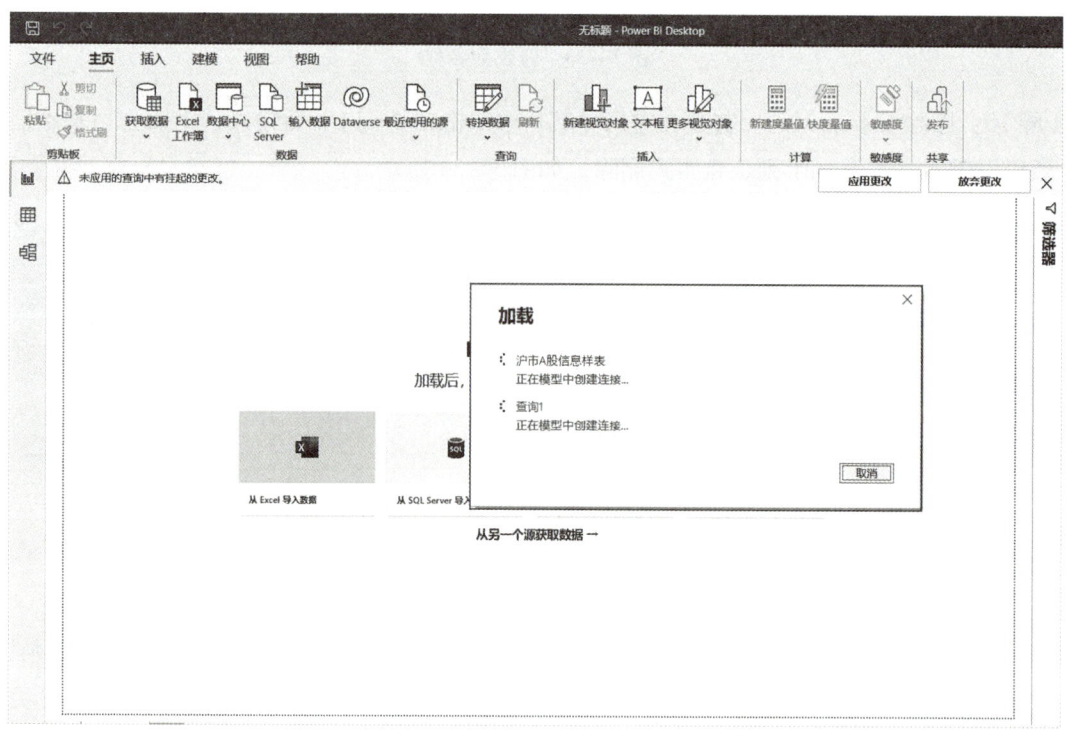

图 3-36 数据加载

3.1.1.5 生成 Excel 形式的股票信息汇总表

Power BI 同样具备导出数据的功能，本章以导出 Excel 形式的数据表格为例进行展示。

步骤 1：导出公司简表。首先在 Power BI Desktop 界面中找到"可视化"，并在其对应的视觉对象中创建"表"。然后选中"上市公司基础信息总表"中所有的字段，点击"表"的标头图标选择导出数据，具体操作如图 3-37 所示。最后将导出的表格另存为"公司简表"。

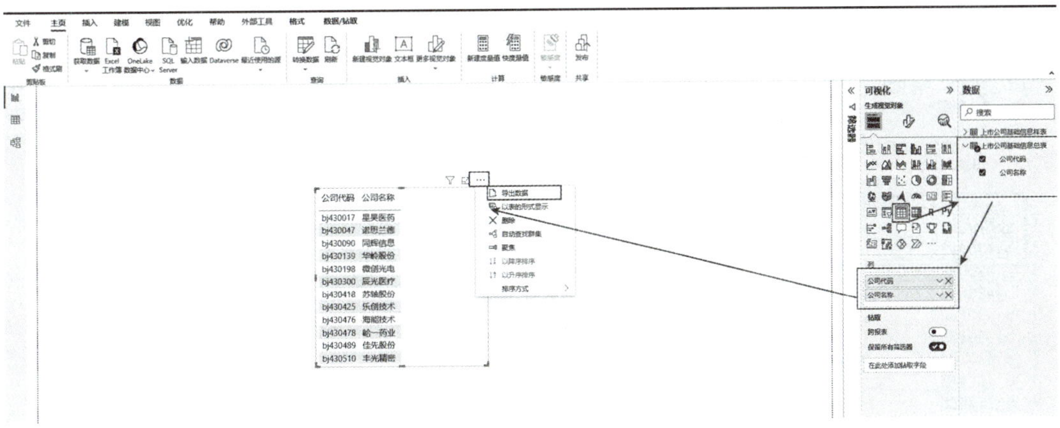

第3章 大数据财务分析数据仓库

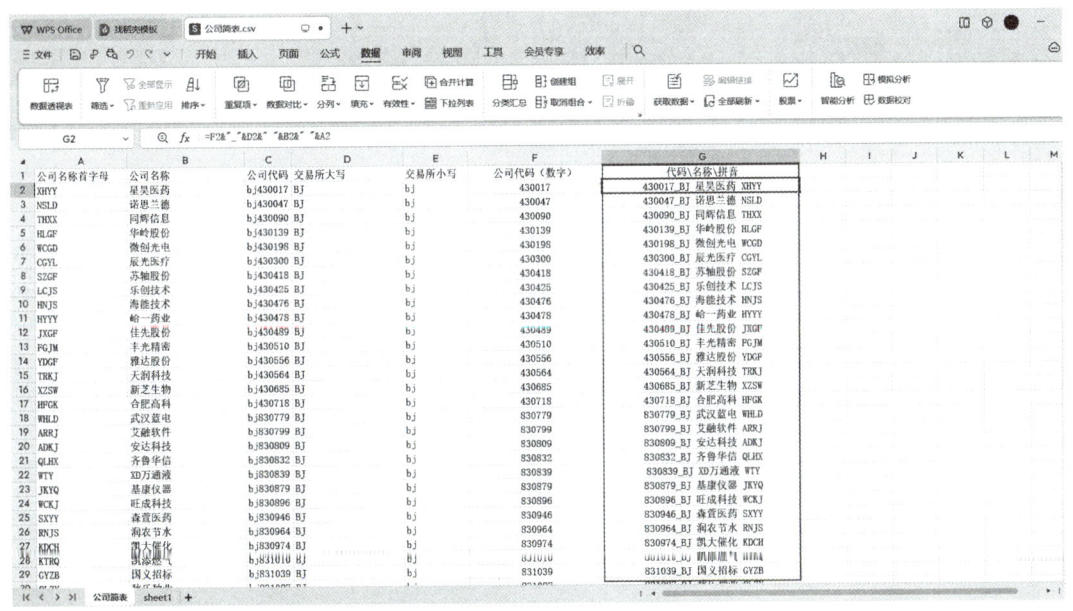

图 3-37 导出公司简表

步骤2：拆分公司名称列。用 Excel 打开已导出的"公司简表"，可以发现该表的公司名称列未进行拆分，因此使用列拆分选项将公司名称列进行拆分。具体操作为：先使用分词函数将中文名称转换为文字首字母，再合并拼音首字母，最后将拆分好的数据导入 Power BI 并清洗，整理好的"代码\名称\拼音"字段如图 3-38 所示。

图 3-38 拆分公司名称列结果

步骤3：梳理表格数据并生成 xlsx 表格文件。首先将"公司代码（数字）"列改为"股票代码"列，再将除了"公司代码""股票代码"以及"代码\名称\拼音"列之外的列删除掉，并只保留公司简表一个 Sheet 页，结果如图 3-39 所示。最后将该表另存为 xlsx 表格文件，方便后续使用 Power BI 导入并清洗。

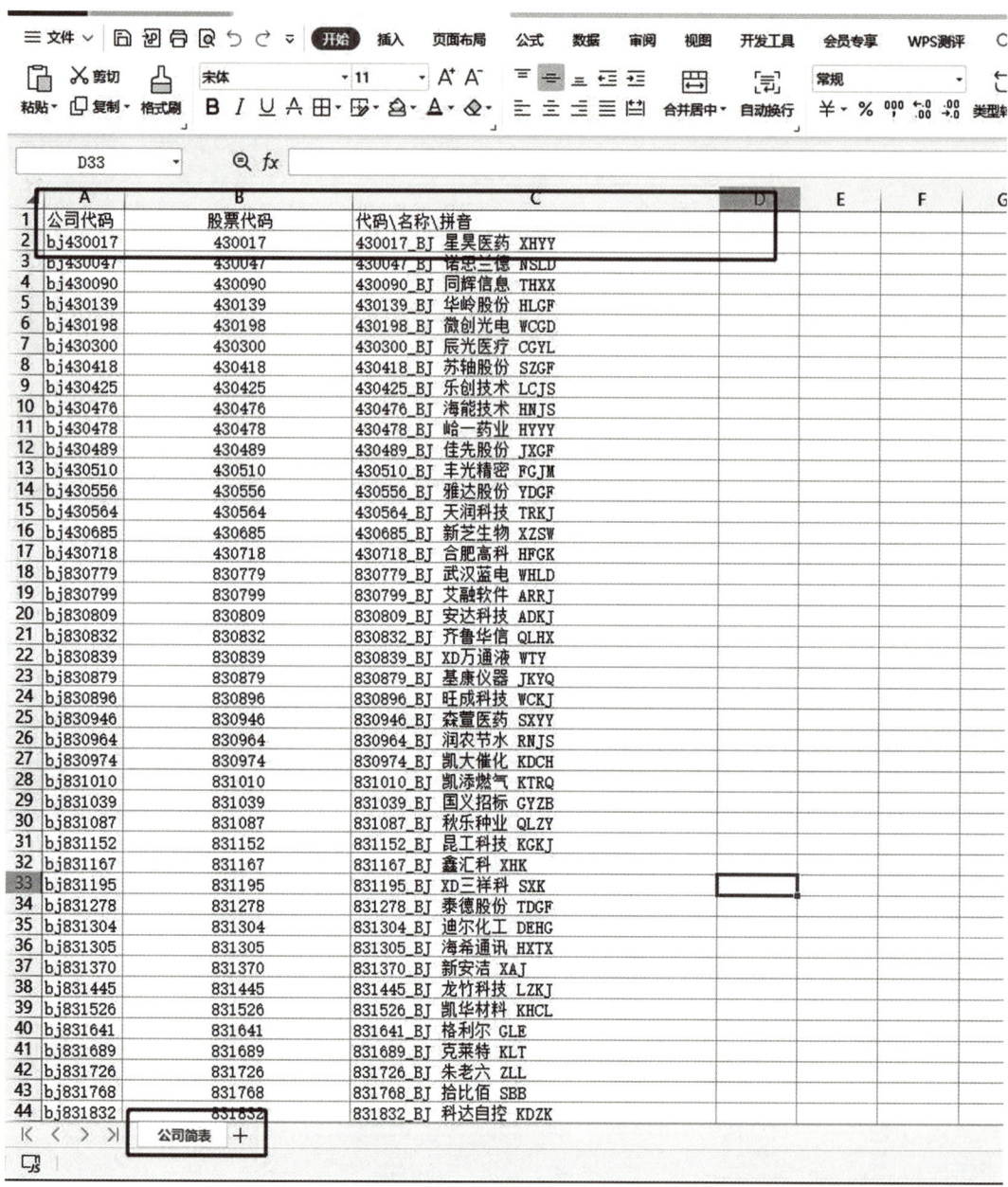

图 3-39 生成 xlsx 表格文件

3.1.1.6 数据清洗

步骤1：导入 xlsx 表格文件。使用 Power BI 导入公司简表 xlsx 表格文件，在导航器界面勾选"公司简表"后点击"转换数据"，如图 3-40 所示。

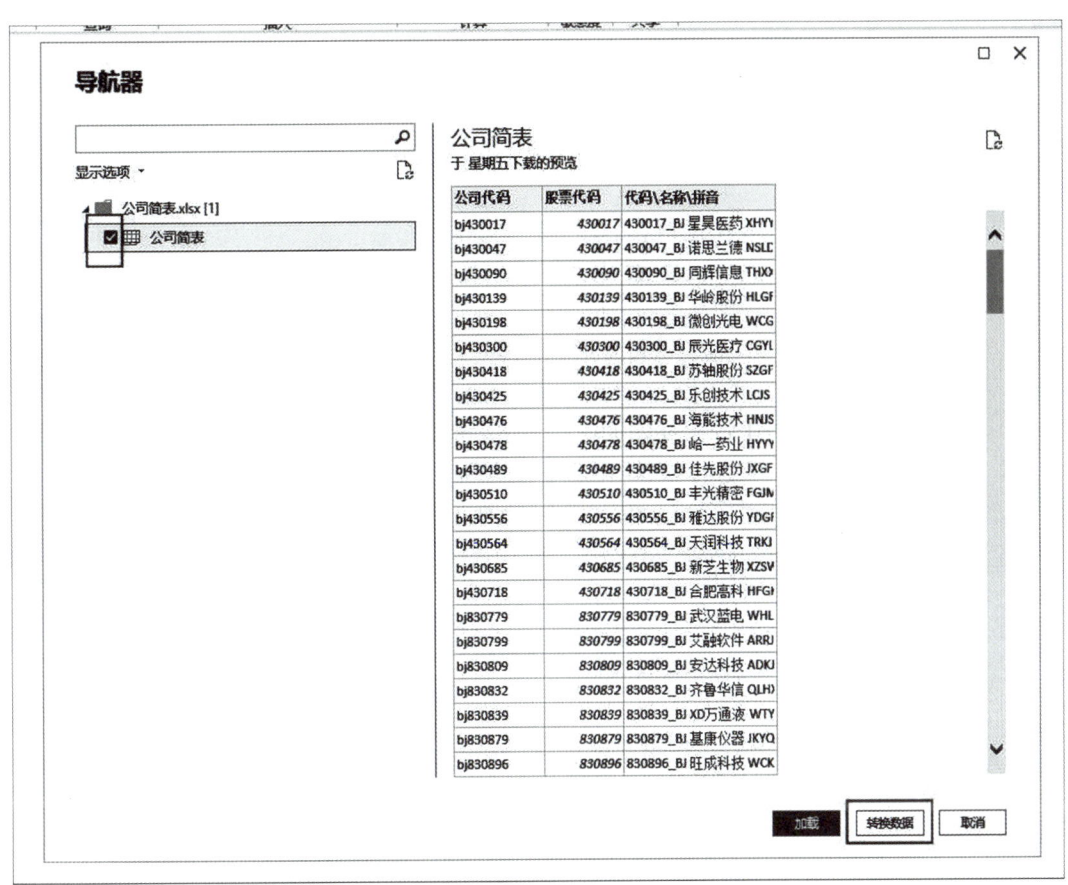

图 3-40 转换数据

步骤 2：修改数据类型。选中"股票代码"列，将其数据类型改为 ABC 文本，具体操作如图 3-41 所示。

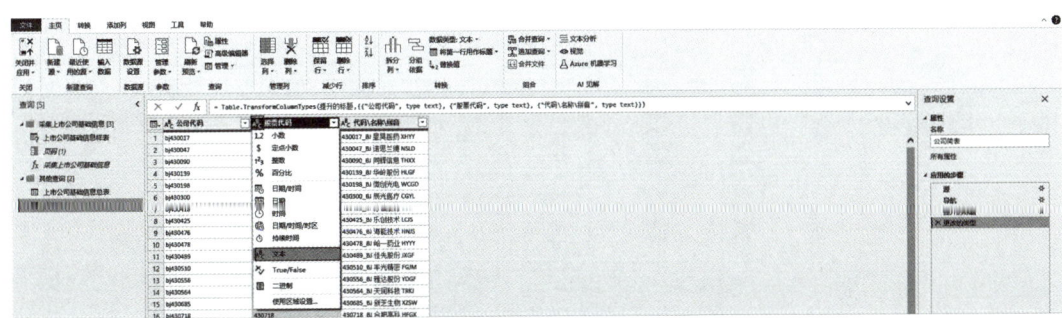

图 3-41 修改数据类型

步骤 3：生成整理好的数据表。上述操作生成了公司简表的最终版本，如图 3-42 所示。但需注意的是，Power BI 的数据视图中显示的数据才是最全的数据，Power Query 中显示的仅为 999+ 的样例数据，不够全面。

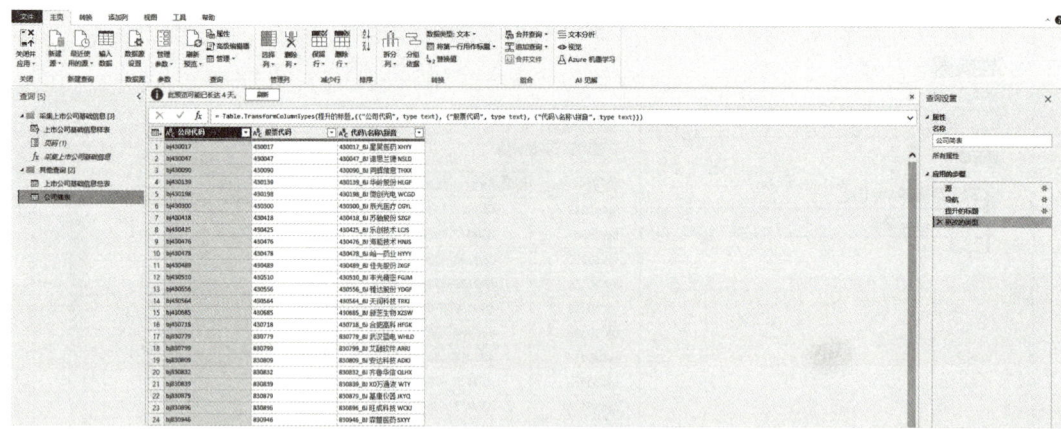

图 3-42 公司简表最终版

3.1.2 采集"地域分组表"

本小节介绍如何使用 Power BI 通过融智财经大数据仿真平台创建区分股票总表中各个股票所属地域的分组表，网址为：http://fz.chinaive.com/febd/？username = rzgc - pbi。

3.1.2.1 创建地域板块模板样表

步骤 1：通过地域板块样表的创建区分股票总表中各个股票所属地域。先复制上述网址，进入融智财经大数据仿真平台首页行情中心，再勾选"地域板块"中的"新疆维吾尔自治区"，通过该板块创建地域样表，具体操作如图 3-43 所示。

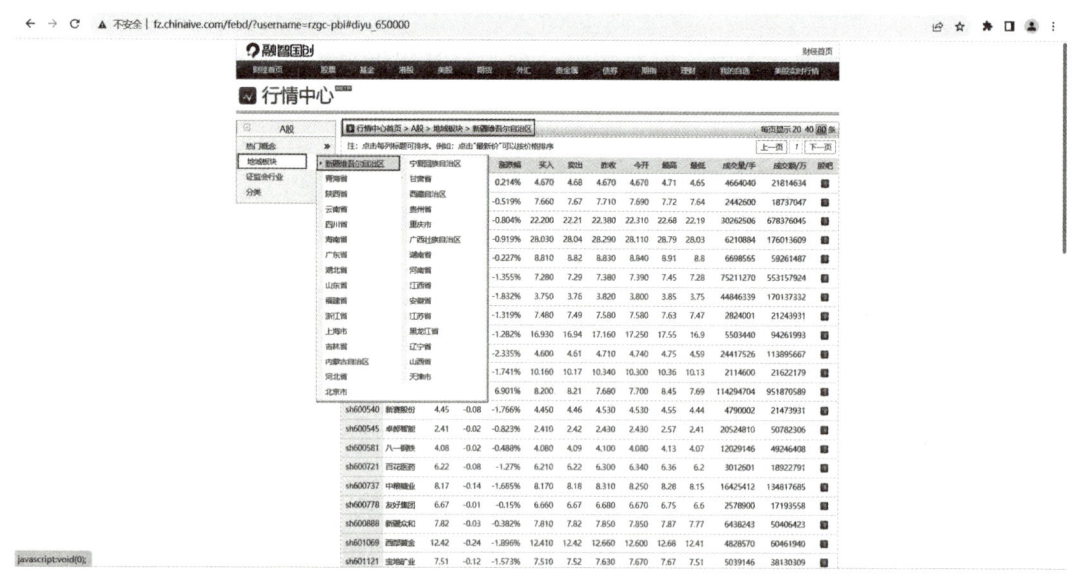

图 3-43 创建地域样表

步骤 2：进入开发者模式并获取 URL 网址信息。操作如图 3-3、图 3-4 所示，此处不重复介绍。

步骤 3：复制地域板块的 URL 网址信息。执行以上步骤后，在网页开发者模式页面中找出地域板块的 URL 网址信息并复制，具体操作如图 3-44 所示。

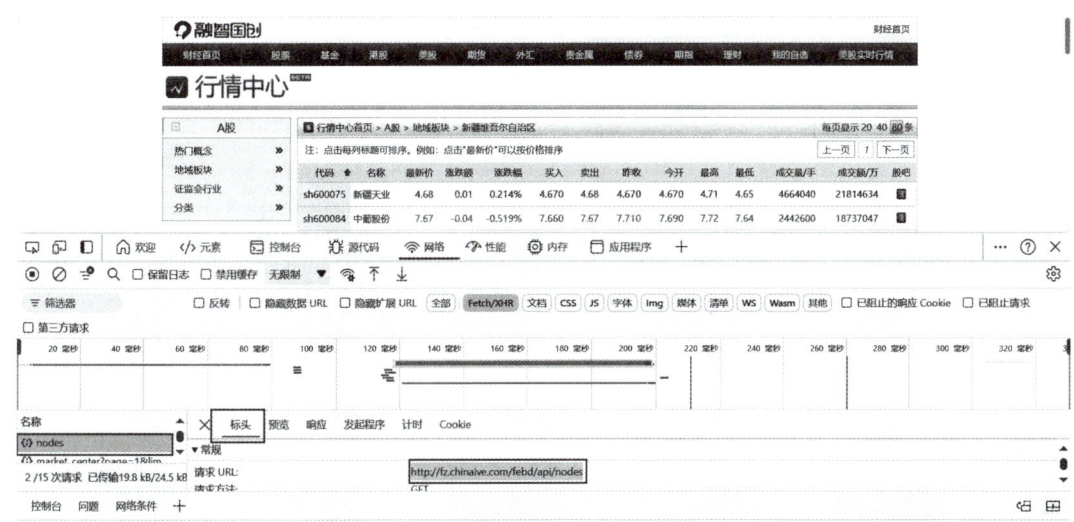

图 3-44　复制地域板块的 URL 网址信息

步骤 4：删除系统自动对数据做出的格式更改。输入 URL 网址信息，操作如图 3-6、图 3-7 所示，此处不重复介绍。Power BI 与融智财经大数据仿真平台建立连接后，界面将直接跳转至 Power Query 查询编辑器界面。参照图 3-8 删除系统自动对数据做出的格式更改，点击"List"进入下一层列表数据，操作如图 3-45 所示。

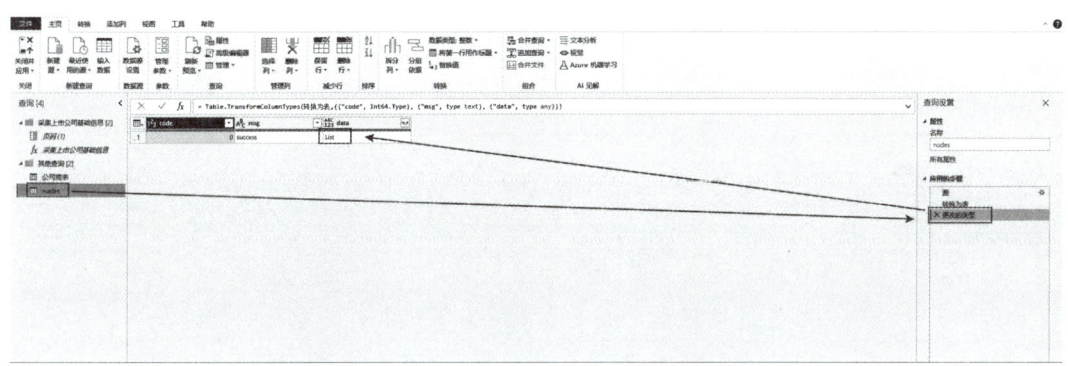

图 3-45　删除系统自动对数据做出的格式更改

步骤 5：逐层展开 List 数据列表。List 为列表，即一系列数据并列存储的"容器"。Power BI 采集网页数据时，会自动识别页面上的数据列表，并以 Lsit 形式返回。以本任务为例，List 中存储着页面上的导航菜单、区域分类标签等信息，这些信息分属不同页面层级，需要逐层展开 List 才可获取。基于上述操作生成的"List"行情中心页面，继续点击"List"展开下一层数据列表，操作如图 3-46 所示。此时当前数据层未显示有页面信息的提示，继续点击"List"展开下一层数据列表，操作如图 3-47 所示。此时数据层为 A 股行情页面，仍不是完成任务所需要的界面，继续点击"List"展开下一层数据列表，操作如图 3-48 所示。

图 3-46　第一次展开 List 数据列表

图 3-47　第二次展开 List 数据列表

图 3-48　第三次展开 List 数据列表

步骤 6：选择对应的 List。三次展开后的数据界面出现了多个"List"，仅凭此数据层无法判断出对应的 List，需要参照网络页面数据展示进行选择。回到网页开发者界面（见图 3-49），可以发现地域板块对应着第二行的 List，由此可以判断数据层界面的第二行 List 即为目标数据。点击第二行"List"，操作如图 3-50 所示。

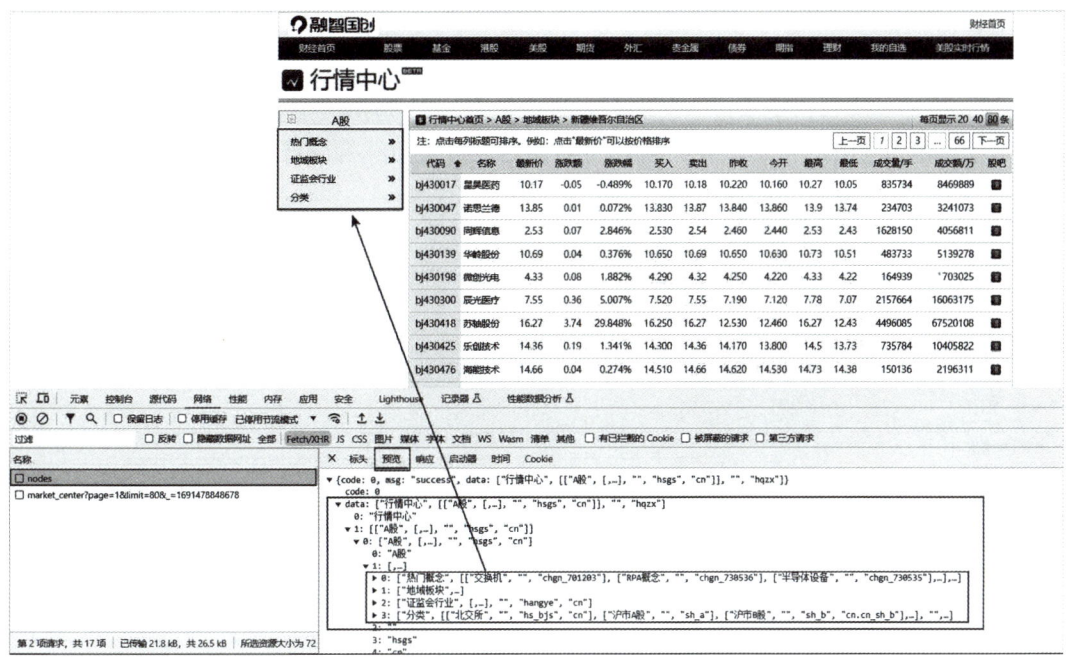

图 3-49　网页开发者界面

图 3-50　选取对应的 List

步骤 7：进入地域板块详细页面。通过上述操作，已成功进入目标板块页面，继续点击 "List" 即可进入地域板块详细页面，操作如图 3-51 所示。

图 3-51　进入地域板块详细页面

步骤 8：截断多余列。单击选中列标题后点击页面左上角的 "到表"，然后在弹出窗口中勾选

"截断多余列"并点击"确定",操作如图 3-16 所示。

步骤 9:展开已成功转换为表的数据。选择提取值后操作如图 3-17 所示。

步骤 10:添加分隔符。以逗号为分隔符,将每个 List 中存储的四项数据提取出来并存储在一个单元格中,具体操作如图 3-52 所示。分隔符的使用,可使后续拆分列等操作更加便捷。

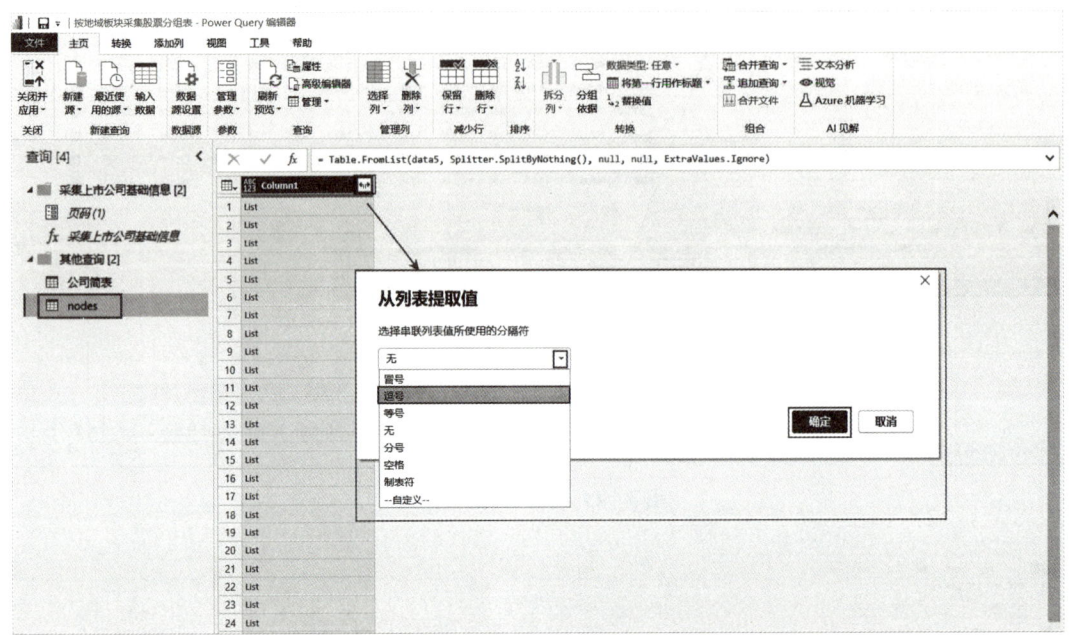

图 3-52 添加分隔符

步骤 11:拆分列操作。经过上述操作得到的数据表中包括展开并成功执行分隔命令的数据,但该数据表中包含了不需要的数据,所以要对数据表进行拆分,也就是进行数据清洗。首先选中列标题后单击鼠标右键,勾选弹出窗口中的"拆分列",再点击"按分隔符",具体操作如图 3-53 所示。

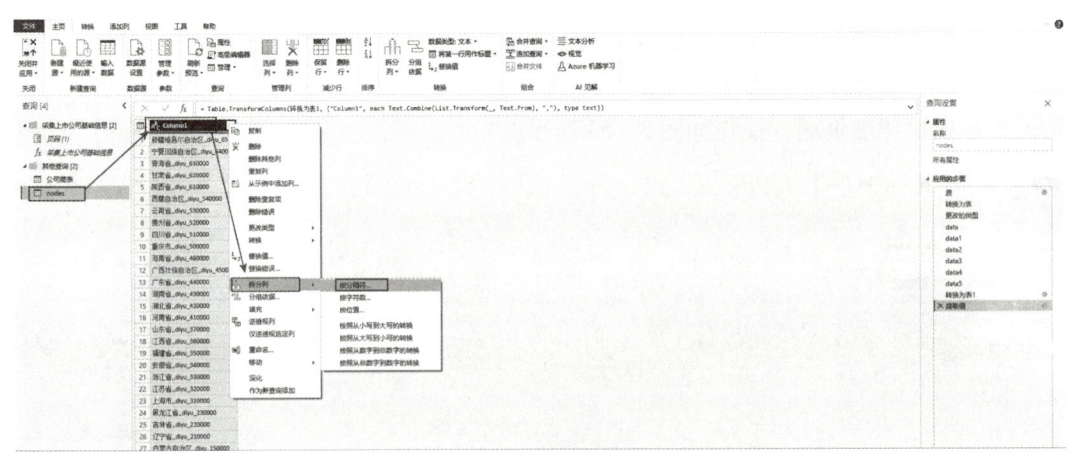

图 3-53 拆分列操作

步骤 12:拆分地域名称。在新弹出的窗口中使用自定义符号,输入"两个英文格式下的逗号"作为拆分符将地域名称拆分出来,点击"确定",操作如图 3-54 所示。

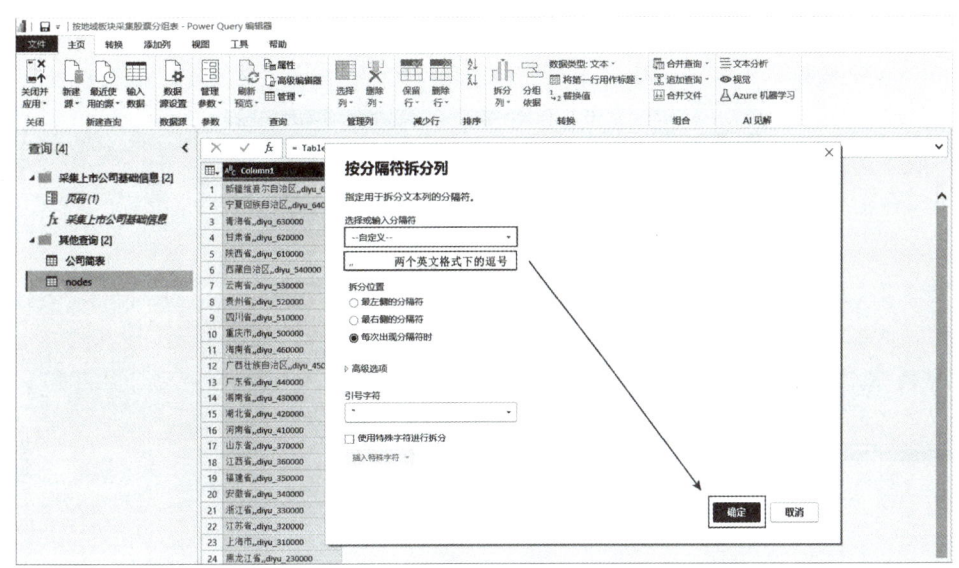

图 3-54　拆分地域名称

步骤13：修改列标题、表名及数据类型。双击修改列标题为"地域名称"和"地域代码"、表名为"地域分组表"，并修改数据类型为文本，操作如图 3-55 所示。

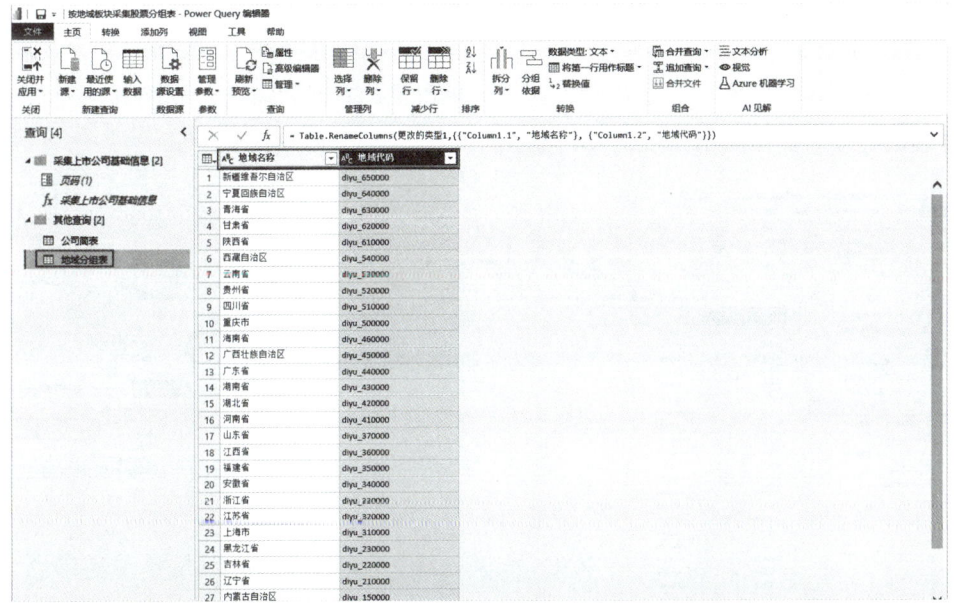

图 3-55　修改列标题、表名及数据类型

3.1.2.2　上市公司地域股票信息样表的建立

地域板块只是分类标准，获取完所有的地域板块之后，还要获取每一个地域板块下的上市公司基础信息，生成地域股票信息样表。

步骤1：获取同时带有页码、分类编码的 URL。在融智财经大数据仿真平台打开开发者模式，查看页面代码并找到任意地域板块下的上市公司基础信息列表对应的 URL，由于该 URL 在首次查询时，未携带分类标签信息，需要随机切换其他地域列表，找到同时带有页码、分类编码的 URL。

具体操作如图 3-56 所示。

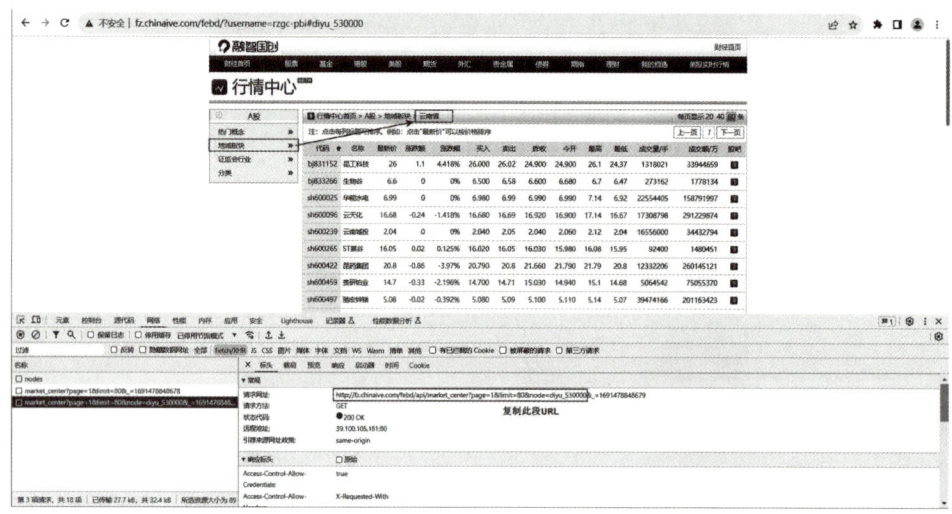

图 3-56　获取同时带有页码、分类编码的 URL

步骤 2：执行新建源——Web。在 Power Query 界面执行新建源——Web，将复制的 URL 网址粘贴至输入框内，点击"确定"，与网站建立连接，操作如图 3-6 和图 3-7 所示。

步骤 3：修改标题并删除其他列。首先分别双击"data. name"和"data. symbol"，修改为"公司名称"和"公司代码"，再将表名修改为"分组企业基础信息样表"，数据类型为文本。然后按住 Ctrl 键选中"公司名称"和"公司代码"两列，单击鼠标右键后勾选"删除其他列"，至此完成地域信息样表的建立。具体操作如图 3-57 所示。

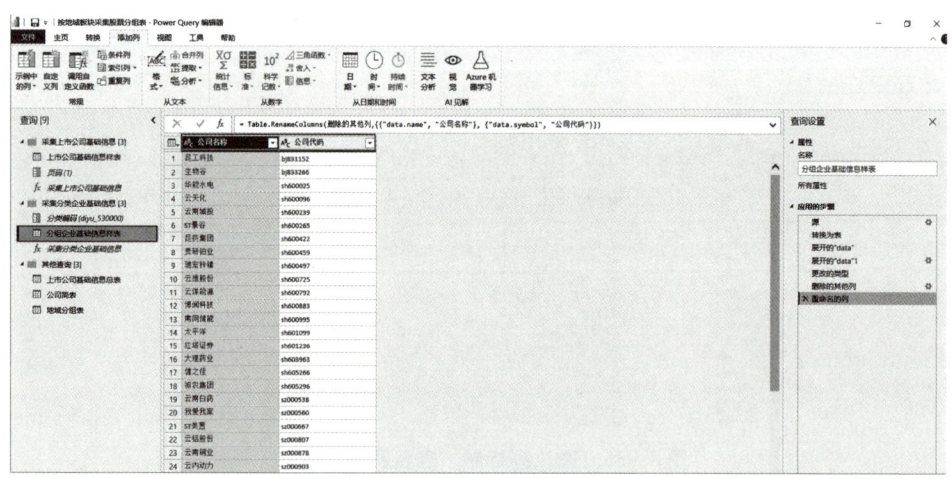

图 3-57　生成地域信息样表

3.1.2.3　创建"分类编码"调用参数

通过观察网站地址可以发现，股票地域板块与每个公司的板块都有对应的板块代码，将"页码"参数与"分类编码"参数相结合才能够访问到对应公司网页，"页码"参数在获取上市公司股票信息时已经创建过了，可以重复使用，这里无须再次创建。因此接下来介绍如何创建"分类编码"调用参数。

步骤1：新建参数。通过点击"主页"→"管理参数"→"新建参数"进行参数新建，具体操作如图3-9和图3-10所示。在"管理参数"界面的"名称"输入"分类编码"，"类型"选择"文本"，"当前值"可任意选择一个地域代码代替，需要注意的是，后续调用参数时要以包含该地域代码的列为集体引用对象。此处填"diyu_ 650000"，具体操作如图3-58所示。

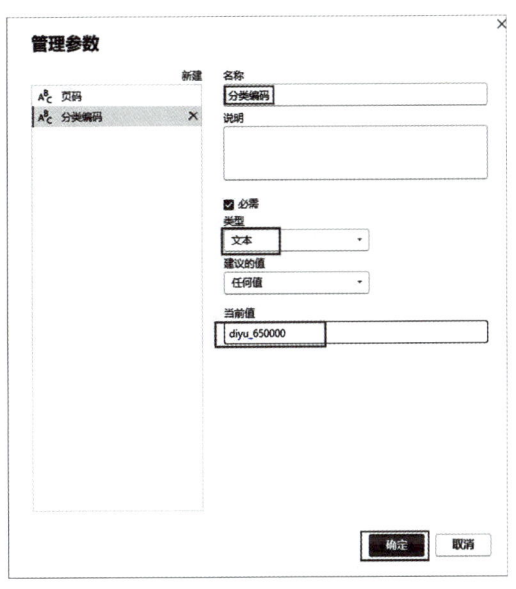

图3-58 填写管理参数相关信息

步骤2：替换相关编码。右键单击"分组企业基础信息样表"进入高级编辑器，找到URL，将"1"替换为页码参数"& 页码 &"，将"diyu_ 530000"替换为分类编码参数"& 分类编码 &"，具体操作如图3-59所示。

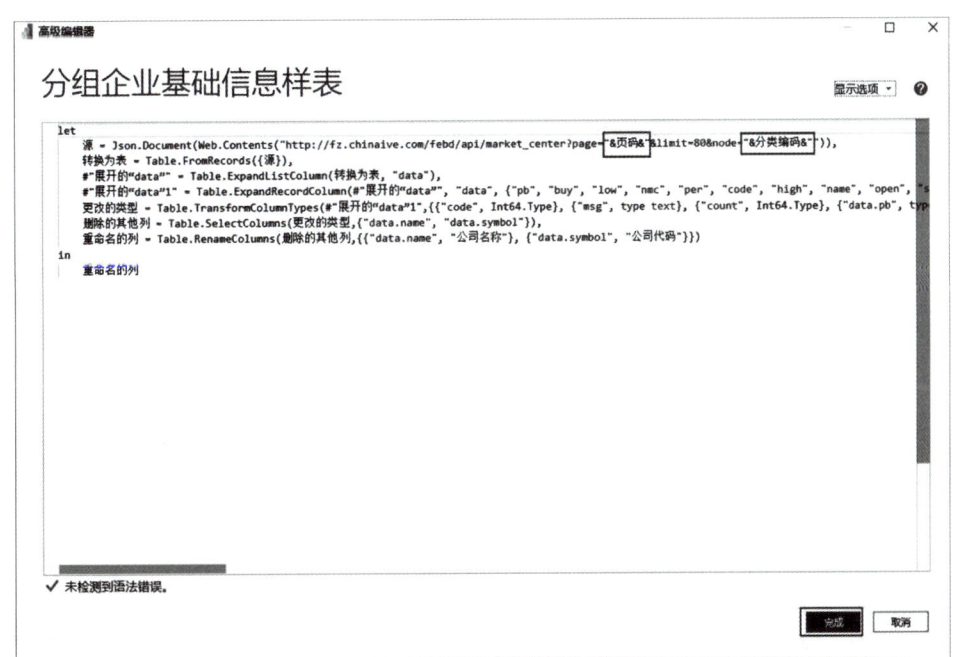

图3-59 替换相关编码

步骤3：生成第一页的企业基础信息数据表。成功将参数替换至源网址后，地域信息样表的批量访问参数已创建并替换完成，并成功连接获取到第一页的企业基础信息数据，如图3-60所示。

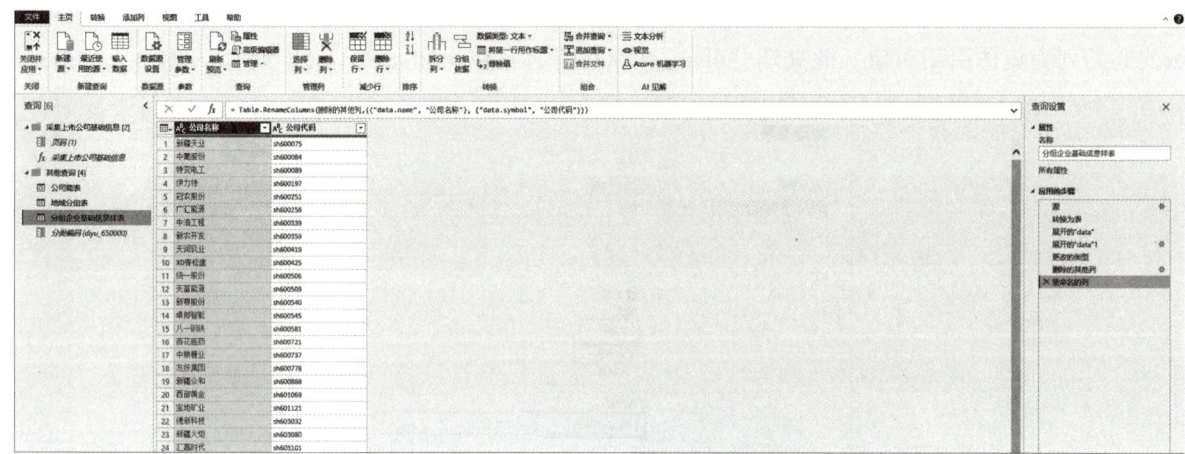

图3-60　第一页的企业基础信息数据表

3.1.2.4　创建采集分类企业基础信息函数

步骤1：创建地域分组表的采集函数。在建立"分组企业基础信息样表"的基础上，右键点击"分组企业基础信息样表"，然后点击"创建函数"，最后在"函数名称"中输入"采集分类企业基础信息"，点击"确定"后即完成地域分组表的采集函数创建，如图3-61和图3-62所示。

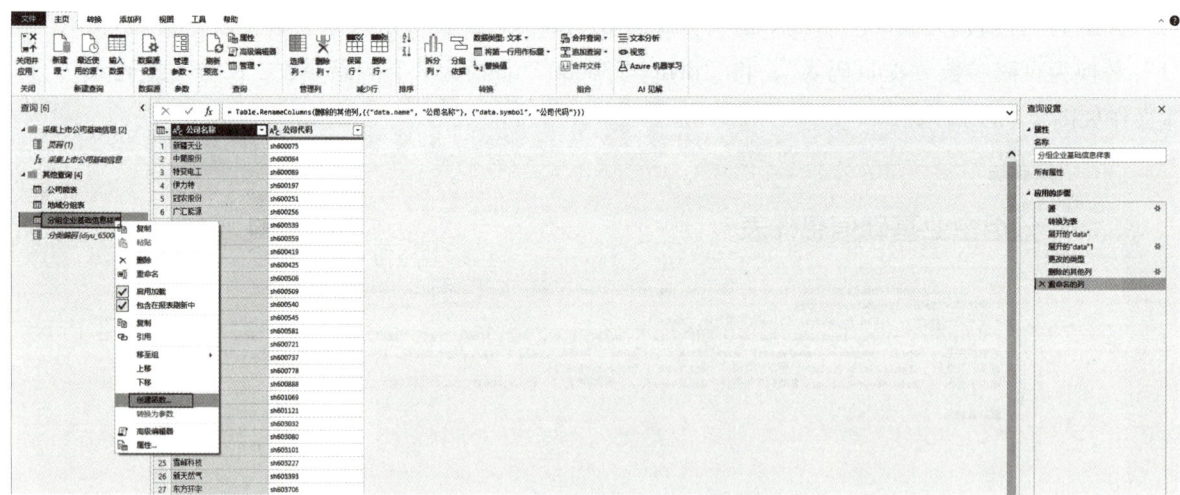

图3-61　创建地域分组表的采集函数

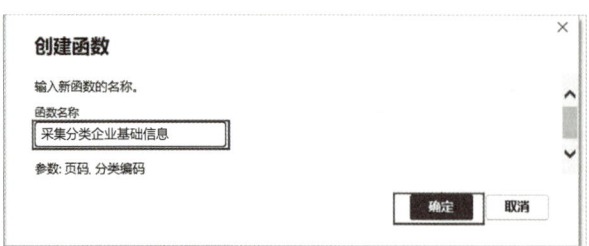

图3-62　输入函数名称

步骤2：添加自定义列。同3.1.1节中单独创建空查询用意相同，此处需新建一个自定义列将不同地域下所涵盖的所有页的上市公司基础信息采集回来存放排列。先单击"地域分组表"，再点击"添加列"中的"自定义列"，具体操作如图3-63所示。

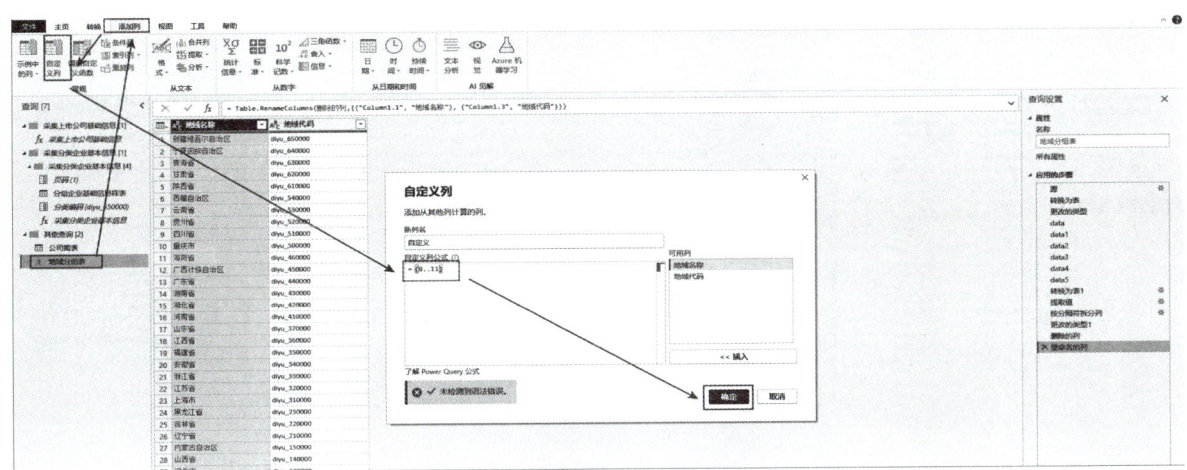

图3-63　添加自定义列

步骤3：展开新建的自定义列，选择"扩展到新行"，如图3-64所示。

图3-64　扩展到新行

步骤4：修改自定义列数据类型。将自定义列数据类型改为"文本"，如图3-65所示。

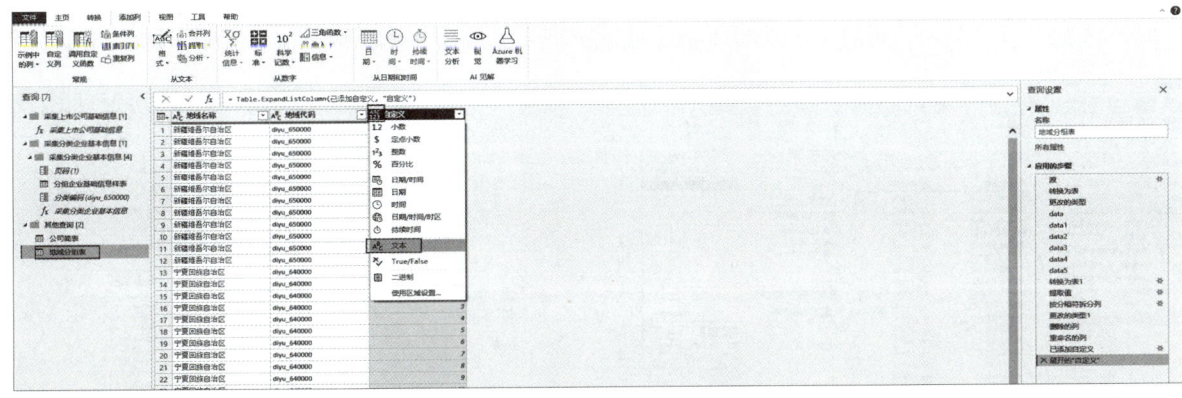

图3-65　修改自定义列数据类型

步骤5：运行自定义函数。单击"地域分组表"中的"添加列"，点击"调用自定义函数"，然后分别选择分类企业基础信息采集函数，选定分类编码对应的列名为地域代码，页码对应列名为自定义，最后点击"确定"，如图 3-66 所示。

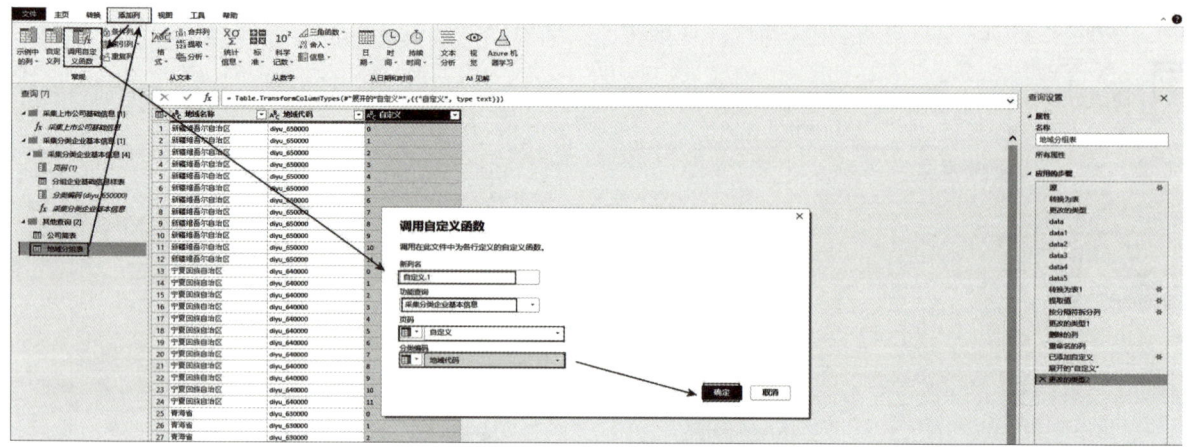

图 3-66　运行自定义函数

步骤 6：生成股票地域分组表。完成上述操作后，等待与网页建立连接，连接成功后可批量获取目标数据，随后点击"展开"，再点击"确定"，如图 3-67 所示。

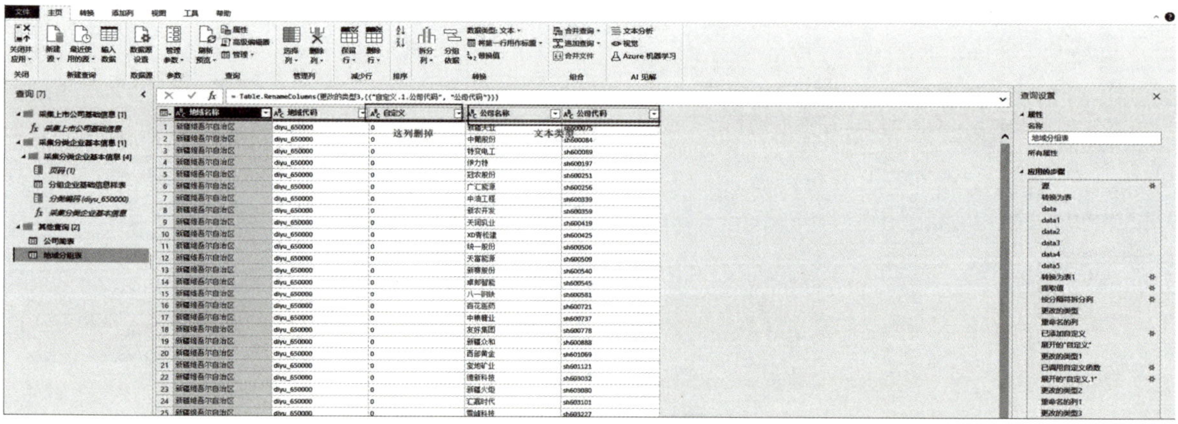

图 3-67　展开目标数据表

步骤 7：修改股票地域分组表格式。在展开的数据表中分别修改列标题为公司名称、公司代码，将数据类型改为文本，并将自定义列删除，至此完成股票地域分组表的获取，如图 3-68 所示。

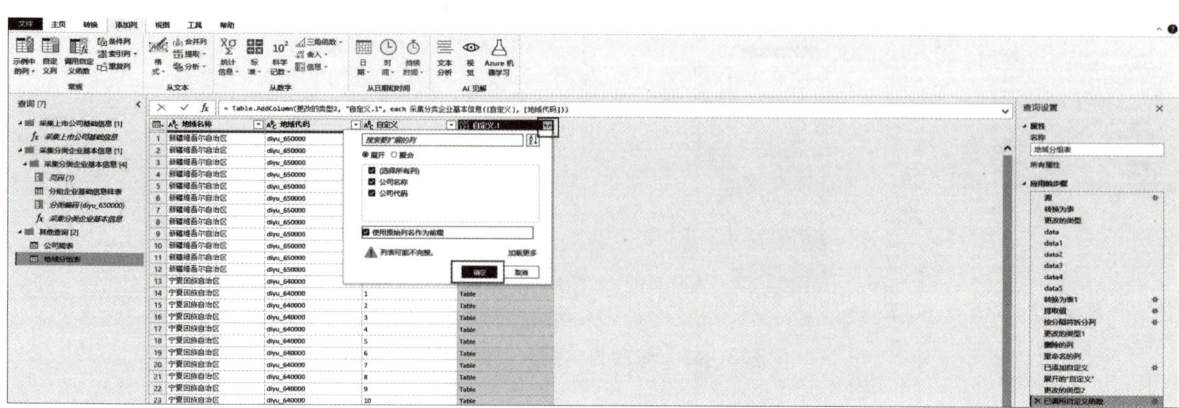

图 3-68　修改股票地域分组表格式

3.1.3 采集"概念分组表"

本小节以"交换机"为例,介绍如何使用 Power BI 通过融智财经大数据仿真平台创建区分股票总表中各个股票所属概念板块的分组表,网址为:http://fz.chinaive.com/febd/? username = rzgc - pbi。

3.1.3.1 上市公司概念股票信息样表的建立

步骤 1:打开概念板块网址界面。先复制上述网页地址,进入融智财经大数据仿真平台首页行情中心,再勾选概念板块中的"交换机",通过该板块创建概念样表,操作如图 3 - 69 所示。

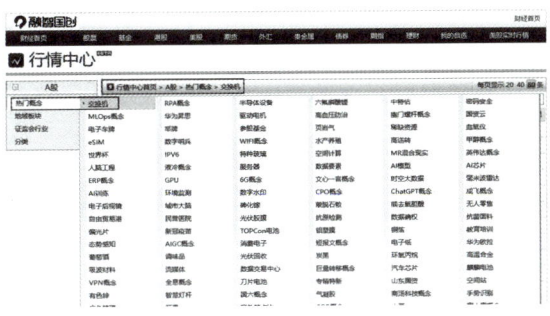

图 3 - 69 打开概念板块网址界面

步骤 2:进入开发者模式并获取 URL 网址信息。操作如图 3 - 3、图 3 - 4 所示,此处不重复介绍。

步骤 3:复制概念板块的 URL 网址信息。执行以上步骤后,在网页开发者页面中找出概念板块的 URL 网址信息并复制,具体操作如图 3 - 70 所示。

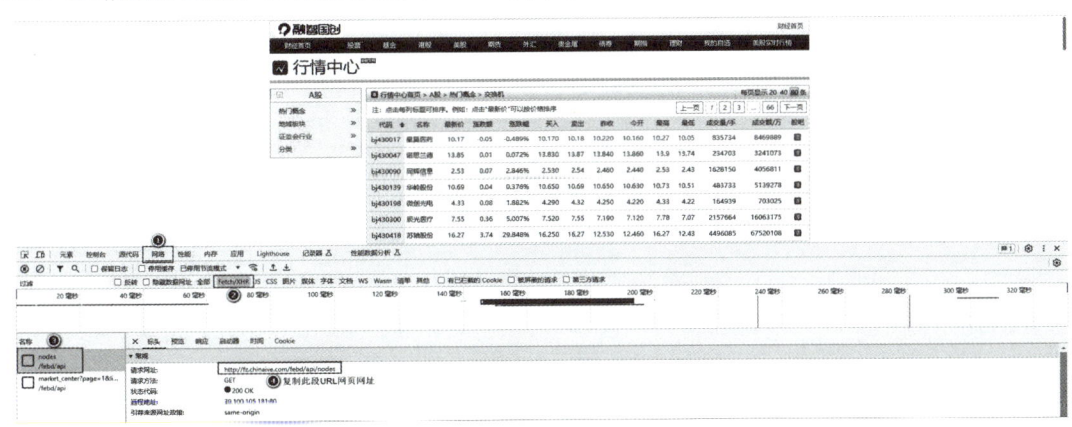

图 3 - 70 复制概念板块的 URL 网页信息

步骤 4:删除系统自动对数据做出的格式更改。输入 URL 网址信息,操作如图 3 - 6、图 3 - 7 所示,此处不重复介绍。Power BI 与融智财经大数据仿真平台建立连接后,界面将直接跳转至 Power Query 查询编辑器界面。参照图 3 - 8 删除系统自动对数据做出的格式更改,点击"List"进入下一层列表数据,操作如图 3 - 71 所示。

步骤 5:逐层展开 List 数据列表。List 为列表,即一系列数据并列存储的"容器"。Power BI 采集网页数据时,会自动识别页面上的数据列表,并以 Lsit 形式返回。以本任务为例,List 中存储着页面上的导航菜单、区域分类标签等信息,这些信息分属不同页面层级,需要逐层展开 List 才可获取。此处操作如图 3 - 46、图 3 - 47 和图 3 - 48 所示。

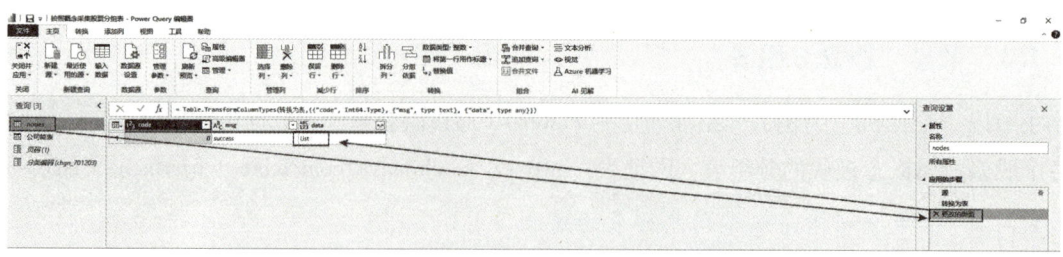

图3-71 点击"List"进入下一层列表数据

步骤6：选择对应的List。三次展开后的数据界面出现了多个"List"，仅凭此数据层无法判断出对应的List，需要参照网络页面数据展示进行选择。回到网页开发者界面，可以发现概念板块对应着第一行的List，因此可以判断数据层界面的第一行List即为目标数据。点击第一行"List"，操作如图3-72所示。

图3-72 选择对应的List

步骤7：进入概念板块详细页面。通过上述操作，已成功进入目标板块页面，继续点击"List"进入概念板块详细页面，操作如图3-73所示。

图3-73 进入概念板块详细页面

步骤8：截断多余列。单击选中列标题后点击页面左上角的"到表"，然后在弹出窗口中勾选"截断多余列"并点击"确定"，操作如图3-16所示。

步骤9：展开已成功转换为表的数据。选择提取值后操作如图3-17所示。

步骤10：添加分隔符。以逗号为分隔符，将每个List中存储的四项数据提取出来并存储在一个单元格中，具体操作如图3-52所示。分隔符的使用，可使后续拆分列等操作更加便捷。

步骤11：拆分列操作。经过上述操作得到的数据表中包括展开并成功执行分隔命令的数据，但该数据表中包含了不需要的数据，所以要对数据表进行拆分，也就是进行数据清洗。首先选中列标题后单击鼠标右键，勾选弹出窗口中的"拆分列"，再点击"按分隔符"，具体操作如图3-53所示。

步骤12：拆分概念名称。在新弹出的窗口中使用自定义符号，输入"两个英文格式下的逗号"作为拆分符将概念名称拆分出来，点击"确定"，操作如图3-54所示。

步骤13：修改概念分组表列标题、表名及数据类型。双击修改列标题为概念名称和概念代码、表名为概念分组表，并修改数据类型为文本，操作如图3-74所示。

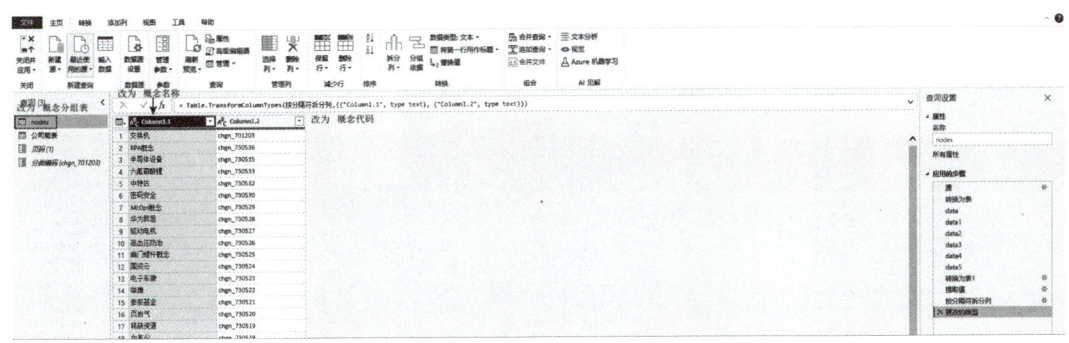

图3-74　修改概念分组表列标题、表名及数据类型

3.1.3.2　调用概念板块自定义函数

本部分无须新增自定义函数，可以直接通过调用函数实现数据转换，因为在3.1.1节、3.1.2节中，已经分别将样表、参数以及函数创建完成。虽然三个分组任务生成的数据不同，但三者所涉及的数据调整格式相同，所以本部分可以直接在系统中调用函数。

步骤1：添加自定义列。同前两个任务一样，此处需新建一个自定义列将不同概念下所涵盖的所有页的上市公司基础信息采集回来存放排列。首先单击"概念分组表"，再点击"添加列"中的"自定义列"，具体操作参照图3-63。

步骤2：展开新建的自定义列，选择"扩展到新行"，操作如图3-64所示。

步骤3：修改自定义列数据类型。将自定义列数据类型改为"文本"，操作如图3-65所示。

步骤4：运行自定义函数。单击"概念分组表"中的"添加列"，点击"调用自定义函数"，然后分别选择分类企业基础信息采集函数，选定分类编码对应的列名为概念代码，页码对应列名为自定义，最后点击"确定"，操作如图3-66所示。

步骤5：生成股票概念分组表。完成上述操作后，等待与网页建立连接，连接成功后可批量获取目标数据，随后点击"展开"，再点击"确定"，如图3-75所示。

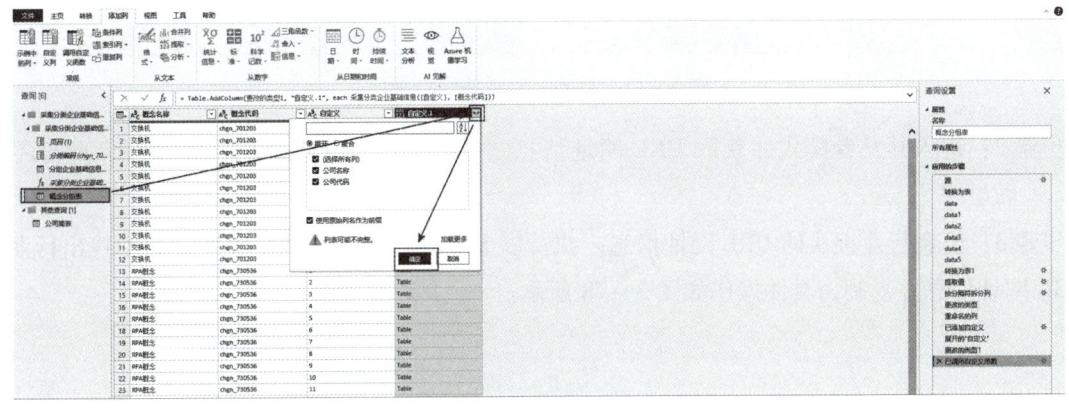

图3-75　展开目标数据表

步骤6：修改股票概念分组表格式。在展开的数据表中分别修改列标题为公司名称、公司代码，将数据类型改为文本，并将自定义列删除，至此完成股票概念分组表的获取，如图3-76所示。

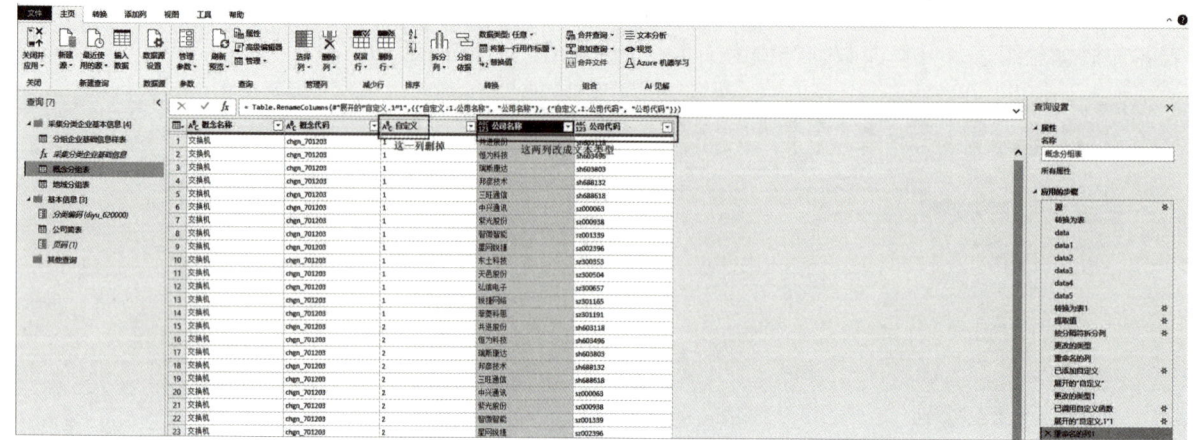

图3-76　股票概念分组表

3.1.4　采集"行业分组表"

本小节以"采矿业-石油和天然气开采业"为例，介绍如何使用Power BI通过融智财经大数据仿真平台创建区分股票总表中各个股票所属行业板块的分组表，网址为：http：//fz.chinaive.com/febd/？username＝rzgc－pbi。

3.1.4.1　上市公司行业板块样表的建立

步骤1：打开行业板块网址界面。先复制上述网页地址，进入融智财经大数据仿真平台首页行情中心，再勾选行业板块中的"采矿业-石油和天然气开采业"，通过该板块创建行业样表，操作如图3-77所示。

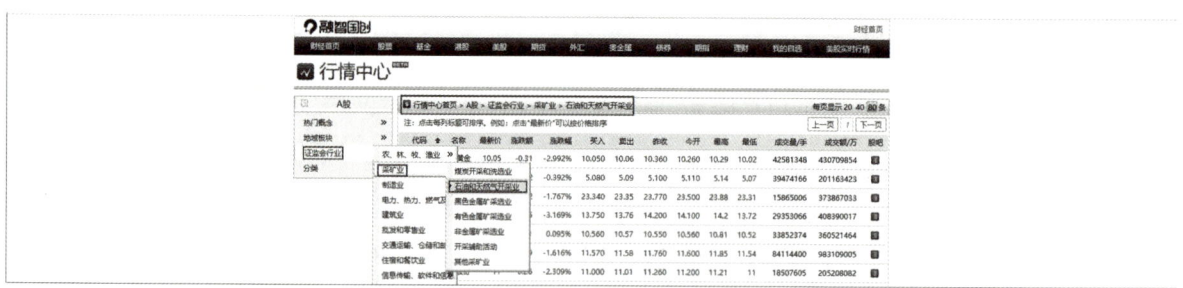

图3-77　打开行业板块网址界面

步骤2：进入开发者模式并获取URL网址信息。操作如图3-3、图3-4所示，此处不重复介绍。

步骤3：复制行业板块的URL网址信息。执行以上步骤后，在网页开发者页面中找出行业板块的URL网址信息并复制，具体操作如图3-78所示。

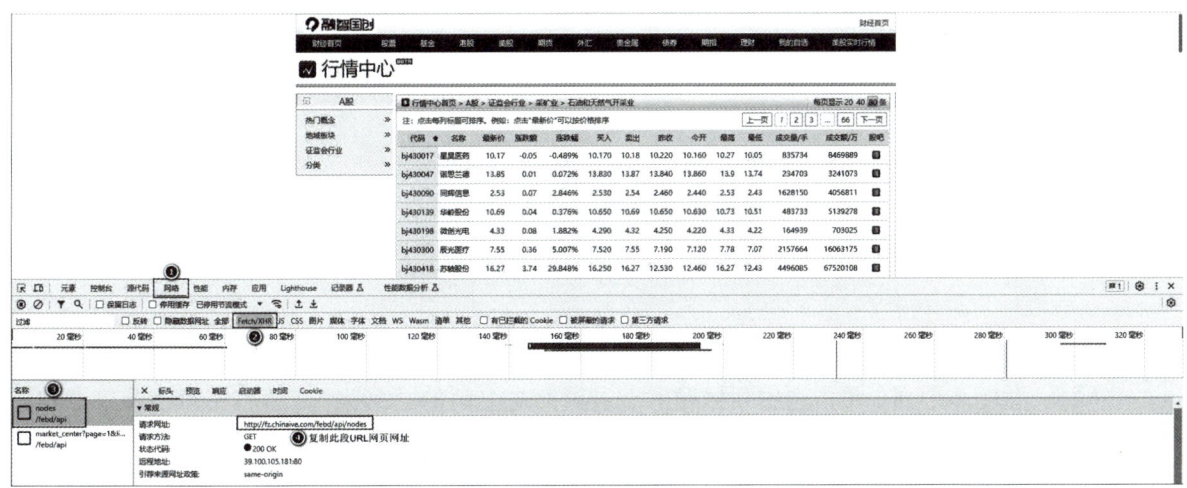

图 3-78　复制行业板块的 URL 网址信息

步骤 4：删除系统自动对数据做出的格式更改。输入 URL 网址信息，操作如图 3-6、图 3-7 所示，此处不重复介绍。Power BI 与融智财经大数据仿真平台建立连接后，界面将直接跳转至 Power Query 查询编辑器界面。参照图 3-8 删除系统自动对数据做出的格式更改，点击"List"进入下一层列表数据，操作如图 3-71 所示。

步骤 5：逐层展开 List 数据列表。List 为列表，即一系列数据并列存储的"容器"。Power BI 采集网页数据时，会自动识别页面上的数据列表，并以 Lsit 形式返回。以本任务为例，List 中存储着页面上的导航菜单、区域分类标签等信息，这些信息分属不同页面层级，需要逐层展开 List 才可获取。此处操作如图 3-46、图 3-47 和图 3-48 所示。

步骤 6：选择对应的 List。三次展开后的数据界面出现了多个"List"，仅凭此数据层无法判断出对应的 List，需要参照网络页面数据展示进行选择。回到网页开发者界面，可以发现行业板块对应着第三行的 List，因此可以判断数据层界面的第三行 List 即为目标数据。点击第三行"List"，操作如图 3-79 所示。

图 3-79　选择对应的 List

步骤 7：进入行业板块详细页面。通过上述操作，已成功进入目标板块页面，继续点击"List"进入行业板块详细页面，操作如图 3-80 所示。

图 3-80 行业板块详细页面

步骤 8：截断多余列。单击选中列标题后点击页面左上角的"到表"，然后在弹出窗口中勾选"截断多余列"并点击"确定"，操作如图 3-16 所示。

步骤 9：展开已成功转换为表的数据。经过上述操作，我们可以得到如图 3-81 所示的数据表，此时点击"扩展到新行"。

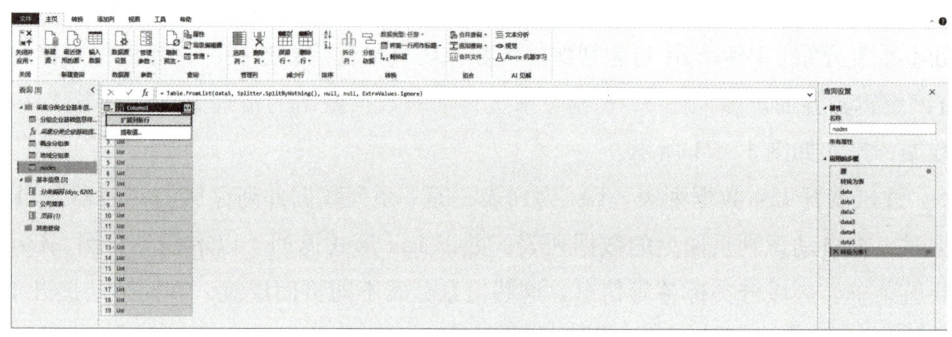

图 3-81 扩展到新行

步骤 10：添加索引列。展开的表格中，数据是四个一组的循环排列，每个循环中都含有一个未展开的 List。这是因为行业的分类比其他两个分类多一个层次，要想把每个小循环中的 List 展开，就需要对每个小循环中的内容进行汇总并展开成不同的列，再进一步展开。汇总即给各个循环中位置相对统一的数据添加一个相同的标识，方便接下来的分类到列，添加标识的这个过程在 Power BI 中体现为"取模"，而添加索引列便是展开 List 的第一步操作。因此，在表格中添加从 0 开始的索引列，以完成下一层列表的展开，操作如图 3-82 所示。

图 3-82 添加索引列

步骤 11：取模。选中新建的索引列后，点击导航栏中的"标准"，然后在下拉框中选择"取模"，如图 3-83 所示。最后在弹出的取模窗口中，输入"4"后点击"确定"。这里输入"4"，是因为在步骤 10 中，列表循环单位是四行。

图 3-83　取模

步骤 12：转换取模列。点击上方工具栏中的"转换"，再点击"透视列"，在"透视列"中值列选择第一列，点击"高级选项"，在聚合值函数中选择"不要聚合"，最后点击"确定"，操作如图 3-84 所示。

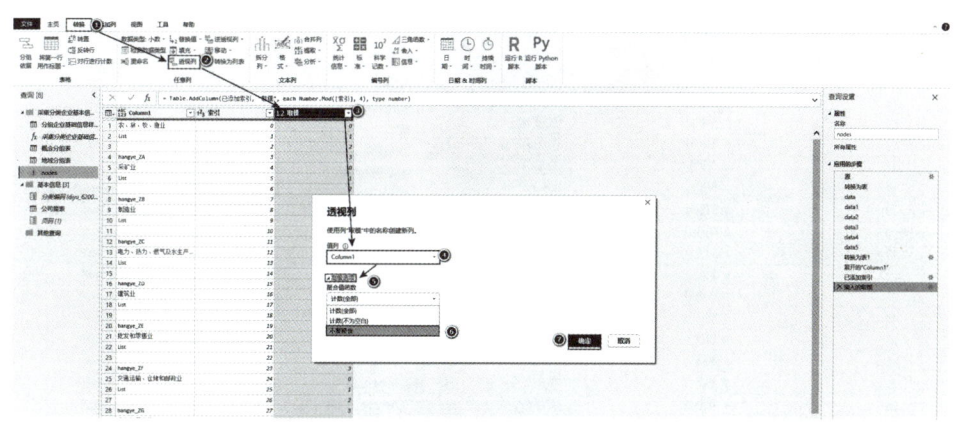

图 3-84　转换取模列

步骤 13：随后将含有 List 的列展开，点击其列名下拉框中的"扩展到新行"，然后再次点击将该列展开，选择"提取值"，之后操作如图 3-17 所示。

步骤 14：添加分隔符及填充列表。以逗号为分隔符，将每个 List 中存储的四项数据提取出来并存储在一个单元格中，具体操作如图 3-52 所示。执行分隔命令后，数据表中每行信息并不完整，所以要将行业名称填充到其所对应的范围，具体操作如图 3-85 所示。

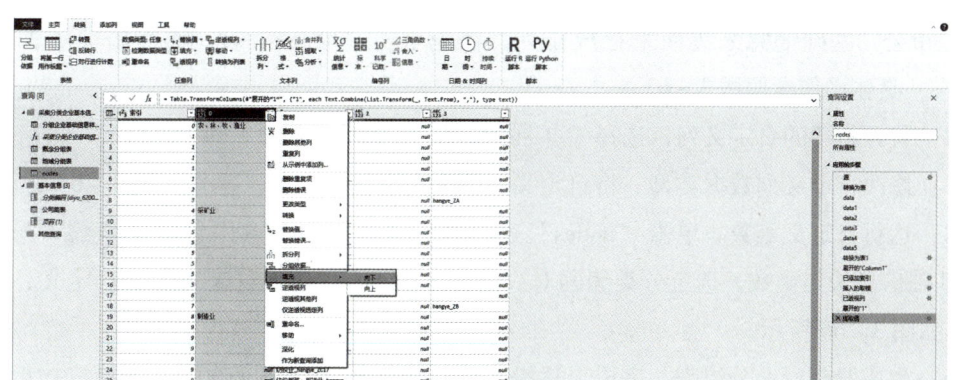

图 3-85　填充列表

步骤15：拆分数据。成功执行分隔命令和填充命令后的数据中包含了不需要的数据，所以要对数据进行拆分，也就是进行数据清洗，具体操作如图 3-53 所示。

步骤16：拆分行业名称及删除错误。在新弹出的窗口中使用自定义符号，输入"两个英文格式下的逗号"作为拆分符将行业名称拆分出来，点击"确定"，操作如图 3-54 所示。拆分后右键点击"1.1"列，在弹出的窗口中点击"删除错误"，并且删除除了 0 列、1.1 列与 1.2 列之外的所有列。具体操作如图 3-86 所示。

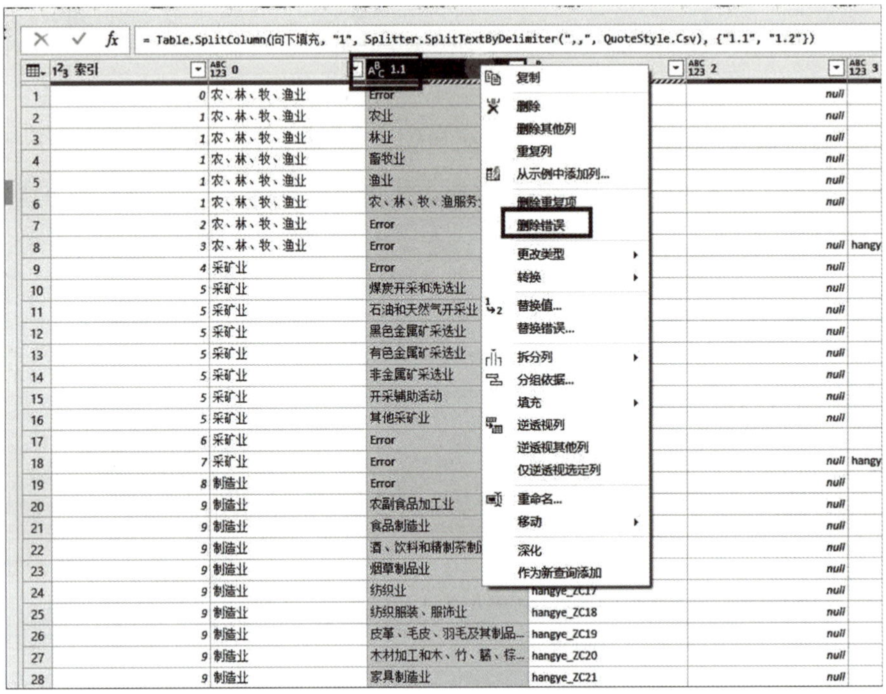

图 3-86　删除错误

3.1.4.2　调用采集分类基础信息函数

此处无须新增自定义函数，可以直接通过调用函数实现数据转换，因为在 3.1.1 节、3.1.2 节、3.1.3 节中，已经分别将样表、参数以及函数创建完成。虽然四个分组任务生成的数据不同，但四者所涉及的数据调整格式相同，所以可以直接在系统中调用函数。

步骤1：添加自定义列。同前三个任务一样，此处需新建一个自定义列将不同行业下所涵盖的所有页的上市公司基础信息采集回来存放排列。首先单击"nodes"表，再点击"添加列"中的"自定义列"，具体操作参照图 3-63。

步骤2：展开新建的自定义列，选择"扩展到新行"，操作如图 3-64 所示。

步骤3：修改自定义列数据类型。将自定义列数据类型改为文本，操作如图 3-65 所示。

步骤4：运行自定义函数。单击"nodes"表，执行"添加列→调用自定义函数"操作，选择分类企业基础信息采集函数，选定分类编码对应的列名为 1.2，页码对应列名为自定义，点击"确定"，操作如图 3-66 所示。

步骤5：生成股票行业分组表。完成上述操作后，等待与网页建立连接，连接成功后可批量获取目标数据，随后点击"展开"，再点击"确定"，如图 3-87 所示。随后选中公司名称对应列，点击鼠标右键后勾选"删除重复项"。因为之前创建自定义列的时候，页码取值是随机选的数值范围，页码不足的项目，Power BI 会重复填充数据，所以，要想得到精准的数据，还需要将重复项删掉。

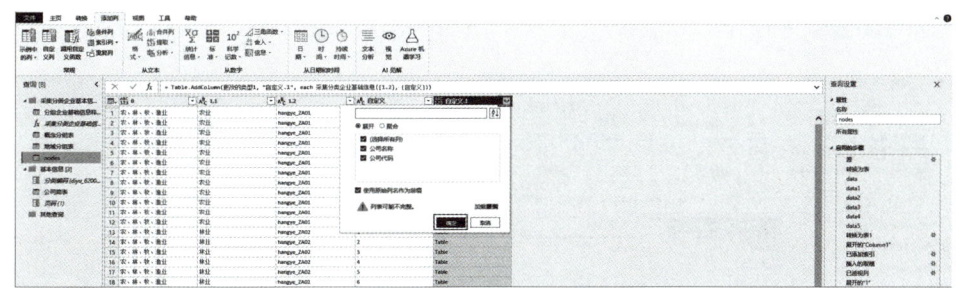

图 3-87　展开目标数据表

步骤6：修改表列标题、组标题及数据类型。按图 3-88 修改表中各列标题以及组标题，并将数据类型改为文本，至此完成股票行业分组表的获取。

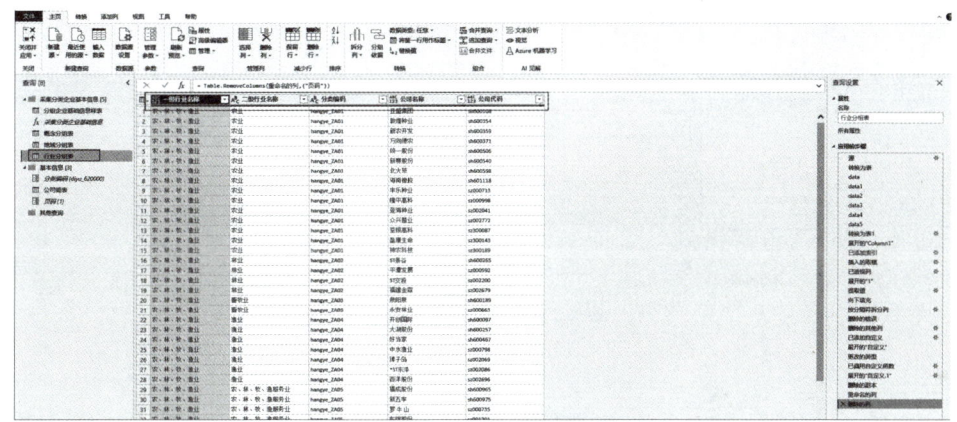

图 3-88　股票行业分组表最终版

练一练

请根据以上操作，在指定网页上获取创业板近五年来相关数据，并生成 4 个维度表。

3.2　合并数据

通过前文的操作步骤，我们成功创建了公司简表、地域分组表、概念分组表、行业分组表。分组维度信息已经基本完整，但为后续调用方便，还需将 4 张表格合并为一整张表。观察 4 张表格的内容可以发现，每一张表都包含了股票名称和股票代码，因此可以通过 Power Query 自带的合并查询功能，实现联表合并。

3.2.1　引用公司简表

步骤1：引用公司简表。在 Power Query 列表中右键单击"公司简表"并选择"引用"功能

（见图3-89）或者复制该表（见图3-90），得到一份复制的公司简表数据，作为数据合并查询的基础。因简表的获取是一个非常复杂的过程，为了原始数据的安全性和完整性，建议在复制数据的基础上对其进行多表合并操作。

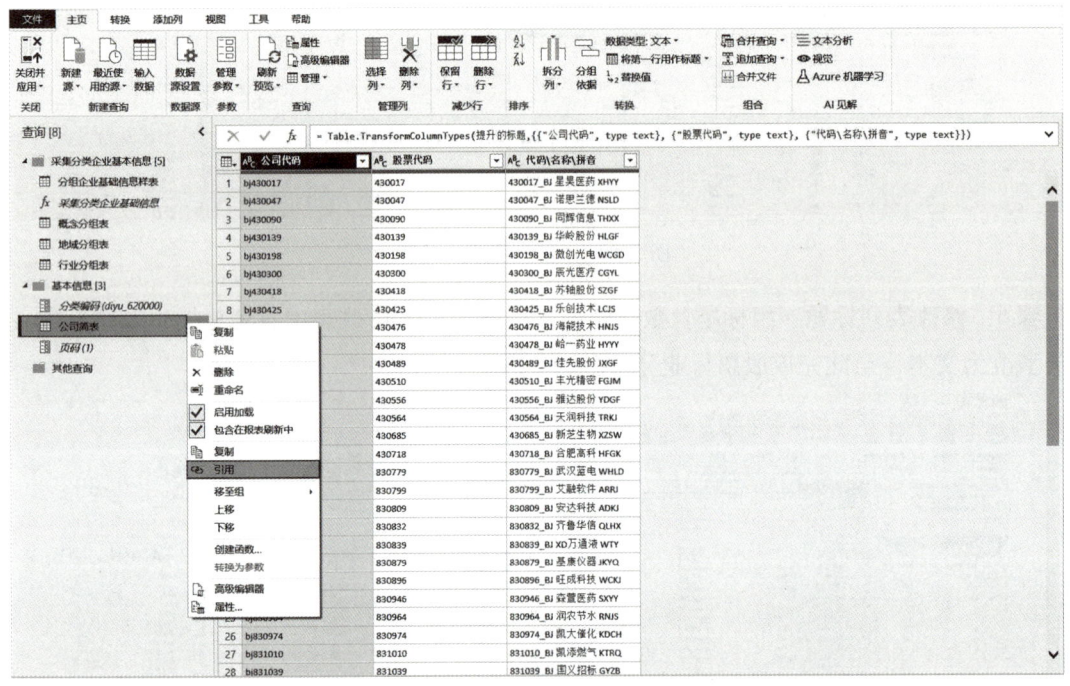

图3-89　引用公司简表

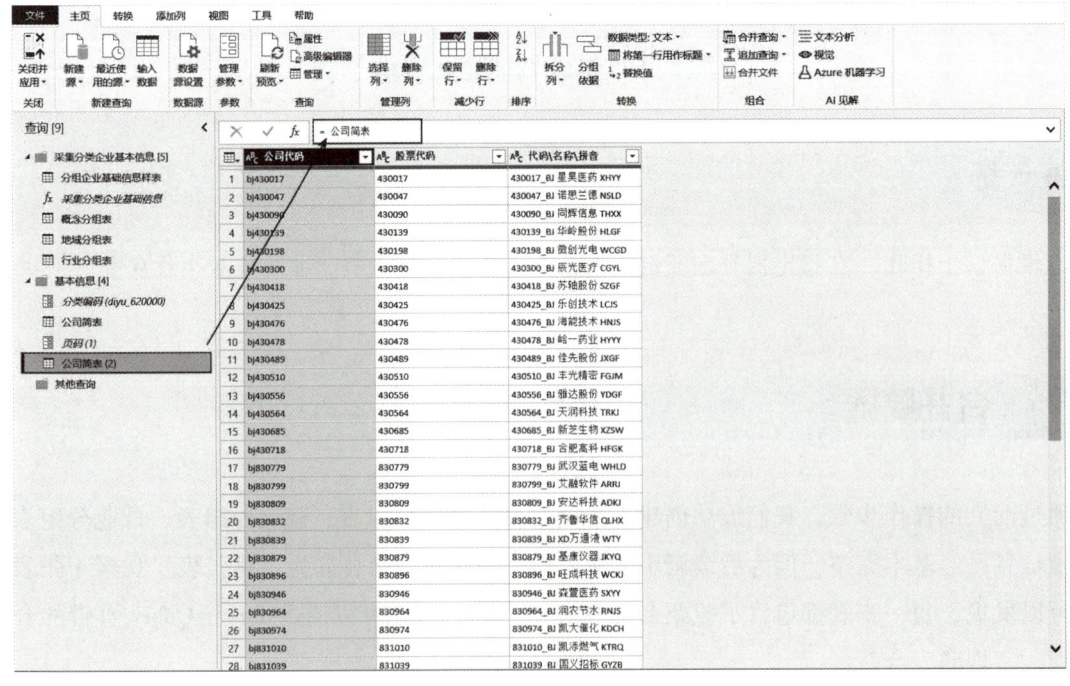

图3-90　复制公司简表

步骤2：修改复制表名称。双击"公司简表（2）"或右键单击选择"重命名"，修改表名为"公司分组表"，如图3-91所示。

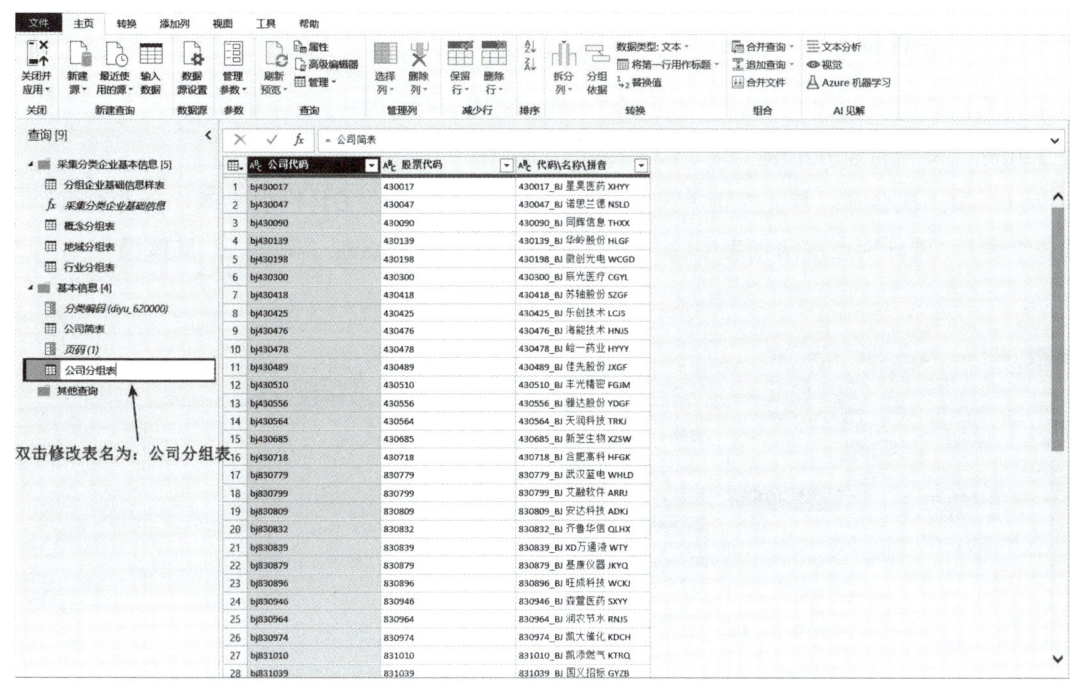

图 3-91 修改复制表名称

3.2.2 分组表整理

因为公司代码是每个报表中最全的数据，也是一切表格的基础，所以在"公司分组表"中删除其他两列，保留公司代码即可，如图 3-92 所示。

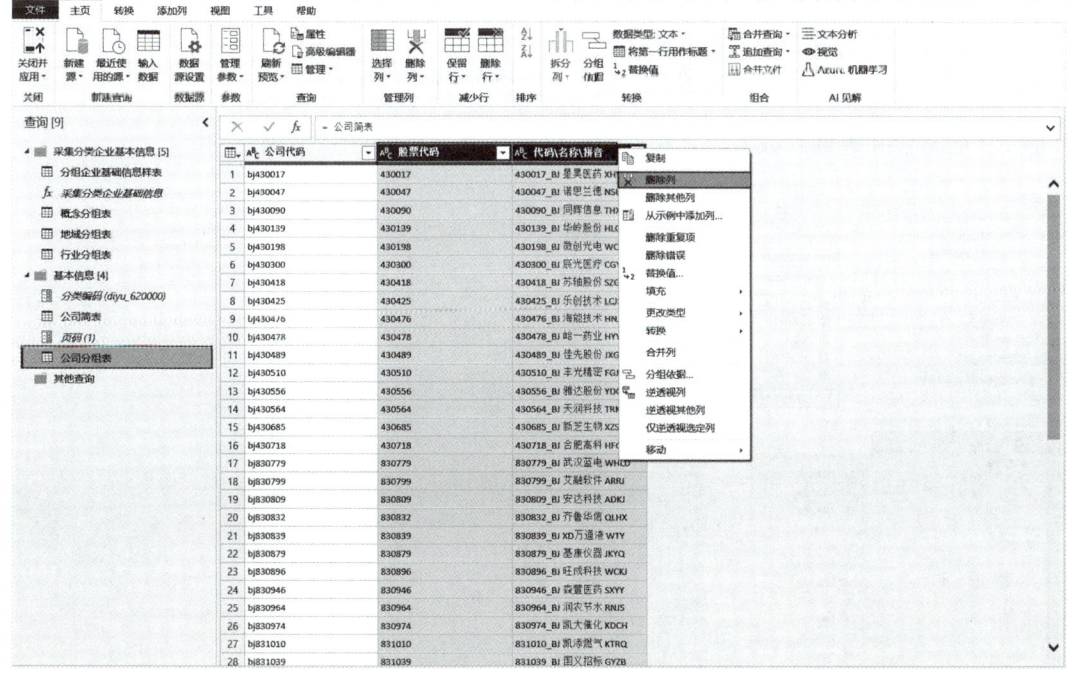

图 3-92 删除"公司分组表"中多余列

3.2.3 合并查询

4张表的合并需要通过三次合并查询操作才能完成,接下来分顺序依次合并"地域分组表""概念分组表"及"行业分组表"。

步骤1:第一次合并。首先左键单击"公司分组表",然后在工具栏中选择"合并查询",选中"地域分组表",再分别点击两张表中的"公司代码"列,最后点击"确定",具体操作如图3-93所示。

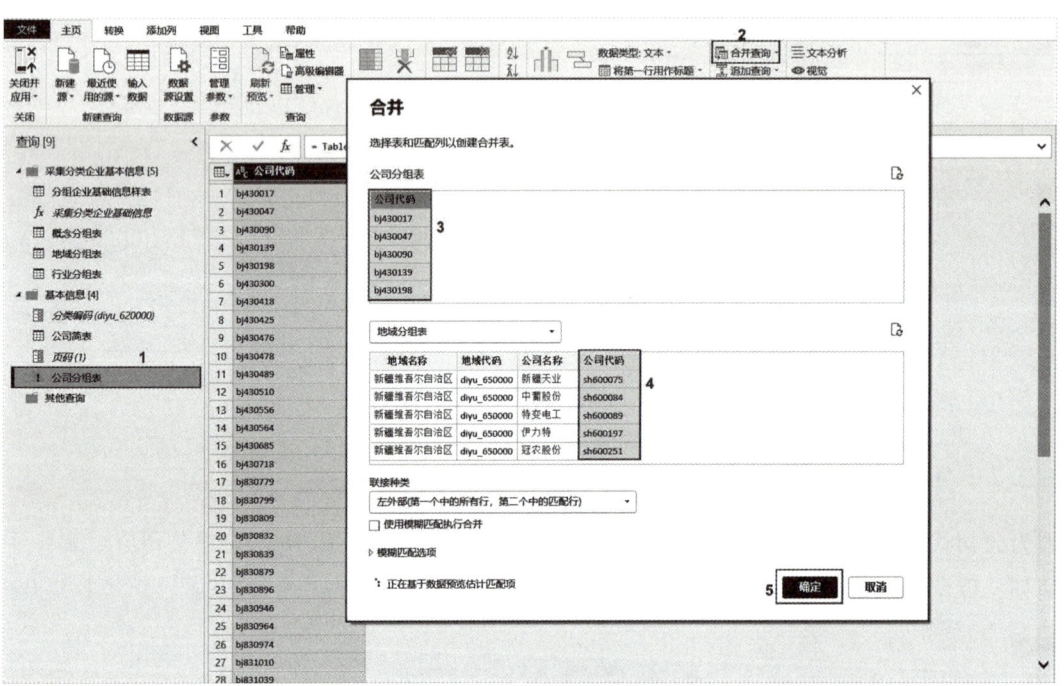

图3-93 合并"地域分组表"

步骤2:展开合并查询后数据。合并查询后执行"展开",如图3-94所示。

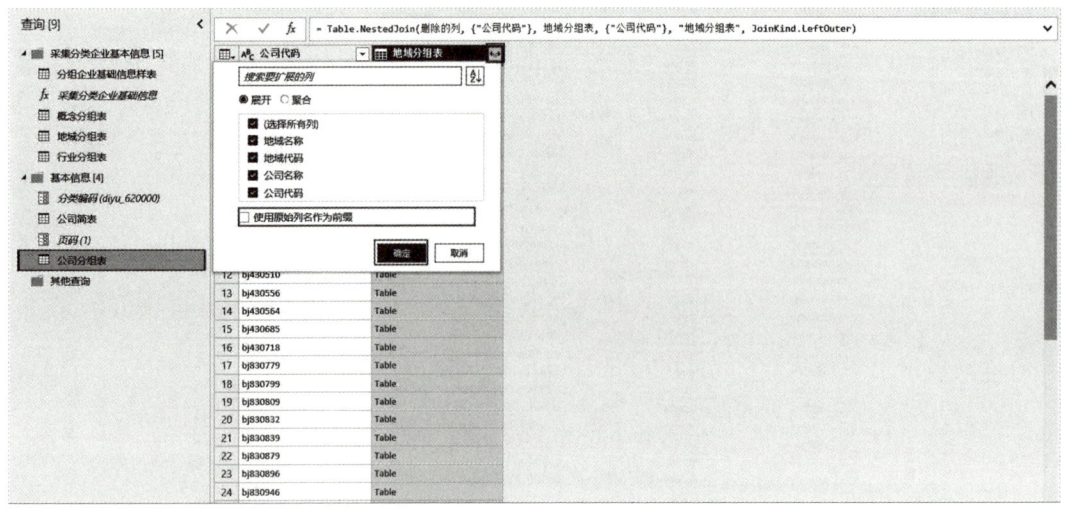

图3-94 "展开"合并查询后数据

步骤3：得到第一次合并结果。第一次合并结果如图3-95所示。

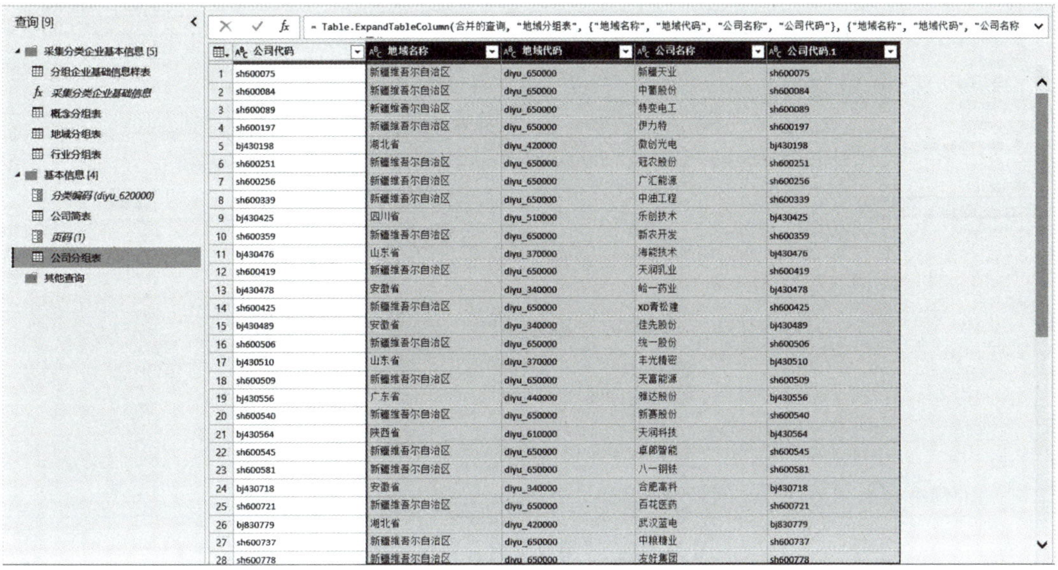

图3-95　第一次合并结果

步骤4：第二次合并。左键单击"公司分组表"，选择"合并查询"，选中"概念分组表"，再分别点击两张表中的"公司代码"列，最后点击"确定"，具体操作如图3-96所示。

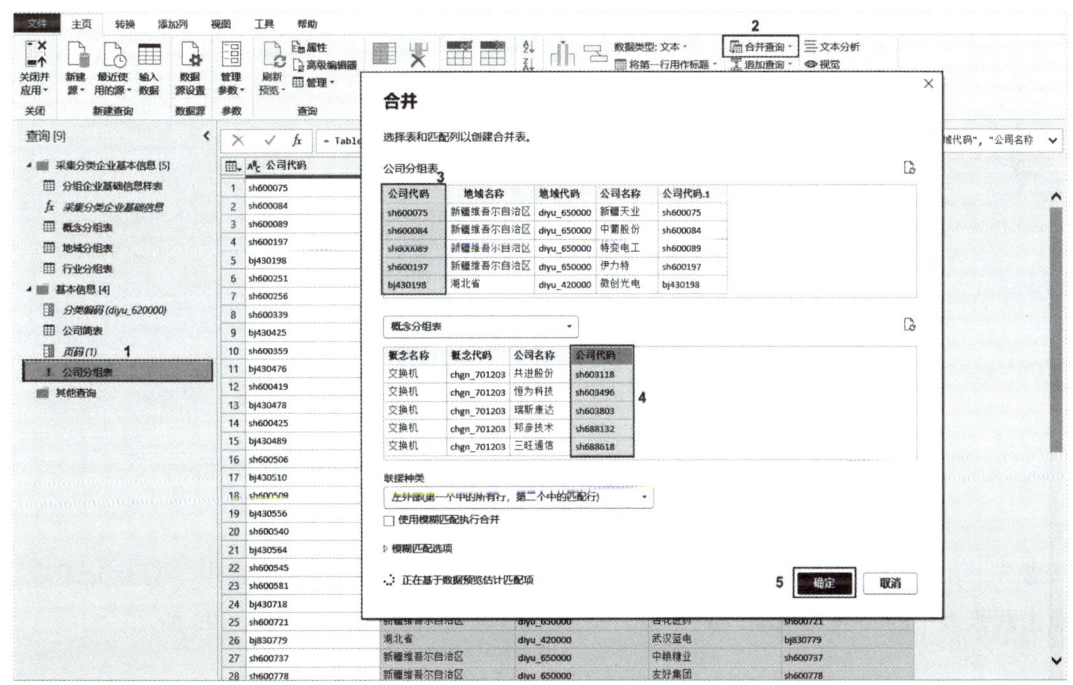

图3-96　合并"概念分组表"

步骤5：展开合并查询后数据。合并查询后执行"展开"，如图3-97所示。

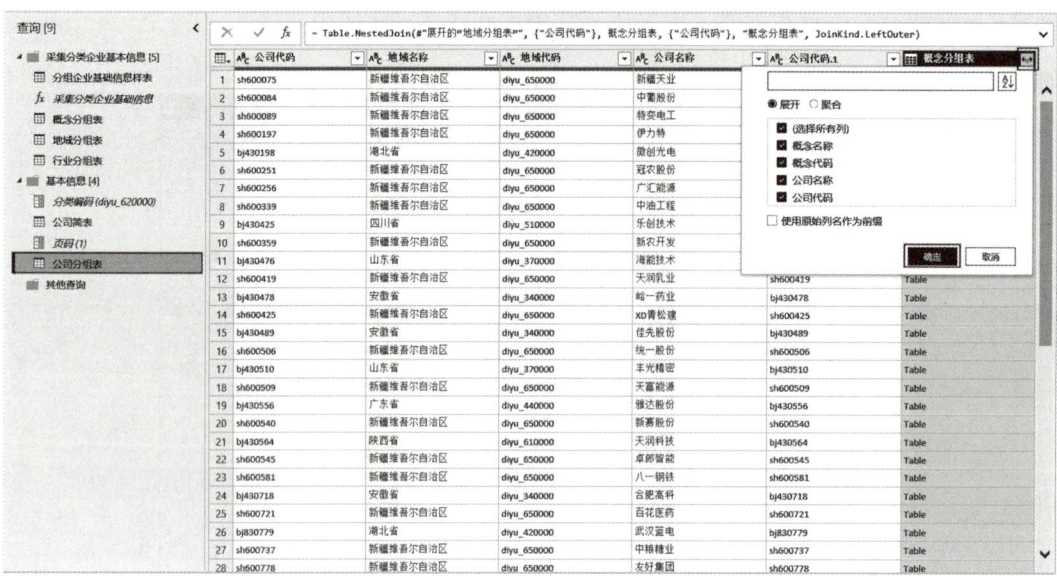

图 3-97 "展开"合并查询后数据

步骤 6：得到第二次合并结果。第二次合并结果如图 3-98 所示。

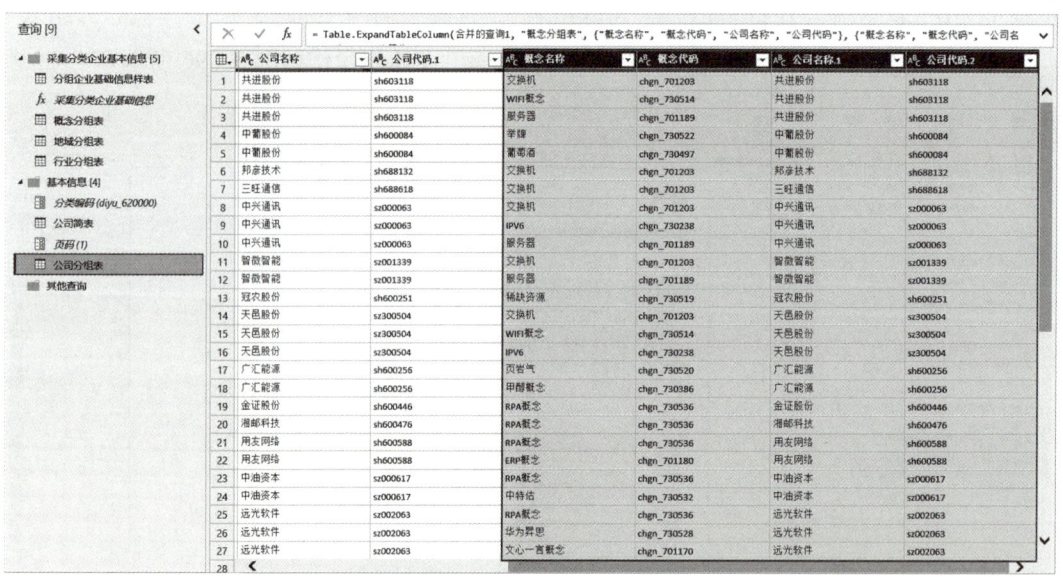

图 3-98 第二次合并结果

步骤 7：第三次合并。左键单击"公司分组表"，选择"合并查询"，选中"行业分组表"，再分别点击两张表中的"公司代码"列，最后点击"确定"，具体操作如图 3-99 所示。

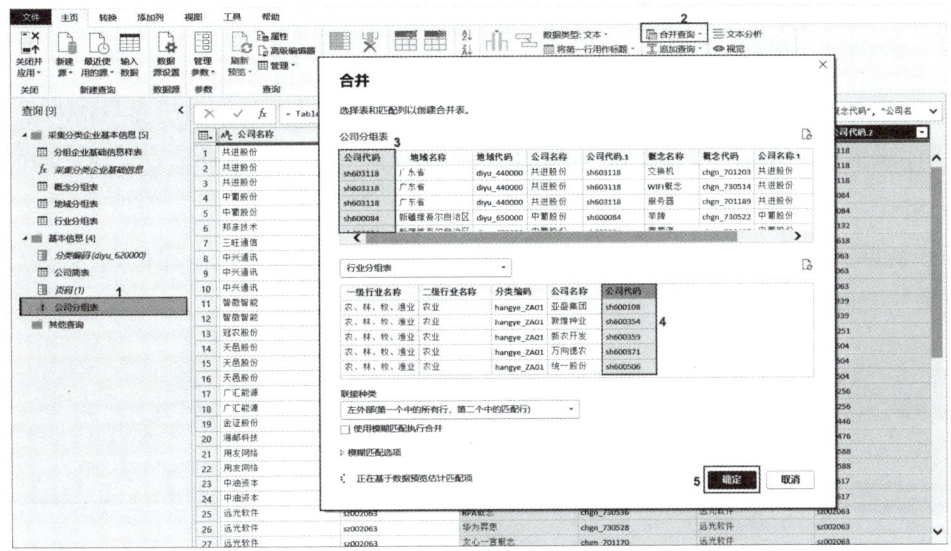

图 3－99　合并"行业分组表"

步骤8：展开合并查询后数据。合并查询后执行"展开"，如图 3－100 所示。

图 3－100　"展开"合并查询后数据

步骤9：得到第三次合并结果。第三次合并结果如图 3－101 所示。

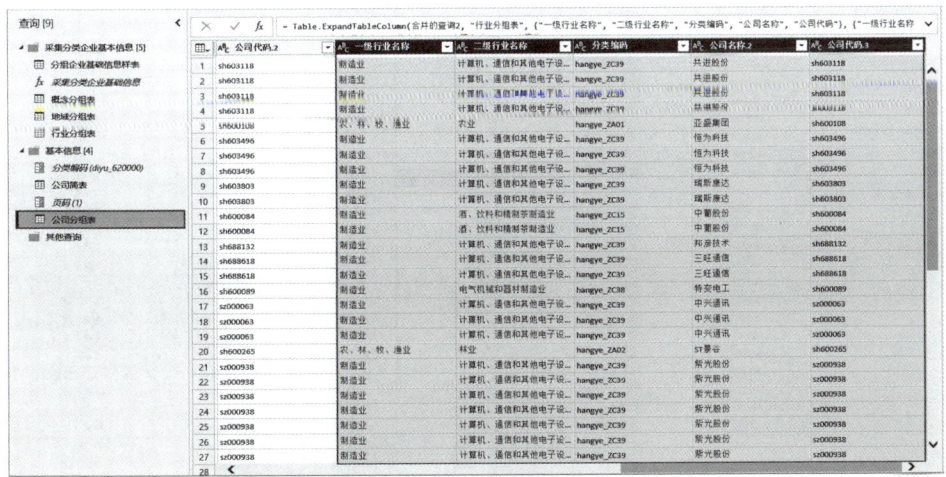

图 3－101　第三次合并结果

3.2.4 数据细节处理

当所有的查询工作结束后会发现，有部分数据显示为"null"，这是因为新上市公司主营业务、注册地等信息并非单一信息，网站未对该公司进行分组，所以还需利用替换功能将对应的空值批量替换为未分组。

步骤1：删除重复项。在查询框中选中"公司分组表"，然后选中"公司代码"，最后右键单击"删除重复项"，如图3-102所示。

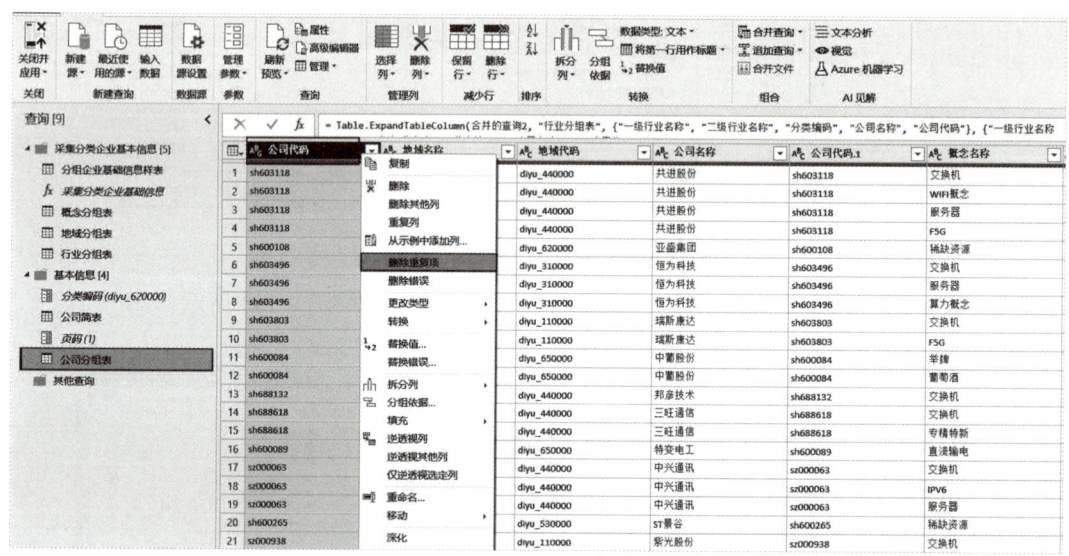

图3-102　删除重复项

步骤2：替换名称行列中的null值。选中"公司分组表"后，依次单击列标题"地域名称""概念名称""一级行业名称""二级行业名称"，然后右键单击选择"替换值…"，如图3-103所示。在弹出的新窗口中统一将"null"替换为"未分组"，具体操作如图3-104所示。

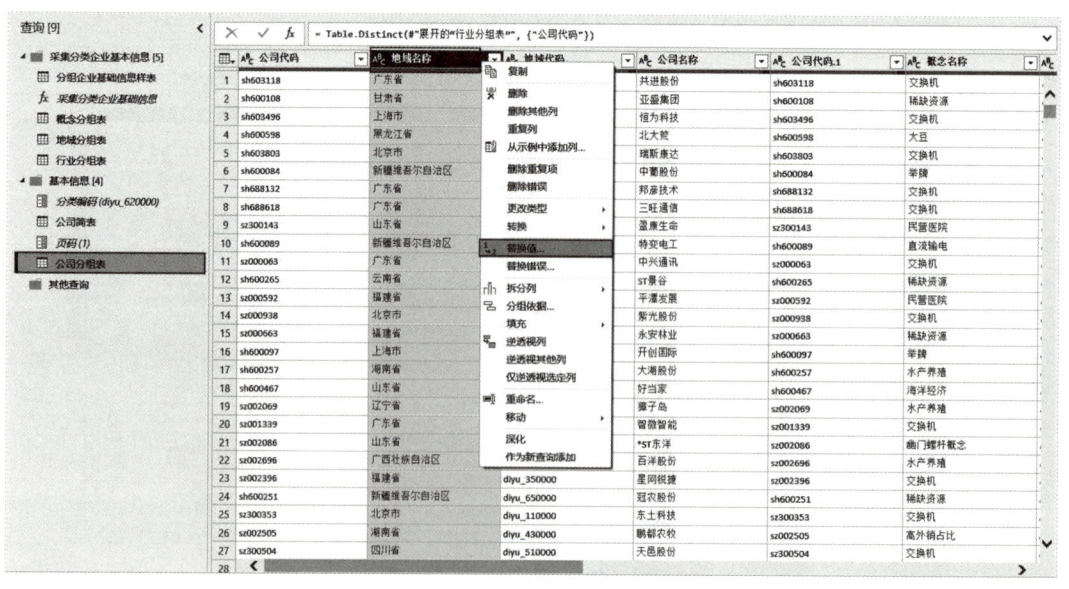

图3-103　右键单击选择"替换值…"

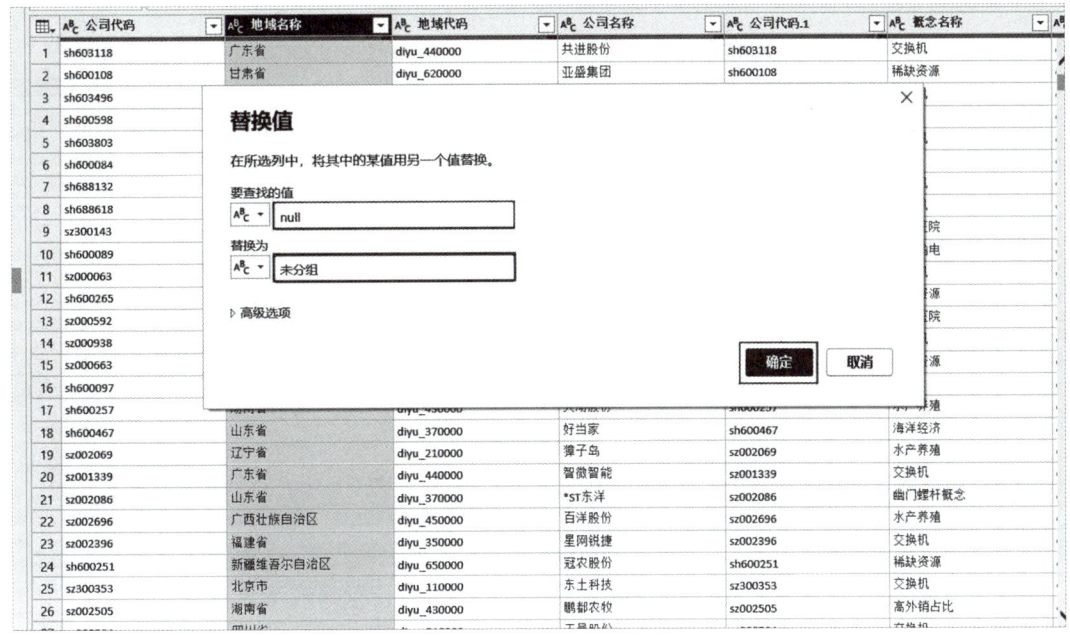

图 3－104　替换名称行列中 null 值

步骤 3：替换代码行列中的 null 值。分别点击"地域代码""概念代码""分类编码"三列中的 ▼，右键单击选择"替换值…"，保留新窗口中本列内容中固定字母与符号，将数字统一替换为 999999，具体操作如图 3－105 所示。

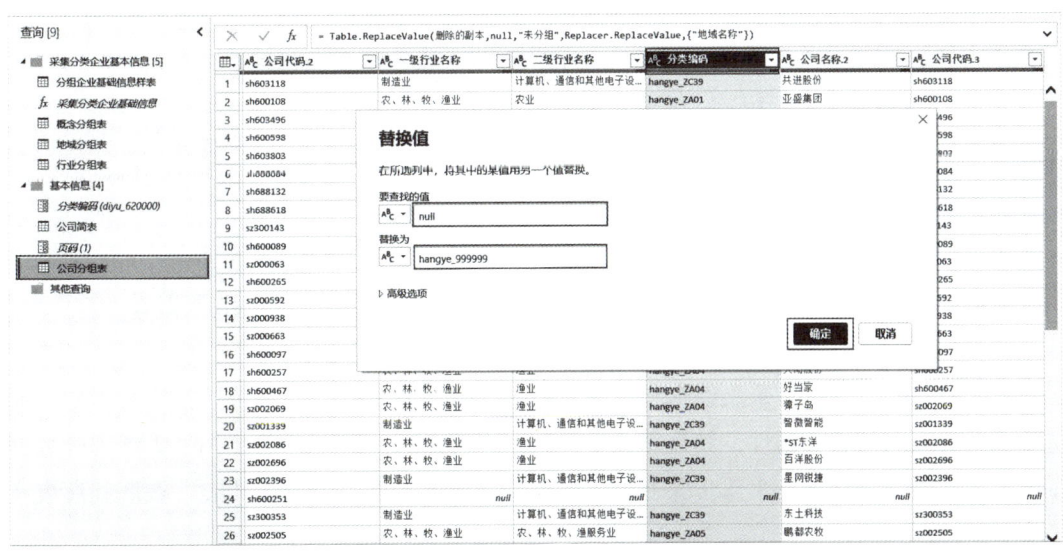

图 3－105　替换代码行列中的 null 值

步骤 4：规范数据名称。进一步删除合并后得到的公司名称与公司代码共三组（地域、概念、行业），以便后续数据名称的规范统一，如图 3－106 所示。

注意：不要删除第一列的公司代码。

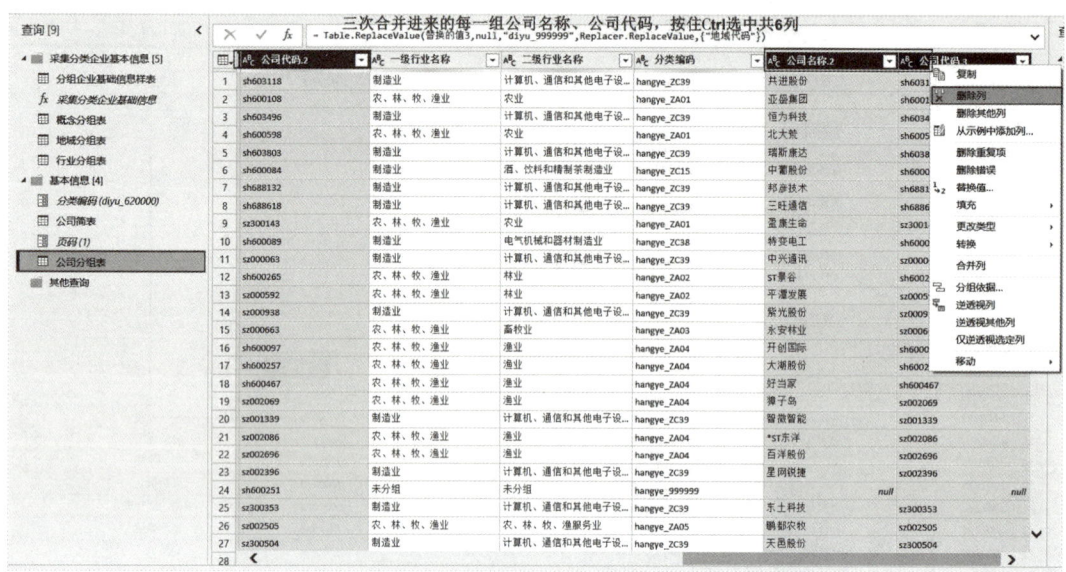

图 3–106　删除合并后得到的公司名称和公司代码列

至此，股票分组的前期准备工作就基本完成了，需要注意的是，部分数据的类型更改问题，需要根据具体所需数据类型在后续可视化报表中的展现而定。具体的数据类型设置可借鉴本章截图中的样式。

练一练

请根据上述操作，将上节课后"练一练"中获取的 4 张数据表进行联表合并。

3.3　采集上市公司财务报表

本节需利用 Power BI 从融智财经大数据仿真平台获取上市公司的财务报表主表：资产负债表、利润表、现金流量表。

虽然都是通过互联网批量采集数据，但财务报表数据的采集方法与股票数据略有不同，原因在于财务报表是各公司的特有属性，其数据位于各家公司的详情页面下，因此在采集该部分数据时需要详细观察各报表网址结构，大体步骤分为：样表前期准备、获取资产负债表、获取利润表及获取现金流量表。

3.3.1　样表前期准备

本小节介绍如何使用 Power BI 从融智财经大数据仿真平台上批量获取"星昊医药""诺思兰德""同辉信息""华岭股份"及"微创广电"5 家公司的资产负债表。

步骤 1：进入案例公司网页详情页。在融智财经大数据仿真平台公司列表中点击任意一家公司的公司名称或代码进入该公司详情页，以"星昊医药"为例，如图 3–107 所示。

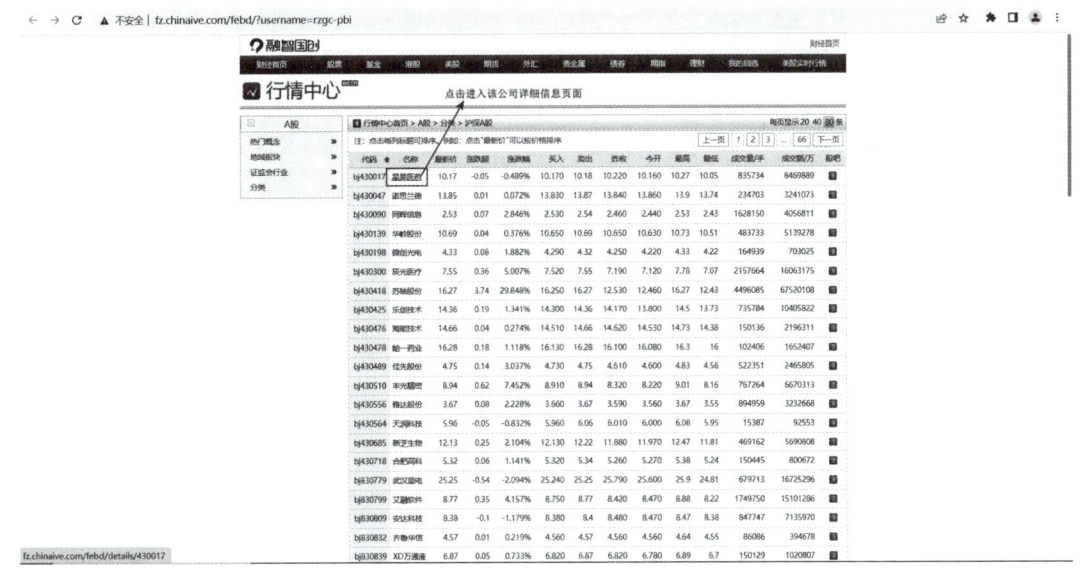

图 3-107　进入案例公司网页详情页

步骤 2：进入案例公司的资产负债表页面。可以看到，三大报表所有历史数据都镶嵌在该网页的子模块中，只有手动点击对应的报表名称才可以进入对应公司财务报表的详情数据页面。此处以"星昊医药"的资产负债表为例，点击进入资产负债表页面，如图 3-108 所示。

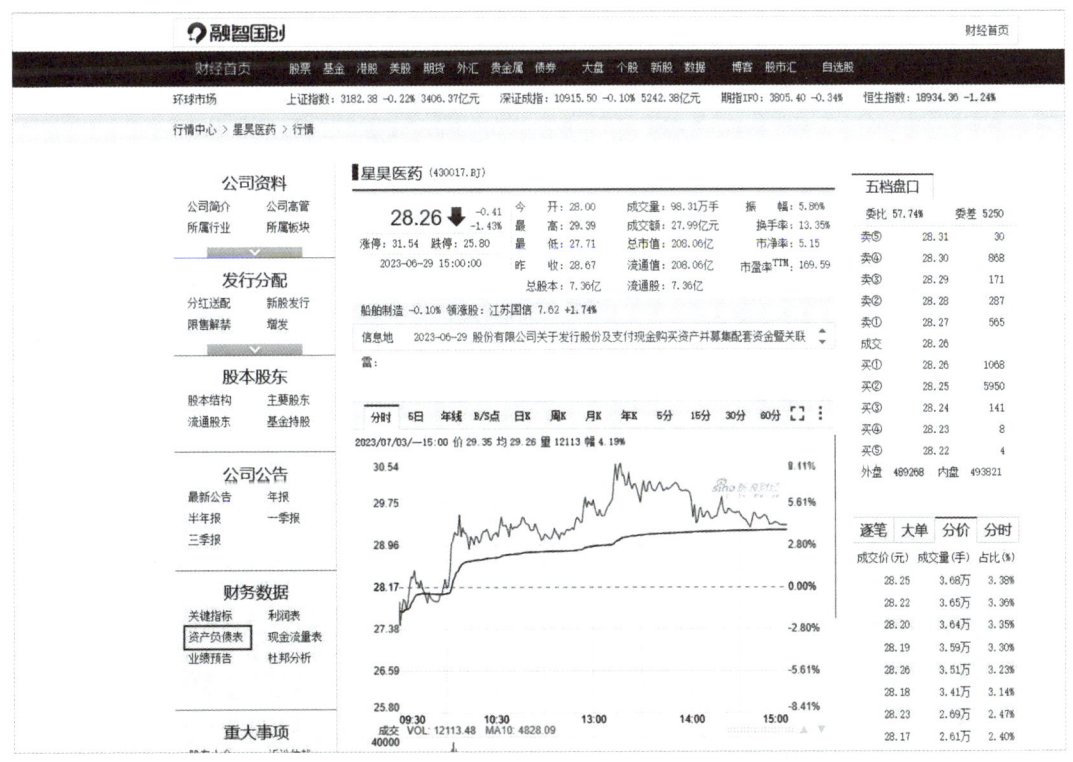

图 3-108　进入案例公司的资产负债表页面

步骤 3：复制 URL 网址。在打开的资产负债表页面可以看到，上市公司的股票代码与报表名称、报表年度都存在于当前的网页网址（URL）中，如图 3-109 所示，直接复制该网址。

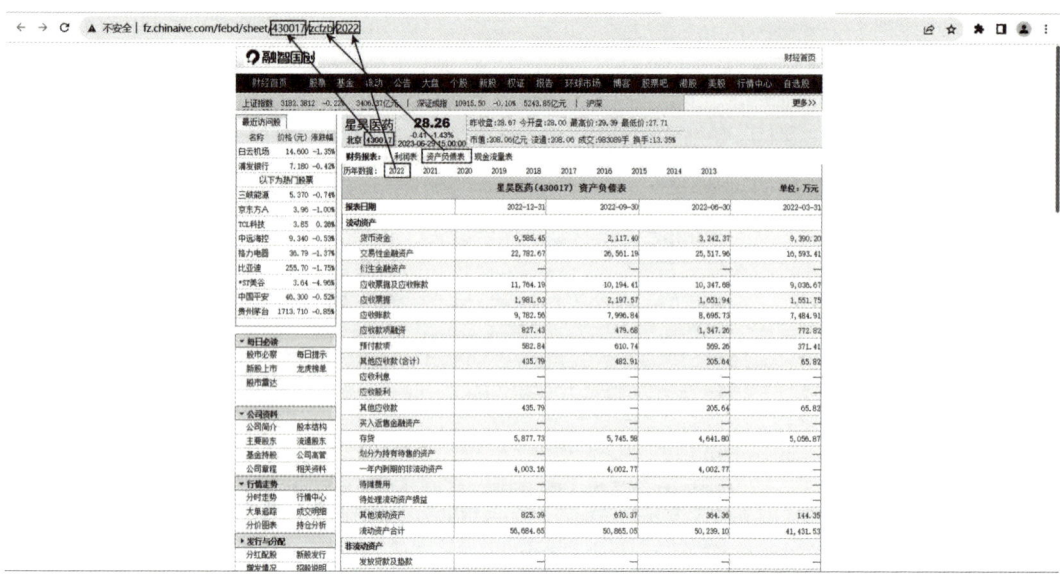

图 3-109　复制 URL 网址

步骤 4：导入数据源。双击打开"采集上市公司财务报表主表的初始化文件.pbix"，转换数据，点击"公司简表"，然后点击右侧"查询设置"下的"源"后面的齿轮设置按钮；在弹出的窗口中点击"浏览…"并选择本案例给出的公司简表文件，点击"确定"后继续点击"Table"，具体操作如图 3-110 所示。

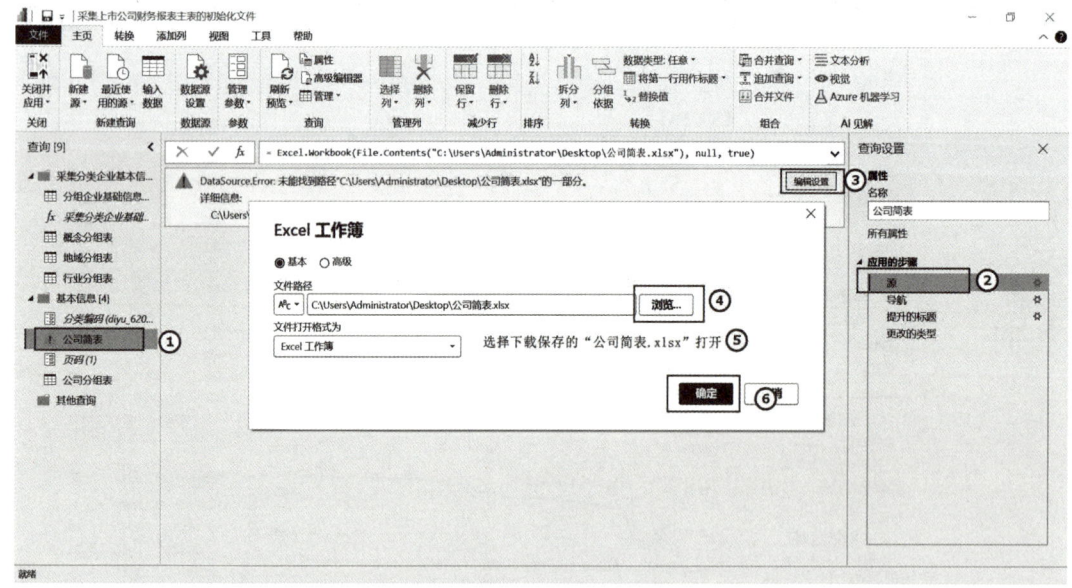

图 3-110　导入数据源

注意：由于源数据数量过于庞大，为了节约时间，这里将取样的公司数量减少为 5 家，若是觉得 5 家公司采集的速度还是很慢，可以在后续选择采集年度的时候选择两年的数据进行采集。

步骤 5：确认数据类型。点击"Table"后在导航器中点击"继续"，本次需要采集财务报表数据的 5 家上市公司的数据源成功导入后确认"公司代码""股票代码"及"代码\名称\拼音"数据类型均为文本，具体操作如图 3-111 所示。

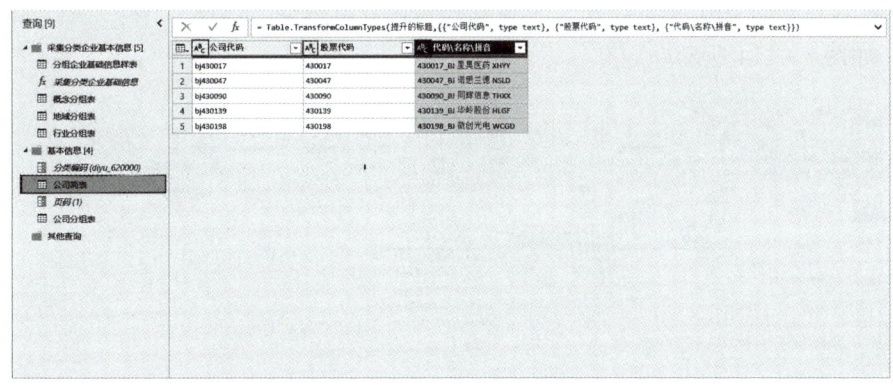

图 3-111　确认数据类型

步骤 6：复制数据表。通过"引用"操作，复制一份包含所有公司股票代码的表，其效果与复制相似，目的在于保持各类参数的正常运行，如图 3-112 所示。

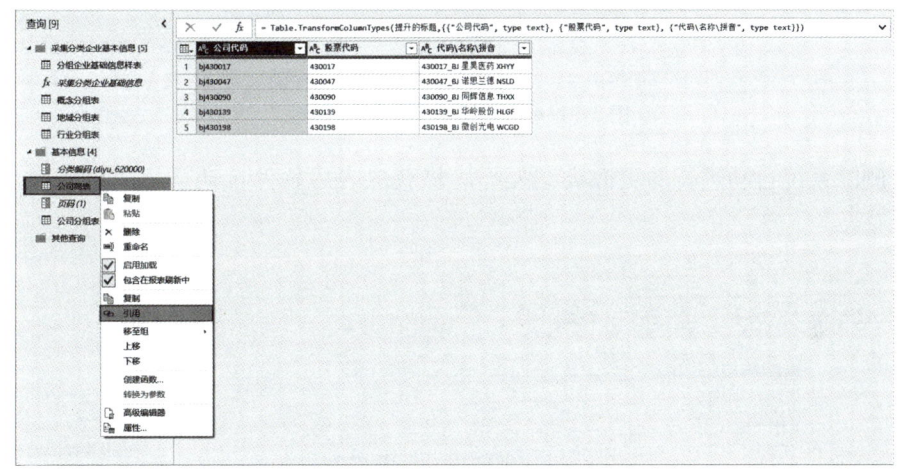

图 3-112　复制数据表

步骤 7：删除其他列。在引用后的公司简表中点击"股票代码"列，然后右键单击，选择"删除其他列"，仅保留股票代码，如图 3-113 所示。

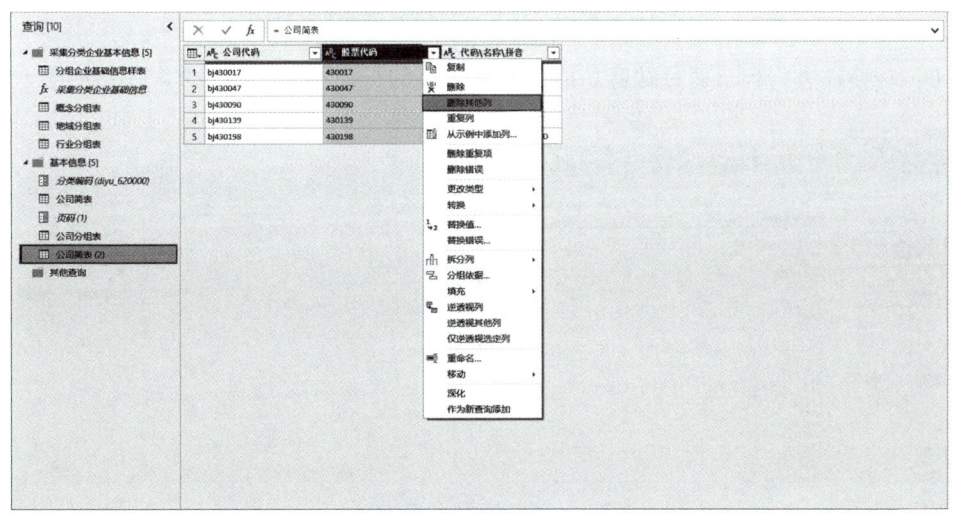

图 3-113　删除其他列

步骤8：输入复制的URL网址。在"主页"中点击获取数据，选择"Web"后，粘贴步骤3中复制的网址，如图3-114所示。

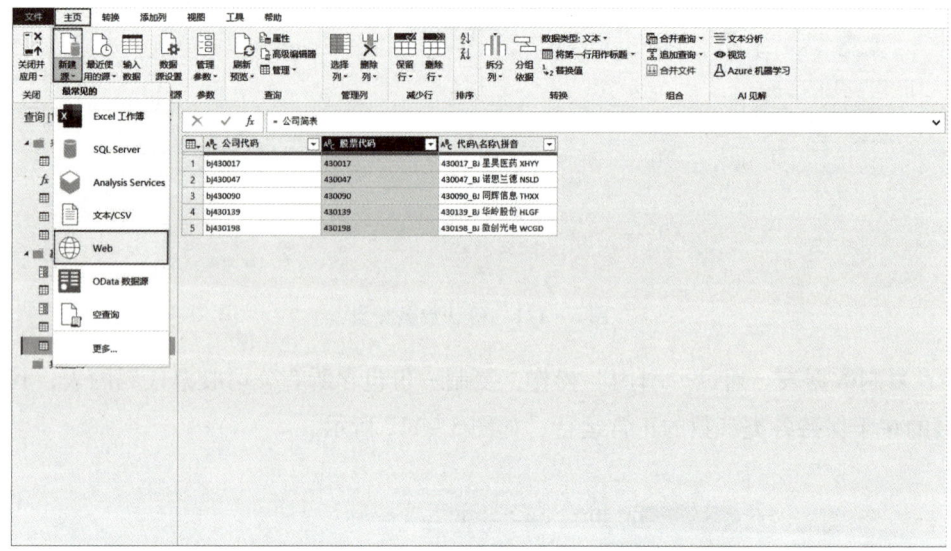

图3-114　输入复制的URL网址

步骤9：删除系统自动进行的更改类型操作。将获取表后软件自动进行的更改类型操作删除，如图3-115所示。

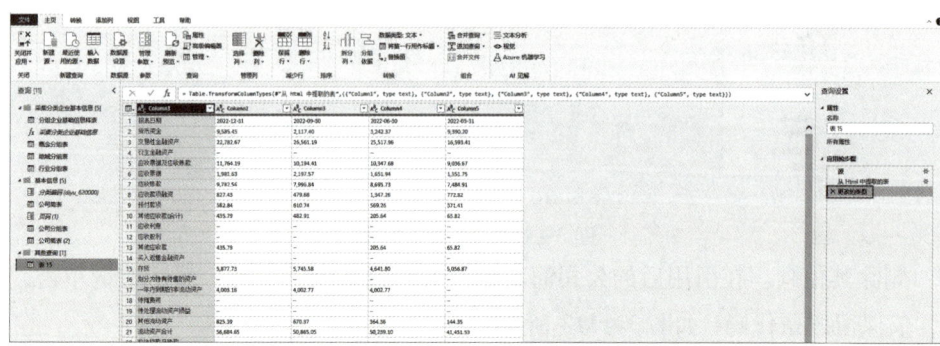

图3-115　删除系统自动进行的更改类型操作

步骤10：转换样表行列。通过转置功能，完成样表的行列转换，如图3-116所示。

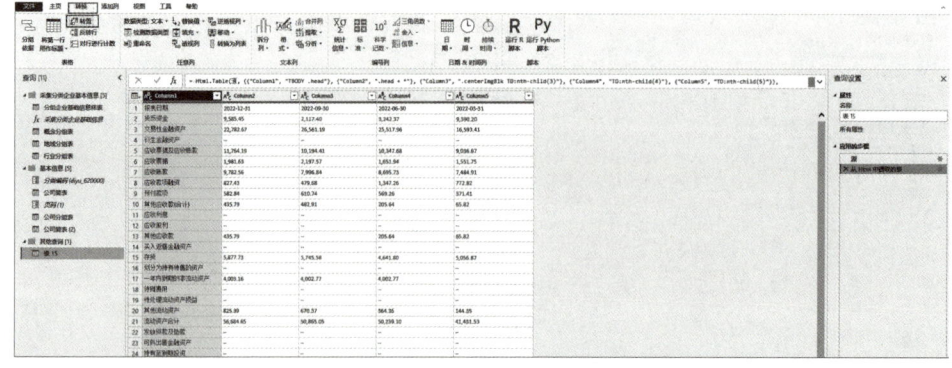

图3-116　转换样表行列

步骤11：删除空白项目。因公司经营业务时间及业务范围不同，会出现多个规范报表项目内容为空的情况，为后续数据分析之便，需要通过筛选数据列表删除空白项目，具体操作如图3－117所示。

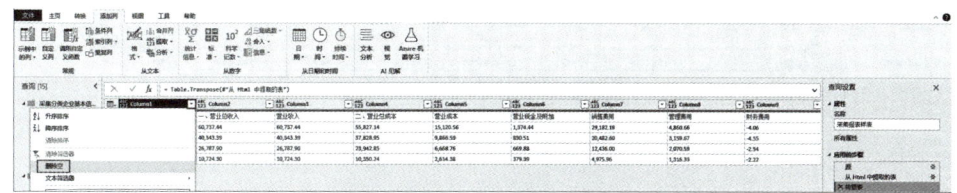

图 3－117　删除空白项目

步骤12：修改表格标题。使用"将第一行用作标题"功能，将报表项目提升为表格标题，如图3－118所示。

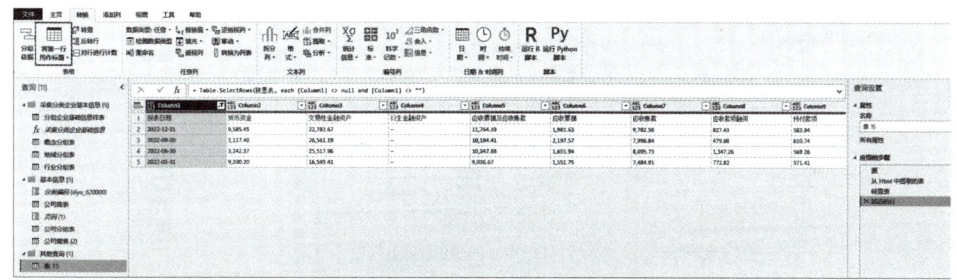

图 3－118　修改表格标题

步骤13：继续删除系统自动进行的更改类型操作。将软件自动进行的更改类型操作删除，如图3－119所示。

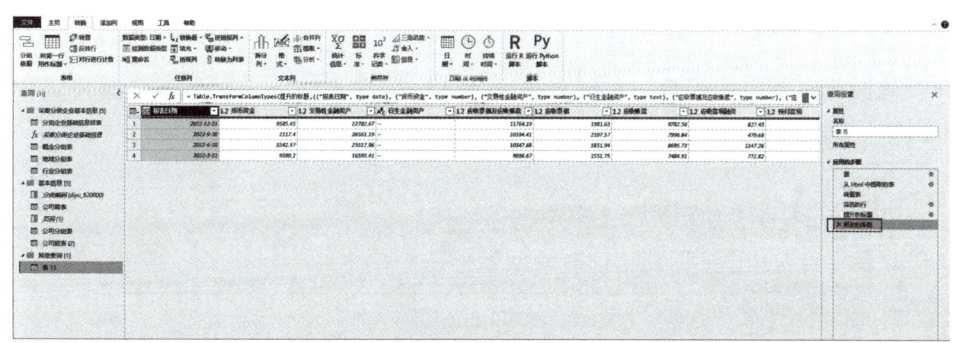

图 3－119　继续删除系统自动进行的更改类型操作

步骤14：删除空行。因公司经营情况不同，有的时间可能为空值，所以删除空行，如图3－120所示。

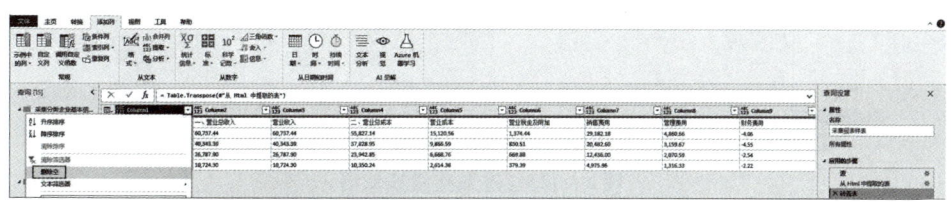

图 3－120　删除空行

步骤 15：创建参数。继续创建公司代码、报表年度、报表名称三个参数，如图 3-121 所示。各个参数的具体信息设置如图 3-122 所示。

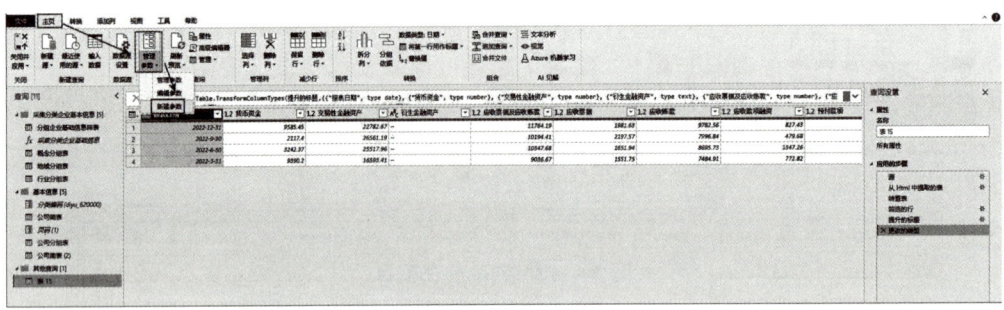

图 3-121　创建参数

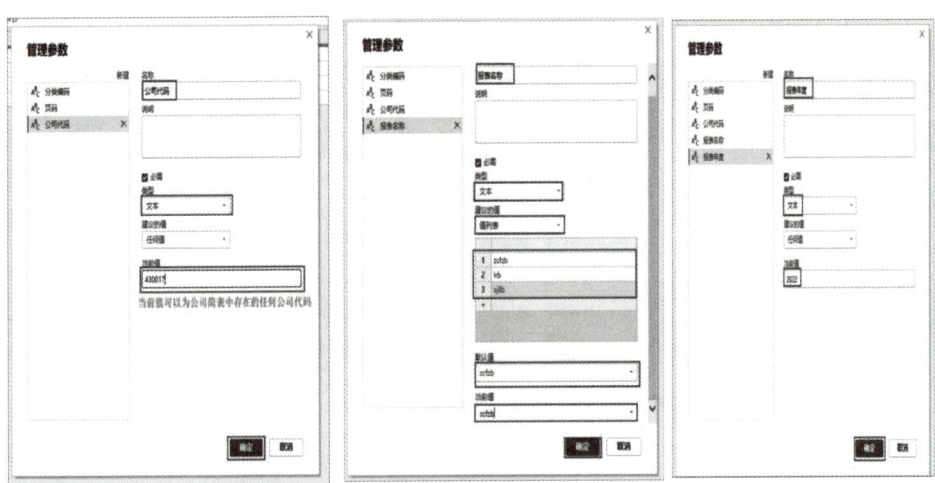

图 3-122　参数信息

步骤 16：修改代码对应的参数。右键点击"表 15"，进入高级编辑器，修改代码中对应的参数，如图 3-123、图 3-124 所示。

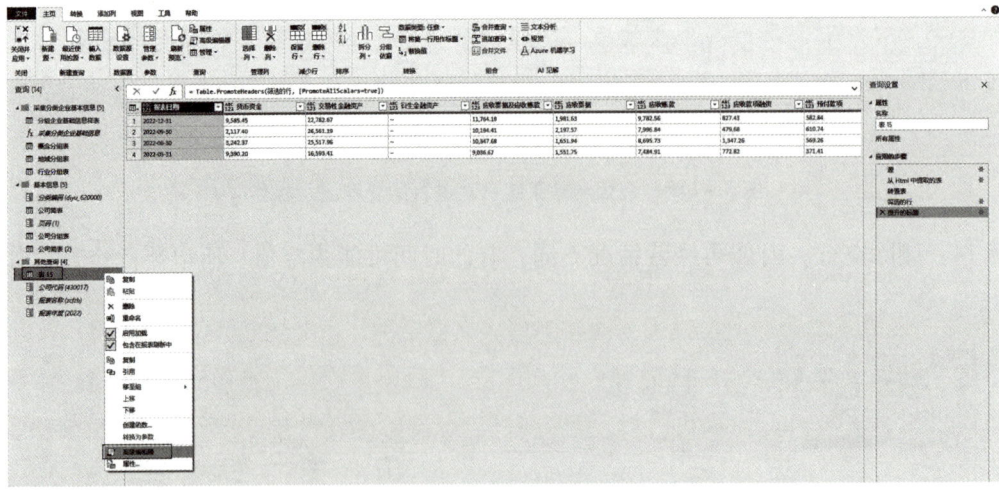

图 3-123　进入高级编辑器

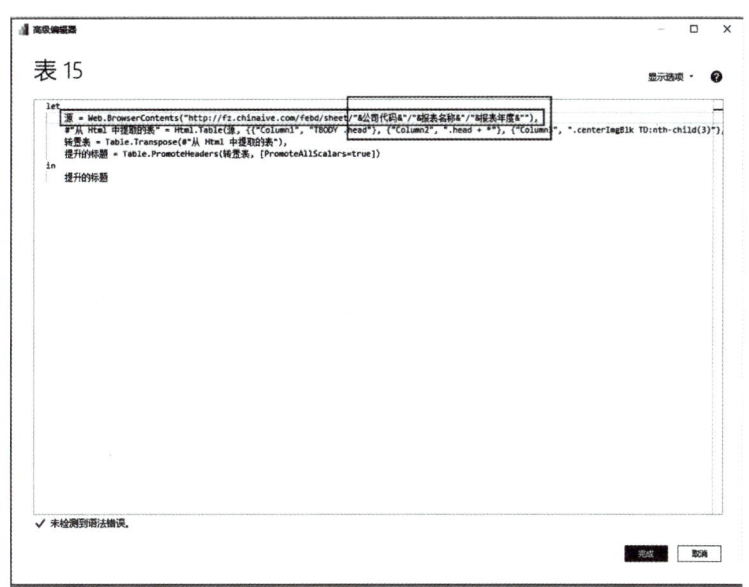

图 3–124 修改代码对应的参数

步骤17：创建采集财务报表的函数。右键点击"表15"，并在点击"创建函数"后在新窗口的函数名称中输入"采集财务报表"，如图3–125所示。至此采集资产负债表前的准备工作结束，接下来将讲述如何进行资产负债表的采集。

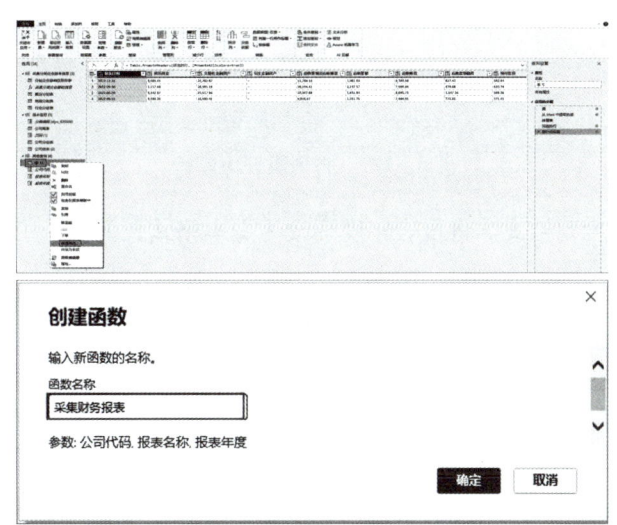

图 3–125 创建采集财务报表的函数

3.3.2 获取资产负债表

资产负债表是反映企业某一时点的资产、负债和所有者权益状况的财务报表，其能清晰地反映企业某一时点的财务状况。因此，需要将之前采集的公司简表和报表提取函数合并使用，再结合逆透视、修改数据类型、改变列字段等数据清洗操作完成可供后续使用。具体操作步骤如下：

步骤1：添加自定义列。为了方便后续调用函数，需要添加自定义列，如图3–126所示，添加后还需要将列展开为新行，如图3–127所示。

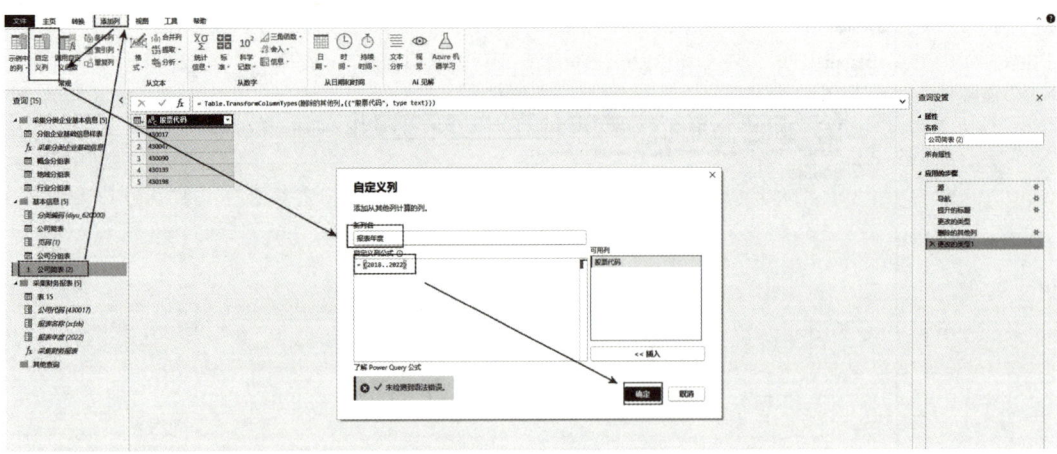

图 3-126 添加自定义列

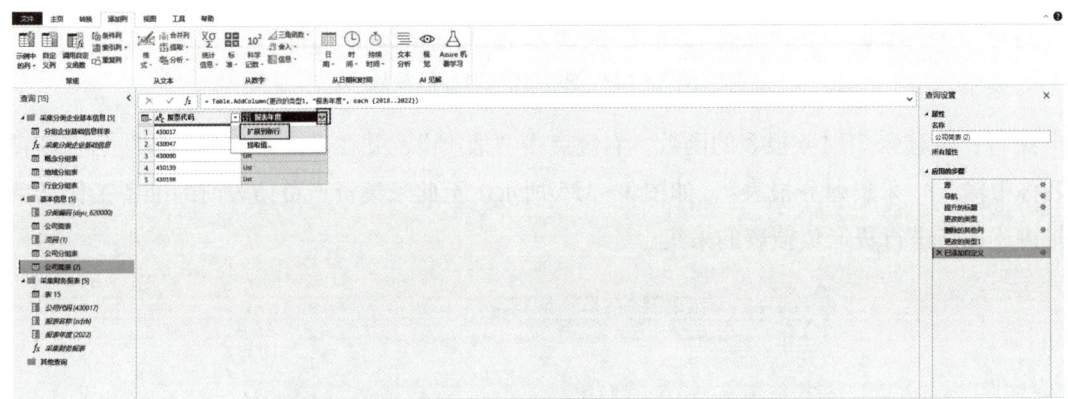

图 3-127 将列展开为新行

步骤 2：修改报表年度列格式。将报表年度列改为文本格式，如图 3-128 所示。

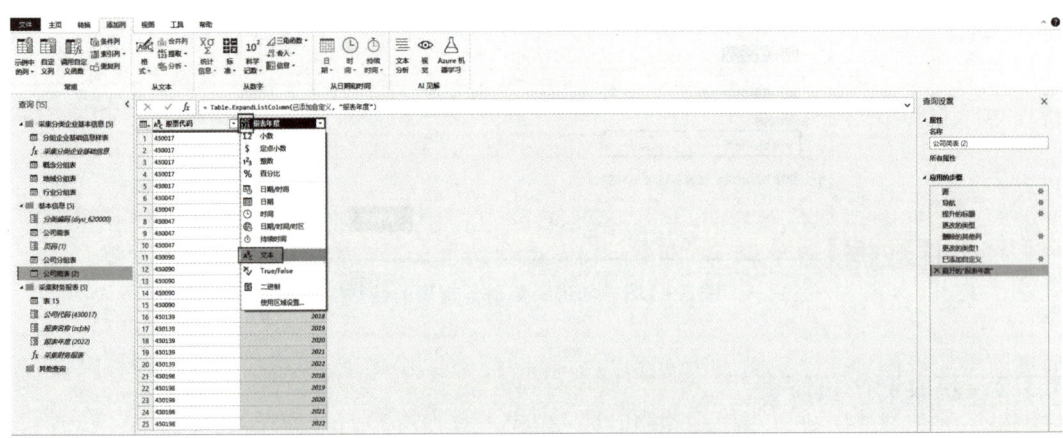

图 3-128 修改报表年度列格式

步骤 3：调用自定义函数。在股票代码基础上，点击"调用自定义函数"，新列名与调用函数保持一致，首先提取资产负债表（zcfzb）数据，如图 3-129 所示。

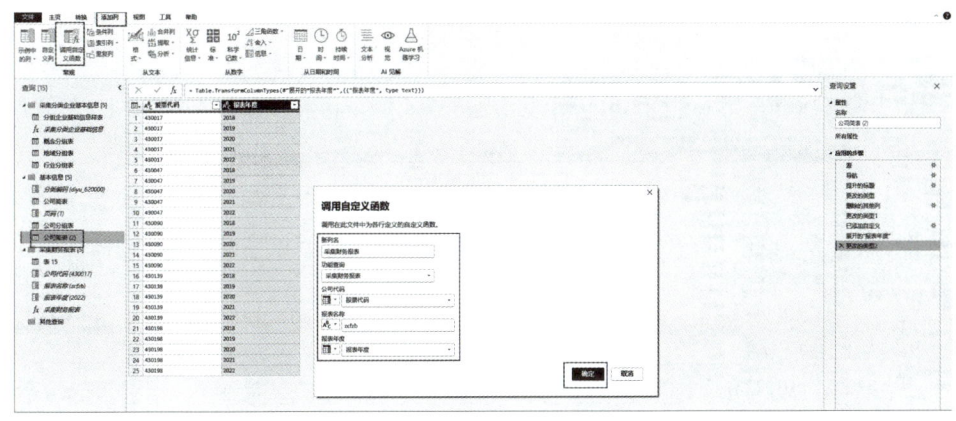

图 3-129 调用自定义函数

步骤4：提取表格所有数据。函数调用结束后，会将提取的数据以表格（Table）的形式储存在该自定义函数列，点击"展开"列，完成表格所有数据的提取，如图 3-130 所示。

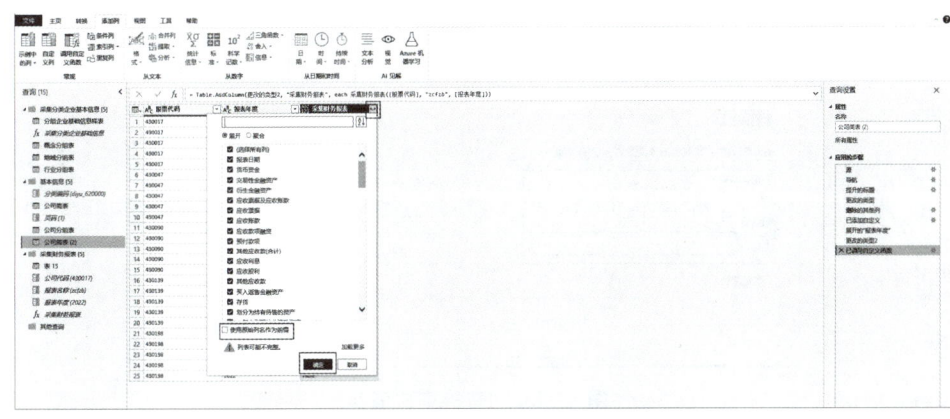

图 3-130 提取表格所有数据

步骤5：删除报表年度列。因为报表自带年度值，与报表日期重复，所以将报表年度列删除，如图 3-131 所示。

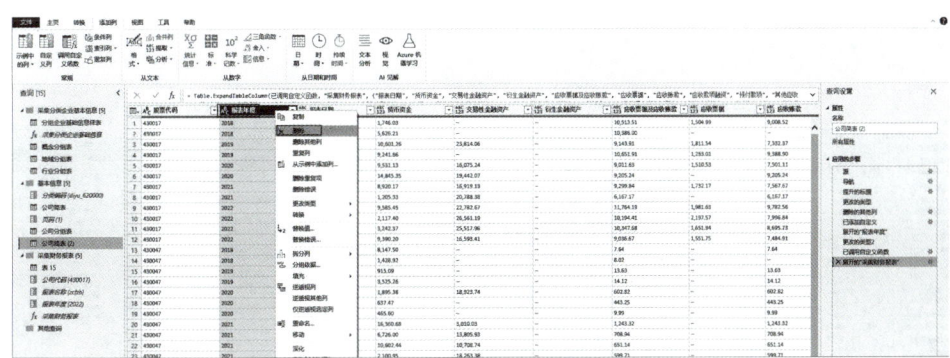

图 3-131 删除报表年度列

步骤6：实现一二维表的转化。此时展开的数据表是一个以日期为行、资产负债表项目为列的二维表，但是后续数据分析使用一维表更方便，所以需要通过逆透视将该表转化为以股票代码、日期、报表项目（属性）金额为数据列的一维表。具体操作为：先按住 Shift 键或者 Ctrl 键，选中股票代码和报告日期,再点击右键选择"逆透视其他列",如图 3-132 所示。

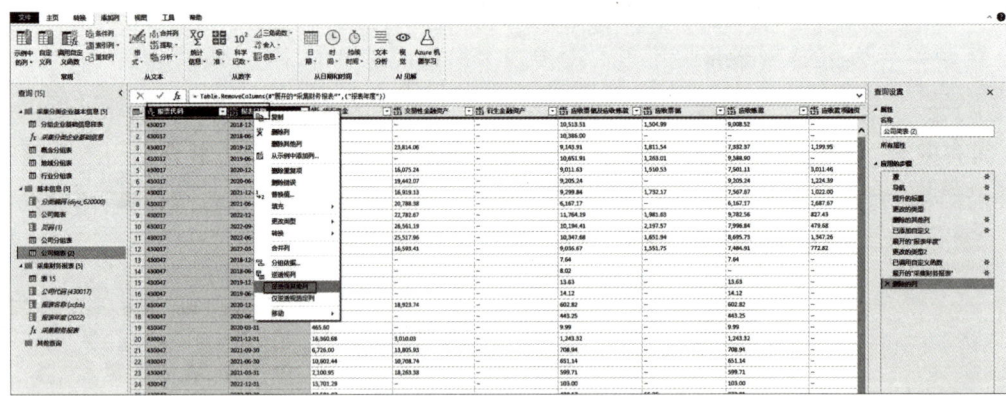

图 3-132　实现一二维表的转化

步骤 7:替换空白值。转换为一维表后数据列中出现了大量"--",为保证数据格式的规范,需统一替换。选中该数据列,点击鼠标右键后选中"替换值",再在替换值窗口中输入"--"替换为"0",如图 3-133 所示。

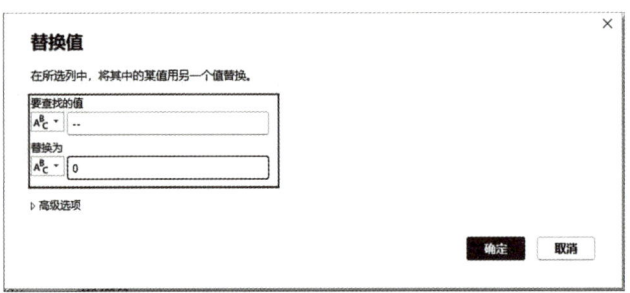

图 3-133　替换空白值

步骤 8:设置数据格式。为后期创建度量值之便,在数据清洗阶段,需要按照数据内容将数据列修改为正确的数据类型,包括将金额列的数据类型更改为定点小数类型,以及将属性列的数据类型更改为文本类型,具体操作如图 3-134 和图 3-135 所示。

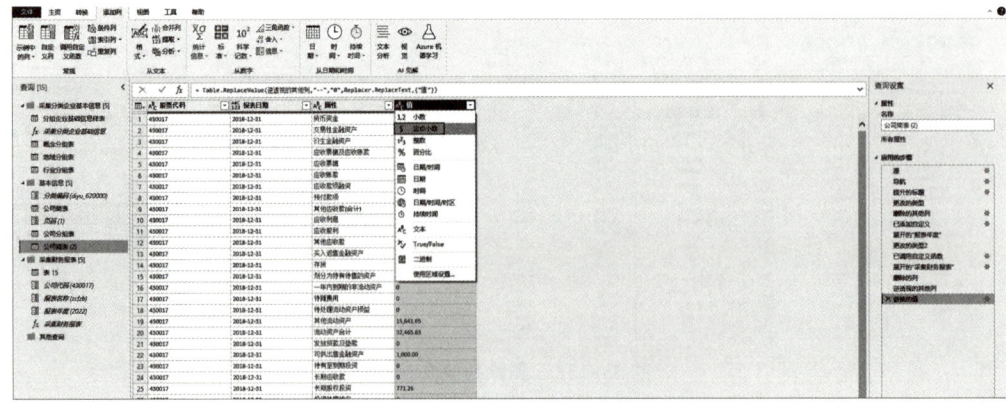

图 3-134　修改金额列数据类型

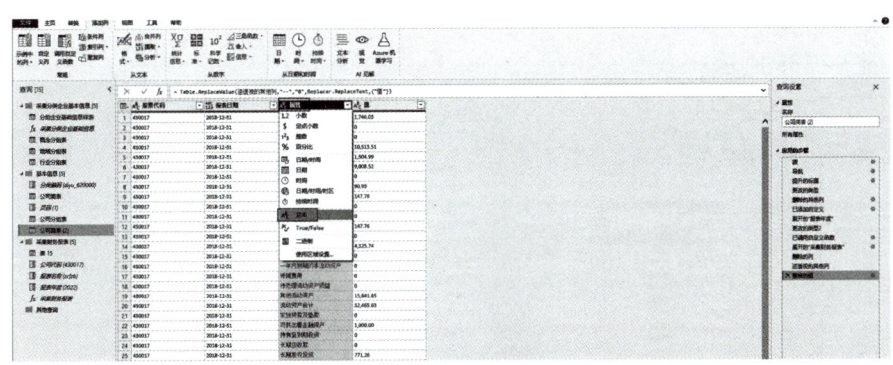

图 3-135　修改属性列数据类型

步骤9：更改表名称。为了后续数据分析更便利，将表15重命名为"采集报表样表"，将公司简表（2）重命名为"采集资产负债表"，如图3-136所示。至此，完成资产负债表数据的提取。

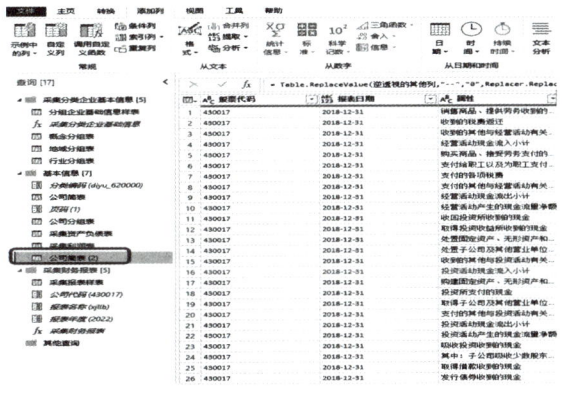

图 3-136　更改表名称

3.3.3　获取利润表

利润表是反映企业在一定会计期间经营成果的报表，由于反映的是某一期间的情况，又被称为动态报表。利润表的数据获取与资产负债表类似，需要将之前采集的公司简表和报表提取函数合并使用，结合逆透视、修改数据类型、改变列字段名称等数据清洗操作完成可供后续使用的上市公司利润表。因操作步骤较为类似，不再详细说明。具体操作如下：

步骤1：引用公司简表。通过右键点击公司简表获取一份新的包含所有公司股票代码的表，如图3-137所示。

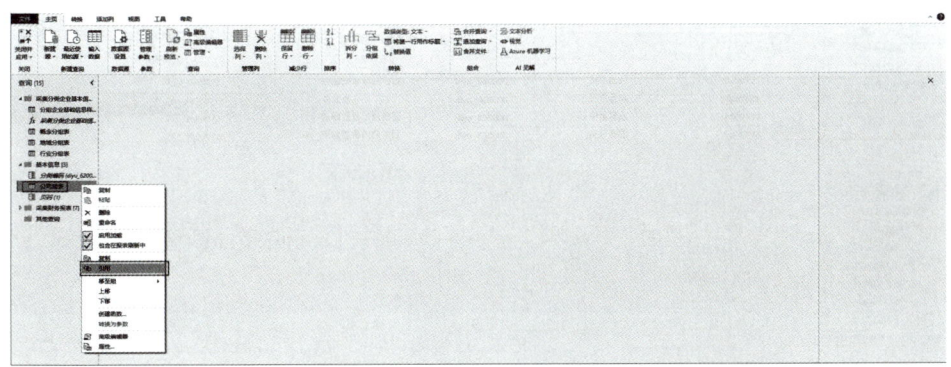

图 3-137　引用公司简表

步骤2：删除其他列。在新生成的"公司简表（2）"中选中股票代码列，点击右键选择"删除其他列"，如图3-138所示。

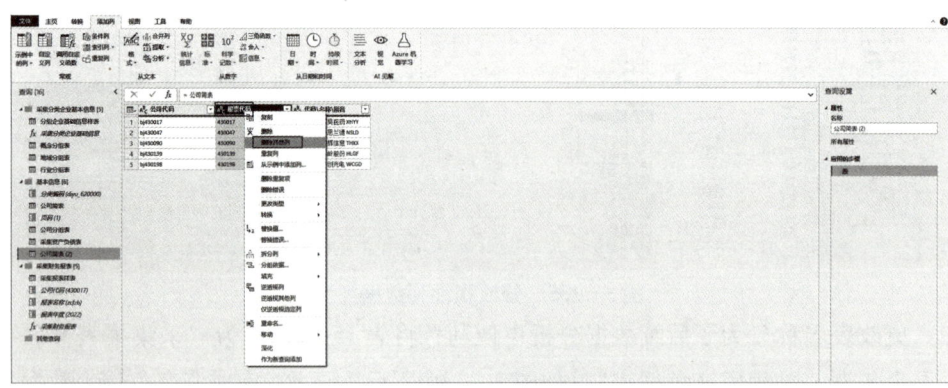

图3-138　删除其他列

步骤3：修改报表名称参数默认值。将报表名称参数的默认值改为"lrb"，如图3-139所示。

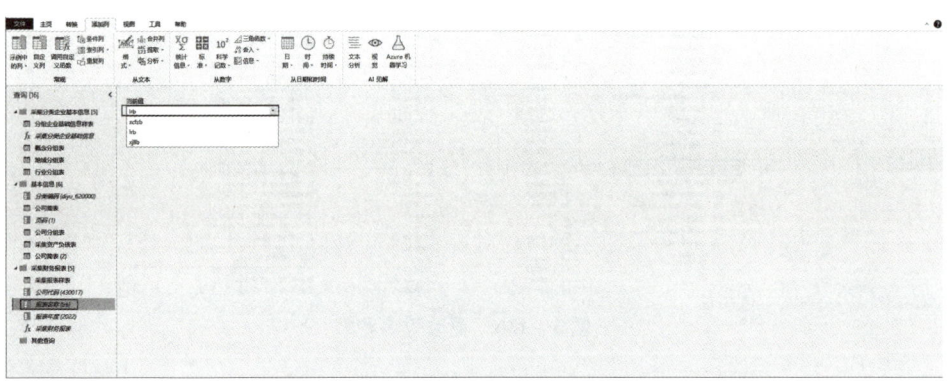

图3-139　修改报表名称参数默认值

步骤4：添加自定义列并展开为新行。在"公司简表（2）"中添加自定义列并将其展开为新行，如图3-140所示。

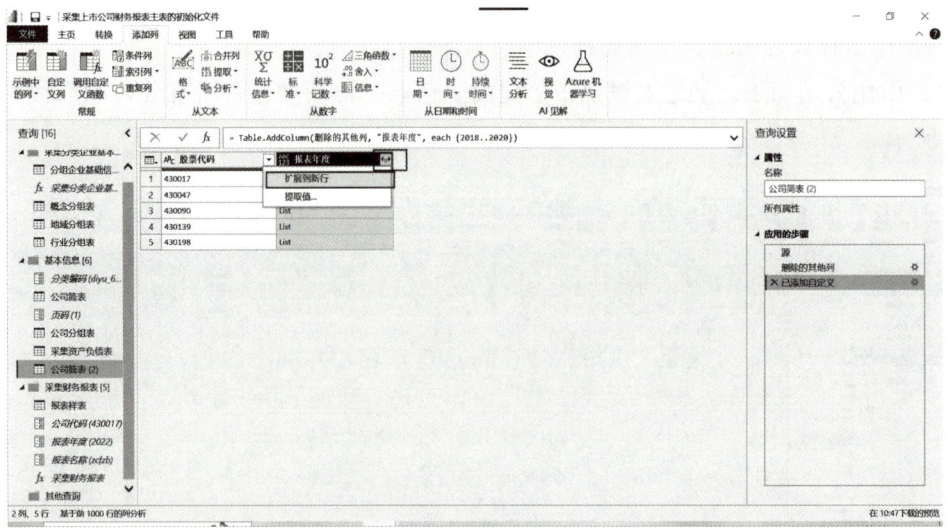

图3-140　添加自定义列并展开为新行

步骤5：调用自定义函数。将报表年度数据类型更改为文本，点击"调用自定义函数"；通过自定义函数，调用与股票代码一一对应的企业利润表数据，如图3-141所示。

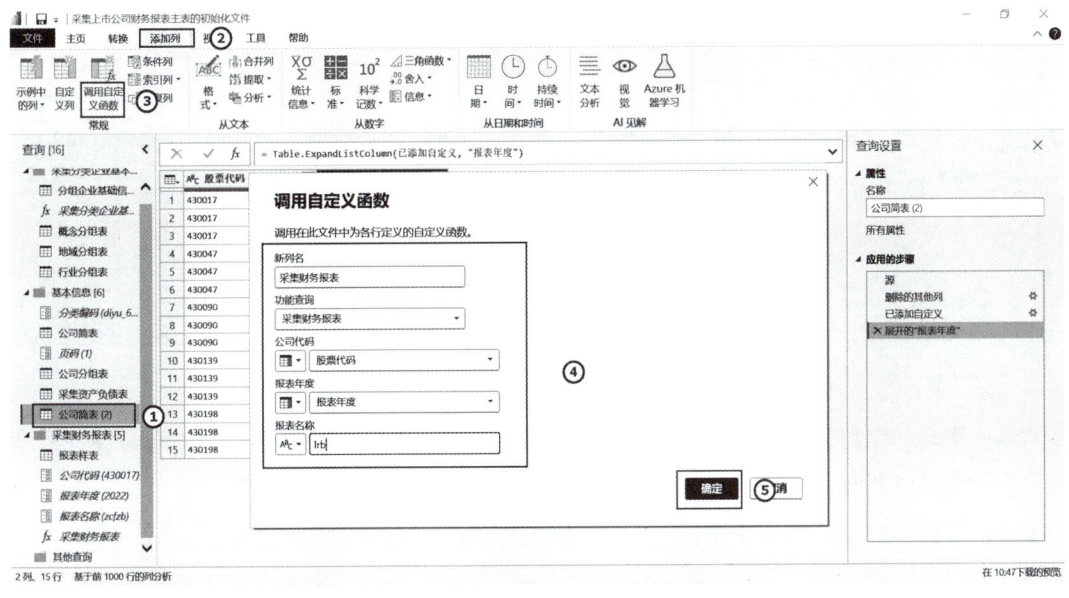

图3-141 调用自定义函数

步骤6：获取全部数据。调用成功的利润表以表格（Table）形式存储在提取数据列，点击"展开"列，获得所提取的全部数据，如图3-142所示。

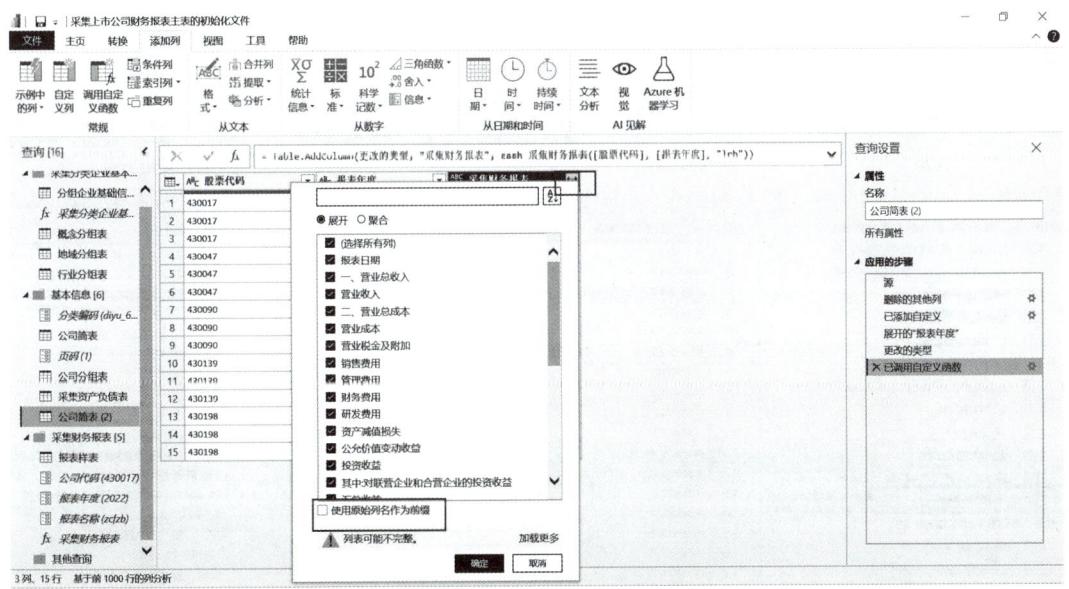

图3-142 获取全部数据

步骤7：删除重复列。因为报表年度与报表日期重复，所以将报表年度列删除，如图3-143所示。

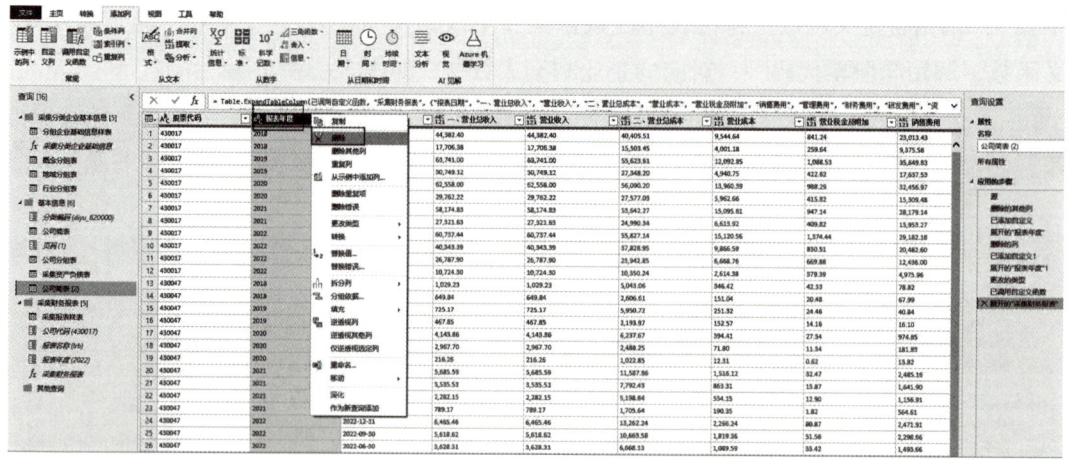

图3-143 删除重复列

步骤8：实现一二维表的转化。按住Shift键，选中股票代码和报告日期，点击右键选择"逆透视其他列"，将多列利润表项目及数值转变成属性、值两列，参见图3-132。

步骤9：替换空白值。将表中的"--"替换为"0"，参见图3-133。

步骤10：为后期创建度量值之便，在数据清洗阶段，需要按照数据内容将数据列修改为正确的数据类型，包括将金额列的数据类型更改为定点小数类型，若属性列的数据类型已经为文本的话则不需要修改。参见图3-134和图3-135。

步骤11：修改表格名称。将"公司简表（2）"修改为"采集利润表"，如图3-144所示。至此，完成利润表数据的提取。

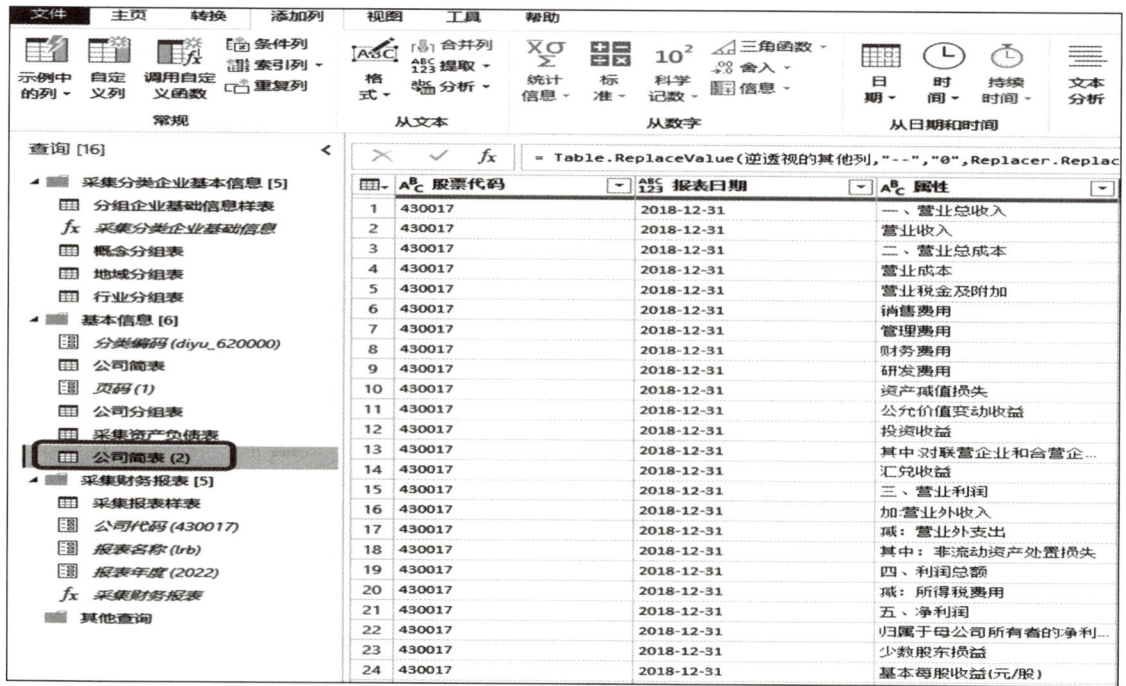

图3-144 修改表格名称

3.3.4 获取现金流量表

现金流量表是财务报表的三个基本报告之一,所反映的是在一段固定期间(通常是每月或每季)内,一家公司的现金(包含银行存款)的增减变动情形。操作步骤与前面两个财务报表的采集基本一致,具体如下:

步骤1:引用公司简表。通过右键点击公司简表获取一份新的包含所有公司股票代码的表,如图3-137所示。

步骤2:删除其他列。选中股票代码列,点击右键选择"删除其他列",如图3-138所示。

步骤3:修改报表名称参数默认值。将报表名称参数的默认值改为"xjllb",如图3-145所示。

图3-145 修改报表名称参数默认值

步骤4:添加自定义列并展开为新行。在"公司简表(2)"中添加自定义列并将其展开为新行,如图3-140所示。

步骤5:调用自定义函数。将报表年度数据类型更改为文本,点击"调用自定义函数";通过自定义函数,调用与股票代码一一对应的企业现金流量表数据,参见图3-141。

步骤6:获取全部数据。调用成功的现金流量表以表格(Table)形式存储在提取数据列,点击"展开"列,获得所提取的全部数据,如图3-146所示。

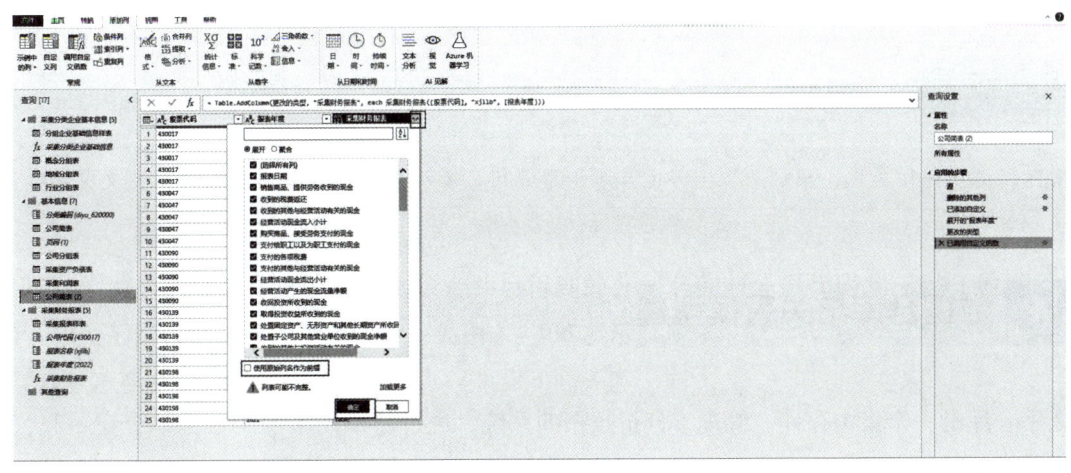

图3-146 获取全部数据

步骤7：删除重复列。因为报表年度与报表日期重复，所以将报表年度列删除，如图3-143所示。

步骤8：实现一二维表的转化。按住Shift键，选中股票代码和报告日期，点击右键选择"逆透视其他列"，将多列现金流量表项目及数值转变成属性、值两列，参见图3-132。

步骤9：替换空白值。将表中的"－－"替换为"0"，参见图3-133。

步骤10：为后期创建度量值之便，在数据清洗阶段，需要按照数据内容将数据列修改为正确的数据类型，包括将金额列的数据类型更改为定点小数类型，若属性列的数据类型已经为文本的话则不需要修改。参见图3-134和图3-135。

步骤11：修改表格名称。将"公司简表（2）"修改为"采集现金流量表"，如图3-147所示。至此，完成现金流量表数据的提取。

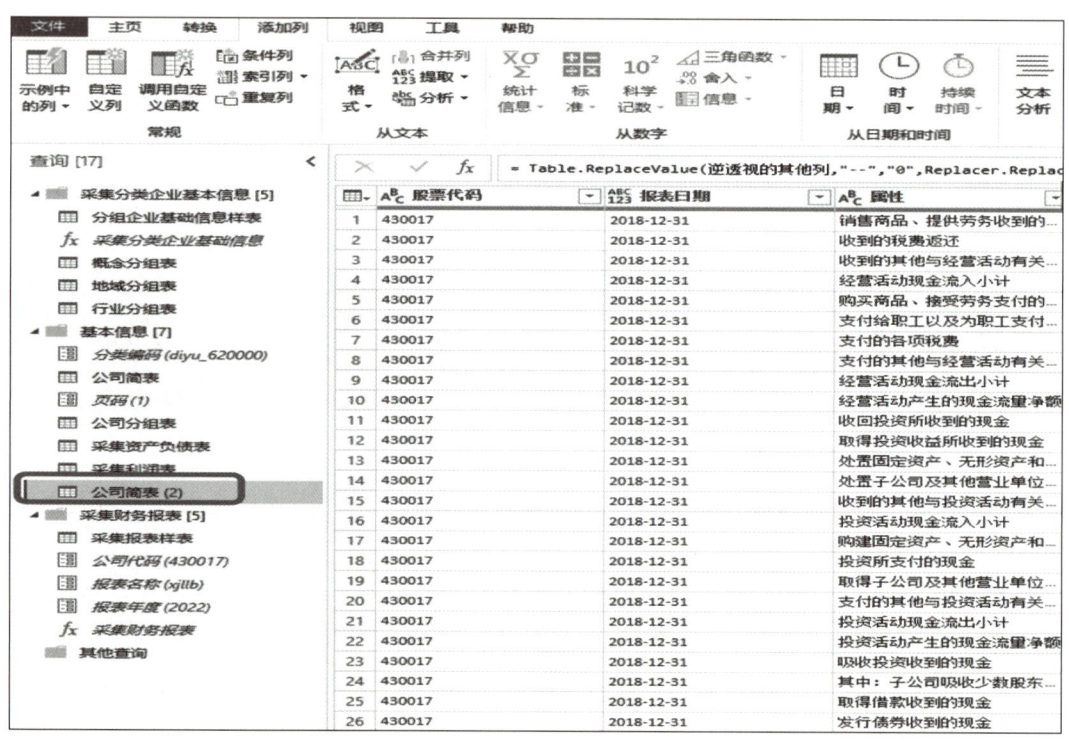

图3-147　修改表格名称

练一练

请根据上述操作步骤，在创业板中另选一家上市公司，依次获取资产负债表、利润表及现金流量表。

3.4　数据仓库与关系模型建立

数字仓库是一个集中存储、管理、分析数据的系统，通过将不同来源的数据整合在一起，为企业提供统一的数据视图，支持决策制定、业务流程优化等。它利用先进的技术手段，确保数据质量、安全性和高效访问,是企业数据分析和应用的基础设施,通常包括数据建模、技术选型、数据集成及数据处理等过程,但本节建立的数据仓库主要针对财务报表分析,而且目的不是培养大家的技术开发能力,因此本节主要介绍如何通过 DAX 语言实现数据仓库与关系模型的建立。

本任务是数据处理的最后一个实践任务,通过将 Power Query 中清洗好的数据导出,创建一个数据仓库,进而实现数据的永久保留和实时调用。因爬虫参数均与融智财经大数据仿真平台的数据库实时关联,每次打开 Power BI 都会对网站进行上亿次的访问。上市公司财务报表数据的实时变动对后期可视化的操作会带来巨大困扰,而数据仓库的建立可以大大加快后期可视化中数据调用的速度,为可视化的快捷展现提供便利。

本任务需先利用 DAX Studio 从 Power BI 中导出公司简表、公司分组、资产负债表、利润表、现金流量表,再通过 DAX 语言实现数据仓库与关系模型的建立。

3.4.1 数据仓库创建前的准备工作

本任务采集到的大数据如果全部存放在 pbix 文件中,每次打开都需加载,关闭也是同理,故通过 DAX Studio 工具将数据导出为本地 CSV 文件。

除此之外,还需创建能够辅助可视化模型建立的维度表(主要是作为参考表),如日期表(日期、财年、周数、月数)、人员信息表(人名、工号、身份证、入职时间、岗位、籍贯)、产品信息表(产品 ID、产品名字、产品所属产品线、产品的量产时间等)、客户信息表(客户 ID、客户名字、客户类型、客户所在省份、客户类别等)。这些表的一个特点是,有一些属性是位移的,比如身份证、客户 ID、产品 ID,维度标的唯一性对于后面做关系映射至关重要,所以在建立日期维度表后,对于有些字段,一定要使用 Excel 工具查询是否唯一,并做修改。

此部分操作与教学内容关系不大,本课程能够提供为分析所用的所有辅助表项目和收入构成数据,具体请下载附件资料中的财务分析辅助表 Excel 文件、收入构成数据.csv 文件进行导入应用,如图 3 – 148 所示。

本案例创建了资产负债表"辅助表"、利润表"辅助表"、现金流量表"辅助表"三个基础维度表,以保证事实表的属性项目能够与维度表的项目列建立一对多的数据关系。在此基础上,结合报表重构的理论内容,创建能够将资产负债表和利润表进一步划分的重构表[将资产分为经营性资产(营运资产)、金融资产、长期股权投资],并进一步创建按照营收规模(小于 10 亿元、10 亿~50 亿元、50 亿~100 亿元、大于 100 亿元)分类的营收分类对照表、计算单位换算对照表、近两年和近三年变动数据指标变动状态的描述对照表。此外,还为杜邦分析及企业经营能力分析创建财务指标计算对照表。

图 3 – 148 附件文件列表

3.4.2 创建数据仓库

步骤 1:导入初始化文件。先打开一个新的 pbi 空白文件,然后点击工具框中的"获取数据",依次把图 3 – 148 附件文件表中数据导入 pbi 中,具体如图 3 – 149 所示。

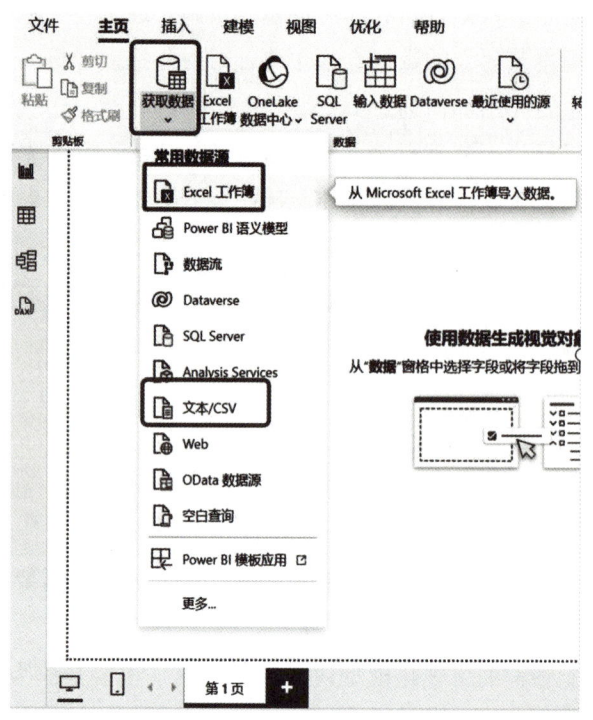

图 3-149　导入初始化文件

步骤 2：创建一张时间表。日期时间维度在财务报表分析中非常重要，通过日期表可以控制或筛选多张事实表。时间表的创建方式有多种，接下来将介绍如何利用 DAX 表达式创建时间表。先在功能区中依次点击"建模"和"新建表"按钮，具体操作如图 3-150 所示；然后在编辑栏中输入图 3-151 所示 DAX 公式 1，创建"时间表"。

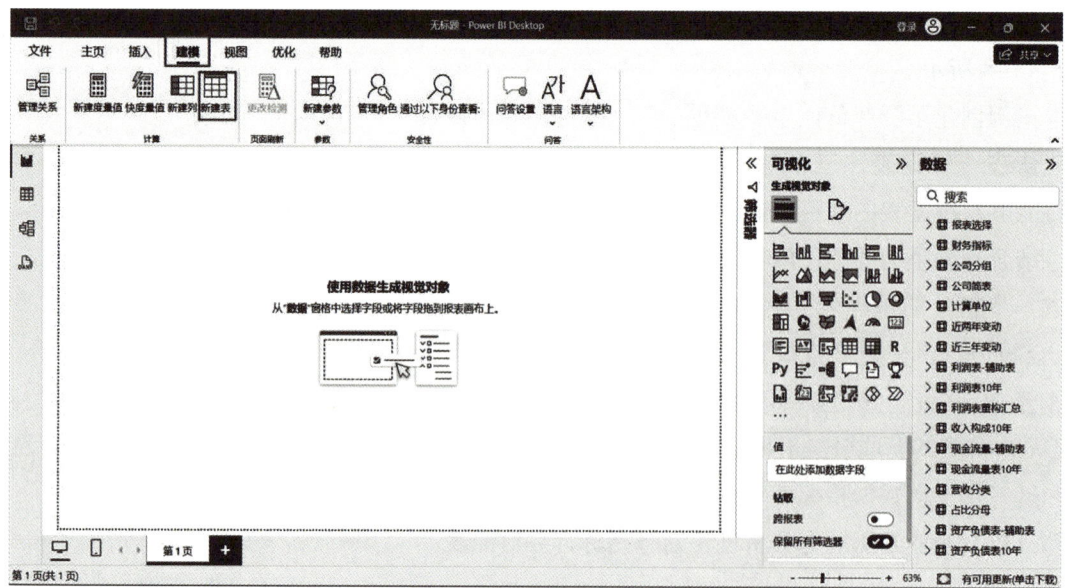

图 3-150　创建时间表

```
时间表 =
VAR MinYear =   YEAR ( MIN ( '利润表10年'[报告日期] ) )
VAR MaxYear =   YEAR ( MAX ( '利润表10年'[报告日期] ) )
RETURN
ADDCOLUMNS (
    CALENDAR ( date(MinYear,1,1),date(MaxYear,12,31)),
    "年", YEAR ( [date] ),
    "季", QUARTER( [Date] ),
    "月", MONTH ( [date] ),
    "季度",   "Q" & QUARTER( [date] ) ,
    "年季度",  right(YEAR  ([date] ),2) & "Q" & QUARTER( [date] ) ,
    "年月",  right(YEAR ( [date] ),2) *100+ MONTH ( [date] )
)
```

图 3 – 151　DAX 公式 1

步骤 3：在功能区中执行"建模→新建表"操作，在编辑栏中输入如图 3 – 152 所示 DAX 公式 2，创建"报表"。其作用是创建一张以采集利润表的报告日期最小值为起始、最大值为终止的日期表，并将其按照自然年度的 1 月 1 日至 12 月 31 日形成主要数据列，在此基础上，分解出"年""季""月""季度""年季度""年月"等数据列。

```
报表=SUMMARIZE('报表选择','报表选择'[报表],'报表选择'[报表顺序])
```

图 3 – 152　DAX 公式 2

步骤 4：将该文件保存为 pbix 文件并命名为"数据仓库与关系模型的创建"。

3.4.3　关系模型的创建

关系模型的创建能够使维度表和事实表之间通过一根对应的关系线实现数据表的横向扩展，从而使得数据之间可以随意调用。所以，首先需要明确哪些是事实表、哪些是维度表，以及表与表之间的关系等。建立模型主要是运用功能组件 Power Pivot 通过鼠标进行简单的拖曳完成。最终的关系模型如图 3 – 153 所示。

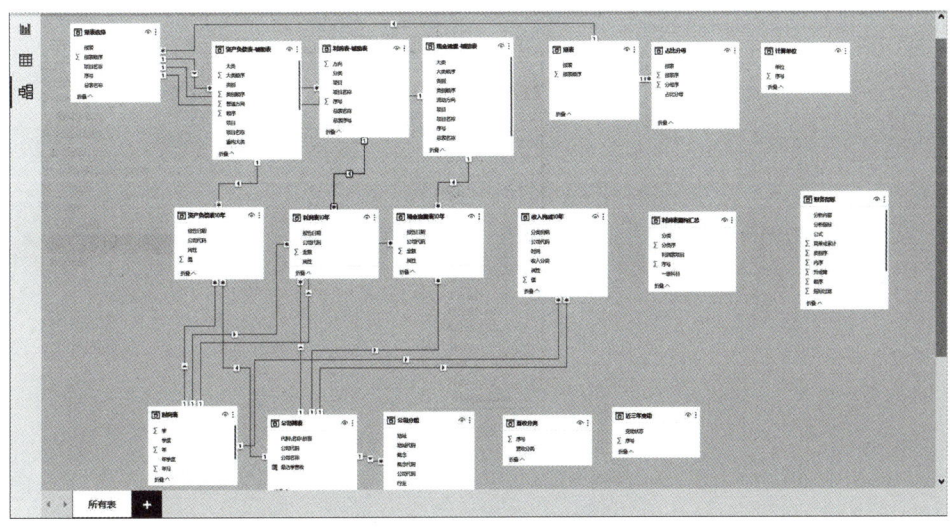

图 3 – 153　最终的关系模型

具体步骤就是为不同表中的不同列建立联系，分别在上下两部分中选择表及其中的列，选中之后，在下方的基数和交叉筛选器方向中会自动填充内容。一般情况下，不需要对这一部分进行人为调整，但是在这部分的可视化分析当中，公司简表和公司分组两个表是模型关系核心的一部分，在报表界面我们会根据不同的维度创建切片器（地域、行业、概念和营收规模等），这些切片器是通过公司分组表的数据来实现划分的，而我们创建的其他图形当中，也会包含一部分以公司简表作为创建核心的图形，为了使两部分的图形可以进行交互和范围上的交叉，需要公司分组和公司简表建立双向的模型关系。

至此，数据的获取整理、数据模型的建立已经全部完成，用户可使用自己采集的数据及数据仓进行后续的大数据财务可视化分析，如数据采集及整理有缺项，可采用平台提供的数据仓进行后续实践任务的操作学习。

练一练

根据上述步骤，将节后"练一练"获取的相关数据进行清洗并创建一个数据仓库，进一步熟悉数据清洗及数据仓库创建的步骤。

课后思考题

1. 如何理解大数据财务分析中的数据仓库，其对于企业持续经营与发展有何重要影响？
2. 传统的数据分析与企业数字化财务分析的相同点与不同点是什么？
3. 数据仓库与企业进行数字化财务分析有何关联性？
4. 通过本章的学习，你认为企业要保护自身财务数据安全，还应加强哪些方面的管理与学习？

第4章

交互式资产负债表

知识目标

(1) 掌握规范资产负债表的核心财务指标。
(2) 掌握重构资产负债表的结构以及各个项目的划分逻辑。

技能目标

(1) 掌握规范资产负债表的核心财务指标创建方法。
(2) 能够使用 DAX 公式创建规范资产负债表和重构资产负债表度量值。
(3) 能够通过切片器对企业、报表年度、报表季度及金额单位（元、万元、百万、亿元）进行切换，实现交互式报表数据呈现。
(4) 能够结合上市公司资产负债表数据，通过 Power BI 实现规范资产负债表界面呈现、重构后的资产负债表分析。

素养目标

(1) 培养学生具备基本的数据素养，为企业数字化运营提供数据阅读、操作、分析和讨论的基本素质支撑。
(2) 拓宽学生视野、更新知识储备，培育学生树立直面大数据、用好大数据的目标和信心。

思维导图

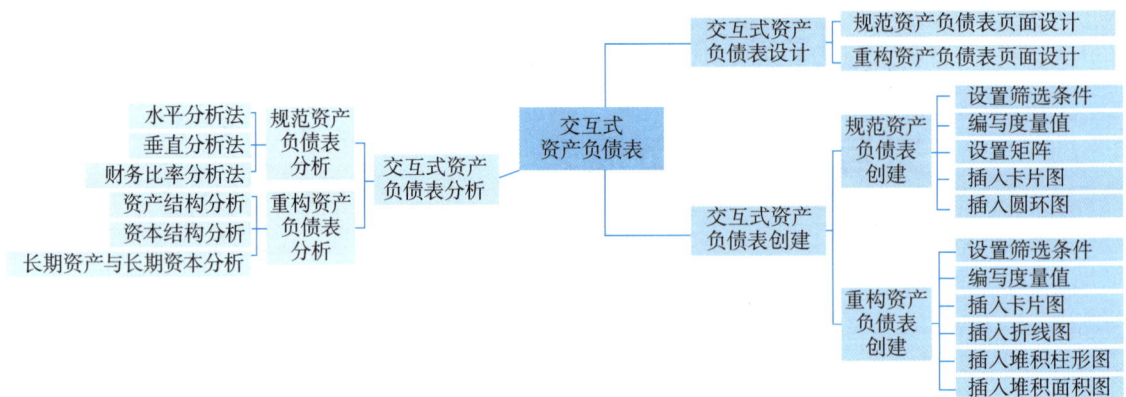

导　读

在当今数字化飞速发展的时代，大数据已成为推动各领域变革的关键力量。党的二十届三中全会明确提出，要"培育全国一体化技术和数据市场"。习近平总书记也深刻指出，"数字技术正以新理念、新业态、新模式全面融入人类经济、政治、文化、社会、生态文明建设各领域和全过程，给人类生产生活带来广泛而深刻的影响"。在财务领域，交互式资产负债表就是大数据变革的重要体现，其作为企业财务状况的"晴雨表"，一直以来都是财务分析的核心内容。传统形式往往存在信息获取不便、分析不够深入等局限，而交互式资产负债表借助大数据技术，能够让财务信息更加直观、动态地呈现，便于使用者进行深入分析和决策，企业能够更好地整合财务数据资源，推动财务管理向数字化、智能化转型，进而促进企业的高质量发展，为实体经济与数字经济的融合贡献力量。

通过本章的学习，同学们不仅可以了解交互式资产负债表的设计、创建和分析，更能深刻体会大数据技术为财务分析带来的创新与突破，培养自己的数字化思维和创新意识。在未来的财务工作中，我们要以严谨、科学的态度对待数据，要以高度的责任感和使命感为企业的决策提供准确、可靠的财务支持，这也是我们作为未来财务工作者应有的职业素养和担当。让我们一起走进交互式资产负债表的世界，探索大数据与财务分析融合的无限可能。

4.1　交互式资产负债表设计

以第 3 章获取到的 2010—2020 年上市公司的数据为基础，在搭建辅助表的基础上进行交互式资产负债表可视化页面的创建。具体页面布局因分析需要可进行设计和改造，本任务就规范资产负债表和重构资产负债表两种页面创建逐一进行步骤展示。

4.1.1　规范资产负债表页面设计

规范资产负债表可视化效果图如图 4-1 所示。

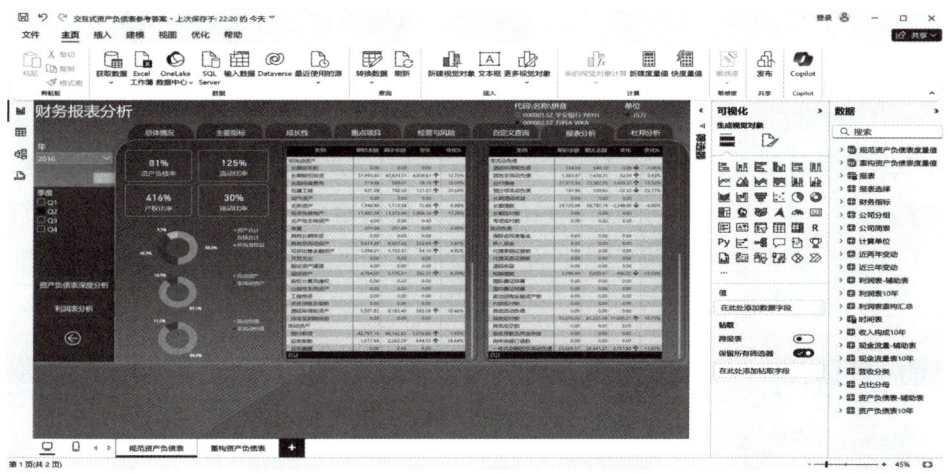

图 4-1　规范资产负债表可视化效果图

4.1.2　重构资产负债表页面设计

重构资产负债表可视化效果图如图 4-2 所示。

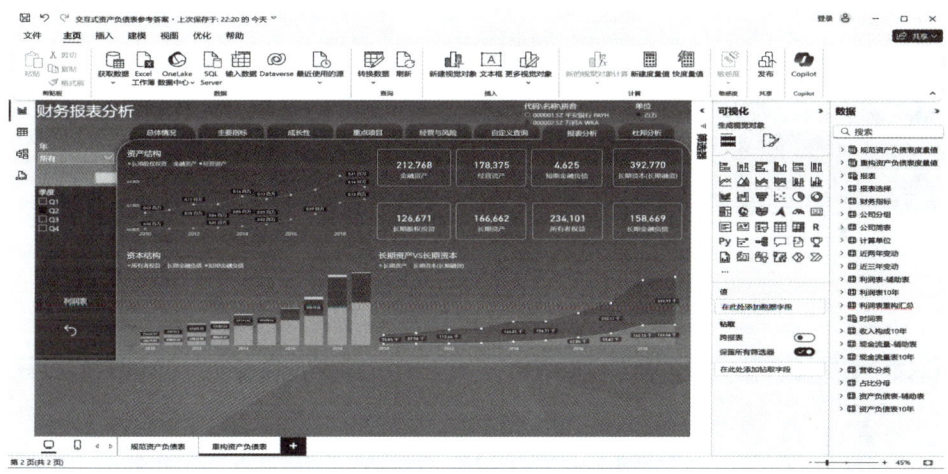

图 4-2　重构资产负债表可视化效果图

练一练

请根据以上可视化效果图的设计思路，思考如何设计交互式资产负债表，并将设计效果分小组讨论后进行展示。

4.2　交互式资产负债表创建

4.2.1　规范资产负债表创建

4.2.1.1　设置筛选条件

上市公司的资产负债表数据呈现需要多重筛选定位条件，下面结合数据内容创建"代码\名称\拼音""单位""年份""季度"四个切片器,供报表使用者选取不同条件下的资产负债表数据。

步骤1:插入视觉对象切片器,将"公司简表"中的"代码\名称\拼音"列拖拽至"字段"项目中,在默认效果基础上,进入格式设置界面,打开"切片器设置"的单项选择功能,能够避免资产负债表数据这一时点表因多项选择导致的无意义数据累加。进一步点击"切片器标头""边框""值"等选项,并对选项按照可视化的基本原则将其格式进行规范设置,具体如图4-3至图4-6所示。

图4-3 插入"代码\名称\拼音"切片器一

图4-4 插入"代码\名称\拼音"切片器二

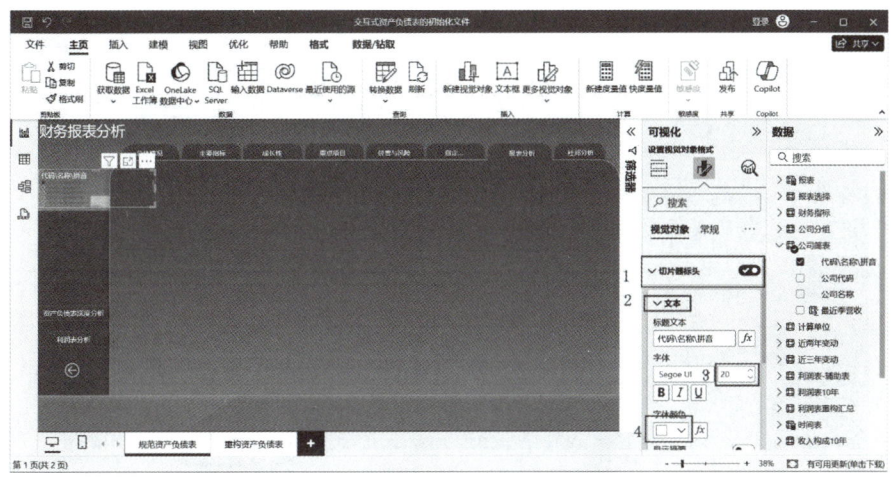

图 4-5 插入"代码\名称\拼音"切片器三

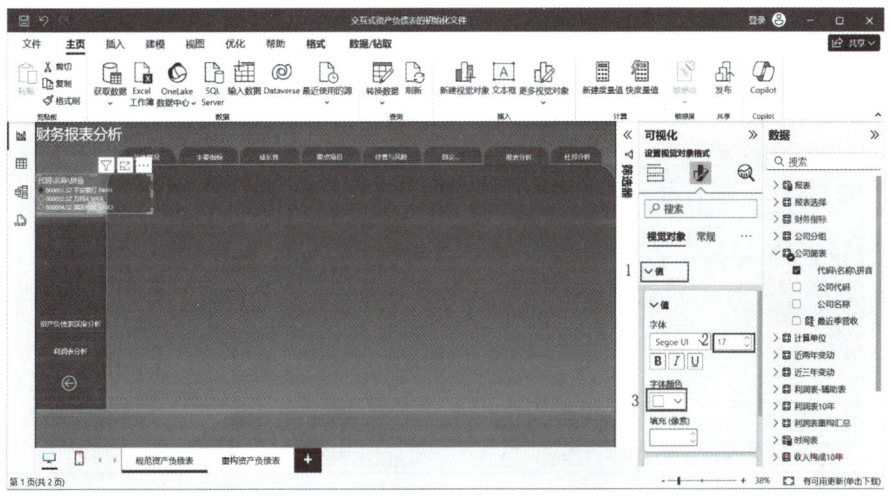

图 4-6 插入"代码\名称\拼音"切片器四

步骤2：将"代码\名称\拼音"切片器挪动到图4-7的位置并调整切片器大小，按照上述步骤，再添加"计算单位"中"单位"列的切片器，具体如图4-7至图4-10所示。

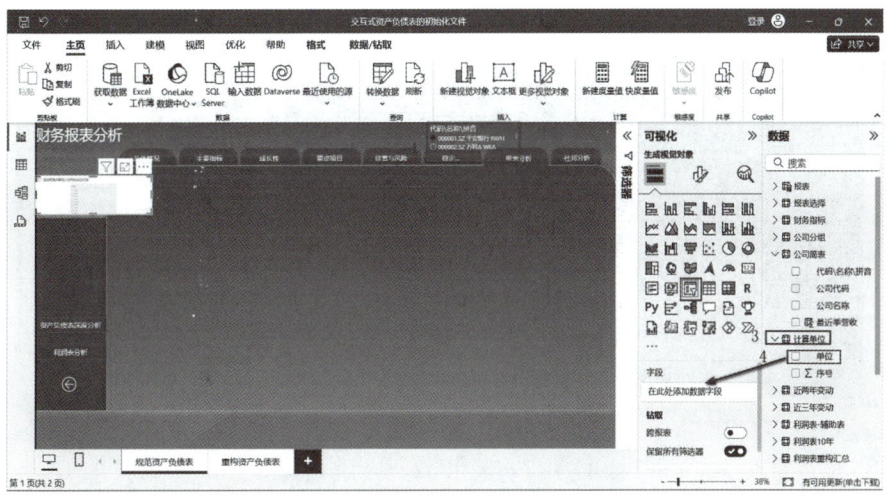

图 4-7 插入"单位"切片器一

图4-8 插入"单位"切片器二

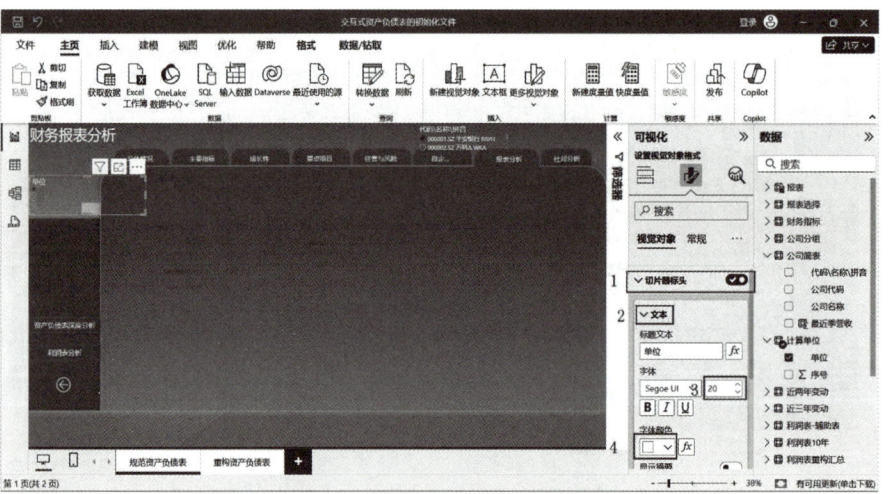

图4-9 插入"单位"切片器三

图4-10 插入"单位"切片器四

步骤3：将"单位"切片器挪动到图4-11的位置并调整切片器大小，继续按照上述步骤，添加"时间表"中"年"列的切片器。注意将"年"这一特殊的数据列也按照下拉形式选择，并特别打开"单项选择"条件。具体如图4-11至图4-15所示。

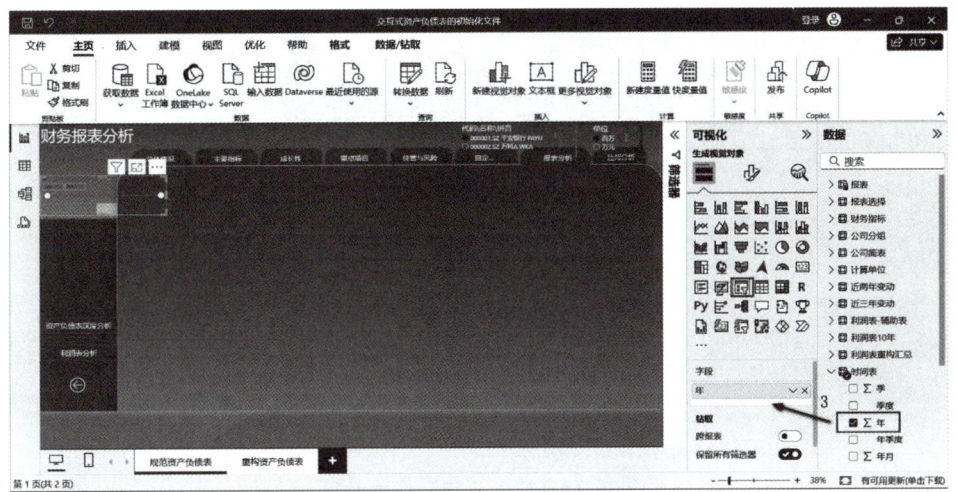

图4-11 插入"年"切片器一

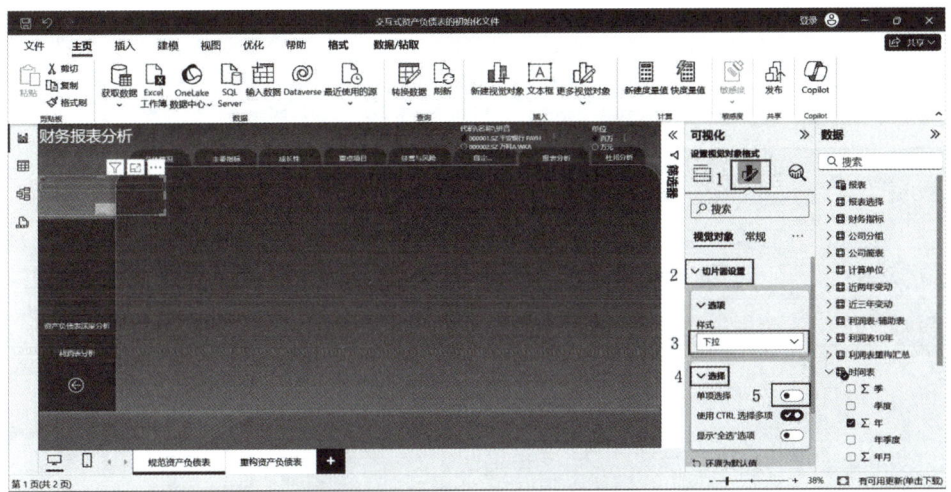

图4-12 插入"年"切片器二

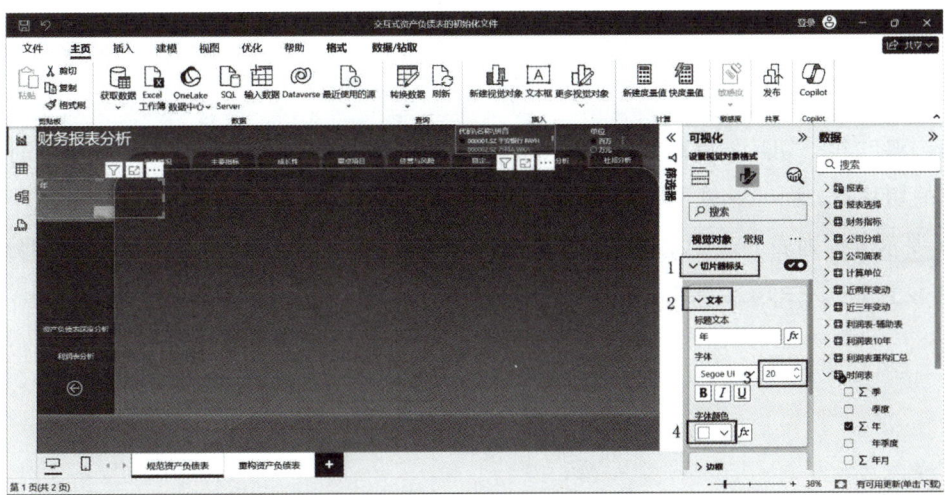

图4-13 插入"年"切片器三

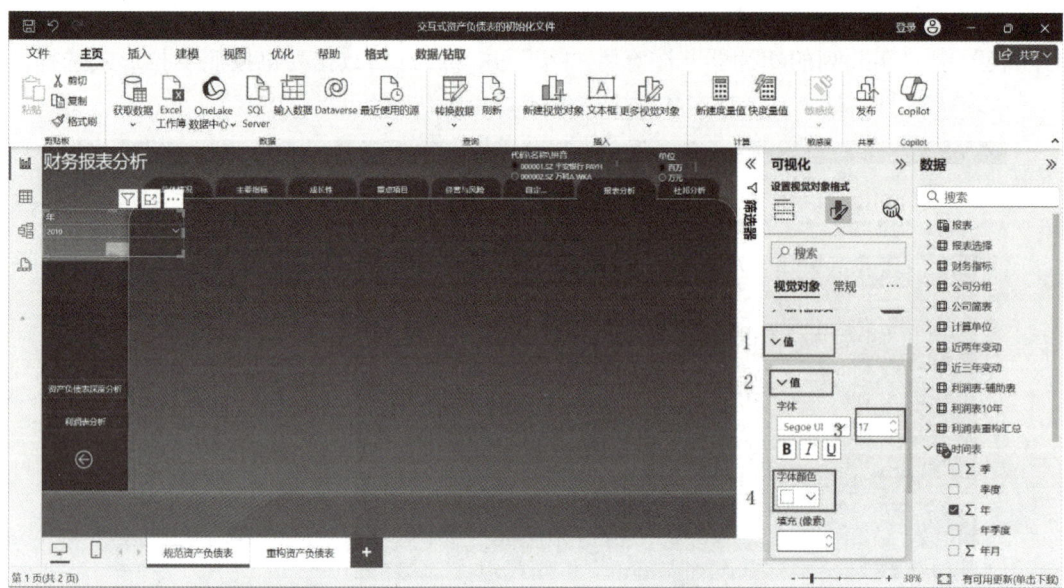

图 4-14 插入"年"切片器四

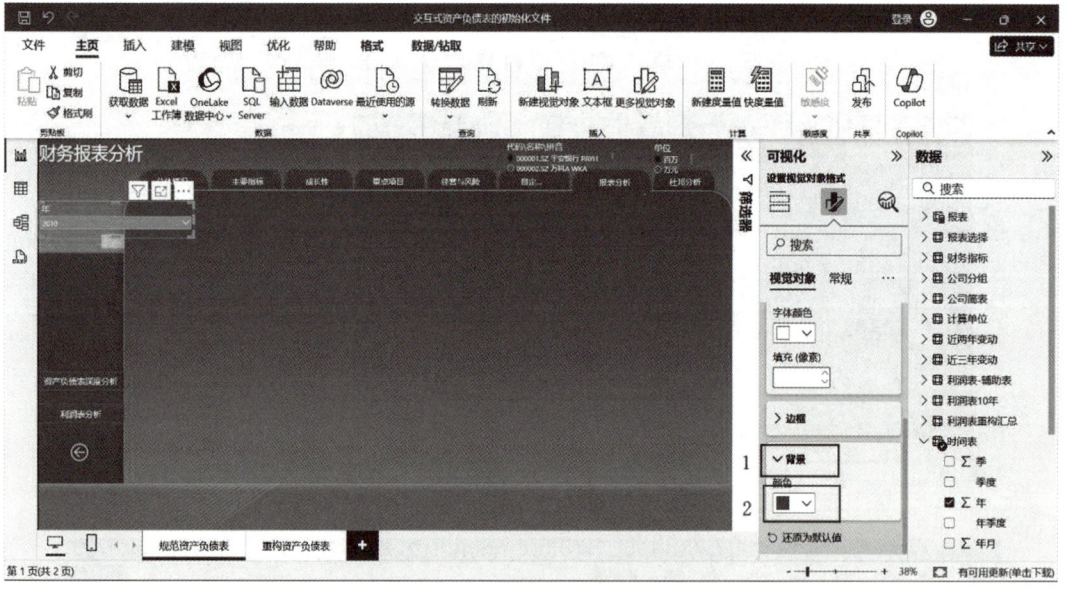

图 4-15 插入"年"切片器五

步骤 4：将"年"切片器挪动到图 4-16 的位置并调整切片器大小，进一步添加"时间表"中"季度"列的切片器。而"季度"作为数据选项较少的固定内容，且抓取数据较少出现"季度"维度的数据，要求其以列表形式显示并可多选，此处切片器的设计仅为可视化美观和后期分析维度的统一，具体设置如图 4-16 至图 4-19 所示。

第4章
交互式资产负债表

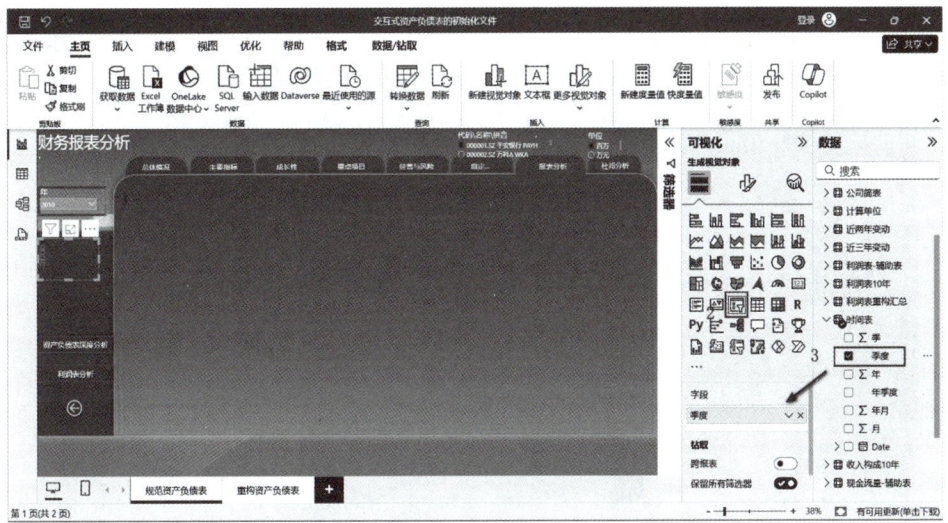

图 4-16 插入"季度"切片器一

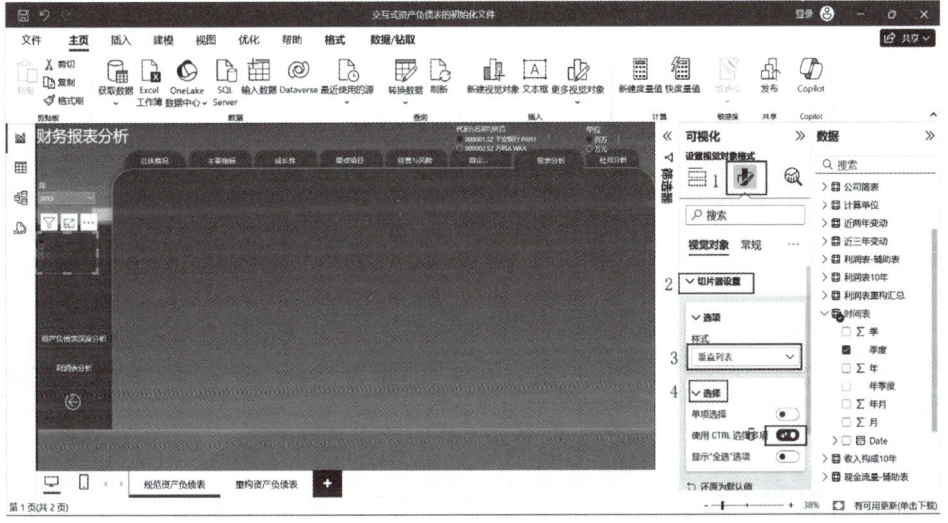

图 4-17 插入"季度"切片器二

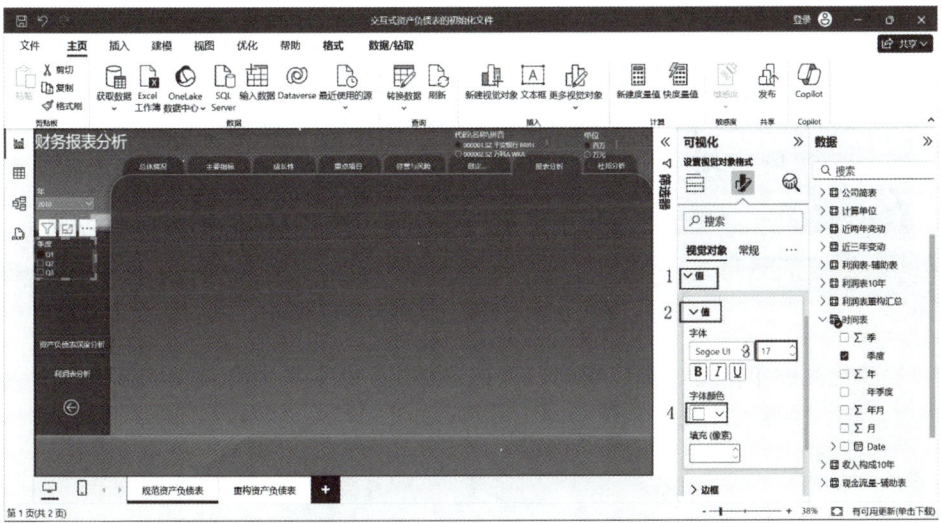

图 4-18 插入"季度"切片器三

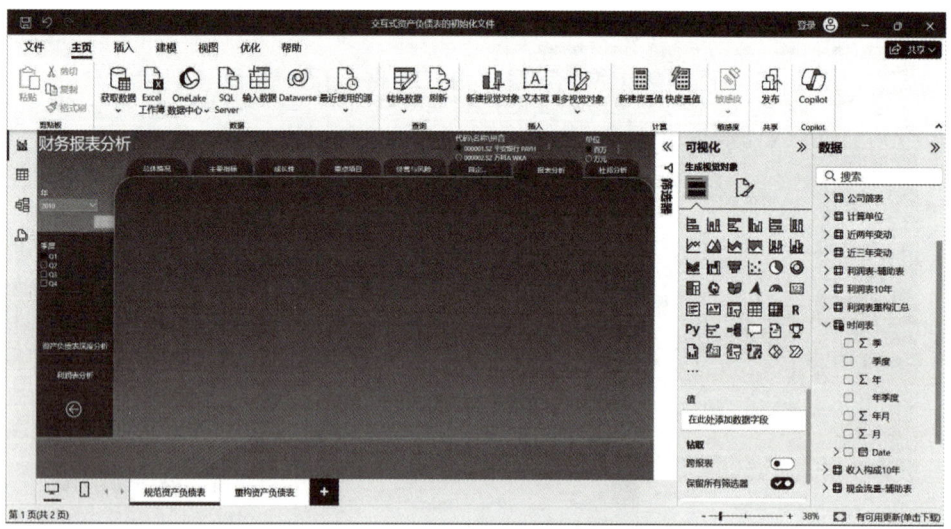

图 4-19　插入"季度"切片器四

4.2.1.2　编写度量值

资产负债表的金额是时点数,除了基础数据小计的度量值,还要深入结合时间智能函数将各个细项按照辅助表项进行再计算,加之"期初余额"和"期末余额"的创建,才能将表格项目按照正确的形式和准确的数据进行规范显示。

步骤 1:执行"主页—输入数据"命令,创建一个存放"规范资产负债表度量值"的管理表,具体操作如图 4-20 所示。

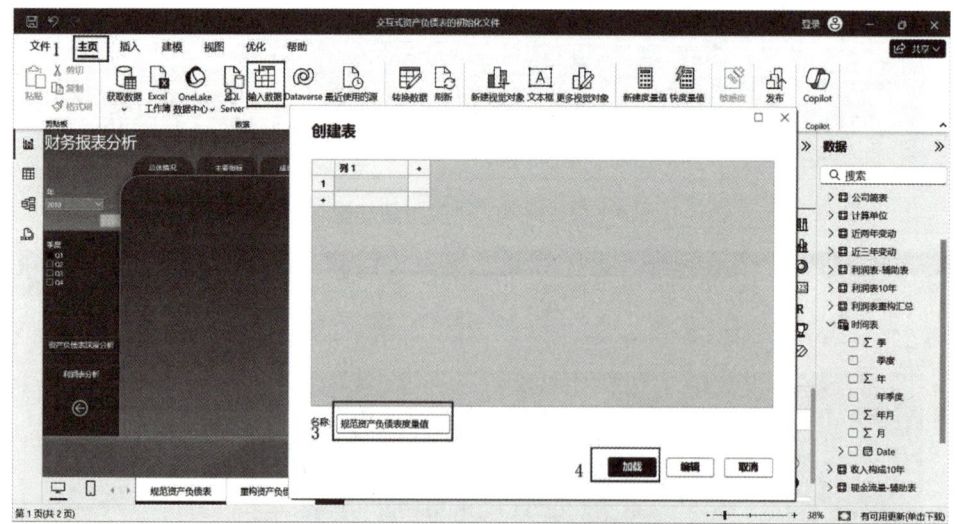

图 4-20　创建规范资产负债表度量值表

步骤 2:在功能区中单击"建模"菜单"新建度量值"按钮,具体设置如图 4-21 所示。

第4章 交互式资产负债表

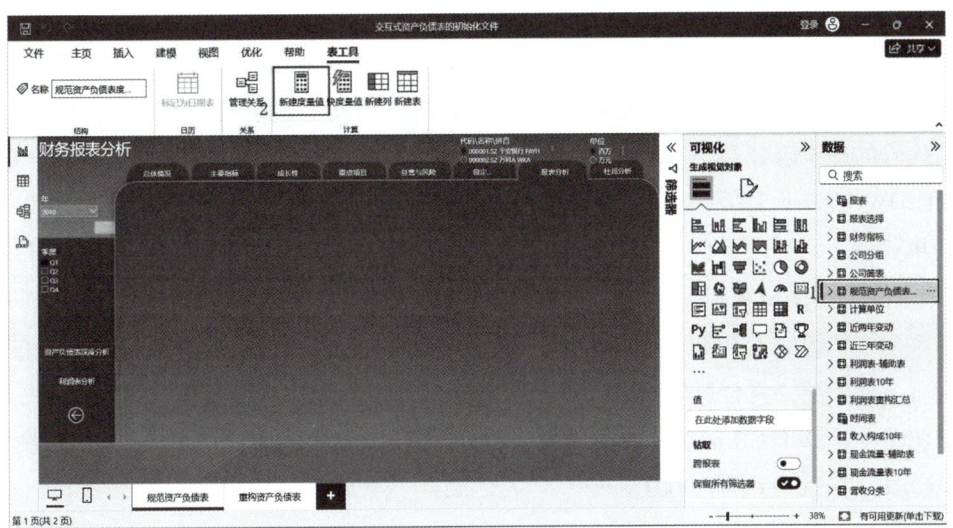

图 4-21 新建度量值一

步骤3：依次创建以下度量值（见图 4-22）：

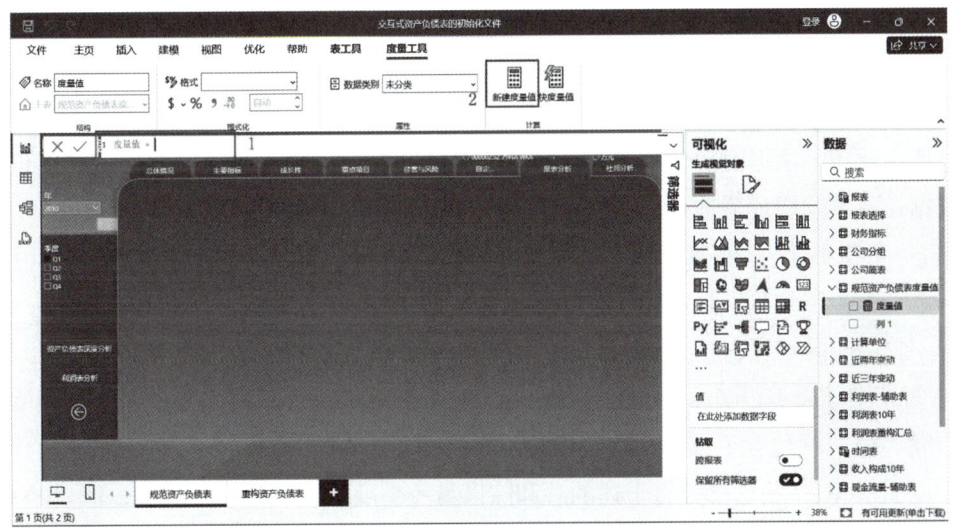

图 4-22 新建度量值二

（1）计算单位

该度量值主要用在切换显示金额单位时，切换计算时的除数。该度量值表达式如下：

00 00 计算单位 =
SWITCH（SELECTEDVALUE（'计算单位'[单位]），
" 元"，0.0001，
" 百万"，100，
" 亿元"，10000，
1
）

SELECTEDVALUE 函数作用为返回通过筛选器选择的数据，SWITCH 函数作用为根据条件值输出结果数据。

这里定义了一个计算，该计算根据"计算单位"表中的"单位"字段的值来返回一个特定的数值。这个计算用于数据标准化，以便在分析中比较不同单位的数值。

以下是代码的逐步解释：

SELECTEDVALUE（'计算单位'［单位］）：这个函数返回当前上下文中"计算单位"表中"单位"字段的单一值。

SWITCH 函数：这个函数根据第一个参数［在这里是 SELECTEDVALUE（'计算单位'［单位］）］的值返回一系列可能的值。SWITCH 函数会按顺序检查每个条件，并返回与第一个匹配条件对应的值。如果没有条件匹配，它会返回 SWITCH 函数的最后一个参数作为默认值。

在这个例子中，SWITCH 函数检查"单位"字段的值，并根据以下规则返回对应的数值：

如果单位是"元"，返回 0.0001。

如果单位是"百万"，返回 100。

如果单位是"亿元"，返回 10000。

如果"单位"字段的值不是上述任何一个，返回 1 作为默认值。

这样的转换用于将不同单位的数值标准化到一个共同的尺度，即将所有的数据转换为统一的单位，如万元、亿元等。

（2）资产负债小计

该度量值主要用于根据时间切片器选择的时间跨度，自动计算该时间段内的资产或负债金额合计，并可根据计算单位切片器选择的单位，自动计算准确金额。表达式如下：

01 00 资产负债小计 = SUM（'资产负债表10年'［值］）/［00 00 计算单位］

01 00 资产负债小计：这是正在创建的度量（或计算字段）的名称，用于在 Power BI 中计算"资产负债小计"的值。

SUM（'资产负债表10年'［值］）：这部分是对"资产负债表10年"表中"值"列的所有值进行求和。假设"值"列包含了与资产负债相关的数值，那么 SUM 函数将返回这些数值的总和。

/［00 00 计算单位］：这部分将上述的总和除以另一个度量或计算字段的值，即"00 00 计算单位"。这个"00 00 计算单位"是一个根据所选的"单位"（元、百万、亿元）返回不同转换因子的度量。这个转换因子用于将"值"列中的总和标准化到统一的单位。

所以，整个公式的意思是：先计算"资产负债表10年"表中"值"列的总和，然后将这个总和除以"00 00 计算单位"度量返回的值，从而得到标准化后的"资产负债小计"。

（3）资产合计

该度量值用来输出在特定条件（时间筛选器筛选后，该时间段内最后一日时）下，"资产总计"科目金额。表达式如下：

01 01 资产合计 = CALCULATE（［01 00 资产负债小计］，

'资产负债表10年'［属性］=" 资产总计"，

FILTER（all（'时间表'），'时间表'［Date］= max（'资产负债表10年'［报告日期］）））

01 01 资产合计计算了一个特定的资产合计值。具体来说，它做了以下几步操作：

①CALCULATE 函数：用于根据指定的筛选条件计算表达式的结果。

[01 00 资产负债小计]：这是要计算的字段或度量值。

②FILTER 函数：基于指定的条件筛选表或行的子集。

all ('时间表')：这个函数返回"时间表"表中的所有行，不考虑任何现有的筛选器或上下文。

'时间表'［Date］= max ('资产负债表 10 年'［报告日期］)：这个条件筛选出"时间表"表中"Date"列的值等于"资产负债表 10 年"表中"报告日期"列的最大值的行。以确保只考虑最新的报告日期。

③筛选条件：'资产负债表 10 年'［属性］=" 资产总计"：这个条件确保只考虑"资产负债表 10 年"表中"属性"列值为"资产总计"的行。

这个公式用来计算表中最新日期下"资产负债表 10 年"表中，"属性"为"资产总计"行的值。

后面涉及的度量值也多是这种形式，后续也可以参考这个解释。

（4）流动资产

该度量值用来输出在特定条件下，"流动资产合计"科目金额。表达式如下：

01 011 流动资产 = CALCULATE (［01 00 资产负债小计］,

'资产负债表 10 年'［属性］=" 流动资产合计",

FILTER (all ('时间表'),'时间表'［Date］= max ('资产负债表 10 年'［报告日期］)))

（5）速动资产

表达式如下：

01 0111 速动资产 = CALCULATE (

［01 00 资产负债小计］,

'资产负债表 – 辅助表'［特殊标识］=" 速动资产",

FILTER (all ('时间表'),'时间表'［Date］= max ('资产负债表 10 年'［报告日期］)))

（6）非流动资产

表达式如下：

01 012 非流动资产 = CALCULATE (

［01 00 资产负债小计］,

'资产负债表 10 年'［属性］=" 非流动资产合计",

FILTER (all ('时间表'),'时间表'［Date］= max ('资产负债表 10 年'［报告日期］)))

（7）负债合计

表达式如下：

01 02 负债合计 = CALCULATE (［01 00 资产负债小计］,

'资产负债表 10 年'［属性］=" 负债合计",

FILTER (all ('时间表'),'时间表'［Date］= max ('资产负债表 10 年'［报告日期］)))

（8）流动负债

表达式如下：

01 021 流动负债 = CALCULATE (［01 00 资产负债小计］,

'资产负债表 10 年'［属性］=" 流动负债合计",

FILTER（ALL（'时间表'），'时间表'［DATE］＝MAX（'资产负债表10年'［报告日期］）））

（9）非流动负债

表达式如下：

01 022 非流动负债 ＝ CALCULATE（

［01 00 资产负债小计］，

'资产负债表10年'［属性］＝" 非流动负债合计"，

FILTER（ALL（'时间表'），'时间表'［DATE］＝MAX（'资产负债表10年'［报告日期］）））

（10）所有者权益

表达式如下：

01 03 所有者权益 ＝ CALCULATE（［01 00 资产负债小计］，

'资产负债表10年'［属性］＝" 所有者权益（或股东权益）合计"，

FILTER（ALL（'时间表'），'时间表'［DATE］＝MAX（'资产负债表10年'［报告日期］）））

（11）资产负债表中该公司的最近日期

该度量值用来呈现各公司最近出具资产负债表的报告日期，即资产负债表数据值不为空时，其最大的报告日期，表达式如下：

01 09 资产负债表中该公司的最近日期 ＝ var a ＝ FILTER（ALL（'资产负债表10年'），

AND（ not ISBLANK（'资产负债表10年'［值］），

'资产负债表10年'［公司代码］＝VALUES（'公司简表'［公司代码］）

）

）

return

MAXX（a，'资产负债表10年'［报告日期］）

为了计算最近报告日期，该表达式使用了 DAX 中的变量（var）、FILTER 函数、ALL 函数、ISBLANK 函数、VALUES 函数以及 MAXX 函数。

定义变量 a：使用 var a ＝开始定义一个名为 a 的变量，并将符合筛选条件的值储存在 a 当中。

筛选条件：FILTER（ALL（'资产负债表10年'），…）：使用 FILTER 函数筛选"资产负债表10年"表中的所有行。ALL（'资产负债表10年'）确保筛选时不受任何现有的上下文或筛选器的影响。

AND（not ISBLANK（'资产负债表10年'［值］），'资产负债表10年'［公司代码］＝VALUES（'公司简表'［公司代码］））：这是 FILTER 函数的第二个参数，它定义了筛选条件。

not ISBLANK（'资产负债表10年'［值］）：这个条件确保筛选出的行中"值"列不为空。'资产负债表10年'［公司代码］＝VALUES（'公司简表'［公司代码］）：这个条件确保筛选出的行的"公司代码"列与"公司简表"中的当前行（或上下文）的"公司代码"匹配。VALUES 函数用于获取当前上下文中的值。

返回最近日期：return MAXX（a，'资产负债表10年'［报告日期］）：使用 MAXX 函数返回变量 a 中"报告日期"列的最大值，即最近日期。

综上所述，该表达式的作用是：对于"公司简表"中的当前公司（或指定的公司），在"资产负债表 10 年"表中找出所有非空"值"且与"公司代码"匹配的行，并返回这些行中"报告日期"列的最大值，即该公司在"资产负债表 10 年"中的最近报告日期。

（12）资产负债表中该公司的最早日期

该度量值用来呈现各公司最早出具资产负债表的报告日期，即资产负债表数据值不为空时，其最小的报告日期，表达式如下：

01 09 资产负债表中该公司的最早日期 = var a = FILTER（ALL（'资产负债表 10 年'），

　　AND（not ISBLANK（'资产负债表 10 年'［值］），

'资产负债表 10 年'［公司代码］ = VALUES（'公司简表'［公司代码］）

）

）

　　return

　　MINX（a,'资产负债表 10 年'［报告日期］）

（13）存货

表达式如下：

01 10 存货 =

CALCULATE（

［01 00 资产负债小计］,

'资产负债表 10 年'［属性］ = " 存货",

FILTER（ALL（'时间表'）,'时间表'［DATE］ = MAX（'资产负债表 10 年'［报告日期］）））

（14）固定资产

表达式如下：

01 10 固定资产 =

CALCULATE（

［01 00 资产负债小计］,

'资产负债表 – 辅助表'［项目名称］ = " 固定资产",

FILTER（ALL（'时间表'）,'时间表'［DATE］ = MAX（'资产负债表 10 年'［报告日期］）））

　　+ CALCULATE（

［01 00 资产负债小计］,

'资产负债表 – 辅助表'［项目名称］ = " 固定资产清理",

FILTER（ALL（'时间表'）,'时间表'［DATE］ = MAX（'资产负债表 10 年'［报告日期］）））

（15）平均存货

平均存货与以上数据不同的是，该数据需要结合时间点进行计算，并且加权的区间不可涵盖该企业尚未出现存货的时间段，因此，需要较为复杂的嵌套条件，确定参与计算的期初、期末存货余额，为所选时间范围内的期初和期末值，且不为空值，在此基础上二者之和除以 2 即为平均存货。表达式如下：

01 10 平均存货 =

　　VAR a = ［01 10 存货］

VAR b = CALCULATE（[01 10 存货],

FILTER（ALL（'时间表'），YEAR（'时间表'[DATE]）= YEAR（MAX（'时间表'[DATE]））-1 && MONTH（'时间表'[DATE]）=12））

VAR c = [01 09 资产负债表中该公司的最早日期]

VAR d = CALCULATE（[01 10 存货], FILTER（ALL（'时间表'），'时间表'[DATE] = [01 09 资产负债表中该公司的最早日期]））

VAR e = IF（（YEAR（MAX（'时间表'[DATE]））-1）*100 + 12 > = YEAR（c）*100 + MONTH（c），b，d）

RETURN

IF（ISBLANK（a），BLANK（），(a + e) /2）

①定义变量a，VAR a = [01 10 存货]，用变量a存储了[01 10 存货]的值。

②定义变量b，计算去年12月（即年末）对应的存货的值（这里同样用到CALCULATE函数，参考上文）存放于b中。

③定义变量c，VAR c = [01 09 资产负债表中该公司的最早日期]，变量c存储了公司在"资产负债表10年"中的最早报告日期。

④定义变量d，计算最高报告日期对应的01 10 存货的值。

⑤定义变量e，如果去年12月晚于或等于公司最早报告日期，就是b（去年12月的存货），否则就是d（公司最早报告日期的存货）。并将对应的结果存放于e中。

⑥返回结果，如果变量a为空，则返回空值；否则，返回a和e的平均值。这里假设平均存货是通过当前存货和某个参考日期（要么是去年12月，要么是公司的最早报告日期）的存货的平均值来计算的。

（16）应收账款

表达式如下：

01 10 应收账款 =

CALCULATE（

[01 00 资产负债小计],

'资产负债表-辅助表'[项目名称] = "应收账款",

FILTER（ALL（'时间表'），'时间表'[DATE] = MAX（'资产负债表10年'[报告日期]））））

（17）负债和所有者权益（或股东权益）总计

表达式如下：

01 033 负债和所有者权益（或股东权益）总计 = [01 02 负债合计] + [01 03 所有者权益]

（18）期末余额计算

该度量值用于呈现根据科目筛选器所筛选不同科目时，其计算后的结果。表达式如下：

01 11 期末余额计算 =

VAR x = SELECTEDVALUE（'资产负债表-辅助表'[项目]）

Return

SWITCH（true，

x ="流动资产合计",[01 011 流动资产],

x ="非流动资产合计",[01 012 非流动资产],

x ="资产总计",[01 01 资产合计],

x ="流动负债合计",[01 021 流动负债],

x ="非流动负债合计",[01 022 非流动负债],

x ="负债合计",[01 02 负债合计],

x ="所有者权益（或股东权益）合计",[01 03 所有者权益],

x ="负债和所有者权益（或股东权益）总计",[01 033 负债和所有者权益（或股东权益）总计],CALCULATE（[01 00 资产负债小计],'资产负债表 10 年'[属性] = x））

①定义变量 x：VAR x = SELECTEDVALUE（'资产负债表 – 辅助表'[项目]），变量 x 存储了在"资产负债表 – 辅助表"中选择的"项目"的值。SELECTEDVALUE 函数用于获取当前上下文中的单个选定值。

②返回计算结果：Return 关键字开始定义公式要返回的值。

SWITCH 函数用于根据条件返回不同的值。这里，它使用 true 作为第一个参数，意味着它会始终执行一个条件分支。SWITCH 函数的后续参数是条件与对应的返回值。

③使用 SWITCH 函数：条件格式是 x ="某个值"，这里检查变量 x 是否等于特定的字符串（如"流动资产合计"）。如果条件为真，则 SWITCH 函数返回对应的值（如 [01 011 流动资产]）。例如，如果 x 等于"流动资产合计"，则返回 [01 011 流动资产] 字段的值。

④默认情况：如果 SWITCH 函数中的所有条件都不满足，它会执行最后一个参数，即 CALCULATE（[01 00 资产负债小计],'资产负债表 10 年'[属性] = x）。这部分代码计算"资产负债小计"字段的值，但仅限于"资产负债表 10 年"中"属性"列的值等于变量 x 的行。

总的来说，这个公式首先检查用户选择的"项目"是什么，然后根据这个选择返回相应的期末余额。如果用户选择的项目不是 SWITCH 函数中明确列出的任何一个，那么它会计算"资产负债小计"字段的值，但仅限于与所选项目匹配的行。

（19）期末余额

该度量值在"期末余额计算"的基础上，增加时间点为所选择时间范围的最后日期。表达式如下：

01 011 期末余额 =

VAR x = MAX（'时间表'[DATE]）

Return

CALCULATE（[01 11 期末余额计算],'时间表'[DATE] = x）

（20）期初余额

表达式如下：

01 01 期初余额 =

VAR x = MIN（'时间表'[DATE]） – 1 Return

CALCULATE（[01 11 期末余额计算],'时间表'[DATE] = x）

(21) 货币资金

表达式如下：

货币资金 = CALCULATE（[01 00 资产负债小计],'资产负债表-辅助表'[项目名称] = "货币资金"）

(22) 流动比率

表达式如下：

流动比率 = DIVIDE（'规范资产负债表度量值'[01 011 流动资产],'规范资产负债表度量值'[01 021 流动负债]）

DIVIDE 函数表示执行除法运算，并在被 0 除时返回备用结果或 BLANK（），其中参数一为被除数，参数二为除数，参数三为备用值，若参数三未书写，则默认为控制 BLANK（）。

注意：我们设置比率、占比等百分比数据时，在创建度量值时直接在功能区设置该度量值数据类型，见图 4-23。后续任务步骤同样操作，不再赘述。

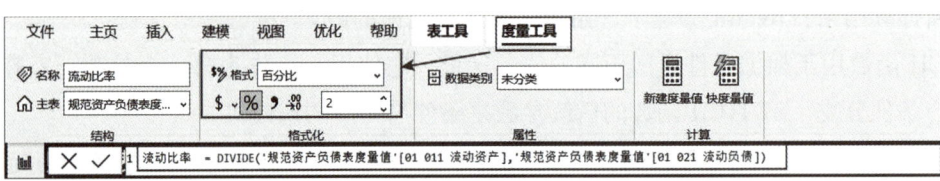

图 4-23 新建度量值三

(23) 现金比率

表达式如下：

现金比率 = DIVIDE（

[货币资金],

[01 021 流动负债]）

(24) 资产负债率

表达式如下：

资产负债率 = [01 02 负债合计] / [01 01 资产合计]

(25) 速动比率

表达式如下：

速动比率 = DIVIDE（[01 0111 速动资产],[01 021 流动负债]）

(26) 产权比率

表达式如下：

产权比率 = DIVIDE（[01 02 负债合计],[01 03 所有者权益]）

(27) 变化

表达式如下：

变化 = [01 011 期末余额] - [01 01 期初余额]

(28) 变动%

表达式如下：

变化% = DIVIDE（[变化]，[01 01 期初余额]）

（29）取数差异

表达式如下：

01 04 取数差异 = SUMX（ALL（'资产负债表-辅助表'），[01 01 资产合计] - [01 02 负债合计] - [01 03 所有者权益]）

使用 SUMX 函数：SUMX（ALL（'资产负债表-辅助表'），…），SUMX 函数是一个迭代器函数，用于对"资产负债表-辅助表"中的每一行执行指定的表达式，并返回这些表达式的值的总和。

ALL（'资产负债表-辅助表'）确保了 SUMX 函数会在整个"资产负债表-辅助表"的上下文中执行，不考虑任何现有的筛选器或上下文。

计算差值：[01 01 资产合计] - [01 02 负债合计] - [01 03 所有者权益]

对于"资产负债表-辅助表"中的每一行，这个表达式计算"资产合计"字段的值减去"负债合计"字段的值，再减去"所有者权益"字段的值。这给出了每一行的"取数差异"。

求和：SUMX 函数将这些"取数差异"值相加，得到整个"资产负债表-辅助表"的"取数差异"总和。

如果"资产负债表"是平衡的，那么理论上"资产合计"应该等于"负债合计"加上"所有者权益"。因此，这个"取数差异"计算字段的结果应该接近零。

（30）资产负债表校验

表达式如下：

01 04 资产负债表校验 =

SWITCH（

SELECTEDVALUE（'资产负债表-辅助表'[大类]），

"资产"，[01 01 资产合计]，

"负债"，[01 02 负债合计]，

"所有者权益"，[01 03 所有者权益]，

"取数差异"，[01 04 取数差异]，

[01 01 资产合计]）

注意：当前度量值表（规范资产负债表度量值）如已成功创建所有需要使用的度量值后，单击右键，在表内【列1】字段选择"在模型中删除"，后续任务此步操作相同，不再赘述。

使用 SWITCH 函数：SWITCH（SELECTEDVALUE（'资产负债表-辅助表'[大类]），…）：SWITCH 函数根据第一个参数[在这里是 SELECTEDVALUE（'资产负债表-辅助表'[大类]）]的值返回一系列条件中匹配的值。SELECTEDVALUE 函数获取当前上下文中的单个选定值，这里是从"资产负债表-辅助表"的"大类"列中选择的。

条件与返回值："资产"，[01 01 资产合计]表示如果 SELECTEDVALUE 返回"资产"，则 SWITCH 函数返回[01 01 资产合计]字段的值。

同样地，对于"负债"和"所有者权益"，SWITCH 函数分别返回[01 02 负债合计]和[01 03 所有者权益]字段的值。

如果选择的"大类"是"取数差异",则返回[01 04 取数差异]字段的值,这个字段可能包含了之前计算出的资产与负债及所有者权益之间的差异。

默认情况:如果 SELECTEDVALUE 返回的值不是上述任何一个(即"资产""负债""所有者权益"或"取数差异"),SWITCH 函数将返回[01 01 资产合计]字段的值作为默认值。这是一个安全措施,以确保即使输入了无效的值,也能返回一个有意义的校验值。

在实际应用中,这个计算字段允许用户选择一个"大类"(如"资产""负债"或"所有者权益"),然后查看相应的合计值或差异。这有助于用户快速校验资产负债表的不同部分,确保它们的值是正确的。

4.2.1.3 设置矩阵

矩阵设置的样式多种多样,可按维度表规范放置在一个矩阵中,也可将其分成两个矩阵,分别显示资产负债表左右两列内容。

步骤1:在可视化对象中选择插入"矩阵",矩阵的行放入"类别"和"项目名称"(重命名:资产负债表),值放入"01 01 期初余额"(重命名:期初余额)、"01 11 期末余额计算"(重命名:期末余额)、"变化"、"变化%"字段,具体如图4-24至图4-26所示。

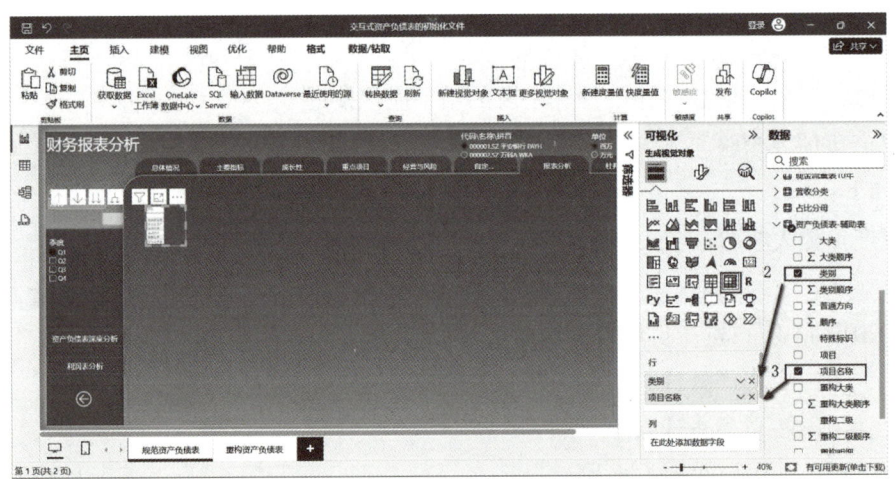

图4-24 插入"矩阵"一

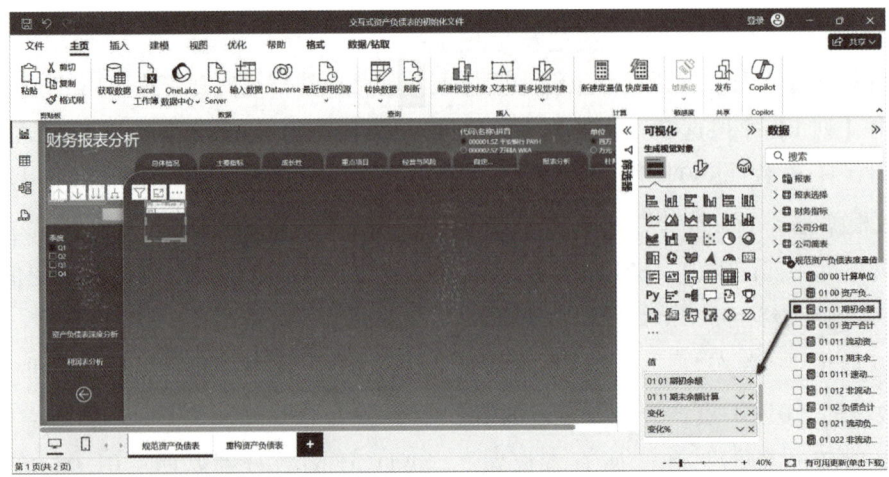

图4-25 插入"矩阵"二

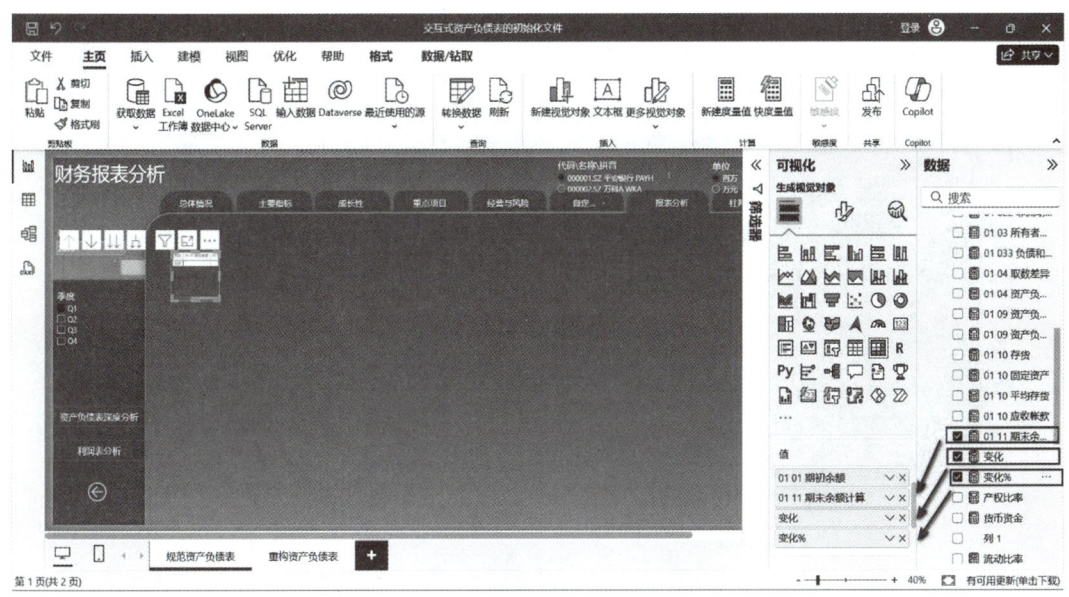

图 4 – 26　插入"矩阵"三

步骤2：由于类别这一字段在辅助表内涵盖了项目名称这一字段的上级内容，所以在此列只显示类别即非流动资产、流动资产；我们将向下钻取的功能打开，即可看到每一类别的所有科目了，具体操作如图 4 – 27 所示。

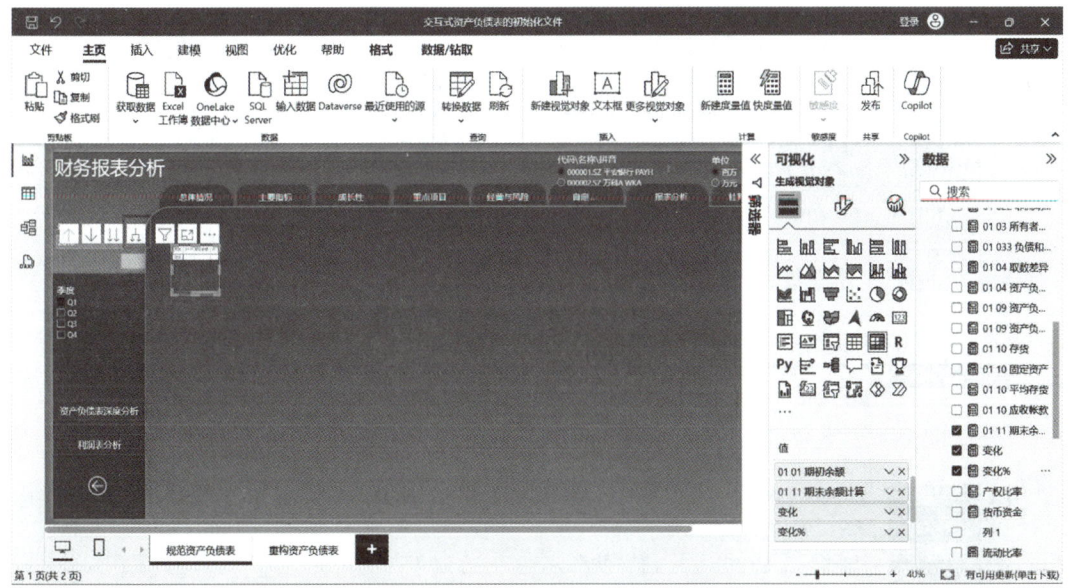

图 4 – 27　打开向下钻取功能

步骤3：调整矩阵的位置和大小，在"变化"下设置条件格式，具体操作如图 4 – 28 至图 4 – 30 所示。后续的颜色变化可以根据个人喜好选择。

图4-28 设置条件格式一

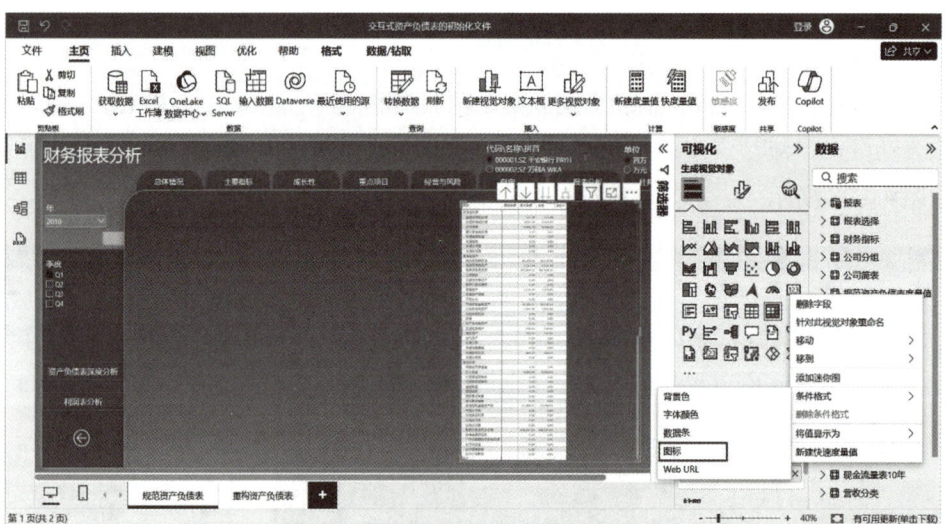

图4-29 设置条件格式二

图4-30 设置条件格式三

步骤4：设置样式预设为"具有对比度的交替行"，关闭矩阵的自动换行，打开行小计，具体操作如图4-31至图4-35所示。后续的颜色变化可以根据个人喜好选择。

图4-31　设置矩阵格式一

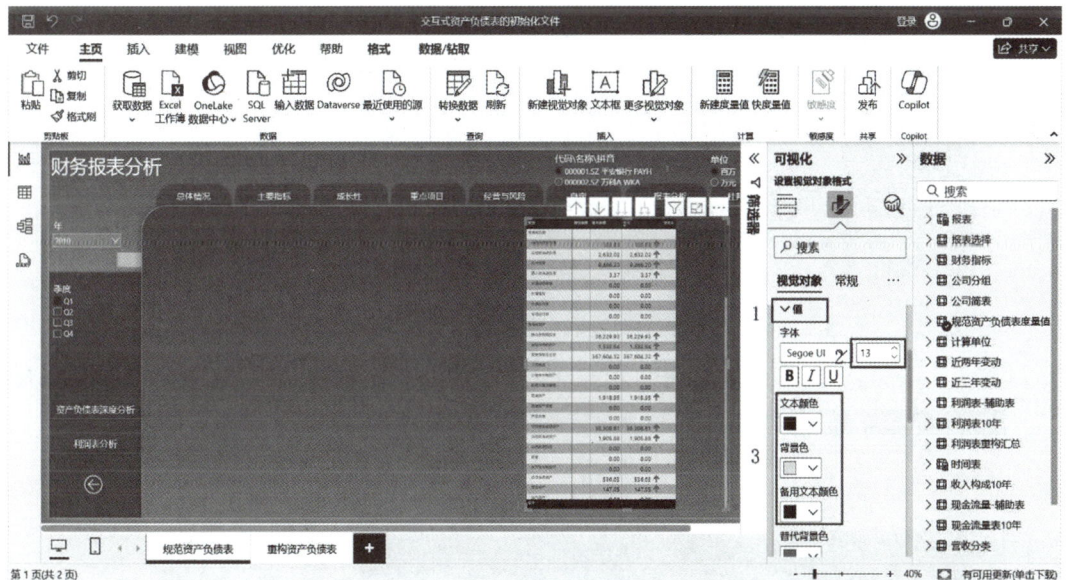

图4-32　设置矩阵格式二

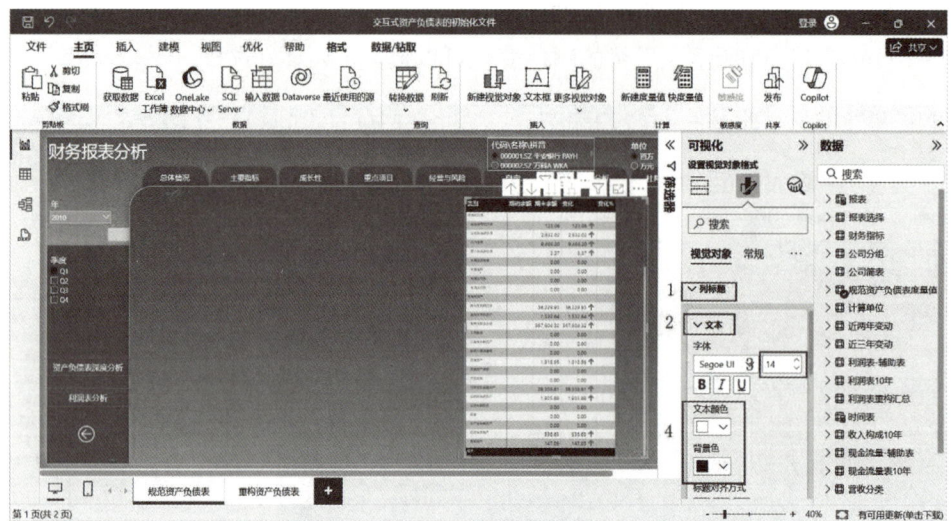

图 4-33　设置矩阵格式三

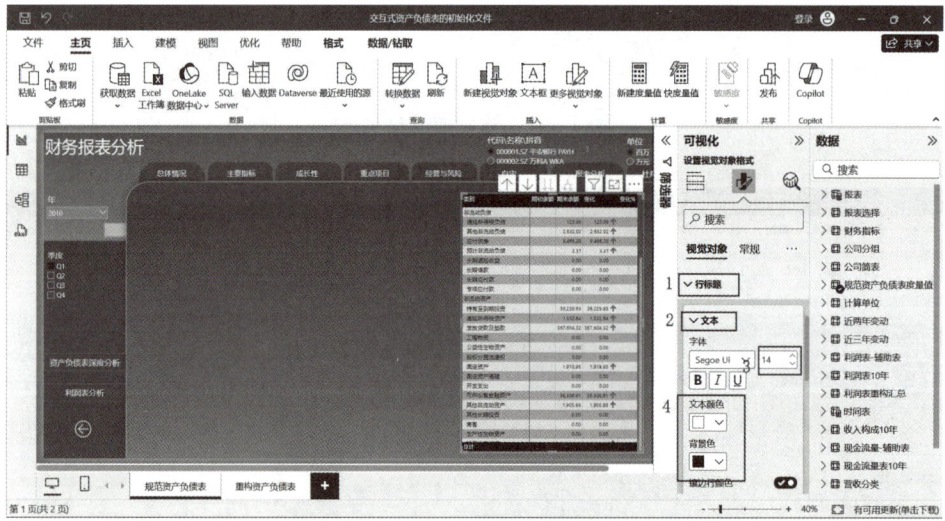

图 4-34　设置矩阵格式四

图 4-35　设置矩阵格式五

步骤5：设置好其中一个之后我们可以直接复制出另一个，分别对其进行更细化的设置，即选中要编辑的矩阵，将大类拖拽到此视觉对象上的筛选器中，左侧的选中"资产"，右侧的选中"负债"和"所有者权益"即可，具体操作如图4-36至图4-38所示。

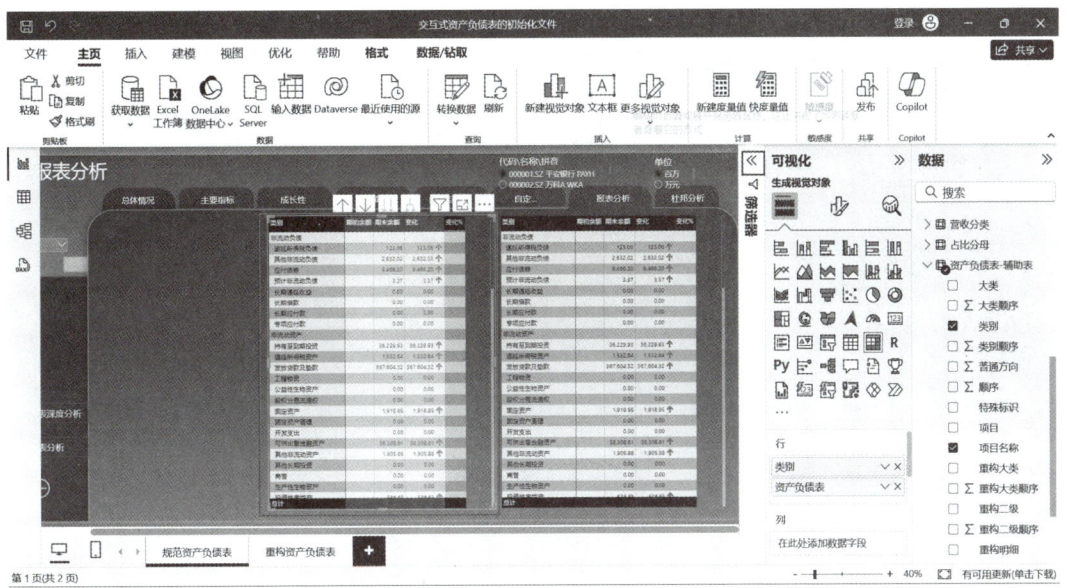

图4-36 复制矩阵

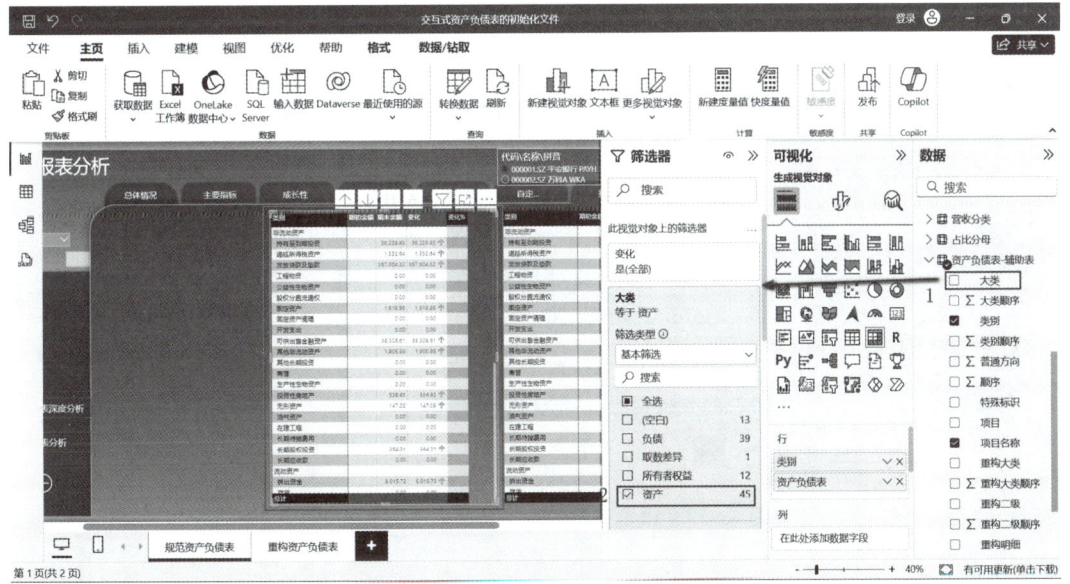

图4-37 设置矩阵一

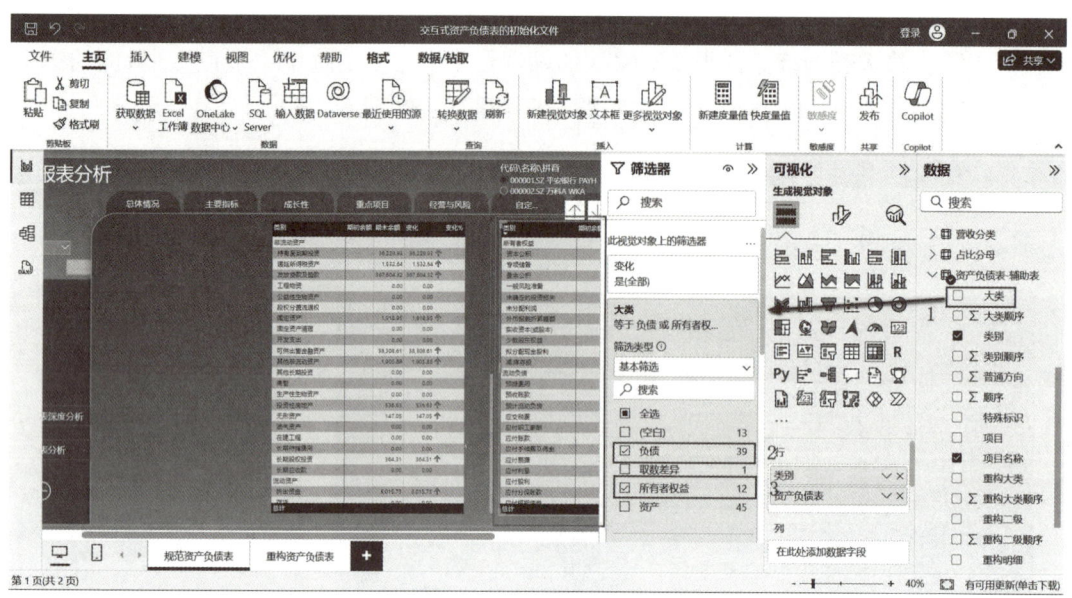

图 4-38　设置矩阵二

步骤 6：设置完成的资产负债表左侧矩阵和资产负债表右侧矩阵如图 4-39 所示。

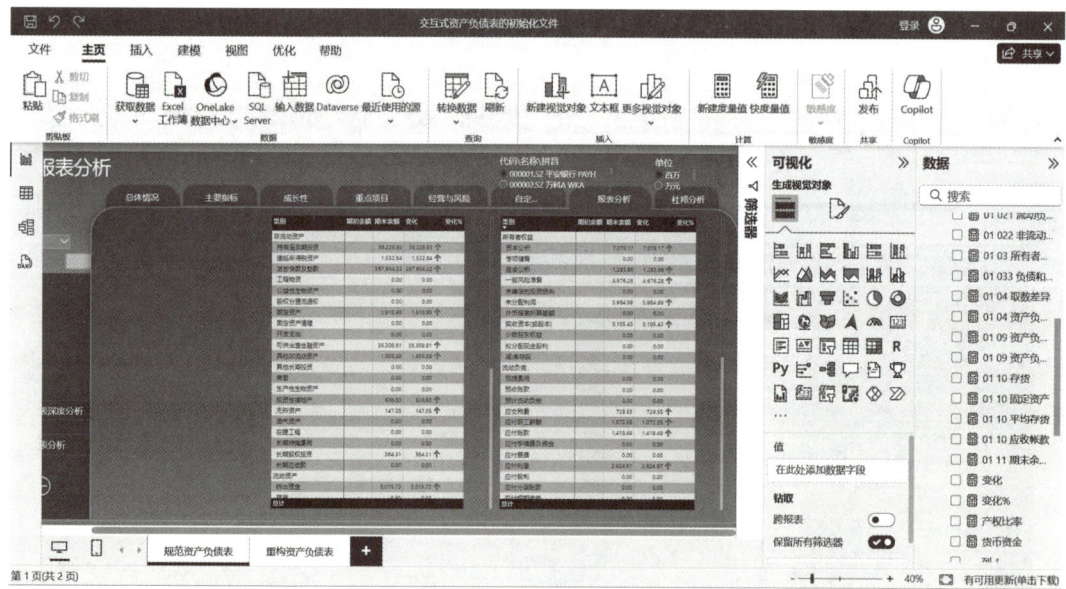

图 4-39　设置完成的资产负债表左右侧矩阵

4.2.1.4　插入卡片图

参照 4.2.1.2 节的"编写度量值"，使用 DIVIDE 公式设置卡片图需要展示的 4 个核心指标：资产负债率、流动比率、速动比率、产权比率，需将此 4 个核心指标的显示格式修改为百分比，此处以资产负债率为例，具体操作如图 4-40 所示。

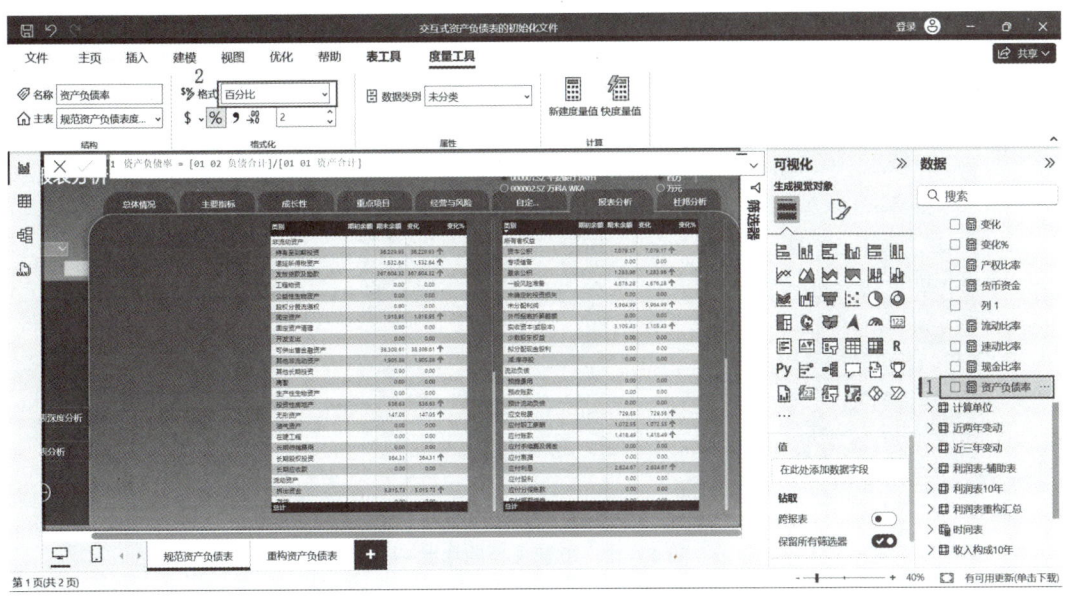

图 4-40 资产负债率卡片图设置

步骤1：插入"卡片图"视觉对象，将字段设置为"资产负债率"，具体如图 4-41 所示。

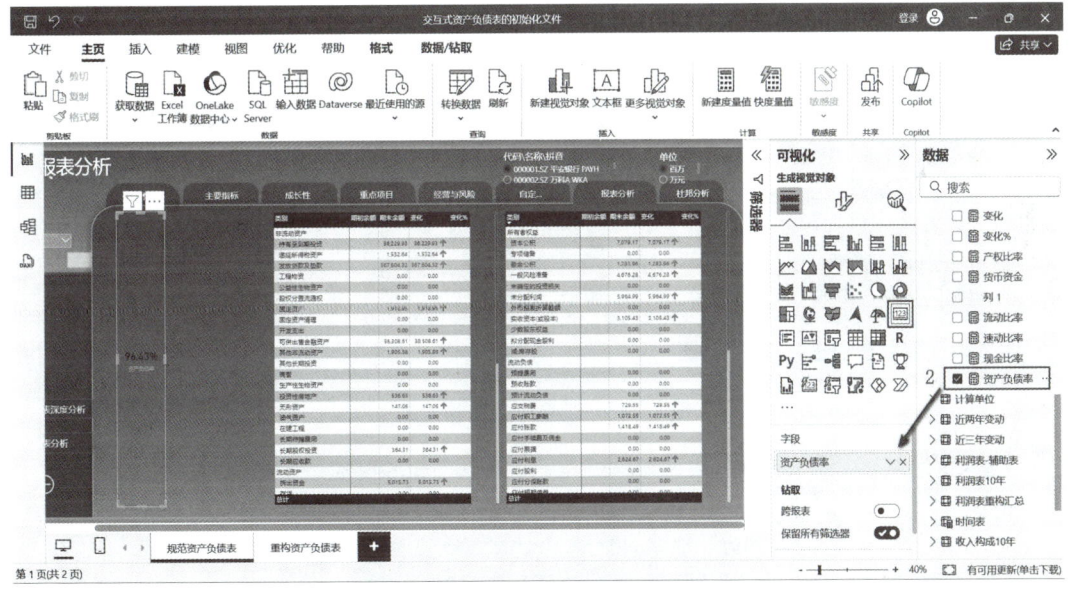

图 4-41 插入资产负债率卡片图

步骤2：按照图中的格式规范进行卡片图的设置，具体如图 4-42 至图 4-47 所示（卡片图的大小及文字大小都不会影响测评，但为了整个可视化页面的布局，建议按照图中参数进行设置。如果图中参数不适合，也可以根据个人电脑显示进行适当调整）。

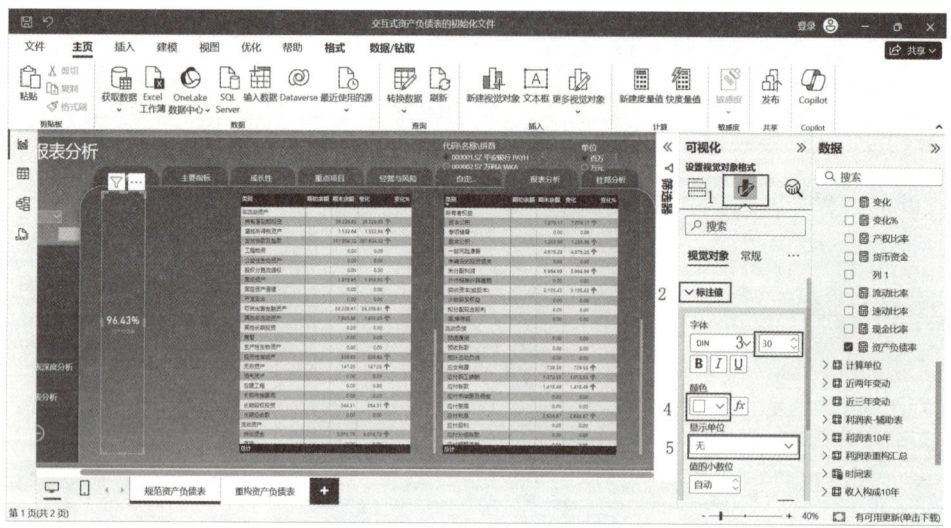

图4-42　设置卡片图格式一

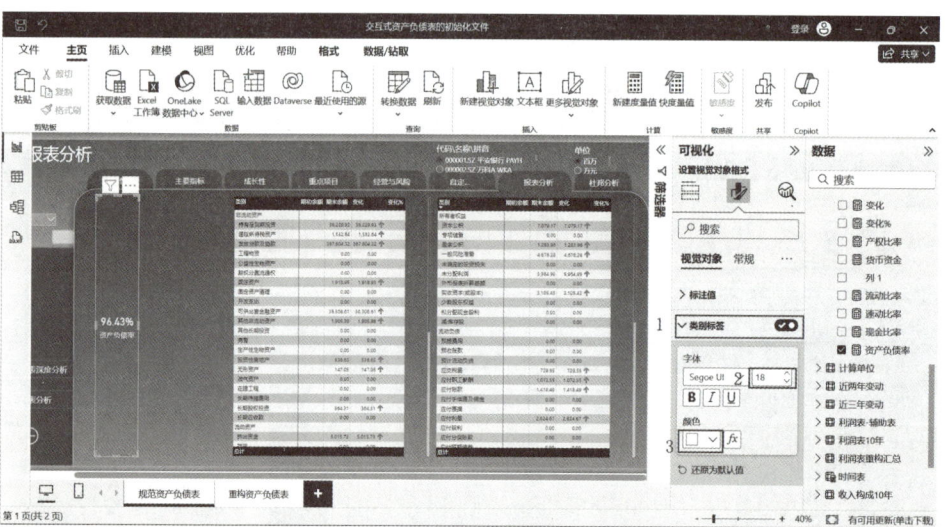

图4-43　设置卡片图格式二

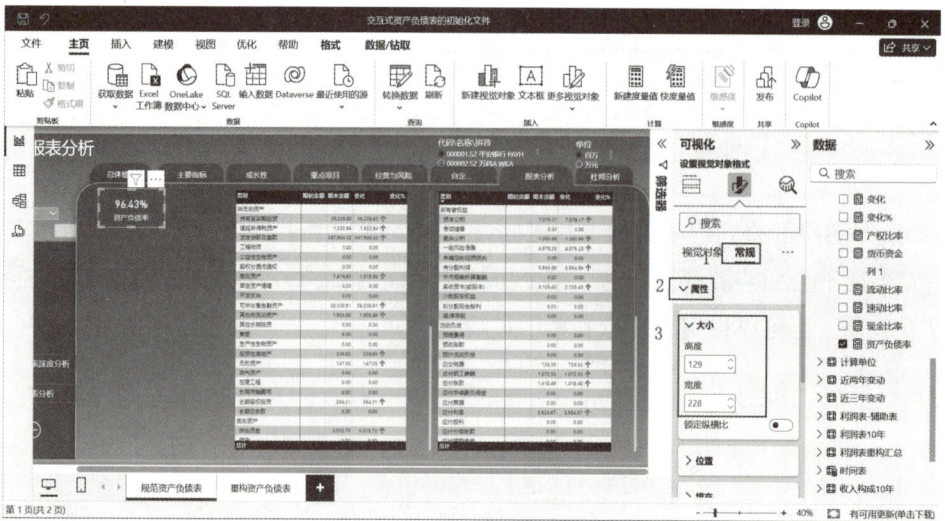

图4-44　设置卡片图格式三

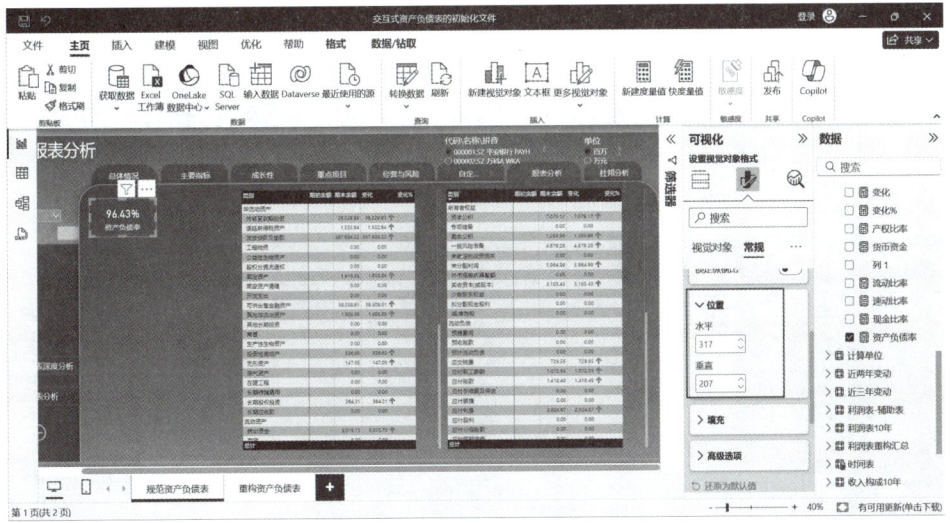

图 4-45　设置卡片图格式四

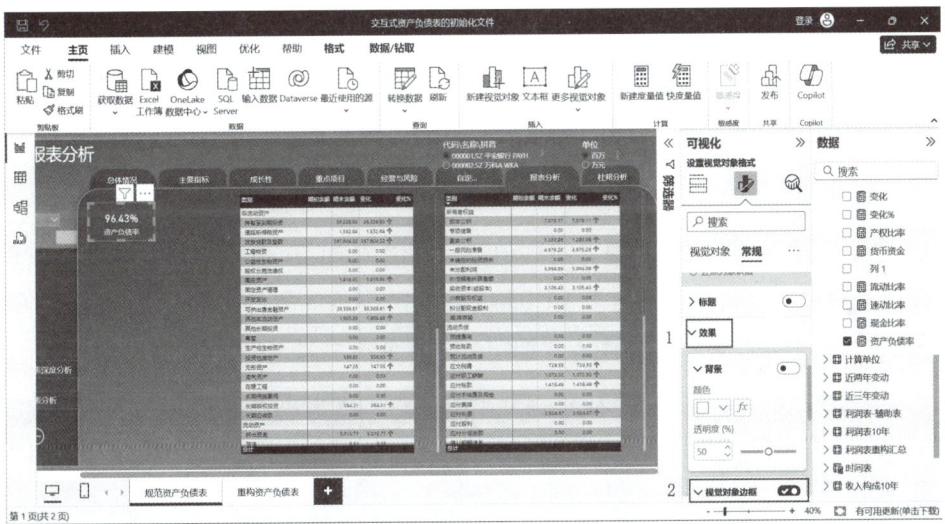

图 4-46　设置卡片图格式五

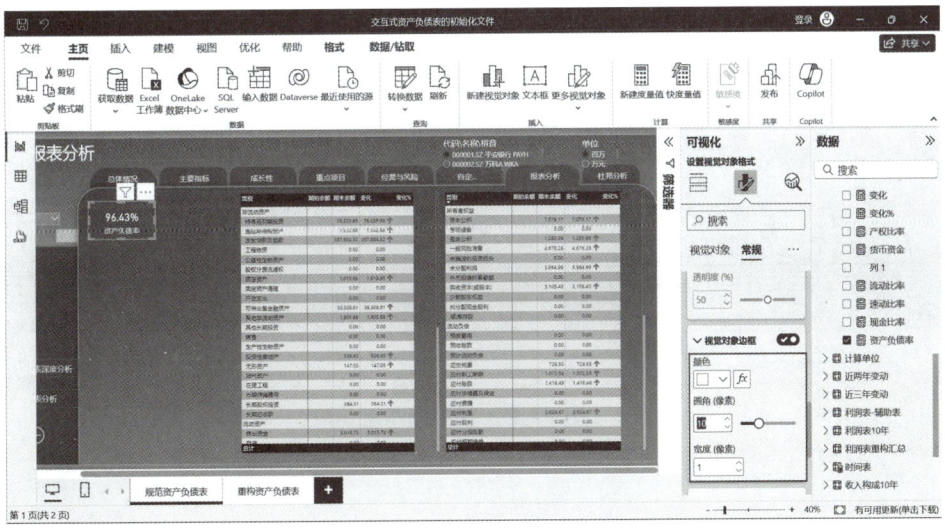

图 4-47　设置卡片图格式六

步骤3：复制"资产负债率"卡片图三次，依次将"流动比率""产权比率""速动比率"度量值拖入对应卡片图"字段"中，如图4-48所示。

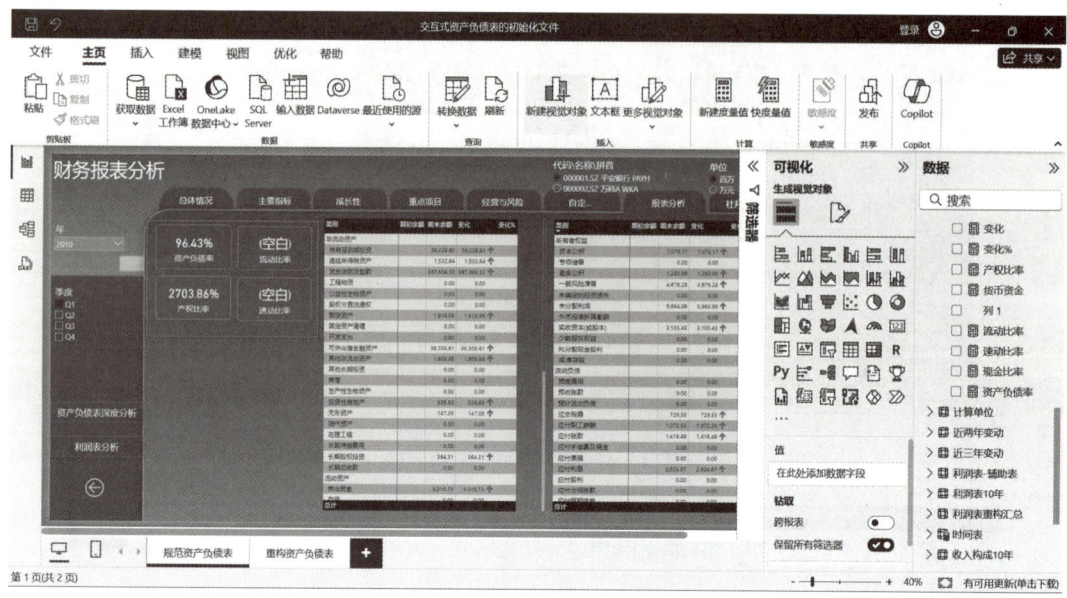

图4-48　四张卡片图

4.2.1.5　插入圆环图

步骤1：插入"圆环图"视觉对象，将"值"字段放入01 01资产合计（重命名：资产合计）、01 02负债合计（重命名：负债合计）和01 03所有者权益（重命名：所有者权益），在视觉对象的"格式"属性面板中修改格式。具体步骤如图4-49至图4-53所示。

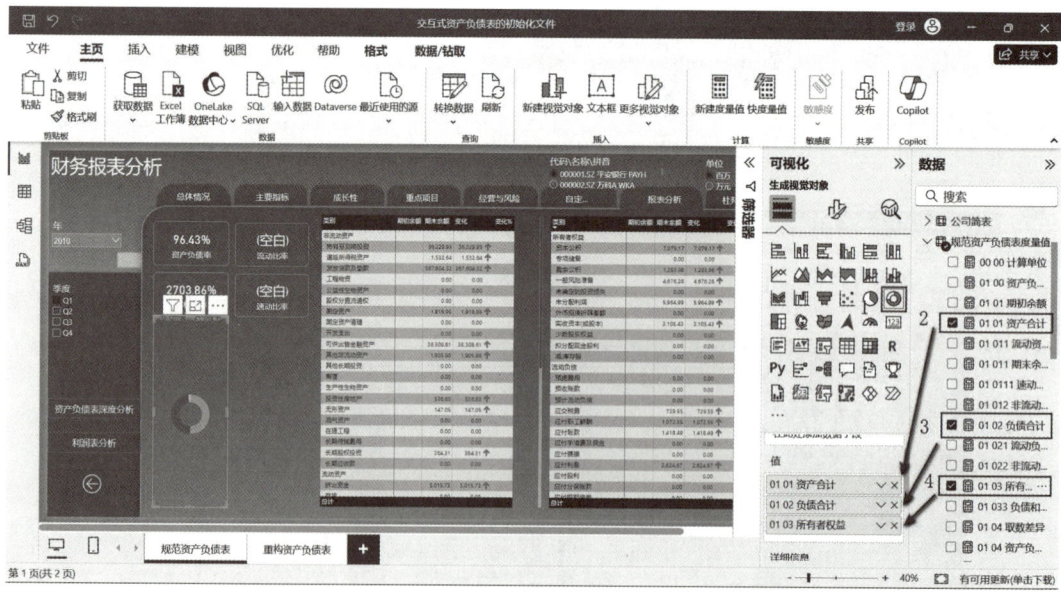

图4-49　插入圆环图

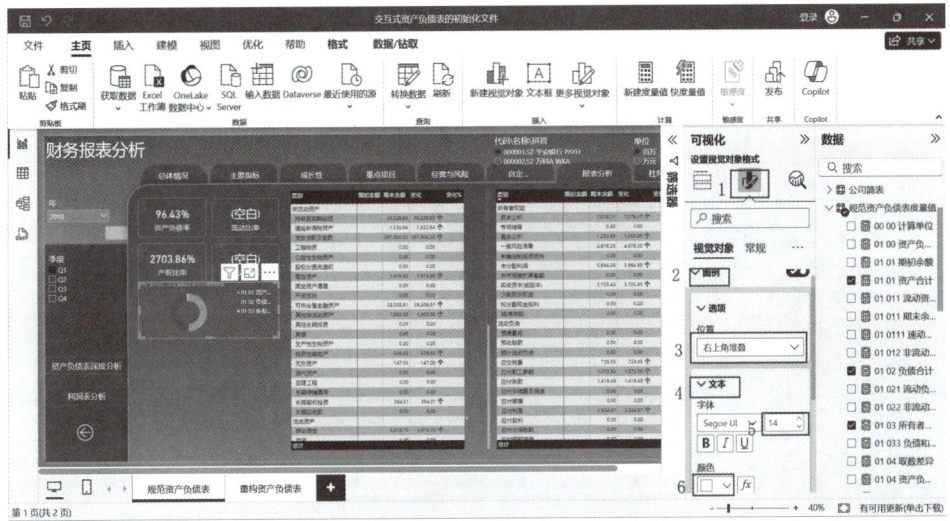

图 4-50　设置圆环图一

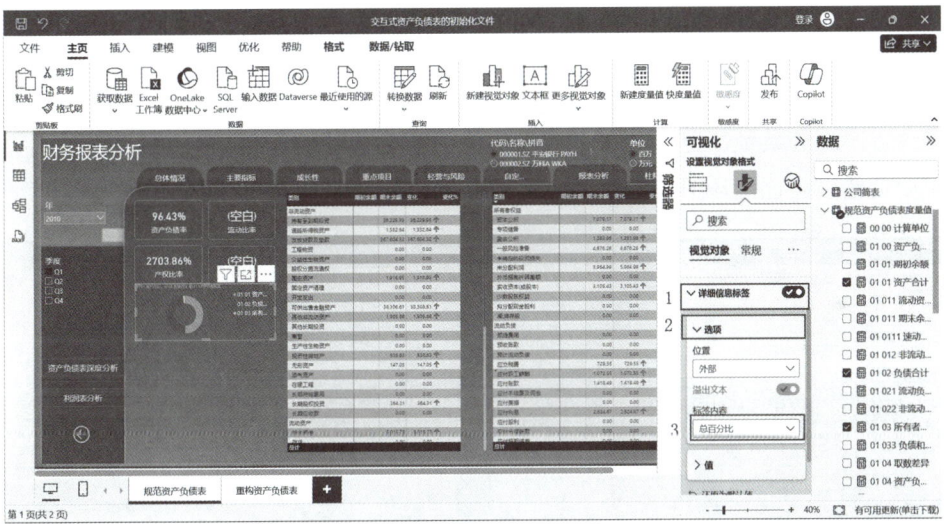

图 4-51　设置圆环图二

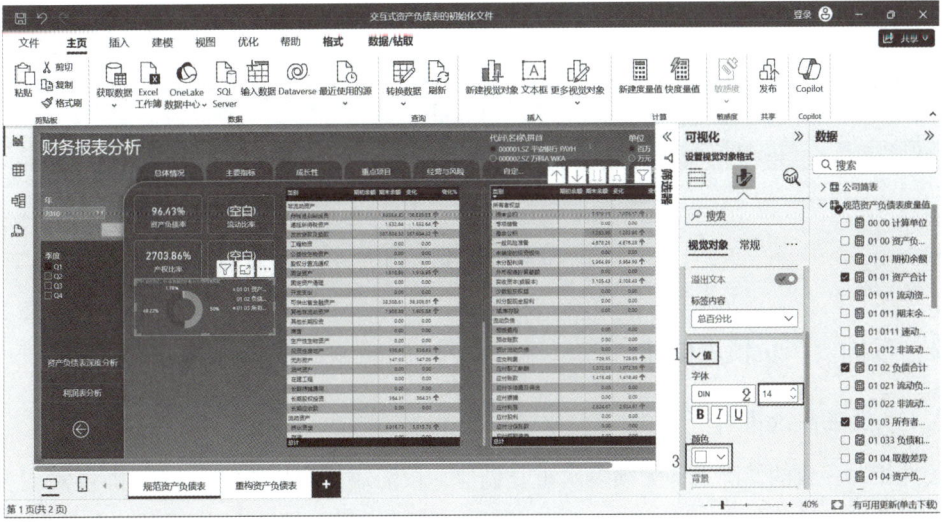

图 4-52　设置圆环图三

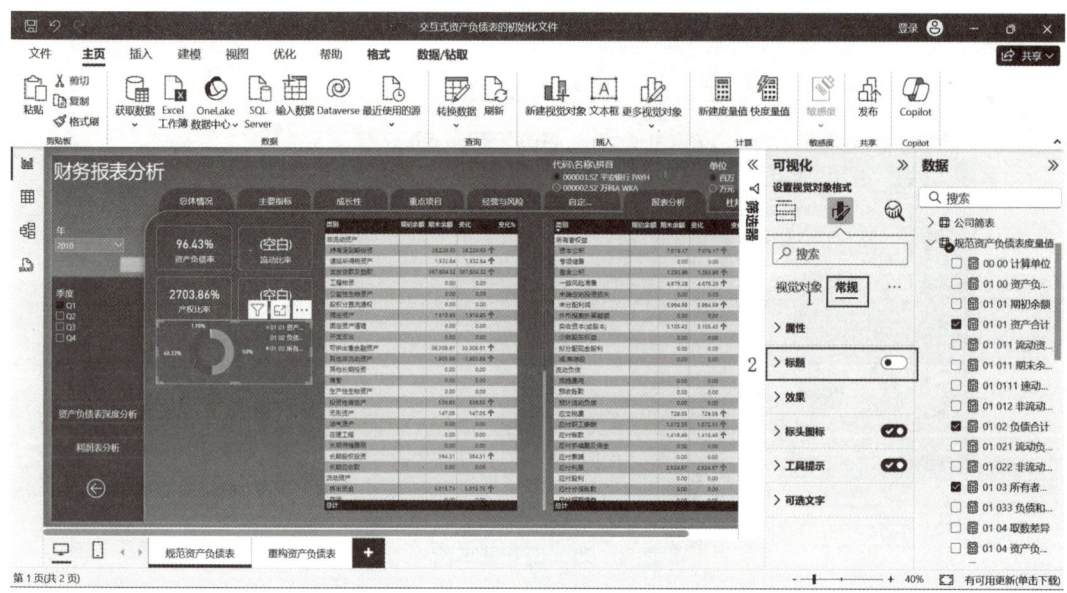

图 4-53 设置圆环图四

步骤 2：依次完成资产部分：01 011 流动资产（重命名：流动资产）、01 012 非流动资产（重命名：非流动资产）和负债部分：01 021 流动负债（重命名：流动负债）、01 022 非流动负债（重命名：非流动负债）占比圆环图，如图 4-54 所示。

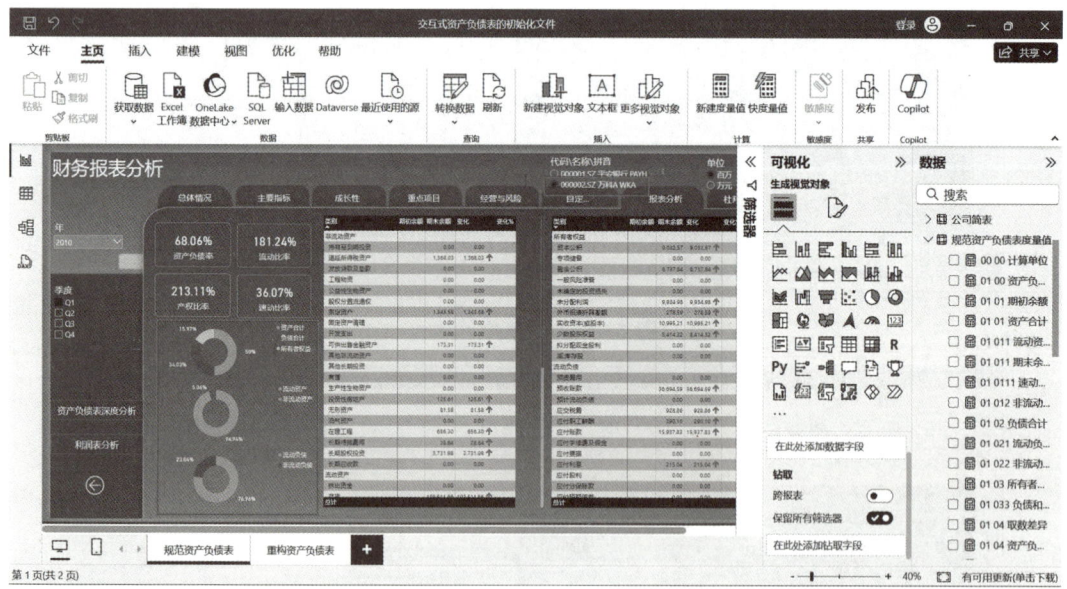

图 4-54 圆环图

4.2.2 重构资产负债表创建

4.2.2.1 设置筛选条件

筛选条件相对一致的情况下，无须多次重复创建，仅需通过"同步切片器"即可实现多页共享切片器，将规范资产负债表内 4 个切片器依次同步至"重构资产负债表"内，具体操作如图 4-55 所示。

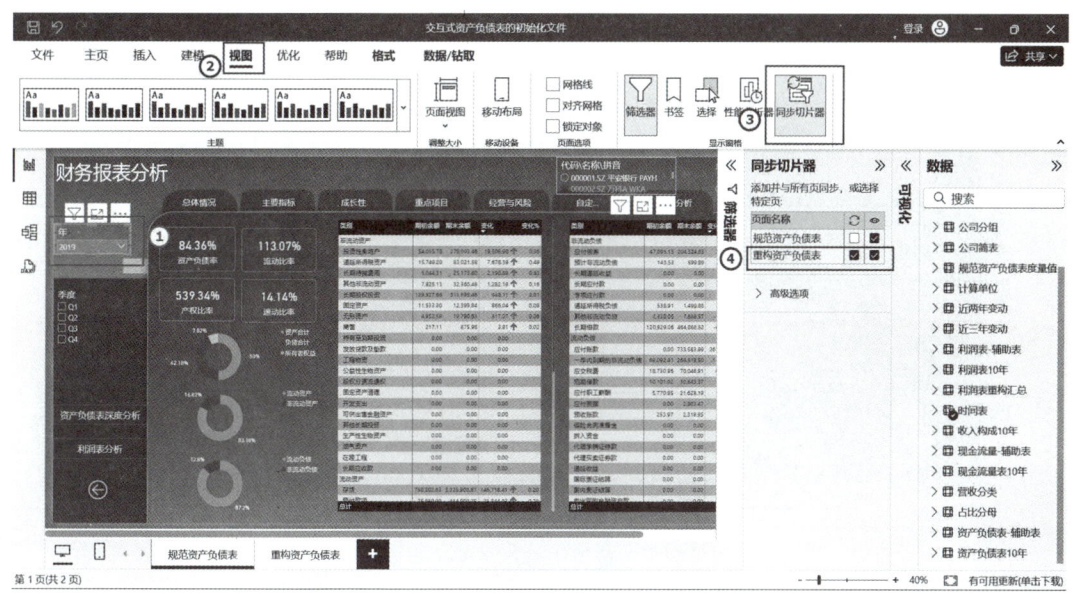

图 4-55 同步切片器

重构资产负债表因需要查看资产架构、资本结构和长期资产 VS 长期资本随年度的变化趋势，因此"年"切片器需关闭单项选择功能，选择全选选项，具体操作如图 4-56 所示。

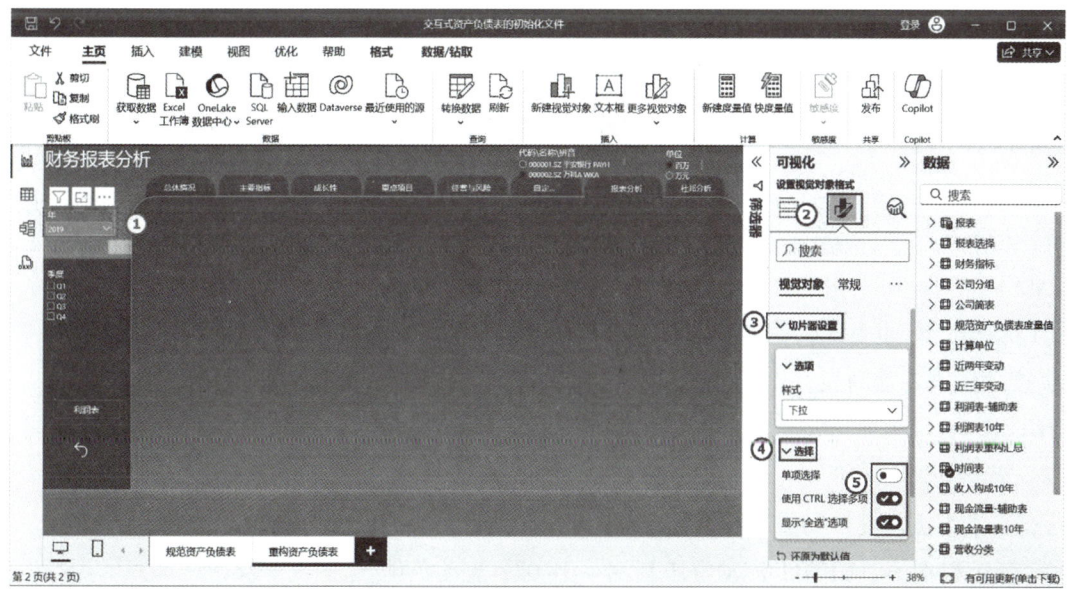

图 4-56 设置"年"切片器

4.2.2.2 编写度量值

执行"主页—输入数据"命令，创建一个存放"重构资产负债表度量值"的管理表，具体操作如图 4-57 所示。

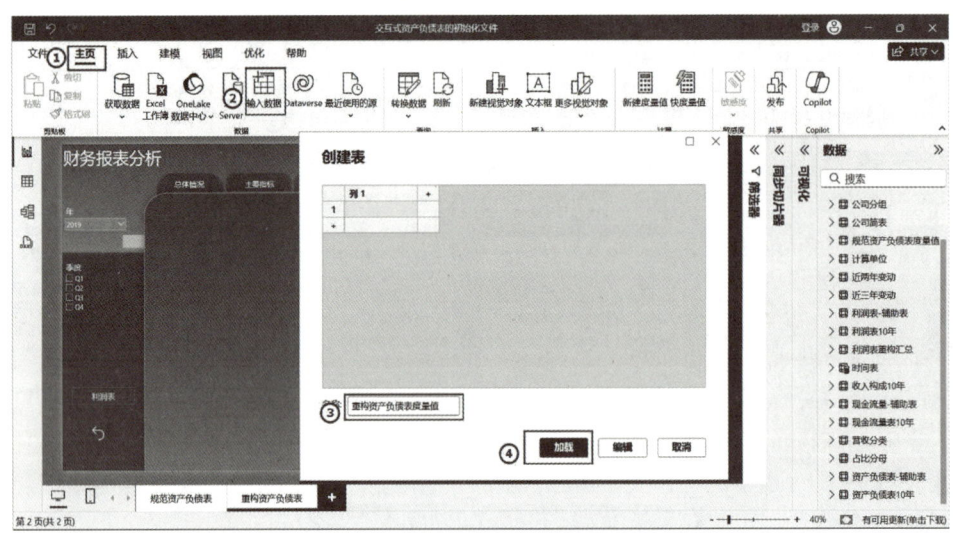

图 4-57　创建重构资产负债表度量值表

传统资产负债表的左边按照资产的流动性列示不同企业资产的具体构成,右边列示资产的来源。按照对利润的贡献程度,将资产分为经营性资产和投资性资产,负债和所有者权益合称为广义的资本,即资产负债表右边可以重构为四类资本,分别是金融性负债资本、经营性负债资本、股东投入资本、留存收益资本,资产负债表的左边重构为经营性资产和投资性资产。因此需要创建相应项目度量值如下:

(1) 金融资产

以辅助表中已归类为金融资产的项目取数,获取筛选器所选择的时间范围内资产期末余额。表达式如下:

402 金融资产 =

CALCULATE（

［01 00 资产负债小计］,

'资产负债表 – 辅助表'［重构明细］= " 金融资产",

FILTER（ALL（'时间表'）,'时间表'［DATE］= MAX（'资产负债表 10 年'［报告日期］)))

(2) 营运资本

营运资本为流动资产与流动负债的差额。表达式如下:

406 营运资本 = ［01 011 流动资产］ – ［01 021 流动负债］

(3) 长期经营资产

表达式如下:

409 长期经营资产 =

CALCULATE（

［01 00 资产负债小计］,

'资产负债表 – 辅助表'［重构明细］= " 长期经营资产",

FILTER（ALL（'时间表'）,'时间表'［DATE］= MAX（'资产负债表 10 年'［报告日期］)))

（4）经营资产

表达式如下：

405 经营资产 =［406 营运资本］+［409 长期经营资产］

（5）长期股权投资

表达式如下：

404 长期股权投资 =

CALCULATE（

［01 00 资产负债小计］,

'资产负债表 – 辅助表'［重构明细］=" 长期股权投资",

FILTER（ALL（'时间表'）,'时间表'［DATE］= MAX（'资产负债表10年'［报告日期］）））

（6）长期资产

表达式如下：

419 长期资产 =［404 长期股权投资］+［409 长期经营资产］

（7）短期金融负债

表达式如下：

414 短期金融负债 =

CALCULATE（

［01 00 资产负债小计］,

'资产负债表 – 辅助表'［重构明细］=" 短期金融负债",

FILTER（ALL（'时间表'）,'时间表'［DATE］= MAX（'资产负债表10年'［报告日期］）））

（8）长期金融负债

表达式如下：

415 长期金融负债 =

CALCULATE（

［01 00 资产负债小计］,

'资产负债表 – 辅助表'［重构明细］=" 长期金融负债",

FILTER（ALL（'时间表'）,'时间表'［DATE］= MAX（'资产负债表10年'［报告日期］）））

（9）所有者权益

表达式如下：

416 所有者权益 =

CALCULATE（

［01 00 资产负债小计］,

'资产负债表 – 辅助表'［重构明细］=" 所有者权益",

'资产负债表 – 辅助表'［普通方向］=1,

FILTER（ALL（'时间表'）,'时间表'［DATE］= MAX（'资产负债表10年'［报告日期］）））

– CALCULATE（

［01 00 资产负债小计］,

′资产负债表 – 辅助表′ [重构明细] = " 所有者权益",

′资产负债表 – 辅助表′ [普通方向] = – 1,

FILTER（ALL（′时间表′）, ′时间表′ [DATE] = MAX（′资产负债表 10 年′ [报告日期]）））

(10) 长期资本（长期融资）

表达式如下：

420 长期资本（长期融资）= [415 长期金融负债] + [416 所有者权益]

4.2.2.3 插入卡片图

步骤 1：进入"重构资产负债表"页面，插入"卡片图"视觉对象，将重构后的主要指标进行显示，以 402 金融资产（重命名：金融资产）为例，具体操作如图 4 – 58 所示。

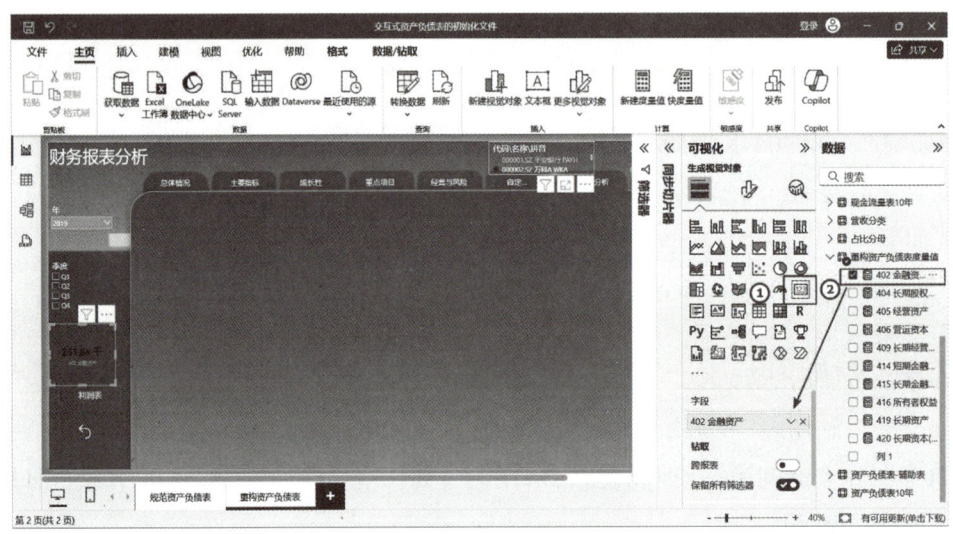

图 4 – 58　插入金融资产卡片图

步骤 2：按照图 4 – 59 至图 4 – 62 的格式规范进行"金融资产"卡片图的格式设置。

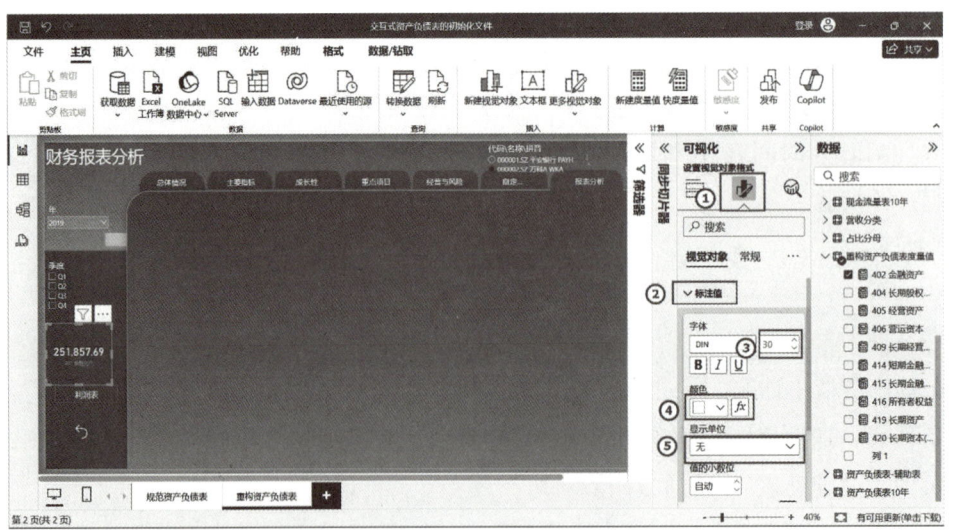

图 4 – 59　设置金融资产卡片图格式一

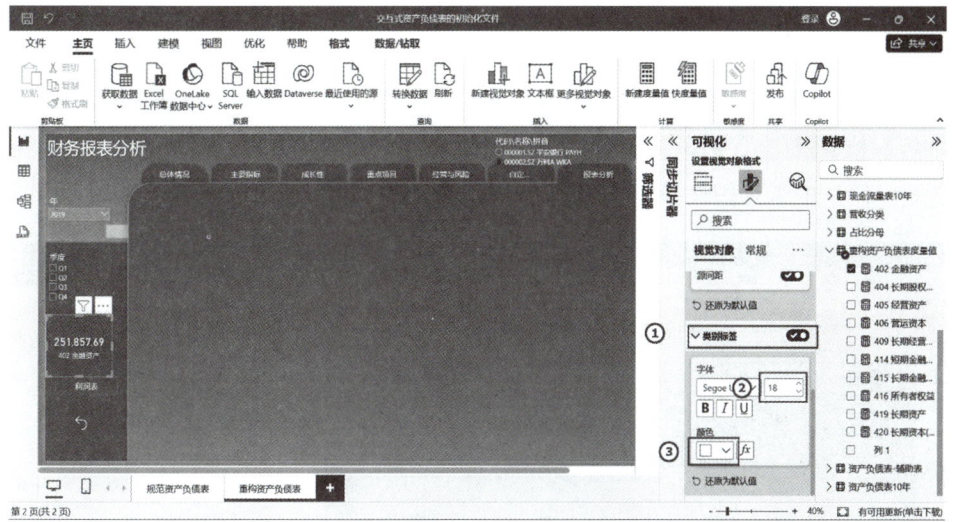

图 4-60　设置金融资产卡片图格式二

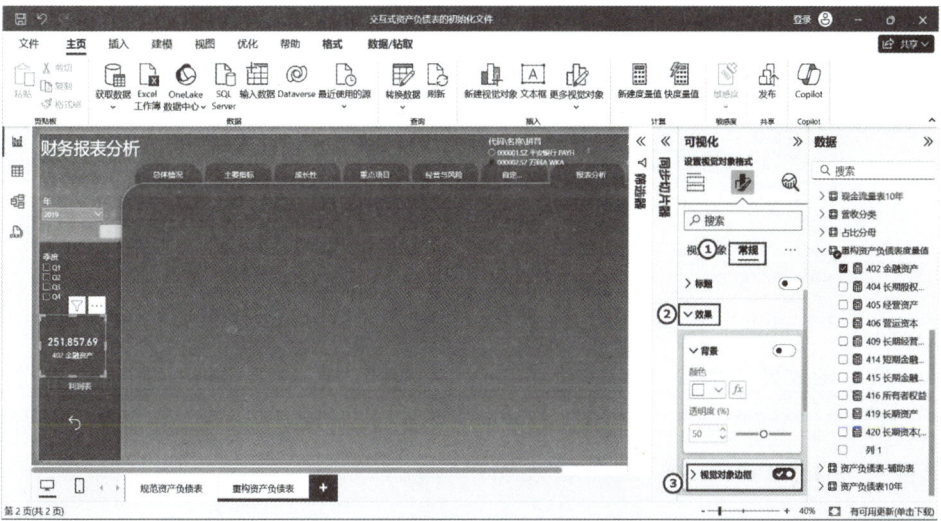

图 4-61　设置金融资产卡片图格式三

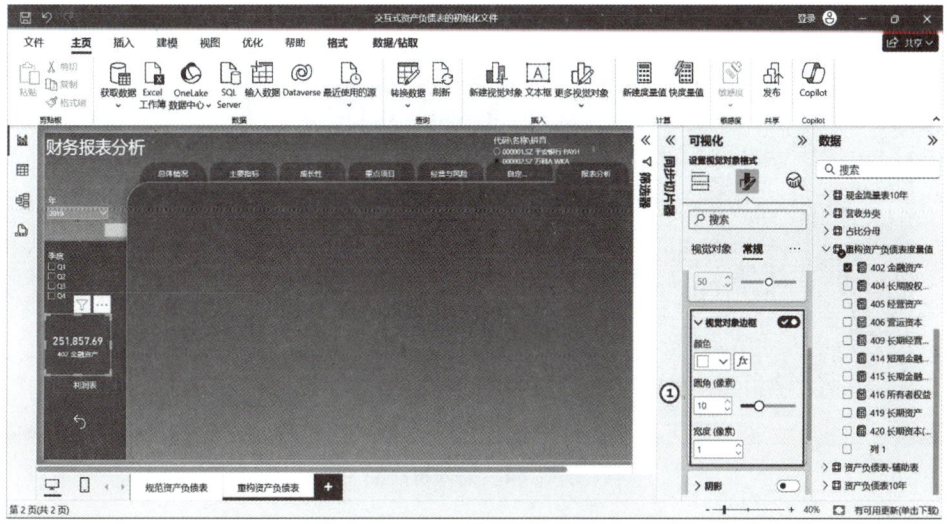

图 4-62　设置金融资产卡片图格式四

步骤3：将"金融资产"卡片图移动到图4-63所示位置，继续依次复制卡片图，完成405经营资产（重命名：经营资产）、414短期金融负债（重命名：短期金融负债）、420长期资本（长期融资）[重命名：长期资本（长期融资）]、404长期股权投资（重命名：长期股权投资）、419长期资产（重命名：长期资产）、416所有者权益（重命名：所有者权益）、415长期金融负债（重命名：长期金融负债）的卡片图设计并排版。

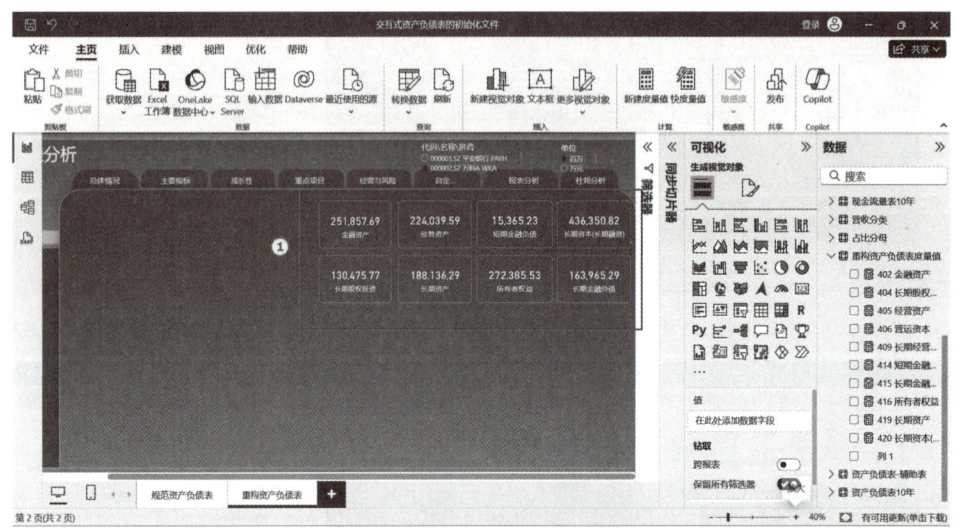

图4-63　设置其他项目卡片图

4.2.2.4　插入折线图

步骤1：插入"折线图"视觉对象，目的是展示资产结构近十年变化情况。

步骤2：将X轴放置"年"，Y轴放置"404长期股权投资"（重命名：长期股权投资）、"402金融资产"（重命名：金融资产）、"405经营资产"（重命名：经营资产），并调整折线图的位置和大小，规范折线图的格式设置，如图4-64至图4-74所示。

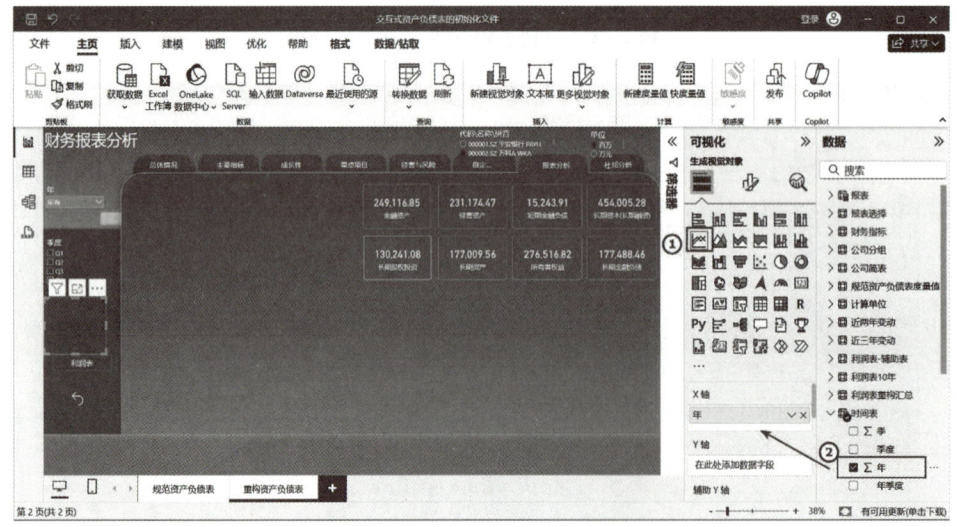

图4-64　插入折线图

第4章
交互式资产负债表

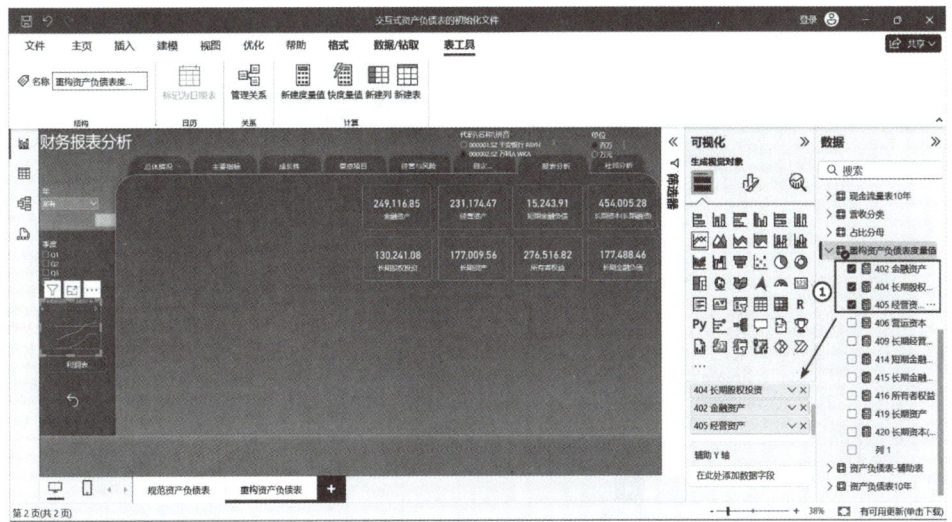

图 4–65　设置折线图格式一

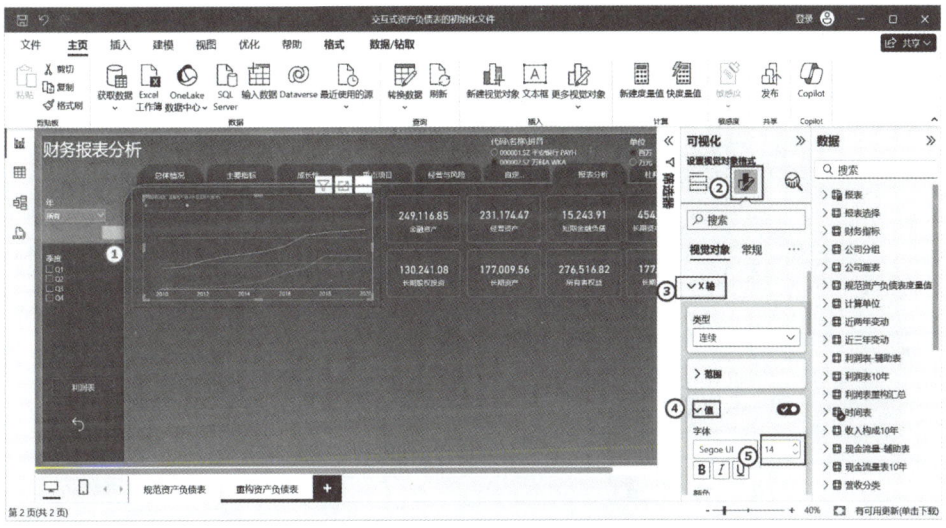

图 4–66　设置折线图格式二

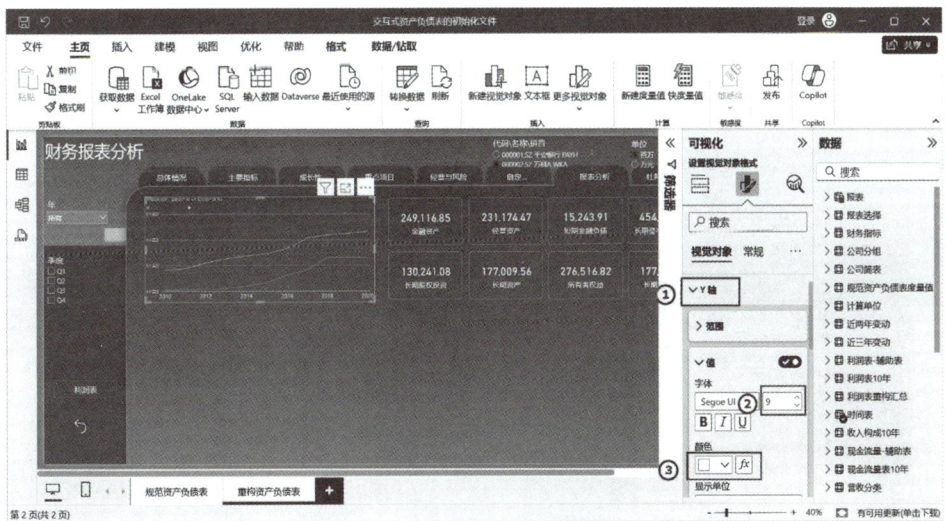

图 4–67　设置折线图格式三

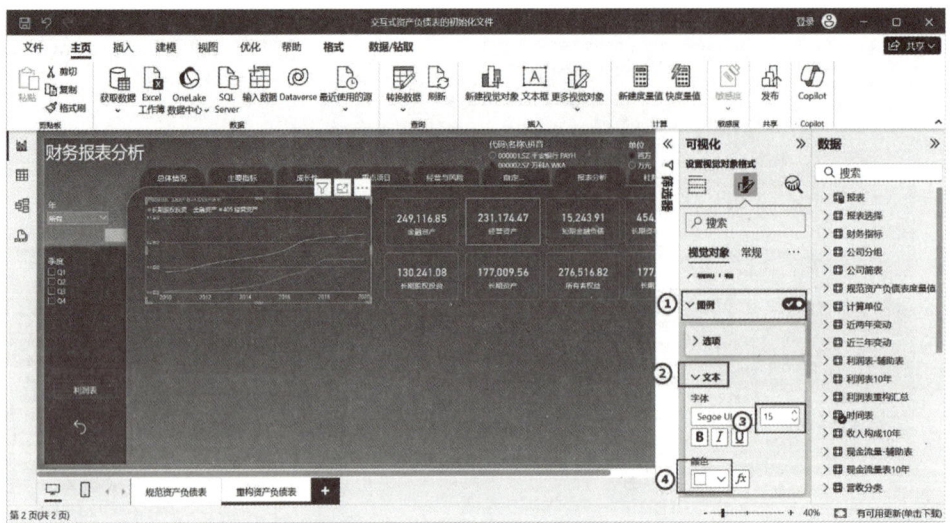

图4-68 设置折线图格式四

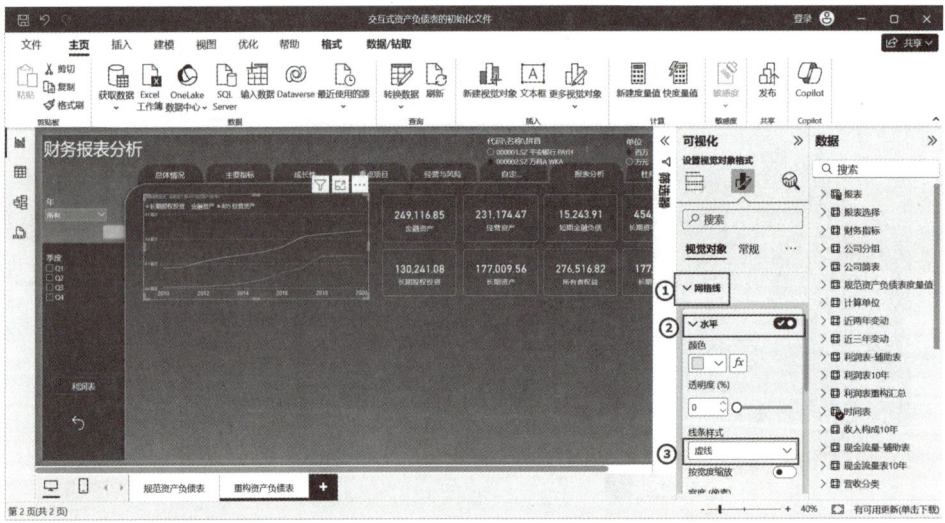

图4-69 设置折线图格式五

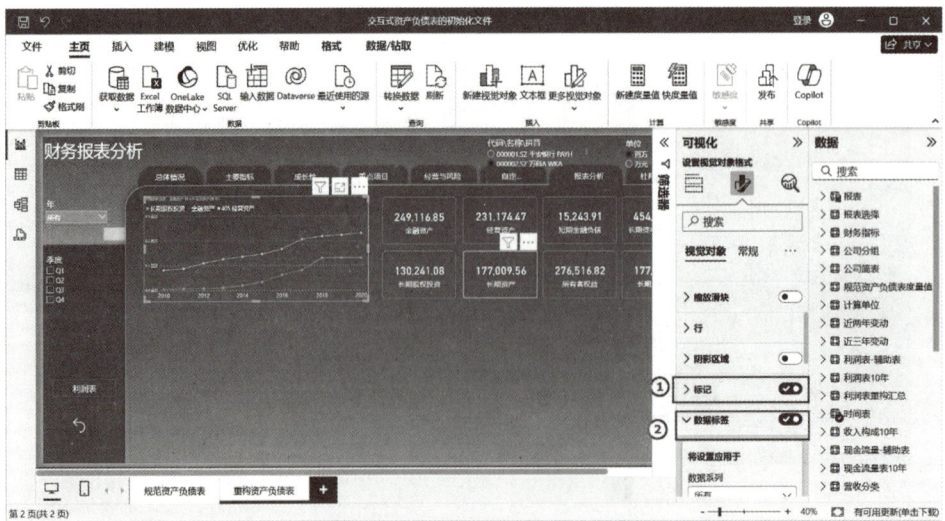

图4-70 设置折线图格式六

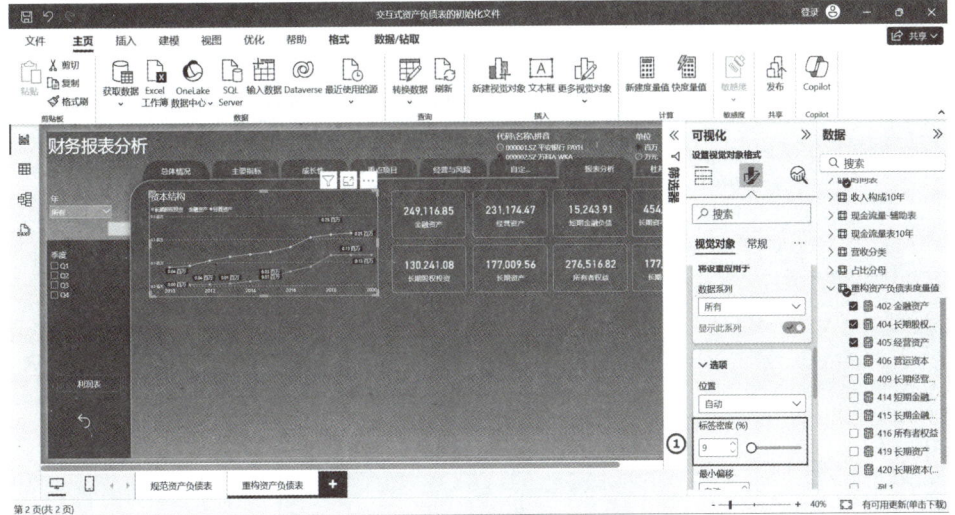

图 4-71　设置折线图格式七

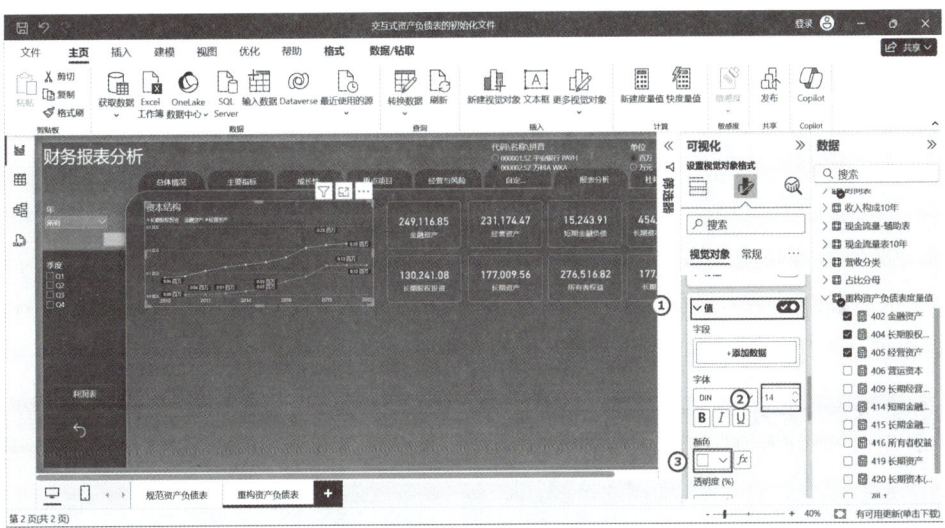

图 4-72　设置折线图格式八

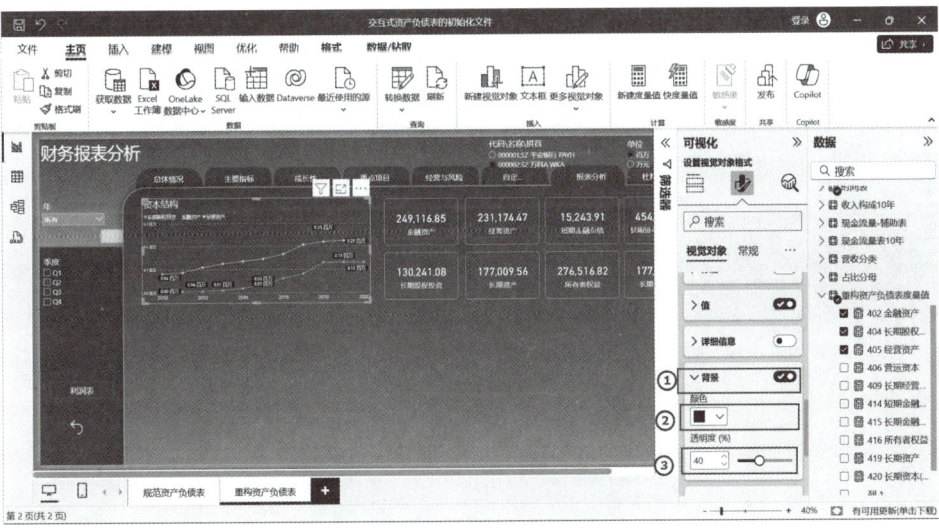

图 4-73　设置折线图格式九

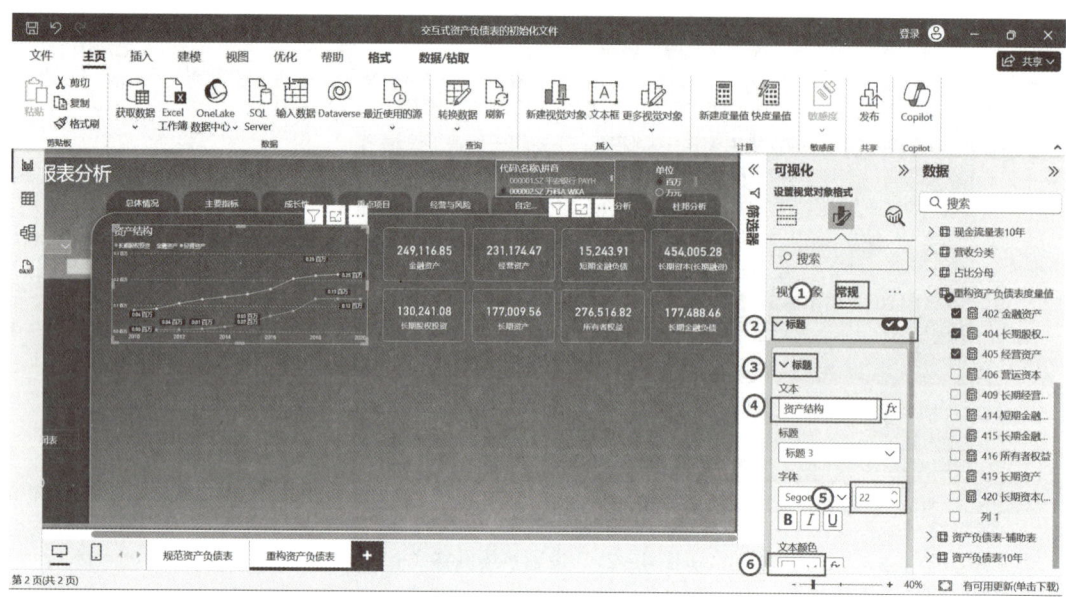

图4-74 设置折线图格式十

4.2.2.5 插入堆积柱形图

步骤1：插入"堆积柱形图"视觉对象，目的是观察时间变化下的资本结构占比情况。

步骤2：将X轴放置"年"，Y轴放置"416所有者权益"（重命名：所有者权益）、"415长期金融负债"（重命名：长期金融负债）、"414短期金融负债"（重命名：短期金融负债），并对堆积图调整位置和大小，格式设置如图4-75至图4-81所示。

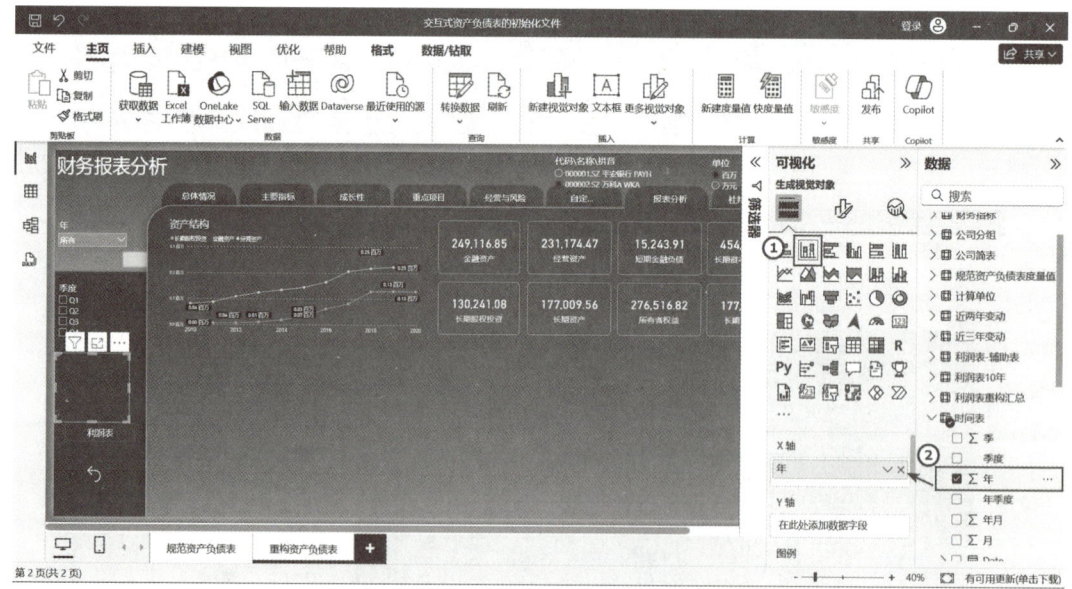

图4-75 插入堆积柱形图

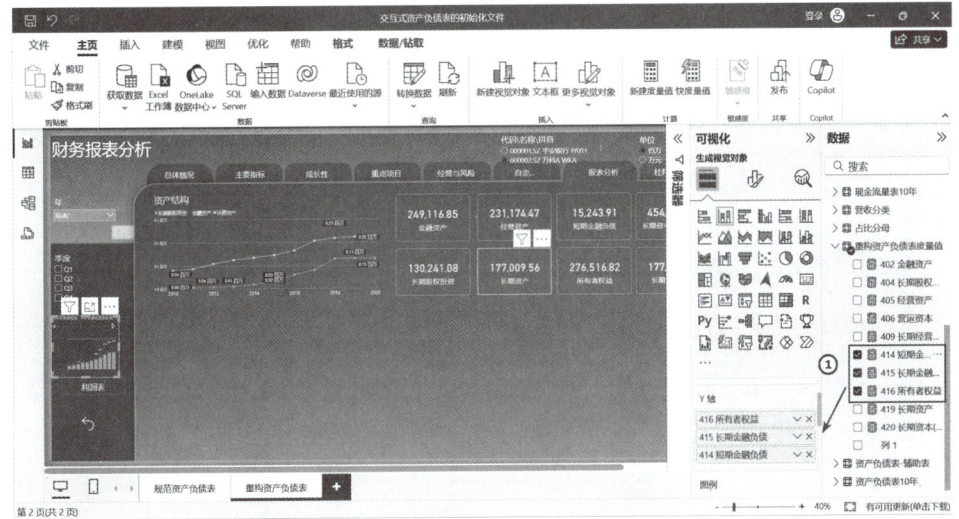

图 4-76　设置堆积柱形图格式一

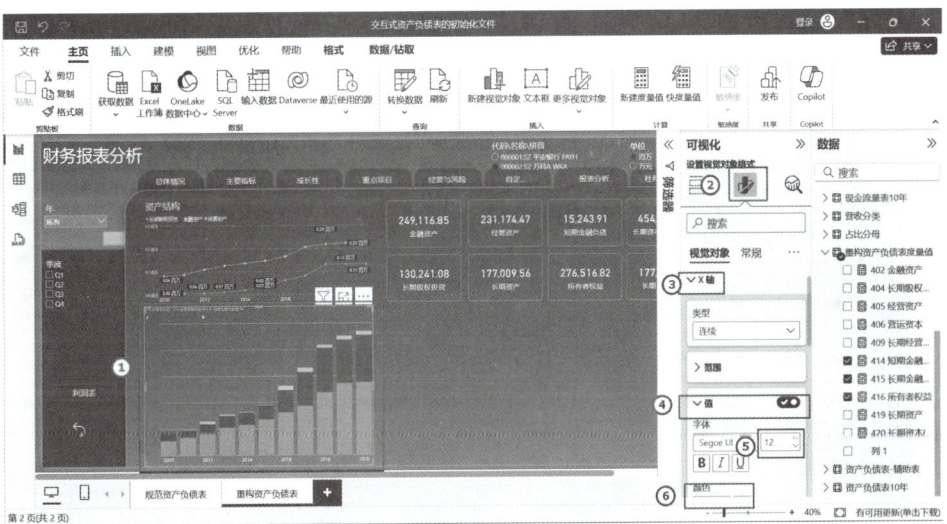

图 4-77　设置堆积柱形图格式二

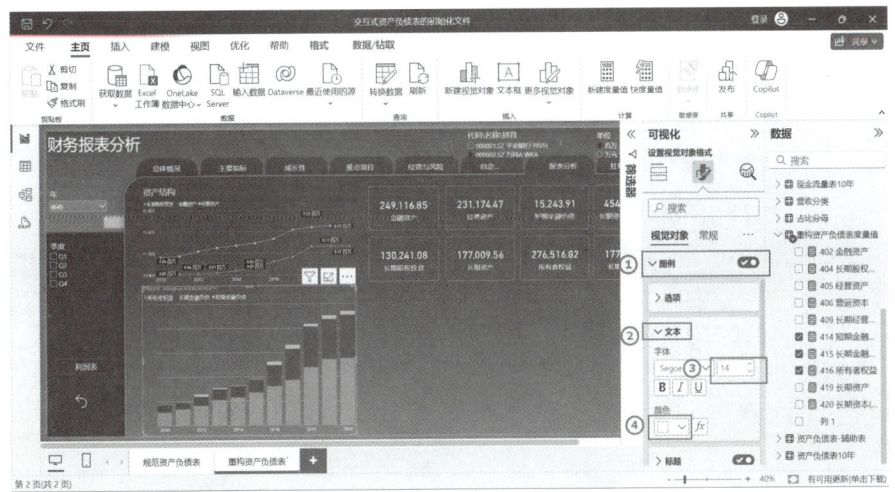

图 4-78　设置堆积柱形图格式三

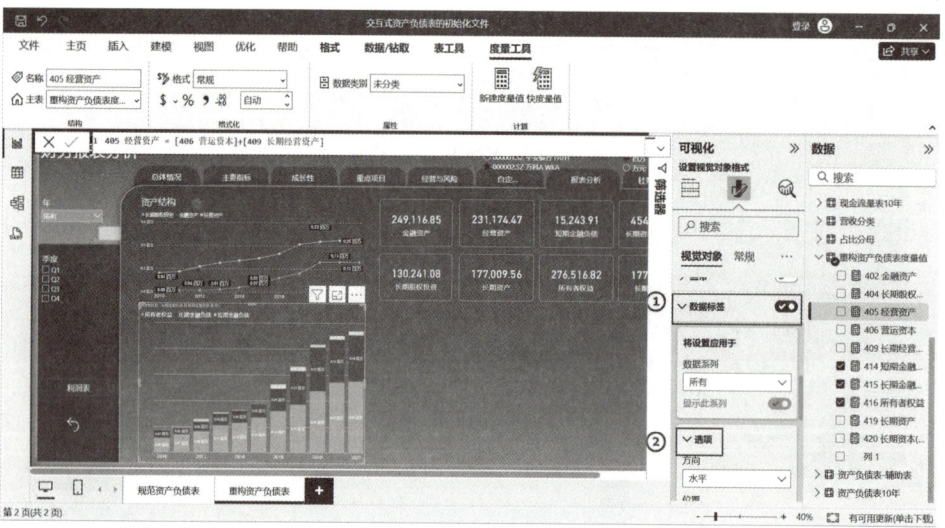

图 4-79 设置堆积柱形图格式四

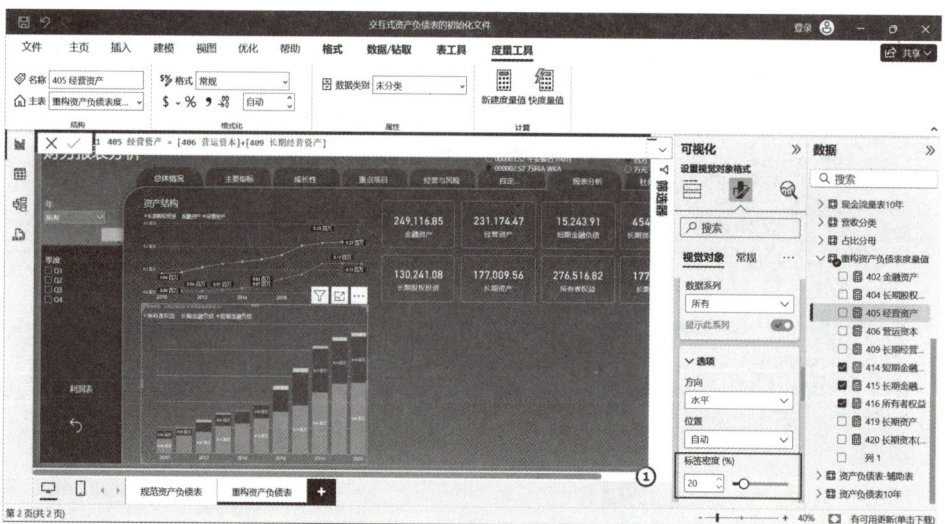

图 4-80 设置堆积柱形图格式五

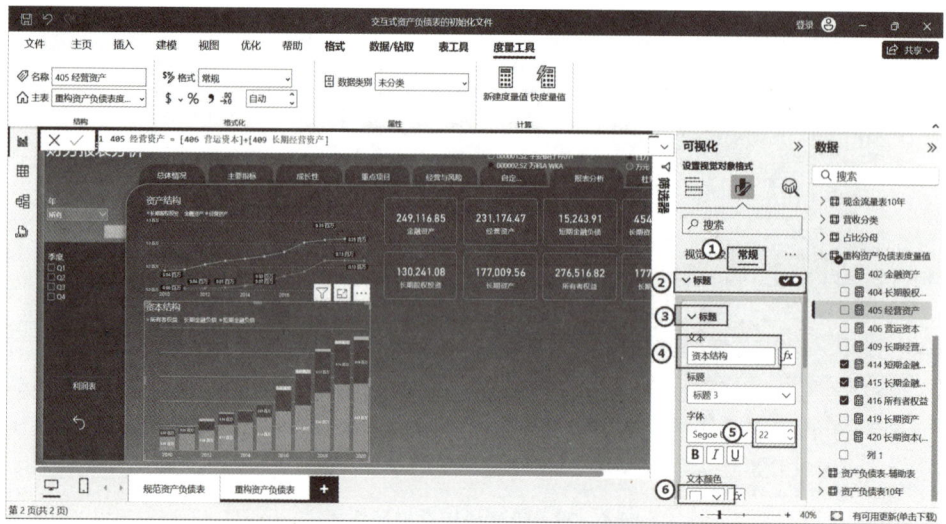

图 4-81 设置堆积柱形图格式六

4.2.2.6　插入堆积面积图

步骤1：插入"堆积面积图"视觉对象，观察长期资产和长期资本的占比变化，分析企业主营业务的变化趋势。

步骤2：将 X 轴放置"年"，Y 轴放置"419 长期资产"（重命名：长期资产）、"420 长期资本（长期融资）"［重命名：长期资本（长期融资）］，并对堆积图调整位置和大小，格式设置如图4-82至图4-93所示。

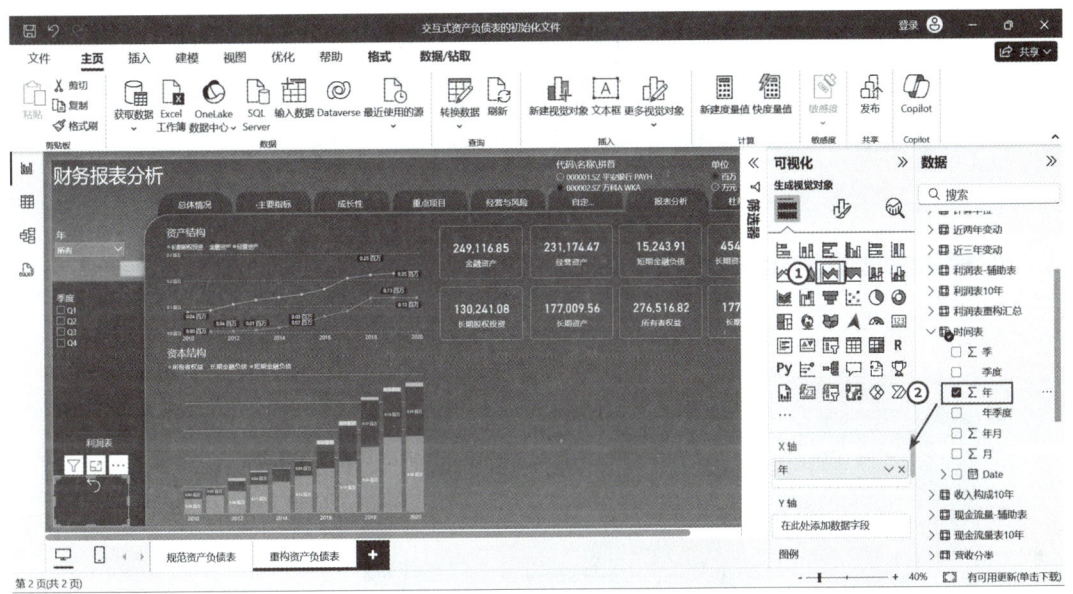

图4-82　插入堆积面积图

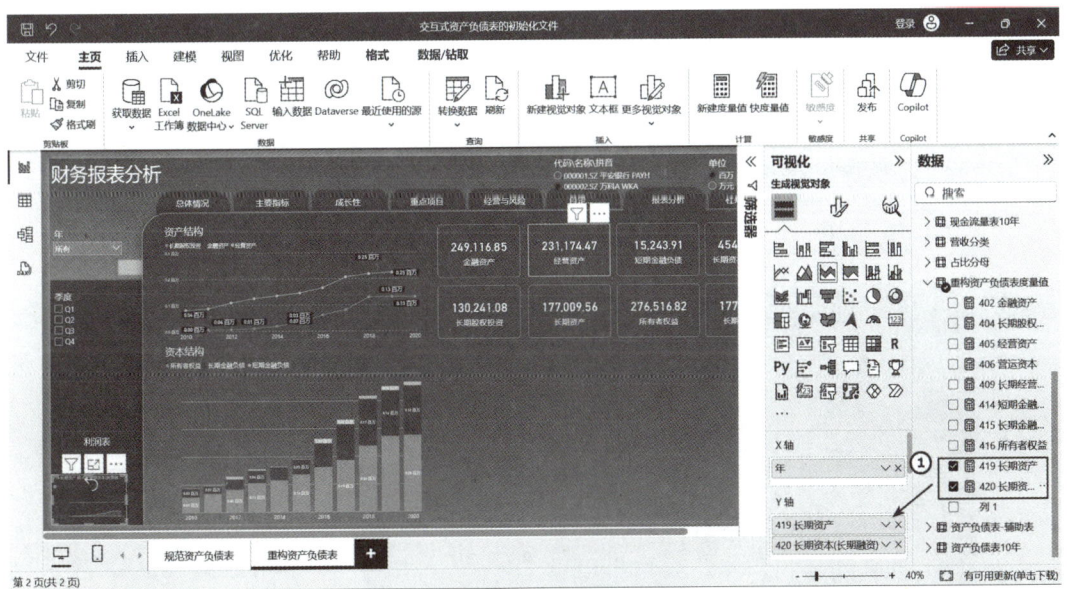

图4-83　设置堆积面积图格式一

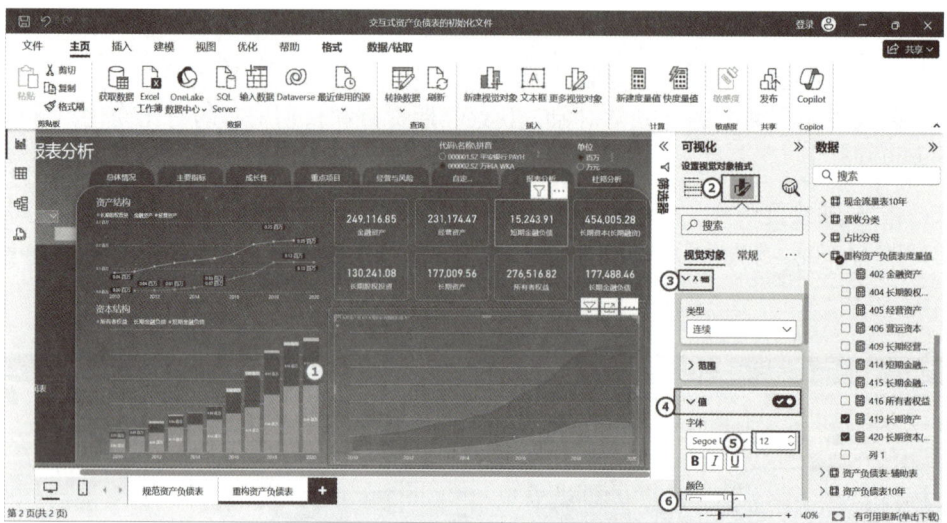

图 4-84　设置堆积面积图格式二

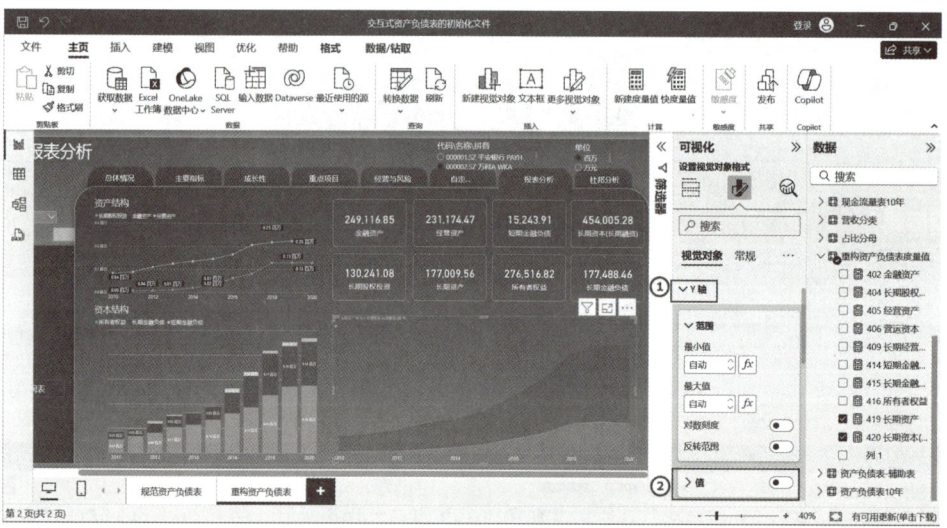

图 4-85　设置堆积面积图格式三

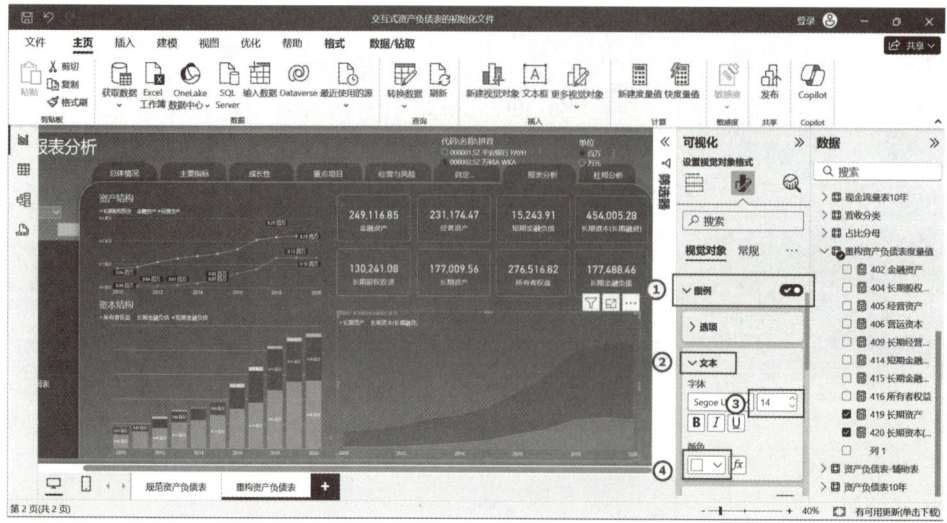

图 4-86　设置堆积面积图格式四

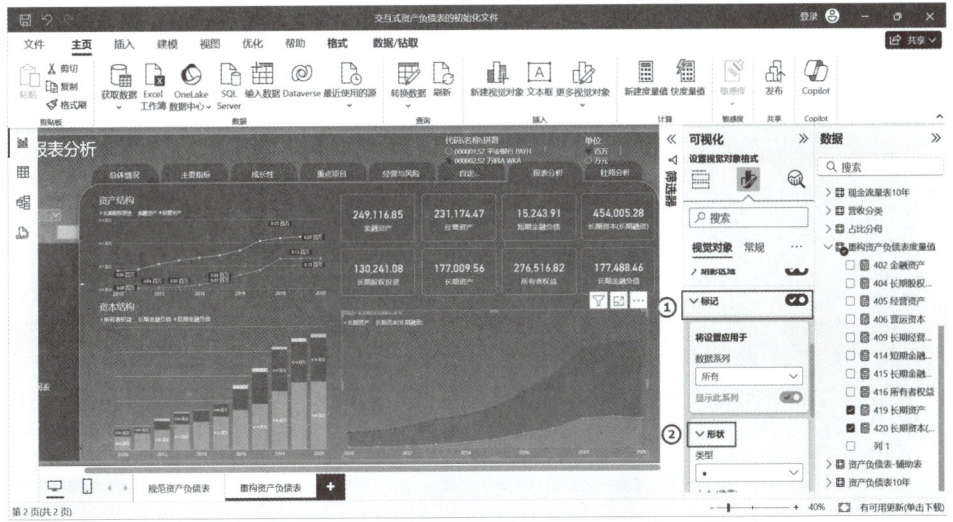

图 4-87　设置堆积面积图格式五

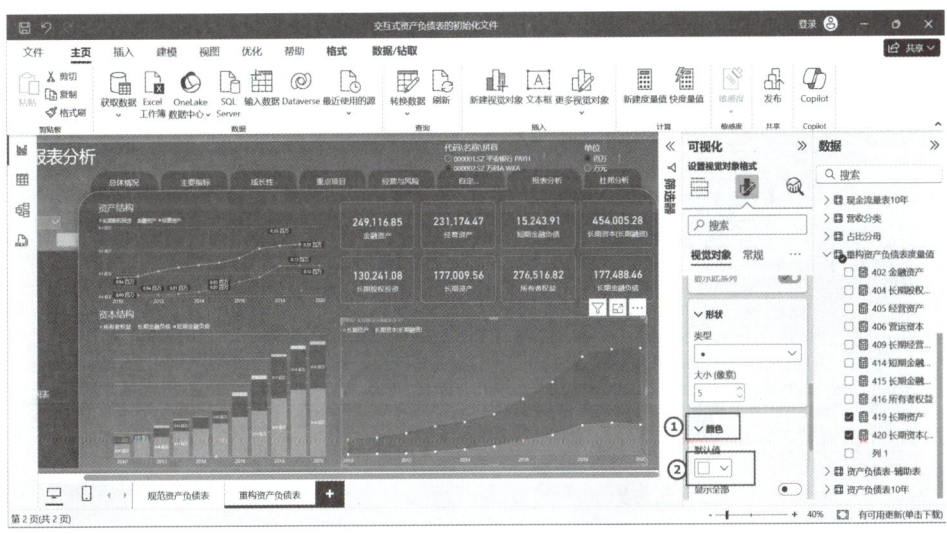

图 4-88　设置堆积面积图格式六

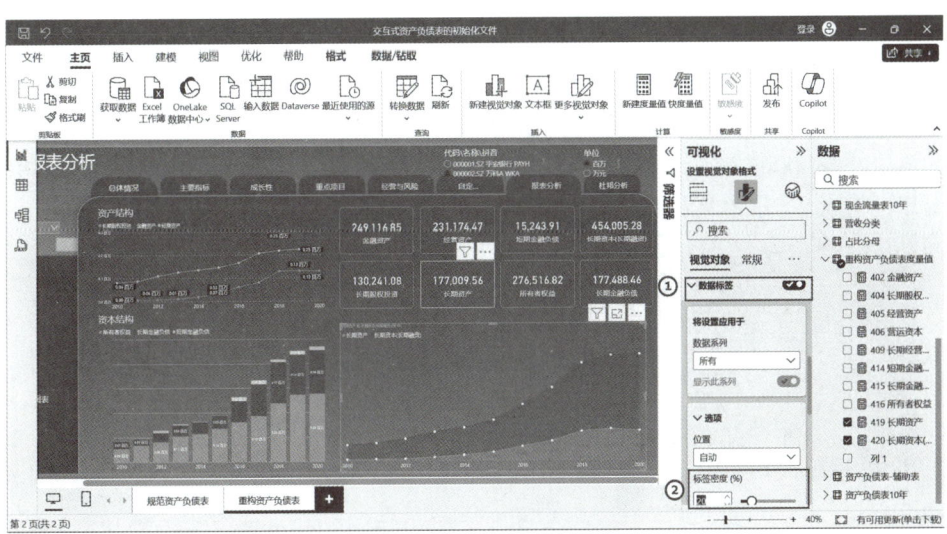

图 4-89　设置堆积面积图格式七

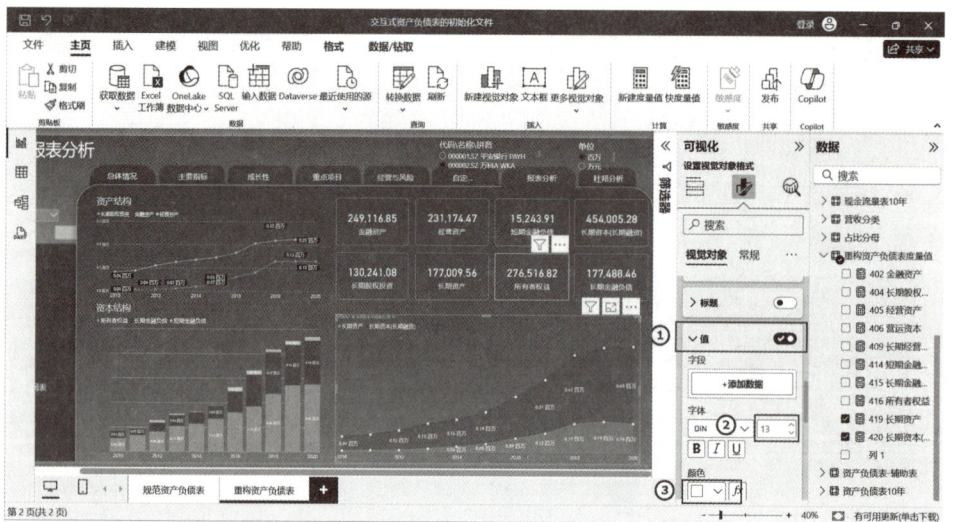

图 4-90　设置堆积面积图格式八

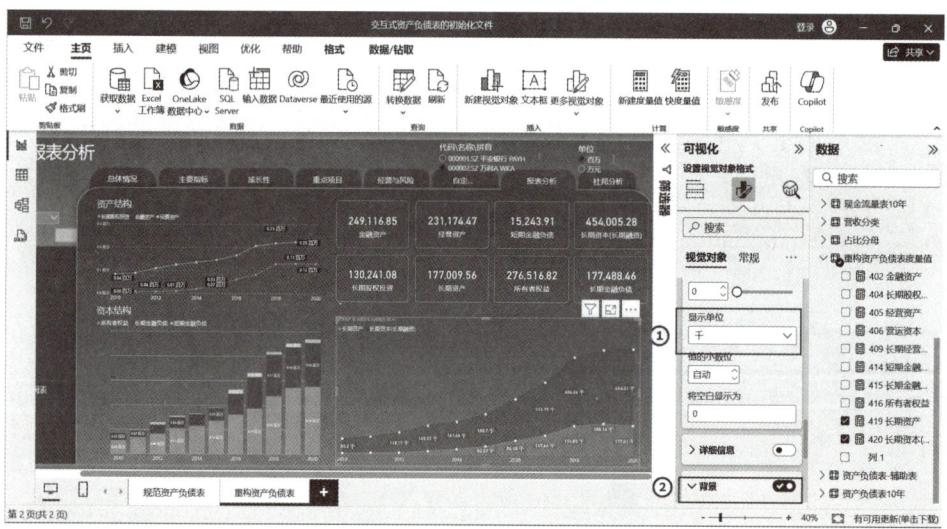

图 4-91　设置堆积面积图格式九

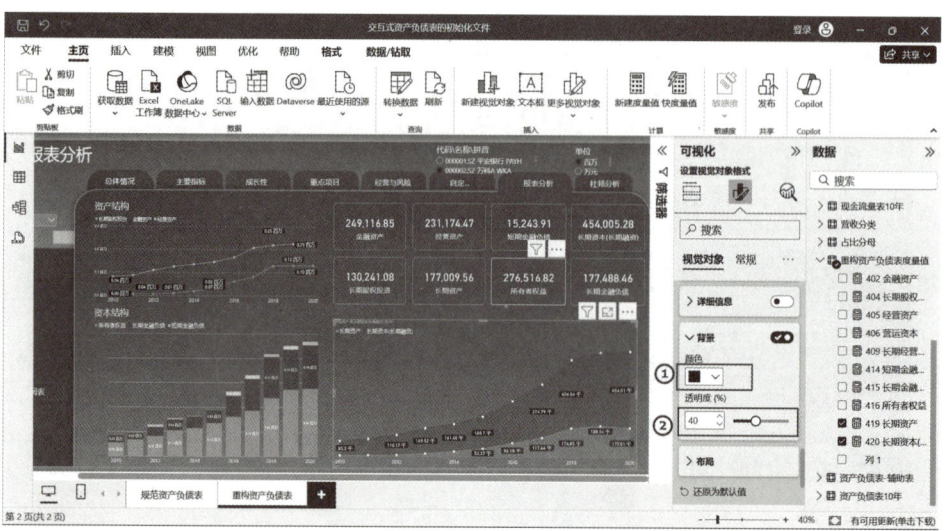

图 4-92　设置堆积面积图格式十

第4章 交互式资产负债表

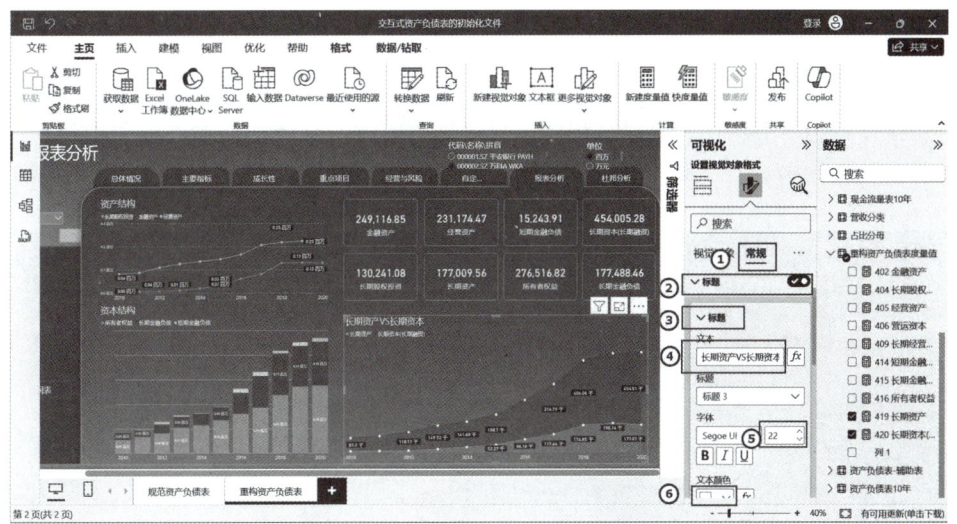

图 4-93 设置堆积面积图格式十一

练一练

请选择一家上市公司,熟悉其交互式资产负债表页面创建的操作过程。

4.3 交互式资产负债表分析

4.3.1 规范资产负债表分析

由于该案例选取的上市公司超过 4000 家,为了便于分析,本部分仅选取万科 A2020 年第一季度规范资产负债表数据(见图 4-94)进行分析和评价。

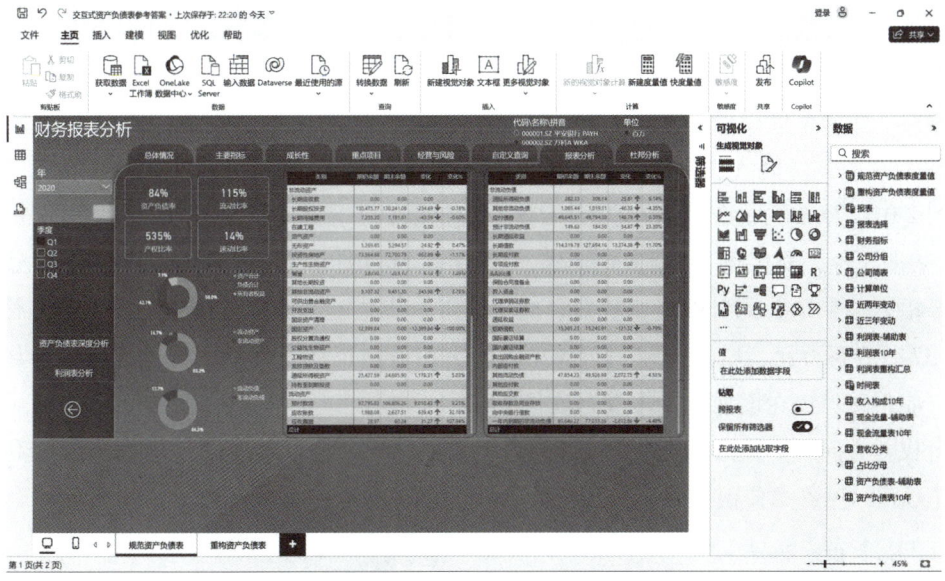

图 4-94 万科 A 2020 年第一季度规范资产负债表

235

读者可以根据兴趣自行选择公司进行本部分分析,以下为分析的参考角度。

4.3.1.1 水平分析法

水平分析法又称趋势分析法、横向分析法,是指将两期或连续数期的财务报表中的相同指标进行对比,确定其增减变动的方向、数额和幅度,以说明企业财务状况和经营成果的变动趋势的一种方法。

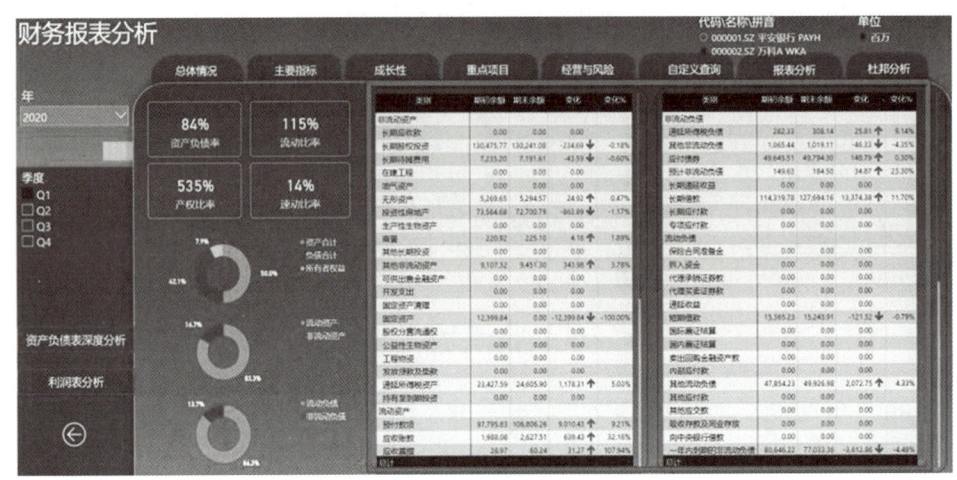

图4-95 万科A 2020年第一季度水平分析

从图4-95来看,万科A 2020年第一季度总资产增加9 865.34百万元,增长率为0.57%,总负债增加6 333.33百万元,增长率为0.43%,所有者权益增加3 532.01百万元,增长率为1.31%,万科A资产增加主要是负债增加导致的。

资产方面,流动资产增加10 801.61百万元,增长率为0.75%,非流动资产减少936.27百万元,降低了0.32%,万科A总资产变动主要是流动资产增加导致的。流动资产方面,增加最多的是预付款项、存货、货币资金,均超过7 000百万元,最高达到9 010.43百万元,但从变化率来看均不超过10%,最低为0.98%,应收账款也增加较多,主要因为全球公共卫生事件影响业务回款;交易性金融资产减少金额及幅度均最大,金额下降高达9 323.32百万元,下降幅度为79.45%,主要是理财产品到期导致的。非流动资产方面,投资性房地产及长期股权投资下降较多,递延所得税资产增加1 178.31百万元,增长幅度达到5.03%,其他非流动资产也增长较多。

负债方面,流动负债减少7 225.3百万元,增长率为-0.57%,非流动负债增加13 558.63百万元,增长率为7.26%,负债增加主要是非流动负债增加导致的。流动负债方面,其他流动负债增长最多,达到2 072.75百万元,增长率为4.33%;应付账款下降最多,高达17 903.28百万元,降幅为6.7%,表明可能公司偿还了大部分工程款,一年内到期的非流动负债也下降较多,达3 612.86百万元,降幅为4.48%,另外,应交税费、应付职工薪酬也迅速下降。非流动负债中,长期借款增长高达13 374.38百万元,增幅达到11.7%,表明公司可能正在面临的资金增加,财务风险随之增加。此外,应付债券也在增加,基本没有项目下降。

所有者权益方面,少数股东权益增长最多,达到2 926.64百万元,其次是未分配利润,增长1 249.36百万元,仅资本公积有所下降。

4.3.1.2 垂直分析法

垂直分析法又称结构分析法、纵向分析法。该方法将财务报表中的某个总体指标看作100%,

计算出各组成项目占该总体指标的百分比,从而比较各个项目百分比的增减变动,揭示各个项目的相对地位和总体结构关系,以便分析比较同一报表内各项目变动的适当性。

本部分主要分析资产与资本的总体占比情况、资产结构中流动资产与非流动资产的占比情况、资本结构中流动负债与非流动负债的占比情况。

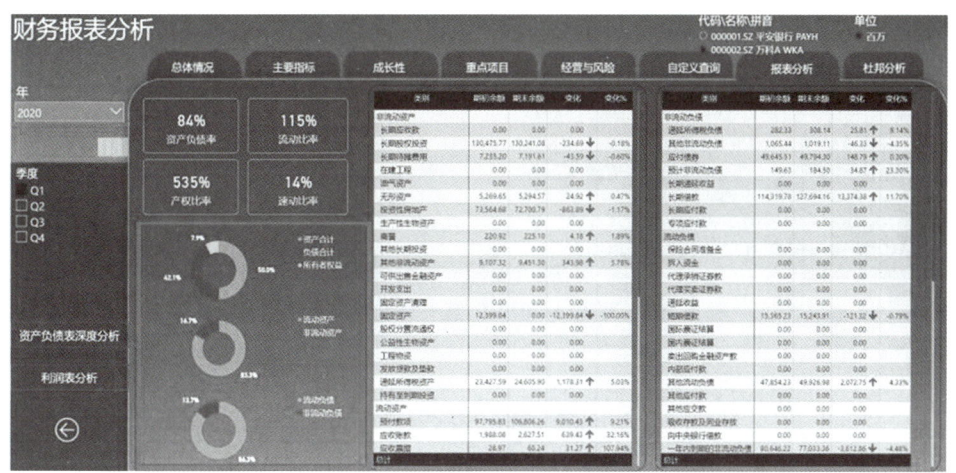

图 4-96　万科 A 2020 年第一季度垂直分析

(1) 资产与资本结构占比情况

根据会计恒等式资产 = 负债 + 所有者权益,又由于资本指的是负债与所有者权益的合计,因此资产 = 资本。从图 4-96 中可以看到,负债占 42.1%,所有者权益占 7.9%,由此可知,万科 A 2020 年第一季度的资本(即企业的本钱)主要是来自债权人,少部分来自股东投入。万科 A 应注意资本结构的合理性,增加股东投入。

(2) 流动资产与非流动资产占比情况

资产结构部分,万科 A 资产总额主要来源于流动资产,占比达到 83.3%,非流动资产占比 16.7%,该资产结构是合理的。

(3) 流动负债与非流动负债占比情况

负债结构部分,万科 A 负债总额主要来源于流动负债,占比达到 86.3%,非流动负债占比 13.7%,该负债结构也是合理的,甚至大致上能与资产结构相匹配。

4.3.1.3　财务比率分析法

在对企业的财务报表进行分析时,目前国际上运用最广泛的方法是财务比率分析法。财务比率分析法是指把某些彼此存在关联的项目加以对比,计算出比率,据以确定经济活动变动程度的分析方法。一般来说,经典的财务比率由偿债能力、盈利能力、营运能力、发展能力等四个方面的内容组成。

本部分主要从流动比率、速动比率、资产负债率和产权比率四个方面进行分析(见图 4-97)。

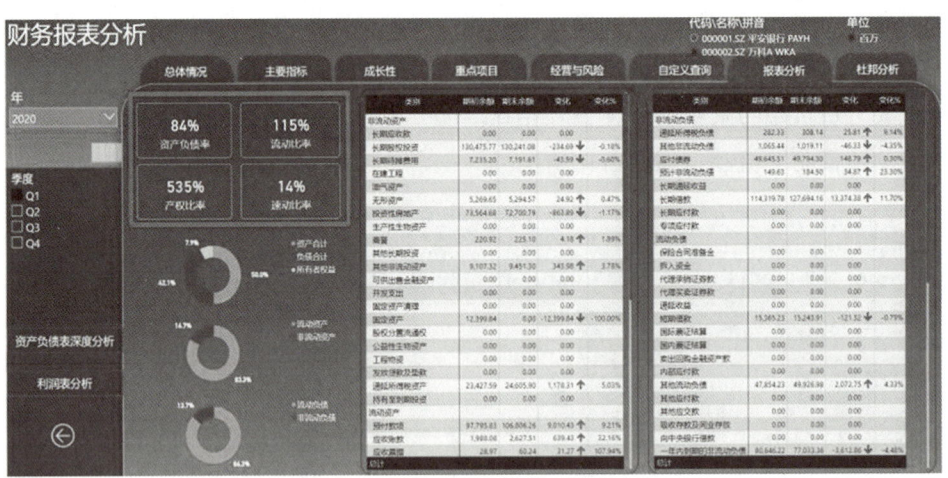

图 4-97　万科 A 2020 年第一季度财务比率分析

(1) 流动比率

$$流动比率 = 流动资产/流动负债 \qquad (4-1)$$

流动比率反映企业运用其流动资产偿还流动负债的能力，该比率越大，说明企业短期偿债能力越强。实践中有人认为该比率保持在 2 比较好，但不同行业的流动比率有所不同，应根据行业的特性分析。万科 A 2020 年第一季度流动比率为 115%，虽然大于 1，但由于其属于房地产行业，我们认为它短期偿债能力较弱，一旦企业资金出现问题，就很可能偿还不了借款。万科 A 可以通过增加流动资产或减少流动负债来提高该比率以保障还款。

(2) 速动比率

$$速动比率 = 速动资产/流动负债 \qquad (4-2)$$

速动资产指可及时、不贬值地转换为可直接偿债的货币资金的流动资产。在实践中我们一般简单地将存货从流动资产中剔除得到速动资产。一般而言，速动比率越高，流动负债的偿还能力越强，但要注意这个比率不是越高越好，一般为 1 是恰当的。万科 A 2020 年第一季度速动比率为 14%，远远低于 1，说明万科 A 短期偿债能力不足，可随时用于偿还债务的资金不足。

(3) 资产负债率

$$资产负债率 = 负债总额/资产总额 \times 100\% \qquad (4-3)$$

资产负债率表示企业全部资金来源中有多少来源于举借债务，被认为是衡量企业财务风险的主要指标。万科 A 2020 年第一季度资产负债率为 84%，说明企业八成以上的资金来源于举债，这会极大增加企业的资本成本和财务风险。

(4) 产权比率

$$产权比率 = 负债总额/所有者权益总额 \qquad (4-4)$$

产权比率反映企业的财务结构强弱，以及债权人的资本受到所有者权益的保障程度。该比率越高，说明企业总资本中负债资本越高，对负债资本的保障程度越弱；反之则反是。万科 A 2020 年第一季度产权比率为 535%，企业负债远远高于所有者权益，说明企业对负债资本的保障程度较弱，万科 A 的债权人要注意借款风险。

4.3.2 重构资产负债表分析

本部分仍以万科 A 为研究对象,选取其 2010—2020 年的资产负债表数据(见图 4 - 98)进行分析。

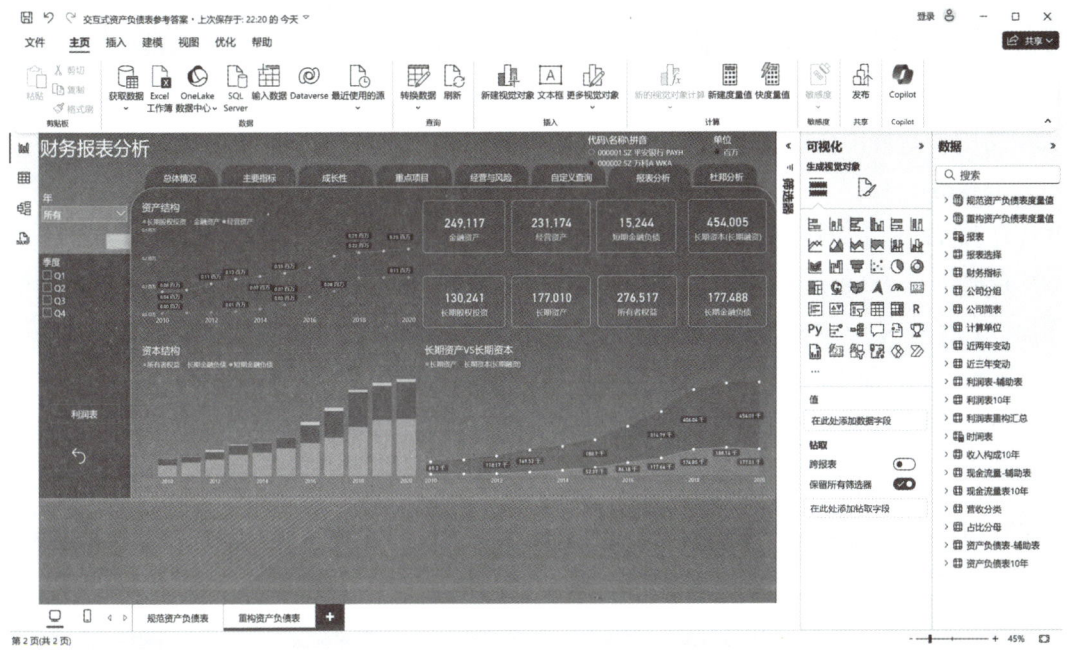

图 4 - 98　万科 A 2010—2020 年重构资产负债表

读者可自行选择研究对象进行分析,以下为分析的参考角度。

4.3.2.1　资产结构分析

资产结构,是指各种资产占企业总资产的比重。本部分主要从长期股权投资、金融资产、经营资产三方面进行分析(见图 4 - 99)。

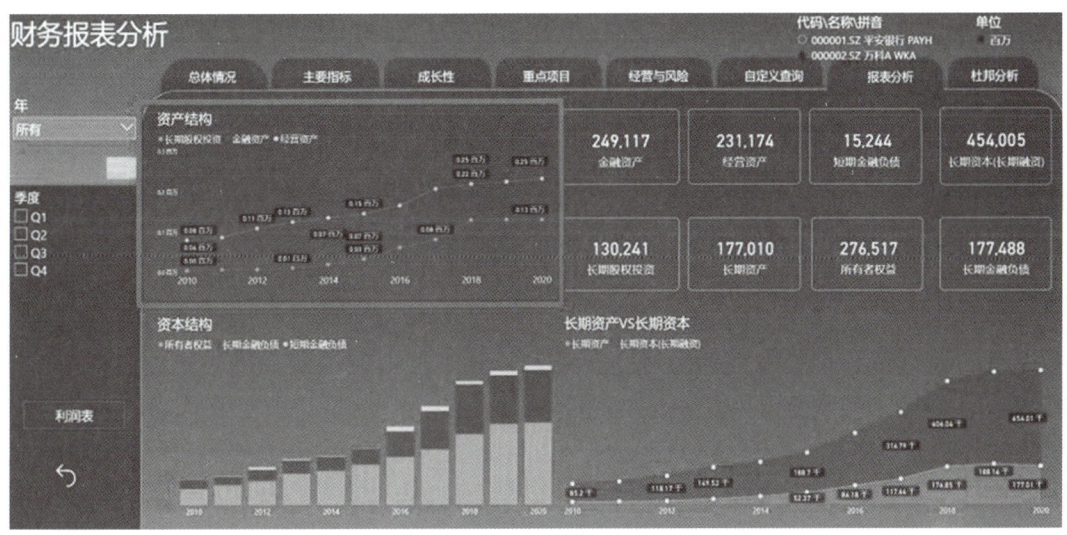

图 4 - 99　万科 A 2010—2020 年资产结构分析

（1）长期股权投资

万科 A 长期股权投资 2010—2020 年一直保持上涨趋势。2014 年以前增长较缓慢，从 2014 年开始，万科 A 的长期股权投资迅速增长，说明企业对外投资增加。2017 年增速最快，增长最多，2018 年开始，万科 A 长期股权投资增速趋于平稳。

（2）金融资产

金融资产指单位或个人所拥有的以价值形态存在的资产，包括现金、存款、债券、股票、基金等具有明确价值且能够在市场上交易的资产。万科 A 的金融资产在 2010—2020 年波动增加，尤其在 2016—2018 年呈现快速增加的局面，并在 2018 年达到峰值，表明企业价值不断提高。

（3）经营资产

此处经营资产等于营运资本加长期经营资产（例如机器设备等），其中营运资本等于流动资产减去流动负债。万科 A 的经营资产在 2010—2020 年持续增加，表明企业可用于生产经营的资金在不断增加，并在 2017 年呈现最大幅度的增加，其余时间增长均较为平缓。

总的来看，2017 年以前万科 A 的资产主要来源于经营资产，其次是金融资产，还有一部分来自长期股权投资。2017 年金融资产首次超过经营资产，自此公司的资产主要来源变成金融资产。

4.3.2.2 资本结构分析

资本结构是指企业各种资本的价值构成及其比例，本部分主要从所有者权益、长期金融负债、短期金融负债三方面进行分析（见图 4-100）。

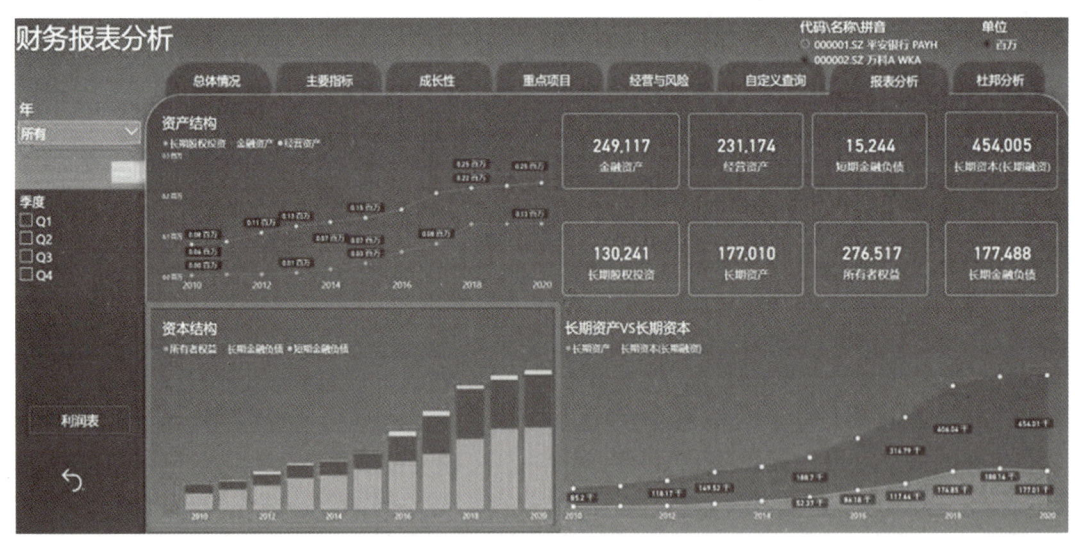

图 4-100　万科 A 2010—2020 年资本结构分析

（1）所有者权益

万科 A 2010—2020 年所有者权益持续增加，表明企业盈利能力不断增强，股东权益增加。2019 年与 2020 年相差不大，在 2020 年达到峰值。

（2）长期金融负债

长期金融负债是指持有期限超过一年的金融负债，如应付债券、贷款、衍生工具、长期应付款等。2016 年以前，万科 A 的长期金融负债较少，但在此之后一路飙升，最终在 2020 年实现翻倍。万科 A 在 2016 年之后对公司的发展信心不断增强，且公司实力也不断攀升。

（3）短期金融负债

短期金融负债是指需要在一年以内偿还的金融负债。万科 A 短期金融负债一直较少，总体来看，2016—2020 年数额最多，平均值达到 15.244 百万元（其中 2017 年短期金融负债最多，高出平均值近 2000 百万元）。万科 A 在 2016 年以前较少使用短期金融负债，2016 年因发展需要，该项目金额开始大幅提升。

总体来看，万科 A 2010—2020 年资本的主要来源为所有者权益，其次是长期金融负债，很少一部分来自短期金融负债。

4.3.2.3 长期资产与长期资本分析

长期资产是企业资产中并非为了销售而专供企业经营活动使用，且经济寿命较长的资产项目。通常包括房地产、房屋及设备、自然资源、无形资产等。长期资产等于长期股权投资加长期经营资产。

长期资本是指企业需用期限在 1 年以上的资本。企业的长期资本通常包括各种股权资本和长期借款、应付债券等债权资本。长期资本是长期金融负债与所有者权益的总和。

万科 A 长期资产和长期资本在 2010—2020 年走势总体一致，均呈上涨趋势，且长期资本增速明显快于长期资产，表明企业的经济实力和扩张能力不断增强。长期资产和长期资本在 2015 年以前增长较缓慢，但在 2015—2018 年快速增长，且在 2018 年增速最快。长期资产在 2019 年缓慢增长后又在 2020 年稍有下降，长期资本 2020 年仍在增长，但增速大幅下降，表明企业 2019 年之后发展动力不足（见图 4-101）。

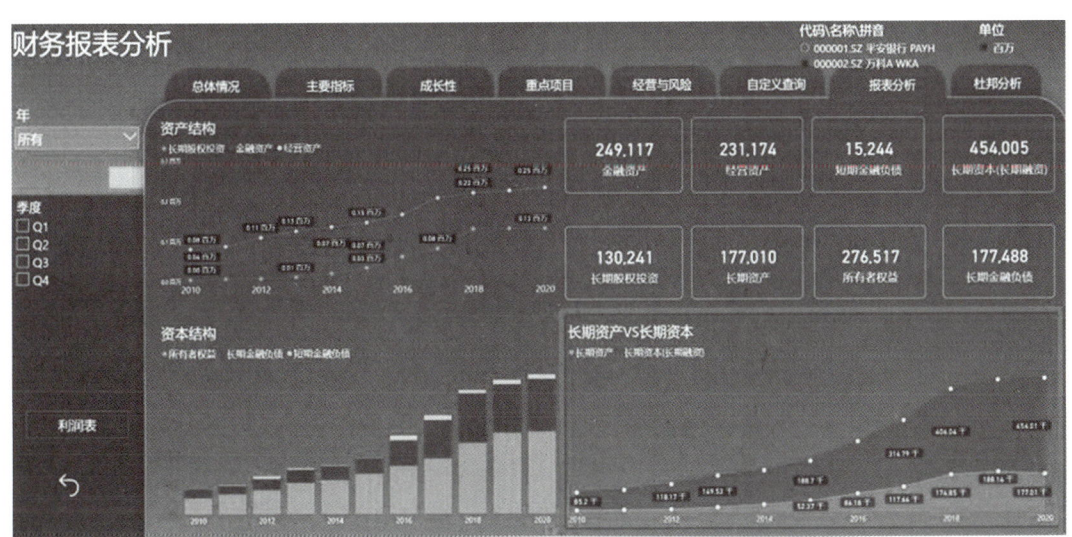

图 4-101　万科 A 2010—2020 年长期资产与长期资本分析

练一练

请选择一家上市公司，如平安银行，进行规范资产负债表和重构资产负债表分析，进一步熟悉交互式资产负债表页面设计及操作步骤。

课后思考题

1. 与传统资产负债表相比,交互式资产负债表在数据展示和分析功能上有哪些显著优势?

2. 假设你是一家企业的财务分析师,利用交互式资产负债表,你如何快速分析出企业短期内的偿债能力变化?

3. 在大数据环境下,构建交互式资产负债表可能会面临哪些数据质量问题?如何解决这些问题以确保分析结果的准确性?

4. 结合实际案例,谈谈交互式资产负债表是如何帮助企业管理层做出更明智的战略决策的。

5. 如何利用 Power BI 对交互式资产负债表中的数据进行深度挖掘,以预测企业未来的财务状况?

第5章

交互式利润表

知识目标

（1）了解交互式利润表的创建步骤。
（2）掌握交互式利润表的核心指标及创建方法。
（3）掌握交互式利润表的可视化页面设计与创建。
（4）掌握交互式利润表规范要素和重构要素的创建与分析。

技能目标

（1）能够对企业报表年度、报表季度及金额单位（元、万元、百万、亿元）进行切换，实现交互式报表数据呈现。
（2）能够使用 DAX 公式完成复杂度量值的创建。
（3）能够结合上市公司利润表数据，通过 Power BI 实现交互式利润表分析。
（4）掌握规范利润表目标：
①利润表重要指标展示。
②营收趋势分析。
③净利润同期趋势分析。
④利润表主要结构及占比分析。
⑤利润表各项数值期初期末及变化呈现。
（5）掌握重构利润表目标：
①当季经营资产、当季经营利润、当季经营利润率、当季金融利润率指标呈现。
②重构后的资产结构分析。
③重构后的净利润结构分析。
④长期股权投资利润率、金融利润率、经营利润率趋势对比分析。

素养目标

（1）培养学生具备基本的数据素养，为企业数字化运营提供数据阅读、操作、分析和讨论的基本素质支撑。

（2）拓宽学生视野、更新知识储备，培育学生树立直面大数据、用好大数据的目标和信心。

思维导图

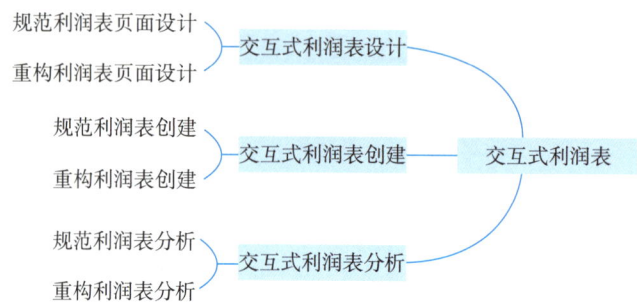

导读

习近平总书记在党的二十届三中全会中指出，"要加快形成同新质生产力更相适应的生产关系，健全传统产业优化升级体制机制，完善战略性产业发展政策和治理体系，建立未来产业投入增长机制，完善促进数字产业化和产业数字化政策体系，促进各类先进生产要素向发展新质生产力集聚，大幅提升全要素生产率"。国家一直在强调产业体制的优化升级，那么各企业应该如何顺应时代需求，实现可持续发展？

利润是企业追求的目标，企业一定期间生产经营成果即利润需要通过利润表来反映，一家企业没有利润将无法持续经营，企业利润的多少，既影响员工的福利待遇，又影响投资者投资收益，更影响国家财政税收。本章将对上市公司交互式利润表进行分析。

5.1 交互式利润表设计

以第3章获取到的2010—2020年上市公司的数据为基础，在搭建辅助表的基础上进行交互式利润表可视化页面的制作。具体页面布局因分析需要可进行设计和改造，本任务就规范利润表页面和重构利润表页面创建逐一进行步骤展示。

5.1.1 规范利润表页面设计

规范利润表可视化效果图如图5-1所示。

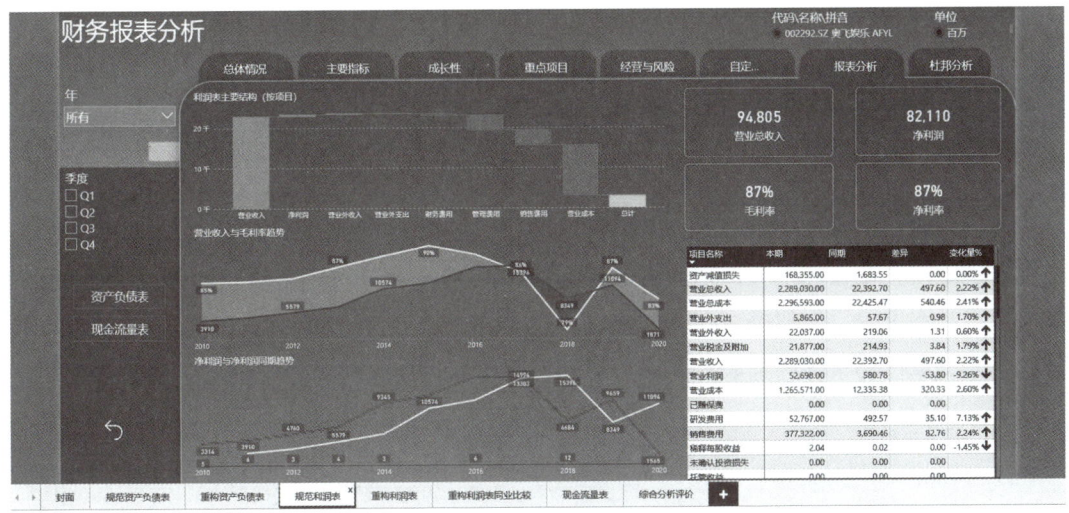

图 5-1 规范利润表页面

5.1.2 重构利润表页面设计

重构后的利润表可视化效果图如图 5-2 所示。

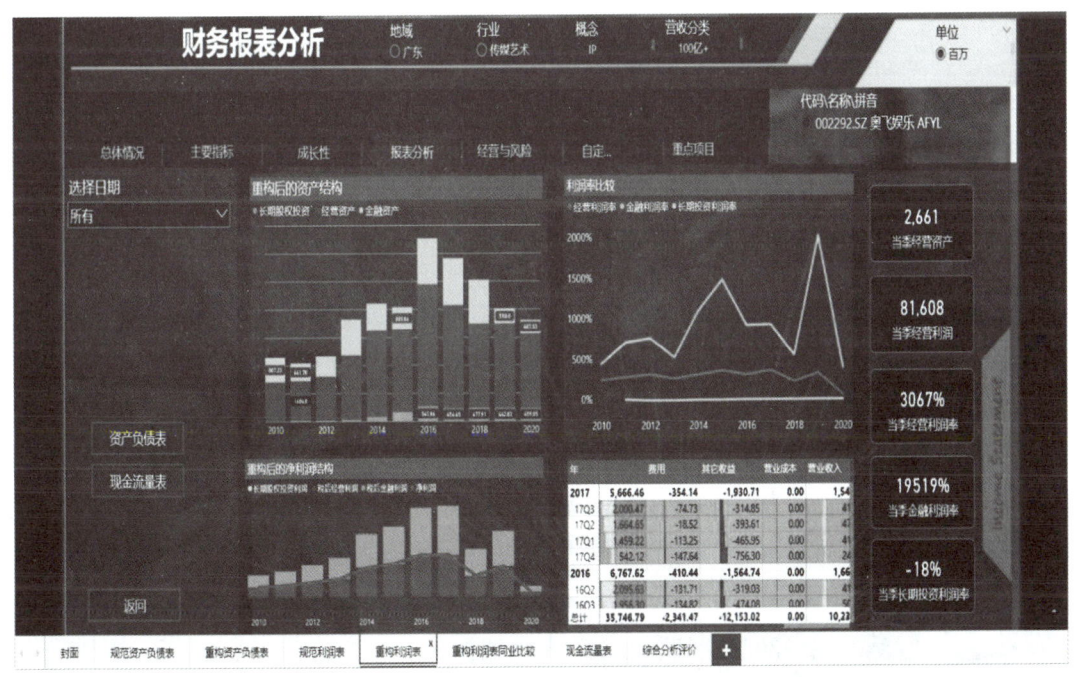

图 5-2 重构利润表页面

练一练

请根据以上可视化效果图的设计思路，思考如何设计交互式利润表，并将设计效果分小组讨论后进行展示。

5.2 交互式利润表创建

5.2.1 规范利润表创建

利润表是反映企业在一定会计期间的经营成果的财务报表。由于它反映的是某一期间的情况，因此又被称为动态报表。在超过 4000 家上市公司的数据基础上，规范的利润表分析离不开时间段、公司名称、数据单位等条件的选取，因此需要创建筛选器。规范利润表可视化总览如图 5-3 所示。

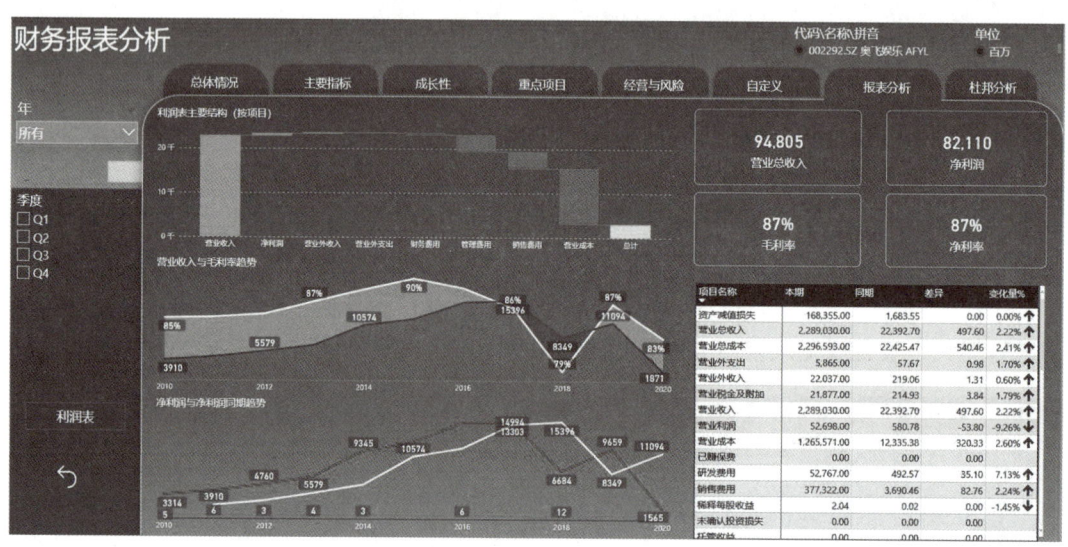

图 5-3　规范利润表可视化总览

5.2.1.1　设置筛选条件

双击打开"交互式利润表的初始化文件"，与规范资产负债表分析页面中的切片器一样，利润表也需要创建"年""季度""代码\名称\拼音""单位"切片器，为了节省步骤，可以直接复制资产负债表页面的切片器，也可按照资产负债表页面中同步性能功进行切片器的同步。需要注意的是，直接复制切片器会弹出"同步视觉对象"确认对话框。如果单击"同步"按钮，就意味着复制的切片器的筛选条件与资产负债表页面中保持一致。由于查看利润表和资产负债表分析并不一定要求筛选条件相同，因此需要单击"不同步"，或者在性能同步器中进行特别勾选设置，如图 5-4 所示。

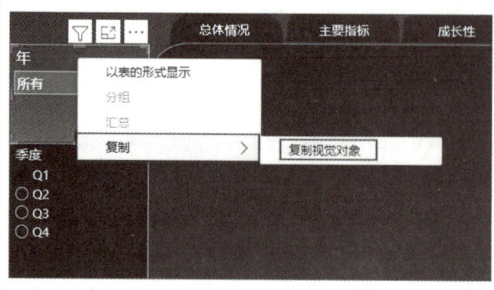 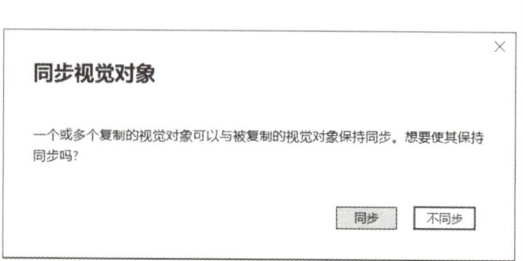

图 5-4　同步视觉对象特别勾选设置

5.2.1.2 编写度量值

不同于资产负债表，利润表的金额是时段数据，累加是有实际意义的。对于利润表，除了关注当月数据，一般还会关注累计数据。此外，利润表的收入类项目与成本费用类项目方向相反，在编写度量值时要分类处理，将成本类项目用负数表示有利于瀑布图和矩阵等视觉对象的展现。

与资产负债表分析类似，本节任务创建度量值表，名称为规范利润表度量值，方法同交互式资产负债表分析。

（1）利润表小计

表达式如下：

02 00 利润表小计 = SUM（'利润表10年'[金额]）/ [00 00 计算单位]

（2）营业总收入

表达式如下：

02 01 营业总收入 =
CALCULATE（[02 00 利润表小计],'利润表-辅助表'[项目名称] ="营业总收入"）

（3）主营收入

表达式如下：

02 02 主营收入 = SWITCH（
SELECTEDVALUE（'公司分组'[行业]），
"综合", CALCULATE（[02 00 利润表小计],'利润表-辅助表'[项目名称] ="营业总收入"），
"金融业", CALCULATE（[02 00 利润表小计],'利润表-辅助表'[项目名称] ="营业总收入"），
CALCULATE（[02 00 利润表小计],'利润表-辅助表'[项目名称] ="营业收入"））

使用SWITCH函数，根据'公司分组'[行业]列中的选定值来更改其计算方式。这里有几个要点：

①SELECTEDVALUE（'公司分组'[行业]）：这个函数返回'公司分组'[行业]列中的当前选定值。在Power BI中，这通常用于在上下文筛选后确定特定的值。

②SWITCH函数：它根据第一个参数的值（在这里是行业）来选择不同的计算方式。如果行业是"综合"或"金融业"，它将计算 [02 00 利润表小计] 度量值，但只包括那些'利润表-辅助表'[项目名称]为"营业总收入"的行。

③对于其他所有行业，它将计算 [02 00 利润表小计] 度量值，但只包括那些'利润表-辅助表'[项目名称]为"营业收入"的行。

（4）营业总成本

表达式如下：

02 03 营业总成本 = CALCULATE（[02 00 利润表小计],'利润表-辅助表'[分类] ="营业成本"）

（5）毛利

表达式如下：

02 031 毛利 = [02 01 营业总收入] - [02 03 营业总成本]

(6) 财务费用

表达式如下：

02 04 财务费用 = CALCULATE（[02 00 利润表小计],'利润表 – 辅助表'[项目名称] =" 财务费用"）

(7) 管理费用

表达式如下：

02 04 管理费用 = CALCULATE（[02 00 利润表小计],'利润表 – 辅助表'[项目名称] =" 管理费用"）

(8) 销售费用

表达式如下：

02 04 销售费用 = CALCULATE（[02 00 利润表小计],'利润表 – 辅助表'[项目名称] =" 销售费用"）

(9) 研发费用

表达式如下：

02 04 研发费用 = CALCULATE（[02 00 利润表小计],'利润表 – 辅助表'[项目名称] =" 研发费用"）

(10) 营业税金及附加

表达式如下：

02 04 营业税金及附加 = CALCULATE（[02 00 利润表小计],'利润表 – 辅助表'[项目名称] =" 营业税金及附加"）

(11) 营业利润

表达式如下：

02 05 营业利润 =

[02 031 毛利] – CALCULATE（[02 00 利润表小计],'利润表 – 辅助表'[项目名称] =" 费用"）+ CALCULATE（[02 00 利润表小计],'利润表 – 辅助表'[项目名称] =" 其他收益"）

(12) 营业外收入

表达式如下：

02 06 营业外收入 = CALCULATE（[02 00 利润表小计],'利润表 – 辅助表'[项目名称] =" 营业外收入"）

(13) 营业外支出

表达式如下：

02 06 营业外支出 = CALCULATE（[02 00 利润表小计],'利润表 – 辅助表'[项目名称] =" 营业外支出"）

(14) 利润总额

表达式如下：

02 07 利润总额 = [02 05 营业利润] + [02 06 营业外收入] – [02 06 营业外支出]

(15) 所得税

表达式如下：

02 08 所得税 = CALCULATE（[02 00 利润表小计],'利润表-辅助表'[项目名称] =" 所得税费用"）

(16) 净利润

表达式如下：

02 09 净利润 = [02 07 利润总额] - [02 08 所得税]

(17) 同期

表达式如下：

02 14 同期 = CALCULATE（[02 00 利润表小计], DATEADD（'时间表'[Date], -1, YEAR））

(18) 变化量

表达式如下：

02 10 变化量 = [02 00 利润表小计] - [02 14 同期]

(19) 变化量%

表达式如下：

02 11 变化量% = DIVIDE（[02 10 变化量],[02 14 同期]）

(20) 净利率

表达式如下：

02 12 净利率 = DIVIDE（[02 09 净利润],[02 01 营业总收入]）

(21) 毛利率

表达式如下：

02 13 毛利率 = DIVIDE（[02 031 毛利],[02 01 营业总收入]）

(22) 利润表瀑布图

表达式如下：

02 15 利润表瀑布图 =

VAR x = SELECTEDVALUE（'利润表-辅助表'[项目]）

Return

SWITCH（TRUE（），

x =" 营业收入",[02 01 营业总收入],

x =" 营业成本", - [02 03 营业总成本],

x =" 销售费用", - [02 04 销售费用],

x =" 管理费用", - [02 04 管理费用],

x =" 财务费用", - [02 04 财务费用],

x =" 营业外支出", - [02 06 营业外支出],

x =" 营业外收入",[02 06 营业外收入],

x =" 净利润",[02 09 净利润]

）

VAR x = SELECTEDVALUE（'利润表 – 辅助表'［项目］）这一行定义了一个变量 x，该变量存储了从"利润表 – 辅助表"中选取的"项目"的值。

Return 这一行表示开始返回计算的结果。

SWITCH（TRUE（），…）：SWITCH 函数在这里的用法有些特殊，它使用了 TRUE（）作为第一个参数。这意味着它实际上会评估每一个后续的条件，直到找到一个为真的条件为止。一旦找到，它就会返回该条件对应的值。

接下来的部分列出了多个条件及其对应的返回值：

x =" 营业收入"，［02 01 营业总收入］：如果 x 的值是"营业收入"，则返回"［02 01 营业总收入］"列的值。

x =" 营业成本"， –［02 03 营业总成本］：如果 x 的值是"营业成本"，则返回" –［02 03 营业总成本］"列的值，这里的负号表示营业成本是一个会减少净利润的项。

x =" 净利润"，［02 09 净利润］：如果 x 的值是"净利润"，则返回"［02 09 净利润］"列的值。

其他类似。

5.2.1.3　新建重要指标卡片图

（1）在"规范利润表"页面，插入一个"卡片图"视觉对象，放入"02 01 营业总收入"（重命名：营业总收入）字段，并对该卡片图进行格式设置，具体操作如图 5 – 5 至图 5 – 9 所示。

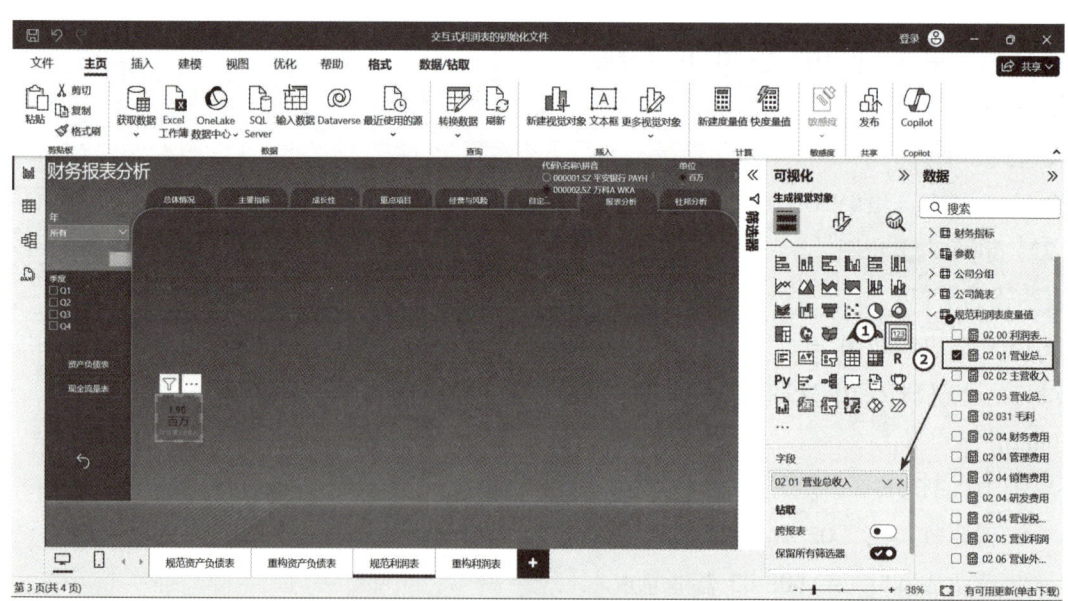

图 5 – 5　插入营业总收入卡片图

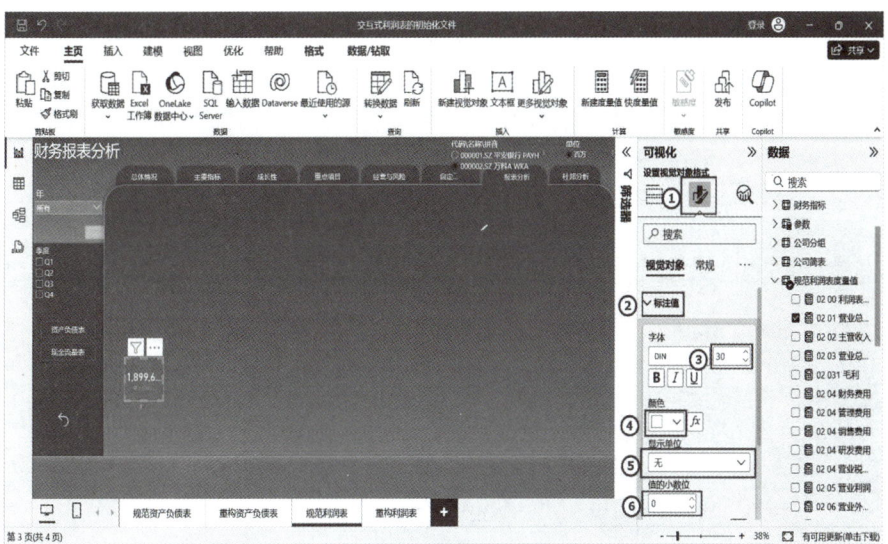

图5-6 设置营业总收入卡片图格式一

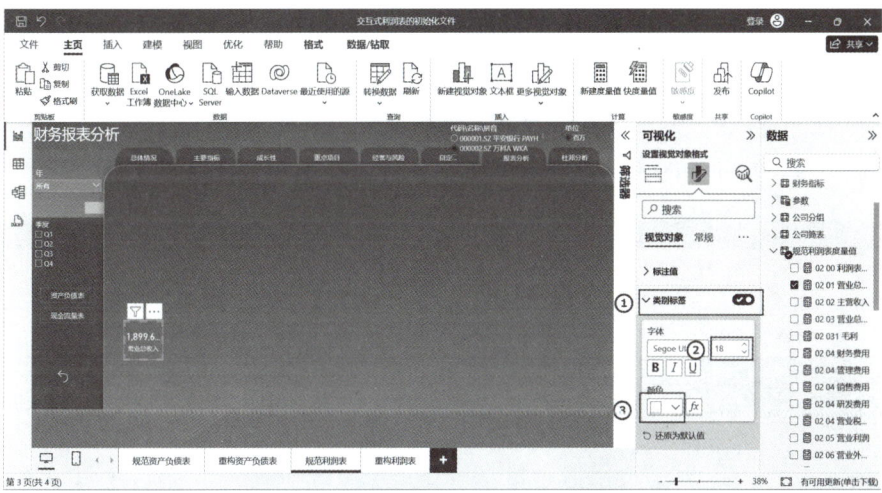

图5-7 设置营业总收入卡片图格式二

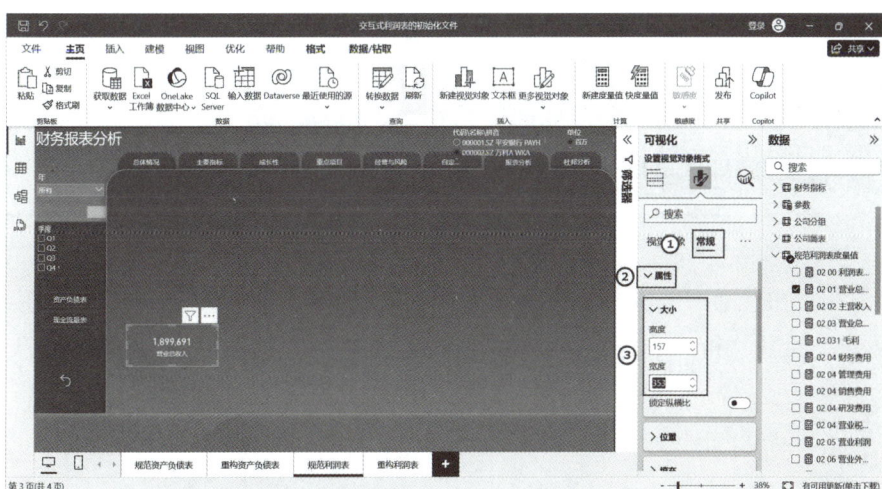

图5-8 设置营业总收入卡片图格式三

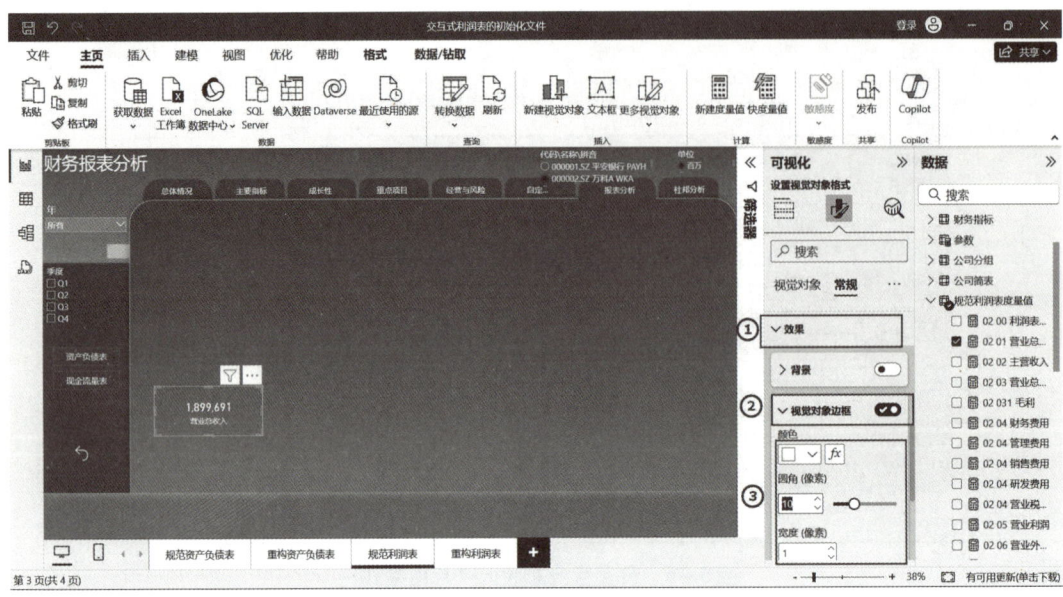

图 5-9　设置营业总收入卡片图格式四

（2）复制"营业总收入"卡片图三次，依次将"02 09 净利润"（重命名：净利润）、"02 13 毛利率"（重命名：毛利率）、"02 12 净利率"（重命名：净利率）拖入对应卡片图"字段"中，调整四个卡片图位置，具体如图 5-10 所示。

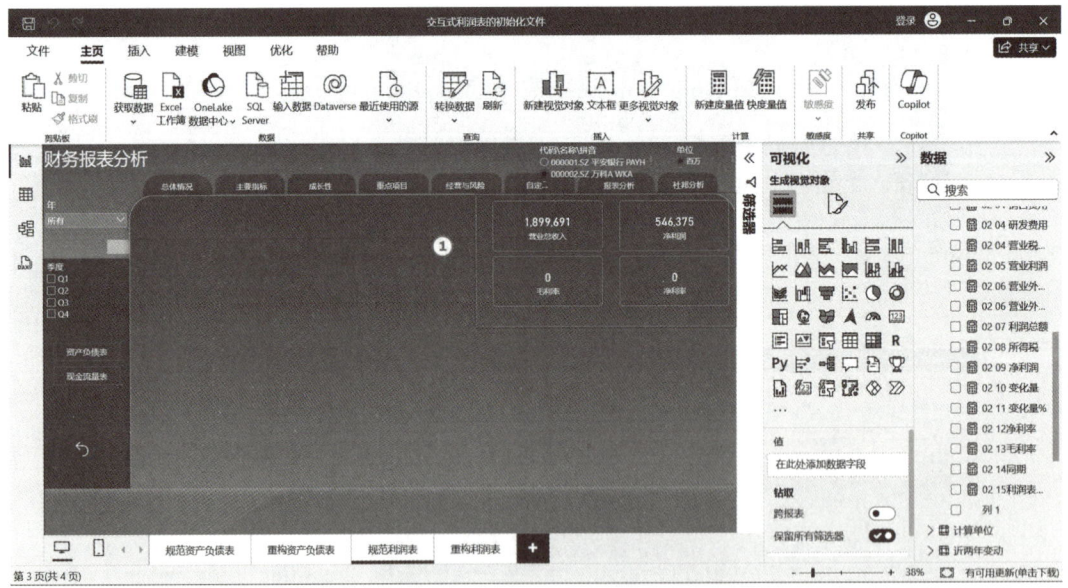

图 5-10　复制卡片图

（3）调整"毛利率"和"净利率"卡片图格式显示为百分比，具体操作如图 5-11 和图 5-12 所示。

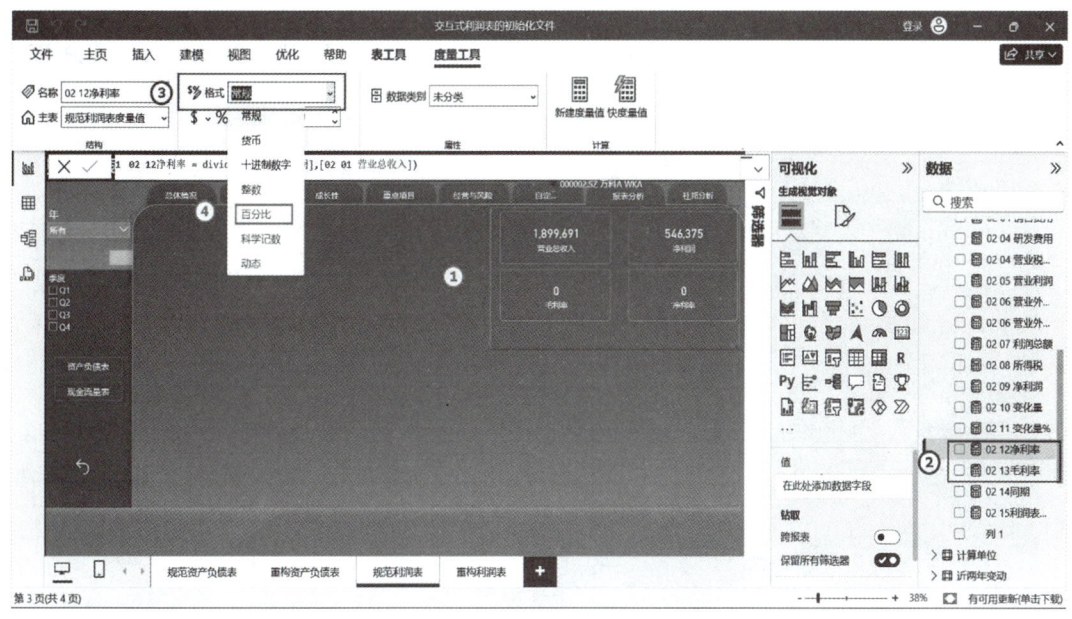

图 5-11　调整卡片图显示格式

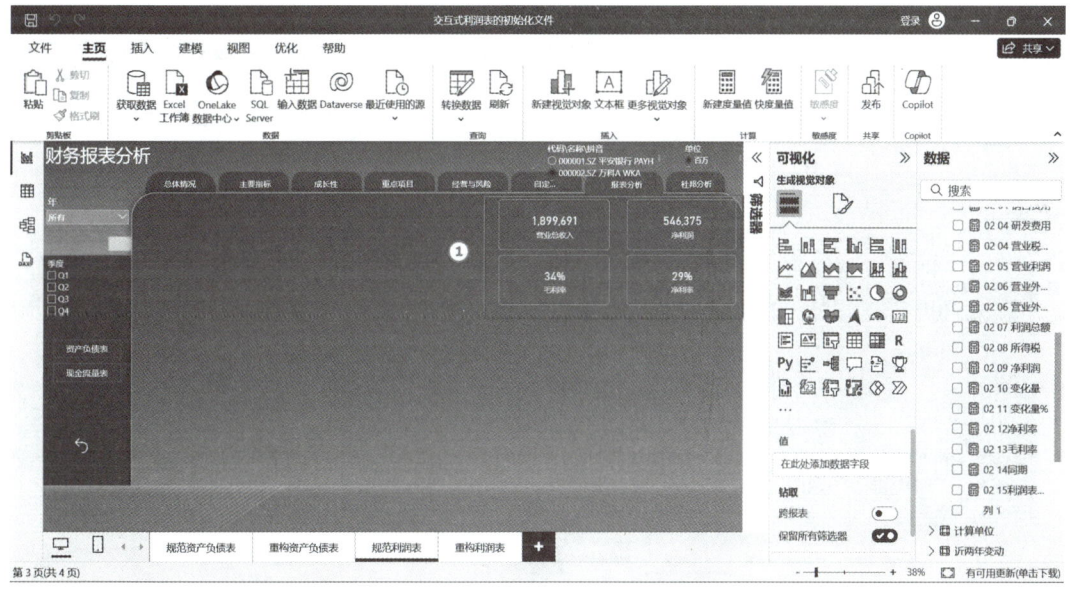

图 5-12　卡片图百分比显示图

5.2.1.4　设置矩阵

（1）插入一个"矩阵"视觉对象，行放入利润表-辅助表"项目名称"字段，值放入利润表10年"金额的总和"（重命名：本期），规范利润表度量值"02 14 同期"（重命名：同期）、"02 10 变化量"（重命名：变化量）和"02 11 变化量%"（重命名：变化量%），具体如图5-13和图5-14所示。

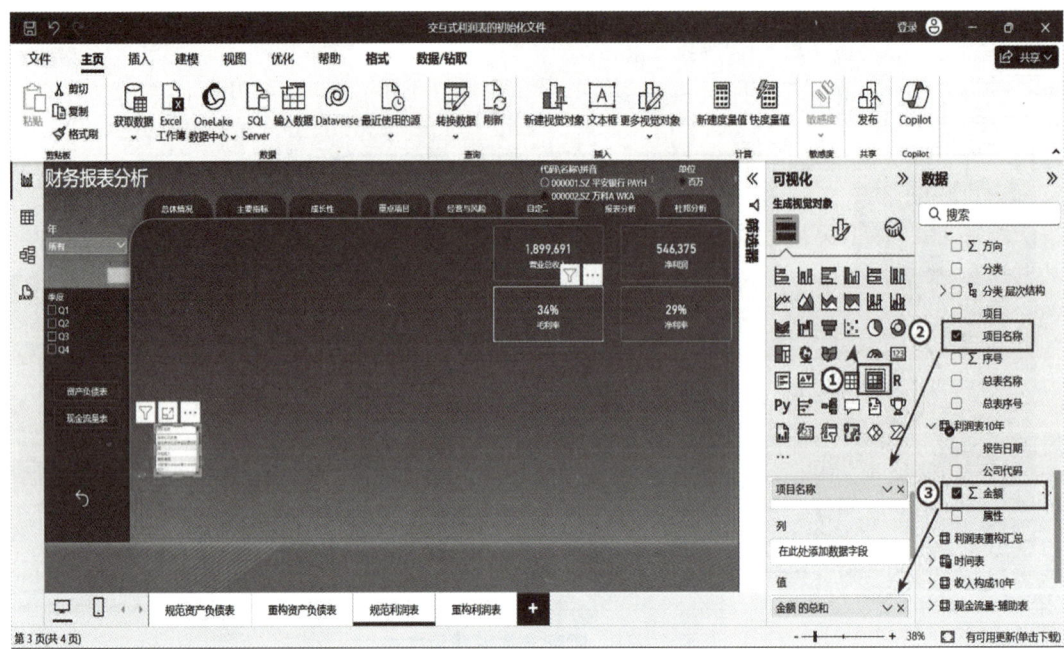

图 5-13 插入"矩阵"

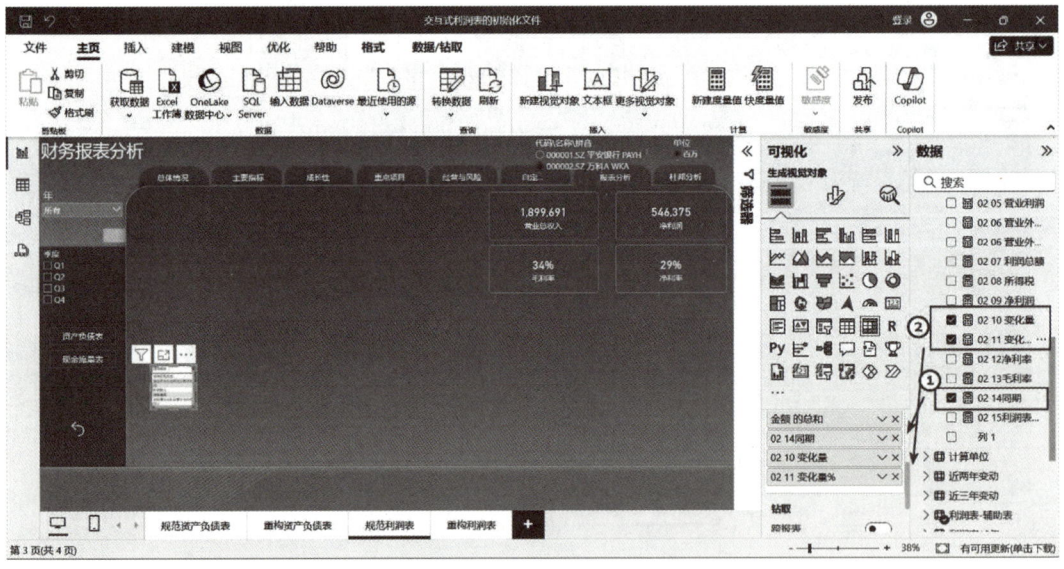

图 5-14 矩阵选取度量值

（2）调整矩阵的大小和格式，回顾 4.2.1.3 节内容，格式设置只举例"布局和样式预设"，其他格式设置可结合利润表的数据方向，对利润表矩阵的格式进行修改设置，形成最终矩阵，具体如图 5-15 和图 5-16 所示。

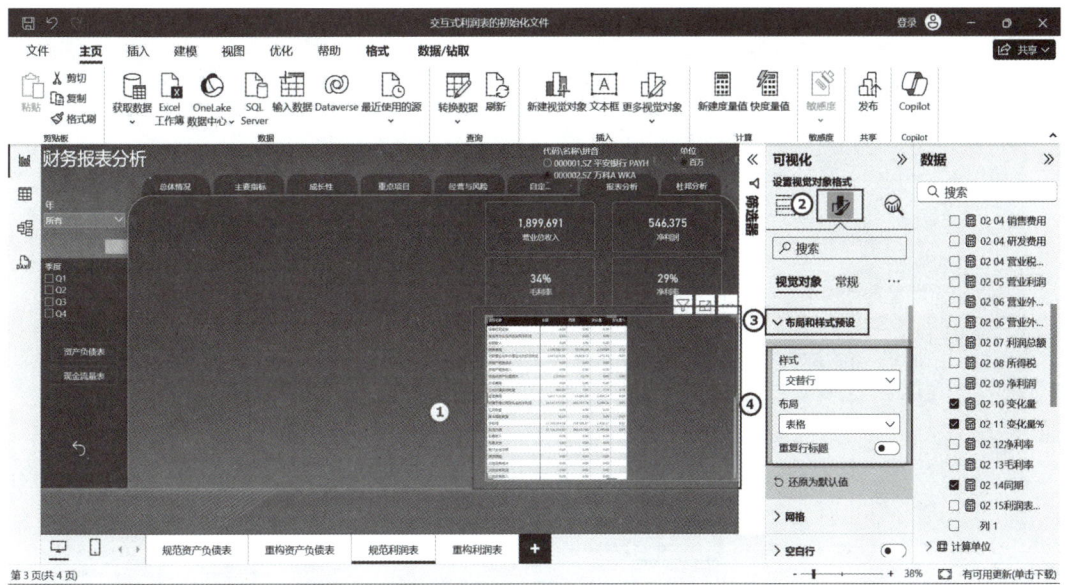

图 5-15　调整矩阵格式

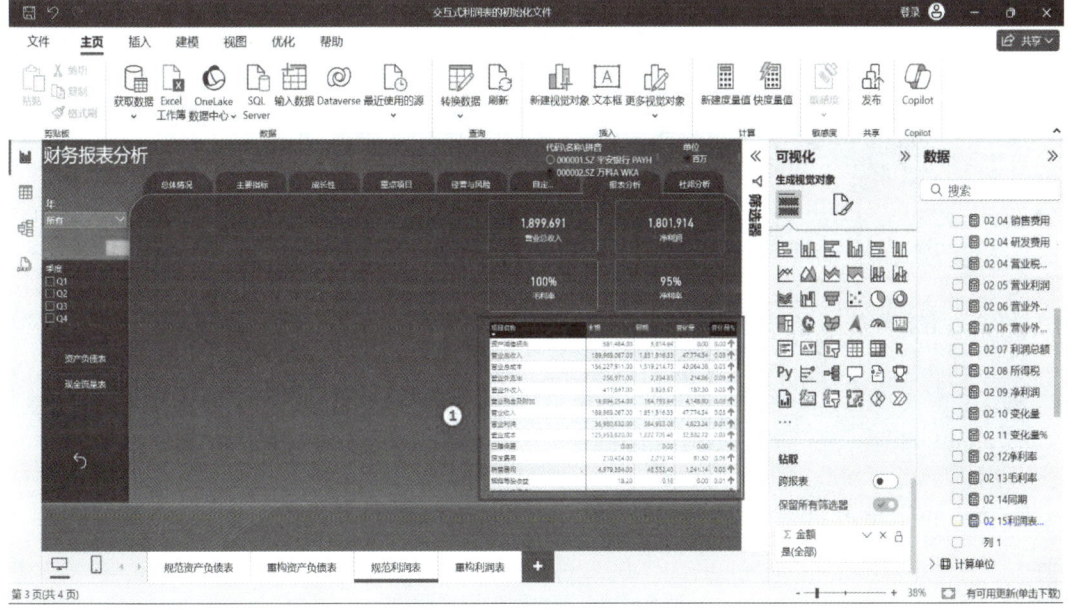

图 5-16　调整矩阵大小

5.2.1.5　新建利润表主要结构瀑布图

（1）在可视化对象中选择插入"瀑布图"，类别放入利润表-辅助表"项目"字段，Y 轴放入规范利润表度量值"02 15 利润表瀑布图"，如图 5-17 和图 5-18 所示。

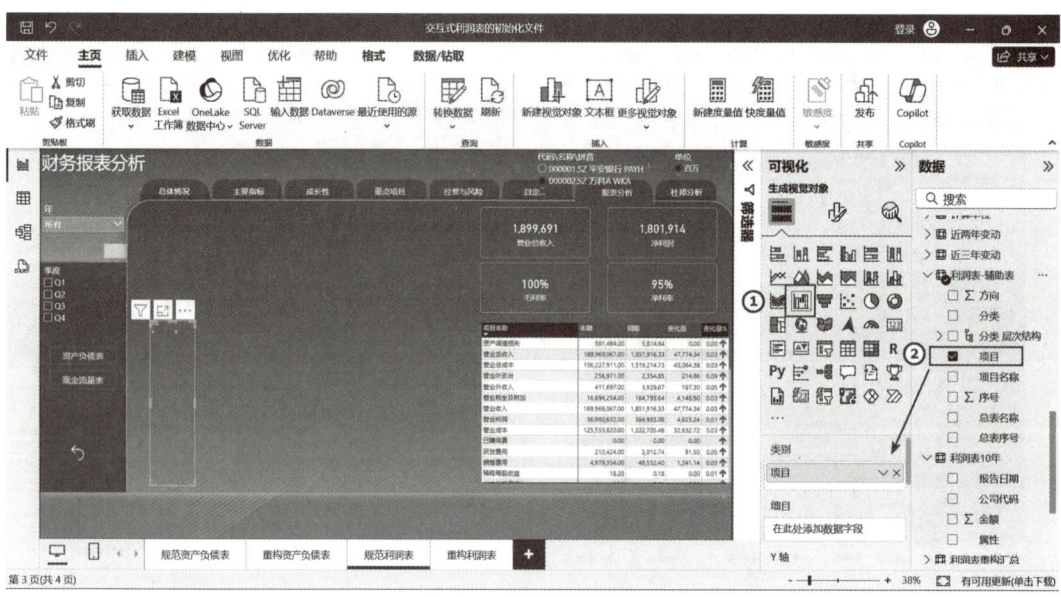

图 5-17 插入"瀑布图"

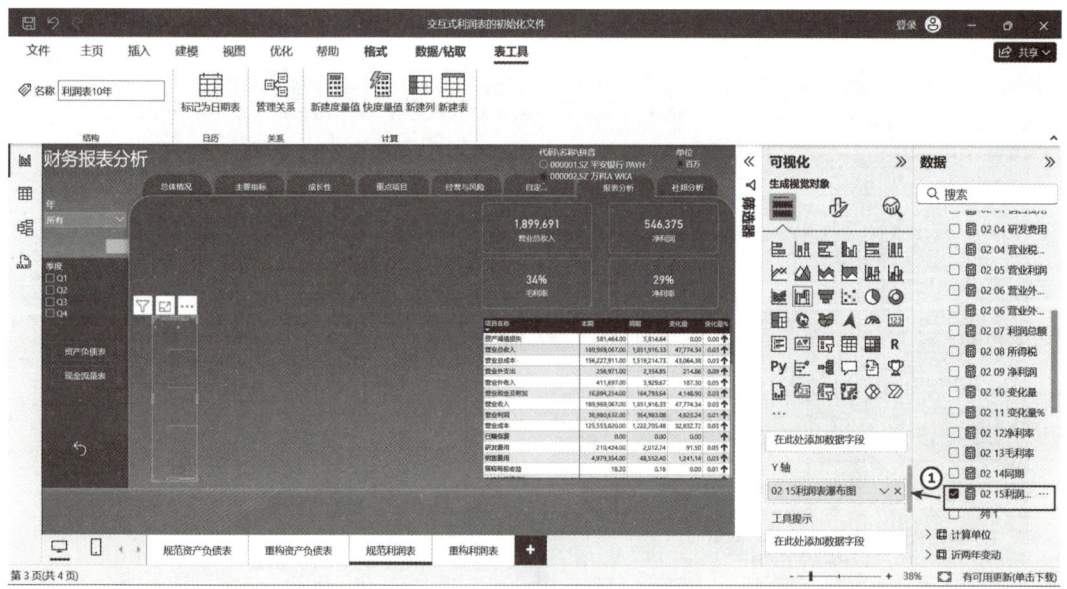

图 5-18 瀑布图选取度量值

(2) 调整瀑布图位置和大小，修改瀑布图格式，关闭图例，X 轴和 Y 轴值字体设置为 12，白色，网格线调整为虚线，标题"利润表瀑布图"更名为"利润表主要结构"，字体大小为 16，颜色为白色，完成瀑布图的制作，具体如图 5-19 和图 5-20 所示。

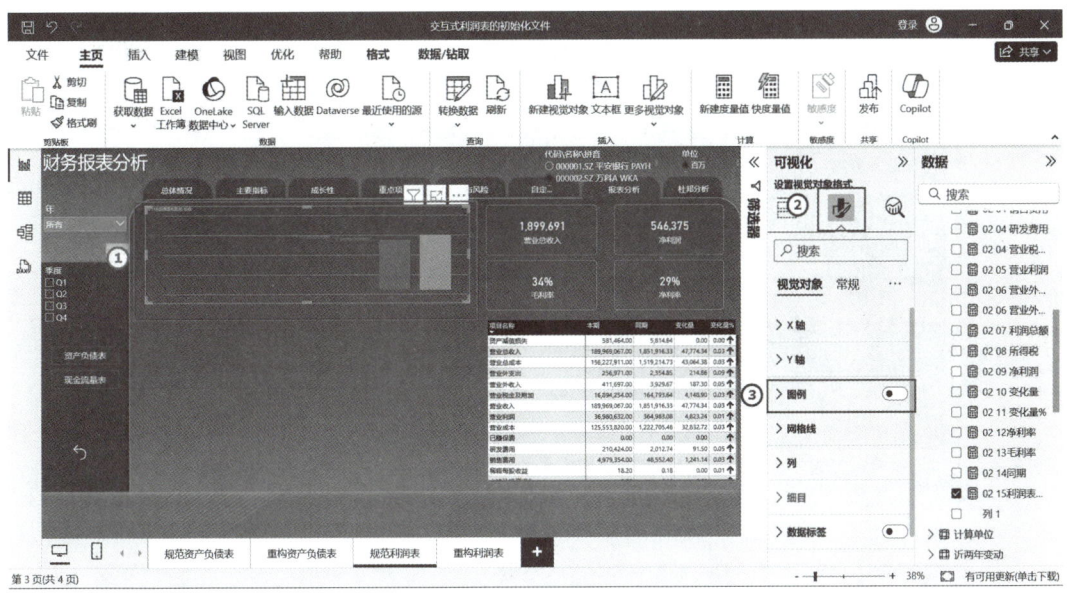

图 5-19　修改瀑布图格式

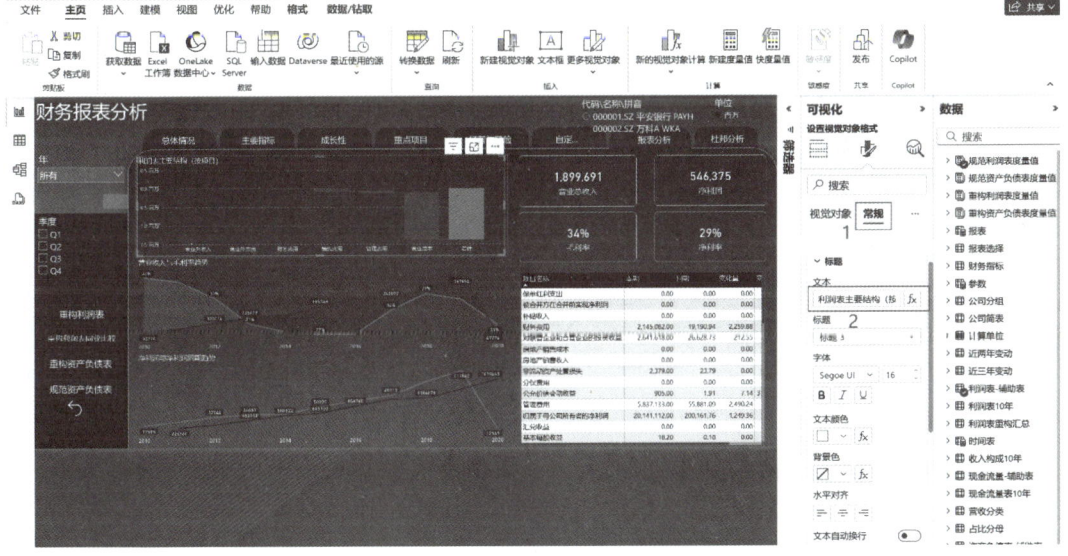

图 5-20　瀑布图常规项设置

5.2.1.6　新建营业收入及毛利率趋势分区图

（1）选择插入可视化对象中的"分区图"，X 轴放入时间表"年"字段，Y 轴放入规范利润表度量值"02 13 毛利率"（重命名：毛利率），辅助 Y 轴放入规范利润表度量值"02 01 营业总收入"（重命名：营业总收入），具体如图 5-21、图 5-22 和图 5-23 所示。

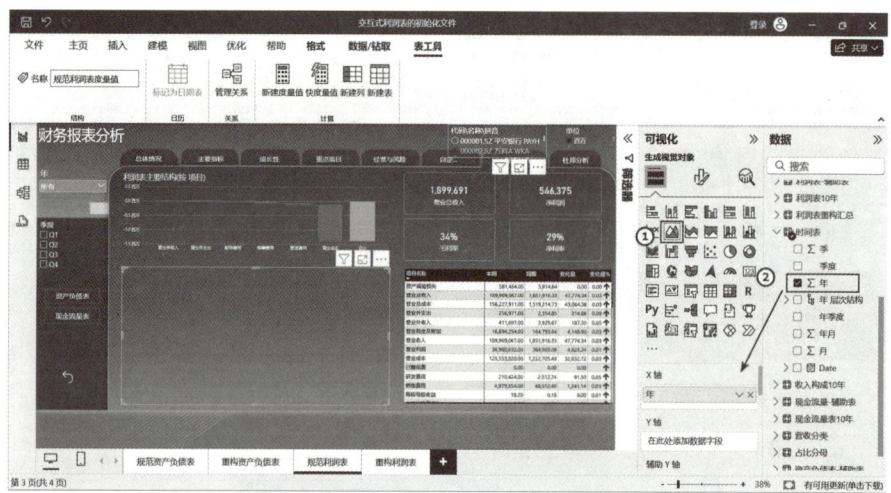

图 5-21　插入分区图

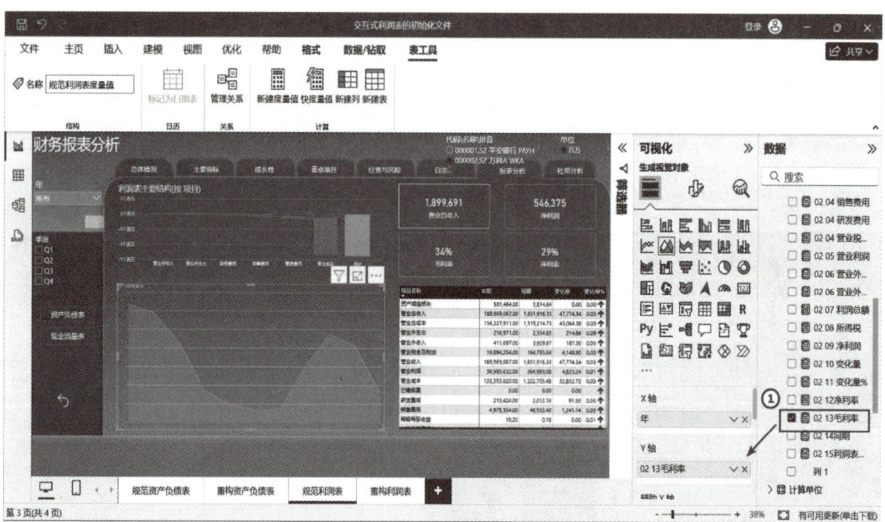

图 5-22　分区图选取毛利率度量值

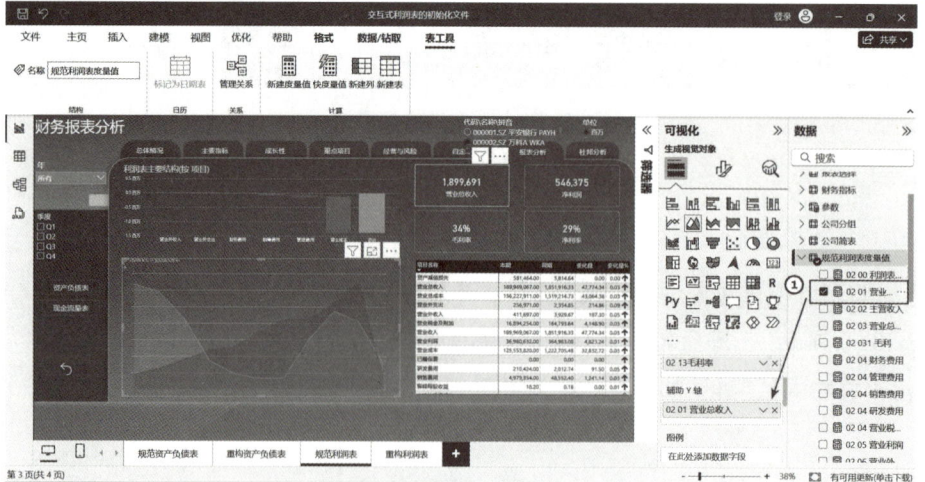

图 5-23　分区图选取营业总收入度量值

（2）调整分区图的位置和大小，并进一步结合主题要求进行对应格式设置，X 轴值字体大小设置为 9、白色，关闭 Y 轴和辅助 Y 轴的值、图例，打开数据标签，设置标签密度为 16%，值字体大小为 14、白色，设置背景为黑色，透明度 40%，常规下设置标题："营业收入与毛利率趋势"，字体大小为 16、白色，完成的营业收入及毛利率趋势分区图如图 5-24 所示。

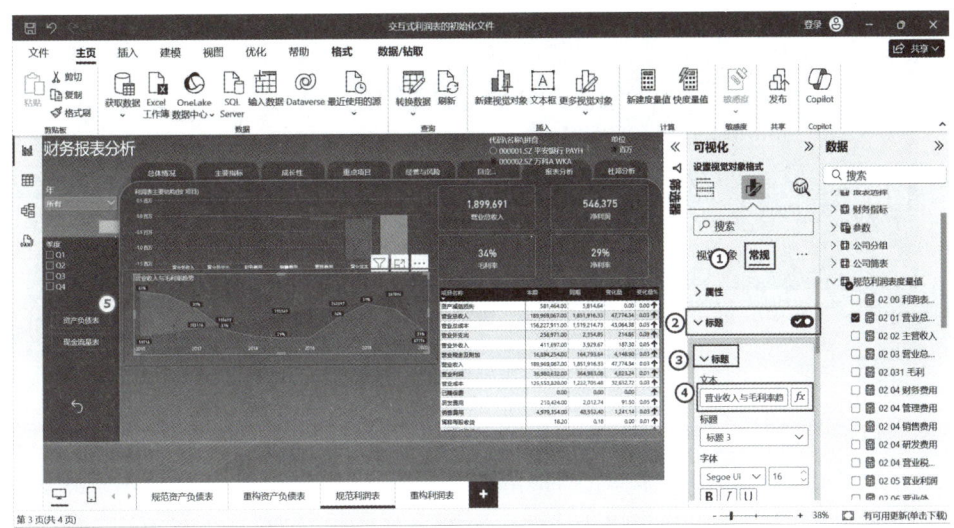

图 5-24　调整分区图的位置和大小

5.2.1.7　新建净利润与净利润同期趋势折线图

（1）选择插入可视化对象中的"折线图"，X 轴放入时间表"年"字段，Y 轴放入规范利润表度量值"02 09 净利润"（重命名：净利润），辅助 Y 轴放入规范利润表度量值"02 14 同期"（重命名：同期），如图 5-25 和图 5-26 所示。

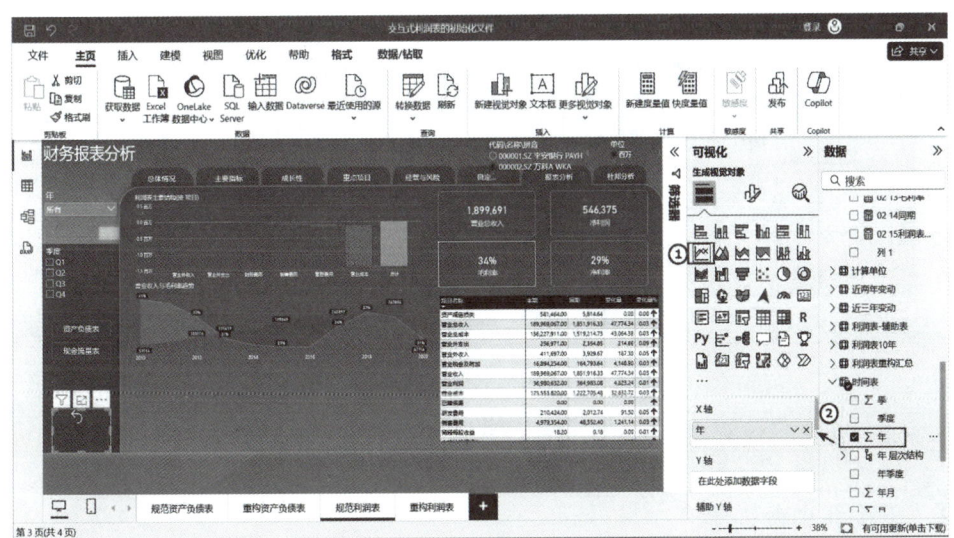

图 5-25　插入折线图

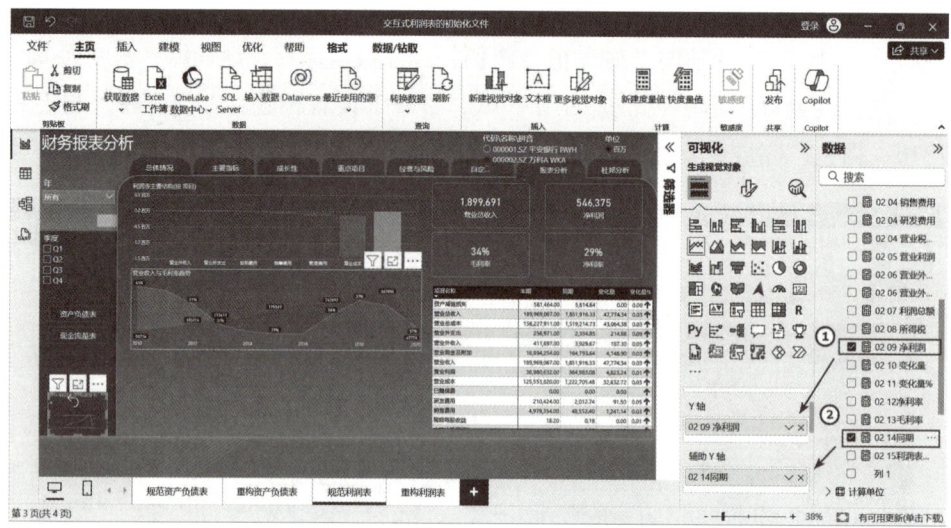

图 5-26 折线图选取度量值

（2）调整折线图位置和大小，并进一步结合主题要求进行对应格式设置，X 轴值大小为 9、白色，关闭 Y 轴和辅助 Y 轴的值、图例，打开数据标签，标签密度设置为 16%，值字体大小设置为 14、白色，背景设置为黑色，透明度为 40%，常规下修改标题为："净利润与净利润同期趋势"，值字体大小设置为 16、白色，完成的净利润与净利润同期趋势折线图如图 5-27 所示。

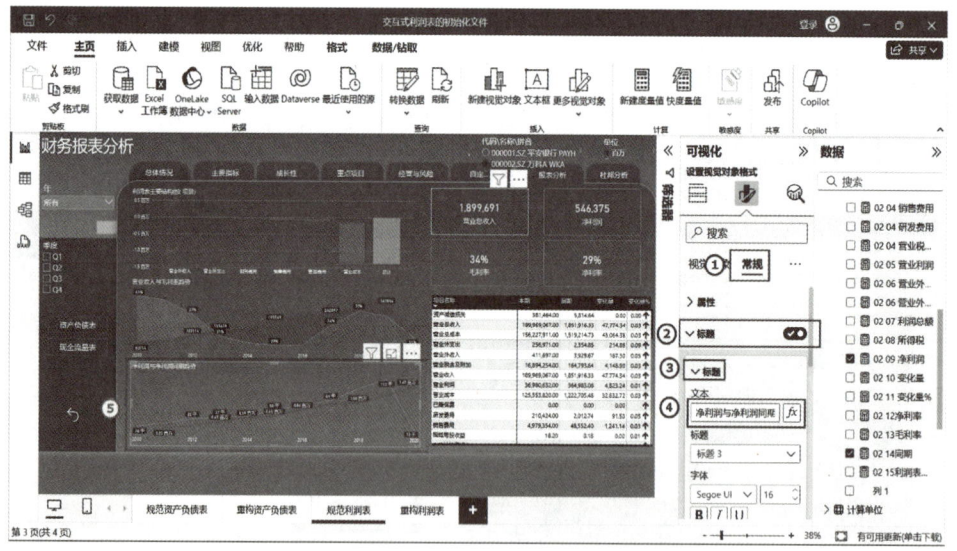

图 5-27 调整折线图位置和大小

经过上述步骤操作，规范利润表页面设置完毕，如有其他需要，读者可自行添加设置。

5.2.2 重构利润表创建

要想深入分析所爬取企业的盈利情况，需要继续分解度量指标，创建重构后的利润表，如图 5-28 所示。本页面筛选条件与规范利润表一致，通过性能同步器即可实现筛选条件的设置，但是本页面的度量值指标需要重新创建。

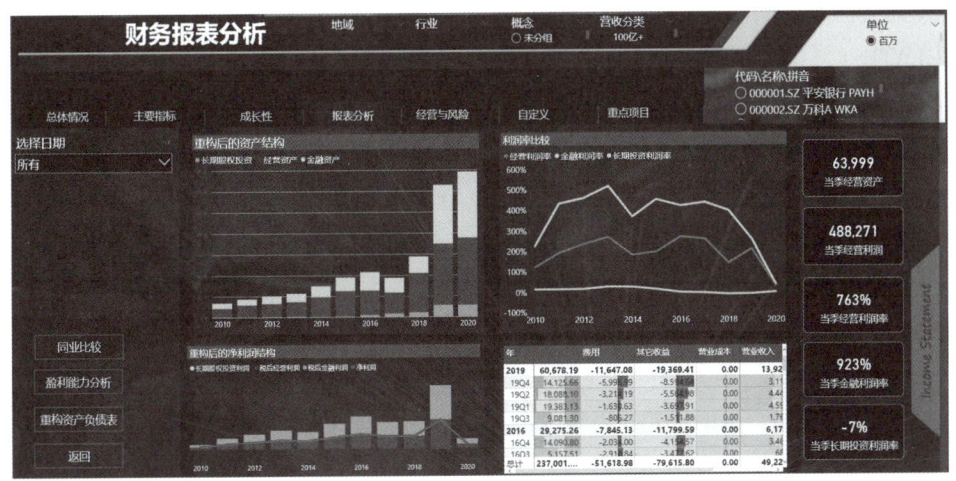

图 5-28 重构利润表

5.2.2.1 编写度量值

这里创建度量值表,名称为重构利润表度量值。

(1) 利息收入

表达式如下:

02 031 利息收入 = CALCULATE([02 00 利润表小计],'利润表重构汇总'[一级科目] = "利息收入")

(2) 利息支出

表达式如下:

02 031 利息支出 = CALCULATE([02 00 利润表小计],'利润表重构汇总'[一级科目] = "利息支出")

(3) 其他收益

表达式如下:

02 16 其他收益 = CALCULATE([02 00 利润表小计],'利润表-辅助表'[分类] = "其他收益") - CALCULATE([02 00 利润表小计],'利润表-辅助表'[项目名称] = "投资收益")

(4) 资产处置收益

表达式如下:

02 17 资产处置收益 = CALCULATE([02 00 利润表小计],'利润表-辅助表'[项目名称] = "资产处置收益")

(5) 资产减值损失

表达式如下:

02 18 资产减值损失 = CALCULATE([02 00 利润表小计],'利润表-辅助表'[项目名称] = "资产减值损失")

(6) 税前金融利润

表达式如下:

02 20 税前金融利润 =

CALCULATE（［02 00 利润表小计］，'利润表－辅助表'［项目名称］="投资收益"）－

CALCULATE（［02 00 利润表小计］，'利润表－辅助表'［项目名称］="对联营企业和合营企业的投资收益"）＋［02 031 利息收入］

（7）长期股权投资利润

表达式如下：

506 长期股权投资利润 = CALCULATE（［02 00 利润表小计］，'利润表－辅助表'［项目名称］="对联营企业和合营企业的投资收益"）

（8）有效所得税率

表达式如下：

02 26 有效所得税率 = DIVIDE（［02 08 所得税］，［02 07 利润总额］－［506 长期股权投资利润］）

（9）税盾

表达式如下：

02 25 税盾 =［02 031 利息支出］＊［02 26 有效所得税率］

（10）税后利息支出

表达式如下：

02 27 税后利息支出 =［02 031 利息支出］－［02 25 税盾］

（11）投资收益 金融

表达式如下：

02 28 投资收益 金融 =

CALCULATE（［02 00 利润表小计］，'利润表－辅助表'［项目名称］="投资收益"）－

CALCULATE（［02 00 利润表小计］，'利润表－辅助表'［项目名称］="对联营企业和合营企业的投资收益"）

（12）税后金融利润

表达式如下：

511 税后金融利润 =［02 20 税前金融利润］＊（1－［02 26 有效所得税率］）

（13）息税前经营利润

表达式如下：

息税前经营利润 =［02 07 利润总额］－［02 20 税前金融利润］－［506 长期股权投资利润］＋［02 031 利息支出］

（14）税后经营利润

表达式如下：

512 税后经营利润 =［息税前经营利润］＊（1－［02 26 有效所得税率］）

（15）重构利润计算表

表达式如下：

029 重构利润计算表 =

SWITCH（SELECTEDVALUE（'利润表重构汇总'［一级科目］），

　　"财务费用中的利息收入"，［02 031 利息收入］，

　　"金融资产投资收益"，［02 28 投资收益 金融］，

　　"税前金融利润"，［02 20 税前金融利润］，

　　"金融利润的所得税"，［02 20 税前金融利润］-［511 税后金融利润］，

　　"税后金融利润"，［511 税后金融利润］，

　　"对联营企业和合营企业的投资收益"，［506 长期股权投资利润］，

　　"营业总收入"，［02 01 营业总收入］，

　　"营业成本"，［02 03 营业总成本］，

　　"毛利"，［02 031 毛利］，

　　"税金及附加"，［02 04 营业税金及附加］，

　　"销售费用"，［02 04 销售费用］，

　　"管理费用"，［02 04 管理费用］，

　　"研发费用"，［02 04 研发费用］，

　　"财务费用"，［02 04 财务费用］-（［02 031 利息支出］-［02 031 利息收入］），

　　"资产减值损失"，［02 18 资产减值损失］，

　　"资产处置收益"，［02 17 资产处置收益］，

　　"其他收益"，［02 16 其他收益］，

　　"营业外收入"，［02 06 营业外收入］，

　　"营业外支出"，［02 06 营业外支出］，

　　"息税前经营利润"，［息税前经营利润］，

　　"经营利润所得税"，［息税前经营利润］-［512 税后经营利润］，

　　"税后经营利润"，［512 税后经营利润］，

　　"利息支出"，［02 031 利息支出］，

　　"税盾"，［02 25 税盾］，

　　"税后利息支出"，［02 27 税后利息支出］，

　　SWITCH（SELECTEDVALUE（'利润表重构汇总'［分类］），

　　　　"经营利润"，［512 税后经营利润］，

　　　　"金融利润"，［511 税后金融利润］，

　　　　"长期投资利润"，［506 长期股权投资利润］，

　　　　"利息支出"，［02 27 税后利息支出］，

　　　　［512 税后经营利润］+［511 税后金融利润］+［506 长期股权投资利润］-［02 27 税后利息支出］）

）

（16）净利润

表达式如下：

02 09 净利润 =［02 07 利润总额］-［02 08 所得税］

（17）长期股权投资

表达式如下：

404 长期股权投资 =

CALCULATE（

[0100 资产负债小计]，

'资产负债表-辅助表'[重构明细] = "长期股权投资"，

FILTER（ALL（'时间表'），'时间表'[DATE] = MAX（'资产负债表10年'[报告日期])))

（18）经营资产

表达式如下：

405 经营资产 = [406 营运资本] + [409 长期经营资产]

（19）重构利润 金融利润率

表达式如下：

523 重构利润 金融利润率 = DIVIDE（[511 税后金融利润]，[402 金融资产]）

（20）重构利润 经营利润率

表达式如下：

524 重构利润 经营利润率 = DIVIDE（[512 税后经营利润]，[405 经营资产]）

（21）重构利润 卡片用 最新 金融利润率

表达式如下：

525 重构利润 卡片用 最新 金融利润率 =

VAR x = 1

VAR a =

IF（LASTDATE（'时间表'[DATE]) >= LASTDATE（ALL（'资产负债表10年'[报告日期])),

LASTDATE（ALL（'资产负债表10年'[报告日期])),

IF（LASTDATE（'时间表'[DATE]) in ALL（'资产负债表10年'[报告日期]），LASTDATE（'时间表'[DATE]），ENDOFQUARTER（DATEADD（LASTDATE（'时间表'[DATE]），-3，MONTH))

)

)

return

CALCULATE（[523 重构利润 金融利润率]，FILTER（'时间表'，'时间表'[DATE] = a))

这个度量值相对来说要更加烦琐，主要涉及时间表的筛选和资产负债表的报告日期的处理。

重点在于 IF 语句，用其确定 a 的值，首先检查当前时间表中的最后一个日期（LASTDATE（'时间表'[DATE]))是否大于或等于资产负债表10年表中所有报告日期的最后一个日期。

如果满足条件，则 a 被设置为资产负债表10年表中所有报告日期的最后一个日期。

如果不满足条件，则进入到第二个 IF 语句，检查当前时间表中的最后一个日期是否存在于资产负债表10年表的报告日期中。

最后使用 return 语句，根据 CALCULATE 函数计算时间表中日期与 a 相匹配的 "523 重构利润 金融利润率"。

（22）重构利润 卡片用 最新 经营利润率

表达式如下：

527 重构利润 卡片用 最新 经营利润率 =

VAR a =

IF（LASTDATE（'时间表'［DATE］）>= LASTDATE（ALL（'资产负债表10年'［报告日期］））,

LASTDATE（ALL（'资产负债表10年'［报告日期］）),

IF（LASTDATE（'时间表'［DATE］）in ALL（'资产负债表10年'［报告日期］），

LASTDATE（'时间表'［DATE］），

ENDOFQUARTER（DATEADD（LASTDATE（'时间表'［DATE］），-3，MONTH））

）

）

return

CALCULATE（［524 重构利润 经营利润率］，FILTER（'时间表'，'时间表'［DATE］= a））

（23）重构利润 卡片用 最新 经营利润

表达式如下：

526 重构利润 卡片用 最新 经营利润 =［405 经营资产］*［527 重构利润 卡片用 最新 经营利润率］

（24）重构利润 长期投资利润率

表达式如下：

529 重构利润 长期投资利润率 = DIVIDE（［506 长期股权投资利润］，［404 长期股权投资］）

（25）重构利润 卡片用 最新 长期投资利润率

表达式如下：

528 重构利润 卡片用 最新 长期投资利润率 =

VAR a =

IF（LASTDATE（'时间表'［DATE］）>= LASTDATE（ALL（'资产负债表10年'［报告日期］））,

LASTDATE（ALL（'资产负债表10年'［报告日期］）),

IF（LASTDATE（'时间表'［DATE］）in ALL（'资产负债表10年'［报告日期］），LASTDATE（'时间表'［DATE］），

ENDOFQUARTER（DATEADD（LASTDATE（'时间表'［DATE］），-3，MONTH））

）

）

return

CALCULATE（［529 重构利润 长期投资利润率］，FILTER（'时间表'，'时间表'［DATE］= a））

这个度量值与 525 有点相似，都是用一个 IF 语句确定 a 的值，再进行计算。

但是这个度量值加上了一个 ENDOFQUARTER 函数作为容错，如果说不存在满足条件的值，也就是当 IF 语句执行之后 a 为空的话，将 a 设置为当前"时间表"中的最后一个日期向前推三个月的季度末日期。

（26）重构利润 已选择公司数量

表达式如下：

907 重构利润 已选择公司数量 =

VAR a = COUNTROWS（VALUES（'公司简表'［公司名称］））

return

SWITCH（true，

a > 1，" 请选择" & " 1 家公司"，

a = 1，" 已选择" & a & " 家"，" 所选公司与分类不一致"）

（27）报表期间（时间段）

表达式如下：

910 报表期间（时间段）=

VAR a = YEAR（LASTDATE（ALL（'资产负债表 10 年'［报告日期］）））& " 年" & QUARTER（LASTDATE（ALL（'资产负债表 10 年'［报告日期］）））&" 季度"

VAR a1 = YEAR（FIRSTDATE（'时间表'［DATE］））& " 年" & QUARTER（FIRSTDATE（'时间表'［DATE］））& " 季度"

VAR a2 = YEAR（LASTDATE（'时间表'［DATE］））& " 年" & QUARTER（LASTDATE（'时间表'［DATE］））& " 季度"

VAR b = a1

& " - "

& IF（LASTDATE（'时间表'［DATE］）> = LASTDATE（ALL（'资产负债表 10 年'［报告日期］）），

a，

IF（

LASTDATE（'时间表'［DATE］）in ALL（'资产负债表 10 年'［报告日期］），a2，

YEAR（DATEADD（LASTDATE（'时间表'［DATE］），-3，MONTH））&" 年 " & QUARTER（DATEADD（LASTDATE（'时间表'［DATE］），-3，MONTH））&" 季度"））

RETURN b

5.2.2.2　新建重要指标卡片图

（1）在"重构利润表"页面插入一个"卡片图"视觉对象，字段放入度量值"405 经营资产"（重命名：当季经营资产），具体如图 5 - 29 所示。

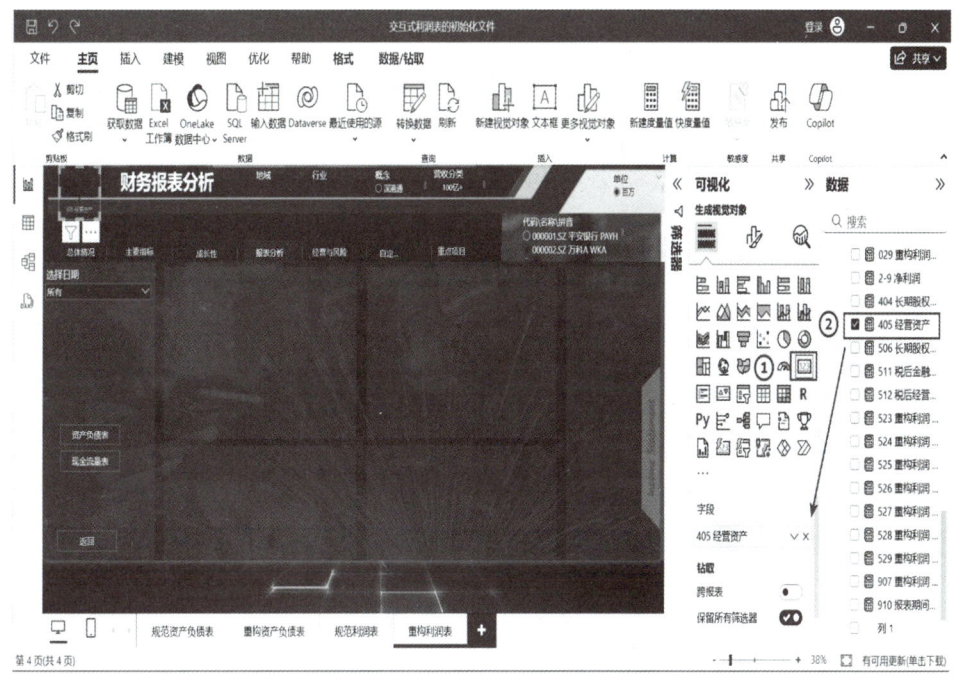

图 5-29　插入重构利润表卡片图

（2）结合界面设置的样式需求，调整"当季经营资产"卡片图位置和大小，以"当季经营资产"为例进行格式设置：标注值字体大小为30、白色、显示单位无，类别标签字体大小为18、白色，常规下设置如图 5-30 所示。

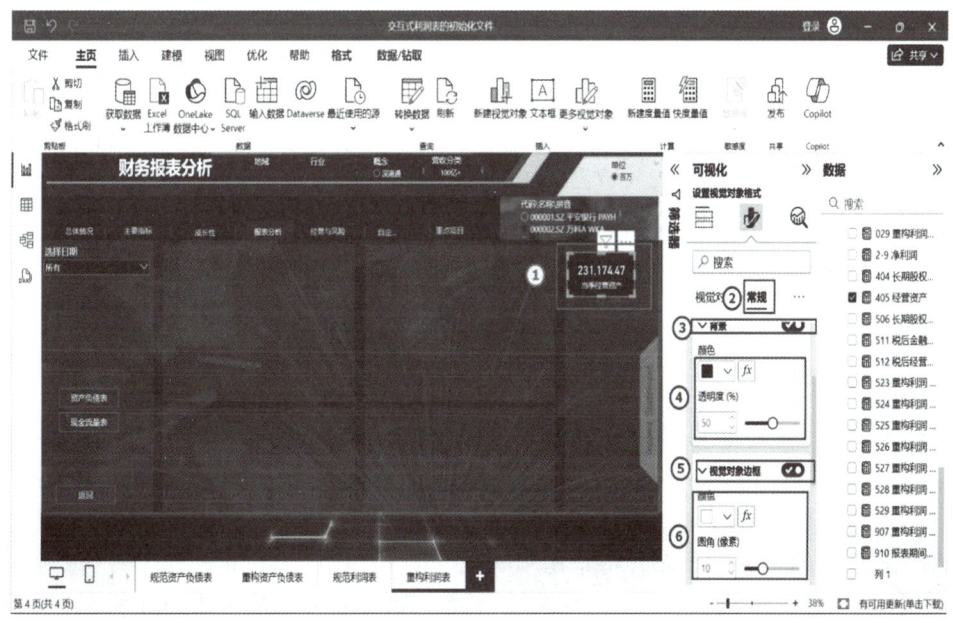

图 5-30　设置重构利润表卡片图格式

（3）复制粘贴4个卡片图，分别修改字段为："512 税后经营利润"（重命名：当季经营利润）、"524 重构利润 经营利润率"（重命名：当季经营利润率）、"523 重构利润 金融利润率"（重命名：当季金融利润率）、"529 重构利润 长期投资利润率"（重命名：当季长期投资利润率）等卡片图并排显示，具体如图 5-31 所示。

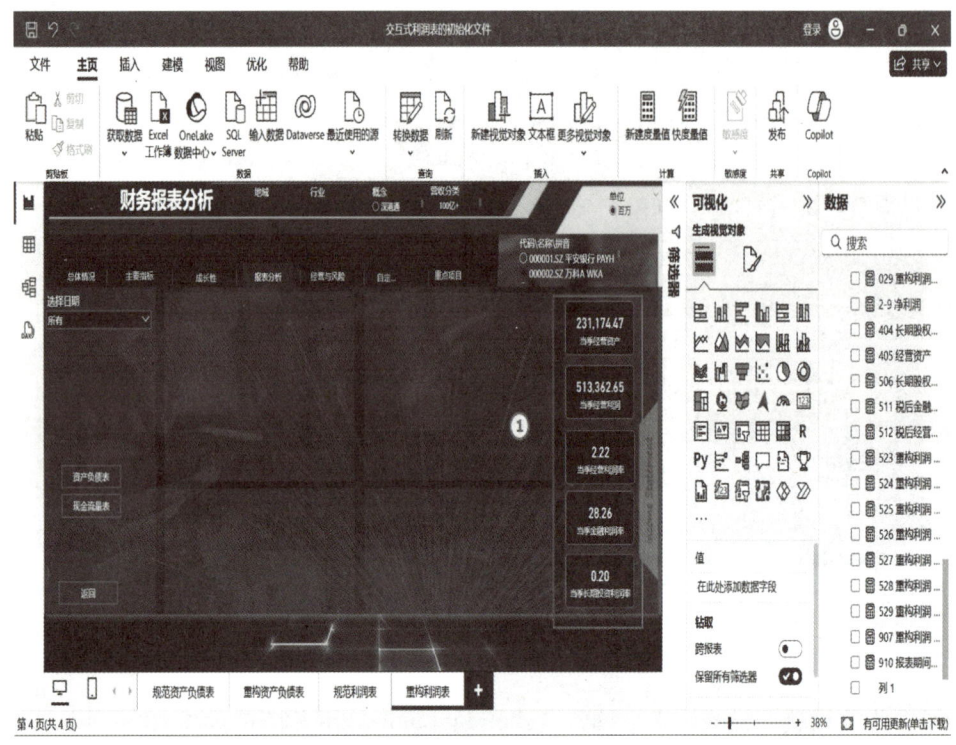

图 5-31 复制重构利润表卡片图

5.2.2.3 新建重构后的资产结构堆积柱形图

（1）插入一个"堆积柱形图"视觉对象，创建重构后的资产结构堆积柱形图，如图 5-32 所示。

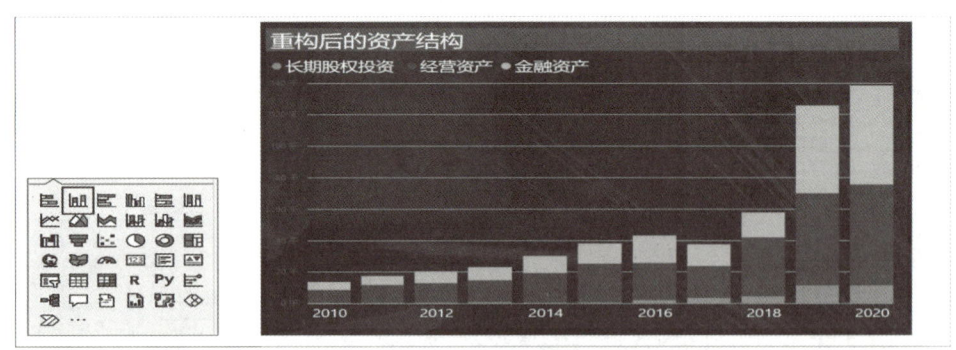

图 5-32 重构后的资产结构堆积柱形图

（2）将时间表"年"放入 X 轴，将重构利润表度量值"404 长期股权投资"（重命名：长期股权投资）、"405 经营资产"（重命名：经营资产），重构资产负债表度量值"402 金融资产"（重命名：金融资产）放入 Y 轴，并对该图形调整大小和位置后进行格式设置：X 轴值字体大小为 13、白色，Y 轴值字体大小为 8、白色，图例文本字体大小为 15、白色，打开数据标签，标签密度为 15%，字体大小为 9、白色，设置背景为黑色，透明度 33%，常规下设置标题为："重构后的资产结构"，字体大小为 20、白色，格式具体设置如图 5-33 和图 5-34 所示。

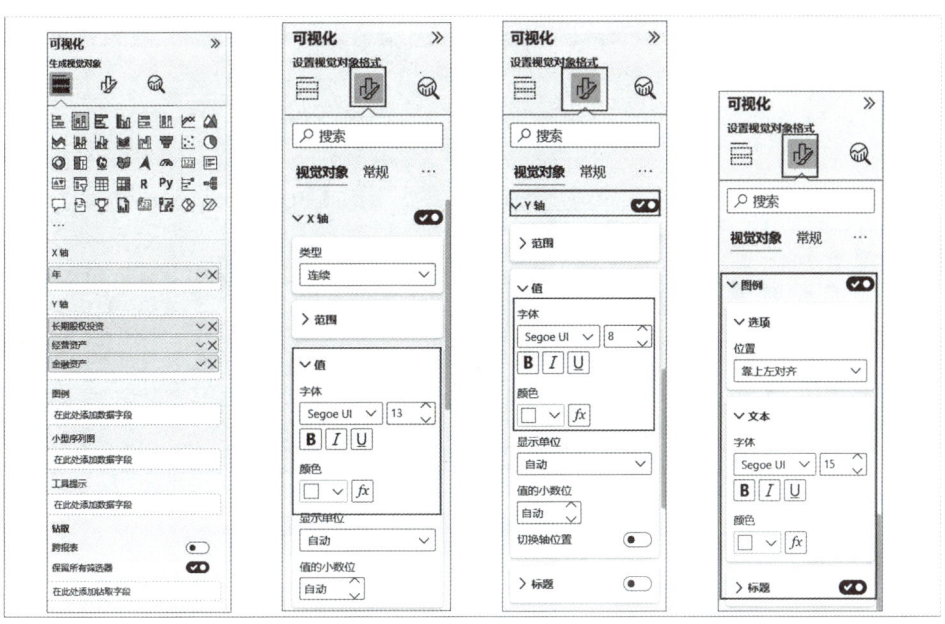

图 5－33　重构后的资产结构堆积柱形图度量值格式设置一

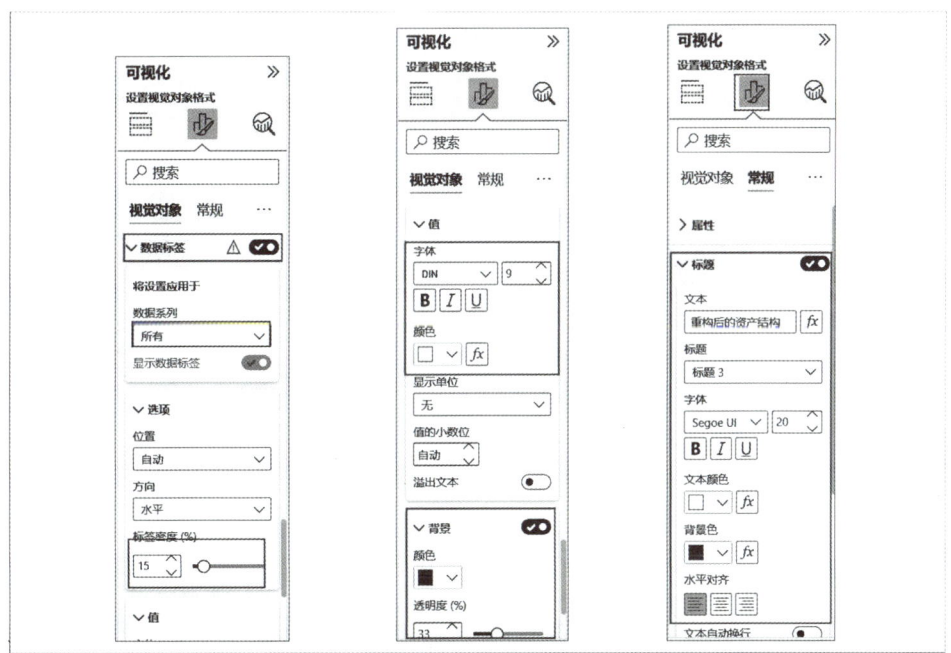

图 5－34　重构后的资产结构堆积柱形图度量值格式设置二

5.2.2.4　新建重构后利润率比较折线图

（1）插入一个"折线图"视觉对象，创建三种利润的利润率比较折线图，如图 5－35 所示。

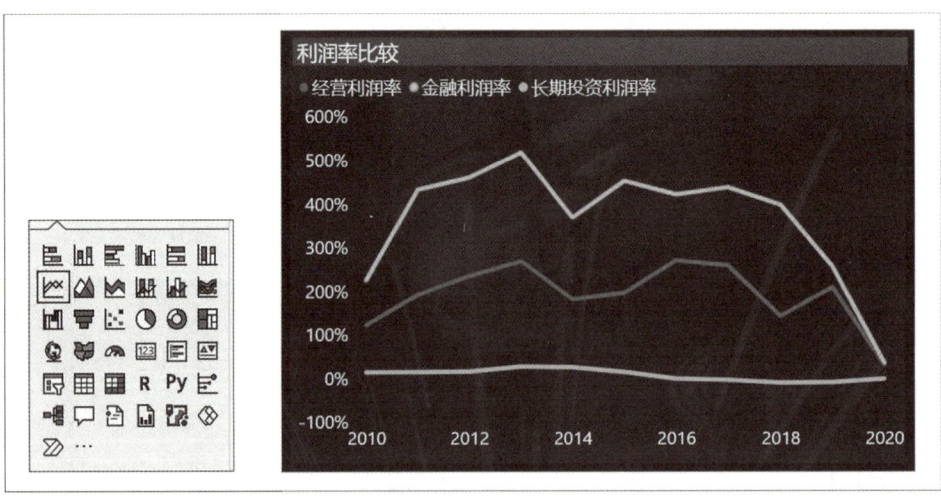

图 5-35　插入重构利润率比较折线图

（2）将时间表"年层次结构–年"放入 X 轴，将重构利润表度量值"524 重构利润 经营利润率"（重命名：经营利润率）、"523 重构利润 金融利润率"（重命名：金融利润率）、"529 重构利润 长期投资利润率"（重命名：长期投资利润率）依次放入 Y 轴，并对该图形调整大小和位置后进行格式设置：X 轴值字体大小为 15、白色，Y 轴值字体大小为 15、白色，图例文本字体大小为 15、白色，常规下设置标题为："利润率比较"，字体大小为 17、白色，格式具体设置如图 5-36 所示。

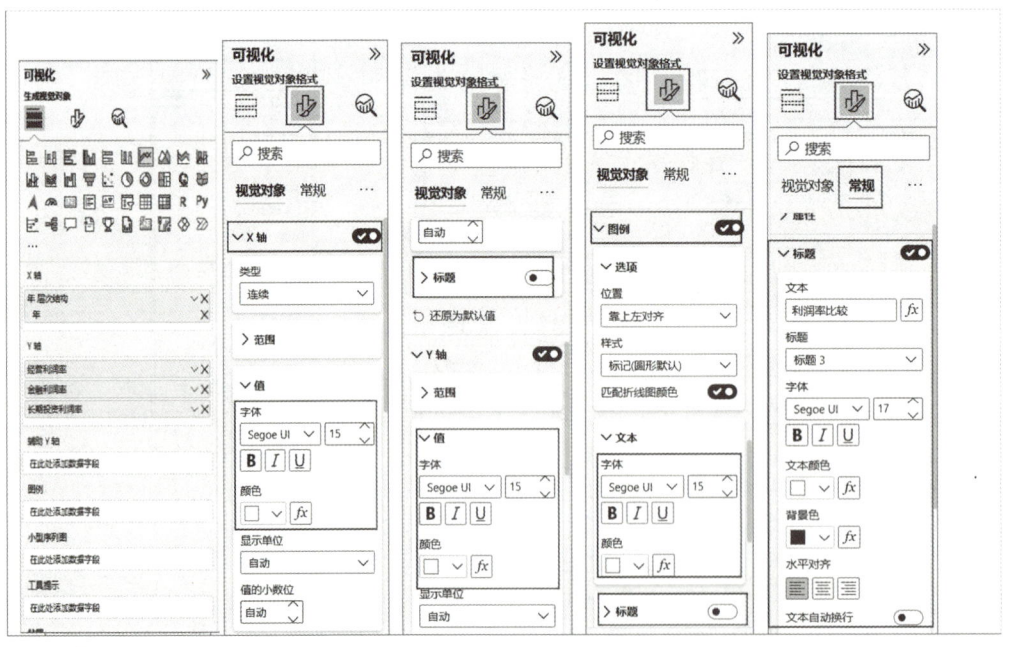

图 5-36　设置重构利润率折线图度量值

5.2.2.5　新建重构后的净利润结构堆积柱形和折线图

（1）插入一个"堆积柱形和折线"视觉对象，创建重构后的净利润结构堆积柱形和折线图，如图 5-37 所示。

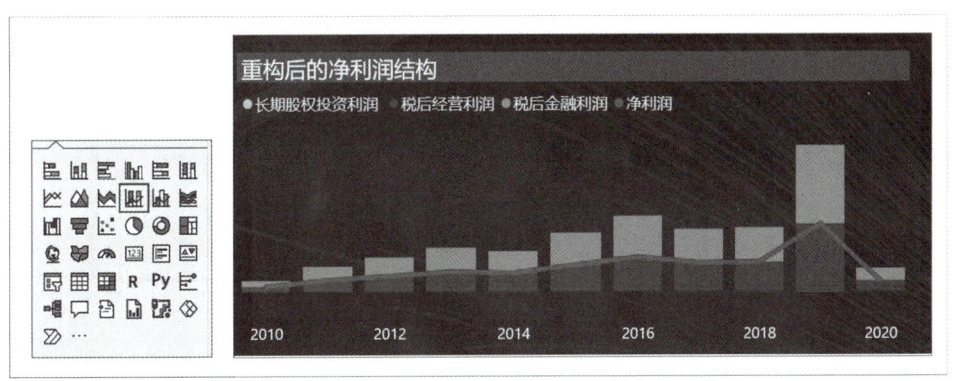

图 5-37　插入重构净利润结构堆积柱形和折线图

（2）将时间表"年"放入 X 轴，将重构利润表度量值"506 长期股权投资利润"（重命名：长期股权投资利润）、"512 税后经营利润"（重命名：税后经营利润）、"511 税后金融利润"（重命名：税后金融利润）放入列 Y 轴，"02 09 净利润"（重命名：净利润）放入行 Y 轴，进行堆积柱形和折线图格式设置：X 轴值字体大小为 12、白色，关闭 Y 轴值，图例文本字体大小为 12、白色，常规下设置标题为："重构后的净利润结构"，字体大小为 17、白色，格式设置具体如图 5-38 所示。

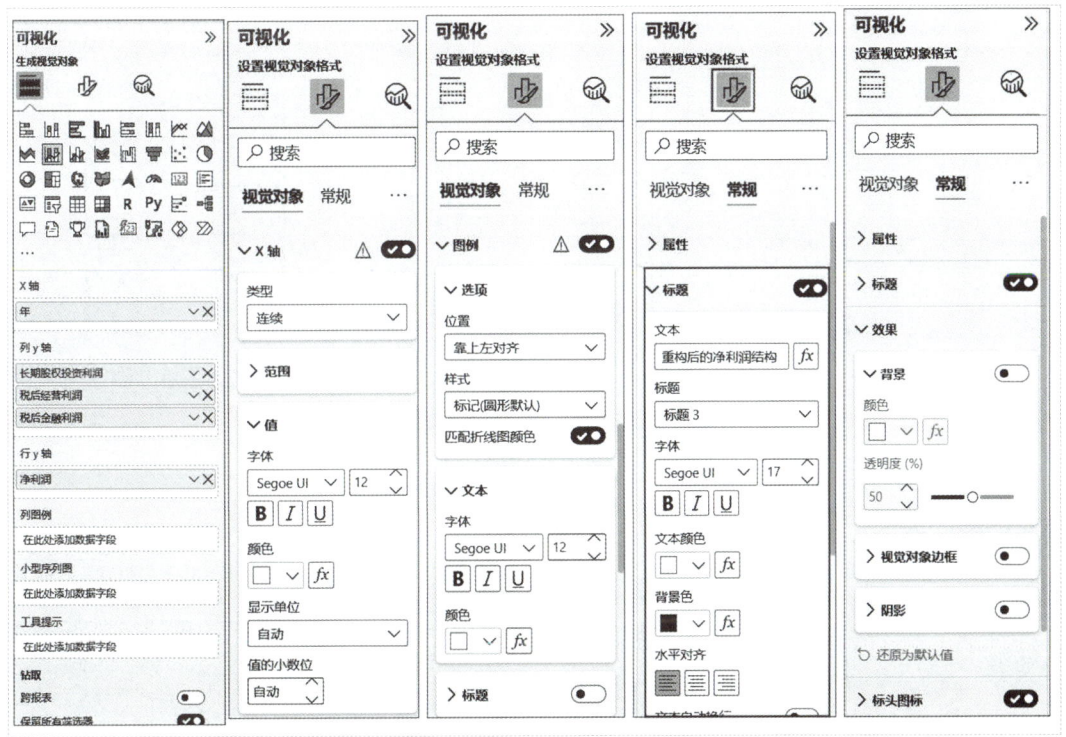

图 5-38　重构后的净利润结构堆积柱形和折线图度量值设置

5.2.2.6　新建重构后的利润项目明细表

（1）插入一个"矩阵"视觉对象，创建重构后的利润项目明细表，如图 5-39 所示。

图 5-39　创建重构后的利润项目明细表

（2）将时间表"年"放入行，利润表-辅助表"分类层级结构-分类""项目"放入列，重构利润表度量值"029 重构利润计算表"（重命名：重构利润计算表）放入值，进行利润项目明细表格式设置：值、列标题、行标题字体大小为 15，单元格元素下打开背景色和数据条，常规下关闭标题，格式具体设置如图 5-40 所示。

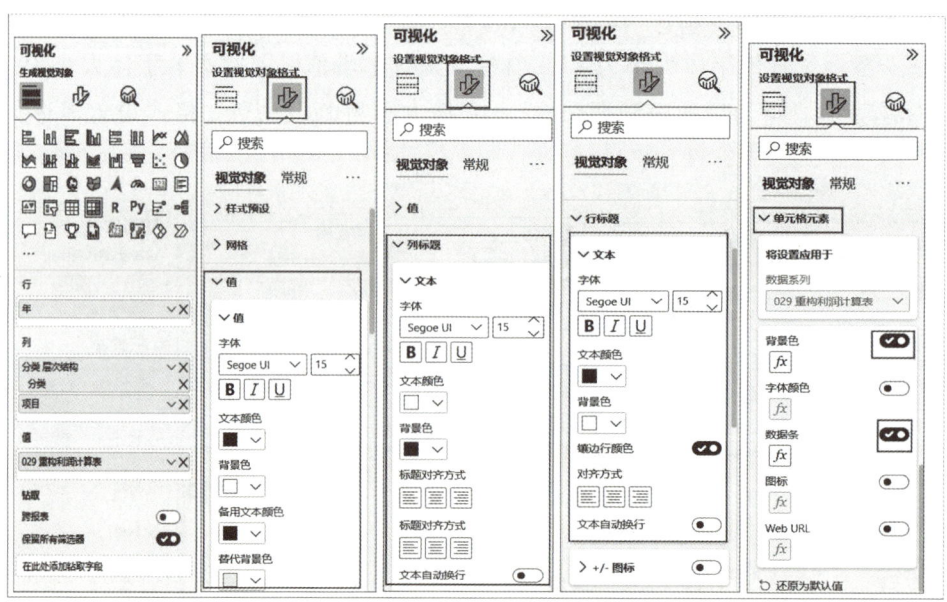

图 5-40　重构后的利润项目明细表度量值设置

练一练

请根据以上可视化效果图的设计思路，思考如何设计交互式利润表，并将设计效果分小组讨论后进行展示。

5.3　交互式利润表分析

5.3.1　规范利润表分析

由于该案例选取的上市公司超过 4000 家，为了便于分析，本部分仅选取万科 A 2020 年度规范利润表数据（见图5-41）进行分析和评价。读者可以根据兴趣自行选择公司对本部分进行分析，以下为分析的参考角度。

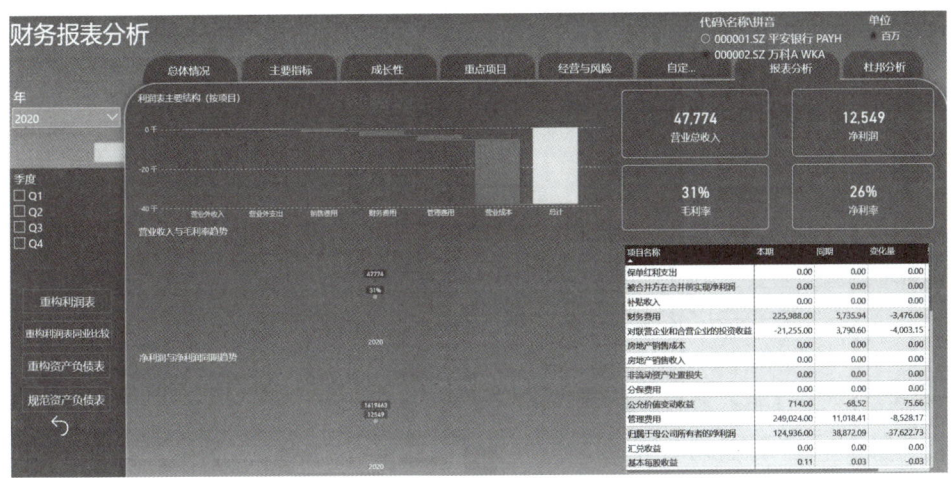

图 5-41　万科 A 2020 年度规范利润表

（1）万科 A 规范利润表主要结构分析

总的来看，万科 A 在 2020 年度营业总收入为 47 774.34 百万元，上年同期营业总收入为 367 893.88 百万元，同比下降 87.01%，营业总收入完全来自营业收入，营业收入中其他业务收入为 0，商品房销售收入为 0，可以看出万科 A 的营业收入全靠多元化，主要原因可是多方面的，如疫情导致多地房地产项目无法正常施工，工程进度受阻，进而影响竣工和交付，使得收入无法如期确认；2020 年全球经济环境不佳，导致消费者购房信心不足，这也影响了房企的销售业绩；多地政府为了稳定房地产市场，实施了限购、限贷等政策，导致购房需求减少，进而影响了房企的销售业绩。

营业成本方面，万科 A 在 2020 年度发生营业成本共 32 832.72 百万元，财务费用 2 259.88 百万元，管理费用 2 490.24 百万元，同比都有所下降，但下降速度均低于营业收入的下降速度。房地产企业在面临市场压力时，更加注重成本控制，通过精细化管理、优化采购流程等方式降低费用支出。2020 年万科 A 成本费用下降的原因主要包括融资成本降低、管理效率提升、销售策略调整、税收政策优惠以及土地成本相对稳定等方面。这些因素共同作用，使得房地产企业在面临市场压力时能够有效地控制成本费用，提高盈利能力。

（2）万科 A 规范利润表主要比率分析

万科 A 在 2020 年度实现营业收入 47 774.34 百万元，营业成本 32 832.72 百万元，毛利率为 31%，净利润为 12.549 百万元，净利率为 26%，均远超 0，所以万科 A 还是比较有发展前途的房地产企业。

综上所述，万科房地产企业在 2020 年表现出色，实现了营业收入和净利润的稳步增长，同时保持了良好的财务稳健性和盈利能力。未来，随着城市化进程的持续推进和房地产市场的不断发展，万科有望继续保持其领先地位并实现持续增长。然而，也需要注意到房地产行业面临的宏观调控政策和市场竞争加剧等挑战，万科需要不断创新和优化业务布局以应对这些挑战。

5.3.2　重构利润表分析

本部分重构利润表分析仍以万科 A 为研究对象，选取其 2010—2020 年的利润表数据（见图 5-

42）进行分析。读者可自行选择研究对象进行分析，以下为分析的参考角度。

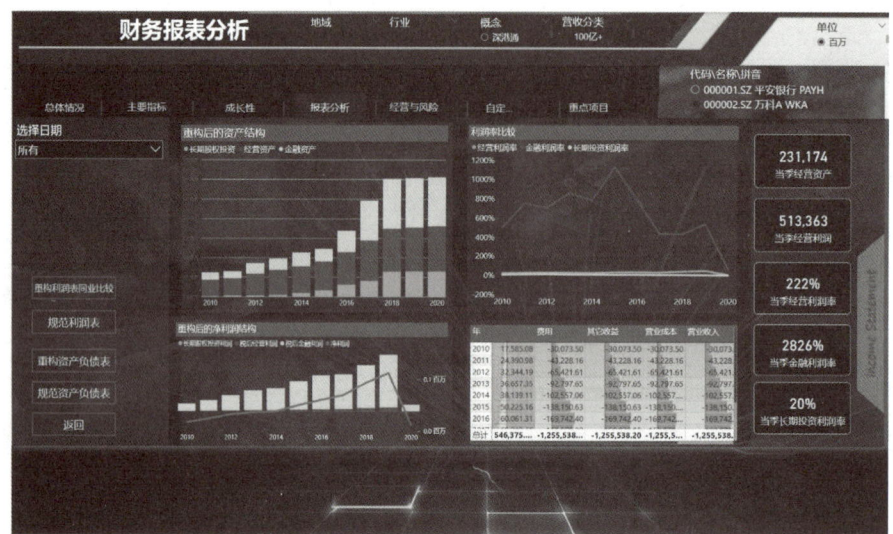

图 5-42　万科 A 2010—2020 年重构利润表

5.3.2.1　资产结构分析

资产结构，是指各种资产占企业总资产的比重。本部分主要从长期股权投资、金融资产、经营资产三方面进行分析（见图 5-43）。

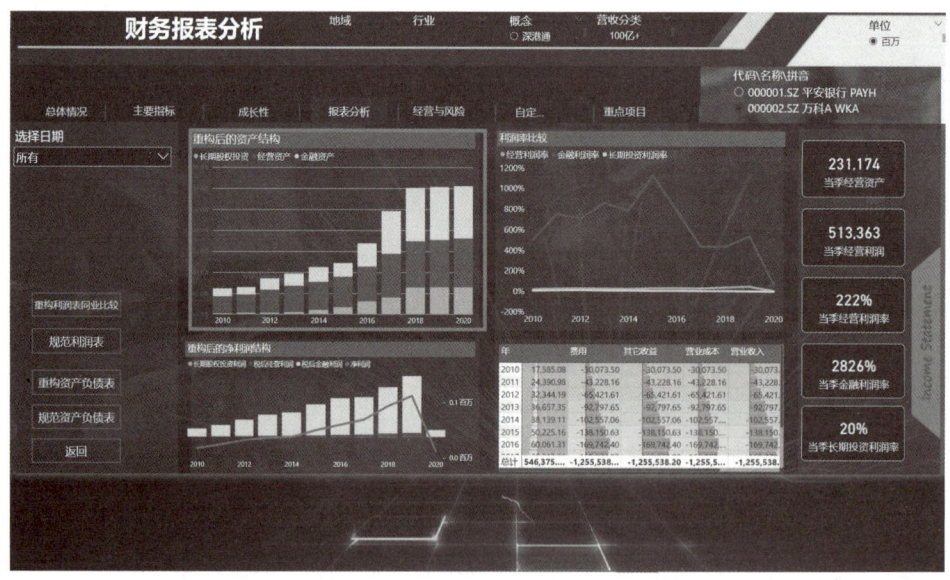

图 5-43　万科 A 2010—2020 年资产结构分析

同第 4 章万科 A 重构资产负债表分析中的资产结构分析：

（1）长期股权投资

万科 A 长期股权投资 2010—2020 年一直保持上涨趋势。2014 年以前增长较缓慢，从 2014 年开始，万科 A 的长期股权投资迅速增长，说明企业对外投资增加。2017 年增速最快，增长最多，2018 年开始，万科 A 长期股权投资增速趋于平稳。

(2) 金融资产

金融资产指单位或个人所拥有的以价值形态存在的资产，包括现金、存款、债券、股票、基金等具有明确价值且能够在市场上交易的资产。万科 A 金融资产在 2010—2020 年波动增加，尤其在 2016—2018 年呈现快速增加的局面，并在 2018 年达到峰值，表明企业价值不断提高。

(3) 经营资产

此处经营资产等于营运资本加长期经营资产（例如机器设备等），其中营运资本等于流动资产减去流动负债。万科 A 的经营资产 2010—2020 年持续增加，表明企业可用于生产经营的资金在不断增加。2017 年呈现最大幅度的增加，其余时间增长均较为平缓。

总的来看，2017 年以前万科 A 的资产主要来源于经营资产，其次是金融资产，还有一部分来自长期股权投资。2017 年金融资产首次超过经营资产，自此公司的资产主要来源为金融资产。

5.3.2.2 净利润结构分析

主要从税后经营利润、税后金融利润和净利润三方面进行分析，如图 5-44 所示。

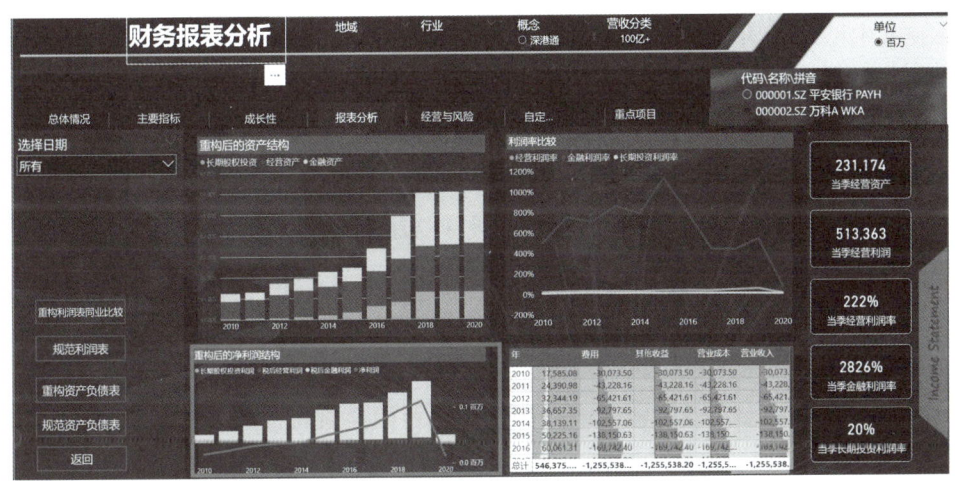

图 5-44 万科 A 2010—2020 年净利润结构分析

(1) 税后经营利润

根据堆积柱状图和折线图可以看出，2010—2019 年，万科 A 税后经营利润呈现出逐年递增的趋势，在 2019 年达到最高值 107 075.23 百万元，2020 年又骤然下降，主要是受疫情影响。

(2) 税后金融利润

根据堆积柱状图可以看出，2010—2019 年，万科 A 税后金融利润也呈现出逐年递增的趋势，在 2019 年达到最高值 1 352 702.11 百万元，2020 年骤降到 168 008.9 百万元，主要是受疫情影响，使得企业生存困难。

(3) 净利润

根据折线图可以看出，2010—2019 年，万科 A 净利润呈现出逐年递增的趋势，在 2019 年达到最高值 111 862.03 百万元，2020 年又骤然下降到 12 548.66 百万元，主要是疫情影响企业业绩的提升。

5.3.2.3 利润率比较分析

主要从经营利润率、金融利润率和长期投资利润率三方面进行分析，如图 5-45 所示。

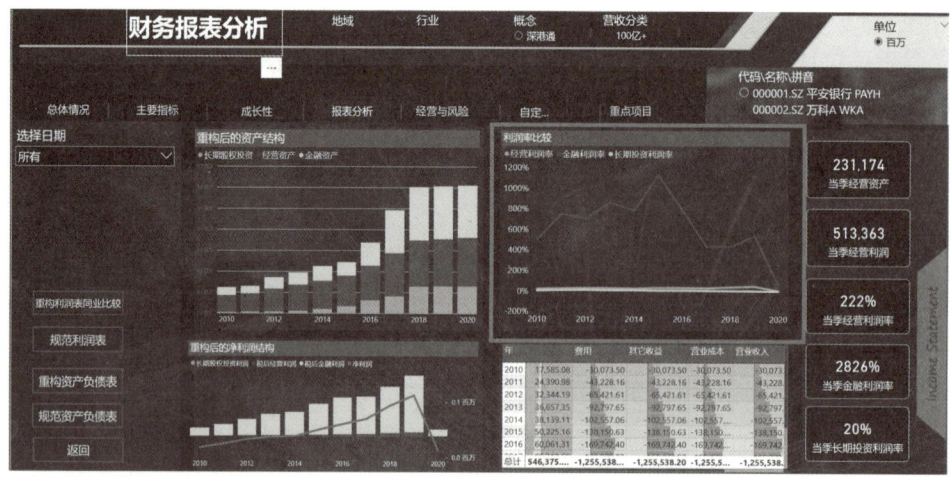

图 5-45　万科 A 2010—2020 年利润率比较分析

(1) 经营利润率

从图 5-45 中可以看出，2010—2020 年，万科 A 经营利润率比较平稳，平均在 20%～39%，波动不大，只有 2019 年有小幅度的增加，达到最高点 47.79%，2020 年又回到 5.4%，可以看出万科 A 的经营利润都很低，主要是受行业影响，房地产行业普遍经营利润率较低。

(2) 金融利润率

从图 5-45 中可以看出，2010—2019 年，万科 A 金融利润率比较高，最低也在 400% 以上，这 9 年间波动起伏较大，2015 年之前，万科 A 金融利润率呈螺旋式上升，2015 年达到最高点 1130.13%，这也是房地产行业发展最好的一年，之后的两年里逐年下降，2017 年、2018 年万科 A 的金融利润率维持在 435% 左右，2019 年又有小幅度上涨，达到 537.09%，然而 2020 年又降到 67.44%，达到最低值，主要是受行业影响。房地产行业的显著特征就是高负债，所以金融利润率普遍偏高。

(3) 长期投资利润率

从图 5-45 中可以看出，2010—2020 年，万科 A 长期投资利润率很平稳，对万科 A 来说，所取得的利润中作为长期投资的比例一直都很稳定，不会有大幅度变化，说明万科 A 长期投资资产比较稳定。

至此，交互式利润表的分析已经全部完成，用户可使用自己采集的数据及数据仓进行后续的大数据财务可视化分析，如数据采集及整理有缺项，可采用平台提供的数据仓进行后续实践任务的操作学习。

练一练

请另外选择一家上市公司（如平安银行）进行规范利润表和重构利润表分析，进一步熟悉交互式利润表页面设计及操作步骤。

课后思考题

1. 判断一家企业经营成果的好坏，重点关注利润表哪些方面？

2. 为什么核心利润、费用占比可以用来衡量企业的盈利质量？

3. 高利润代表企业拥有高现金吗？有的企业在创造出高利润的同时，仍然进行大量的筹资活动，既然盈利能力这么强，还缺钱吗？为什么还要进行大量的筹资？

4. 请收集小米与格力的"10亿天价赌局"资料，思考企业怎样能够高质量、可持续发展。

5. 通过本章的学习，你认为 Power BI 技术在报表分析中的重要作用体现在哪些方面？

第6章

交互式现金流量表

知识目标

（1）掌握现金流量表重构后的表体结构与重构的项目划分逻辑。
（2）掌握现金流量表的核心指标及创建方法。
（3）掌握如何使用DAX公式完成复杂度量值的创建。
（4）能够结合上市公司现金流量表数据，通过Power BI实现交互式现金流量表分析。

技能目标

本项目需利用Power BI的可视化分析功能对交互式现金流量表进行分析。

（1）能够对企业报表年度、报表季度及金额单位（元、万元、百万、亿元）进行切换，实现交互式报表数据呈现。
（2）对现金流量表中的经营活动净现金、投资活动净现金、筹资活动净现金三个重要指标进行展示。
（3）对现金流量表中的经营活动净现金、投资活动净现金、筹资活动净现金三个重要指标进行趋势及占比分析。
（4）制作现金流量表大类瀑布图，并进行总体趋势分析。
（5）对现金流变化数据进行展示。

素养目标

（1）培养学生从现金流量表数据中提取关键信息，并进行合理推理和解释的能力。
（2）培养学生对企业财务风险的敏锐感知，通过现金流量表分析了解企业在经营、投资和筹资过程中可能面临的现金短缺或资金链断裂等风险。
（3）培养学生对财务安全的重视态度，认识到现金流量管理对企业生存和发展的重要性。

第6章 交互式现金流量表

思维导图

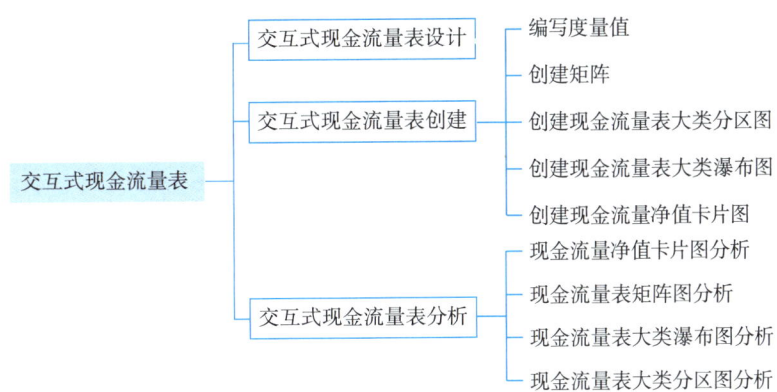

导 读

在财务管理领域，现金流量表的重要性不言而喻。无论是日常运营中的资金周转，还是重大投资、筹资决策，现金流量表都提供了关键依据，让企业管理者能精准把握资金脉搏。从发展角度看，合理的现金流量管理能助力企业捕捉投资机遇，为其扩张注入动力，这与国家倡导的创新驱动发展战略高度契合。

本章引入前沿工具 Power BI，借助其强大的可视化分析功能来呈现交互式现金流量表，目的在于打破传统报表的静态局限，让数据"活"起来。通过交互式操作，使用者可以根据自身需求，灵活筛选、聚焦特定时间段、业务板块的现金数据，快速洞察现金流动趋势。创建交互式现金流量表旨在革新企业现金流分析模式，助力企业在复杂多变的市场中稳健前行。这与前文提及的国家创新驱动发展战略下企业追求高效管理、创新发展相呼应，是企业利用技术手段提升自身竞争力的有力举措。

6.1 交互式现金流量表设计

现金流量表是反映一段时期内（如月度、季度或年度）企业经营活动、投资活动和筹资活动对其现金及现金等价物所产生影响的财务报表。

结合之前爬取的上市公司现金流量表数据创建交互式现金流量表，使其在一个页面上，以直观观测到经营活动、投资活动、筹资活动的具体净现金值，按时间变化的分区图和结构变化瀑布图以及现金流量明细表。最终显示页面如图 6-1 所示。

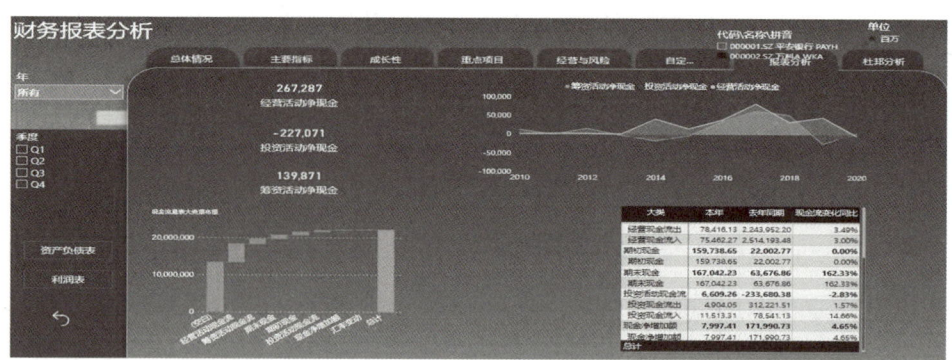

图 6-1　交互式现金流量表显示

练一练

假如你是一家公司的财务总监，请根据以上可视化效果图的设计思路，结合自身信息需求，设计交互式现金流量表。

6.2　交互式现金流量表创建

6.2.1　编写度量值

6.2.1.1　创建现金流量表度量值表

第一步：点击左上角"主页"。

第二步：在下拉菜单中点击"输入数据"，会出现创建表的对话框。

第三步：将名称改为"现金流量表度量值"。

第四步：点击"加载"。

第五步：创建的"现金流量表度量值"表会显示在右边"数据"的菜单中。如图 6-2、图 6-3 所示。

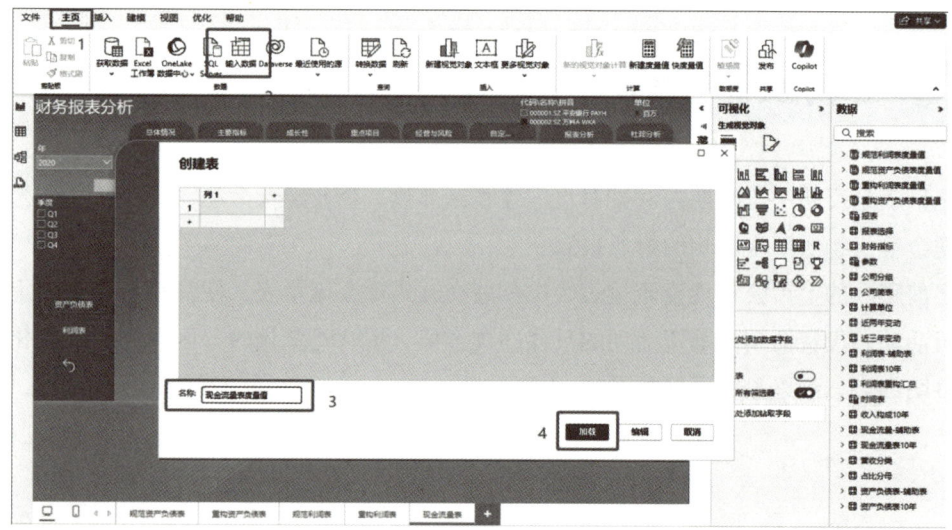

图 6-2　"现金流量表度量值"表创建

图 6-3 "现金流量表度量值"表显示

6.2.1.2 编写度量值

第一步：选中"数据"菜单里的"现金流量表度量值"表。

第二步：点击界面上方"度量工具"中的"新建度量值"。

第三步：使用 DAX 公式完成度量值的创建，每次只能创建一个度量值。

(1) 现金流量小计

表达式如下：

03 00 现金流量小计 = sum ('现金流量表10年'[金额]) / [00 00 计算单位]

(2) 经营活动现金流入

表达式如下：

03 021 经营活动现金流入 = calculate ([03 00 现金流量小计],'现金流量-辅助表'[类别] = "经营现金流入")

(3) 经营活动现金流出

表达式如下：

03 022 经营活动现金流出 = calculate ([03 00 现金流量小计],'现金流量-辅助表'[类别] = "经营现金流出")

（4）投资活动现金流入

表达式如下：

03 023 投资活动现金流入 = calculate（［03 00 现金流量小计］,'现金流量-辅助表'［类别］= "投资现金流入"）

（5）投资活动现金流出

表达式如下：

03 024 投资活动现金流出 = calculate（［03 00 现金流量小计］,'现金流量-辅助表'［类别］= "投资现金流出"）

（6）筹资活动现金流入

表达式如下：

03 025 筹资活动现金流入 = calculate（［03 00 现金流量小计］,'现金流量-辅助表'［类别］= "筹资现金流入"）

（7）筹资活动现金流出

表达式如下：

03 026 筹资活动现金流出 = calculate（［03 00 现金流量小计］,'现金流量-辅助表'［类别］= "筹资现金流出"）

（8）经营活动净现金

表达式如下：

03 031 经营活动净现金 = ［03 021 经营活动现金流入］－［03 022 经营活动现金流出］

（9）投资活动净现金

表达式如下：

03 032 投资活动净现金 = ［03 023 投资活动现金流入］－［03 024 投资活动现金流出］

（10）筹资活动净现金

表达式如下：

03 033 筹资活动净现金 = ［03 025 筹资活动现金流入］－［03 026 筹资活动现金流出］

（11）汇率变动

表达式如下：

03 034 汇率变动 = calculate（［03 00 现金流量小计］,'现金流量-辅助表'［类别］= "汇率变动"）

（12）现金净增加额

表达式如下：

03 035 现金净增加额 =

sumx（all（'现金流量-辅助表'），［03 031 经营活动净现金］+［03 032 投资活动净现金］+［03 033 筹资活动净现金］+［03 034 汇率变动］）

（13）期初现金

03 036 期初现金 = CALCULATE（

calculate（［03 00 现金流量小计］,'现金流量-辅助表'［类别］= "期初现金"），

FILTER（

all（'时间表'［Date］），

'时间表'［Date］ = MIN（'现金流量表 10 年'［报告日期］）

）

）

（14）期末现金

03 037 期末现金 = CALCULATE（

calculate（［03 00 现金流量小计］,'现金流量 – 辅助表'［类别］ = " 期末现金"），

FILTER（

all（'时间表'［Date］），

'时间表'［Date］ = MAX（'现金流量表 10 年'［报告日期］）

）

）

（15）现金流量表用

表达式如下：

03 06 现金流量表用 =

switch（SELECTEDVALUE（'现金流量 – 辅助表'［类别］），

   " 经营现金流入"，［03 021 经营活动现金流入］，

   " 经营现金流出"，［03 022 经营活动现金流出］，

   " 投资现金流入"，［03 023 投资活动现金流入］，

   " 投资现金流出"，［03 024 投资活动现金流出］，

   " 筹资现金流入"，［03 025 筹资活动现金流入］，

   " 筹资现金流出"，［03 026 筹资活动现金流出］，

   SWITCH（SELECTEDVALUE（'现金流量 – 辅助表'［大类］），

     " 经营活动现金流"，［03 021 经营活动现金流入］ – ［03 022 经营活动现金流出］，

     " 投资活动现金流"，［03 023 投资活动现金流入］ – ［03 024 投资活动现金流出］，

     " 筹资活动现金流"，［03 025 筹资活动现金流入］ – ［03 026 筹资活动现金流出］，

     " 汇率变动"，   ［03 034 汇率变动］，

     " 现金净增加额"， ［03 035 现金净增加额］，

     " 期初现金"，   ［03 036 期初现金］，

     " 期末现金"，   ［03 037 期末现金］

   ）

）

（16）去年同期计算（现）

表达式如下：

03 066 去年同期计算（现） = calculate（［03 06 现金流量表用］，SAMEPERIODLASTYEAR（'时间表'［Date］））

（17）现金流变化同比

表达式如下：

03 067 现金流变化同比 = divide（（［03 06 现金流量表用］－［03 066 去年同期计算（现）］），［03 066 去年同期计算（现）］）

（18）投资支出

表达式如下：

03 09 投资支出 = calculate（［03 00 现金流量小计］,'现金流量－辅助表'［项目名称］=" 购建固定资产、无形资产和其他长期资产所支付的现金"）

（19）销售商品、提供劳务收到的现金

表达式如下：

03 09 销售商品、提供劳务收到的现金 = calculate（［03 00 现金流量小计］,'现金流量－辅助表'［项目名称］=" 销售商品、提供劳务收到的现金"）

（20）本年累计

表达式如下：

03 10 本年累计 = TOTALYTD（［03 06 现金流量表用］,'时间表'［DATE］）

第四步：输入 DAX 公式后，点击"√"完成度量值创建。

第五步：创建完成的度量值会显示在右边"现金流量表度量值"的菜单中。如图 6－4、图 6－5 所示。

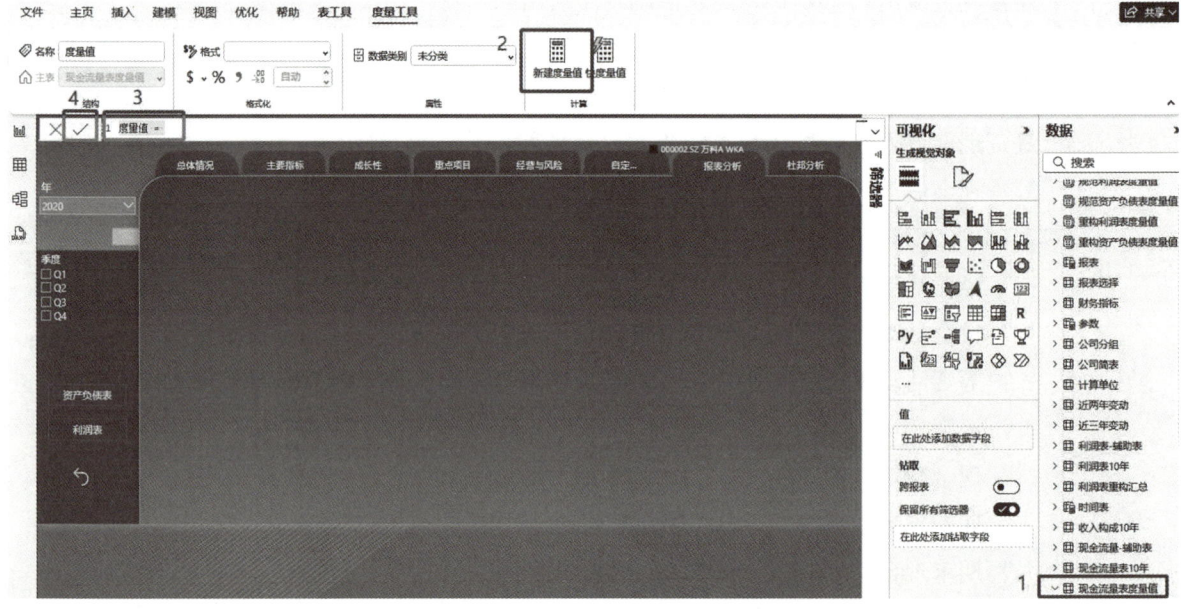

图 6－4 "现金流量表度量值"创建

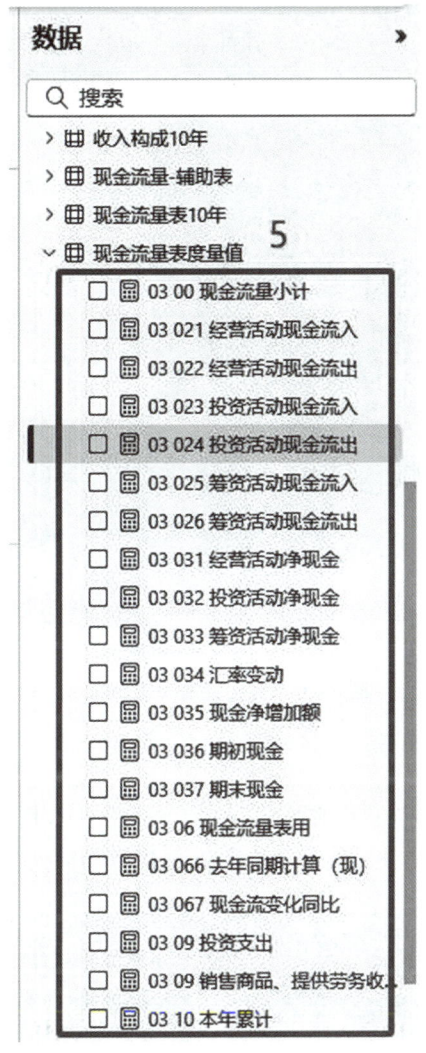

图 6-5 "现金流量表度量值"显示

6.2.2 创建矩阵

本小节通过矩阵对各个项目的某一个特定年度及其前一年度的数据进行呈现。在外观上来看，矩阵和 Excel 比较相似，但是矩阵可以通过切片器对"时间"和"企业"进行选择，帮助筛选不同的数据，而且矩阵支持使用 x 函数进行计算，可以在矩阵中对数据进行复杂的计算和分析。

6.2.2.1 插入视觉对象

选择"现金流量表"页面，在"可视化"菜单中点击 ▦，插入一个"矩阵"视觉对象，创建现金流量表项目矩阵，如图 6-6 所示。

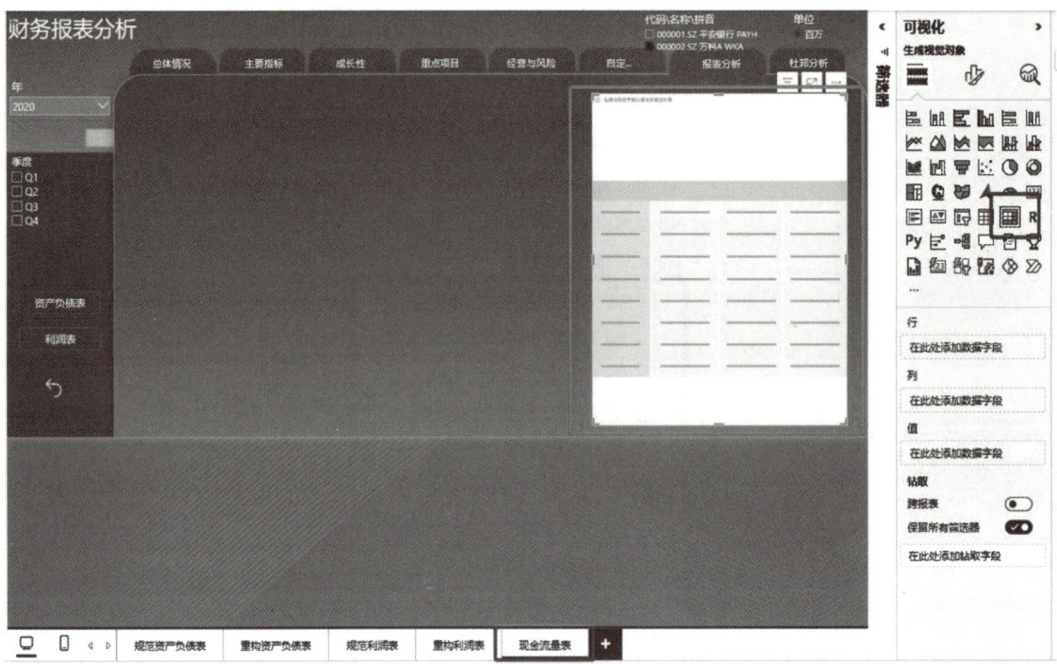

图 6-6　现金流量表矩阵创建

6.2.2.2　添加行信息

在"数据"菜单中勾选"现金流量 辅助表"中"大类""类别""项目名称"字段。被选择的信息将自动出现在"可视化"菜单的"行"里面，并在已创建的矩阵中显示出来，如图 6-7 所示。

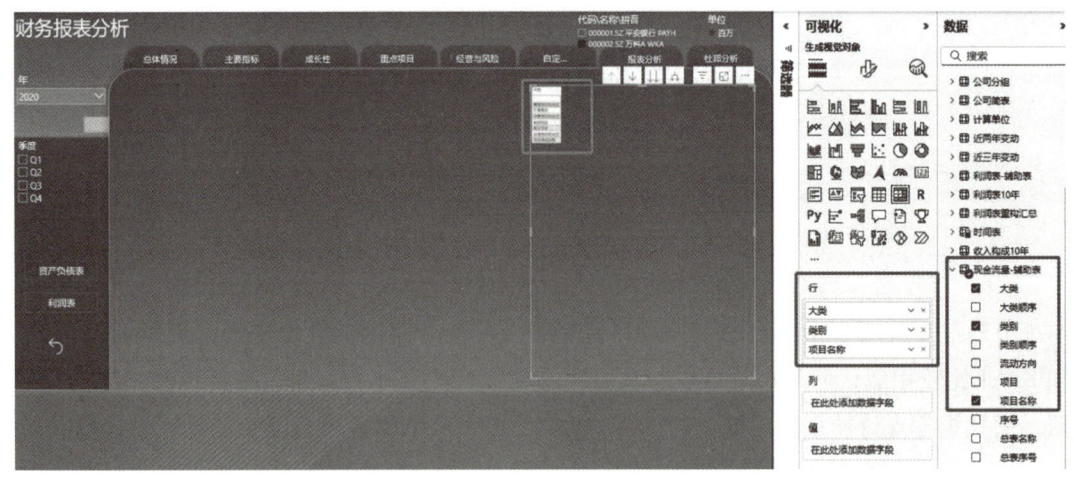

图 6-7　现金流量表矩阵——行信息创建

6.2.2.3　添加值信息

在"数据"菜单中勾选"现金流量表度量值"中"03 10 本年累计"（重命名：本年）、"03 066 去年同期计算（现）"（重命名：去年同期）、"03 067 现金流变化同比"（重命名：现金流变化同比）度量值。被选择的信息将自动出现在"可视化"菜单的"值"里面，并在已创建的矩阵中显示出来，如图 6-8 所示。

第6章 交互式现金流量表 06

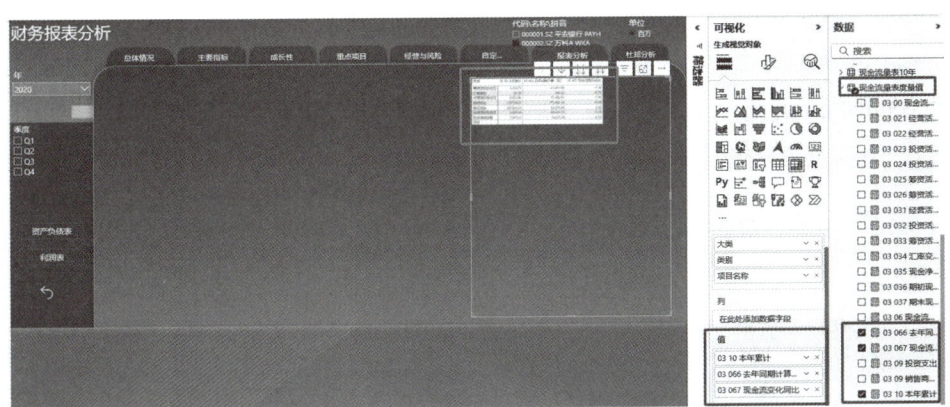

图6-8 现金流量表矩阵——值信息创建

6.2.2.4 格式设置

首先选中现金流量表矩阵，然后在"可视化"菜单里选择 图标，随即出现矩阵的格式设置内容。可以对矩阵的"值""列标题""行标题"等信息调整字体、字号、颜色等，如图6-9所示。

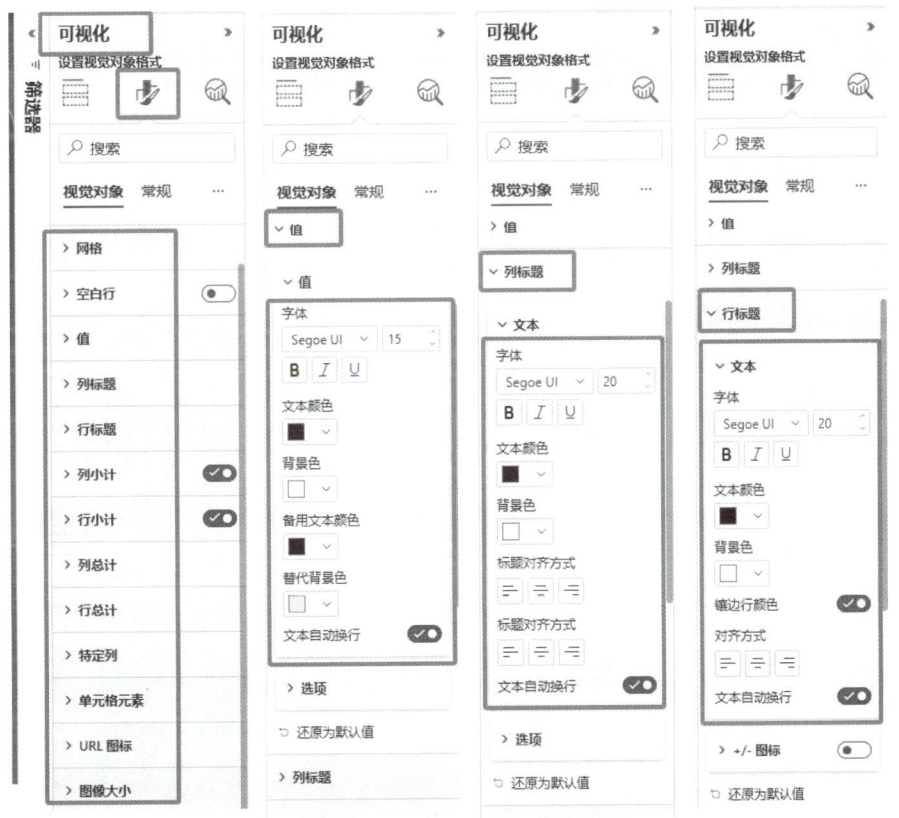

图6-9 现金流量表矩阵格式设置

6.2.3 创建现金流量表大类分区图

本小节通过分区图对某时期内不同的现金流向指标进行对比。分区图作为一种常用的图表，可以将数据按照不同的类别进行分类和展示，清晰地显示出各个类别的数据分布情况，便于我们更好地了解数据的结构和组成。

以下任务中以分区图对经营活动净现金、投资活动净现金以及筹资活动净现金进行分析,将同时期内三个不同的现金流进行对比,便于了解某一时期内企业的经营重点与方向。

6.2.3.1 插入视觉对象

在"可视化"菜单中点击 ⛰,插入一个"分区图"视觉对象。创建现金流量表大类分区图,如图6-10所示。

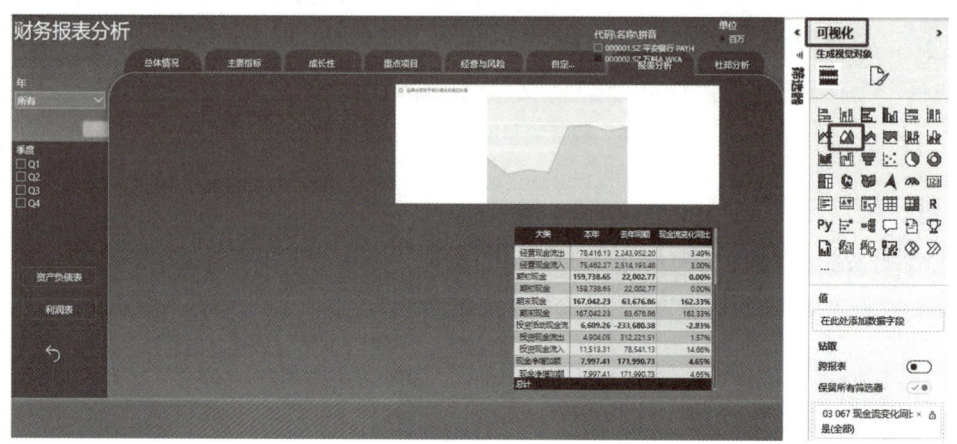

图6-10 现金流量表大类分区图创建

6.2.3.2 添加X轴信息

将"数据"菜单中"时间表"项下的"年"字段放入X轴,如图6-11所示。

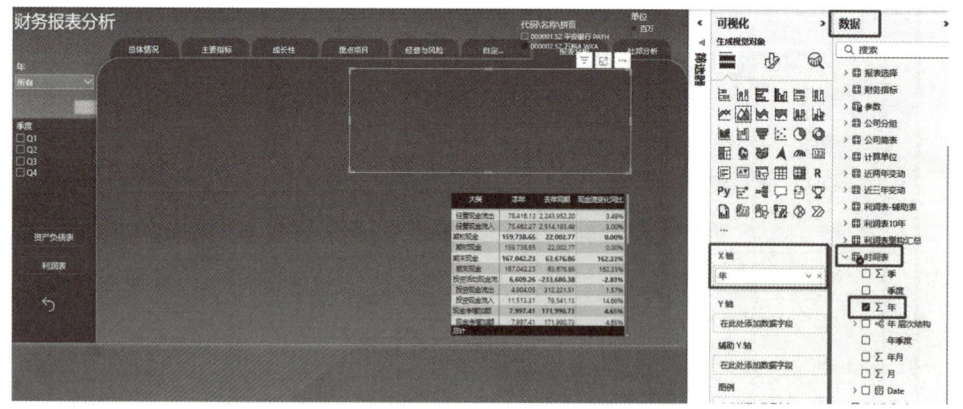

图6-11 现金流量表大类分区图——X轴信息创建

6.2.3.3 添加Y轴信息

将"现金流量表度量值"中"03 031 经营活动净现金"(重命名:经营活动净现金)、"03 032 投资活动净现金"(重命名:投资活动净现金)、"03 033 筹资活动净现金"(重命名:筹资活动净现金)度量值放入Y轴,如图6-12所示。

6.2.3.4 格式设置

首先选中现金流量表分区图,然后在"可视化"菜单里选择 ✏ 图标,随即出现分区图的格式

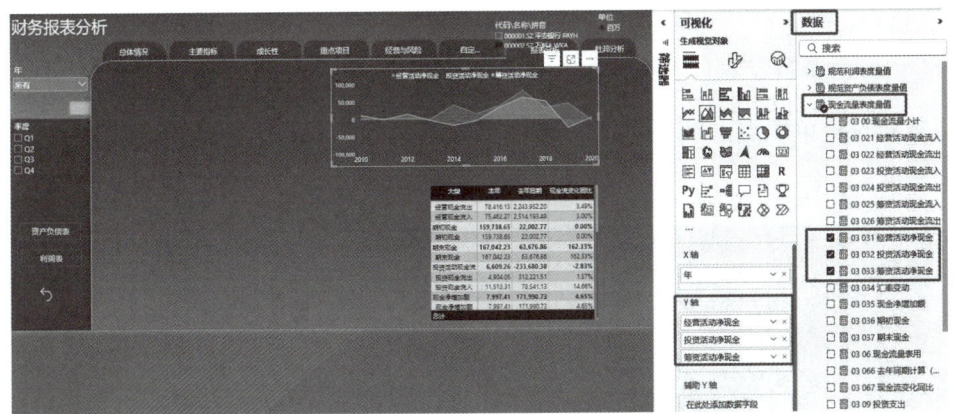

图 6-12　现金流量表大类分区图——Y 轴信息创建

设置内容。可以对分区图的"X 轴""Y 轴""图例"等信息进行格式设置，如图 6-13 所示。

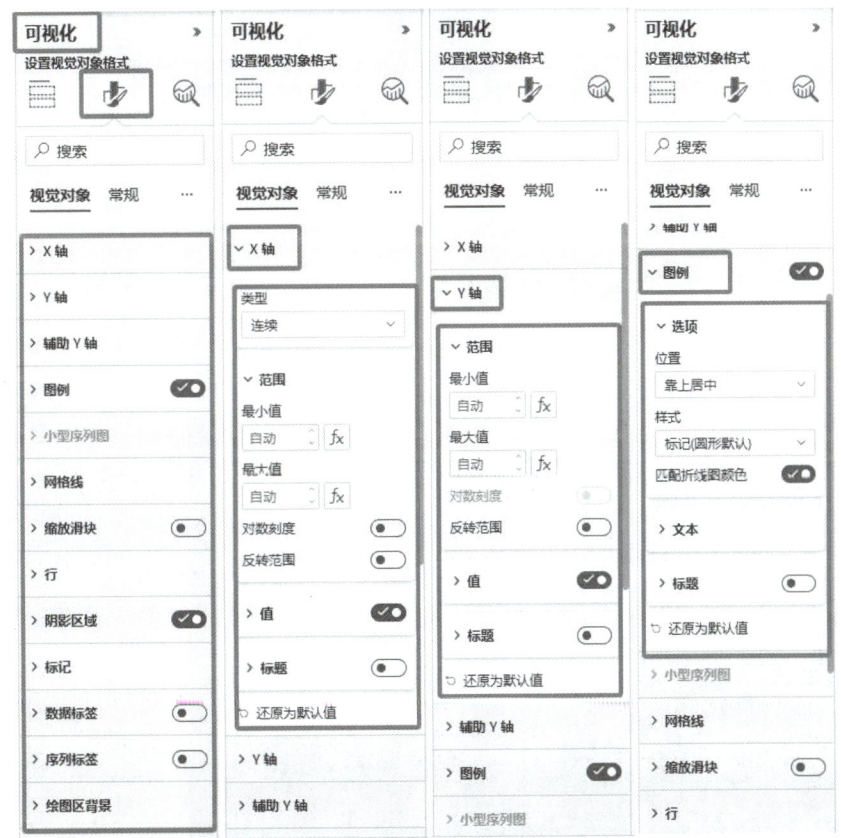

图 6-13　现金流量表大类分区图格式设置

6.2.4　创建现金流量表大类瀑布图

Power BI 中的瀑布图是一种特殊的图表，主要用于展示数个特定数值之间的数量变化关系，它通过绝对值与相对值结合的方式，直观地展示图中各个因素对汇总值的影响程度、数值的演变过程、数据的汇总值。

这里用瀑布图对现金流量表大类进行分析，可以直观地看到现金流量项目中各个项目对于整体数值的贡献。

6.2.4.1 插入视觉对象

在"可视化"菜单中点击 ，插入一个"瀑布图"视觉对象，创建现金流量表大类瀑布图，如图 6-14 所示。

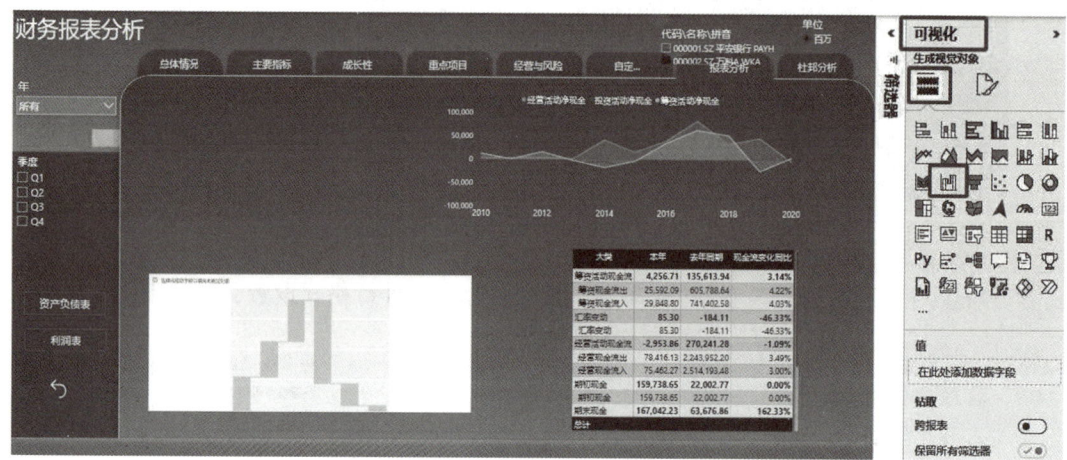

图 6-14 现金流量表大类瀑布图创建

6.2.4.2 添加"类别"

将"数据"菜单中"现金流量表-辅助表"中"大类"字段放入"可视化"菜单的"类别"里，如图 6-15 所示。

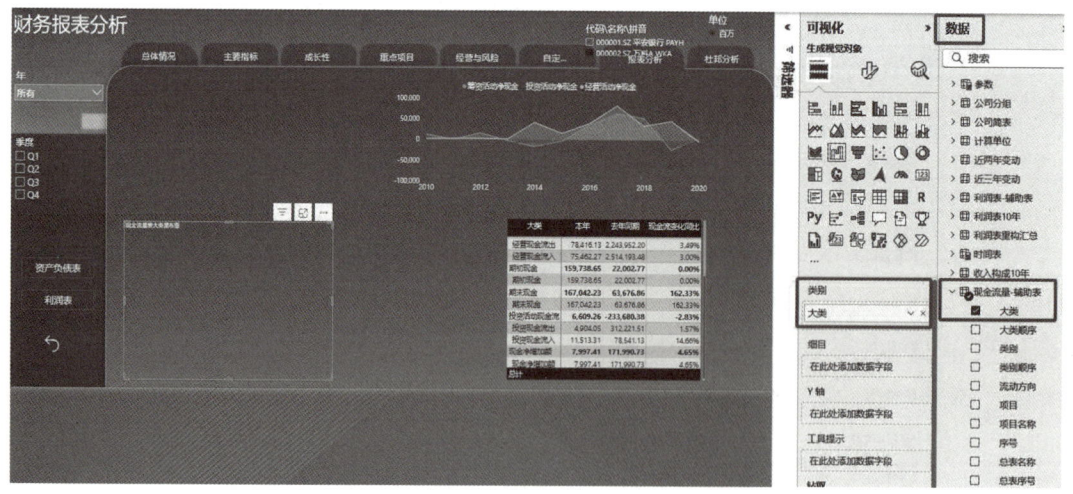

图 6-15 现金流量表大类瀑布图——类别创建

6.2.4.3 添加 Y 轴

将"数据"菜单中"现金流量表度量值"中"03 00 现金流量小计"度量值放入"可视化"菜单的"Y 轴"里，如图 6-16 所示。

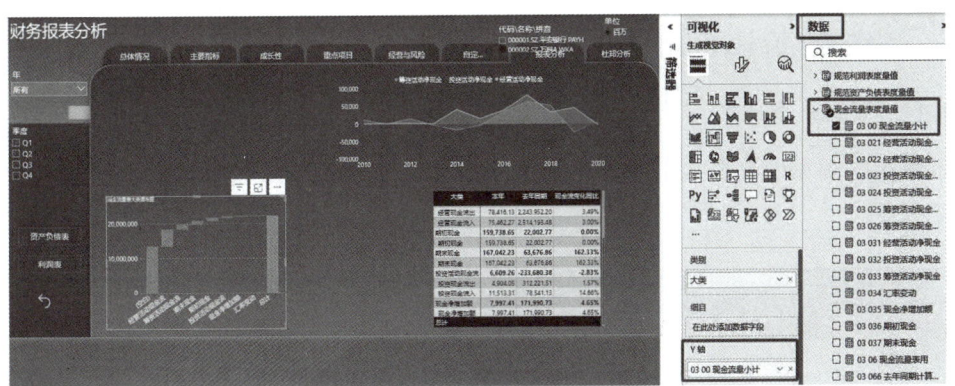

图 6-16　现金流量表大类瀑布图——Y轴信息创建

6.2.4.4　格式设置

首先选中现金流量表瀑布图，然后在"可视化"菜单里选择 图标，随即出现瀑布图的格式设置内容。可以对现金流量表大类瀑布图的"X轴""Y轴"等信息进行格式设置，如图 6-17 所示。

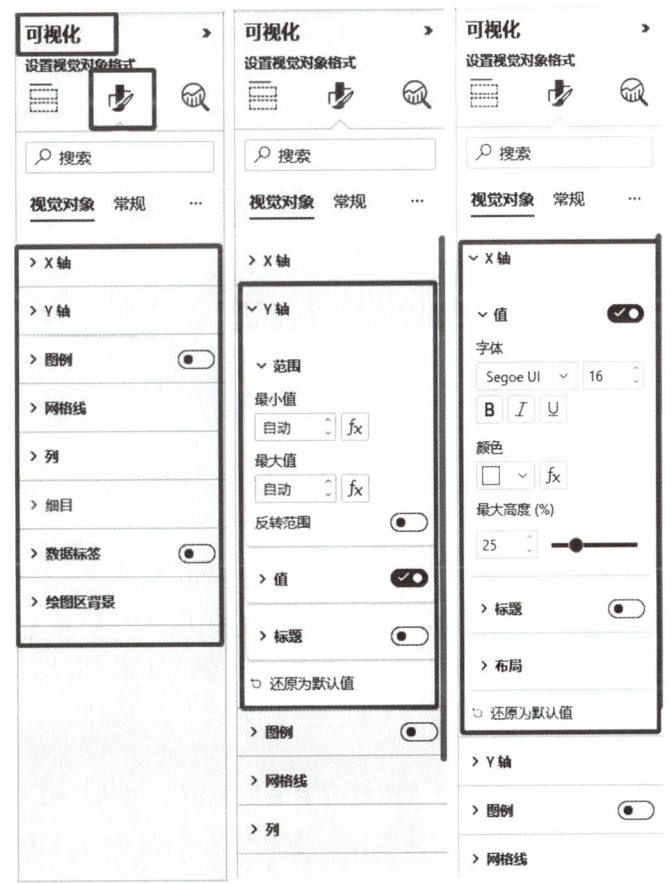

图 6-17　现金流量表大类瀑布图格式设置

6.2.5 创建现金流量净值卡片图

6.2.5.1 插入视觉对象

在"可视化"菜单中点击 ，插入一个"卡片图"视觉对象，创建 3 张现金流量净值卡片图，如图 6-18 所示。

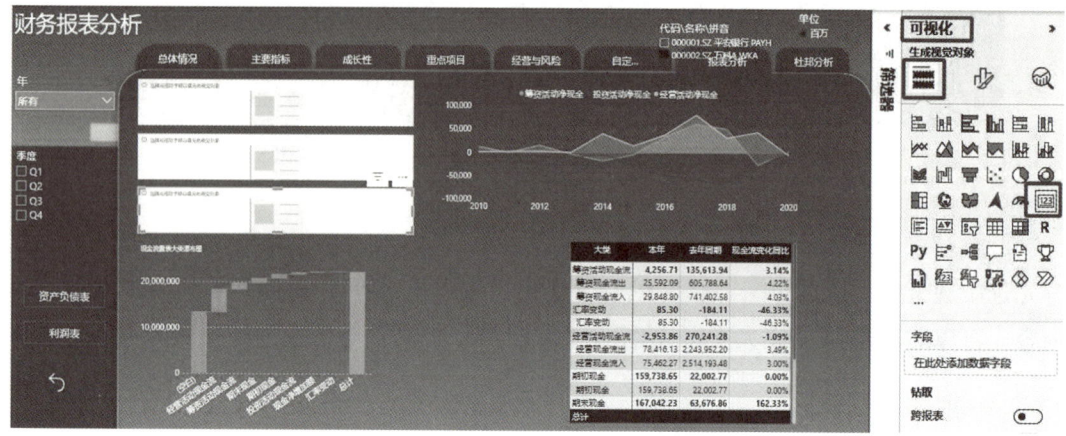

图 6-18 现金流量净值卡片图创建

6.2.5.2 添加经营活动净现金字段

选中第一张卡片，将"数据"菜单中"现金流量表度量值"里的"03 031 经营活动净现金"（重命名：经营活动净现金）度量值放入"可视化"菜单的"字段"中，如图 6-19 所示。

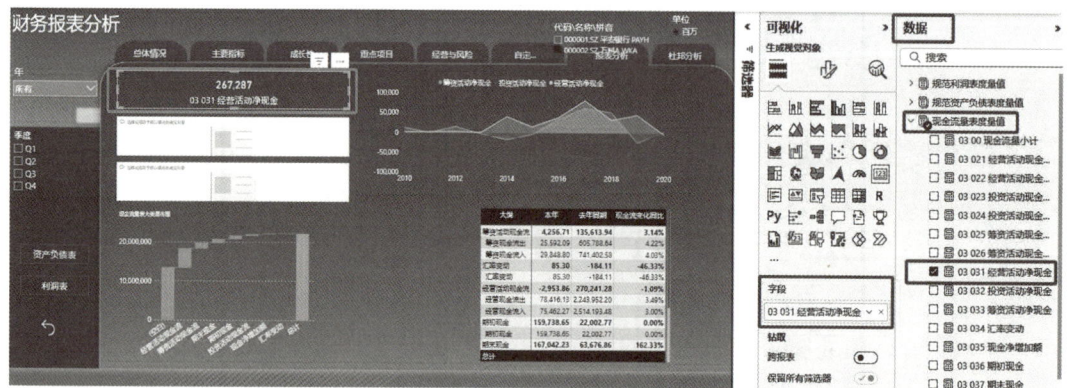

图 6-19 现金流量净值卡片图——字段创建（1）

6.2.5.3 添加投资活动净现金字段

选中第二张卡片，将"数据"菜单中"现金流量表度量值"里的"03 032 投资活动净现金"（重命名：投资活动净现金）度量值放入"可视化"菜单的"字段"中，如图 6-20 所示。

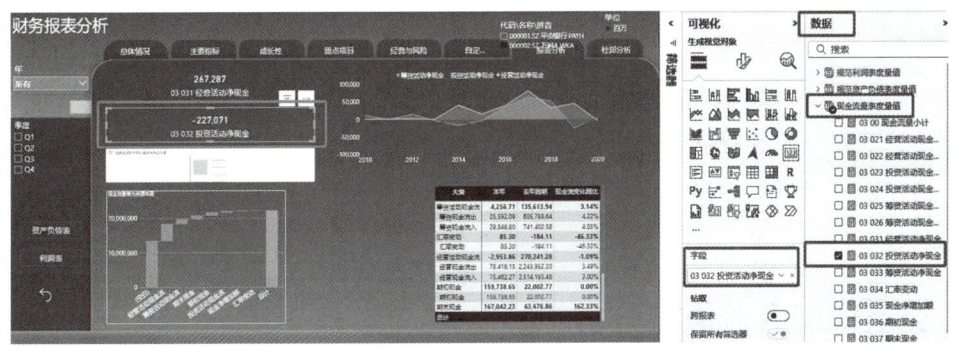

图 6-20　现金流量净值卡片图——字段创建（2）

6.2.5.4　添加筹资活动净现金字段

选中第三张卡片，将"数据"菜单中"现金流量表度量值"里的"03 033 筹资活动净现金"（重命名：筹资活动净现金）度量值放入"可视化"菜单的"字段"中，如图 6-21 所示。

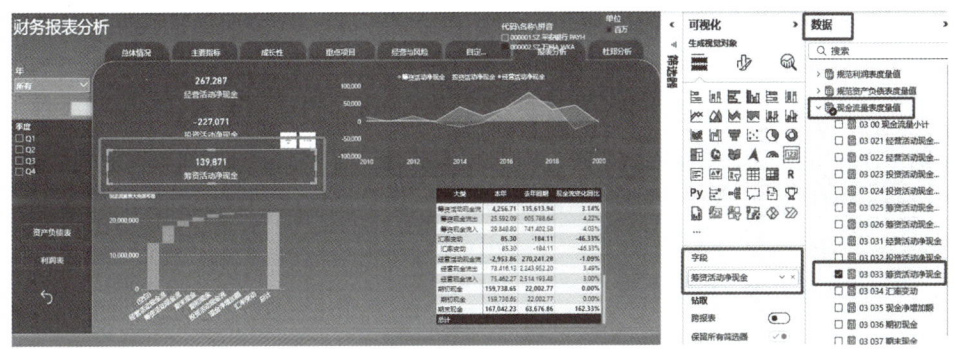

图 6-21　现金流量净值卡片图——字段创建（3）

6.2.5.5　格式设置

首先选中"经营活动净现金卡片图"，然后在"可视化"菜单里选择 图标，随即出现卡片图的格式设置内容。可以对"经营活动净现金卡片图"的"标注值""类别标签"进行格式设置。然后重复以上操作，完成"投资活动净现金卡片图"和"筹资活动净现金卡片图"的格式设置，如图 6-22 所示。

图 6-22　现金流量净值卡片图格式设置

练一练

请选择一家上市公司进行现金流量表项目各度量值的设置，并创建相应的矩阵图、现金流量表大类分区图、现金流量表大类瀑布图和现金流量净值卡片图。

6.3 交互式现金流量表分析

6.3.1 现金流量净值卡片图分析

通过现金流量净值卡片图，我们可以直观地看到企业 2020 年经营活动净现金为 267.287 百万元，投资活动净现金为 -227.071 百万元，筹资活动净现金为 139.871 百万元。

总体来看，经营活动产生的大量现金能够在一定程度上支持企业的投资活动和筹资活动。虽然投资活动有较大的现金支出，但筹资活动带来了额外的资金，这有助于企业维持资金链的稳定。

从这些数据可以推测，企业正处于一个积极扩张和发展的阶段。经营活动的良好表现为企业的扩张奠定了基础，而投资活动则可能为企业带来新的增长机会。不过，企业需要密切关注投资项目的回报率，确保这些投资能够在未来产生足够的现金流入，以偿还筹资所带来的债务和为股东创造价值。

6.3.2 现金流量表矩阵图分析

通过现金流量表矩阵图，我们可以看到企业 2020 年度经营活动、投资活动、筹资活动的现金流入量与现金流出量，并且看到各现金流量表项目的 2022 年数据、2021 年数据以及同比变动率。

6.3.2.1 经营活动现金流量分析

经营活动现金净流量同比下降 1.09%，其中经营活动现金流入同比增长 3%，经营活动现金流出同比增长 3.49%。反映出企业在经营活动中可能面临一定的资金压力，需要进一步优化经营策略以提高资金的使用效率和盈利能力。

"销售商品、提供劳务收到的现金"同比增长 2.68%。虽然有增长，但增长幅度相对较小，且该项目金额巨大，说明企业主营业务的现金流入较为稳定，但增长动力略显不足。"收到的其他与经营活动有关的现金"同比增长 6.59%。该项目金额相对较小，但有一定增长，可能来源于与经营活动相关的其他杂项收入，如租金收入、政府补贴等的增加。

"购买商品、接受劳务支付的现金"同比增长 2.70%。这一项目的金额较大且稳定增长，反映出企业在生产经营过程中对原材料、商品采购以及接受外部劳务等方面的投入持续增加，与主营业务规模的扩张或成本的上升有关。"支付给职工以及为职工支付的现金"同比增长 8.06%。职工薪酬支出的增长表明企业可能在人员规模上有所扩张或者进行了员工薪资的调整，以吸引和留住人才或适应业务发展需求。"支付的其他与经营活动有关的现金"同比增长 6.14%。该项目金额较大且有一定增长，可能包含了企业在经营活动中的各种杂项支出，如办公费用、差旅费、营销费用等的增加。

6.3.2.2 投资活动现金流量分析

投资活动现金净流量同比下降2.83%，其中投资活动现金流入同比增长14.66%，投资活动现金流出同比增长1.57%。投资活动现金流入总量相对较小，而投资现金流出总量仍然较大，导致投资活动现金流净额为负数。表明企业在投资活动中总体处于资金净支出状态，可能正在进行一定规模的资产构建和对外投资活动。

"收回投资所收到的现金"同比增长2.95%。可能表示企业在本年度增加了投资的回收，或者前期投资的项目到期收回本金和收益的情况增多。"取得投资收益所收到的现金"同比增长3.54%。投资收益有所增长，但增长幅度不大，说明企业的对外投资在本年度取得了一定回报，但投资效益有待进一步提升。"处置固定资产、无形资产和其他长期资产所收回的现金净额"同比增长2.72%。该项目金额较小，虽然有增长，但对整体投资活动现金流入的贡献有限，可能是企业偶尔处置一些闲置或淘汰的资产所获得的现金。"收到的其他与投资活动有关的现金"同比增长25.78%。该项目有较大幅度增长，可能是企业收到了与投资相关的其他款项。

"投资所支付的现金"同比增长1.82%，说明企业在扩张对外投资。"购建固定资产、无形资产和其他长期资产所支付的现金"同比增长3.18%。说明企业在固定资产、无形资产等长期资产的构建方面有持续投入，但投入规模相对稳定且较小，可能与企业的日常设备更新、技术研发投入等有关。

6.3.2.3 筹资活动现金流量分析

筹资活动现金净流量同比增长3.14%，其中筹资活动现金流入同比增长4.03%，筹资活动现金流出同比增长4.22%。

"吸收投资收到的现金"同比增长1.24%，说明企业在融资方面吸引力上升。"取得借款收到的现金"同比增长4.94%，表明企业在银行借款等债务融资方面的规模有所扩张。

"偿还债务支付的现金"同比增长4.75%，表明企业在逐步偿还前期债务，降低财务杠杆风险。"分配股利、利润或偿付利息所支付的现金"同比增长2.49%，该项目金额较大且有一定增长，说明企业在向股东分配股利或向债权人支付利息方面的支出持续存在，反映了企业对投资者回报的重视。

6.3.3 现金流量表大类瀑布图分析

从现金流量表大类瀑布图中，我们可以看出企业经营活动现金流、投资活动现金流、筹资活动现金流等对于总现金流的贡献。

经营活动现金流对总现金流的贡献超过50%，这说明企业主要依靠主营业务来获取现金，而非依赖筹资或偶然的投资收益。相比其他现金流来源，经营活动现金流更具可持续性。产品销售所带来的现金流入稳定且持续，是企业生存和发展的根基。

企业通过筹资活动产生的现金流对总现金流的贡献仅次于经营活动，说明企业的经营活动现金流虽然是主要来源，但不足以满足企业全部的资金需求，可能是因为企业处于扩张阶段，需要大量资金投入。此外，能够在筹资活动中获取大量现金流，意味着企业在金融市场上具有一定的信誉和吸引力。金融机构愿意向企业提供贷款，投资者也愿意购买企业发行的债券或股票，这反映出企业的财务状况相对健康，偿债能力和盈利能力得到市场认可。同时，还应关注到企业未来通过经营活动或其他途径是否能产生足够的现金流来偿还债务或满足股权回报要求。

6.3.4 现金流量表大类分区图分析

6.3.4.1 经营活动净现金流量波动趋势

2010—2020 年，企业经营活动净现金流量呈现较大的波动。在某些年份，经营活动净现金流量接近负值区域，表明企业未产生足够的经营活动现金净流量。例如，2010—2013 年，经营活动净现金流量出现明显的低谷，可能是由于企业在这一时期面临经营成本上升、销售收入减少或者应收账款回收困难等问题。而在 2014—2020 年，经营活动净现金流量有所回升，并转为较大正值，说明企业在这一时期经营状况有所改善，能够从经营活动中获得现金净流入，可能是通过提高产品销量、优化成本控制或者改善收款措施等方式实现的。

6.3.4.2 投资活动净现金流量波动趋势

投资活动净现金流量在 2010—2020 年也有显著波动。绝大部分时间内，投资活动净现金流量处于负值，这表明企业在这些年持续进行投资活动，如购买固定资产、无形资产，或者对其他企业进行长期股权投资等。2014—2018 年，投资活动净现金流量持续下降，负值达到一个高峰。可能是企业在这一时期有较大规模的投资项目，如新建生产基地、进行大规模技术研发投入或者开展重大并购活动等，导致现金大量流出。

6.3.4.3 筹资活动净现金流量波动趋势

筹资活动净现金流量同样波动明显。2010—2020 年，筹资活动净现金流量有多个高峰和低谷。2017 年前后，筹资活动净现金流量为正值且数值较大，表明企业在这一时期通过发行股票、债券或者向银行借款等方式筹集了大量资金，可能是为了满足经营活动和投资活动的资金需求。而在 2018 年以后筹资活动净现金流量为负值，可能是企业在偿还债务、支付股利或者回购股票等，导致现金流出。

总体来看，企业在这十年间经营活动、投资活动和筹资活动的现金净流量波动都较大，反映出企业在经营、投资和筹资策略上不断调整，可能受到市场环境、行业竞争、企业战略等多方面因素的影响。企业需要不断平衡这三方面的活动，以确保现金流量的稳定和可持续发展。

练一练

对 6.2 节"练一练"中已完成的交互式现金流量表进行分析，并提交一份分析报告。

课后思考题

1. 格式设置在各类图表（矩阵图、分区图、瀑布图、净值卡片图）创建中都很重要，谈谈格式设置如何影响数据展示效果和用户对数据的理解。

2. 在设计交互式现金流量表时，若要增加对企业不同业务板块现金流量的分析功能，在现有基础上应如何进行调整？

3. 现金流量表大类分区图显示企业近十年经营、投资和筹资活动的现金净流量，这对企业制定未来三年的战略规划有什么启示？

4. 如何基于交互式现金流量表信息评估企业的财务健康状况？

5. 从投资者的角度出发，在评估一家上市公司是否值得投资时，除了关注现金流量表的各项指标，还需要考虑哪些财务和非财务因素？

第7章

大数据企业经营与风险分析

知识目标

（1）理解企业战略分析的内涵与作用。
（2）掌握反映企业战略分析的指标及其计算方法。
（3）理解企业成长性与重要性指标分析。
（4）掌握企业成长性与重要性指标及其计算方法。
（5）理解企业价值评估与预测。
（6）掌握企业价值评估与预测的指标及其计算方法。

技能目标

（1）能够分析所处行业的总体情况和企业在市场中的议价能力，运用企业各项差异指标并制定相应策略；能够结合企业在市场中、同行业中的各项能力定位，制定企业战略计划。

（2）运用比较会计报表技术的思路，掌握水平分析法、垂直分析法、趋势分析法的指标拆解思路与可视化页面创建；能够结合各类比较，揭示出财务会计信息的差异及变化，找出需要进一步分析与说明的问题。

（3）掌握财务综合分析的方法，如趋势分析法与预测分析法；能够对企业进行财务价值评估；能够结合企业的财务综合分析内核进行可视化经营与风险分析。

素养目标

（1）具有团队协作意识。
（2）具备有效沟通能力。
（3）持有认真严谨态度。
（4）具有财商意识、风险意识和质量管控意识。

思维导图

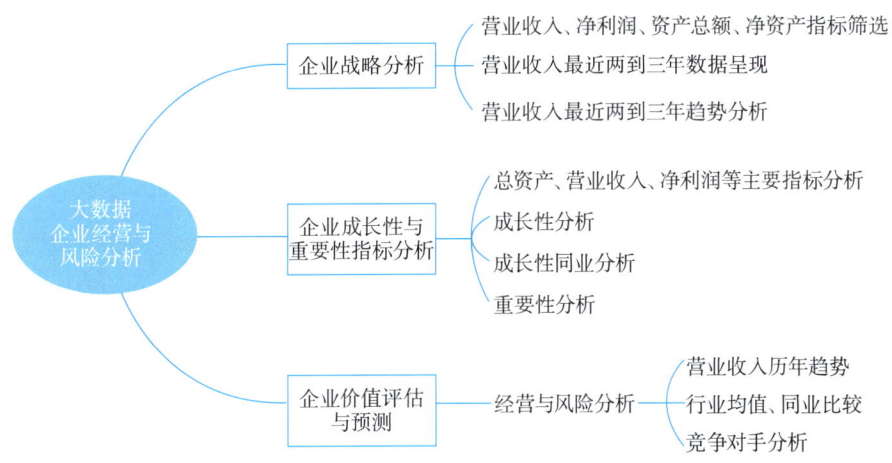

导读

A 公司成立于 2010 年 4 月,是一家以智能手机、智能硬件和 IoT 平台为核心的消费电子及智能制造公司。自成立以来,A 公司在消费电子及相关产业领域取得了优异的成绩,2020 年实现营业收入 2 458.65 亿元,净利润 130 亿元,全年智能手机出货量为 1.46 亿台,同比增长 17.5%。截至 2020 年 12 月 31 日,A 公司 AIoT 平台已连接的 IoT 设备数达 3.25 亿台(不包括智能手机及笔记本电脑),同比增长 38.0%。2021 年,A 公司位列 "2021 福布斯全球企业 2000 强" 第 222 位,位列 "2021 年《财富》中国 500 强" 第 45 位。

2018 年 7 月 9 日,A 公司在香港交易及结算所有限公司(以下简称"港交所")主板上市,成为港交所上市制度改革后首家同股不同权的上市公司,A 公司此次 IPO 的规模是截至 2018 年香港最大规模的科技股 IPO。从 A 公司招股书披露的财务数据来看,2015—2017 年 A 公司实现的净利润分别为 -76.27 亿元、4.91 亿元、-438.89 亿元,2015—2017 年各年末的所有者权益分别为 -866.38 亿元、-920.57 亿元、-1 272.11 亿元。这不禁让人诧异:为什么这家优秀的企业在上市时,一方面表现为巨额亏损,另一方面表现为资不抵债?

思考:A 公司的招股说明书为何呈现如此情况?

7.1 企业战略分析

企业战略是企业长期发展的基石,决定了企业的市场定位、竞争策略和未来方向。开展企业战略分析的主要目的是评价影响企业当前和今后发展的关键因素,并确定战略选择的具体影响因素。战略分析需要考虑多方面的问题,主要是外部环境分析和内部环境分析。大数据技术的应用使得企业能够更深入地了解市场需求、竞争对手动态以及自身资源与能力,从而制定出更加精准有效的战略。本项目从财务数据分析视角出发,运用 Power BI 对企业近三年的营业收入、净利润、资产总额、净资产等四项重点财务指标进行对比呈现,从而了解企业在同业中的产品差异、成本竞争、市场议价能力、战略制定等实际情况,做出更有利于企业未来发展的战略部署,保持竞争优势。

7.1.1 任务目标

(1) 掌握企业战略分析的内涵与作用。
(2) 掌握所处行业的总体情况。
(3) 掌握企业在市场中的议价能力分析。
(4) 掌握企业各项差异指标并制定相应策略。
(5) 能够结合企业在市场中、同行业中的各项能力定位,制定企业战略计划。

7.1.2 任务要求

本项目需利用 Power BI 的可视化分析功能,结合企业在市场中、同行业中的各项能力定位,制定企业战略计划。

(1) 能够通过对企业、报表日期、行业、地域、概念、营收分类、占比重要性等主要指标及金额单位(元、万元、百万、亿元)进行切换,呈现企业战略分析的报表数据。

(2) 企业总体情况分析需包含以下要素:
①主要指标筛选功能。
②营业收入、净利润、资产总额、净资产指标呈现。
③营业收入最近两到三年数据呈现。
④营业收入最近两到三年趋势分析。

7.1.3 任务实现

打开教材案例数据 7.1 企业战略分析初始化文件:

集合上市公司所在行业同类竞争者的财务数据,对上市公司所处行业的总体情况进行分析,从而进行战略分析和竞争策略选择。其中我们重点选取同行业上市公司近三年的经营现金净流量、净利润、净资产、营业收入、总资产等五项重点财务指标进行对比呈现。上市公司交互式总体情况页面如图 7-1 所示。

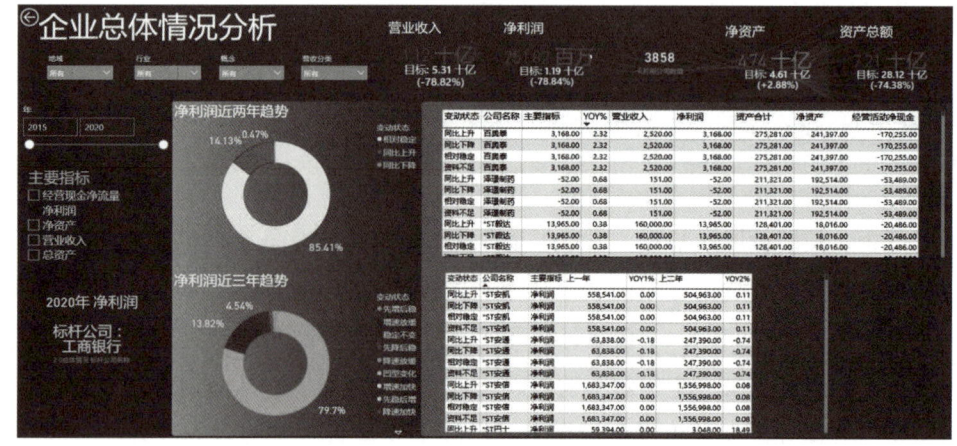

图 7-1 上市公司交互式总体情况

7.1.3.1 编写度量值

步骤1：按照分析需求，编写能够反映整体情况的度量值。

设置"9 平稳参数"，具体步骤如图 7-2 所示。

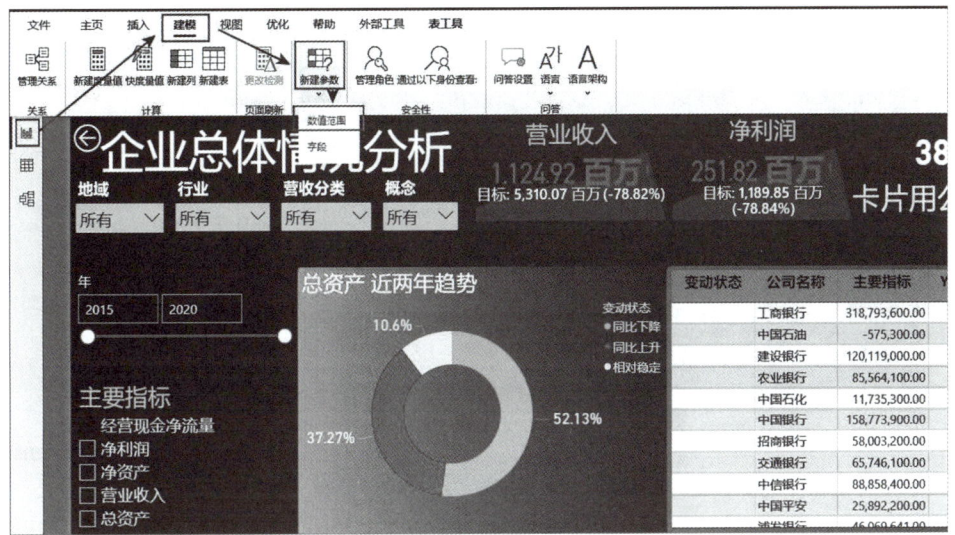

图 7-2 设置"9 平稳参数"

参数设置对话框如图 7-3 所示。

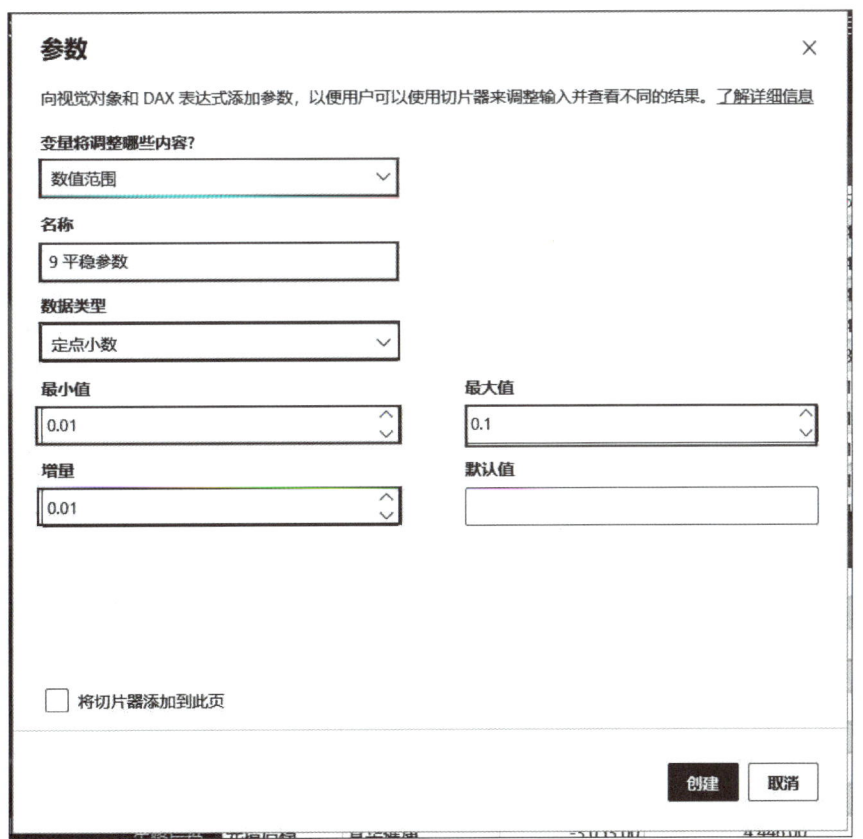

图 7-3 参数设置对话框

"9 平稳参数"（重命名为"平稳参数"）、"9 平稳参数、值"（重命名为"平稳参数、值"），具体见图 7-4、图 7-5。

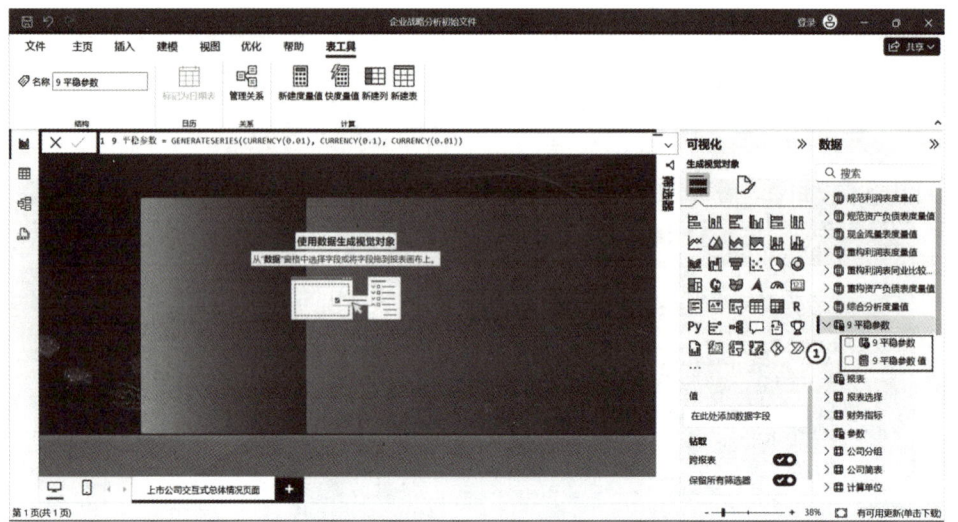

图 7-4　重命名"9 平稳参数""9 平稳参数、值"操作

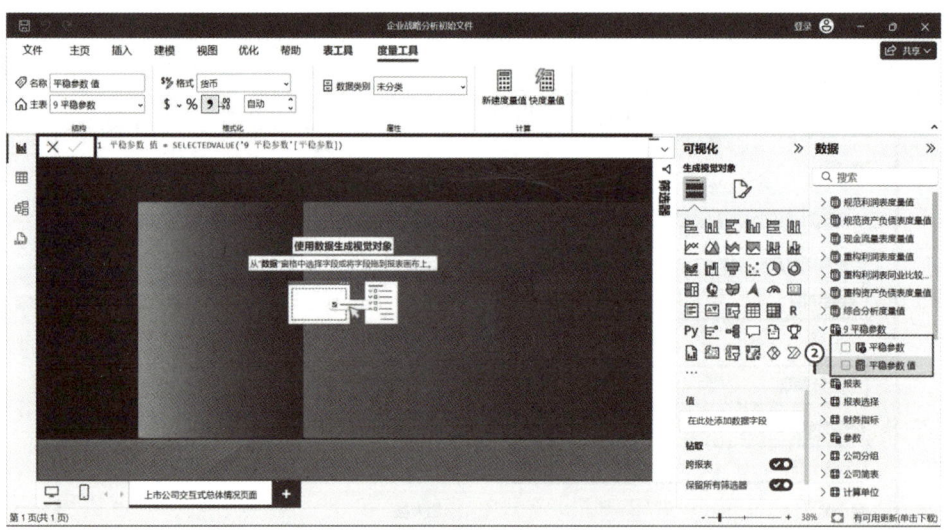

图 7-5　重命名"9 平稳参数""9 平稳参数、值"操作结果

步骤 2：创建度量值表，命名为"企业战略总体情况度量值"，在表中加入以下度量值。

（1）净资产同期

表达式如下：

0 净资产同期 = CALCULATE（[01 03 所有者权益]，DATEADD（'时间表'[Date]，-1，YEAR））

（2）主要指标

表达式如下：

101 主要指标 =
SWITCH（SELECTEDVALUE（'财务指标'[主要指标]），

"营业收入",[02 01 营业总收入],

"净利润",[02 09 净利润],

"总资产",[01 01 资产合计],

"净资产",[01 03 所有者权益],

"经营现金净流量",[03 035 现金净增加额]

)

(3) 主要指标同期增幅

表达式如下:

102 主要指标同期增幅 =

var c1 = [101 主要指标]

var c2 = CALCULATE([101 主要指标],DATEADD('时间表'[Date],-1,YEAR))

var c = if(not ISBLANK(c1) && not ISBLANK(c2),if(c2=0,

if(c1>0,1,

if(c1=0,0,-1)),

if(c2>0,divide(c1-c2,c2),1-DIVIDE(c1,c2))))

return c

(4) 近两年变动圆环图

表达式如下:

103 近两年变动圆环图 =

var a = VALUES('公司简表'[公司名称])

var b1 = ADDCOLUMNS(a,

"0",[101 主要指标],

"-1",CALCULATE([101 主要指标],DATEADD('时间表'[Date],-1,YEAR)))

var b = ADDCOLUMNS(b1,

"1",if(not ISBLANK([0]) && not ISBLANK([-1]),

if([-1]=0,

if([0]>0,1,if([0]=0,0,-1)),

if([-1]>0,divide([0]-[-1],[-1]),(1-DIVIDE([0],[-1])))))))

var d = SELECTEDVALUE('9 平稳参数'[平稳参数],0.05)

var e = SWITCH(SELECTEDVALUE('近两年变动'[变动状态]),

"资料不足",COUNTROWS(FILTER(b,ISBLANK([1]))),

"同比上升",COUNTROWS(FILTER(b,[1]>d)),

"同比下降",COUNTROWS(FILTER(b,[1]<-d)),

"相对稳定", COUNTROWS (FILTER (b, abs ([1]) <= d && not ISBLANK ([1]) /*[1] <>BLANK () */)))

//2011Q1 000719

return e

(5) 近三年变动圆环图

表达式如下:

104 近三年变动圆环图 =

var a = VALUES ('公司简表'[公司名称])

var b1 = ADDCOLUMNS (a,

"0", [101 主要指标],

"-1", CALCULATE ([101 主要指标], DATEADD ('时间表'[Date], -1, YEAR)),

"-2", CALCULATE ([101 主要指标], DATEADD ('时间表'[Date], -2, YEAR)))

var b = ADDCOLUMNS (b1,

"1", if (not ISBLANK ([0]) && not ISBLANK ([-1]), if ([-1] =0,

if ([0] >0, 1, if ([0] =0, 0, -1)),

if ([-1] >0, divide ([0] - [-1], [-1]), (1 - DIVIDE ([0], [-1]))))),

"2", if (not ISBLANK ([-1]) && not ISBLANK ([-2]),

if ([-2] =0,

if ([-1] >0, 1, if ([-1] =0, 0, -1)),

if ([-2] >0, divide ([-1] - [-2], [-2]), (1 - DIVIDE ([-1], [-2]))))))

var d = SELECTEDVALUE ('9 平稳参数'[平稳参数], 0.05)

var e = SWITCH (SELECTEDVALUE ('近三年变动'[变动状态]), "资料不足", COUNTROWS (FILTER (b, ISBLANK ([2]) || ISBLANK ([1]))),

"先增后稳", COUNTROWS (FILTER (b, [2] >d && abs ([1]) <=d && not ISBLANK ([1]))), "增速放缓", COUNTROWS (FILTER (b, [2] >d && [1] >d && [1] <= [2])),

"增速加快", COUNTROWS (FILTER (b, [2] >d && [1] >d && [1] > [2])),

"凸型变化", COUNTROWS (FILTER (b, [2] >d && [1] < -d)),

"先降后稳", COUNTROWS (FILTER (b, [2] < -d && abs ([1]) <= d && not ISBLANK ([1]))),

"降速放缓", COUNTROWS (FILTER (b, [2] < -d && [1] < -d && [1] >= [2])),

"降速加快", COUNTROWS (FILTER (b, [2] < -d && [1] < -d && [1] < [2])),

"凹型变化", COUNTROWS (FILTER (b, [2] < -d && [1] >d)),

"先稳后增", COUNTROWS (FILTER (b, abs ([2]) <= d && not ISBLANK ([2]) && [1] >d)), "先稳后降", COUNTROWS (FILTER (b, abs ([2]) <= d && not ISBLANK ([2]) && [1] < -d)),

"稳定不变", COUNTROWS (FILTER (b, abs ([2]) <=d && not ISBLANK ([2]) &&

abs（[1]）<=d &&not ISBLANK（[1]））））

return e

(6) 上二年差异率

表达式如下：

105 上二年差异率 =

var c1 = CALCULATE（[101 主要指标]，DATEADD（'时间表'[Date]，-1，YEAR））

var c2 = CALCULATE（[101 主要指标]，DATEADD（'时间表'[Date]，-2，YEAR））

var c = if（not ISBLANK（c1）&& not ISBLANK（c2），if（c2=0，

if（c1>0，1，if（c1=0，0，-1）），

if（c2>0，divide（c1-c2，c2），1-DIVIDE（c1，c2））））

return c

(7) 上二年数

表达式如下：

105 上二年数 = CALCULATE（[101 主要指标]，DATEADD（'时间表'[Date]，-2，YEAR））

(8) 上一年数

表达式如下：

105 上一年数 = CALCULATE（[101 主要指标]，DATEADD（'时间表'[Date]，-1，YEAR））

(9) 上一年差异率

表达式如下：

105 上一年差异率 =

var c1 = [101 主要指标]

var c2 = CALCULATE（[101 主要指标]，DATEADD（'时间表'[Date]，-1，YEAR））

var c = if（not ISBLANK（c1）&& not ISBLANK（c2），

if（c2=0，

if（c1>0，1，if（c1=0，0，-1）），

if（c2>0，divide（c1-c2，c2），1-DIVIDE（c1，c2））））

return c

(10) 近两年变动所选公司（净利润）

表达式如下：

107 近两年变动所选公司（净利润）=

var a = VALUES（'公司简表'[公司名称]）

var b1 = ADDCOLUMNS（a，

"0"，[101 主要指标]，

"-1"，CALCULATE（[101 主要指标]，DATEADD（'时间表'[Date]，-1，YEAR）））

var b = ADDCOLUMNS（b1，

" 1", if (not ISBLANK ([0]) && not ISBLANK ([-1]),
　　　if ([-1] =0,
　　　　　if ([0] >0, 1, if ([0] =0, 0, -1)),
　　　　　if ([-1] >0, divide ([0] - [-1], [-1]), (1 - DIVIDE ([0], [-1])))))))
　var d = SELECTEDVALUE ('9 平稳参数' [平稳参数], 0.05)
　var e = SWITCH (SELECTEDVALUE ('近两年变动' [变动状态]),
　" 资料不足", CALCULATE ([02 09 净利润], FILTER (b, ISBLANK ([1]))),
　" 同比上升", CALCULATE ([02 09 净利润], FILTER (b, [1] >d)),
　" 同比下降", CALCULATE ([02 09 净利润], FILTER (b, [1] < -d)),

　" 相对稳定", CALCULATE ([02 09 净利润], FILTER (b, abs ([1]) < =d && not IS-BLANK ([1]))),
　[02 09 净利润])
return e

（11）近两年变动所选公司（净利润）同期
表达式如下：
107 近两年变动所选公司（净利润）同期 =
var a = VALUES ('公司简表' [公司名称])
var b1 = ADDCOLUMNS (a,
　" 0", [101 主要指标],
　" -1", CALCULATE ([101 主要指标], DATEADD ('时间表' [Date], -1, YEAR)))
var b = ADDCOLUMNS (b1,
　" 1", if (not ISBLANK ([0]) && not ISBLANK ([-1]),
　　　if ([-1] =0,
　　　　　if ([0] >0, 1, if ([0] =0, 0, -1)),
　　　　　if ([-1] >0, divide ([0] - [-1], [-1]), (1 - DIVIDE ([0], [-1])))))))
　var d = SELECTEDVALUE ('9 平稳参数' [平稳参数], 0.05)
　var e = SWITCH (SELECTEDVALUE ('近两年变动' [变动状态]),
　" 资料不足", CALCULATE ([02 09 净利润], DATEADD ('时间表' [Date], -1, YEAR), FILTER (b, ISBLANK ([1]))),
　" 同比上升", CALCULATE ([02 09 净利润], DATEADD ('时间表' [Date], -1, YEAR), FILTER (b, [1] >d)),
　" 同比下降", CALCULATE ([02 09 净利润], DATEADD ('时间表' [Date], -1, YEAR), FILTER (b, [1] < -d)),
　" 相对稳定", CALCULATE ([02 09 净利润], DATEADD ('时间表' [Date], -1, YEAR),

FILTER(b,abs([1])<=d && not ISBLANK([1]))),

CALCULATE([02 09 净利润],DATEADD('时间表'[Date],-1,YEAR)))

return e

(12) 近两年变动所选公司(净资产)

表达式如下:

107 近两年变动所选公司(净资产)=

var a = VALUES('公司简表'[公司名称])

var b1 = ADDCOLUMNS(a,

"0", [101 主要指标],

"-1",CALCULATE([101 主要指标],DATEADD('时间表'[Date],-1,YEAR)))

var b = ADDCOLUMNS(b1,

"1",if(not ISBLANK([0]) && not ISBLANK([-1]),

if([-1]=0,

if([0]>0,1,if([0]=0,0,-1)),

if([-1]>0,divide([0]-[-1],[-1]),(1-DIVIDE([0],[-1]))))))

var d = SELECTEDVALUE('9 平稳参数'[平稳参数],0.05)

var e = SWITCH(SELECTEDVALUE('近两年变动'[变动状态]),

"资料不足",CALCULATE([01 03 所有者权益], FILTER(b,ISBLANK([1]))),

"同比上升",CALCULATE([01 03 所有者权益], FILTER(b,[1]>d)),

"同比下降",CALCULATE([01 03 所有者权益], FILTER(b,[1]<-d)),

"相对稳定",CALCULATE([01 03 所有者权益], FILTER(b,abs([1])<=d && not ISBLANK([1]))),

[01 03 所有者权益])

return e

(13) 近两年变动所选公司(净资产)同期

表达式如下:

107 近两年变动所选公司(净资产)同期 =

var a = VALUES('公司简表'[公司名称])

var b1 = ADDCOLUMNS(a,

"0", [101 主要指标],

"-1",CALCULATE([101 主要指标],DATEADD('时间表'[Date],-1,YEAR)))

var b = ADDCOLUMNS(b1,

"1",if(not ISBLANK([0]) && not ISBLANK([-1]),

if([-1]=0,

if([0]>0,1,if([0]=0,0,-1)),

if([-1]>0,divide([0]-[-1],[-1]),(1-DIVIDE([0],

[-1])))))))

　　var d = SELECTEDVALUE（'9 平稳参数'[平稳参数], 0.05）

　　var e = SWITCH（SELECTEDVALUE（'近两年变动'[变动状态]），

　　"资料不足", CALCULATE（[01 03 所有者权益], DATEADD（'时间表'[Date], -1, YEAR), FILTER（b, ISBLANK（[1])))，

　　"同比上升", CALCULATE（[01 03 所有者权益], DATEADD（'时间表'[Date], -1, YEAR), FILTER（b, [1] >d))，

　　"同比下降", CALCULATE（[01 03 所有者权益], DATEADD（'时间表'[Date], -1, YEAR), FILTER（b, [1] <-d))，

　　"相对稳定", CALCULATE（[01 03 所有者权益], DATEADD（'时间表'[Date], -1, YEAR), FILTER（b, abs（[1]) <=d && not ISBLANK（[1])))，

　　CALCULATE（[01 03 所有者权益], DATEADD（'时间表'[Date], -1, YEAR)))

　　return　e

（14）近两年变动所选公司（营收）

表达式如下：

107 近两年变动所选公司（营收）=

var a = VALUES（'公司简表'[公司名称]）

var b1 = ADDCOLUMNS（a,

　　"0", [101 主要指标],

　　"-1", CALCULATE（[101 主要指标], DATEADD（'时间表'[Date], -1, YEAR)))

var b = ADDCOLUMNS（b1,

　　"1", if（not ISBLANK（[0]) && not ISBLANK（[-1]），

　　　　if（[-1] =0,

　　　　　　if（[0] >0, 1, if（[0] =0, 0, -1))，

　　　　　　if（[-1] >0, divide（[0] - [-1], [-1]),（1 - DIVIDE（[0], [-1])))))))

　　var d = SELECTEDVALUE（'9 平稳参数'[平稳参数], 0.05）

　　var e = SWITCH（SELECTEDVALUE（'近两年变动'[变动状态]），

　　"资料不足", CALCULATE（[02 01 营业总收入], FILTER（b, ISBLANK（[1])))，

　　"同比上升", CALCULATE（[02 01 营业总收入], FILTER（b, [1] >d))，

　　"同比下降", CALCULATE（[02 01 营业总收入], FILTER（b, [1] <-d))，

　　"相对稳定", CALCULATE（[02 01 营业总收入], FILTER（b, abs（[1]) <=d && not ISBLANK（[1])))，

　　[02 01 营业总收入]）

　　return　e

（15）近两年变动所选公司（营收）同期

表达式如下：

107 近两年变动所选公司（营收）同期 =

var a = VALUES（'公司简表'［公司名称］）

var b1 = ADDCOLUMNS（a,

　　"0",　　［101 主要指标］,

　　"-1", CALCULATE（［101 主要指标］, DATEADD（'时间表'［Date］, -1, YEAR）））

var b = ADDCOLUMNS（b1,

　　"1", if（not ISBLANK（［0］）&& not ISBLANK（［-1］）,

　　　　　if（［-1］=0,

　　　　　　　if（［0］>0, 1, if（［0］=0, 0, -1）),

　　　　　　　if（［-1］>0, divide（［0］-［-1］,［-1］),（1-DIVIDE（［0］,［-1］))))))

　　var d = SELECTEDVALUE（'9 平稳参数'［平稳参数］, 0.05）

　　var e = SWITCH（SELECTEDVALUE（'近两年变动'［变动状态］）,

　　"资料不足", CALCULATE（［02 01 营业总收入］, DATEADD（'时间表'［Date］, -1, YEAR）, FILTER（b, ISBLANK（［1］))),

　　"同比上升", CALCULATE（［02 01 营业总收入］, DATEADD（'时间表'［Date］, -1, YEAR）, FILTER（b,［1］>d）),

　　"同比下降", CALCULATE（［02 01 营业总收入］, DATEADD（'时间表'［Date］, -1, YEAR）, FILTER（b,［1］<-d）),

　　"相对稳定", CALCULATE（［02 01 营业总收入］, DATEADD（'时间表'[Date], -1, YEAR）, FILTER（b, abs（［1］）<=d && not ISBLANK（［1］))),

　　CALCULATE（［02 01 营业总收入］, DATEADD（'时间表'［Date］, -1, YEAR）))

　　return　e

（16）近两年变动所选公司（资产总额）

表达式如下：

107 近两年变动所选公司（资产总额）=

var a = VALUES（'公司简表'［公司代码］）

var b1 = ADDCOLUMNS（a,

　　"0",　　［101 主要指标］,

　　"-1", CALCULATE（［101 主要指标］, DATEADD（'时间表'［Date］, -1, YEAR）））

var b = ADDCOLUMNS（b1,

　　"1", if（not ISBLANK（［0］）&& not ISBLANK（［-1］）,

　　　　　if（［-1］=0,

　　　　　　　if（［0］>0, 1, if（［0］=0, 0, -1）),

　　　　　　　if（［-1］>0, divide（［0］-［-1］,［-1］),（1-DIVIDE（［0］,［-1］))))))

　　var d = SELECTEDVALUE（'9 平稳参数'［平稳参数］, 0.05）

var e = SWITCH（SELECTEDVALUE（'近两年变动'[变动状态]），

　　　　"资料不足"，CALCULATE（[01 01 资产合计]，　FILTER（b，[1]＝BLANK（））），

　　　　"同比上升"，CALCULATE（[01 01 资产合计]，　FILTER（b，[1]＞d）），

　　　　"同比下降"，CALCULATE（[01 01 资产合计]，　FILTER（b，[1]＜-d）），

　　　　"相对稳定"，CALCULATE（[01 01 资产合计]，　FILTER（b，abs（[1]）＜=d && not ISBLANK（[1]））），

　　　　[01 01 资产合计]）

　　return　e

（17）近两年变动所选公司（资产总额）同期

表达式如下：

107 近两年变动所选公司（资产总额）同期 =

var a = VALUES（'公司简表'[公司名称]）

var b1 = ADDCOLUMNS（a，

　　"0"，[101 主要指标]，

　　" -1"，CALCULATE（[101 主要指标]，DATEADD（'时间表'[Date]，-1，YEAR）））

var b = ADDCOLUMNS（b1，

　　"1"，if（not ISBLANK（[0]）&& not ISBLANK（[-1]），

　　　　if（[-1]＝0，

　　　　　　if（[0]＞0，1，if（[0]＝0，0，-1）），

　　　　　　if（[-1]＞0，divide（[0］-[-1]，[-1]），(1-DIVIDE（[0]，[-1]))))))

　　var d = SELECTEDVALUE（'9 平稳参数'[平稳参数]，0.05）

　　var e = SWITCH（SELECTEDVALUE（'近两年变动'[变动状态]），

　　　　"资料不足"，CALCULATE（[01 01 资产合计]，DATEADD（'时间表'[Date]，-1，YEAR），FILTER（b，ISBLANK（[1]））），

　　　　"同比上升"，CALCULATE（[01 01 资产合计]，DATEADD（'时间表'[Date]，-1，YEAR），FILTER（b，[1]＞d）），

　　　　"同比下降"，CALCULATE（[01 01 资产合计]，DATEADD（'时间表'[Date]，-1，YEAR），FILTER（b，[1]＜-d）），

　　　　"相对稳定"，CALCULATE（[01 01 资产合计]，DATEADD（'时间表'[Date]，-1，YEAR），FILTER（b，abs（[1]）＜=d && not ISBLANK（[1]））），

　　　　CALCULATE（[01 01 资产合计]，DATEADD（'时间表'[Date]，-1，YEAR）））

　　return　e

（18）近三年变动对应公司（净利润）

表达式如下：

107 近三年变动对应公司（净利润）=

　　var a = VALUES（'公司简表'[公司名称]）

```
var b1 = ADDCOLUMNS (a,
    "0",    [101 主要指标],
    "-1", CALCULATE ([101 主要指标], DATEADD ('时间表'[Date], -1, YEAR)),
    "-2", CALCULATE ([101 主要指标], DATEADD ('时间表'[Date], -2, YEAR)))
var b = ADDCOLUMNS (b1,
    "1", if (not ISBLANK ([0]) && not ISBLANK ([-1]),
             if ([-1] =0,
                 if ([0] >0, 1, if ([0] =0, 0, -1)),
                 if ([-1] >0, divide ([0] - [-1], [-1]), (1 - DIVIDE ([0], [-1]))))),
                                                                //与上年差异率
    "2", if (not ISBLANK ([-1]) && not ISBLANK ([-2]),
             if ([-2] =0,
                 if ([-1] >0, 1, if ([-1] =0, 0, -1)),
                 if ([-2] >0, divide ([-1] - [-2], [-2]), (1 - DIVIDE ([-1], [-2]))))))
                                                                //上年与前年差异率
var d = SELECTEDVALUE ('9 平稳参数'[平稳参数], 0.05)
var e =
SWITCH (SELECTEDVALUE ('近三年变动'[变动状态]),
    "资料不足", CALCULATE ([02 09 净利润], FILTER (b, ISBLANK ([1]) || ISBLANK ([2]))),
    "先增后稳", CALCULATE ([02 09 净利润], FILTER (b, [2] >d && abs ([1]) <=d && not ISBLANK ([1]))),
    "增速放缓", CALCULATE ([02 09 净利润], FILTER (b, [2] >d && [1] >d && [1] <= [2])),
    "增速加快", CALCULATE ([02 09 净利润], FILTER (b, [2] >d && [1] >d && [1] > [2])),
    "凸型变化", CALCULATE ([02 09 净利润], FILTER (b, [2] >d && [1] <-d)),
    "先降后稳", CALCULATE ([02 09 净利润], FILTER (b, [2] <-d && abs ([1]) <=d && not ISBLANK ([1]))),
    "降速放缓", CALCULATE ([02 09 净利润], FILTER (b, [2] <-d && [1] <-d && [1] >= [2])),
    "降速加快", CALCULATE ([02 09 净利润], FILTER (b, [2] <-d && [1] <-d && [1] < [2])),
    "凹型变化", CALCULATE ([02 09 净利润], FILTER (b, [2] <-d && [1] >d)),
    "先稳后增", CALCULATE ([02 09 净利润], FILTER (b, abs ([2]) <=d && not IS-
```

BLANK（[2]）&&［1］＞d）），

"先稳后降",CALCULATE（［02 09 净利润］,FILTER（b,abs（［2］）＜＝d && not IS-BLANK（[2]）&&［1］＜ －d）），

"稳定不变",CALCULATE（［02 09 净利润］,FILTER（b,abs（［2］）＜＝d && not IS-BLANK（[2]）&& abs（[1]）＜＝d && not ISBLANK（[1]））），

［02 09 净利润］）

return　e

（19）近三年变动对应公司（净利润）同期

表达式如下：

107 近三年变动对应公司（净利润）同期 ＝

//错误 去年该状态的公司，而我们需要的是今年该状态公司的同期数

//CALCULATE（［近三年趋势对应公司（净利润）］,DATEADD（'01 时间表'［Date］, －1, YEAR））

var a ＝ VALUES（'公司简表'［公司名称］）

var b1 ＝ ADDCOLUMNS（a,

" 0",［101 主要指标］,

" －1",CALCULATE（［101 主要指标］,DATEADD（'时间表'［Date］, －1, YEAR）），

" －2",CALCULATE（［101 主要指标］,DATEADD（'时间表'［Date］, －2, YEAR）））

var b ＝ ADDCOLUMNS（b1,

" 1", if（not ISBLANK（[0]）&& not ISBLANK（［ －1］）,

　　if（［ －1］ ＝0,

　　　if（[0] ＞0, 1, if（[0] ＝0, 0, －1））,

　　　if（［ －1］ ＞0, divide（[0] － ［ －1］,［ －1］）,（1 － DIVIDE（[0],［ －1］）））））,

//与上年差异率

" 2", if（not ISBLANK（［ －1］）&& not ISBLANK（［ －2］）,

　　if（［ －2］ ＝0,

　　　if（［ －1］ ＞0, 1, if（［ －1］ ＝0, 0, －1））,

　　　if（［ －2］ ＞0, divide（［ －1］ － ［ －2］,［ －2］）,（1 － DIVIDE（［ －1］,［ －2］）））））

//上年与前年差异率

var d ＝ SELECTEDVALUE（'9 平稳参数'［平稳参数］, 0.05）

var e ＝

SWITCH（SELECTEDVALUE（'近三年变动'［变动状态］）,

" 资料不足",CALCULATE（［02 09 净利润］,DATEADD（'时间表'［Date］, －1, YEAR）,FILTER（b,ISBLANK（[1]）｜｜ISBLANK（[2]））），

" 先增后稳",CALCULATE（［02 09 净利润］,DATEADD（'时间表'［Date］, －1, YEAR）,

FILTER（b,[2]>d && abs（[1]）<=d && not ISBLANK（[1]）））,

"增速放缓", CALCULATE（[02 09 净利润], DATEADD（'时间表'[Date], -1, YEAR）,
FILTER（b,[2]>d &&[1]>d &&[1]<=[2]））,

"增速加快", CALCULATE（[02 09 净利润], DATEADD（'时间表'[Date], -1, YEAR）,
FILTER（b,[2]>d &&[1]>d &&[1]>[2]））,

"凸型变化", CALCULATE（[02 09 净利润], DATEADD（'时间表'[Date], -1, YEAR）,
FILTER（b,[2]>d &&[1]<-d））,

"先降后稳", CALCULATE（[02 09 净利润], DATEADD（'时间表'[Date], -1, YEAR）,
FILTER（b,[2]<-d && abs（[1]）<=d && not ISBLANK（[1]）））,

"降速放缓", CALCULATE（[02 09 净利润], DATEADD（'时间表'[Date], -1, YEAR）,
FILTER（b,[2]<-d &&[1]<-d &&[1]>=[2]））,

"降速加快", CALCULATE（[02 09 净利润], DATEADD（'时间表'[Date], -1, YEAR）,
FILTER（b,[2]<-d &&[1]<-d &&[1]<[2]））,

"凹型变化", CALCULATE（[02 09 净利润], DATEADD（'时间表'[Date], -1, YEAR）,
FILTER（b,[2]<-d &&[1]>d））,

"先稳后增", CALCULATE（[02 09 净利润], DATEADD（'时间表'[Date], -1, YEAR）,
FILTER（b, abs（[2]）<=d && not ISBLANK（[2]）&&[1]>d））,

"先稳后降", CALCULATE（[02 09 净利润], DATEADD（'时间表'[Date], -1, YEAR）,
FILTER（b, abs（[2]）<=d && not ISBLANK（[2]）&&[1]<-d））,

"稳定不变", CALCULATE（[02 09 净利润], DATEADD（'时间表'[Date], -1, YEAR）,
FILTER（b, abs（[2]）<=d && not ISBLANK（[2]）&& abs（[1]）<=d && not ISBLANK（[1]）））,

CALCULATE（[02 09 净利润], DATEADD（'时间表'[Date], -1, YEAR）））

return e

（20）近三年变动对应公司（净资产）

表达式如下：

107 近三年变动对应公司（净资产）=

var a = VALUES（'公司简表'[公司名称]）

var b1 = ADDCOLUMNS（a,

"0",[101 主要指标],

"-1", CALCULATE（[101 主要指标], DATEADD（'时间表'[Date], -1, YEAR）),

"-2", CALCULATE（[101 主要指标], DATEADD（'时间表'[Date], -2, YEAR）))

var b = ADDCOLUMNS（b1,

"1", if（not ISBLANK（[0]）&& not ISBLANK（[-1]）,

if（[-1]=0,

if（[0]>0, 1, if（[0]=0, 0, -1）),

if（[-1]>0, divide（[0]-[-1],[-1]）,(1-DIVIDE（[0],

[-1]))))),
//与上年差异率
" 2",if(not ISBLANK([-1])&& not ISBLANK([-2]),
   if([-2]=0,
      if([-1]>0,1,if([-1]=0,0,-1)),
      if([-2]>0,divide([-1]-[-2],[-2]),(1-DIVIDE([-1],[-2])))))))
//上年与前年差异率

var d = SELECTEDVALUE('9 平稳参数'[平稳参数],0.05)
var e =
SWITCH(SELECTEDVALUE('近三年变动'[变动状态]),
   "资料不足",CALCULATE([01 03 所有者权益],FILTER(b,ISBLANK([1])||ISBLANK([2]))),
   "先增后稳",CALCULATE([01 03 所有者权益],FILTER(b,[2]>d && abs([1])<=d && not ISBLANK([1]))),
   "增速放缓",CALCULATE([01 03 所有者权益],FILTER(b,[2]>d && [1]>d && [1]<=[2])),
   "增速加快",CALCULATE([01 03 所有者权益],FILTER(b,[2]>d && [1]>d && [1]>[2])),
   "凸型变化",CALCULATE([01 03 所有者权益],FILTER(b,[2]>d && [1]<-d)),
   "先降后稳",CALCULATE([01 03 所有者权益],FILTER(b,[2]<-d && abs([1])<=d && not ISBLANK([1]))),
   "降速放缓",CALCULATE([01 03 所有者权益],FILTER(b,[2]<-d && [1]<-d && [1]>=[2])),
   "降速加快",CALCULATE([01 03 所有者权益],FILTER(b,[2]<-d && [1]<-d && [1]<[2])),
   "凹型变化",CALCULATE([01 03 所有者权益],FILTER(b,[2]<-d && [1]>d)),
   "先稳后增",CALCULATE([01 03 所有者权益],FILTER(b,abs([2])<=d && not ISBLANK([2])&& [1]>d)),
   "先稳后降",CALCULATE([01 03 所有者权益],FILTER(b,abs([2])<=d && not ISBLANK([2])&& [1]<-d)),
   "稳定不变",CALCULATE([01 03 所有者权益],FILTER(b,abs([2])<=d && not ISBLANK([2])&& abs([1])<=d && not ISBLANK([1]))),
   [01 03 所有者权益])
return e

(21) 近三年变动对应公司（净资产）同期

表达式如下：

107 近三年变动对应公司（净资产）同期 =
var a = VALUES（'公司简表'[公司名称]）
var b1 = ADDCOLUMNS（a,
　　"0"，[101 主要指标]，
　　"-1"，CALCULATE（[101 主要指标]，DATEADD（'时间表'[Date]，-1，YEAR））,
　　"-2"，CALCULATE（[101 主要指标]，DATEADD（'时间表'[Date]，-2，YEAR）））
var b = ADDCOLUMNS（b1,
　　"1"，if（not ISBLANK（[0]）&& not ISBLANK（[-1]），
　　　　　if（[-1]=0,
　　　　　　　if（[0]>0, 1, if（[0]=0, 0, -1）），
　　　　　　　if（[-1]>0, divide（[0]-[-1]，[-1]），(1-DIVIDE（[0]，[-1]))))),
　　　　　　　　　　　　　　　　　　　　　　　　　　//与上年差异率
　　"2"，if（not ISBLANK（[-1]）&& not ISBLANK（[-2]），
　　　　　if（[-2]=0,
　　　　　　　if（[-1]>0, 1, if（[-1]=0, 0, -1）），
　　　　　　　if（[-2]>0, divide（[-1]-[-2]，[-2]），(1-DIVIDE（[-1]，[-2]))))))
　　　　　　　　　　　　　　　　　　　　　　　　　　//上年与前年差异率
var d = SELECTEDVALUE（'9 平稳参数'[平稳参数]，0.05）
var e =
SWITCH（SELECTEDVALUE（'近三年变动'[变动状态]），
　　"资料不足"，CALCULATE（[01 03 所有者权益]，DATEADD（'时间表'[Date]，-1，YEAR），FILTER（b, ISBLANK（[1]）｜｜ISBLANK（[2]））），
　　"先增后稳"，CALCULATE（[01 03 所有者权益]，DATEADD（'时间表'[Date]，-1，YEAR），FILTER（b,[2]>d && abs（[1]）<=d && not ISBLANK（[1]））），
　　"增速放缓"，CALCULATE（[01 03 所有者权益]，DATEADD（'时间表'[Date]，-1，YEAR），FILTER（b,[2]>d && [1]>d && [1]<=[2]）），
　　"增速加快"，CALCULATE（[01 03 所有者权益]，DATEADD（'时间表'[Date]，-1，YEAR），FILTER（b,[2]>d && [1]>d && [1]>[2]）），
　　"凸型变化"，CALCULATE（[01 03 所有者权益]，DATEADD（'时间表'[Date]，-1，YEAR），FILTER（b,[2]>d && [1]<-d && not ISBLANK（[1]））），
　　"先降后稳"，CALCULATE（[01 03 所有者权益]，DATEADD（'时间表'[Date]，-1，YEAR），FILTER（b,[2]<-d && abs（[1]）<=d）），
　　"降速放缓"，CALCULATE（[01 03 所有者权益]，DATEADD（'时间表'[Date]，-1，YEAR），FILTER（b,[2]<-d && [1]<-d && [1]>=[2]）），
　　"降速加快"，CALCULATE（[01 03 所有者权益]，DATEADD（'时间表'[Date]，-1，

YEAR), FILTER (b, [2] < -d && [1] < -d && [1] < [2])),

"凹型变化", CALCULATE ([01 03 所有者权益], DATEADD ('时间表' [Date], -1, YEAR), FILTER (b, [2] < -d && [1] > d)),

"先稳后增", CALCULATE ([01 03 所有者权益], DATEADD ('时间表' [Date], -1, YEAR), FILTER (b, abs ([2]) <= d && not ISBLANK ([2]) && [1] > d)),

"先稳后降", CALCULATE ([01 03 所有者权益], DATEADD ('时间表' [Date], -1, YEAR), FILTER (b, abs ([2]) <= d && not ISBLANK ([2]) && [1] < -d)),

"稳定不变", CALCULATE ([01 03 所有者权益], DATEADD ('时间表' [Date], -1, YEAR), FILTER (b, abs ([2]) <= d && not ISBLANK ([2]) && abs ([1]) <= d && not ISBLANK ([1]))),

CALCULATE ([01 03 所有者权益], DATEADD ('时间表' [Date], -1, YEAR)))

return e

(22) 近三年变动对应公司（营收）

表达式如下：

107 近三年变动对应公司（营收）=

var a = VALUES ('公司简表' [公司名称])

var b1 = ADDCOLUMNS (a,

"0", [101 主要指标],

"-1", CALCULATE ([101 主要指标], DATEADD ('时间表' [Date], -1, YEAR)),

"-2", CALCULATE ([101 主要指标], DATEADD ('时间表' [Date], -2, YEAR)))

var b = ADDCOLUMNS (b1,

"1", if (not ISBLANK ([0]) && not ISBLANK ([-1]),

if ([-1] =0,

if ([0] >0, 1, if ([0] =0, 0, -1)),

if ([-1] >0, divide ([0] - [-1], [-1]), (1 - DIVIDE ([0], [-1]))))),

//与上年差异率

"2", if (not ISBLANK ([-1]) && not ISBLANK ([-2]),

if ([-2] =0,

if ([-1] >0, 1, if ([-1] =0, 0, -1)),

if ([-2] >0, divide ([-1] - [-2], [-2]), (1 - DIVIDE ([-1], [-2]))))))

//上年与前年差异率

var d = SELECTEDVALUE ('9 平稳参数' [平稳参数], 0.05)

var e =

SWITCH (SELECTEDVALUE ('近三年变动' [变动状态]),

"资料不足", CALCULATE ([02 01 营业总收入], FILTER (b, ISBLANK ([1]) || IS-

BLANK（[2]））），

"先增后稳"，CALCULATE（[02 01 营业总收入]，FILTER（b,[2]>d && abs（[1]）<=d && not ISBLANK（[1]））），

"增速放缓"，CALCULATE（[02 01 营业总收入]，FILTER（b,[2]>d && [1]>d && [1]<=[2]）），

"增速加快"，CALCULATE（[02 01 营业总收入]，FILTER（b,[2]>d && [1]>d && [1]>[2]）），

"凸型变化"，CALCULATE（[02 01 营业总收入]，FILTER（b,[2]>d && [1]<-d）），

"先降后稳"，CALCULATE（[02 01 营业总收入]，FILTER（b,[2]<-d && abs（[1]）<=d && not ISBLANK（[1]））），

"降速放缓"，CALCULATE（[02 01 营业总收入]，FILTER（b,[2]<-d && [1]<-d && [1]>=[2]）），

"降速加快"，CALCULATE（[02 01 营业总收入]，FILTER（b,[2]<-d && [1]<-d && [1]<[2]）），

"凹型变化"，CALCULATE（[02 01 营业总收入]，FILTER（b,[2]<-d && [1]>d）），

"先稳后增"，CALCULATE（[02 01 营业总收入]，FILTER（b, abs（[2]）<=d && not ISBLANK（[2]）&& [1]>d）），

"先稳后降"，CALCULATE（[02 01 营业总收入]，FILTER（b, abs（[2]）<=d && not ISBLANK（[2]）&& [1]<-d）），

"稳定不变"，CALCULATE（[02 01 营业总收入]，FILTER（b, abs（[2]）<=d && not ISBLANK（[2]）&& abs（[1]）<=d && not ISBLANK（[1]））），

[02 01 营业总收入]）

return　e

（23）近三年变动对应公司（营收）同期

表达式如下：

107 近三年变动对应公司（营收）同期 =

var a = VALUES（'公司简表'[公司名称]）

var b1 = ADDCOLUMNS（a,

"0"，[101 主要指标]，

"-1"，CALCULATE（[101 主要指标]，DATEADD（'时间表'[Date]，-1，YEAR）），

"-2"，CALCULATE（[101 主要指标]，DATEADD（'时间表'[Date]，-2，YEAR）））

var b = ADDCOLUMNS（b1,

"1"，if（not ISBLANK（[0]）&& not ISBLANK（[-1]），

if（[-1]=0，

if（[0]>0, 1, if（[0]=0, 0, -1）），

if（[-1]>0, divide（[0]-[-1], [-1]），(1-DIVIDE（[0]，[-1]）))))），

//与上年差异率

"2", if (not ISBLANK ([-1]) && not ISBLANK ([-2]),
　　if ([-2] =0,
　　　　if ([-1] >0, 1, if ([-1] =0, 0, -1)),
　　　　if ([-2] >0, divide ([-1] - [-2], [-2]), (1 - DIVIDE ([-1], [-2])))))))

//上年与前年差异率

var d = SELECTEDVALUE ('9 平稳参数' [平稳参数], 0.05)

var e =
SWITCH (SELECTEDVALUE ('近三年变动' [变动状态]),
　　"资料不足", CALCULATE ([02 01 营业总收入], DATEADD ('时间表' [Date], -1, YEAR), FILTER (b, ISBLANK ([1]) || ISBLANK ([2]))),
　　"先增后稳", CALCULATE ([02 01 营业总收入], DATEADD ('时间表' [Date], -1, YEAR), FILTER (b, [2] >d && abs ([1]) <=d && not ISBLANK ([1]))),
　　"增速放缓", CALCULATE ([02 01 营业总收入], DATEADD ('时间表' [Date], -1, YEAR), FILTER (b, [2] >d && [1] >d && [1] <= [2])),
　　"增速加快", CALCULATE ([02 01 营业总收入], DATEADD ('时间表' [Date], -1, YEAR), FILTER (b, [2] >d && [1] >d && [1] > [2])),
　　"凸型变化", CALCULATE ([02 01 营业总收入], DATEADD ('时间表' [Date], -1, YEAR), FILTER (b, [2] >d && [1] < -d)),
　　"先降后稳", CALCULATE ([02 01 营业总收入], DATEADD ('时间表' [Date], -1, YEAR), FILTER (b, [2] < -d && abs ([1]) <=d && not ISBLANK ([1]))),
　　"降速放缓", CALCULATE ([02 01 营业总收入], DATEADD ('时间表' [Date], -1, YEAR), FILTER (b, [2] < -d && [1] < -d && [1] >= [2])),
　　"降速加快", CALCULATE ([02 01 营业总收入], DATEADD ('时间表' [Date], -1, YEAR), FILTER (b, [2] < -d && [1] < -d && [1] < [2])),
　　"凹型变化", CALCULATE ([02 01 营业总收入], DATEADD ('时间表' [Date], -1, YEAR), FILTER (b, [2] < -d && [1] >d)),
　　"先稳后增", CALCULATE ([02 01 营业总收入], DATEADD ('时间表' [Date], -1, YEAR), FILTER (b, abs ([2]) <=d && not ISBLANK ([2]) && [1] >d)),
　　"先稳后降", CALCULATE ([02 01 营业总收入], DATEADD ('时间表' [Date], -1, YEAR), FILTER (b, abs ([2]) <=d && not ISBLANK ([2]) && [1] < -d)),
　　"稳定不变", CALCULATE ([02 01 营业总收入], DATEADD ('时间表' [Date], -1, YEAR), FILTER (b, abs ([2]) <=d && not ISBLANK ([2]) && abs ([1]) <=d && not ISBLANK ([1]))),
　　CALCULATE ([02 01 营业总收入], DATEADD ('时间表' [Date], -1, YEAR)))

return e

(24) 近三年变动对应公司（资产总额）

表达式如下：

107 近三年变动对应公司（资产总额）=
var a = VALUES（'公司简表'[公司名称]）
var b1 = ADDCOLUMNS（a,
　　"0"，[101 主要指标],
　　"-1"，CALCULATE（[101 主要指标], DATEADD（'时间表'[Date], -1, YEAR)),
　　"-2"，CALCULATE（[101 主要指标], DATEADD（'时间表'[Date], -2, YEAR)))
var b = ADDCOLUMNS（b1,
　　"1"，if（not ISBLANK（[0]）&& not ISBLANK（[-1]),
　　　　if（[-1] =0,
　　　　　　if（[0] >0, 1, if（[0] =0, 0, -1)),
　　　　if（[-1] >0, divide（[0] - [-1], [-1]),（1 - DIVIDE（[0], [-1])))))，
　　　　　　　　　　　　　　　　　　　　　　　　　　　　　//与上年差异率
　　"2"，if（not ISBLANK（[-1]）&& not ISBLANK（[-2]),
　　　　if（[-2] =0,
　　　　　　if（[-1] >0, 1, if（[-1] =0, 0, -1)),
　　　　if（[-2] >0, divide（[-1] - [-2], [-2]),（1 - DIVIDE（[-1], [-2]))))))
　　　　　　　　　　　　　　　　　　　　　　　　　　　　　//上年与前年差异率
var d = SELECTEDVALUE（'9 平稳参数'[平稳参数], 0.05)
var e =
SWITCH（SELECTEDVALUE（'近三年变动'[变动状态]),
　　"资料不足"，CALCULATE（[01 01 资产合计], FILTER（b, ISBLANK（[1]）|| ISBLANK（[2]))),
　　"先增后稳"，CALCULATE（[01 01 资产合计], FILTER（b,[2] >d && abs（[1]）<= d && not ISBLANK（[1]))),
　　"增速放缓"，CALCULATE（[01 01 资产合计], FILTER（b,[2] >d && [1] >d && [1] <= [2])),
　　"增速加快"，CALCULATE（[01 01 资产合计], FILTER（b,[2] >d && [1] >d && [1] > [2])),
　　"凸型变化"，CALCULATE（[01 01 资产合计], FILTER（b,[2] >d && [1] <-d)),
　　"先降后稳"，CALCULATE（[01 01 资产合计], FILTER（b,[2] <-d && abs（[1]）<=d && not ISBLANK（[1]))),
　　"降速放缓"，CALCULATE（[01 01 资产合计], FILTER（b,[2] <-d && [1] <-d && [1] >= [2])),

"降速加快",CALCULATE([01 01 资产合计],FILTER(b,[2]<-d&&[1]<-d&&[1]<[2])),

"凹型变化",CALCULATE([01 01 资产合计],FILTER(b,[2]<-d&&[1]>d)),

"先稳后增",CALCULATE([01 01 资产合计],FILTER(b,abs([2])<=d&&not ISBLANK([2])&&[1]>d)),

"先稳后降",CALCULATE([01 01 资产合计],FILTER(b,abs([2])<=d&&not ISBLANK([2])&&[1]<-d)),

"稳定不变",CALCULATE([01 01 资产合计],FILTER(b,abs([2])<=d&&not ISBLANK([2])&&abs([1])<=d&&not ISBLANK([1]))),

[01 01 资产合计])

return e

(25)近三年变动对应公司（资产总额）同期

表达式如下：

107 近三年变动对应公司（资产总额）同期 =

var a = VALUES('公司简表'[公司名称])

var b1 = ADDCOLUMNS(a,

"0", [101 主要指标],

"-1",CALCULATE([101 主要指标],DATEADD('时间表'[Date],-1,YEAR)),

"-2",CALCULATE([101 主要指标],DATEADD('时间表'[Date],-2,YEAR)))

var b = ADDCOLUMNS(b1,

"1", if(not ISBLANK([0])&&not ISBLANK([-1]),

if([-1]=0,

if([0]>0,1,if([0]=0,0,-1)),

if([-1]>0,divide([0]-[-1],[-1]),(1-DIVIDE([0],[-1]))))),

//与上年差异率

"2", if(not ISBLANK([-1])&&not ISBLANK([-2]),

if([-2]=0,

if([-1]>0,1,if([-1]=0,0,-1)),

if([-2]>0,divide([-1]-[-2],[-2]),(1-DIVIDE([-1],[-2]))))))

//上年与前年差异率

var d = SELECTEDVALUE('9 平稳参数'[平稳参数],0.05)

var e =

SWITCH(SELECTEDVALUE('近三年变动'[变动状态]),

"资料不足",CALCULATE([01 01 资产合计],DATEADD('时间表'[Date],-1,YEAR),FILTER(b,ISBLANK([1])||ISBLANK([2]))),

"先增后稳", CALCULATE（[01 01 资产合计], DATEADD（'时间表'[Date], -1, YEAR）, FILTER（b, [2] >d && abs（[1]） <=d && not ISBLANK（[1]）））,

"增速放缓", CALCULATE（[01 01 资产合计], DATEADD（'时间表'[Date], -1, YEAR）, FILTER（b, [2] >d && [1] >d && [1] <= [2]））,

"增速加快", CALCULATE（[01 01 资产合计], DATEADD（'时间表'[Date], -1, YEAR）, FILTER（b, [2] >d && [1] >d && [1] > [2]））,

"凸型变化", CALCULATE（[01 01 资产合计], DATEADD（'时间表'[Date], -1, YEAR）, FILTER（b, [2] >d && [1] < -d））,

"先降后稳", CALCULATE（[01 01 资产合计], DATEADD（'时间表'[Date], -1, YEAR）, FILTER（b, [2] < -d && abs（[1]） <=d && not ISBLANK（[1]）））,

"降速放缓", CALCULATE（[01 01 资产合计], DATEADD（'时间表'[Date], -1, YEAR）, FILTER（b, [2] < -d && [1] < -d && [1] >= [2]））,

"降速加快", CALCULATE（[01 01 资产合计], DATEADD（'时间表'[Date], -1, YEAR）, FILTER（b, [2] < -d && [1] < -d && [1] < [2]））,

"凹型变化", CALCULATE（[01 01 资产合计], DATEADD（'时间表'[Date], -1, YEAR）, FILTER（b, [2] < -d && [1] >d））,

"先稳后增", CALCULATE（[01 01 资产合计], DATEADD（'时间表'[Date], -1, YEAR）, FILTER（b, abs（[2]） <=d && not ISBLANK（[2]） && [1] >d））,

"先稳后降", CALCULATE（[01 01 资产合计], DATEADD（'时间表'[Date], -1, YEAR）, FILTER（b, abs（[2]） <=d && not ISBLANK（[2]） && [1] < -d））,

"稳定不变", CALCULATE（[01 01 资产合计], DATEADD（'时间表'[Date], -1, YEAR）, FILTER（b, abs（[2]） <=d && not ISBLANK（[2]） && abs（[1]） <=d && not ISBLANK（[1]）））,

CALCULATE（[01 01 资产合计], DATEADD（'时间表'[Date], -1, YEAR）））

return   e

（26）公司数量

表达式如下：

0 公司数量 = COUNTROWS（VALUES（'公司简表'[代码\名称\拼音]））

（27）净利润同期

表达式如下：

107 净利润同期 = CALCULATE（[02 09 净利润], DATEADD（'时间表'[Date], -1, YEAR））

（28）营收同期

表达式如下：

107 营收同期 = CALCULATE（[02 01 营业总收入], DATEADD（'时间表'[Date], -1, YEAR））

(29)资产总额同期

表达式如下:

107 资产总额同期 = CALCULATE([01 01 资产合计],DATEADD('时间表'[Date],-1,YEAR))

(30)卡片用净利润

表达式如下:

106 卡片用净利润 = if(

ISFILTERED('近两年变动'[变动状态]),[107 近两年变动所选公司(净资产)],

if(

ISFILTERED('近三年变动'[变动状态]),[107 近三年变动对应公司(净资产)],

[2-9 净利润]

)

)

(31)卡片用净利润同期

表达式如下:

106 卡片用净利润同期 =

if(

ISFILTERED('近两年变动'[变动状态]),

[107 近两年变动所选公司(净利润)同期],

if(

ISFILTERED('近三年变动'[变动状态]),

[107 近三年变动对应公司(净利润)同期],

[107 净利润同期]

)

)

(32)卡片用净资产

表达式如下:

106 卡片用净资产 =

if(

ISFILTERED('近两年变动'[变动状态]),

[107 近三年变动对应公司(净资产)],

if(

ISFILTERED('近三年变动'[变动状态]),

[107 近三年变动对应公司(净资产)],

[01 03 所有者权益]

)

)

(33)卡片用净资产同期

表达式如下:

106 卡片用净资产同期 =

if(

    ISFILTERED('近两年变动'[变动状态]),

    [107 近两年变动所选公司(净资产)同期],

    if(

      ISFILTERED('近三年变动'[变动状态]),

      [107 近三年变动对应公司(净资产)同期],

      [0 净资产同期]

)

)

(34)卡片用营收

表达式如下:

106 卡片用营收 =

if(

ISFILTERED('近两年变动'[变动状态]),[107 近两年变动所选公司(营收)],

if(

ISFILTERED('近三年变动'[变动状态]),[107 近三年变动对应公司(营收)],

[2-1 营业总收入   ]

)

)

(35) 卡片用营收同期

表达式如下：

106 卡片用营收同期　= if（

ISFILTERED（'近两年变动'［变动状态］），［107 近两年变动所选公司（营收）同期］，

if（

ISFILTERED（'近三年变动'［变动状态］），［107 近三年变动对应公司（营收）同期］，

［107 营收同期］

）

）

(36) 卡片用资产总额

表达式如下：

106 卡片用资产总额　=

if（

ISFILTERED（'近两年变动'［变动状态］），［107 近两年变动所选公司（资产总额）］，

if（

ISFILTERED（'近三年变动'［变动状态］），［107 近三年变动对应公司（资产总额）］，

［1－1 资产合计　］

）

）

(37) 卡片用资产总额同期

表达式如下：

106 卡片用资产总额同期　=

if（

ISFILTERED（'近两年变动'［变动状态］），

［107 近两年变动所选公司（资产总额）同期］，

if（

ISFILTERED（'近三年变动'［变动状态］），

［107 近三年变动对应公司（资产总额）同期］，

［107 资产总额同期］

）

）

（38）总体情况标杆公司名称

表达式如下：

911　总体情况标杆公司名称 =

var a = if（ISFILTERED（'时间表'［年季度］），max（'时间表'［年季度］）&" "，max（'时间表'［年］）&" 年 "）

& VALUES（'财务指标'［指标名称］）& UNICHAR（10）

& " " & UNICHAR（10）

& "　标杆公司　："

& if（MAX（'资产负债表10年'［报告日期］）= BLANK（)，" 无该期间数据"，TOPN（1，VALUES（'公司简表'［公司名称］），［101 主要指标］）

）

return a

（39）近两年趋势所选公司（数量）

表达式如下：

近两年趋势所选公司（数量）=

var a = VALUES（'公司简表'［公司名称］）

var b1 = ADDCOLUMNS（a，

" 0"，　［101 主要指标］，

" -1"，CALCULATE（［101 主要指标］，DATEADD（'时间表'［Date］，-1，YEAR）））

var b = ADDCOLUMNS（b1，

" 1"，if（not ISBLANK（［0］）&& not ISBLANK（［-1］），

if（［-1］=0，

if（［0］>0，1，if（［0］=0，0，-1）），

if（［-1］>0，divide（［0］-［-1］，［-1］），(1-DIVIDE（［0］，［-1］)))))))

var d = SELECTEDVALUE（'9 平稳参数'［平稳参数］，0.05）

var e = SWITCH（SELECTEDVALUE（'近两年变动'［变动状态］），

" 资料不足"，CALCULATE（［0 公司数量］，　FILTER（b，ISBLANK（［1］))），

" 同比上升"，CALCULATE（［0 公司数量］，　FILTER（b，［1］>d）），

" 同比下降"，CALCULATE（［0 公司数量］，　FILTER（b，［1］<-d）），

" 相对稳定"，CALCULATE（［0 公司数量］，　FILTER（b，abs（［1］）<=d && not IS-

BLANK（[1]))），

  [0 公司数量]）

  return e

  步骤3：创建度量值表，命名为"公用度量值"，在表中加入以下度量值。

（1）已选公司数量（多）

表达式如下：

0 已选公司数量（多）=

var a = COUNTROWS（VALUES（'公司简表'[公司名称]））

var b = if（a>=1，

    "已选择"&a&"家"，

    "所选公司与分类不一致"）

return b

//注意，下方图表如有包含公司行列的，需取消交互

（2）最近季报营收

表达式如下：

04 01 最近季报营收 = sum（'公司简表'[最近季营收]）

（3）同业比较公司（筛选器用）

表达式如下：

04 02 同业比较公司（筛选器用）=

//未选择公司时，按最近季营收排序

//var a = FILTER（all（'02 公司简表'[公司名称]），not ISBLANK（[04 01 最近季报营收]））

var a = CALCULATETABLE（VALUES（'公司简表'[公司名称]），all（'公司简表'[代码\名称\拼音]），all（'公司简表'[公司名称]））

var b = RANKX（a，[04 01 最近季报营收]，DESC）

var d = COUNTROWS（a）

//判断是否全选，如未全选，则1，如全选，a 小于排名参数，则1

//筛选器，取1，未全选，正常计算，全选时取前 N 名

var c = if（ISFILTERED（'公司简表'[代码\名称\拼音]），

    1，

    if（b<=SELECTEDVALUE（'参数'[参数]），1，0））

return c

（4）报表期间（切片器单独年季）

表达式如下：

1 报表期间（切片器单独年季）=

var a = year（LASTDATE（'时间表'[Date]））&"年"

var b = year（LASTDATE（'时间表'[Date]））&"年"&QUARTER（LASTDATE（'时间表'[Date]））&"季度"

var c = if（not ISFILTERED（'时间表'［年季度］）， a， b）

var d = " 报表区间："& c

return d

（5）报表期间（时间段）

表达式如下：

1 报表期间（时间段）=

//取报表最后时间

var a = year（LASTDATE（all（'资产负债表 10 年'［报告日期］）））& " 年 " & QUARTER（LASTDATE（all（'资产负债表 10 年'［报告日期］）））&" 季度"

//取切片器起始时间 年季度

var a1 = year（FIRSTDATE（'时间表'［Date］））& " 年 " & QUARTER（FIRSTDATE（'时间表'［Date］））& " 季度"

//取切片器结束时间 年季度

var a2 = year（LASTDATE（'时间表'［Date］）） & " 年 " & QUARTER（LASTDATE（'时间表'［Date］））& " 季度"

var b = a1

&" - "

& if（LASTDATE（'时间表'［Date］）>= LASTDATE（all（'资产负债表 10 年'［报告日期］）），

//切片器最后时间在最近报表之后，取最近报表

a，

if（

LASTDATE（'时间表'［Date］）in all（'资产负债表 10 年'［报告日期］），

//切片器最后时间刚好是报表时间 331 630 930 1231，取切片器最后时间

a2，

YEAR（DATEADD（LASTDATE（'时间表'［Date］），-3，MONTH））&" 年 " & QUARTER（DATEADD（LASTDATE（'时间表'［Date］），-3，MONTH））&" 季度"））

//切片器最后时间向前移三个月

//错误

/*

var b1 = a1

&" - "

```
        & if（LASTDATE（'时间表'[Date]）>=LASTDATE（all（'资产负债表10年'[报告日期]））,    //切片器最后时间在最近报表之后，取最近报表
                a,
                YEAR（DATEADD（LASTDATE（'时间表'[Date]），-3，MONTH））&
" 年" & QUARTER（DATEADD（LASTDATE（'时间表'[Date]），-3，MONTH））&" 季度"）
                //切片器最后时间向前移三个月
    */
    return  b
```

（6）总体情况 标杆公司名称

表达式如下：

２０总体情况 标杆公司名称 =
//卡片可以加入换行，按钮不行
var a =   if（ISFILTERED（'时间表'[年季度]），
            max（'时间表'[年季度]）&" ",
            max（'时间表'[年]）&" 年 "）
        & VALUES（'财务指标'[指标名称]）& UNICHAR（10）
        & "   " & UNICHAR（10）
        & " 标杆公司："
        & if（MAX（'资产负债表10年'[报告日期]）=BLANK（），   //超出报表时间
            " 无该期间数据"，
            TOPN（1，VALUES（'公司简表'[公司名称]），[101 主要指标]）
        ）

return a
//需取消公司切片器与标杆之间的交互

（7）近三年趋势对应公司（数量）

表达式如下：

近三年趋势对应公司（数量）=
var a = VALUES（'公司简表'[公司名称]）

var b1 = ADDCOLUMNS（a，
    " 0"，   [101 主要指标]，
    " -1"，CALCULATE（[101 主要指标]，DATEADD（'时间表'[Date]，-1，YEAR）），
    " -2"，CALCULATE（[101 主要指标]，DATEADD（'时间表'[Date]，-2，YEAR）））

var b = ADDCOLUMNS（b1，
    " 1"，if（not ISBLANK（[0]）&& not ISBLANK（[-1]），
        if（[-1]=0，

                    if([0]>0,1,if([0]=0,0,-1)),
                if([-1]>0,divide([0]-[-1],[-1]),(1-DIVIDE([0],[-1]))))),
//与上年差异率
    "2",if(not ISBLANK([-1]) && not ISBLANK([-2]),
            if([-2]=0,
                if([-1]>0,1,if([-1]=0,0,-1)),
                if([-2]>0,divide([-1]-[-2],[-2]),(1-DIVIDE([-1],[-2]))))))
//上年与前年差异率

    var d = SELECTEDVALUE('9 平稳参数'[平稳参数],0.05)

    var e =
    SWITCH(SELECTEDVALUE('近三年变动'[变动状态]),
      "资料不足",CALCULATE([0 公司数量],FILTER(b,ISBLANK([1])||ISBLANK([2]))),
      "先增后稳",CALCULATE([0 公司数量],FILTER(b,[2]>d && abs([1])<=d && not ISBLANK([1]))),
      "增速放缓",CALCULATE([0 公司数量],FILTER(b,[2]>d && [1]>d && [1]<=[2])),
      "增速加快",CALCULATE([0 公司数量],FILTER(b,[2]>d && [1]>d && [1]>[2])),
      "凸型变化",CALCULATE([0 公司数量],FILTER(b,[2]>d && [1]<-d)),
      "先降后稳",CALCULATE([0 公司数量],FILTER(b,[2]<-d && abs([1])<=d && not ISBLANK([1]))),
      "降速放缓",CALCULATE([0 公司数量],FILTER(b,[2]<-d && [1]<-d && [1]>=[2])),
      "降速加快",CALCULATE([0 公司数量],FILTER(b,[2]<-d && [1]<-d && [1]<[2])),
      "凹型变化",CALCULATE([0 公司数量],FILTER(b,[2]<-d && [1]>d)),
      "先稳后增",CALCULATE([0 公司数量],FILTER(b,abs([2])<=d && not ISBLANK([2]) && [1]>d)),
      "先稳后降",CALCULATE([0 公司数量],FILTER(b,abs([2])<=d && not ISBLANK([2]) && [1]<-d)),
      "稳定不变",CALCULATE([0 公司数量],FILTER(b,abs([2])<=d && not ISBLANK([2]) && abs([1])<=d && not ISBLANK([1]))),

[0 公司数量])

return　e

（8）卡片用公司数量

表达式如下：

卡片用公司数量 =

if（

　　ISFILTERED（'近两年变动'[变动状态]），

　　　[近两年趋势所选公司（数量）]，

　　if（

　　　　ISFILTERED（'近三年变动'[变动状态]），

　　　　　[近三年趋势对应公司（数量）]，

　　　　　[0 公司数量]

　　）

）

（9）公司名称圆环图两年

表达式如下：

公司名称圆环图两年 =

var a = VALUES（'财务指标'[指标名称]）& " 近两年趋势"

return　a

（10）公司名称圆环图三年

表达式如下：

公司名称圆环图三年 =

var a = VALUES（'财务指标'[指标名称]）& " 近三年趋势"

return　a

7.1.3.2　主要指标选项切片器

步骤1：插入一个"切片器"视觉对象，创建能够对总体情况进行切换的指标切片器，如图7-6所示。

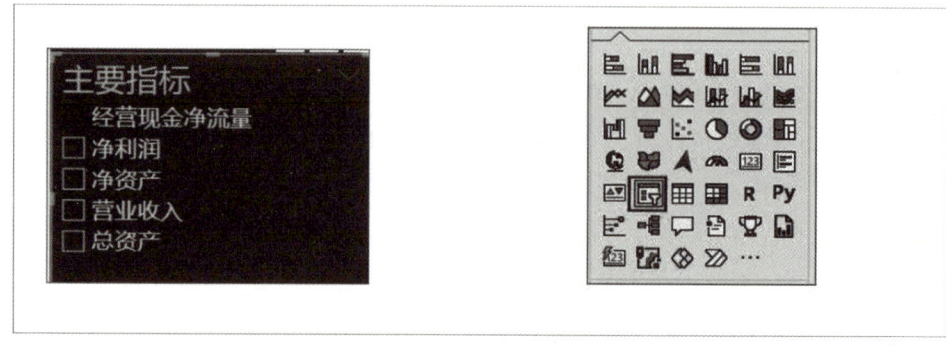

图7-6　指标切片器视图

步骤2：将财务指标中"主要指标"度量值放入字段中，并按图7-7进行主要指标切片器的格式设置。

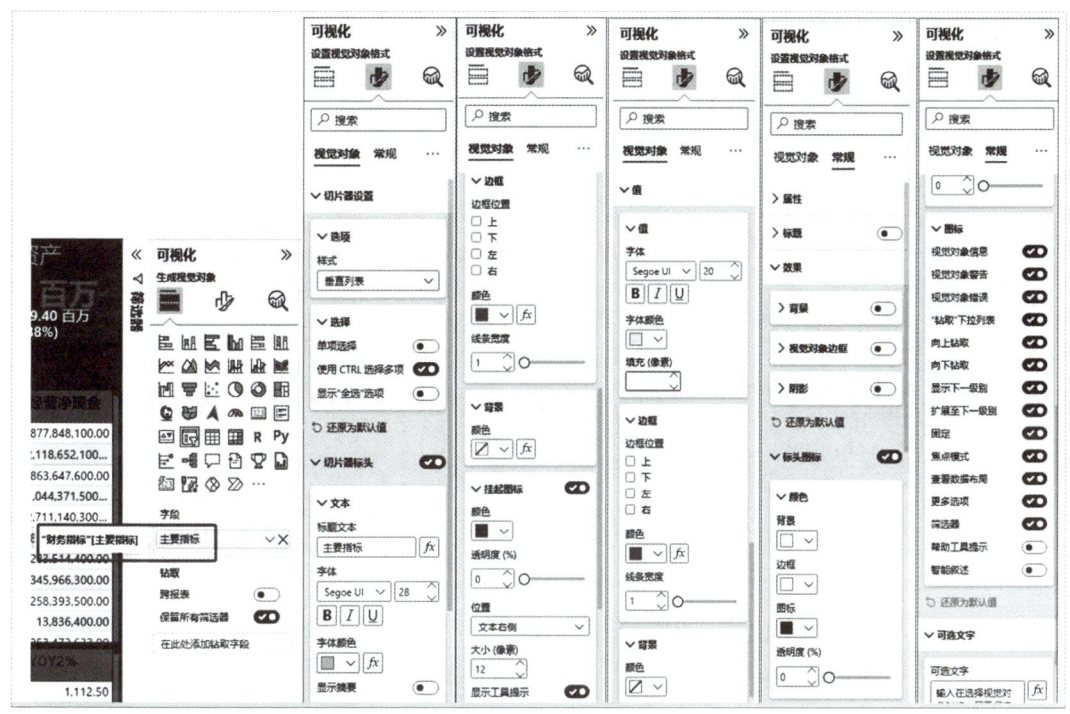

图7-7　设置主要指标切片器的格式

7.1.3.3　创建营业收入、净利润、资产总额、净资产 KPI 图

步骤1：插入一个"KPI"视觉对象，创建上市公司重要指标 KPI 图，并结合卡片图对所选公司数量做简单显示，如图7-8所示。

图7-8　营业收入、净利润、资产总额、净资产 KPI 图

步骤2：以营业收入为例，将企业战略总体情况度量值中"106卡片用营收"度量值放入值中，将时间表"年"字段放入走向轴，将"106卡片用营收同期"度量值放入目标，常规下设置标题为"营业收入"。其他 KPI 指标的度量值选取参照图7-9。按照图7-9进行其中一项的格式设置，并复制设置好的项目，改变选取的度量值即可完成所有 KPI 指标设置，如图7-10所示。

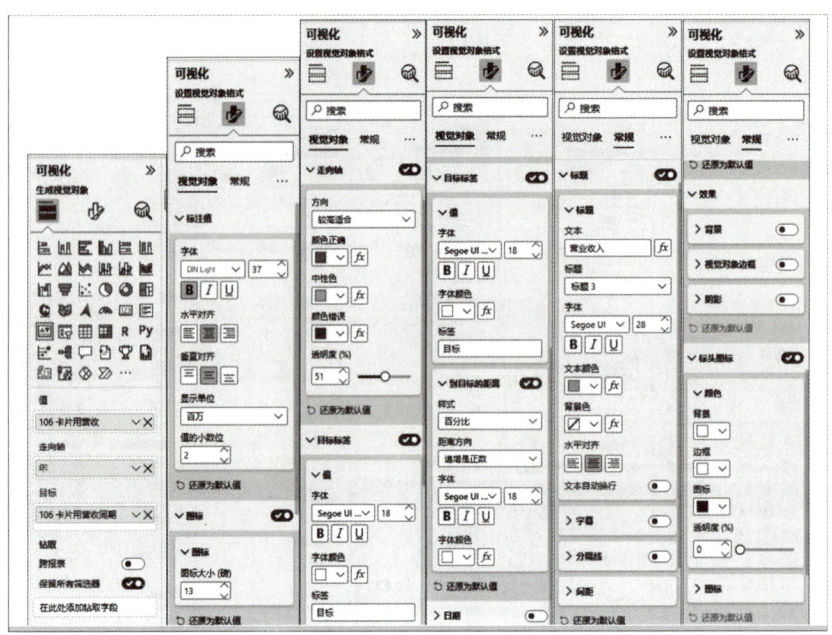

图 7-9　营业收入 KPI 指标设置

将企业战略总体情况度量值中"106 卡片用净利润"度量值放入值中，将时间表"年"字段放入走向轴，将"106 卡片用净利润同期"度量值放入目标，常规下设置标题为"净利润"。

将企业战略总体情况度量值中"106 卡片用净资产"度量值放入值中，将时间表"年"字段放入走向轴，将"106 卡片用净资产同期"度量值放入目标，常规下设置标题为"净资产"。

将企业战略总体情况度量值中"106 卡片用资产总额"度量值放入值中，将时间表"年"字段放入走向轴，将"106 卡片用资产总额同期"度量值放入目标，常规下设置标题为"资产总额"。

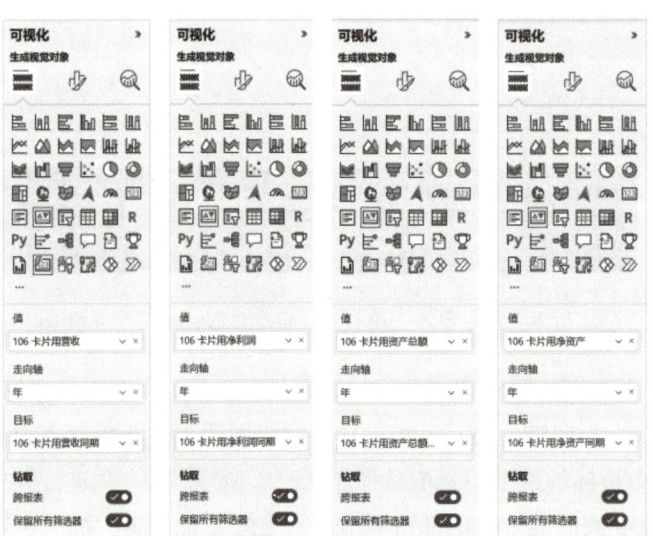

图 7-10　KPI 指标设置图例

7.1.3.4　创建总资产近两年和近三年变动趋势圆环图

步骤 1：插入一个"圆环图"视觉对象，创建能够对上市公司近两年和近三年变动趋势进行分类的圆环图，如图7-11所示。

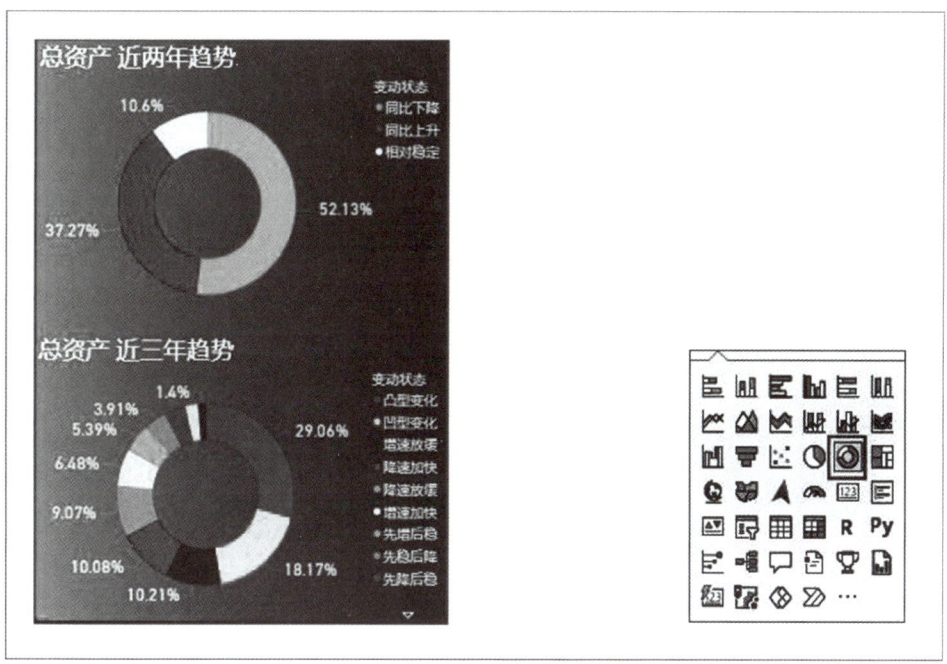

图7-11　上市公司近两年和近三年变动趋势圆环图

步骤2：如图7-12所示，在图例中分别放入近两年变动和近三年变动中"变动状态"度量值，并分别将企业战略总体情况度量值中"103 近两年变动 圆环图"和"104 近三年变动 圆环图"放入值中，完成两个圆环图的主要元素，并按照图7-13进行圆环图的格式设置。

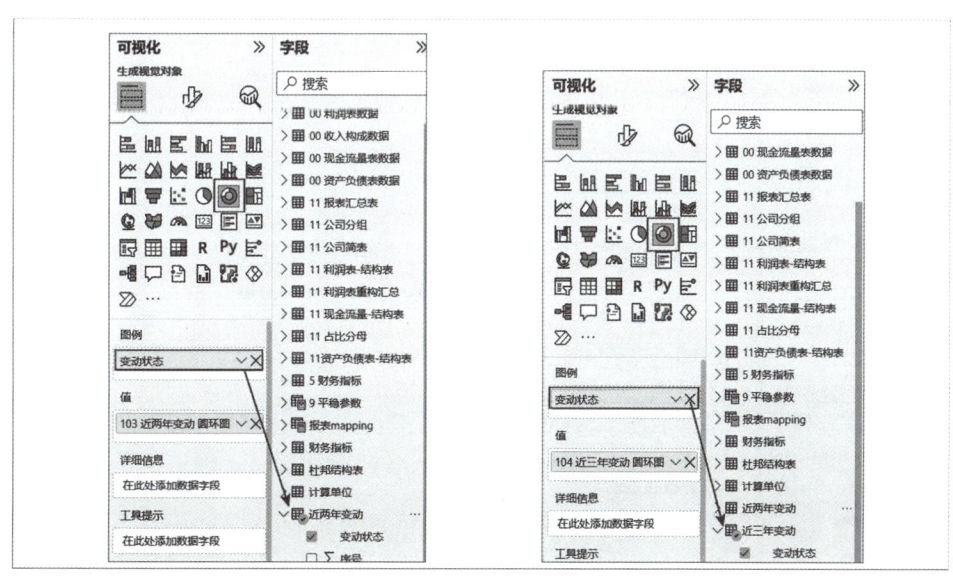

图7-12　完成圆环图主要元素

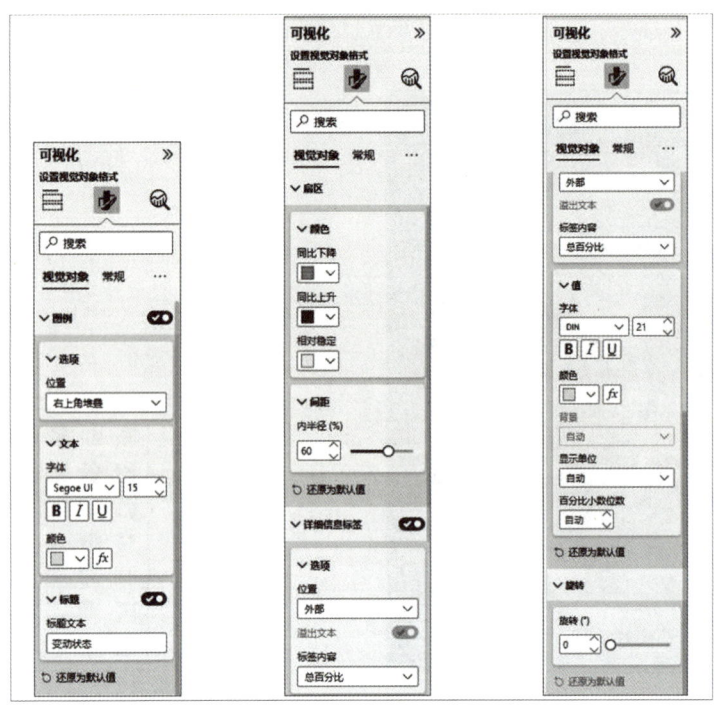

图 7 – 13　圆环图格式设置

步骤3：按照图7-14，完成两个圆环图的标题的修改。近两年变动状态圆环图对应"公司名称圆环图两年"，近三年变动状态圆环图对应"公司名称圆环图三年"。

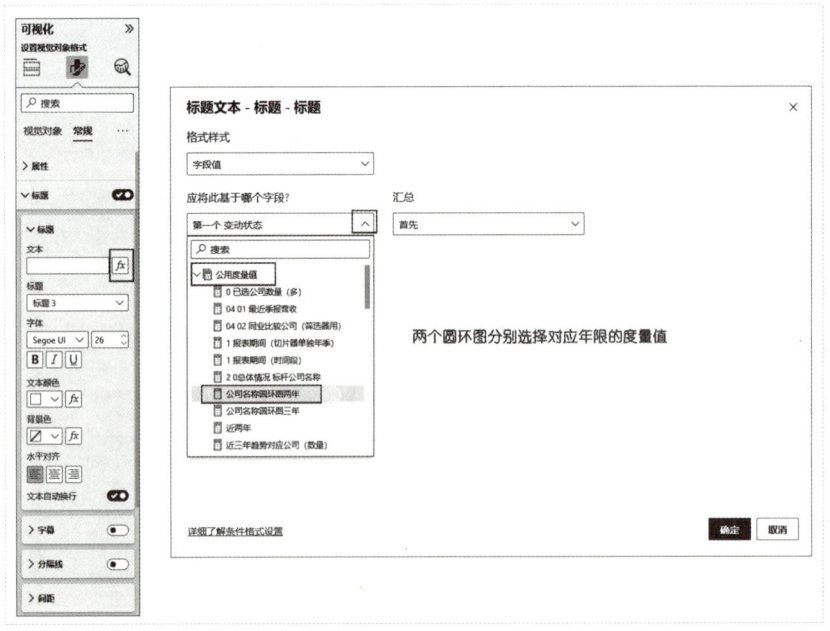

图 7 – 14　圆环图的标题修改操作

7.1.3.5　创建总资产近两年和近三年变动趋势明细表

步骤1：插入一个"表"视觉对象，创建上市公司近两年和近三年变动趋势明细表，如图7-15所示。

变动状态	公司名称	主要指标	YOY%	营业收入	净利润	资产合计	净资产	经营净现金
	工商银行	318,793,600.00	0.23	993,045,900.00	541,822,000.00			-877,848,100.00
	中国石油	-575,300.00	-2.72	2,094,335,700.00	477,357,500.00			-2,118,652,100...
	建设银行	120,119,000.00	1.32	840,807,000.00	473,119,200.00			-863,647,600.00
	农业银行	85,564,100.00	0.50	766,845,900.00	440,719,900.00			-1,044,371,500...
	中国石化	11,735,300.00	0.15	2,563,399,600.00	419,220,100.00			-2,711,140,300...
	中国银行	158,773,900.00	0.58	704,916,400.00	357,940,300.00			-873,578,200.00
	招商银行	58,003,200.00	0.39	260,380,200.00	152,570,300.00			-283,514,400.00
	交通银行	65,746,100.00	0.38	327,823,700.00	149,018,500.00			-345,966,300.00
	中信银行	88,858,400.00	0.06	223,578,400.00	113,467,500.00			-258,393,500.00
	中国平安	25,892,200.00	0.24	582,841,800.00	112,608,000.00			13,836,400.00

变动状态	公司名称	主要指标	上一年	YOY1%	上二年	YOY2%
凹型变化	宜华健康	-3,053.00	4,446.00	-1.69	-4.00	1,112.50
降速放缓	宜华健康	-3,053.00	4,446.00	-1.69	-4.00	1,112.50
降速加快	宜华健康	-3,053.00	4,446.00	-1.69	-4.00	1,112.50
凸型变化	宜华健康	-3,053.00	4,446.00	-1.69	-4.00	1,112.50
稳定不变	宜华健康	-3,053.00	4,446.00	-1.69	-4.00	1,112.50
先降后稳	宜华健康	-3,053.00	4,446.00	-1.69	-4.00	1,112.50
先稳后降	宜华健康	-3,053.00	4,446.00	-1.69	-4.00	1,112.50
先稳后增	宜华健康	-3,053.00	4,446.00	-1.69	-4.00	1,112.50
先增后稳	宜华健康	-3,053.00	4,446.00	-1.69	-4.00	1,112.50
增速放缓	宜华健康	-3,053.00	4,446.00	-1.69	-4.00	1,112.50

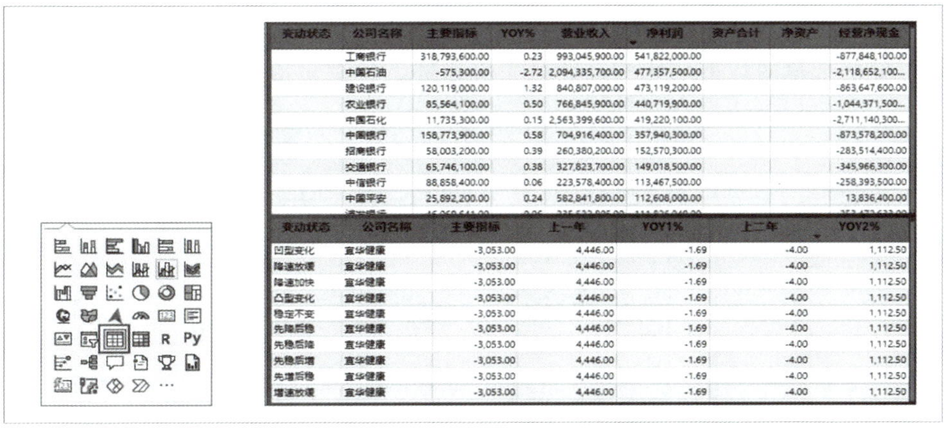

图 7－15　上市公司近两年和近三年变动趋势明细页面

步骤 2：

（1）创建总资产近两年趋势明细表

分别将近两年变动中“变动状态”、公司简表中“公司名称”、企业战略总体情况度量值中“101 主要指标”（重命名：主要指标）、企业战略总体情况度量值中“102 主要指标同期增幅”（重命名：YOY%）、综合分析度量值中“2－1 营业总收入”（重命名：营业收入）、综合分析度量值中“2－9 净利润”（重命名：净利润）、综合分析度量值中“1－1 资产合计”（重命名：资产总额）、重构资产负债表度量值中“416 所有者权益”（重命名：净资产）、现金流量表度量值中“03 031 经营活动净现金”（重命名：经营净现金）字段和度量值放入列中（见图 7－16）。

（2）创建总资产近三年趋势明细表

分别将近三年变动中“变动状态”、公司简表中“公司名称”、财务指标中“主要指标”、企业战略总体情况度量值中“105 上一年数”（重命名：上一年）、企业战略总体情况度量值中“105 上一年差异率”（重命名：YOY1%）、企业战略总体情况度量值中“105 上二年数”（重命名：上二年）、企业战略总体情况度量值中“105 上二年差异率”（重命名：YOY2%）字段和度量值放入列中（见图 7－16）。

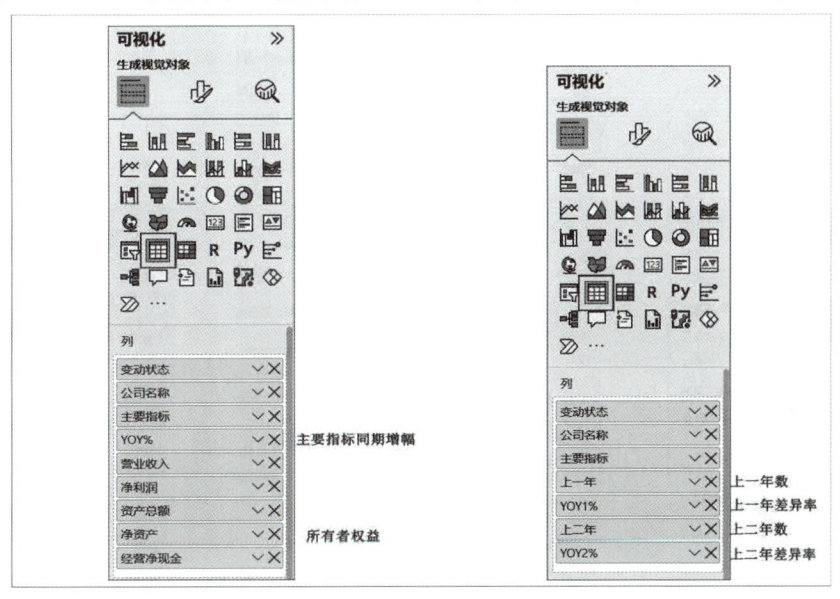

图 7－16　创建总资产趋势明细表

(3) 格式设置

变动状态分别选择对应的两年和三年, 主要指标选择度量值当中的, 如图 7-17、图 7-18 所示。

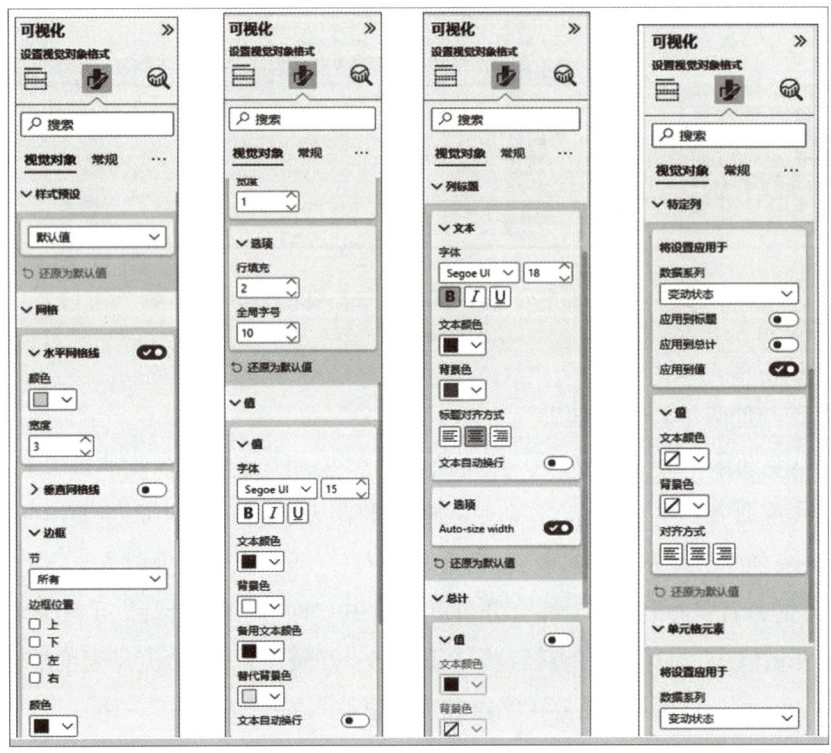

图 7-17　视觉对象格式设置 1

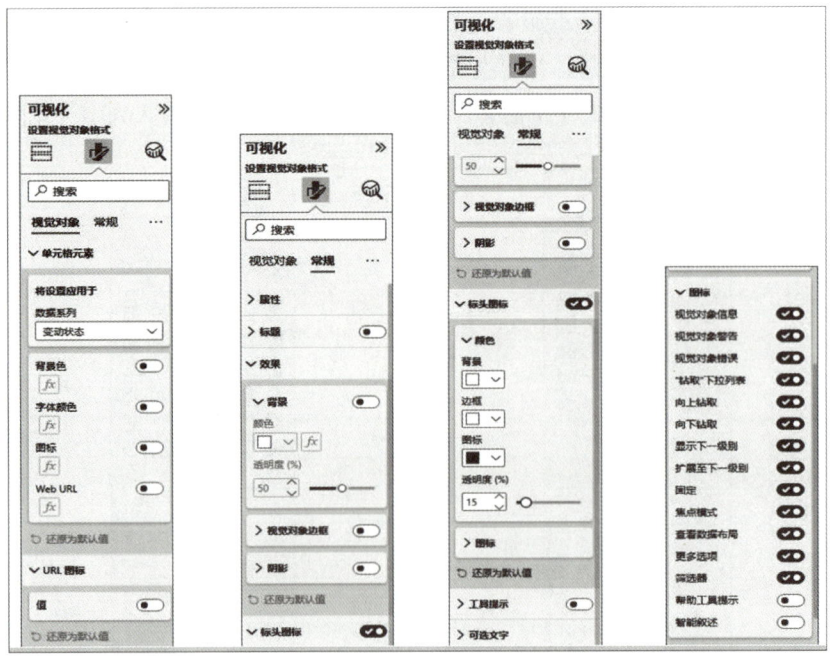

图 7-18　视觉对象格式设置 2

7.1.3.6 补充其他可视化对象

（1）创建卡片图

将公用度量值中"卡片用公司数量"放入字段中，其格式设置如图 7-19 所示。

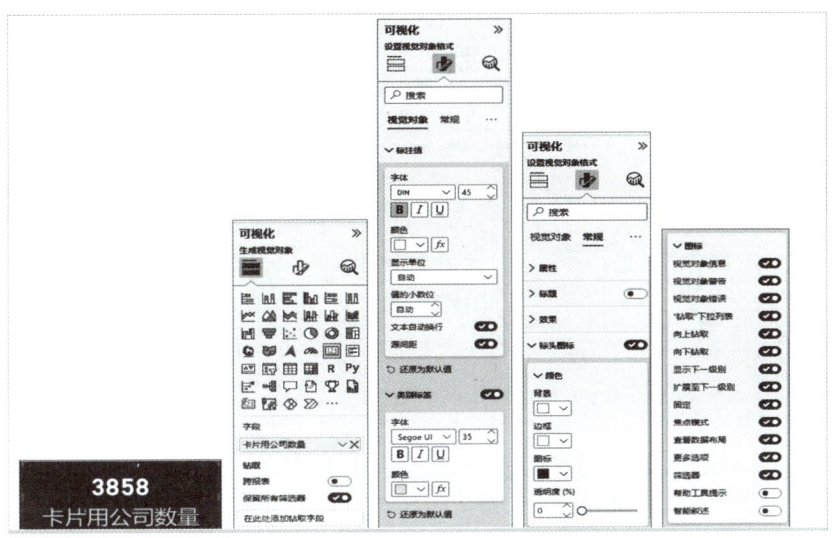

图 7-19　"卡片用公司数量"格式设置

将公用度量值中"20 总体情况 标杆公司名称"放入字段中，其格式设置如图 7-20 所示。

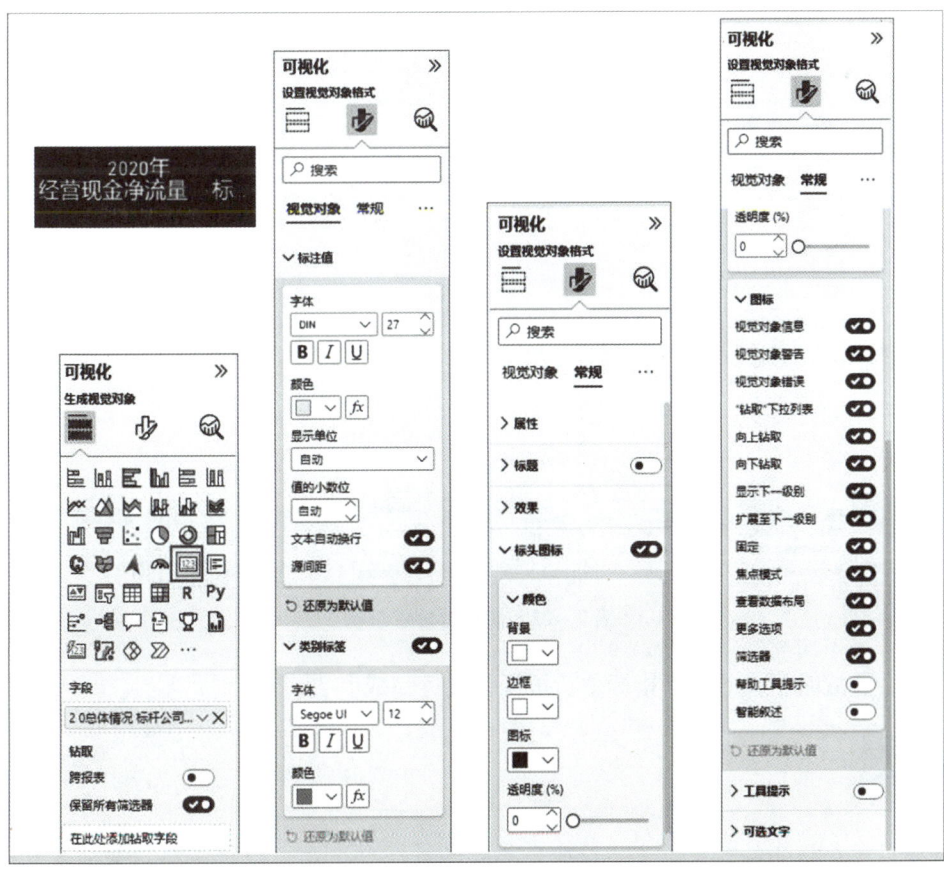

图 7-20　"20 总体情况 标杆公司名称"格式设置

(2) 创建切片器

创建多个切片器时,只需先设置一个切片器的参数,之后复制并更换引用的度量值,并更改名称即可(见图 7-21)。切片器字段分别是公司分组中的"地域""行业""概念""营收分类"。切片器设置示例如图 7-22 所示。

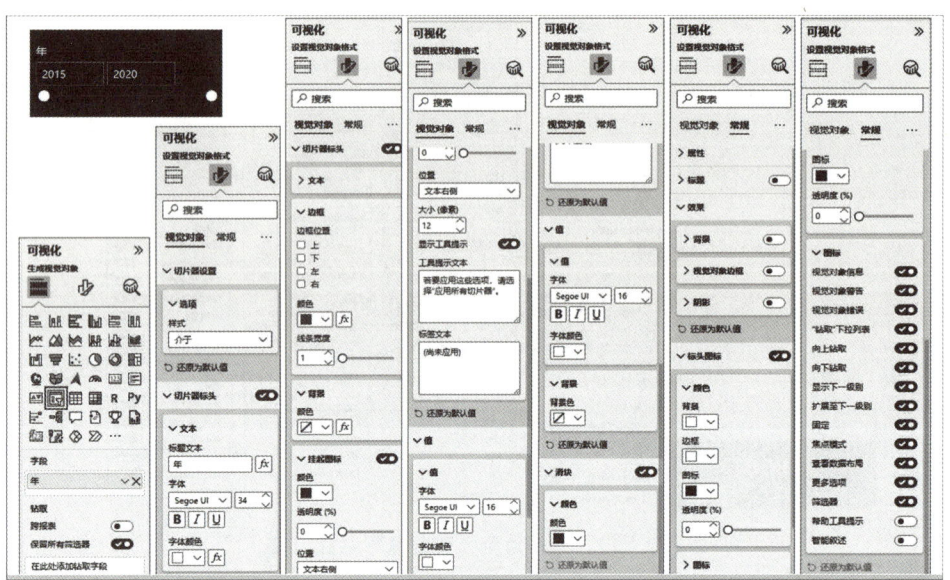

图 7-21 创建切片器

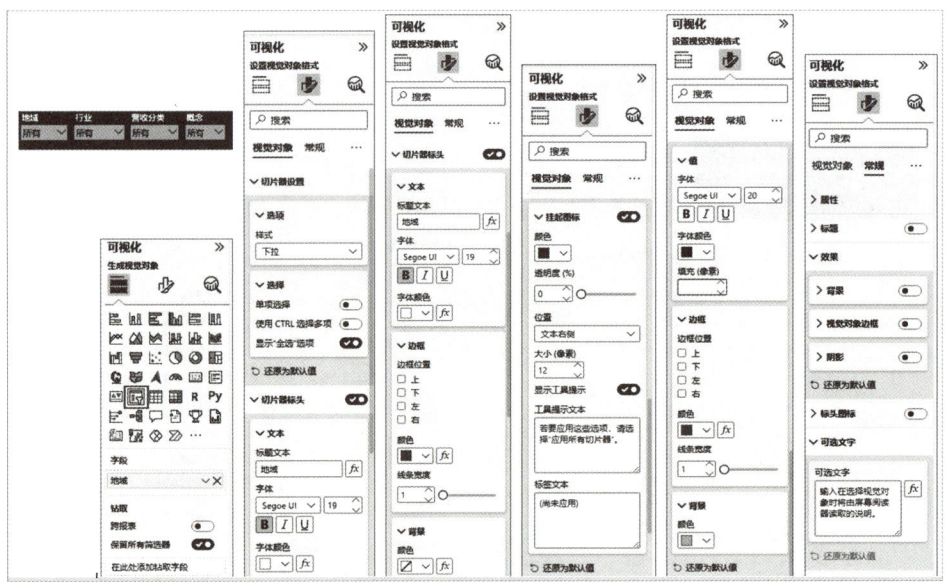

图 7-22 切片器设置示例

至此,与企业战略相关的财务指标分析可视化任务完成。

练一练

根据所提供的数据资料,完成该公司的企业战略情况仪表盘,分析该公司营业收入、净利润、资产总额和净资产等指标,以供管理层参考。

7.2 企业成长性与重要性指标分析

企业成长性与重要性指标分析是对企业的发展情况进行评估和分析的过程。通过对企业成长性和重要性指标进行分析，可以了解企业在市场中的位置和竞争力，为企业制定发展战略和决策提供依据。

7.2.1 知识准备

7.2.1.1 企业成长性与重要性的相关指标

企业成长性指标主要有净利润增长率、营业收入增长率、总资产增长率。这些指标可以反映企业在市场中的发展速度和规模扩张情况，是评估企业成长性的重要指标。

（1）净利润增长率

净利润增长率是指公司在一定时期内净利润相对于前一时期净利润的增长幅度。计算公式为：

净利润增长率 =（本期净利润 – 上期净利润）/上期净利润×100%

净利润增长率可以反映公司盈利能力的变化情况，是评估公司经营状况和发展潜力的重要指标之一。通常情况下，净利润增长率越高，说明公司盈利能力越强，发展前景越好；净利润增长率较低，则可能意味着公司面临盈利下滑或经营困难的风险。因此，我们需要通过计算企业的净利润增长率来评估其投资价值和未来发展潜力。

（2）营业收入增长率

营业收入增长率是指公司在一定期间内营业收入的增长幅度。计算公式为：

营业收入增长率 =（本期营业收入 – 上期营业收入）/上期营业收入×100%

营业收入增长率可以反映公司业务的增长速度和发展趋势，是评估公司经营状况和财务健康状况的重要指标之一。通常情况下，可以通过计算公司的营业收入增长率评估公司的盈利能力和未来发展潜力。

（3）总资产增长率

总资产增长率是指企业在一定时期内总资产规模的增长速度。计算公式为：

总资产增长率 =（期末总资产 – 期初总资产）/期初总资产×100%

总资产增长率可以反映企业在一段时间内资产规模的增长情况，是评估企业经营状况和发展趋势的重要指标之一。通常情况下，总资产增长率高，说明企业的资产规模在增长，经营状况良好；反之，则说明企业资产规模在缩小，经营状况可能存在问题。

7.2.1.2 分析方法

企业成长性与重要性指标分析在分析会计报告的基础上，重点对会计报表进行比较，通过各种比较，揭示财务会计信息的差异及变化，找出需要进一步分析与说明的问题。比较的方法包括水平分析法、垂直分析法和趋势分析法。

（1）水平分析法

水平分析法是将反映企业报告期财务状况的信息（特别指会计报表信息）与反映企业前期或历

史某一时期财务状况的信息进行对比，研究企业各项经营业绩或财务状况的发展变动情况的一种财务分析方法。一般而言，运用水平分析法进行的对比，不仅仅是单指标对比，而是对反映某方面情况的报表信息进行全面、综合的对比，尤其在会计报表分析中应用较多。因此，水平分析法通常也称为会计报表分析法。水平分析法的基本要点是，将报表资料中不同时期的同项数据进行对比。

应当指出，水平分析法通过将企业报告期的财务会计资料与前期对比，揭示各方面存在的问题，为全面深入分析企业财务状况奠定了基础，因此可以说，水平分析法是会计分析的基本方法。另外，水平分析法可用于一些可比性较高的同类企业之间的对比分析，以找出企业间存在的差距。但是，若将水平分析法应用在不同企业中，一定要注意其可比性问题，即使在同一企业应用，对于存在差异的评价也应考虑其对比基础。而且，在水平分析中，应将两种对比方式结合运用，仅用变动量或仅用变动率都可能得出片面的甚至是错误的结论。

（2）垂直分析法

垂直分析与水平分析不同，它的基本点不是将企业报告期的分析数据直接与基期进行对比求出增减变动量和增减变动率，而是通过计算报表中各项目占总体的比重或结构，反映报表中项目与总体关系情况及其变动情况。会计报表经过垂直分析法处理后，通常称为同度量报表或总体结构报表、共同比报表等。例如，同度量资产负债表、同度量利润表、同度量成本表等，都是应用垂直分析法得到的。垂直分析法的一般步骤为：

第一步，确定报表中各项目占总额的比重或百分比。

第二步，通过各项目的比重，分析各项目在企业经营中的重要性。一般情况下，项目比重越大，说明其重要程度越高，对总体的影响越大。

第三步，将分析期各项目比重与前期同项目比重进行对比，研究各项目的比重变动情况。或者将本企业报告期项目比重与同类企业的可比项目比重进行对比，研究本企业与同类企业的不同，以及取得的成绩和存在的问题。

（3）趋势分析法

趋势分析法是根据企业连续几年或几个时期的分析资料，计算指数或完成率，确定分析期各有关项目的变动情况和趋势的一种财务分析方法。趋势分析法既可用于对会计报表的整体分析，研究一定时期报表各项目的变动趋势，也可对某些主要指标的发展趋势进行分析。趋势分析法的一般步骤为：

第一步，计算趋势比率或指数。通常，指数分为两种：一是定基指数；二是环比指数。定基指数是指各个时期的指数都是以某一固定时期为基期来计算的；环比指数则是指各个时期的指数都是以前一期为基期来计算的。趋势分析法通常采用定基指数。

第二步，根据指数计算结果，评价与判断企业各项指标的变动趋势及其合理性。

第三步，预测未来的发展趋势。根据企业以前各期的变动情况，研究其变动趋势或规律，从而预测企业未来发展变动情况。

7.2.2 任务目标

（1）掌握比较会计报表方法的思路。

（2）掌握水平分析法的指标拆解思路与可视化页面创建。

（3）掌握垂直分析法的指标拆解思路与可视化页面创建。

（4）掌握趋势分析法的指标拆解思路与可视化页面创建。

（5）能够结合各类比较方法，揭示出财务会计信息的差异及变化，找出需要进一步分析与说明的问题。

7.2.3 任务要求

本项目需利用 Power BI 的可视化分析功能，结合会计报表的比较结论，揭示财务会计信息的差异及变化，找出需要进一步分析与说明的问题。比较的方法包括水平分析法、垂直分析法和趋势分析法。

能够通过对企业、报表日期、行业、地域、概念、营收分类、占比重要性、主要指标及金额单位（元、万元、百万、亿元）进行切换，实现企业成长性与重要性指标分析的报表数据呈现。

主要指标分析需包含以下要素：

（1）总资产主要指标趋势；

（2）总资产主要指标同比增幅；

（3）营业收入、利润展示等。

成长性分析需包含以下要素：

（1）营业收入、毛利率发展趋势；

（2）收入分类占比；

（3）净利润、毛利率同业走势。

成长性同业分析需包含以下要素：

（1）同行业营业收入、净利润、毛利率历年趋势；

（2）同行业收入分类最大占比分析与呈现。

重要性分析需包含以下要素：

（1）设置占比重要性参数；

（2）设置重要项目筛选；

（3）对重要项目进行占比分析；

（4）对重要项目同笔变动浮动进行分析。

7.2.4 任务实现

打开教材案例数据 7.2 企业成长性与重要性指标分析初始化文件：

对财务报表经过综合分析后，要想进一步了解企业的发展方向，需要结合已有财务指标与财务分析模型从各个角度进行更深入的专题分析。

任务一：可视化主要指标水平分析

基于之前课程中关于同行业上市公司的总体情况对比，我们运用水平分析法进一步创建主要指标的分析页面，详细分析拟选定对象公司重点指标的历年趋势及同比变动情况。

结合图 7-23 来看，可通过增设切片器选择按单一公司查询，也可选择多家公司查看汇总结果，如未选或全选，则为全部分类公司。除"选择日期"来确定报表区间外，"主要指标"切片器的设计可任意选择一个或多个指标同时比较。而表格数据的设置会显示全部指标历年趋势及同比变动情况，方便对具体数据进行清晰掌握。顶部筛选器以及日期筛选器设计与其他页面保持一致，在此不做过多陈述。

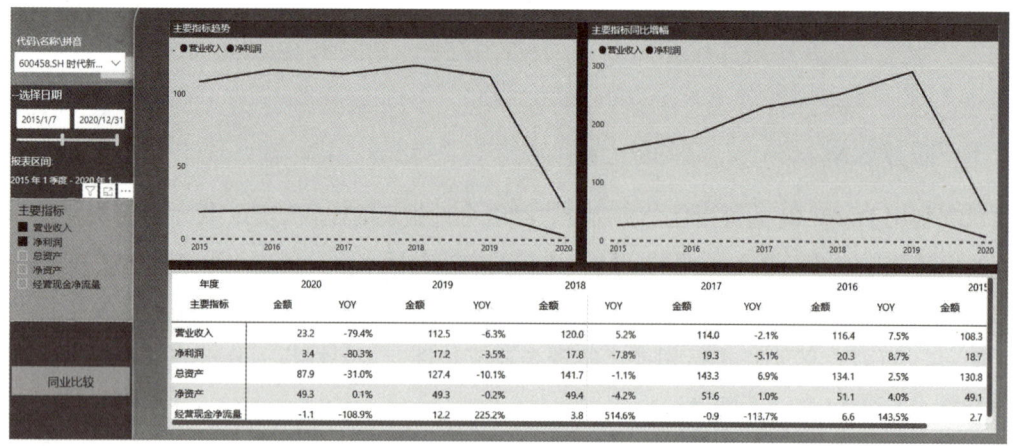

图 7-23　重点指标的历年趋势及同比变动情况

1）编写度量值

编写步骤：输入数据，建立新表，命名为"主要指标度量值"，并在表中新建以下度量值。

（1）主要指标

表达式如下：

01 主要指标 =

SWITCH（SELECTEDVALUE（'5 财务指标'［主要指标］），

　　　　"营业收入"，　　　　［02 01 营业总收入］，

　　　　"净利润"，　　　　　［02 09 净利润］，

　　　　"总资产"，　　　　　［01 01 资产合计］，

　　　　"净资产"，　　　　　［01 03 所有者权益］，

　　　　"经营现金净流量"，［03 031 经营活动净现金］

）

（2）主要指标 同类标杆

表达式如下：

03 主要指标 同类标杆 =

// 可能会出现公司与分类不一致的情况，如不在该分类中，就不计算

var a = COUNTROWS（'02 公司简表'）＞＝1

var b = if（a，

　　　　CALCULATE（MAXX（VALUES（'02 公司简表'［公司名称］），［01 主要指标］），

　　　　　　all（'02 公司简表'［代码\名称\拼音］），all（'02 公司简表'［最近季营收序］））

　　　　）

var c = CALCULATE（MAXX（values（'02 公司简表'［公司名称］），［01 主要指标］），

all（'02 公司简表'［代码＼名称＼拼音］），all（'02 公司简表'［最近季营收序］））

return b

（3）主要指标 同类增幅

表达式如下：

02 主要指标 同类增幅 =

var c1 =［01 主要指标］

var c2 = CALCULATE（［01 主要指标］，DATEADD（'01 时间表'［Date］，-1，YEAR））

var c = if（not ISBLANK（c1）&& not ISBLANK（c2），

　　　　　if（c2 = 0，

　　　　　　　if（c1 > 0，1，if（c1 = 0，0，-1）），

　　　　　　　if（c2 > 0，divide（c1 - c2，c2），1 - DIVIDE（c1，c2））））

return c

（4）主要指标 同类均值

表达式如下：

04 主要指标 同类均值 =

// 可能会出现公司与分类不一致的情况，如不在该分类中，就不计算

var a = COUNTROWS（'02 公司简表'）>= 1

var b = if（a，

　　　　CALCULATE（AVERAGEX（VALUES（'02 公司简表'［公司名称］），［01 主要指标］），

　　　　all（'02 公司简表'［代码＼名称＼拼音］），all（'02 公司简表'［最近季营收序］））
　　　　）

//注意此时，指标都是绝对数，可以简单平均。如属毛利率类指标，选择多家公司简单平均并不合适

return b

（5）经营与风险 图

表达式如下：

2 经营与风险 图 =

var a =［02 01 营业总收入］

var b =［02 08 税后利息支出］

var c =［02 09 净利润］

var d =［01 52 资产净额］

```
var e = [02 03 营业成本]
var g = [01 22 所有者权益]
var h = [03 031 经营活动净现金]
var i = [02 08 税后经营利润]
var j = [01 01 资产合计]
var l = [02 031 利息支出]
var m = [02 04 销售费用]
var n = [02 04 管理费用]
var o = [02 04 研发费用]
var p = [01 131 营运资本]
var q = [02 06 营业外收入] - [02 06 营业外支出]
var r = [02 032 长期股权投资利润]
var s = [01 21 金融负债] - [01 11 金融资产]
var t = [02 07 利润总额]
var u = [01 41 长期资产]
var v = [01 42 长期资本（长期融资）]
var w = [02 08 税后金融利润]
var x = [03 033 筹资活动净现金]
var y = [03 032 投资活动净现金]
var z = CALCULATE（[03 00 现金流量小计],'3 现金流量表-辅助表'[项目名称] =" 分配股利、利润或偿付利息所支付的现金"）
var k = SELECTEDVALUE（'5 财务指标'[指标名称]）

var a1 = SWITCH（k,
                " 营业收入", a,
                " 净利润", c,
                " 净利润率", DIVIDE（c, a）,
                " 总资产", j,
                " 资产周转率", DIVIDE（a, j）,
                " 总资产回报率 ROA", DIVIDE（c, j）,
                " 股东权益", g,
                " 财务杠杆", DIVIDE（j, g）,
                " 股权回报率 ROE", DIVIDE（c, g）
                ）
var a2 = SWITCH（k,
                " 营业收入", a,
                " 营业成本", e,
```

```
              "毛利", a-e,
              "毛利率", 1-DIVIDE (e, a),
              "综合费用", (a-e) -i,
              "综合费用率", DIVIDE ( (a-e) -i, a),
              "税后经营利润", i,
              "税后经营利润率", DIVIDE (i, a),
              "税后金融利润", w,
              "税后金融利润率", DIVIDE (w, a),
              "长期投资利润", r,
              "长期投资利润率", DIVIDE (r, a),
              "实际利息支出", l,
              "税盾", l-b,
              "税后利息支出", b,
              "净利润", c,
              "净利润率", DIVIDE (c, a)
              )
var a3 = SWITCH (k,
              "营业收入", a,
              "销售费用", m,
              "销售费用率", DIVIDE (m, a),
              "管理费用", n,
              "管理费用率", DIVIDE (n, a),
              "研发费用", o,
              "研发费用率", DIVIDE (o, a),
              "营业外收支", q,
              "其他收益变动", t-w-r+l-m-n-o+q,
              "其他收益变动率", DIVIDE (t-w-r+l-m-n-o+q, a)
              )

var a4 = SWITCH (k,
              "营运资本周转率", DIVIDE (a, p),
              "长期资产周转率", DIVIDE (a, u),
              "固定资产周转率", DIVIDE (a, [01 10 固定资产]),
              "存货周转率", divide (e, [01 10 存货]),
              "应收账款周转率", DIVIDE (a, [01 10 应收账款]),
              "应付账款周转率", DIVIDE (e, [01 10 应付账款])
              )
```

```
var a5 = SWITCH (k,
                "营业收入", a,
                "税后净利息费用", b,
                "净利润", c,
                "息前税后净利润", c－b,
                "息前税后净利润率", DIVIDE (c－b, a),
                "资本净额", d,
                "资本净额周转率", DIVIDE (a, d),
                "息前税后资本回报率", DIVIDE (c－b, d),
                "净负债", s,
                "利差", DIVIDE (c－b, d) －DIVIDE (b, s),
                "净财务杠杆", DIVIDE (s, g),
                "财务杠杆利得", DIVIDE (c, g) －DIVIDE (c－b, d),
                "股权回报率", DIVIDE (c, g)
                )
var a6 = SWITCH (k,
                "营业收入", a,
                "经营现金净流量", h,
                "净利润", c,
                "营业收入现金含量水平", DIVIDE (h, a),
                "净利润质量", DIVIDE (h, c),
                "现金流充裕水平", DIVIDE (h, －x－y),
                "购建固定资产现金流出", －y,
                "支付股利现金流出", z,
                "偿还借款现金流出", －x－z
                )
var a7 = SWITCH (k,
                "长期资本（长期融资）", v,
                "长期资产", u,
                "长期资本余缺", v－u,
                "营运资本", p,
                "易变现率", DIVIDE (v－u, p),
                "流动比率", [06 偿债能力 流动比率],
                "资产负债率", DIVIDE (j－g, j),
                "利息保障倍数", DIVIDE (t+l, l),
                "现金流量利息保障倍数", DIVIDE (h, l),
                "现金流量债务比", DIVIDE (h, j－g)
```

```
        )
var a8 = SWITCH (SELECTEDVALUE ('5 财务指标'[指标类别]),
            "1.盈利性分析-ROE", a1,
            "2.净利润率分析", a2,
            "3.综合费用分析", a3,
            "4.资产周转率分析", a4,
            "5.ROE 拆解二", a5,
            "6.盈利质量分析", a6,
            "7.偿债能力分析", a7
            )
return a8


/*
var a8 =    CALCULATE (a1,'5 财务指标'[指标类别] = "1.盈利性分析-ROE")
          + CALCULATE (a2,'5 财务指标'[指标类别] = "2.净利润率分析")
          + CALCULATE (a3, ('5 财务指标'[指标类别]) = "3.综合费用分析")
          + CALCULATE (a4, ('5 财务指标'[指标类别]) = "4.资产周转率分析")
          + CALCULATE (a5, ('5 财务指标'[指标类别]) = "5.ROE 拆解二")
          + CALCULATE (a6, ('5 财务指标'[指标类别]) = "6.盈利质量分析")
          + CALCULATE (a7, ('5 财务指标'[指标类别]) = "7.偿债能力分析")
return a8
*/


/*
var a8 = SWITCH (SELECTEDVALUE ('5 财务指标'[分析内容]),
            "经营效益与效率", SWITCH (SELECTEDVALUE ('5 财务指标'[指标类别]),
                "1.盈利性分析-ROE", a1,
                "2.净利润率分析", a2,
                "3.综合费用分析", a3,
                "4.资产周转率分析", a4,
                "5.ROE 拆解二", a5),
            "经营质量与风险", SWITCH (SELECTEDVALUE ('5 财务指标'[指标类别]),
                "6.盈利质量分析", a6,
                "7.偿债能力分析", a7)
            )
```

return a8

*/

/* var a1 = SWITCH (k,

" 营业收入", a,

" 净利润", c,

" 净利润率", DIVIDE (c, a),

" 总资产", j,

" 资产周转率", DIVIDE (a, j),

" 总资产回报率 ROA", DIVIDE (c, j),

" 股东权益", g,

" 财务杠杆", DIVIDE (j, g),

" 股权回报率 ROE", DIVIDE (c, g),

" 营业成本", e,

" 毛利", a-e,

" 毛利率", 1-DIVIDE (e, a),

" 综合费用", (a-e) -i,

" 综合费用率", DIVIDE ((a-e) -i, a),

" 税后经营利润", i,

" 税后经营利润率", DIVIDE (i, a),

" 税后金融利润", w,

" 税后金融利润率", DIVIDE (w, a),

" 长期投资利润", r,

" 长期投资利润率", DIVIDE (r, a),

" 实际利息支出", l,

" 税盾", l-b,

" 税后利息支出", b,

" 销售费用", m,

" 销售费用率", DIVIDE (m, a),

" 管理费用", n,

" 管理费用率", DIVIDE (n, a),

" 研发费用", o,

" 研发费用率", DIVIDE (o, a),

" 营业外收支", q,

" 其他收益变动", t-w-r+l-m-n-

$$o + q,$$
"其他收益变动率", DIVIDE (t − w − r + l − m −
$$n − o + q,\ a),$$

"营运资本周转率", DIVIDE (a, p),
"长期资产周转率", DIVIDE (a, u),
"固定资产周转率", DIVIDE (a, [01 10 固定资产]),
"存货周转率", divide (e, [01 10 存货]),
"应收账款周转率", DIVIDE (a, [01 10 应收账款]),
"应付账款周转率", DIVIDE (e, [01 10 应付账款]),

"息前税后净利润", c − b,
"息前税后净利润率", DIVIDE (c − b, a),
"资本净额", d,
"资本净额周转率", DIVIDE (a, d),
"息前税后资本回报率", DIVIDE (c − b, d),
"净负债", s,
"利差", DIVIDE (c − b, d) − DIVIDE (b, s),
"净财务杠杆", DIVIDE (s, g),
"财务杠杆利得", DIVIDE (c, g) − DIVIDE (c − b, d),

"经营现金净流量", h,
"营业收入现金含量水平", DIVIDE (h, a),
"净利润质量", DIVIDE (h, c),
"现金流充裕水平", DIVIDE (h, − x − y),
"购建固定资产现金流出", − y,
"支付股利现金流出", z,
"偿还借款现金流出", − x − z,

"长期资本（长期融资）", v,
"长期资产", u,
"长期资本余缺", v − u,
"营运资本", p,
"易变现率", DIVIDE (v − u, p),
"流动比率", [06 偿债能力 流动比率],
"资产负债率", DIVIDE (j − g, j),
"利息保障倍数", DIVIDE (t + l, l),

"现金流量利息保障倍数",DIVIDE（h,l），

"现金流量债务比",DIVIDE（h,j-g）

)

return a1

*/

2）创建主要指标切片器

步骤1：打开"主要指标"页面，插入一个"切片器"视觉对象，创建主要指标切片器，如图7-24所示。

图7-24　创建主要指标切片器

步骤2：将"5财务指标"表中的"主要指标"放入字段中，并按照图7-25、图7-26进行主要指标切片器的格式设置。

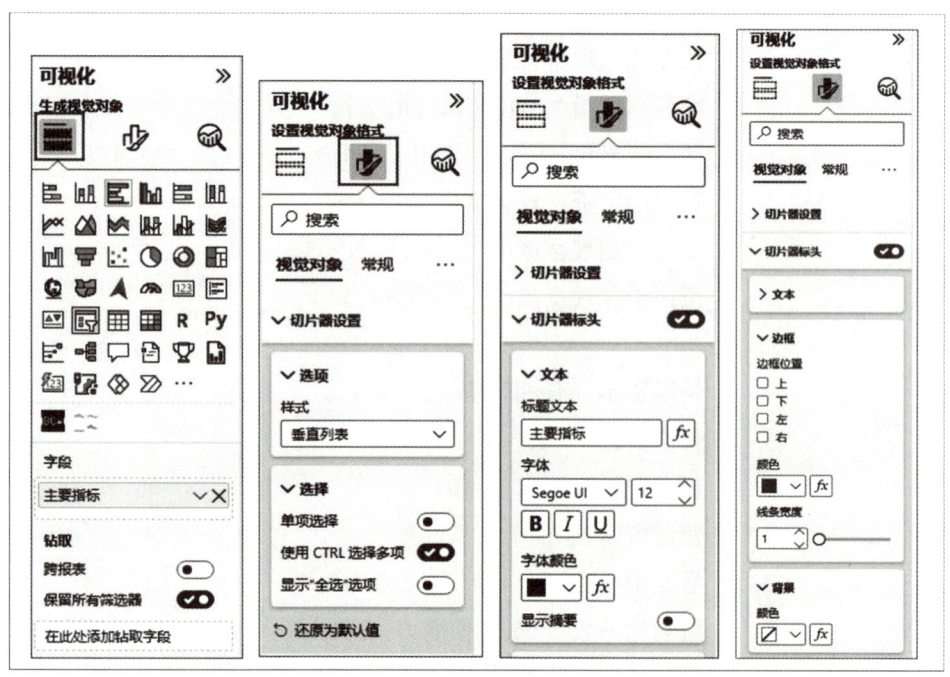

图7-25　主要指标切片器的格式设置1

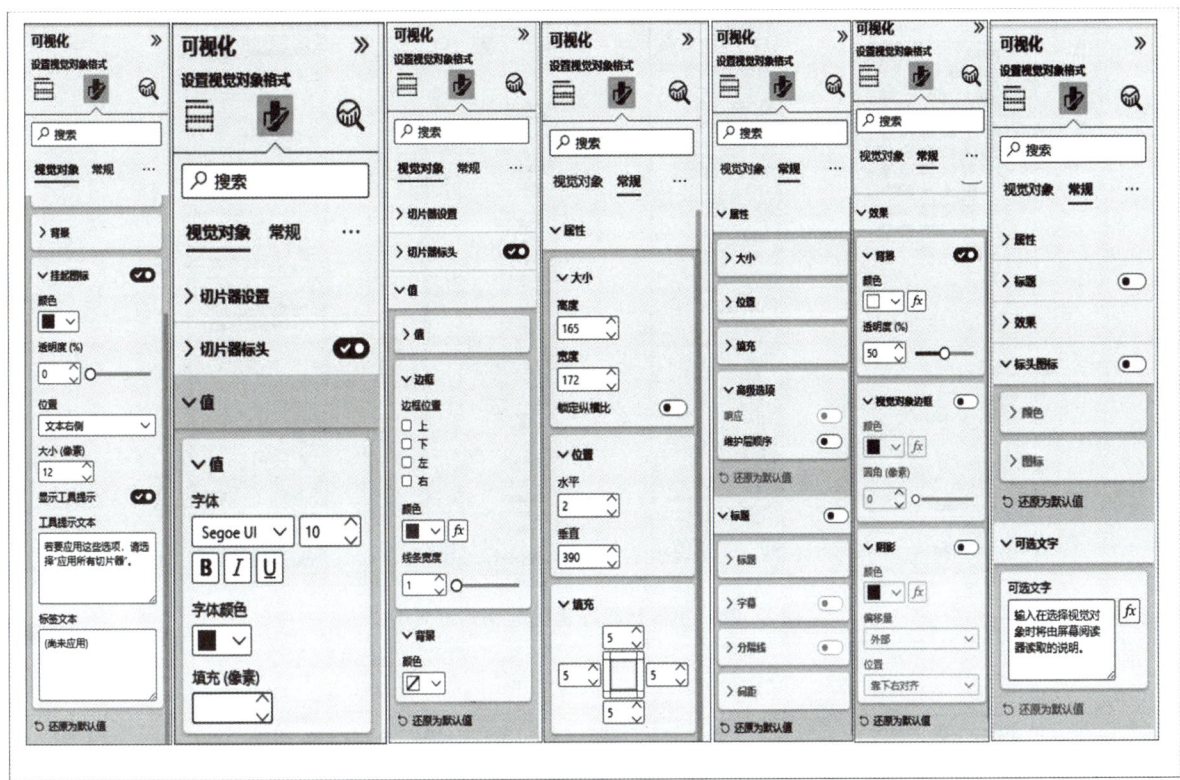

图 7－26　主要指标切片器的格式设置 2

3）创建主要指标趋势和营运周期相关指标趋势图

步骤 1：插入一个"折线图"视觉对象，创建能够反映主要指标趋势和营运周期相关指标变化的趋势图，如图 7－27 所示。

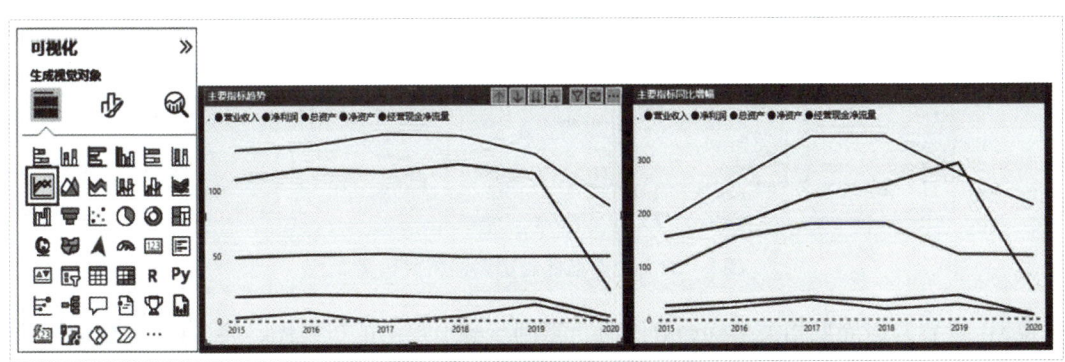

图 7－27　主要指标趋势和营运周期相关指标趋势图

步骤 2：在主要指标趋势图中，将时间表中"年"放入 X 轴、主要指标度量值中的"01 主要指标"度量值放入 Y 轴、"5 财务指标"中的"主要指标"作为图例，并按照图 7－28、图 7－29 进行主要指标趋势图的格式设置。

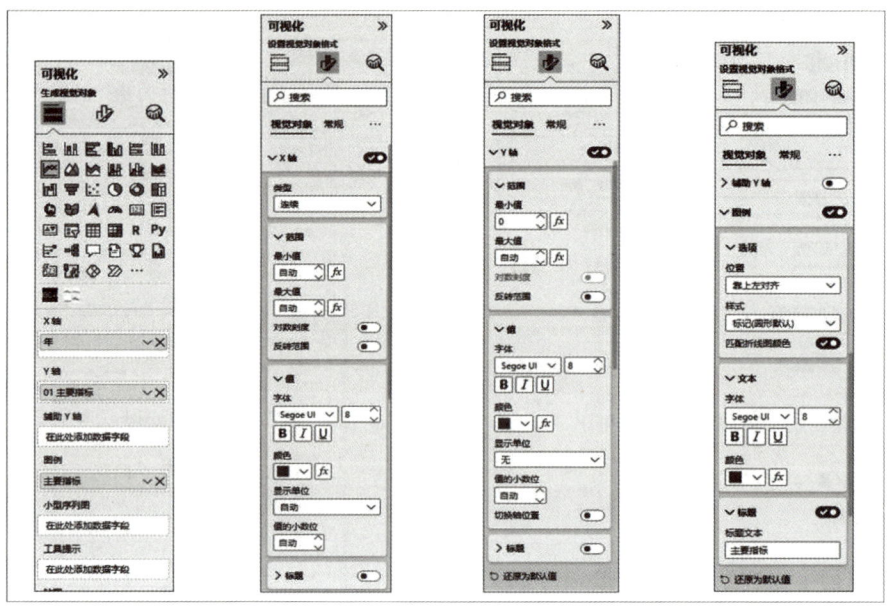

图 7-28 主要指标趋势图的格式设置 1

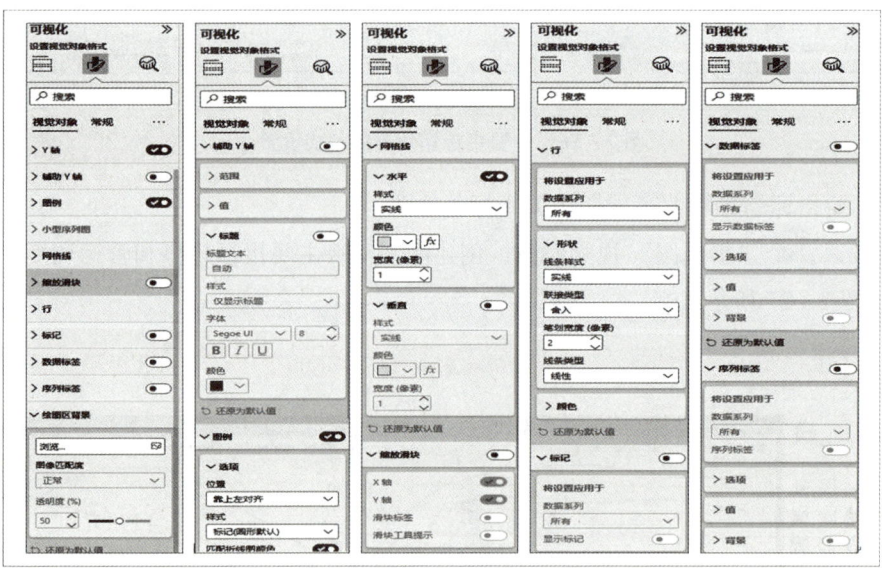

图 7-29 主要指标趋势图的格式设置 2

步骤 3：设置营运周期相关指标趋势图时，复制步骤 1 得出的折线图，将"03 主要指标 同类标杆"度量值替换入 Y 轴即可。

4）创建主要指标历年数据信息表

步骤 1：插入一个"矩阵"视觉对象，创建能够反映主要指标的具体数据明细表，如图 7-30 所示。

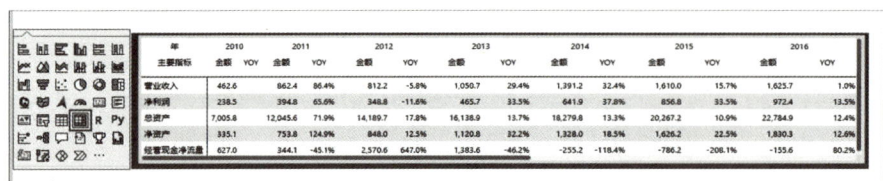

图 7-30 主要指标的具体数据明细页面

步骤2：在数据明细表中，以5财务指标中的"主要指标"为行，时间表"年"为列，将主要指标度量值"01 主要指标"，修改为"金额"，"02 主要指标同期增幅"修改为"YOY"，作为值并按图7-31至图7-33进行主要指标明细表的格式设置。

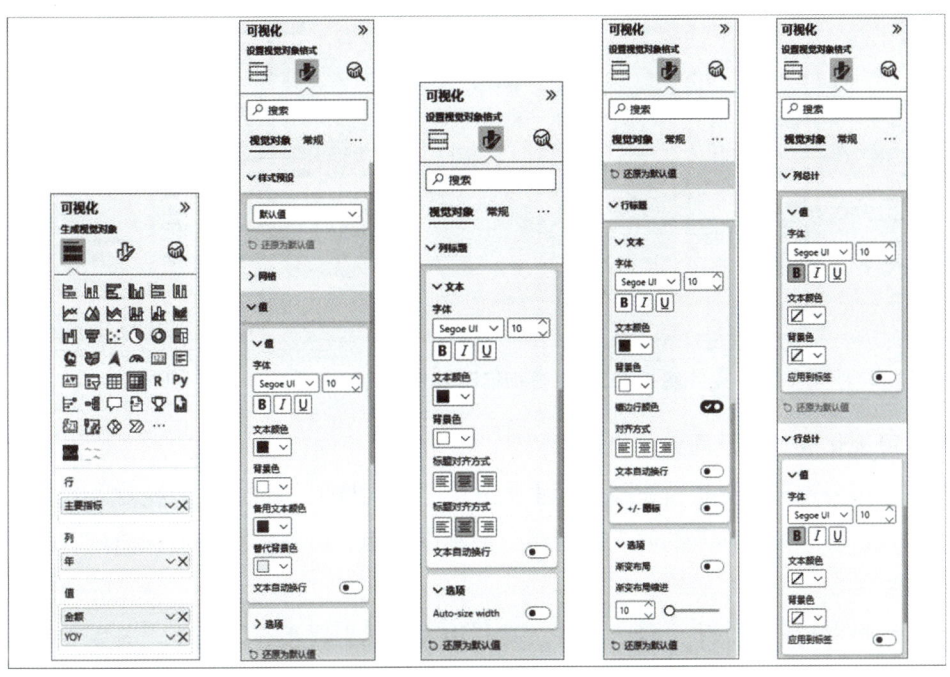

图7-31 主要指标明细表的格式设置1

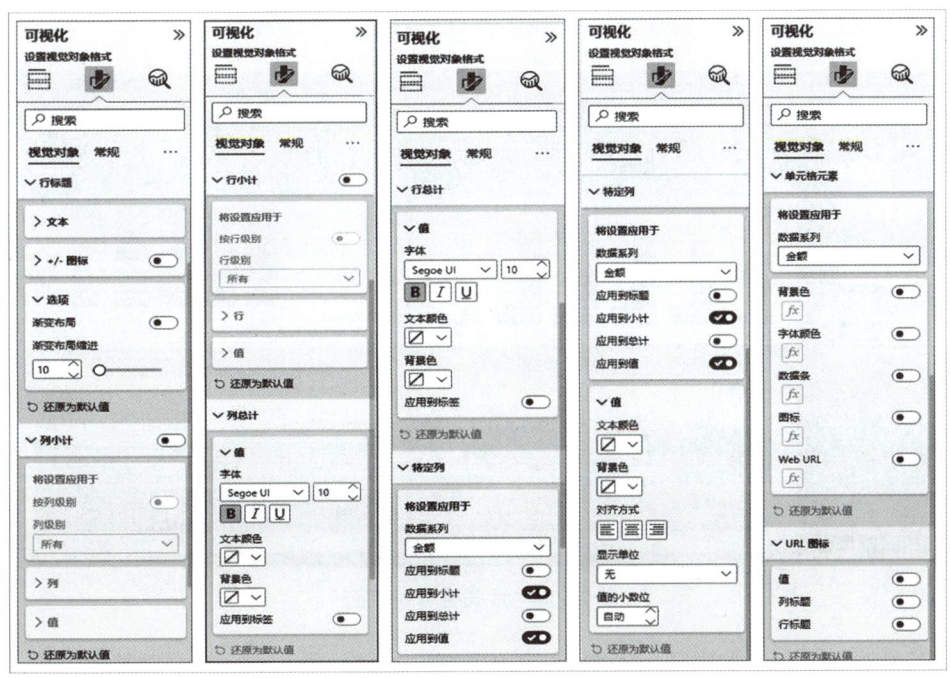

图7-32 主要指标明细表的格式设置2

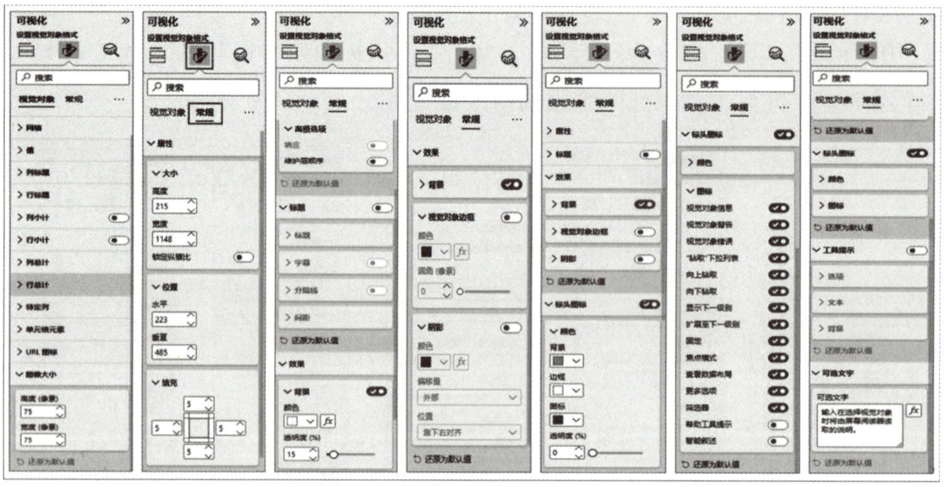

图 7-33 主要指标明细表的格式设置 3

任务二：可视化成长性及同业趋势分析

结合前期上市公司行业分析及主要指标水平分析，我们选取"企业生产经营"作为代表性的一个专题进行深入讲解。其中涉及的收入、利润、毛利率等相关财务指标，均在前期利润表章节有所介绍。

在企业持续经营过程中，生产经营条件及其利用程度能否逐年有所进步，关系着企业的发展前景。通过成长性分析可以大体判断出企业的经营方针是进取还是保守。进取和保守是相对的，在企业发展过程中，某一阶段可能发展较快，某一阶段则可能发展较慢。要结合当时的社会经营环境和企业内部诸因素进行全面考察，不宜简单地认为发展快就好，发展慢就不好。

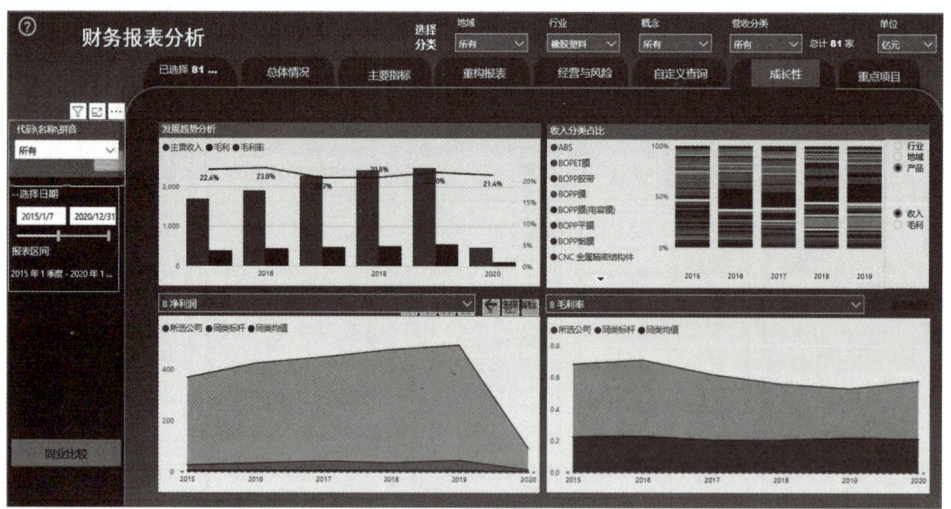

图 7-34 成长性分析页面

创建成长性分析页面，如图 7-34 所示：一般选定 1 家公司，分析其历史成长状态（切片器也可同时选择多家公司，可查询该分类汇总的成长性指标信息），需结合公司战略分析营收等指标趋势（上方左侧"发展趋势分析"）、收入毛利结构（上方右侧"按行业、地域、产品"）进行分析（下方左侧和右侧可选择不同指标），同时与行业内该指标的标杆企业和均值进行比较。通过成长性分析，可以迅速了解公司成长性指标变化趋势，以及其在行业内所处位置。如果需要进一步查询与同类公司之间的对比情况，可通过按钮链接进入成长性同业比较页面（见图 7-35），了解更多情况。

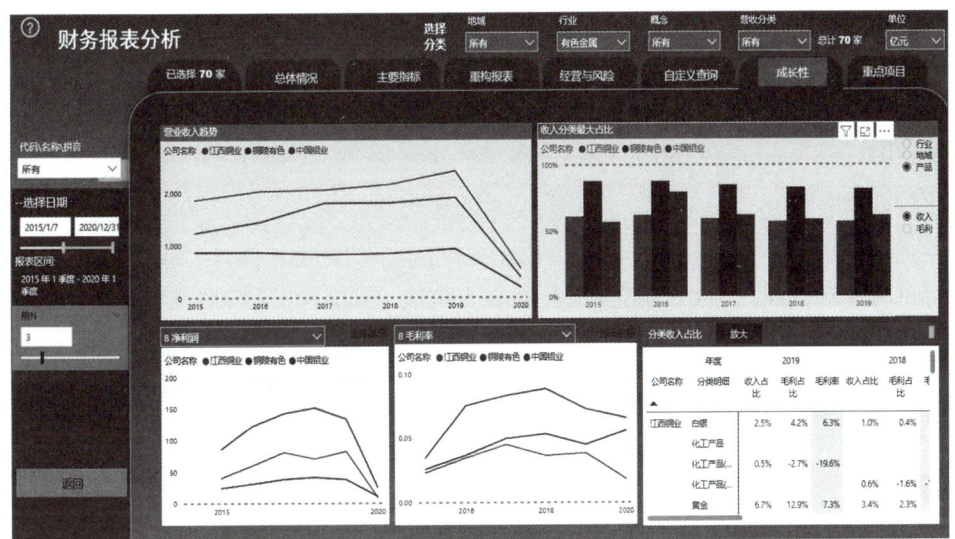

图 7-35　成长性同业比较页面

在该页面下，可自行选择分类中的公司进行比较，如未选择，则自动比较所选分类中最近年度销售前 N 名的公司。自行选择公司数量不限，建议不超过 4 家。"分类收入占比"可用于了解各公司不同分类内部收入占比、毛利占比、毛利率情况。可特别关注三种不同分类下收入毛利，随着时间变化的波动差异情况，进一步了解同类企业经营战略的差异。以上元素的选择可以结合读者的理论基础进行调整。筛选器与其他页面保持一致，不再单独描述。

1）编写度量值

编写步骤：建立一个新表，命名为"成长性度量值"，将以下度量值创建到此表当中。

（1）分类小计

表达式如下：

0 分类小计 = SUM（'4 收入构成'［值］）/［00 00 计算单位］

（2）分类毛利

表达式如下：

1 分类毛利 = CALCULATE（［0 分类小计］,'4 收入构成'［属性］=" 毛利"）

（3）分类收入

表达式如下：

1 分类收入 = CALCULATE（［0 分类小计］,'4 收入构成'［属性］=" 收入"）

（4）分类毛利率

表达式如下：

1 分类毛利率 = DIVIDE（［1 分类毛利］,［1 分类收入］）

（5）分类毛利占比

表达式如下：

1 分类毛利占比 =
DIVIDE（
　　　　CALCULATE（[0 分类小计],'4 收入构成'[属性] =" 毛利"），
　　　　CALCULATE（[0 分类小计],'4 收入构成'[属性] =" 毛利"，ALL（'4 收入构成'[分类明细])))

（6）分类收入占比

表达式如下：

1 分类收入占比 =
DIVIDE（
　　　　CALCULATE（[0 分类小计],'4 收入构成'[属性] =" 收入"），
　　　　CALCULATE（[0 分类小计],'4 收入构成'[属性] =" 收入"，ALL（'4 收入构成'[分类明细])))

（7）成长性 指标 当期

表达式如下：

3 成长性 指标 当期 =
SWITCH（SELECTEDVALUE（'5 财务指标'[指标名称]），
　　　" 营业收入"，[02 01 营业总收入]，
　　　" 毛利"，[02 031 毛利]，
　　　" 毛利率"，[06 盈利能力 毛利率]，
　　　" 营业利润"，[02 05 营业利润]，
　　　" 净利润"，[02 09 净利润]，
　　　" 营收3年复合增长率"，[06 发展能力 营业收入3年复合增长率]，
　　　" 收入增长率"，[06 发展能力 营业收入增长率]，
　　　" 营业利润增长率"，[06 发展能力 营业利润增长率]，
　　　" 净利润增长率"，[06 发展能力 净利润增长率]，
　　　" 资产增长率"，[06 发展能力 资产增长率]，
　　　" 股东权益增长率"，[06 发展能力 股东权益增长率]
　　）

（8）成长性 指标 同类标杆

表达式如下：

4 成长性 指标 同类标杆 =
// 判断所选公司是否在分类中，如不在，就不计算。在切片器中为什么是空？
var a = COUNTROWS（'02 公司简表'）>=1

var b = if（a,
　　　　CALCULATE（MAXX（values（'02 公司简表'[公司名称]），[3 成长性 指标 当期])），

all（'02 公司简表'[代码\名称\拼音]），all（'02 公司简表'[最近季营收序]））
)

return b

(9) 成长性 指标 同类均值 简单平均

表达式如下：

4 成长性 指标 同类均值 简单平均 =

var a = COUNTROWS（'02 公司简表'）>=1

var b = if（a，
    CALCULATE（
        AVERAGEX（VALUES（'02 公司简表'[公司名称]），[3 成长性 指标 当期]），
        all（'02 公司简表'[代码\名称\拼音]），all（'02 公司简表'[最近季营收序]））
)

return b

(10) 成长性 指标 同类均值 累计平均

表达式如下：

4 成长性 指标 同类均值 累计平均 =

var a = COUNTROWS（'02 公司简表'）>=1

var b1 = CALCULATE（
    [3 成长性 指标 当期]，
    FILTER（'5 财务指标'，'5 财务指标'[简单或累计]=1），
    all（'02 公司简表'[代码\名称\拼音]），all（'02 公司简表'[最近季营收序]））

var b = if（a，
    CALCULATE（
        [3 成长性 指标 当期]，
        FILTER（'5 财务指标'，'5 财务指标'[简单或累计]=1），
        all（'02 公司简表'[代码\名称\拼音]），all（'02 公司简表'[最近季营收序]））
    +CALCULATE（
        AVERAGEX（VALUES（'02 公司简表'[公司名称]），[3 成长性 指标 当期]），
        FILTER（'5 财务指标'，'5 财务指标'[简单或累计]=0），
        all（'02 公司简表'[代码\名称\拼音]），all（'02 公司简表'[最

近季营收序]))
)

return b

(11) 分类占比

表达式如下：

2 分类占比 =

SWITCH（SELECTEDVALUE（'4 收入构成'［属性］），

　　　　" 收入"，［1 分类收入占比］，

　　　　" 毛利"，［1 分类毛利占比］）

(12) 分类占比 最大

表达式如下：

5 分类占比 最大 = MAXX（VALUES（'4 收入构成'［分类明细］），［2 分类占比］）

(13) 指标 1

表达式如下：

00 01 指标 1 =

var a = SWITCH（SELECTEDVALUE（'5 财务指标'［指标名称］），

　　" 营业收入"，［02 01 营业总收入］，

　　" 净利润"，［02 09 净利润］，

　　" 总资产"，［01 01 资产合计］，

　　" 净资产"，［01 03 所有者权益］，

　　" 经营现金净流量"，［03 031 经营活动净现金］

）

return a

(14) 指标 1 同类均值

表达式如下：

00 02 指标 1 同类均值 =

var a = COUNTROWS（VALUES（'02 公司简表'［公司名称］））＞＝1

var b = if（a，

　　　　CALCULATE（AVERAGEX（all（'02 公司简表'［公司名称］），［00 01 指标 1］），

　　　　　　all（'02 公司简表'［代码＼名称＼拼音］），all（'02 公司简表'［最近季营收序］))))

return b

(15) 指标 1 同类标杆

表达式如下：

00 03 指标 1 同类标杆 =

var a = COUNTROWS（VALUES（'02 公司简表'［公司名称］））＞＝1

var b = if（a，

CALCULATE（MAXX（all（'02 公司简表'[公司名称]），[00 01 指标1]），
　　　　　all（'02 公司简表'[代码\名称\拼音]），all（'02 公司简表'[最近季营收序]）))
　　　　）

return b

（16）自定义 排名表 辅助 金融利润率

表达式如下：

自定义 排名表 辅助 金融利润率 =
CALCULATE（[重构利润 金融利润率]，TREATAS（VALUES（'02 公司简表'[代码\名称\拼音]），'02 公司简表'[代码\名称\拼音]))

（17）自定义 排名表 辅助 经营利润率

表达式如下：

自定义 排名表 辅助 经营利润率 =
CALCULATE（[重构利润 经营利润率]，TREATAS（VALUES（'02 公司简表'[代码\名称\拼音]），'02 公司简表'[代码\名称\拼音]))

（18）自定义 排名表 辅助 长期投资利润率

表达式如下：

自定义 排名表 辅助 长期投资利润率 =
CALCULATE（[重构利润 长期投资利润率]，TREATAS（VALUES（'02 公司简表'[代码\名称\拼音]），'02 公司简表'[代码\名称\拼音]))

（19）自定义 图表 指标1 1 虚拟

表达式如下：

自定义 图表 指标1 1 虚拟 =
CALCULATE（
　　　[00 01 指标1]，
　　TREATAS（VALUES（'02 公司简表'[代码\名称\拼音]），'02 公司简表'[代码\名称\拼音])
　　）

（20）自定义 排名表 指标1 相对排名

表达式如下：

自定义 排名表 指标1 相对排名 =
var a = RANKX（ALLSELECTED（'02 公司简表'[公司名称]），[自定义 图表 指标1 1 虚拟]）

return a

（21）自定义 散点图 指标1 平均值

表达式如下：

自定义 散点图 指标1 平均值 = AVERAGEX（ALL（'02 公司简表'[公司名称]），[00 01 指

标1］）

（22）自定义 散点图 指标2

表达式如下：

自定义 散点图 指标2 =

var a = SWITCH（SELECTEDVALUE（'5 财务指标'［指标名称］），

" 营业收入"，［02 01 营业总收入］，

" 营业利润"，［02 05 营业利润］，

" 净利润"，［02 09 净利润］，

" 总资产"，［01 01 资产合计］，

" 净资产"，［01 03 所有者权益］，

" 经营现金净流量"，［03 031 经营活动净现金］

）

return a

（23）自定义 散点图 指标2 平均值

表达式如下：

自定义 散点图 指标2 平均值 = AVERAGEX（all（'02 公司简表'［公司名称］），［自定义 散点图 指标2］）

（24）自定义 散点图 指标3

表达式如下：

自定义 散点图 指标3 =

var a = ［02 01 营业总收入］

var b = ［02 08 税后利息支出］

var c = ［02 09 净利润］

var d = ［01 52 资产净额］

var e = ［01 21 金融负债］

var f = ［01 11 金融资产］

var g = ［01 22 所有者权益］

var h = ［03 031 经营活动净现金］

var k = SELECTEDVALUE（'5 财务指标'［指标名称］）

var m = SWITCH（k，

" 净利润率"，DIVIDE（c，a），

" 资产周转率"，DIVIDE（a，［01 01 资产合计］），

" 总资产回报率 ROA"，DIVIDE（c，［01 01 资产合计］），

" 财务杠杆"，DIVIDE（［01 01 资产合计］，g），

" 股权回报率 ROE"，DIVIDE（c，g），

" 毛利"，a－［02 03 营业成本］，

" 毛利率"，1－DIVIDE（［02 03 营业成本］，a），

"综合费用",[02 08 税后经营利润]-(a-[02 03 营业成本]),
"综合费用率",DIVIDE([02 08 税后经营利润]-(a-[02 03 营业成本]),a),
"税后经营利润",[02 08 税后经营利润],
"税后经营利润率",DIVIDE([02 08 税后经营利润],a,)
"税后金融利润",[02 08 税后金融利润],
"税后金融利润率",DIVIDE([02 08 税后金融利润],a),
"长期投资利润",[02 032 长期股权投资利润],
"长期投资利润率",DIVIDE([02 032 长期股权投资利润],a),
"销售费用率",DIVIDE([02 04 销售费用],a),
"管理费用率",DIVIDE([02 04 管理费用],a),
"研发费用率",DIVIDE([02 04 研发费用],a),
"营业外收支",[02 06 营业外支出]-[02 06 营业外收入],
"其他收益变动率",DIVIDE([02 034 息税前经营利润]-[02 04 销售费用]
-[02 04 管理费用]-[02 04 研发费用]
-[02 06 营业外支出]+[02 06 营业外收入],a),

"营运资本周转率",DIVIDE(a,[01 131 营运资本]),
"长期资产周转率",DIVIDE(a,[01 41 长期资产]),
"固定资产周转率",DIVIDE(a,[01 10 固定资产]),
"存货周转率",[06 营运能力 存货周转率],
"应收账款周转率",[06 营运能力 应收账款周转率],
"应付账款周转率",[06 营运能力 应付账款周转率],
"息前税后净利润",c-b,
"息前税后净利润率",DIVIDE(c-b,a),
"息前税后资本回报率",DIVIDE(c-b,d),
"财务杠杆利得",DIVIDE(c,g)-DIVIDE(c-b,d),
"营业收入现金含量水平",DIVIDE(h,a),
"净利润质量",DIVIDE(h,c),
"现金流充裕水平",DIVIDE(h,-[03 033 筹资活动净现金]-[03 032 投资活动净现金]),
"易变现率",DIVIDE([01 42 长期资本(长期融资)]-[01 41 长期资产],[01 131 营运资本]),
"流动比率",   [06 偿债能力 流动比率],
"资产负债率",   [06 偿债能力 资产负债率],
"利息保障倍数",   [06 偿债能力 利息保障倍数],

"现金流量利息保障倍数",　　　[06 偿债能力 现金流量利息保障倍数],

"现金流量债务比",　　　　　[06 偿债能力 现金流量债务比],
"营收3年复合增长率",[06 发展能力 营业收入3年复合增长率],
"收入增长率",　　　　　　　[06 发展能力 营业收入增长率],
"营业利润增长率",　　　　　[06 发展能力 营业利润增长率],
"净利润增长率",　　　　　　[06 发展能力 净利润增长率],
"资产增长率",　　　　　　　[06 发展能力 资产增长率],
"股东权益增长率",　　　　　[06 发展能力 股东权益增长率]
)

return m

（25）自定义 散点图 配色

表达式如下：

自定义 散点图 配色 =

var a = [00 01 指标 1]

var a1 = AVERAGEX（ALL（'02 公司简表'[公司名称]），[00 01 指标 1])

var b = [自定义 散点图 指标 2]

var b1 = AVERAGEX（all（'02 公司简表'[公司名称]），[自定义 散点图 指标 2])

return

SWITCH（TRUE（），

　　AND（a>=a1，b>=b1），"#00B74A"，

　　AND（a>=a1，b<b1），"#7277D8"，

　　AND（a<a1，b>=b1），"#FFBC00"，

　　AND（a<a1，b<b1），"#FF6440"

）

/*SWITCH（TRUE（），

　　AND（[00 01 指标 当期] >= [自定义 散点图 指标 1 平均值]，[自定义 散点图 指标 2] >= [自定义 散点图 指标 2 平均值]），"#00B74A"，

　　AND（[00 01 指标 当期] >= [自定义 散点图 指标 1 平均值]，[自定义 散点图 指标 2] < [自定义 散点图 指标 2 平均值]），"#7277D8"，

　　AND（[00 01 指标 当期] < [自定义 散点图 指标 1 平均值]，[自定义 散点图 指标 2] >= [自定义 散点图 指标 2 平均值]），"#FFBC00"，

　　AND（[00 01 指标 当期] < [自定义 散点图 指标 1 平均值]，[自定义 散点图 指标 2] < [自定义 散点图 指标 2 平均值]），"#FF6440"

）*/

(26)自定义 图表 背景色

表达式如下：

自定义 图表 背景色 = if（SELECTEDVALUE（'02 公司简表'［公司名称］）in VALUES（'02 公司简表'［公司名称］），1）

(27)自定义 图表 指标１２排名

表达式如下：

自定义 图表 指标１２排名 =

var a = FILTER（all（'02 公司简表'［公司名称］），not ISBLANK（［自定义 图表 指标１１虚拟］））

var b = RANKX（

　　　　a，

　　　　［自定义 图表 指标１１虚拟］）

return b

(28)自定义 图表 筛选条件

表达式如下：

自定义 图表 筛选条件 =

// 两种情况，有选择时，取被选择的公司以及前几名；无选择时，取前几名

var a = ISFILTERED（'02 公司简表'［代码\ 名称\ 拼音］）　//是否有筛选

var b = ［自定义 图表 指标１２排名］

var c = if（not a，　//无选择

　　　　　if（b <= SELECTEDVALUE（'9 前 N 名'［参数］），1），

　　　　　if（SELECTEDVALUE（'02 公司简表'［公司名称］）in VALUES（'02 公司简表'［公司名称］）　// 表内公司在所选公司内

　　　　　 || b <= SELECTEDVALUE（'9 前 N 名'［参数］），

// 名次不大于前 N，如取消则与成长性同业一样

　　　　　1，

　　　　　0）

　　　　）

// 公司与分类不一致时，不出错

var d = COUNTROWS（'02 公司简表'）>= 1

var e = if（d，c）

return e

(29)自定义 最后整年

表达式如下：

自定义 最后整年 =

if（QUARTER（max（'1 资产负债表'［报告日期］））<4，

CALCULATETABLE（VALUES（'1 资产负债表'［报告日期］），YEAR（'1 资产负债表'［报告日期］）<year（TODAY（）），all（'01 时间表'［年］），all（'01 时间表'［年季度］）））

2)创建企业发展趋势分析图

步骤 1:打开"成长性"页面,插入"折线和簇状柱形图"视觉对象,创建能够展示主营收入、毛利、毛利率及其变化趋势的发展趋势分析图,如图 7-36 所示。

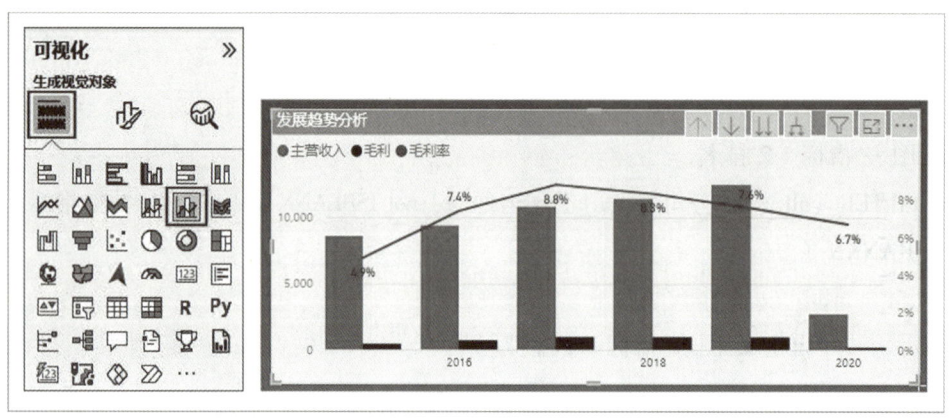

图 7-36 发展趋势分析图

步骤 2:将时间表"年"放入 X 轴,将度量值中"02 02 主营收入"(重命名为"主营收入")和"02 031 毛利"(重命名为"毛利")依次放入列 Y 轴、"06 盈利能力 毛利率"(重命名为"毛利率")放入行 Y 轴,并按照图 7-37、图 7-38 所示进行发展趋势分析图的格式设置。

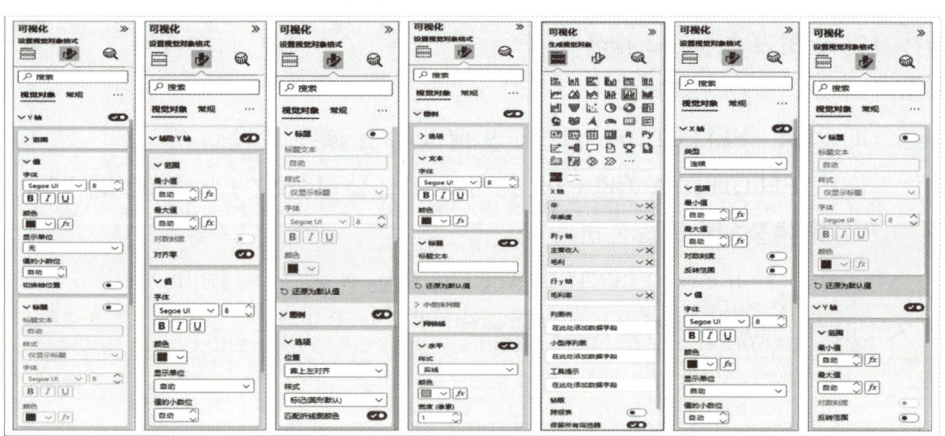

图 7-37 发展趋势分析图格式设置 1

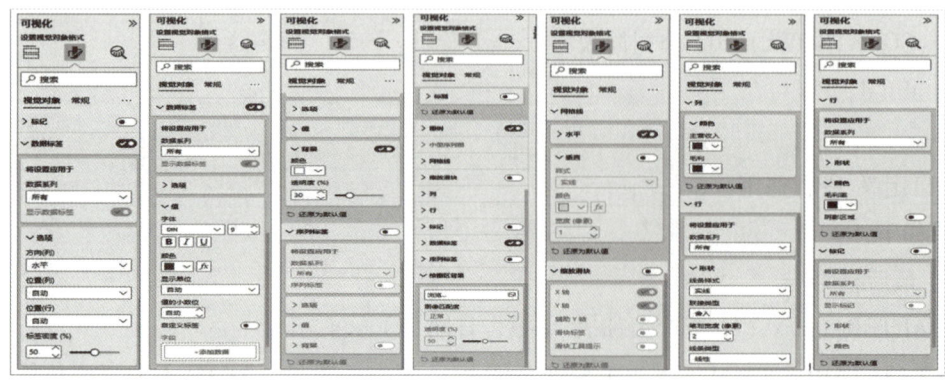

图 7-38 发展趋势分析图格式设置 2

3)创建收入分类占比丝带图

步骤1:插入"丝带图"视觉对象,创建能够按照收入分类分别观测企业收入和毛利的分类占比丝带图,如图7-39所示。

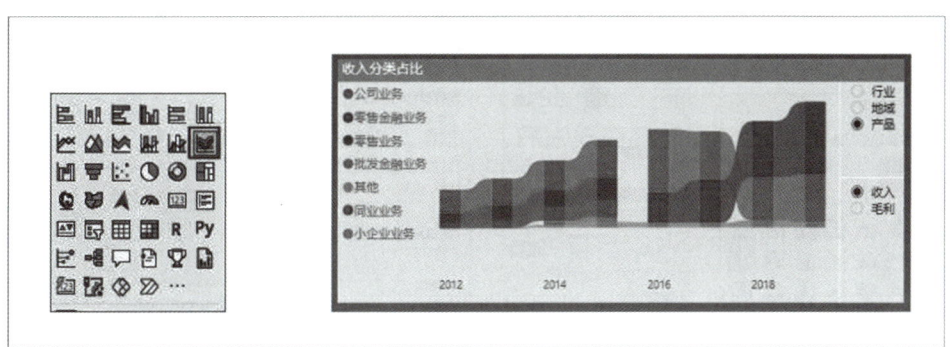

图7-39 企业收入分类占比丝带图

步骤2:插入切片器,筛选条件分别为收入构成表中的"收入分类"和"属性"。两个切片器的大小位置等可以自行设置,如图7-40所示。

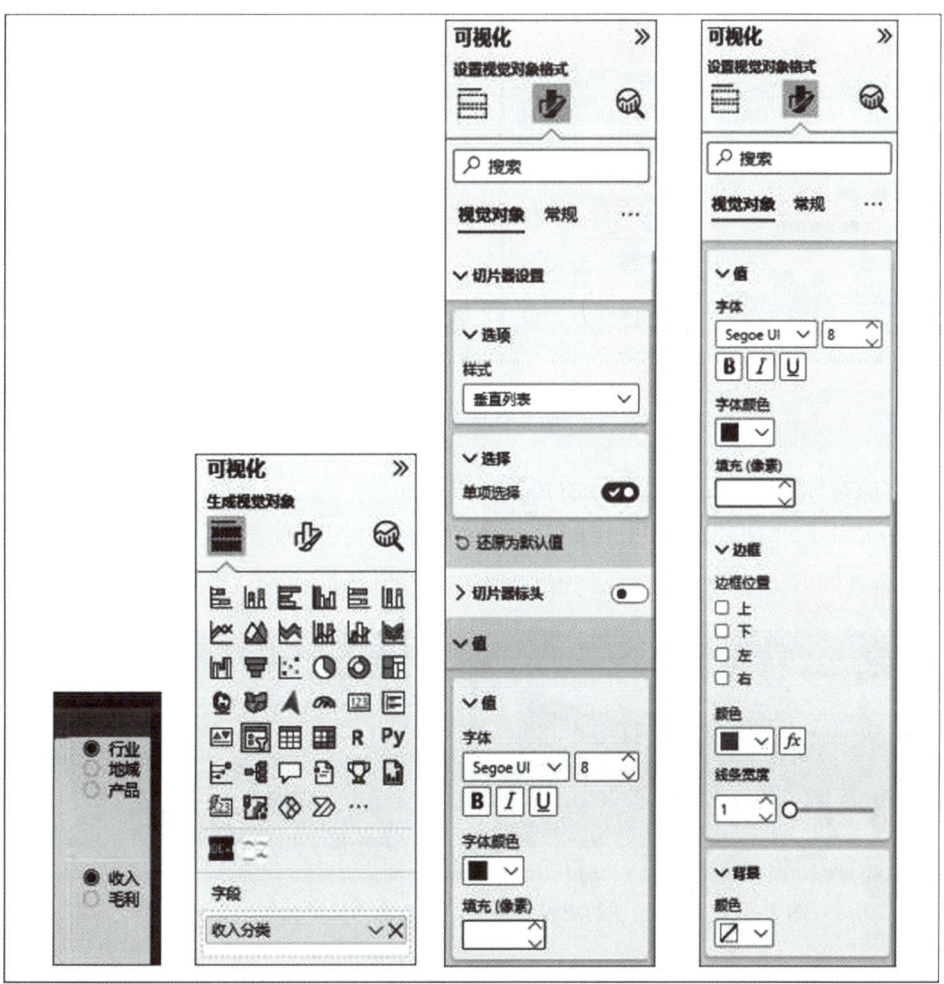

图7-40 切片器设置

步骤3：将时间表"年"放入 X 轴，将成长性度量值"0 分类小计"放入 Y 轴、4 收入构成"分类明细"放入图例，将成长性度量值"2 分类占比"和"1 分类毛利率"放入工具提示，并按照图 7-41 进行收入分类占比图的格式设置。

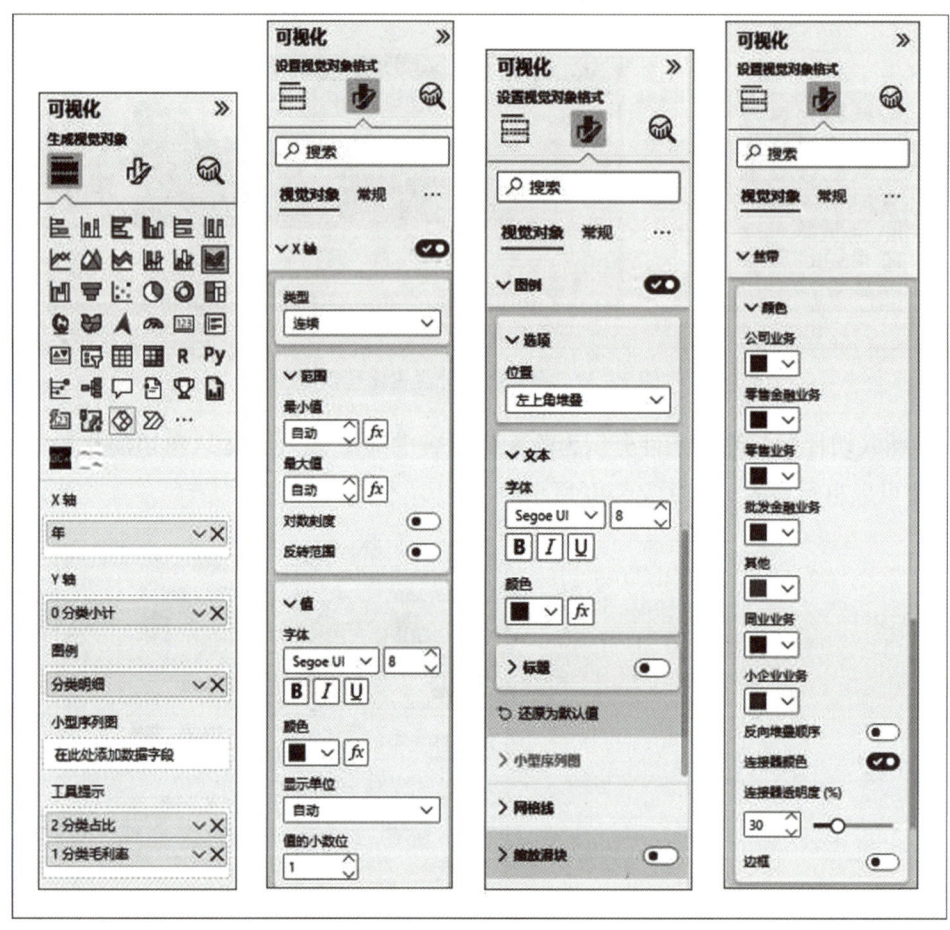

图 7-41　收入分类占比图的格式设置

4）创建对应指标下的企业对比分区图和折线图

步骤1：分别插入"切片器""分区图"，分别为两个分区图赋予一个专属切片器，结合分析指标，观测对象企业的成长趋势并与行业均值和标杆企业进行对比分析，如图 7-42 所示。

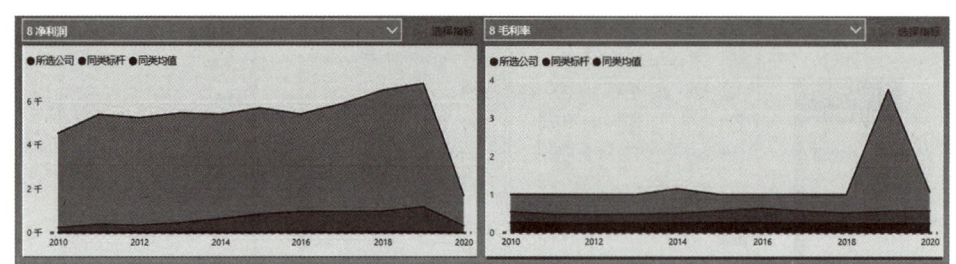

图 7-42　对象企业的成长趋势与行业均值和标杆企业对比分析图

步骤2：插入"切片器"，筛选条件均为 5 财务指标"分析指标"，通过编辑交互使切片器对应关联至分区图和折线图，格式设置如图 7-43 所示。

在选中"编辑交互"的界面下选中某个切片器,可以看到此切片器与其他可视化对象关联与否。

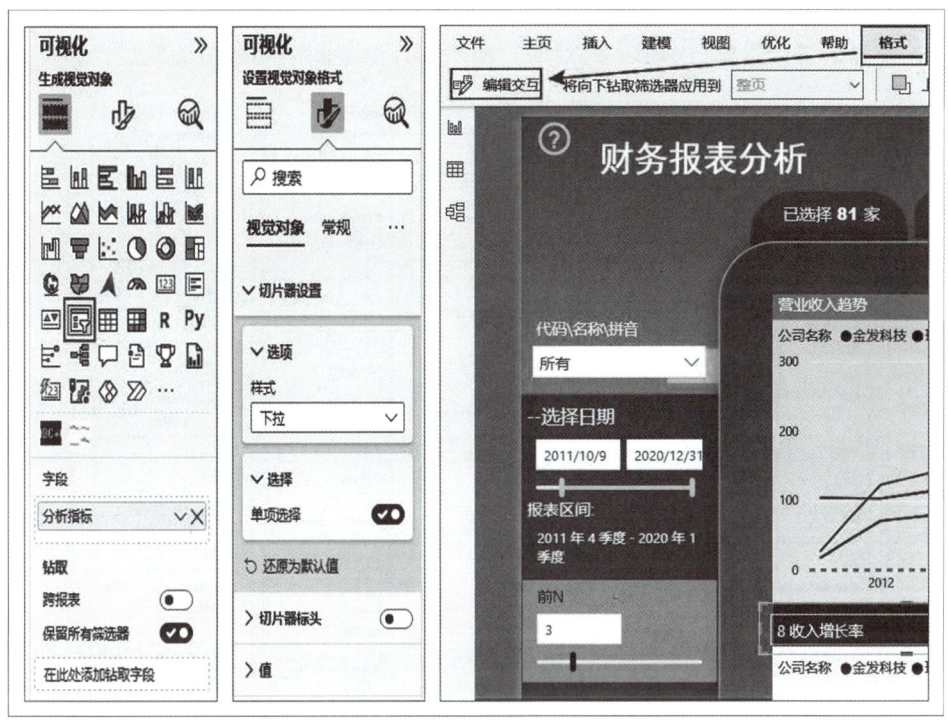

图 7-43 编辑交互格式设置

左侧方框中为做好关联的,默认情况下切片器与界面中所有的可视化图形相关联,但右侧方框中的图形与切片器未建立关联。建立关联显示情况如图 7-44 所示。

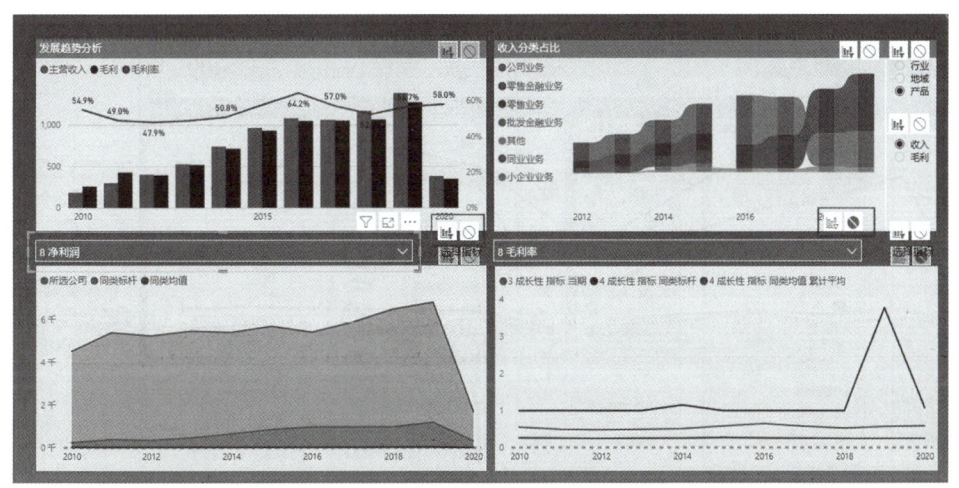

图 7-44 建立关联显示情况

步骤 3:在左侧分区图中,将时间表"年"放入 X 轴,将成长性度量值"3 成长性 指标 当期"(重命名为"所选公司")、"4 成长性 指标 同类标杆"(重命名为"同类标杆")、"4 成长性 指标 同类均值 累计平均"(重命名为"同类均值")度量值放入 Y 轴,将重要性度量值"2 2 同业比较 标杆公司"(注意:该度量值创建函数在下文可视化重要性分析部分)放入工具提示。右侧分区图直接复制即可，两者区别在于切片器选择的指标不同，以进行对比。对应指标下的企业对比分区图的格式设置如图7-45、图7-46所示。最后选中右侧分区图，点击右侧"折线图"，将其变为折线图，如图7-47所示。

切记：此处两个切片器要与图形一一对应，两个切片器之间需要取消关联！！！！

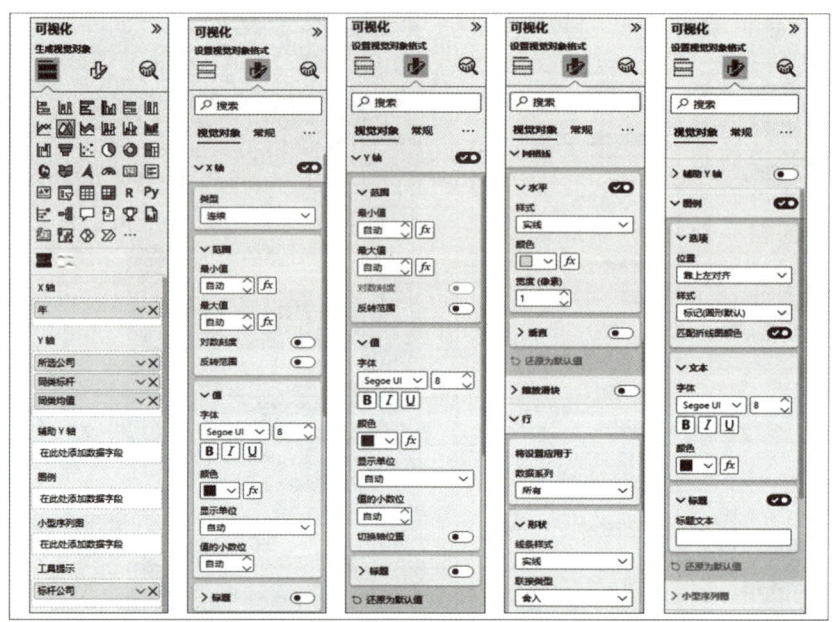

图7-45　切片器格式设置1

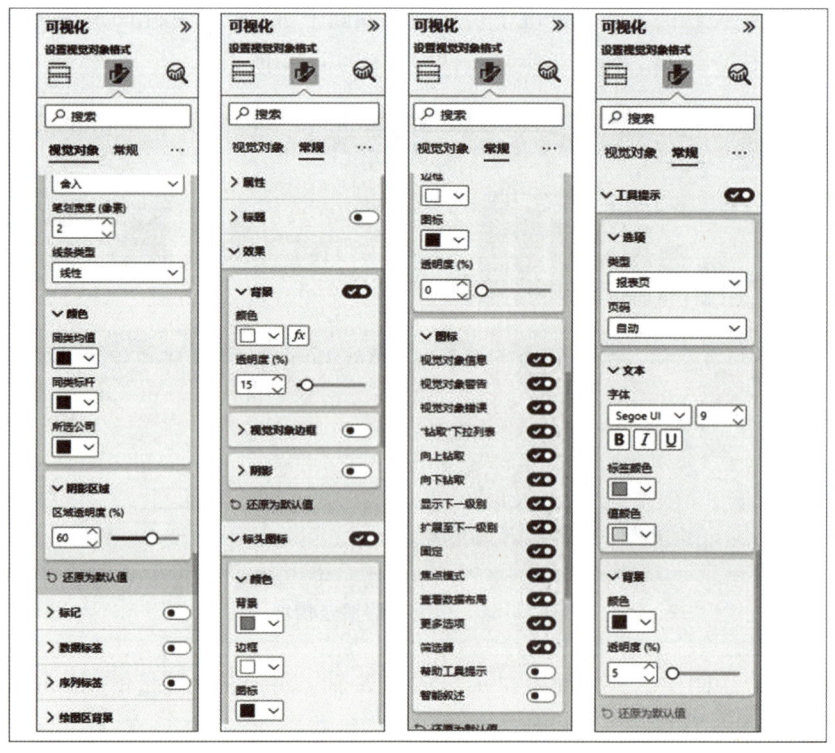

图7-46　切片器格式设置2

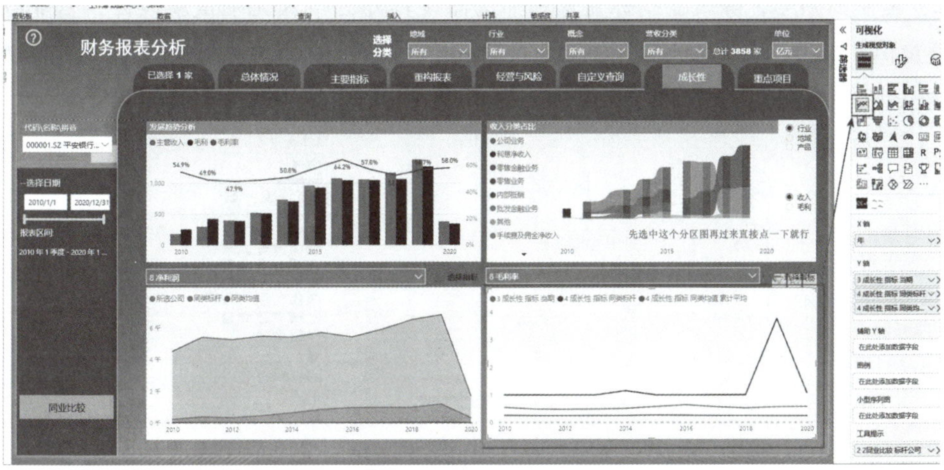

图 7-47 折线图设置

在此基础上，为了进一步分析对象企业在同行业的竞争地位，并深度了解前 N 家企业的发展战略，制作成长性分析（同行业）页面，并对其进行可视化图形的设计。

5）营业收入趋势和同行业指标变动趋势分析

步骤 1：复制在"成长性"页面创建的折线图，粘贴至"成长性同业"页面，制作营业收入趋势图和同行业指标变动趋势图，其中，同行业指标变动趋势图需设定指标筛选器，方便对不同指标进行对比。此处筛选器仅需复制上一步的切片器即可（关联操作同上），其中，同行业指标变动趋势图需要两个，如图 7-48 所示。

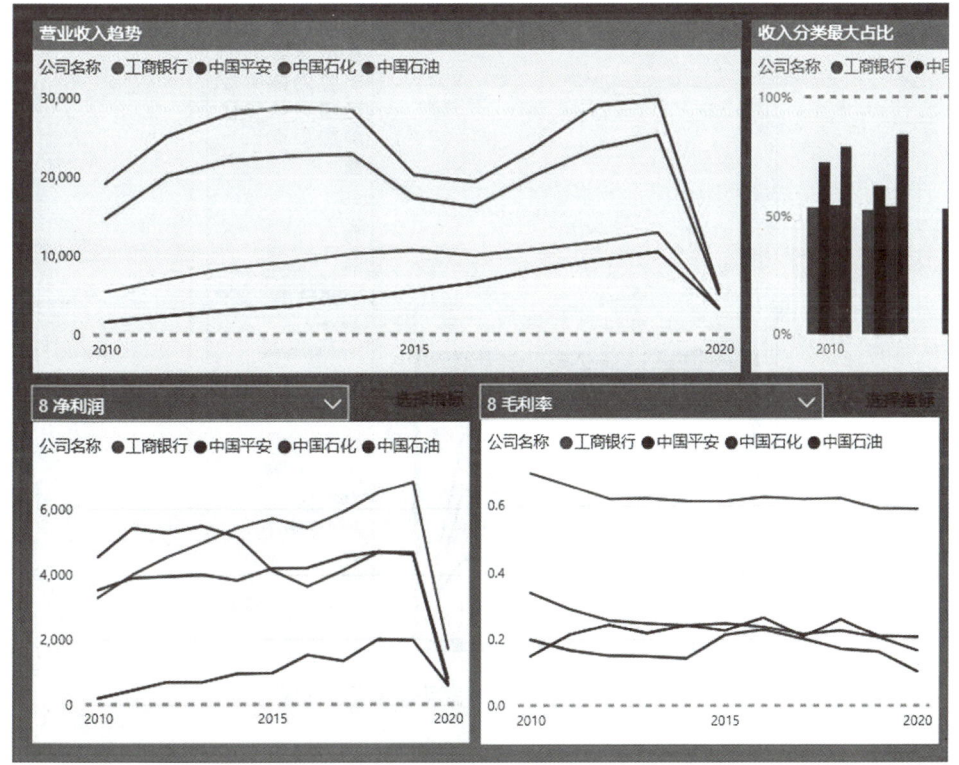

图 7-48 同行业指标变动趋势图

步骤2：复制的图形，除改变指标元素和筛选器设置外，格式无须重新设计，营业收入趋势指标元素为度量值"02 01 营业总收入"，如图7-49所示；同行业指标变动趋势指标元素为成长性度量值"3 成长性 指标 当期"，如图7-50所示。

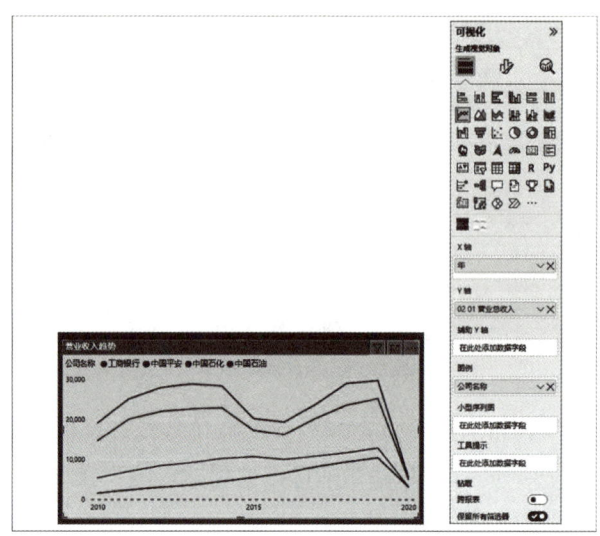

图7-49 营业收入趋势指标元素

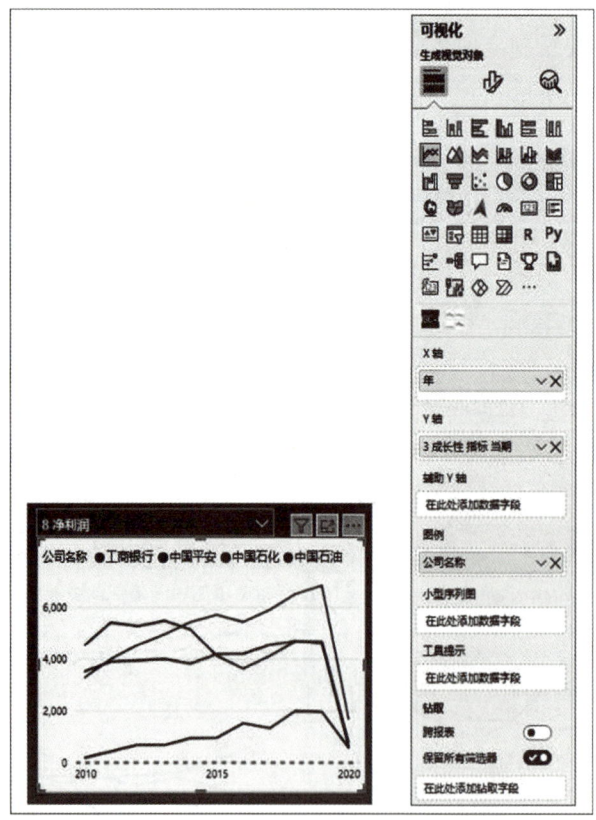

图7-50 同行业指标变动趋势指标元素

6）创建收入分类最大占比图

步骤1：插入"簇状柱形图"可视化对象，将时间表"年"放入X轴、成长性度量值"5 分类占比最大"（重命名为"最大分类占比"）放入 Y 轴、02 公司简表"公司名称"放入图例，将 4 收入构成"分类明细"（重命名为"分类名称"）、成长性度量值"1 分类收入"（重命名为"分类收入"）和"1 分类毛利率"（重命名为"分类毛利率"）放入工具提示，并进行格式设置，如图 7-51、图 7-52 所示。

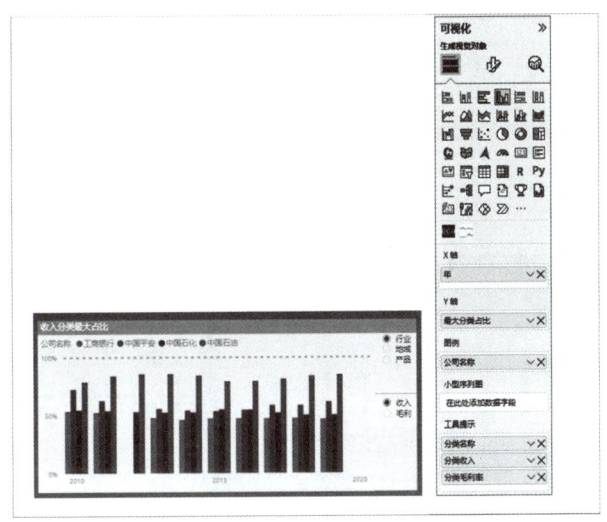

图 7-51 "簇状柱形图"可视化对象设置 1

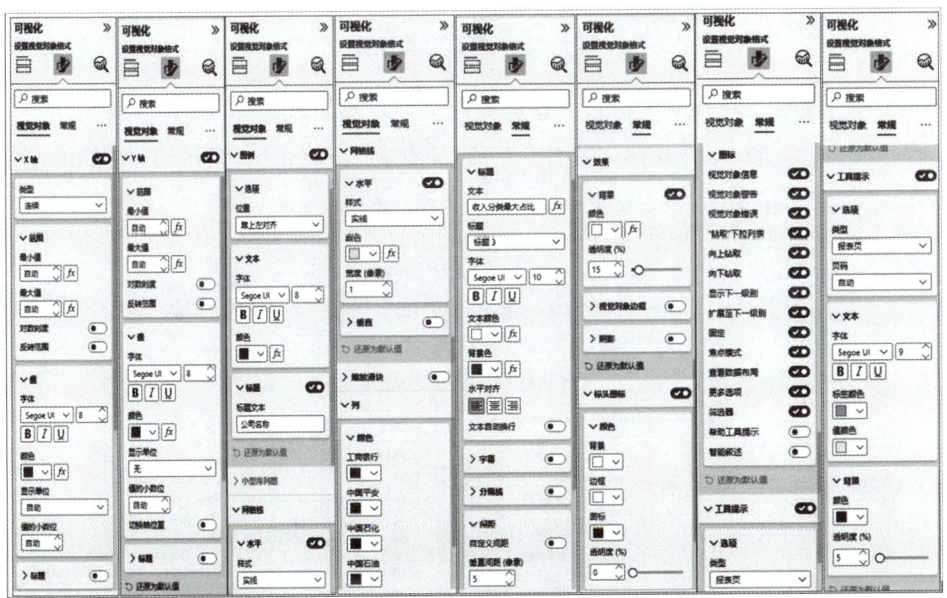

图 7-52 "簇状柱形图"可视化对象设置 2

注意：这里需要对本页中所有的可视化图形进行筛选器设置。

筛选部分公司的数据进行展示的方法具体有两种：

一种是将同业比较公司（筛选器用）插入，选择"等于""1"，点击"应用筛选器"（见图 7-53）。另一种是点击 02 公司简表中的公司名称的下拉按钮，筛选类型选择"前 N 个"，显示项选择"上"，输入"1"，按值框中直接将"04 02 同业比较公司（筛选器用）"拖入，点击应用筛选器即可（见图 7-54）。

本项目中,将对左侧两个可视化图形选择第一种方法,其余的图形选择第二种方法。

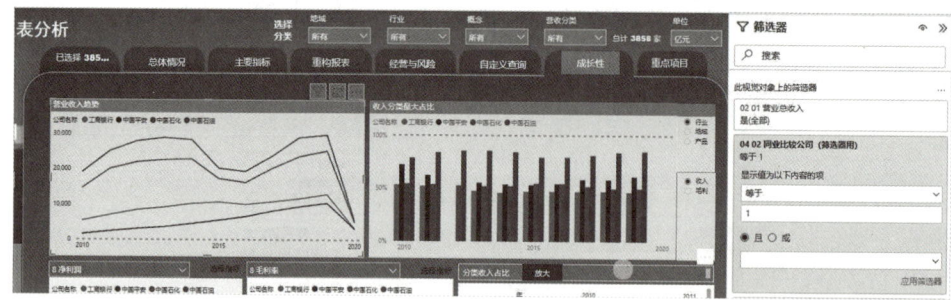

图7-53 筛选器设置

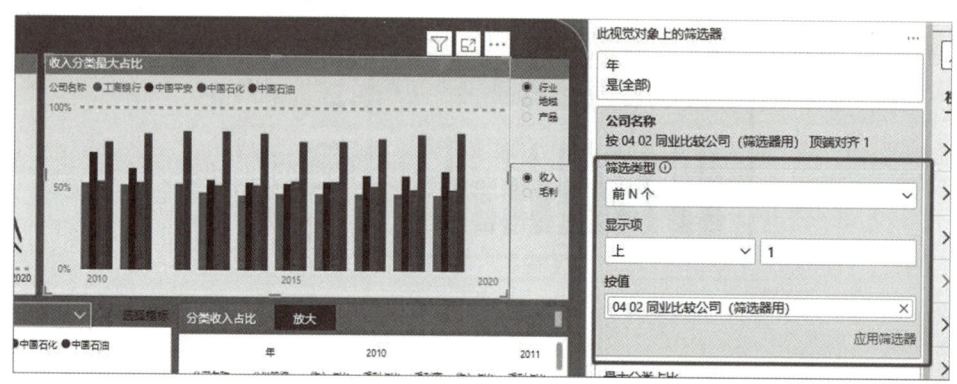

图7-54 筛选类型设置

步骤2:插入切片器,并调整其格式。这里的两个切片器格式大体相同,只有引用的数据不同,分别是4 收入构成"收入分类""属性",所以直接复制,并修改引用的数据即可,如图7-55所示。

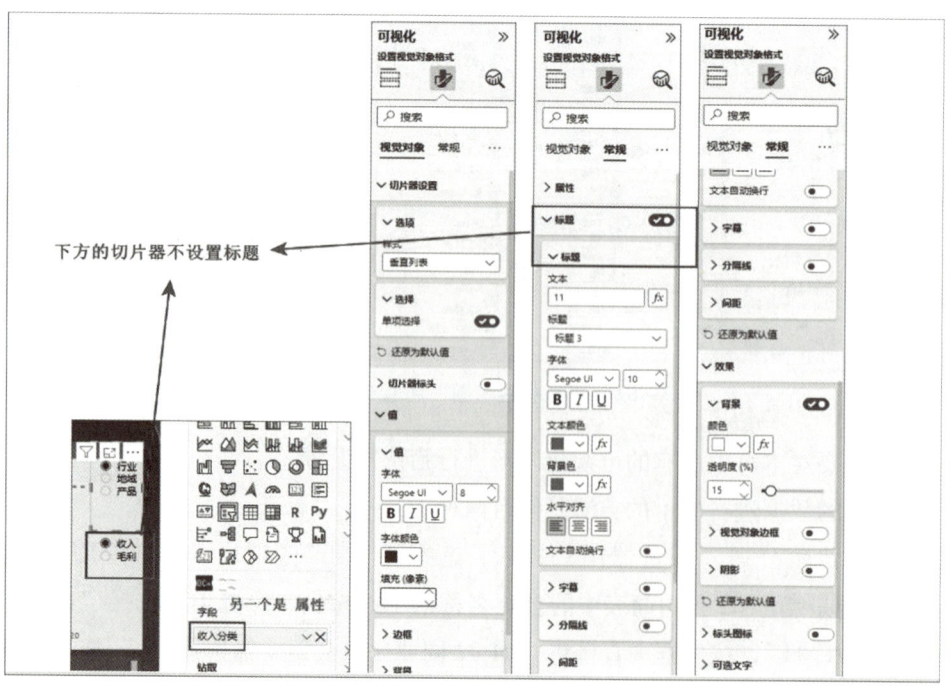

图7-55 切片器格式设置

7）同行业分类收入占比指标明细表

步骤1：插入"矩阵"可视化对象，完成同行业选定前N家的分类收入占比的重要指标明细表，如图7-56所示。

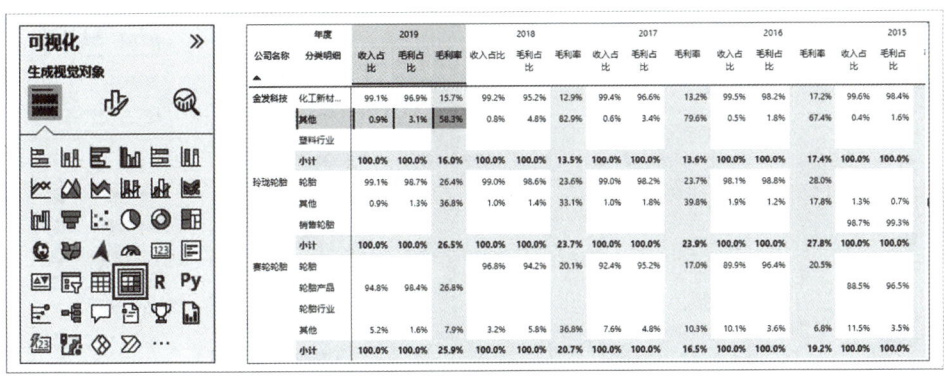

图7-56　分类收入占比的重要指标明细页面

步骤2：将02公司简表"公司名称"、4收入构成"分类明细"放入行，将时间表"年"放入列，将成长性度量值"1 分类收入占比"（重命名为"收入占比"）、"1 分类毛利占比"（重命名为"毛利占比"）、"1 分类毛利率"（重命名为"毛利率"）放入值中，格式设置如图7-57、图7-58所示。

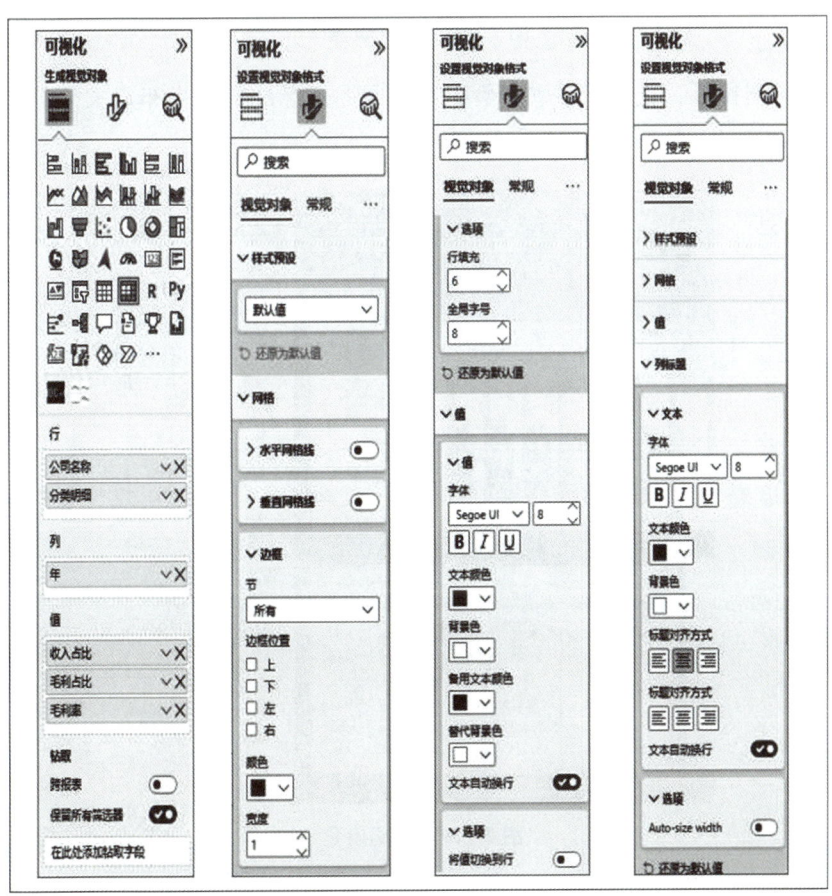

图7-57　格式设置1

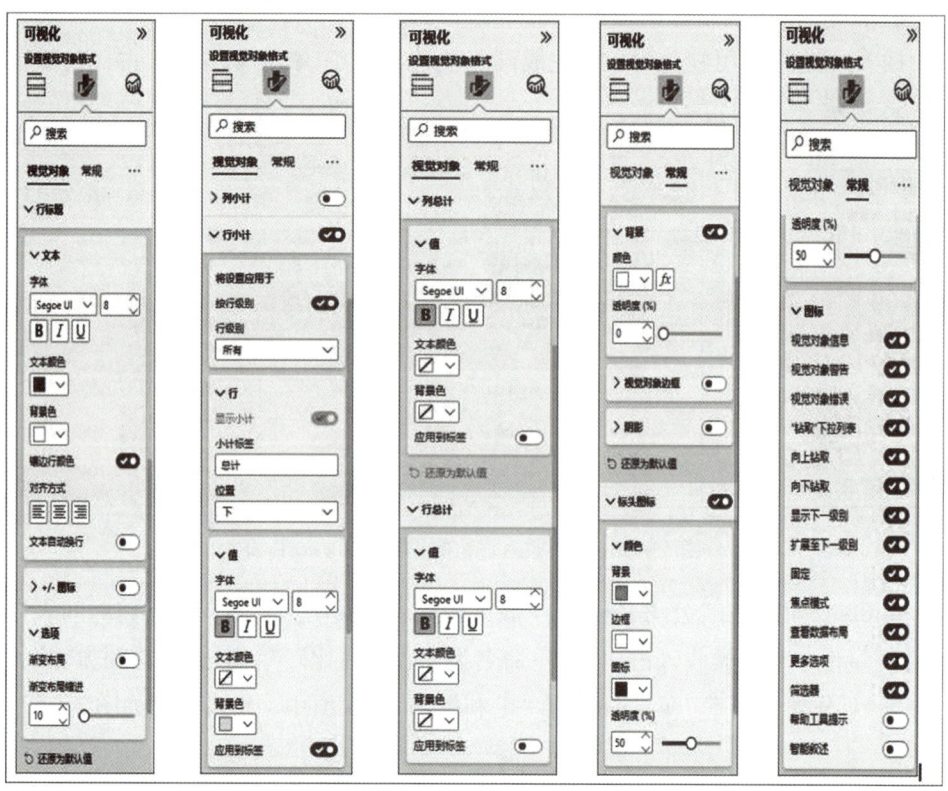

图 7-58　格式设置 2

步骤 3：将第一列拉长，先向下钻取到最底层，再将行标题的渐变布局关闭，使公司名称和分类明细各占一列，如图 7-59 所示。

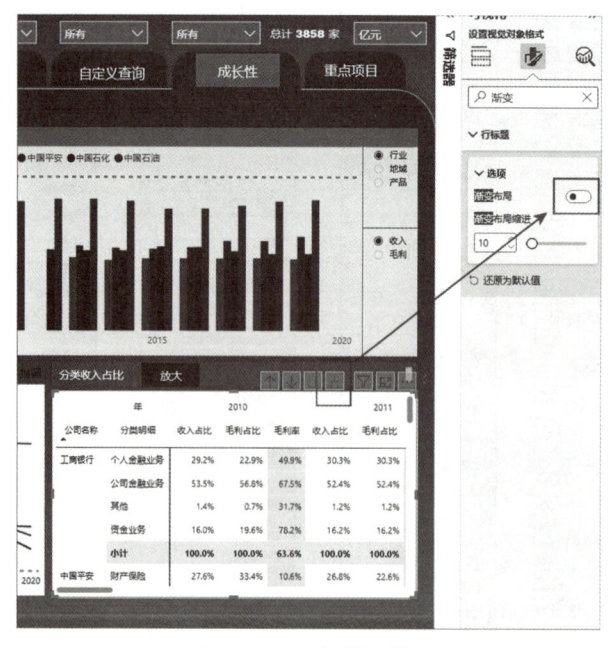

图 7-59　布局设置

步骤 4：插入文本框和按钮，并进行文本设置，这里为按钮添加操作，如图 7-60、图 7-61 所示，文本框和按钮其他的操作较为简单，不做过多阐述。

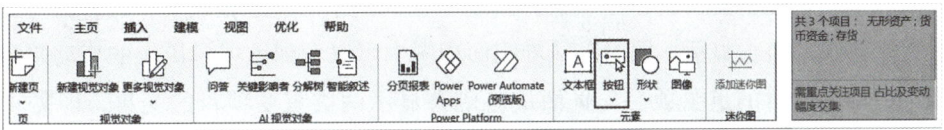

图 7-60　按钮添加操作 1

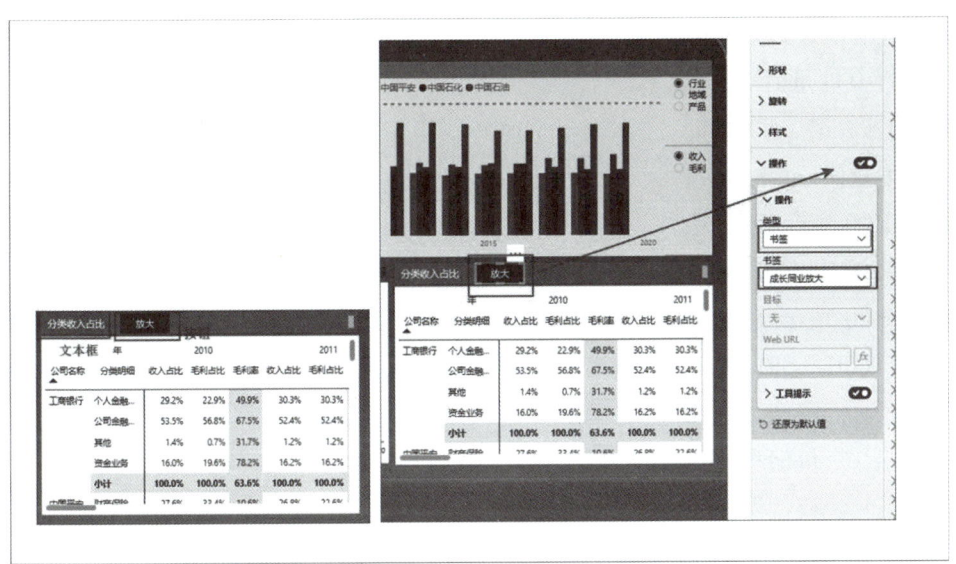

图 7-61　按钮添加操作 2

至此,以垂直、水平角度分析对象企业成长性页面的可视化元素已全部完成设置。

任务三:可视化重要性分析

三大报表科目繁多,有必要从中选出金额占比较高或者同期相比变动幅度较大的科目,探究其明细信息,以便进一步分析,因此创建重要性分析页面,如图 7-62 所示。

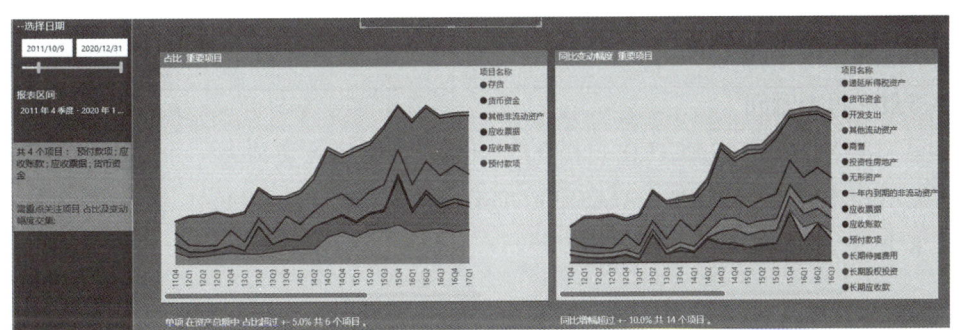

图 7-62　重要性分析页面

该页面将三大表分为资产、负债、权益、收入支出、现金流量、现金流量附表等六大类,可分别从可视化的堆积面积图中找到各大类中的重要项。左侧堆积面积图中为占比重要项目:资产类、负债类、权益类,各科目与资产总额比较;收入支出类,各科目与营收总额比较;现金流量,各科目与"销售商品劳务收到的现金"或"经营现金净流量"比较;现金流量附表,各科目与"净利润"或"经营现金净流量"比较。通过设定参数,将占比超过选定参数的项目予以显示,与此同时,从堆积面积图中可以看到该项目历年的变动趋势。分母通过"占比分母"切片器选择。右侧堆积面积图为同比变动幅度重要项目，在"选择日期"区间的最后一期报表上，各科目与上期相比变动幅度超过设定参数的将会显示，同时，从堆积面积图中可以看到该项目历年的变动趋势。两图右侧的图例明细，即为各自的重要项目。页面最左侧会显示两类重要项目的交集，即需重点关注项目，有必要进一步探究其明细情况。日期及顶端的筛选器与其他页面保持一致。

1）编写度量值

编写步骤：输入数据，建立新表，命名为"重要性度量值"，并在此表中新建以下度量值。

（1）重要性 0 度量值

表达式如下：

重要性 0 度量值 =

var a =［01 00 资产负债小计］

var b =［02 00 利润表小计］

var c =［03 00 现金流量小计］

var d = SWITCH（SELECTEDVALUE（'7 全部报表'［报表］），

"资产类"，a，

"负债类"，a，

"权益类"，a，

"收入支出"，b，

"现金流量"，c，

"现金流量附表"，c

）

return d

（2）重要性 增幅 1 资产负债表

表达式如下：

重要性 增幅 1 资产负债表 =

//切片器最大报表时间

//var a = MAXX（ALLSELECTED（'1 资产负债表'），'1 资产负债表'［报告日期］）

var a = CALCULATE（MAXX（ALLSELECTED（'1 资产负债表'），'1 资产负债表'［报告日期］），all（'8 报表'［报表］））

//切片器最大报表时间上一年

var b = DATE（YEAR（a）−1, month（a），day（a））

//切片器上最近报表的科目金额

var d = CALCULATE（［01 00 资产负债小计］，FILTER（all（'01 时间表'［Date］），'01 时间表'［Date］ = a））

//上一年

var e = CALCULATE（[01 00 资产负债小计], FILTER（all（'01 时间表'[Date]),'01 时间表'[Date] = b))

var f = DIVIDE（d - e, e）

var g = if（abs（f）>= SELECTEDVALUE（'7 重要性 同比 变动参数'[同比 变动重要性参数]), 1, 0)

return g

(3) 重要性 增幅 2 利润表

表达式如下：

重要性 增幅 2 利润表 =

//切片器最大报表时间

//var a = MAXX（ALLSELECTED（'2 利润表'),'2 利润表'[报告日期])

var a = CALCULATE（MAXX（ALLSELECTED（'2 利润表'),'2 利润表'[报告日期]), all（'8 报表'[报表]))

//切片器最大报表时间上一年

var b = DATE（YEAR（a）- 1, month（a）, day（a））

//切片器上最近报表的科目金额

var d = CALCULATE（[02 00 利润表小计], FILTER（all（'01 时间表'[Date]),'01 时间表'[Date] = a))

//上一年

var e = CALCULATE（[02 00 利润表小计], FILTER（all（'01 时间表'[Date]),'01 时间表'[Date] = b))

var f = DIVIDE（d - e, e）

var g = if（abs（f）>= SELECTEDVALUE（'7 重要性 同比 变动参数'[同比 变动重要性参数]), 1, 0)

return g

(4) 重要性 增幅 3 现金流量表

表达式如下：

重要性 增幅 3 现金流量表 =

//切片器最大报表时间

//var a = MAXX（ALLSELECTED（'3 现金流量表'),'3 现金流量表'[报告日期])

var a = CALCULATE（MAXX（ALLSELECTED（'3 现金流量表'），'3 现金流量表'[报告日期]），all（'8 报表'[报表]））

//切片器最大报表时间上一年
var b = DATE（YEAR（a）－1, month（a），day（a））

//切片器上最近报表的科目金额
var d = CALCULATE（[03 00 现金流量小计]，FILTER（all（'01 时间表'[Date]），'01 时间表'[Date]＝a））

//上一年
var e = CALCULATE（[03 00 现金流量小计]，FILTER（all（'01 时间表'[Date]），'01 时间表'[Date]＝b））

var f = DIVIDE（d－e, e）
var g = if（abs（f）＞＝SELECTEDVALUE（'7 重要性 同比 变动参数'[同比 变动重要性参数]），1, 0）

return　g

（5）重要性 增幅 筛选度量值
表达式如下：
重要性 增幅 筛选度量值 ＝
// 正常做法 当在 IF 或 SWITCH 的分支中计算 DAX 表达式时，只要有必要，便将表达式分配给条件分支中的变量——这将保持评估的最优化
/＊SWITCH（SELECTEDVALUE（'8 报表'[报表]），
　　　　　" 资产类"，[重要性 增幅 1 资产负债表]，
　　　　　" 负债类"，[重要性 增幅 1 资产负债表]，
　　　　　" 权益类"，[重要性 增幅 1 资产负债表]，
　　　　　" 收入支出"，[重要性 增幅 2 利润表]，
　　　　　" 现金流量"，[重要性 增幅 3 现金流量表]，
　　　　　" 现金流量附表"，[重要性 增幅 3 现金流量表]，
　　　　　[重要性 增幅 1 资产负债表]）＊/

// 可以采取的办法，IF 和 SWITCH 的第一个参数可以使用在 IF 和 SWITCH 之前定义的变量，而不会影响性能
/＊
var a ＝SELECTEDVALUE（'8 报表'[报表]）

```
return
SWITCH（a,
        "资产类",［重要性 增幅 1 资产负债表］,
        "负债类",［重要性 增幅 1 资产负债表］,
        "权益类",［重要性 增幅 1 资产负债表］,
        "收入支出",［重要性 增幅 2 利润表］,
        "现金流量",［重要性 增幅 3 现金流量表］,
        "现金流量附表",［重要性 增幅 3 现金流量表］,
        ［重要性 增幅 1 资产负债表］)
*/
```

// 不采取以下做法，如果仅在条件分支内使用变量，请不要在 IF 或 SWITCH 语句之外分配变量

// 出错原因。变量重复计算。切片器用于利润表时，资产负债和现金流用第一种方法最大时间不能计算

var a =［重要性 增幅 1 资产负债表］

var b =［重要性 增幅 2 利润表］

var c =［重要性 增幅 3 现金流量表］

var d = SWITCH（SELECTEDVALUE（'8 报表'［报表］),
        "资产类", a,
        "负债类", a,
        "权益类", a,
        "收入支出", b,
        "现金流量", c,
        "现金流量附表", c,
        a)

return d

（6）重要性 占比 1 资产负债表

表达式如下：

重要性 占比 1 资产负债表 =

//切片器最大和最小报表时间

var a = MAXX（ALLSELECTED（'1 资产负债表'),'1 资产负债表'［报告日期］)//通过卡片验证

var a1 = MINX（ALLSELECTED（'1 资产负债表'),'1 资产负债表'［报告日期］)

var a2 = YEAR（a1）& " 年 " & QUARTER（a1）& " 季度 – " & YEAR（a）& " 年 " &

QUARTER（a）& " 季度"

//文本提醒替换方法，而且如果只选择个别公司时，比以前的方式更准确，因为考虑了最小时间。例300305

　　//切片器上最近报表的科目金额

　　var d = CALCULATE（[01 00 资产负债小计]，FILTER（all（'01 时间表'[Date]），'01 时间表'[Date] = a））

　　var e = CALCULATE（[01 01 资产合计]，FILTER（all（'01 时间表'[Date]），'01 时间表'[Date] = a），/*，all（'7 全部报表'）*/

　　　　　　all（'7 全部报表'[项目名称]），all（'7 全部报表'[序号]），all（'8 报表'[报表]））

　　var f = DIVIDE（d，e）

　　var g = if（abs（f）>= SELECTEDVALUE（'7 重要性 占比参数'[重要性参数]），1，0）

　　return　g

（7）重要性 占比 2 利润表

表达式如下：

重要性 占比 2 利润表 =

//切片器最大报表时间

var a = MAXX（ALLSELECTED（'2 利润表'），'2 利润表'[报告日期]）

　　//切片器上最近报表的科目金额

　　var d = CALCULATE（[02 00 利润表小计]，FILTER（all（'01 时间表'[Date]），'01 时间表'[Date] = a））

　　var e = CALCULATE（[02 01 营业总收入]，FILTER（all（'01 时间表'[Date]），'01 时间表'[Date] = a），

　　　　　　all（'7 全部报表'[项目名称]），all（'7 全部报表'[序号]））

　　var f = DIVIDE（d，e）

　　var g = if（abs（f）>= SELECTEDVALUE（'7 重要性 占比参数'[重要性参数]），1，0）

　　return g

（8）重要性 占比 3 分母

表达式如下：

重要性 占比 3 分母 =

SWITCH（SELECTEDVALUE（'8 报表'[报表]），

　　　"现金流量"，

SWITCH（SELECTEDVALUE（'7 重要性 占比分母'[占比分母]），

" 销售商品、提供劳务收到的现金（默认）"，CALCULATE（[03 09 销售商品、提供劳务收到的现金]，

all（'7 全部报表'[项目名称]），all（'7 全部报表'[序号])），

" 经营现金净流量"，CALCULATE（[03 031 经营活动净现金]，

all（'7 全部报表'[项目名称]），all（'7 全部报表'[序号])），

CALCULATE（[03 09 销售商品、提供劳务收到的现金]，all（'7 全部报表'[项目名称]），all（'7 全部报表'[序号]))

），

//以下公式中，净利润和经营现金净流量，原始度量值，并不根据现金流附表项目计算。上面的报表切片器附表有作用，所以报表切片器也需要删除

" 现金流量附表"，SWITCH（SELECTEDVALUE（'7 重要性 占比分母'[占比分母]），

" 净利润（默认）"，CALCULATE（[02 09 净利润]，

all（'8 报表'[报表]），all（'7 全部报表'[项目名称]），all（'7 全部报表'[序号])），

" 经营现金净流量"，CALCULATE（[03 031 经营活动净现金]，

all（'8 报表'[报表]），all（'7 全部报表'[项目名称]），all（'7 全部报表'[序号])），

CALCULATE（[02 09 净利润]，all（'8 报表'[报表]），all（'7 全部报表'[项目名称]），all（'7 全部报表'[序号]))

）

）

（9）重要性 占比 3 现金流量

表达式如下：

重要性 占比 3 现金流量 =

//切片器最大报表时间

var a = MAXX（ALLSELECTED（'3 现金流量表'），'3 现金流量表'[报告日期]）

//切片器上最近报表的科目金额

var d = CALCULATE（[03 00 现金流量小计]，FILTER（all（'01 时间表'[Date]），'01 时间表'[Date] = a))

var e = CALCULATE（[重要性 占比 3 分母]，FILTER（all（'01 时间表'[Date]），'01 时间表'[Date] = a)) var f = DIVIDE（d, e）

var g = if（abs（f）>=SELECTEDVALUE（'7 重要性 占比参数'[重要性参数]），1，0）

return g

（10）重要性占比筛选度量值

表达式如下：

重要性 占比 筛选度量值 =

var a =［重要性 占比 1 资产负债表］

var b =［重要性 占比 2 利润表］

var c =［重要性 占比 3 现金流量］

var d = SWITCH（SELECTEDVALUE（'7 全部报表'[报表]），

  "资产类"，a，

  "负债类"，a，

  "权益类"，a，

  "收入支出"，b，

  "现金流量"，c，

  "现金流量附表"，c，

  a）

return d

/＊SWITCH（SELECTEDVALUE（'8 报表'[报表]），

  "资产类"，[重要性 占比 1 资产负债表]，

  "负债类"，[重要性 占比 1 资产负债表]，

  "权益类"，[重要性 占比 1 资产负债表]，

  "收入支出"，[重要性 占比 2 利润表]，

  "现金流量"，[重要性 占比 3 现金流量]，

  "现金流量附表"，[重要性 占比 3 现金流量]，

  [重要性 占比 1 资产负债表]

）＊/

（11）经营与风险已选公司（多选）

表达式如下：

0 经营与风险已选公司（多选）=

if（

  COUNTROWS（VALUES（'02 公司简表'[公司名称]））>=1，

  BLANK（），

  "所选公司与分类不一致"

）

（12）经营与风险已选公司数量（单选或多选汇总）

表达式如下：

0 经营与风险已选公司数量（单选或多选汇总）=

var a = COUNTROWS（VALUES（'02 公司简表'［公司名称］））

return

if（ a < 1,

　　　" 不在分类或下方多选中"，

　　　" "

）

（13）已选公司数量（多）

表达式如下：

0 已选公司数量（多）=

var a = COUNTROWS（VALUES（'02 公司简表'［公司名称］））

var b = if（ a > = 1,

　　　　" 已选择 " & a　& " 家 "，

　　　　" 所选公司与分类不一致"）

return b

//注意，下方图表如有包含公司行列的，需取消交互

（14）已选择公司数量 配色

表达式如下：

0 已选择公司数量 配色 =

if（

　　COUNTROWS（'02 公司简表'） > = 1,

　　" #070F25"，

　　" #FD625E"）

（15）重构利润 已选择公司数量

表达式如下：

0 重构利润 已选择公司数量 =

var a = COUNTROWS（VALUES（'02 公司简表'［公司名称］））

return

SWITCH（true，

　　　a > 1,　" 请选择 " & " 1 家公司"，

　　　a = 1,　" 已选择 " & a & " 家 "，

　　　" 所选公司与分类不一致"）

（16）重构利润 已选择公司数量 配色

表达式如下：

0 重构利润 已选择公司数量 配色 =

if（

  COUNTROWS（'02 公司简表'）=1,

  " 070F25",

  " #FD625E"）

（17）报表期间（切片器单独年季）

表达式如下：

1 报表期间（切片器单独年季）=

var a = year（LASTDATE（'01 时间表'［Date］））& " 年 "

var b = year（LASTDATE（'01 时间表'［Date］））& " 年 " & QUARTER（LASTDATE（'01 时间表'［Date］））&" 季度"

var c = if（not ISFILTERED（'01 时间表'［年季度］）， a, b）

var d = " 报表区间：" & c

return d

（18）总体情况 标杆公司名称

表达式如下：

2 0 总体情况 标杆公司名称 =

//卡片可以加入换行，按钮不行

var a = if（ISFILTERED（'01 时间表'［年季度］），

    max（'01 时间表'［年季度］）&" ",

    max（'01 时间表'［年］）&" 年 "）

  & VALUES（'5 财务指标'［指标名称］）& UNICHAR（10）

  & " " & UNICHAR（10）

  & " 标杆公司："

  & if（MAX（'1 资产负债表'［报告日期］）= BLANK（）， //超出报表时间

    " 无该期间数据",

    TOPN（1，VALUES（'02 公司简表'［公司名称］），［01 主要指标］）

   ）

return a

//需取消公司切片器与标杆之间的交互

（19）经营与风险 标杆公司

表达式如下：

2 1 经营与风险 标杆公司 =

//标杆 并非所有指标最大为标杆，如费用就该取最小值

/*var a =〔经营与风险 同业标杆〕

var a1 = CALCULATETABLE（VALUES（'02 公司简表'〔公司名称〕），all（'02 公司简表'〔代码\名称\拼音〕），all（'02 公司简表'〔最近季营收序〕））

var b = SUMMARIZE（FILTER（a1，〔经营与风险 同业标杆〕=a），'02 公司简表'〔公司名称〕）*/

var c4 = VALUES（'5 财务指标'〔升或降〕）

var c5 = if（c4=1，1，-1）

var b = CALCULATETABLE（TOPN（1，VALUES（'02 公司简表'〔公司名称〕），〔2 经营与风险 图〕*c4），

all（'02 公司简表'〔代码\名称\拼音〕），all（'02 公司简表'〔最近季营收序〕））

var c2 = CALCULATETABLE（TOPN（1，VALUES（'02 公司简表'〔公司名称〕），-〔2 经营与风险 图〕），

KEEPFILTERS（FILTER（'5 财务指标'，'5 财务指标'〔升或降〕=0）），

all（'02 公司简表'〔代码\名称\拼音〕），all（'02 公司简表'〔最近季营收序〕））

//var b = union（c1，c2）

/*var b = CALCULATE（MAXX（values（'02 公司简表'〔公司名称〕），〔经营与风险 图〕），

FILTER（'5 财务指标'，'5 财务指标'〔升或降〕=1），

all（'02 公司简表'〔代码\名称\拼音〕），all（'02 公司简表'〔最近季营收序〕））

+ CALCULATE（MINX（values（'02 公司简表'〔公司名称〕），〔经营与风险 图〕），

FILTER（'5 财务指标'，'5 财务指标'〔升或降〕=0），

all（'02 公司简表'〔代码\名称\拼音〕），all（'02 公司简表'〔最近季营收序〕））*/

//计算行次

var b1 = COUNTROWS（b）

//公司名称拼音顺序

var b3 = CALCULATETABLE（TOPN（1，b，'02 公司简表'〔公司名称〕，ASC），

all（'02 公司简表'〔代码\名称\拼音〕），all（'02 公司简表'〔最近季营收序〕））

var b4 = if（b1 >1，b3，b）

return b4

（20）同业比较 标杆公司

表达式如下：

2 2 同业比较 标杆公司 =

//与总体情况页面不同，当时只需取消交互，当前交互是存在的，如按原办法，当选择一家公司时，标杆为同一家

//生成 topn 的表

var b = CALCULATETABLE（TOPN（1，VALUES（'02 公司简表'[公司名称]），[3 成长性指标 当期]），

all（'02 公司简表'[代码\名称\拼音]），all（'02 公司简表'[最近季营收序]））

//计算行次

var b1 = COUNTROWS（b）

//行次大于 1 时，再找一指标，比如营收，不重复可以选公司代码

//营收

var b2 = CALCULATETABLE（TOPN（1，b，[02 01 营业总收入]），

all（'02 公司简表'[代码\名称\拼音]），all（'02 公司简表'[最近季营收序]））

//公司名称拼音顺序

var b3 = CALCULATETABLE（TOPN（1，b,'02 公司简表'[公司名称]，ASC），

all（'02 公司简表'[代码\名称\拼音]），all（'02 公司简表'[最近季营收序]））

var b4 = if（b1 >1，b3，b）

return b4

（21）使用介绍 1

表达式如下：

3 使用介绍 1 = if（HASONEVALUE（'8 分析思路'[功能介绍]），VALUES（'8 分析思路'[使用介绍]），" 请选择一项分析内容"）

(22) 使用介绍2

表达式如下:

3 使用介绍2 = if (HASONEVALUE ('8 分析思路' [功能介绍]), VALUES ('8 分析思路' [使用介绍2]))

(23) 使用介绍3

表达式如下:

3 使用介绍3 = if (HASONEVALUE ('8 分析思路' [功能介绍]), VALUES ('8 分析思路' [使用介绍3]))

(24) 使用介绍4

表达式如下:

3 使用介绍4 = if (HASONEVALUE ('8 分析思路' [功能介绍]), VALUES ('8 分析思路' [使用介绍4]))

(25) 使用介绍5

表达式如下:

3 使用介绍5 = if (HASONEVALUE ('8 分析思路' [功能介绍]), VALUES ('8 分析思路' [使用介绍5]))

(26) 重要项目 交集

表达式如下:

重要项目 交集 =

var a =

 FILTER (

  VALUES ('7 全部报表' [项目名称]),

  [重要性 占比 筛选度量值] = 1 && [重要性 增幅 筛选度量值] = 1 && '7 全部报表' [项目名称] < > " ")

var b =

 if (

  COUNTROWS (a) < > 0,

   " 共 " & COUNTROWS (a) & " 个项目 : "

    & CONCATENATEX (a, '7 全部报表' [项目名称], " ; ", '7 全部报表' [项目名称], DESC),

   " 无交集,请确认该公司数据是否完整,或调整参数")

return b

(27) 重要项目 增幅

表达式如下:

重要项目 增幅 =

var a = FILTER（VALUES（'7 全部报表'［项目名称］），［重要性 增幅 筛选度量值］ = 1&&'7 全部报表'［项目名称］＜＞""）

var b =
"同比增幅超过 + - "
& FORMAT（SELECTEDVALUE（'7 重要性 同比 变动参数'［同比 变动重要性参数］），"0.0%"）
& if（COUNTROWS（a）＜＞0,
"共" & COUNTROWS（a）&"个项目。",
"的项目数量为零"）

return b

（28）重要项目占比

表达式如下：

重要项目占比 =

var a = FILTER（VALUES（'7 全部报表'［项目名称］），［重要性 占比 筛选度量值］ = 1 &&'7 全部报表'［项目名称］＜＞""）

var b = SWITCH（SELECTEDVALUE（'7 全部报表'［报表］），
"现金流量", SWITCH（SELECTEDVALUE（'7 重要性 占比分母'［占比分母］），
"经营现金净流量"," 经营现金净流量",
"销售商品、提供劳务收到的现金"," 销售商品、提供劳务收到的现金",
"销售商品、提供劳务收到的现金"），
"现金流量附表", SWITCH（SELECTEDVALUE（'7 重要性 占比分母'［占比分母］），
"净利润"," 净利润",
"经营现金净流量"," 经营现金净流量",
"净利润"）
）

var c = SWITCH（SELECTEDVALUE（'7 全部报表'［报表］），
"资产类",   "单项 在资产总额中 占比超过 + - ",
"负债类",   "单项 在资产总额中 占比超过 + - ",
"权益类",   "单项 在资产总额中 占比超过 + - ",
"收入支出",   "单项 在营业收入中 占比超过 + - ",
"现金流量",   "单项 在" & b &" 中 占比超过 + - ",
"现金流量附表"," 单项 在" & b &" 中 占比超过 + - "）
& FORMAT（SELECTEDVALUE（'7 重要性 占比参数'［重要性参数］），"0.0%"）
& if（COUNTROWS（a）＜＞0,

" 共 " & COUNTROWS（a）& " 个项目 。",

" 的项目数量为 零 "）

return c

（29）自定义 排名表

表达式如下：

自定义 排名表 = VALUES（'5 财务指标'［指标名称］）&" 排名表"

（30）自定义条形图

表达式如下：

自定义 条形图 = VALUES（'5 财务指标'［指标名称］）&" 条形图"

（31）自定义 小多图 标题

表达式如下：

自定义 小多图 标题 = VALUES（'5 财务指标'［指标名称］）& "　　历年趋势 VS 标杆 VS 均值"

（32）总体情况卡片用公司数量标题

表达式如下：

总体情况卡片用公司数量标题 =

if（

　　not HASONEVALUE（'6 近两年趋势'［变动状态］）&& not HASONEVALUE（'6 近三年趋势'［变动状态］），

　　" 所选公司" &UNICHAR（10）&" 总数量"，

　　if（

　　　　HASONEVALUE（'6 近两年趋势'［变动状态］），

　　　　VALUES（'6 近两年趋势'［变动状态］）& UNICHAR（10）&" 公司数量"，

　　　　if（

　　　　　　HASONEVALUE（'6 近三年趋势'［变动状态］），

　　　　　　VALUES（'6 近三年趋势'［变动状态］）& UNICHAR（10）&" 公司数量"

　　　　）

　　）

）

（33）总体情况 圆环图 最近两年趋势标题

表达式如下：

总体情况 圆环图 最近两年趋势标题 = VALUES（'5 财务指标'［指标名称］）&" 最近两年趋势"

（34）总体情况 圆环图 最近三年趋势标题

表达式如下：

总体情况 圆环图 最近三年趋势标题 = VALUES（'5 财务指标'［指标名称］）&" 最近三年趋势"

2）创建占比重要项目和同比变动幅度重要项目堆积面积图

步骤 1：插入"堆积面积图"视觉对象，创建占比重要项目和同比变动幅度重要项目堆积面积图，如图 7-63 所示。

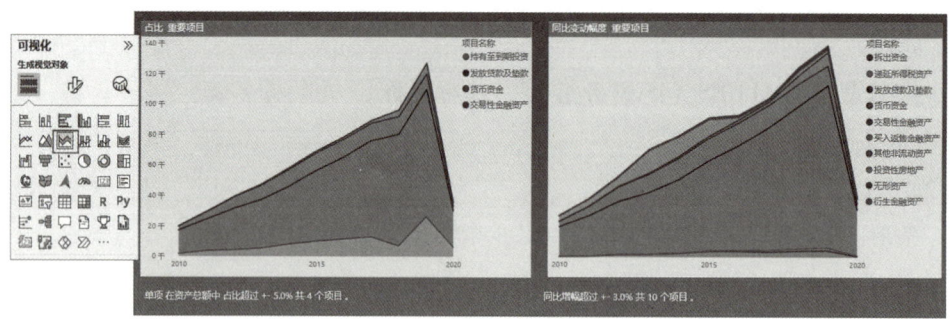

图 7-63　占比重要项目和同比变动幅度重要项目堆积面积图

步骤 2：在占比重要项目和同比变动幅度重要项目堆积面积图中，元素设置基本一致，将时间表"年"字段放入 X 轴、重要性度量值"重要性 0 度量值"放入 Y 轴、7 全部报表"项目名称"放入图例，仅需改变视觉对象筛选条件是按占比还是按增幅，即可设置其显示条件。堆积面积图格式设置如图 7-64 所示。

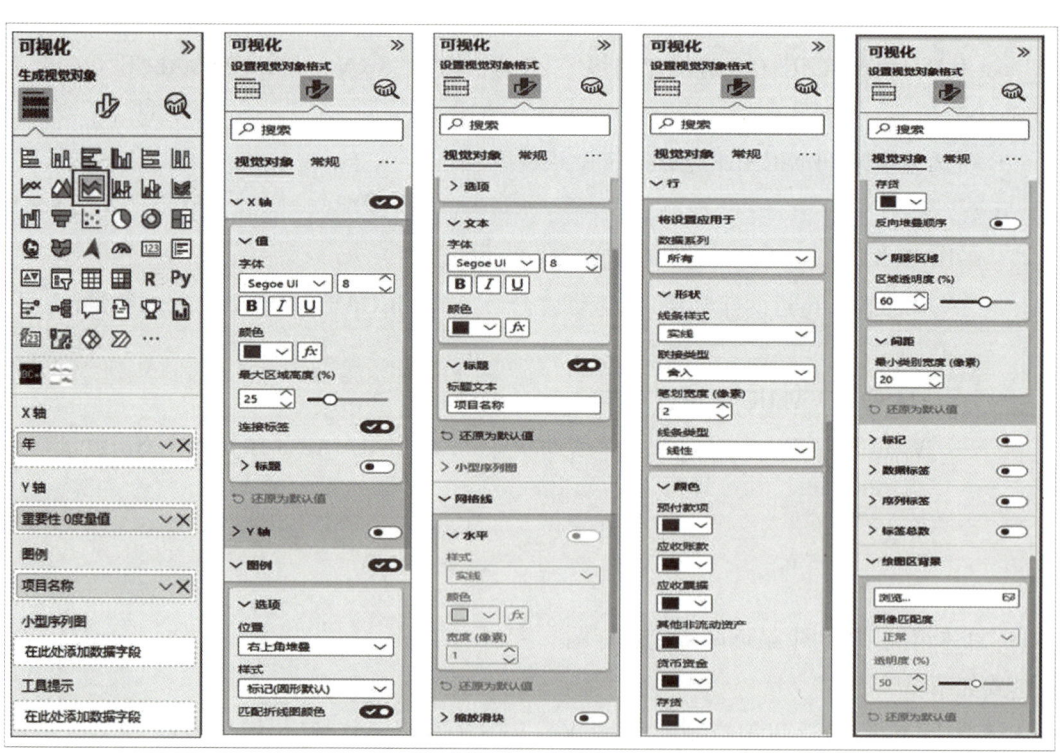

图 7-64　堆积面积图格式设置

步骤 3：按照图 7-65 进行筛选器的设置。

图 7-65 筛选器设置

3）创建重要项目的交集

步骤 1：插入"按钮"元素，创建能够自动显示两个堆积面积图重要项目交集说明的文本，结果如图 7-66 所示。

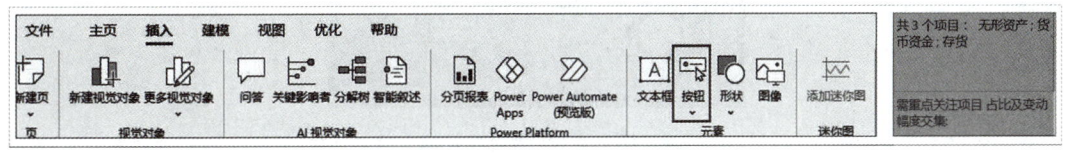

图 7-66 插入"按钮"操作

步骤 2：将重要项目交集的按钮"样式"中的"文本"以函数形式显示，并选择"重要项目交集"为基础字段，即可完成该交集结果显示，对于本页面的阅读有很大的便利性。重要项目交集按钮设计如图 7-67 所示。

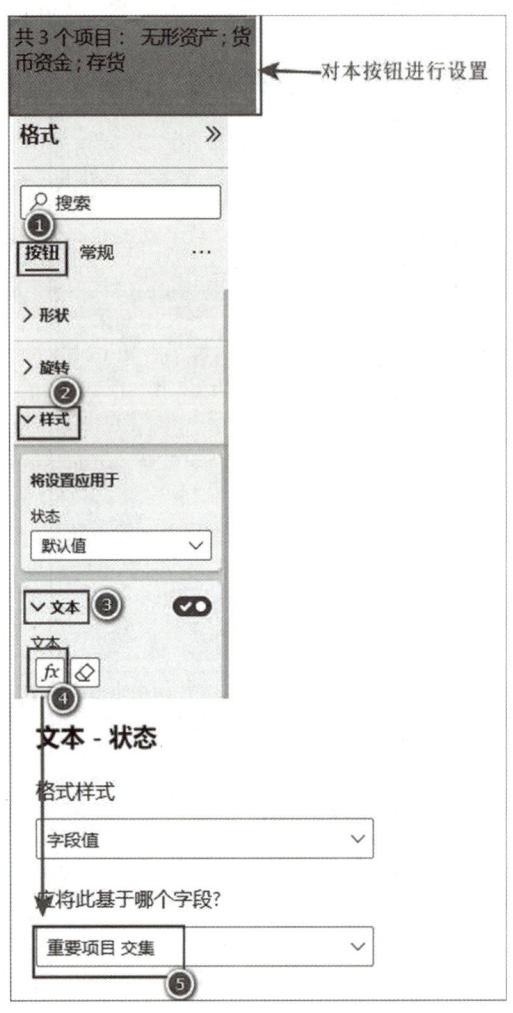

图 7-67 重要项目交集按钮设计

4）创建占比重要性参数切片器与同比变动重要性参数切片器

步骤 1：插入"切片器"视觉对象，使用 7 重要性 占比参数"重要性参数"（重命名为："占比 重要性参数"）创建能够进行占比参数选择的切片器，如图 7-68 所示。

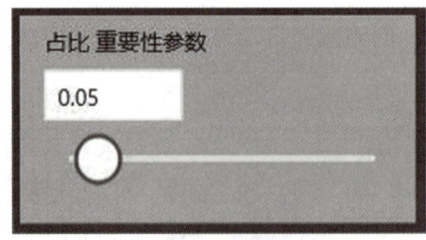

图 7-68 占比 重要性参数设置

步骤 2：该切片器可以滑块或单项选择的形式进行显示，取决于设计者的具体需求。

步骤 3：大类切片器作为独有项目，也需要通过切片器进行创建，具体格式设置如图 7-69 所示。

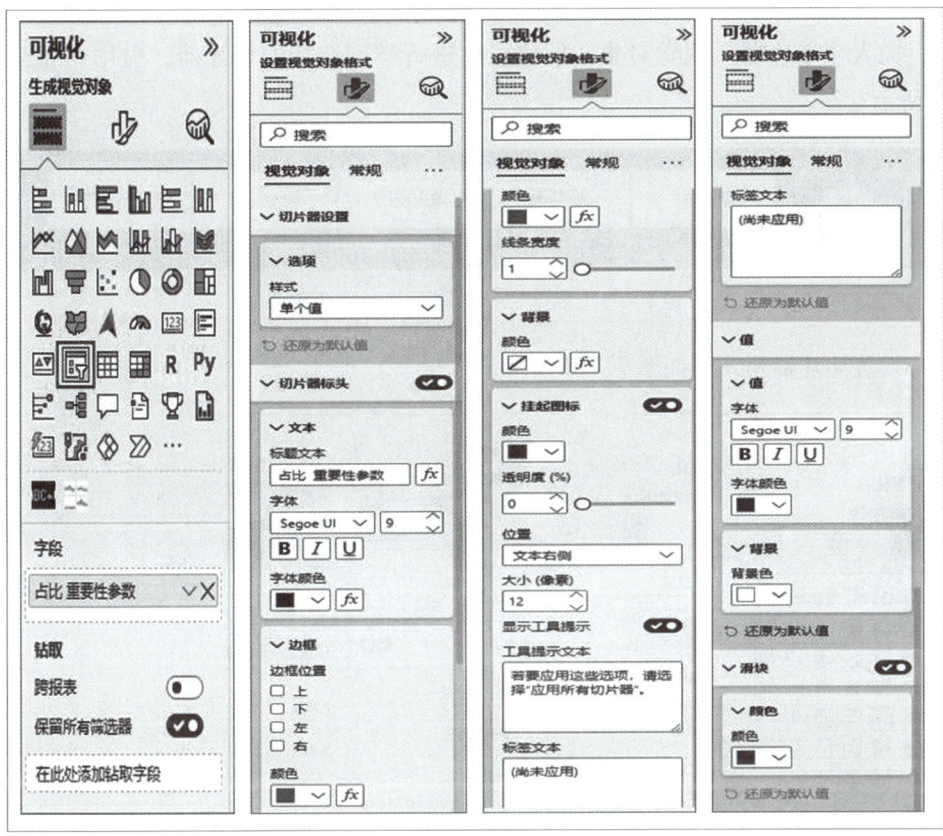

图 7-69　大类切片器格式设置

步骤 4："同比 变动 重要性参数"切片器可以直接复制，将字段更改为 7 重要性 同比变动参数"同比 变动重要性参数"（重命名为"同比 变动 重要性参数"）即可，最后将重要性参数的切片器移动到合适位置。

步骤 5：将两个切片器分别与堆积面积图做关联，两个切片器之间需要取消关联，如图 7-70 所示。

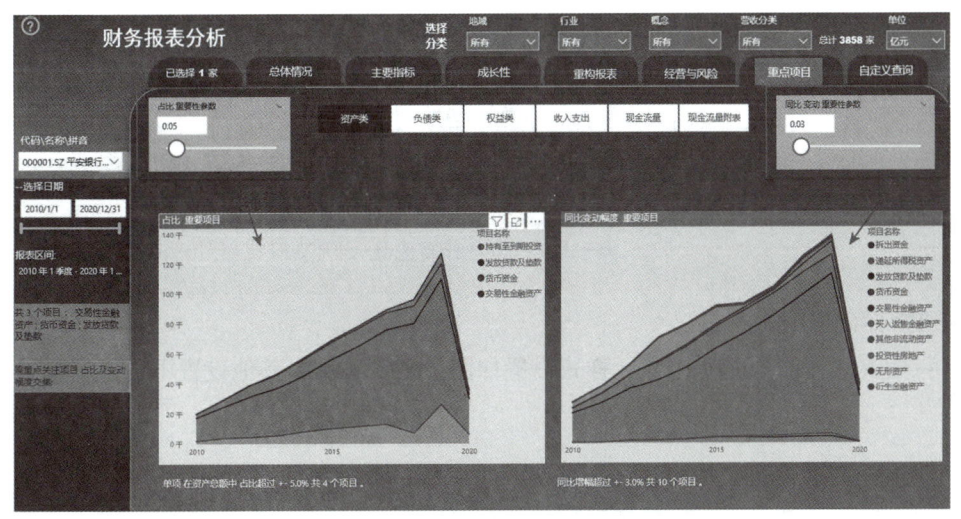

图 7-70　两个切片器之间取消关联设置

5）创建报表切片器

步骤1：插入"切片器"视觉对象，创建能够进行类型选择的切片器，引用8报表"报表"，如图7-71所示。

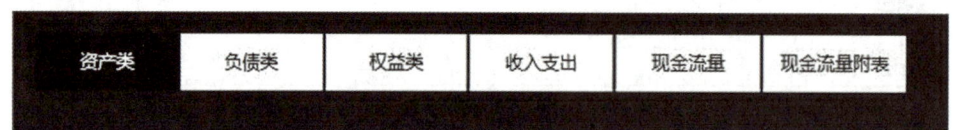

图7-71　插入"切片器"视觉对象操作

步骤2：设置切片器格式，如图7-72所示。

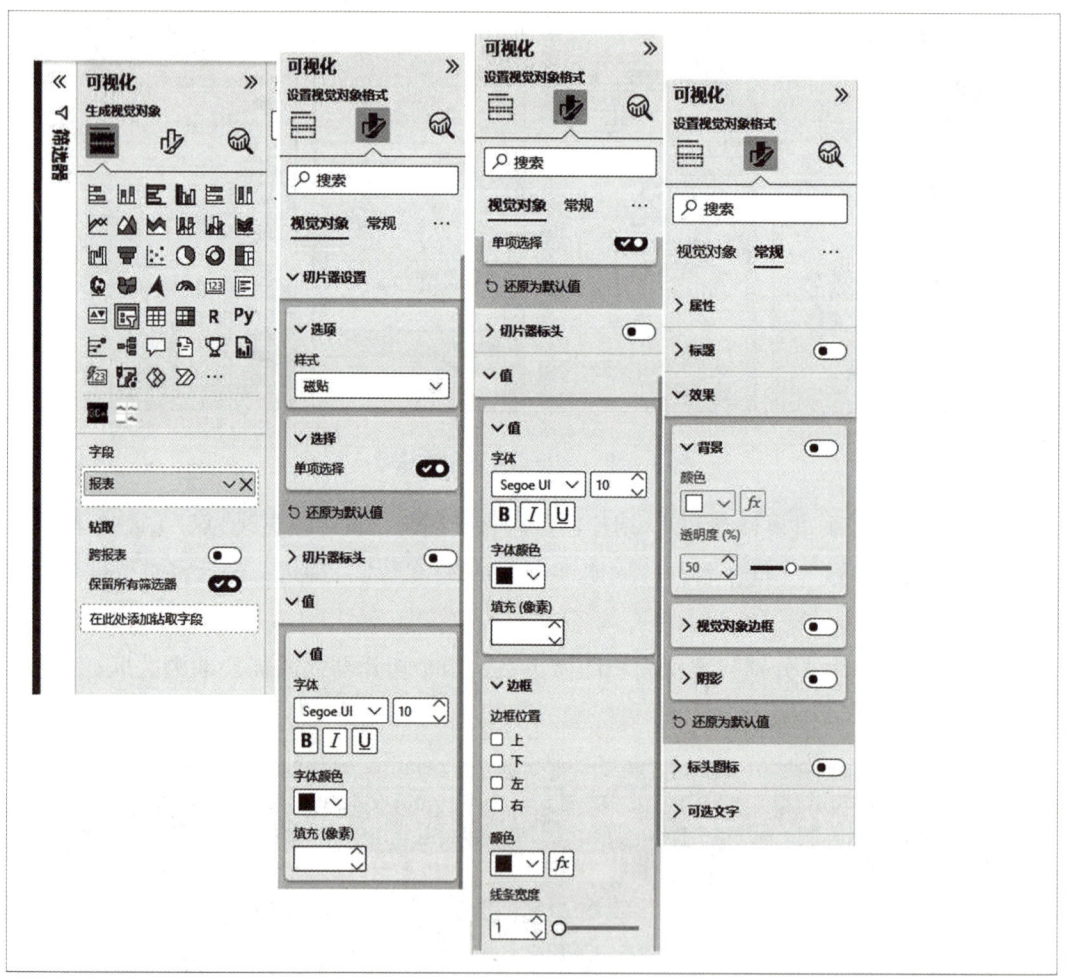

图7-72　设置切片器格式

6）创建指标分析按钮

步骤1：插入"按钮"视觉对象，样式设置如图7-73所示，其他设置不再过多阐述。

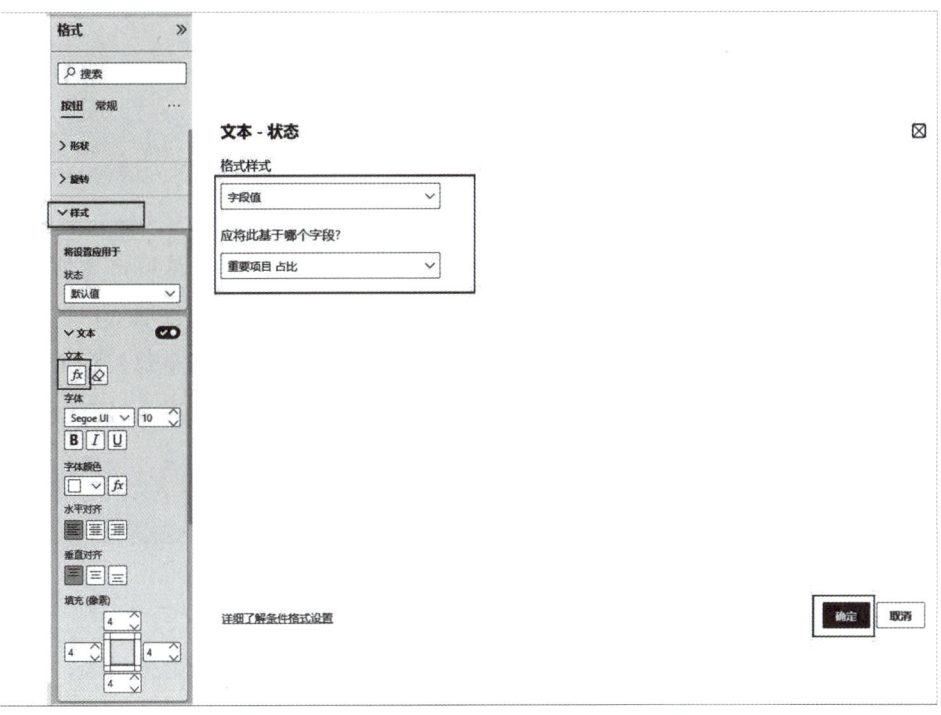

图 7-73 "按钮"视觉对象样式设置

步骤 2：复制此视觉对象，进行同样操作，将字段值更改为"重要项目 增幅"即可，结果如图 7-74 所示。

图 7-74 字段值设置结果

至此，企业成长性与重要性指标分析任务完成。

练一练

1. 根据所提供的数据资料，完成该公司的成长性情况仪表盘，分析该公司净利润增长率、营业收入增长率和总资产增长率等指标，以供管理层参考。

2. 根据所提供的数据资料，完成该公司的可视化重要性分析。

7.3 企业价值评估与预测

上市公司虽然是所在行业经营效益较好的企业，但是在市场经济日趋完善的今天，仍然每时每刻都面临着来自市场的各种风险。因此财务管理系统作为企业风险预警器的作用愈来愈重要，企业经营者应经常进行财务分析，防范财务危机，建立预警分析指标体系，采取适当的财务风险化解方式。

7.3.1 知识准备

7.3.1.1 企业价值评估的定义

企业价值评估是指以企业整体为对象,对企业未来产生收益的可持续能力做出估算,能够为投资者和管理层等相关利益主体提供决策信息。

根据企业价值评估的目的与主体不同,价值评估的内涵也有所不同。从资产评估师评估目的出发,根据《资产评估准则——企业价值》准则的定义,企业价值评估是指注册资产评估师依据相关法律法规和资产评估准则,对评估基准日特定目的下企业整体价值、股东全部权益价值或者股东部分权益价值等进行分析、估算并发表专业意见的行为和过程。从企业投资者及经营管理者进行投资决策及价值管理的目的出发,企业价值评估就是要依据价值评估理论与方法,结合企业价值评估的目的,对企业整体价值或不同类别的价值进行分析与估算的行为与过程。

7.3.1.2 企业价值评估与预测的方法

(1)趋势分析

趋势分析是财务报表分析的基本方法,它是通过观察企业连续数期的财务报表,在运用一定的方法比较各期有关项目金额的基础上,确定各项目的增减变动及发展趋势,并对各项目在未来可能出现的结果做出预测的一种分析方法。

(2)预测分析

预测分析是财务分析估价企业未来职能的延伸。它是根据企业过去一段时期财务活动所形成的历史资料,结合企业现在所处的外部环境和自身状况,考虑企业的发展趋势,由专门人员通过主观判断或定量分析,对企业未来的财务状况和经营成果做出判断、预计和估算的行为,其核心是对企业未来的发展前景进行较为精确的估算。

本节以可视化经营与风险分析为例,运用 Power BI 演示企业价值评估与预测的过程。

7.3.2 任务目标

(1)掌握财务综合分析的方法。
(2)掌握趋势分析法与预测分析法的目的。
(3)掌握三大财务报表的预测方法。
(4)掌握企业的财务综合价值的评估。
(5)能够结合企业的财务综合分析内核进行可视化经营与风险分析。

7.3.3 任务要求

本项目使用趋势分析法与预测分析法对企业的发展方向与趋势进行财务综合分析,以不同的评估目的为出发点对企业进行估值与评价,并利用 Power BI 的可视化分析功能结合企业的财务综合分析内核进行可视化经营与风险分析。

能够通过对企业、报表日期、行业、地域、概念、营收分类、占比重要性及金额单位(元、万元、百万、亿元)进行切换,实现企业价值评估与预测的报表数据呈现。

经营与风险分析需包含以下要素：
（1）营业收入历年趋势；
（2）行业均值、同业比较；
（3）竞争对手分析等。

7.3.4 任务实现

打开教材案例数据 7.3 企业价值评估与预测的初始化文件：

对财务报表进行综合分析后，想要进一步了解企业的发展方向，需要结合已有财务指标与财务分析模型从各个角度进行更深入的专题分析。

根据上市公司的特点，结合 Power BI 在数据处理方面的技术优势，本课程选取和经营与风险相关的重要财务指标数据，重点讲解相关的可视化呈现。首先，创建经营与风险分析页面，如图 7-75 所示，本页面可任意选择一家公司对其经营管理能力进行分析。

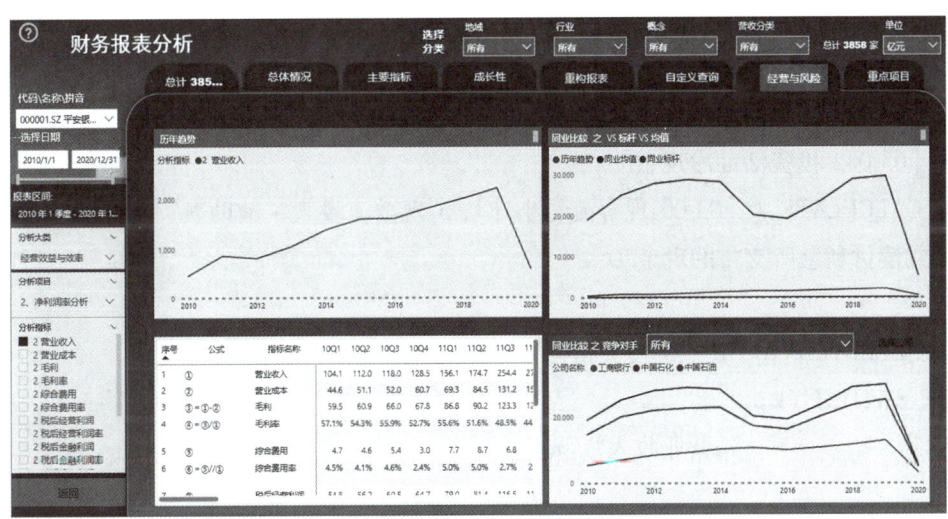

图 7-75　经营与风险分析页面

7.3.4.1　编写度量值

编写步骤：输入数据，建立新表，命名为"经营与风险度量值"，在此表中新建以下度量值。

（1）经营与风险 表

表达式如下：

1 经营与风险 表 =

var a = ［02 01 营业总收入］

var b = ［02 08 税后利息支出］

var c = ［02 09 净利润］

var d = ［01 52 资产净额］

var e = ［02 03 营业成本］

var g = ［01 22 所有者权益］

var h = ［03 031 经营活动净现金］

var i =［02 08 税后经营利润］

var j =［01 01 资产合计］

var l =［02 031 利息支出］

var m =［02 04 销售费用］

var n =［02 04 管理费用］

var o =［02 04 研发费用］

var p =［01 131 营运资本］

var q =［02 06 营业外收入］-［02 06 营业外支出］

var r =［02 032 长期股权投资利润］

var s =［01 21 金融负债］-［01 11 金融资产］

var t =［02 07 利润总额］

var u =［01 41 长期资产］

var v =［01 42 长期资本（长期融资）］

var w =［02 08 税后金融利润］

var x =［03 033 筹资活动净现金］

var y =［03 032 投资活动净现金］

var z = CALCULATE（［03 00 现金流量小计］,'3 现金流量表-辅助表'［项目名称］=" 分配股利、利润或偿付利息所支付的现金"）

var k = SELECTEDVALUE（'5 财务指标'［指标名称］）

var a1 = SWITCH（k,

" 营业收入"，a,

" 净利润"，c,

" 净利润率"，FORMAT（DIVIDE（c,a）," 0.0%"），

" 总资产"，j,

" 资产周转率"，DIVIDE（a,j），

" 总资产回报率 ROA"，FORMAT（DIVIDE（c,j）," 0.0%"），

" 股东权益"，g,

" 财务杠杆"，DIVIDE（j,g），

" 股权回报率 ROE"，FORMAT（DIVIDE（c,g）," 0.0%"）

）

var a2 = SWITCH（k,

" 营业收入"，a,

" 营业成本"，e,

" 毛利"，a-e,

" 毛利率"，FORMAT（1-DIVIDE（e,a）," 0.0%"），

" 综合费用"，（a-e）-i,

```
                "综合费用率", FORMAT (DIVIDE ((a-e) -i, a)," 0.0%"),
                "税后经营利润", i,
                "税后经营利润率", FORMAT (DIVIDE (i, a)," 0.0%"),
                "税后金融利润", w,
                "税后金融利润率", FORMAT (DIVIDE (w, a)," 0.0%"),
                "长期投资利润", r,
                "长期投资利润率", FORMAT (DIVIDE (r, a)," 0.0%"),
                "实际利息支出", l,
                "税盾", l-b,
                "税后利息支出", b,
                "净利润", c,
                "净利润率", FORMAT (DIVIDE (c, a)," 0.0%")
                )
    var a3 = SWITCH (k,
                "营业收入", a,
                "销售费用", m,
                "销售费用率", FORMAT (DIVIDE (m, a)," 0.0%"),
                "管理费用", n,
                "管理费用率", FORMAT (DIVIDE (n, a)," 0.0%"),
                "研发费用", o,
                "研发费用率", FORMAT (DIVIDE (o, a)," 0.0%"),
                "营业外收支", q,
                "其他收益变动", t-w-r+l-m-n-o+q,
                "其他收益变动率", FORMAT (DIVIDE (t-w-r+l-m-n-o+q, a)," 0.0%")
                )
    var a4 = SWITCH (k,
                "营运资本周转率", DIVIDE (a, p),
                "长期资产周转率", DIVIDE (a, u),
                "固定资产周转率", DIVIDE (a, [01 10 固定资产]),
                "存货周转率", DIVIDE (e, [01 10 存货]),
                "应收账款周转率", DIVIDE (a, [01 10 应收账款]),
                "应付账款周转率", DIVIDE (e, [01 10 应付账款])
                )
    var a5 = SWITCH (k,
                "营业收入", a,
                "税后净利息费用", b,
```

                "净利润", c,
                "息前税后净利润", c-b,
                "息前税后净利润率", FORMAT (DIVIDE (c-b, a)," 0.0%"),
                "资本净额", d,
                "资本净额周转率", DIVIDE (a, d),
                "息前税后资本回报率", FORMAT (DIVIDE (c-b, d)," 0.0%"),
                "净负债", s,
                "利差", DIVIDE (c-b, d) - DIVIDE (b, s),
                "净财务杠杆", DIVIDE (s, g),
                "财务杠杆利得", DIVIDE (c, g) - DIVIDE (c-b, d),
                "股权回报率", FORMAT (DIVIDE (c, g)," 0.0%")
)
var a6 = SWITCH (k,
                "营业收入", a,
                "经营现金净流量", h,
                "净利润", c,
                "营业收入现金含量水平", DIVIDE (h, a),
                "净利润质量", DIVIDE (h, c),
                "现金流充裕水平", DIVIDE (h, -x-y),
                "购建固定资产现金流出", -y,
                "支付股利现金流出", z,
                "偿还借款现金流出", -x-z
)
var a7 = SWITCH (k,
                "长期资本（长期融资）", v,
                "长期资产", u,
                "长期资本余缺", v-u,
                "营运资本", p,
                "易变现率", FORMAT (DIVIDE (v-u, p)," 0.0%"),
                "流动比率", [06 偿债能力 流动比率],
                "资产负债率", FORMAT (DIVIDE (j-g, j)," 0.0%"),
                "利息保障倍数", DIVIDE (t+l, l),
                "现金流量利息保障倍数", DIVIDE (h, l),
                "现金流量债务比", DIVIDE (h, j-g)
)
var a8 = SWITCH (SELECTEDVALUE ('5 财务指标'[指标类别]),
                " 1. 盈利性分析 - ROE", a1,

" 2. 净利润率分析",a2,
" 3. 综合费用分析",a3,
" 4. 资产周转率分析",a4,
" 5. ROE 拆解二",a5,
" 6. 盈利质量分析",a6,
" 7. 偿债能力分析",a7
)
return a8

(2) 经营与风险 同业均值

表达式如下:

3 经营与风险 同业均值 =

var a = COUNTROWS（VALUES（'02 公司简表'[公司名称]））>=1

var b = CALCULATE（

[2 经营与风险 图],

FILTER（'5 财务指标','5 财务指标'[简单或累计]=1),

all（'02 公司简表'[代码\名称\拼音]),all（'02 公司简表'[最近季营收序]）

)

+CALCULATE（

AVERAGEX（VALUES（'02 公司简表'[公司名称]),[2 经营与风险 图]),

FILTER（'5 财务指标','5 财务指标'[简单或累计]=0),

all（'02 公司简表'[代码\名称\拼音]),all（'02 公司简表'[最近季营收序]）

)

//var c = if（a, b）

var c = (COUNTROWS（VALUES（'02 公司简表'[公司名称]））>=1) * b

var d = (COUNTROWS（VALUES（'5 财务指标'[分析指标]））=1) * c

return d

(3) 经营与风险 同业标杆

表达式如下:

4 经营与风险 同业标杆 =

var a = COUNTROWS（VALUES（'02 公司简表'[公司名称]））>=1

var b = CALCULATE（MAXX（values（'02 公司简表'[公司名称]),[2 经营与风险 图]),

FILTER（'5 财务指标','5 财务指标'[升或降]=1),

all（'02 公司简表'［代码\名称\拼音］），all（'02 公司简表'［最近季营收序］）））

+CALCULATE（MINX（values（'02 公司简表'［公司名称］），［2 经营与风险 图］），

FILTER（'5 财务指标'，'5 财务指标'［升或降］＝－1），

all（'02 公司简表'［代码\名称\拼音］），all（'02 公司简表'［最近季营收序］）））

//var c＝if（a，b）

var c＝（COUNTROWS（VALUES（'02 公司简表'［公司名称］））＞＝1）＊b

var d＝（COUNTROWS（VALUES（'5 财务指标'［分析指标］））＝1）＊c

return d

7.3.4.2　创建切片器（分析指标）

复制当前页面的切片器，修改为 5 财务指标"分析指标"切片器（以列表形式显示），如图 7－76 所示。因各页面外观相对保持一致，因此不需要进行重复性的格式设置。

图 7－76　切片器设置

7.3.4.3　创建折线图（历年趋势，同业比较之标杆和均值，同业比较之竞争对手）

第一，复制成长性页面的折线图，将"01 时间表"中"年"放入 X 轴、主要指标度量值"2 经营与风险 图"度量值放入 Y 轴、5 财务指标"分析指标"度量值放入图例、重要性度量值"2 1 经营与风险 标杆公司"（重命名为"标杆公司"）度量值放入工具提示，创建历年趋势折线图，如图 7－77 所示。格式不需单独设置。

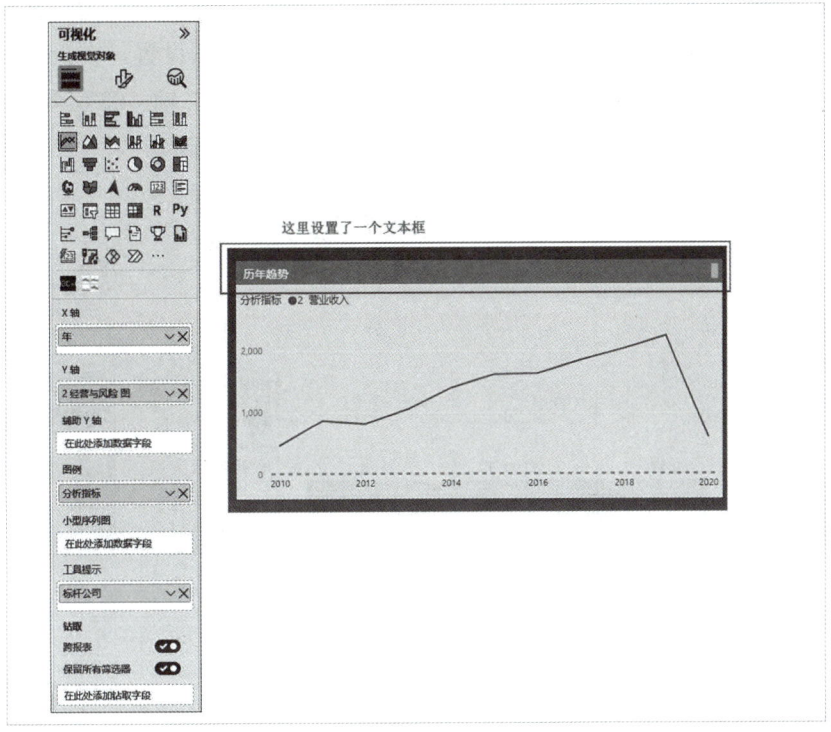

图 7－77　历年趋势折线图设置

第二，复制成长性页面的折线图，X 轴字段不变，依次将主要指标度量值"2 经营与风险 图"（重命名为"历年趋势"）、经营与风险度量值"3 经营与风险 同业均值"（重命名为"同业均值"）和"4 经营与风险 同业标杆"（重命名为"同业标杆"）放入 Y 轴，将"2 1 经营与风险 标杆公司"（重命名为"标杆公司"）度量值放入工具提示，完成同业比较之 VS 标杆 VS 均值趋势对比图，如图 7－78 所示。

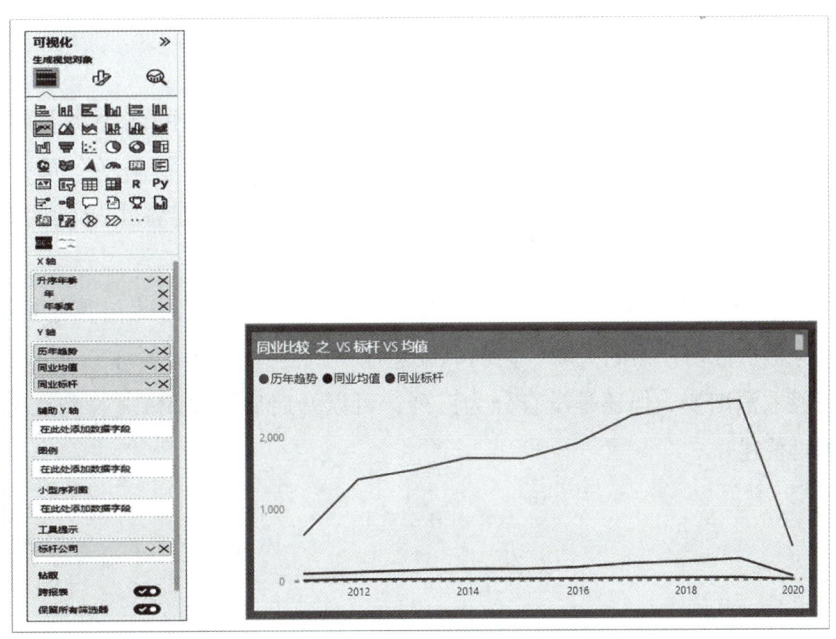

图 7－78　同业比较之 VS 标杆 VS 均值趋势对比图

第三，复制成长性页面的折线图，切片器既可以创建也可以复制，将"02 公司简表［代码＼名称＼拼音］"放入切片器字段，实现同业比较之竞争对手的筛选器设置。在折线图中，将时间表"年"放入 X 轴、主要指标度量值"2 经营与风险 图"度量值放入 Y 轴、02 公司简表"公司名称"放入图例，完成与选定的竞争对手之间的趋势对比图，如图 7 – 79 所示。

注意：这里要取消新建的切片器与其他两个折线图和矩阵的关联。

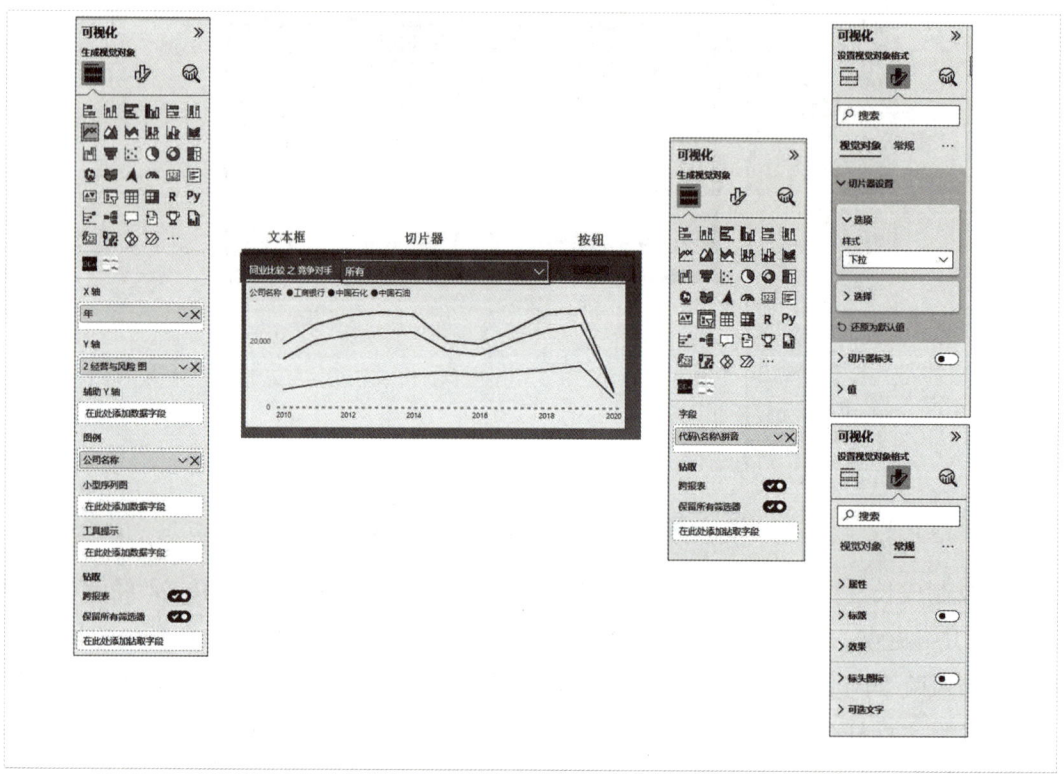

图 7 – 79　同业比较之竞争对手趋势对比图

7.3.4.4　创建分析指标计算明细表

步骤 1：复制之前页面的可视化对象"矩阵"，将财务指标表中的 5 财务指标"内序""公式""指标名称"放入行中，并将"内序"改为序号，将时间表"年季度"放入列中，将经营与风险度量值"1 经营与风险 表"度量值放入值中，完成能够观察各类指标明细值的二维表，如图 7 – 80 所示。

步骤 2：这里矩阵显示的数据涉及很多分支指标中的不同项目，因此与其他可视化对象不同，矩阵需要取消与分析指标切片器的关联，同时，要想序号、公式和指标名称三列单独成列，需要取消渐变（如果已经取消渐变，但还是没有分为三列，可以开启后再关闭）。操作在 7.2 节中都有具体介绍，这里不再赘述。

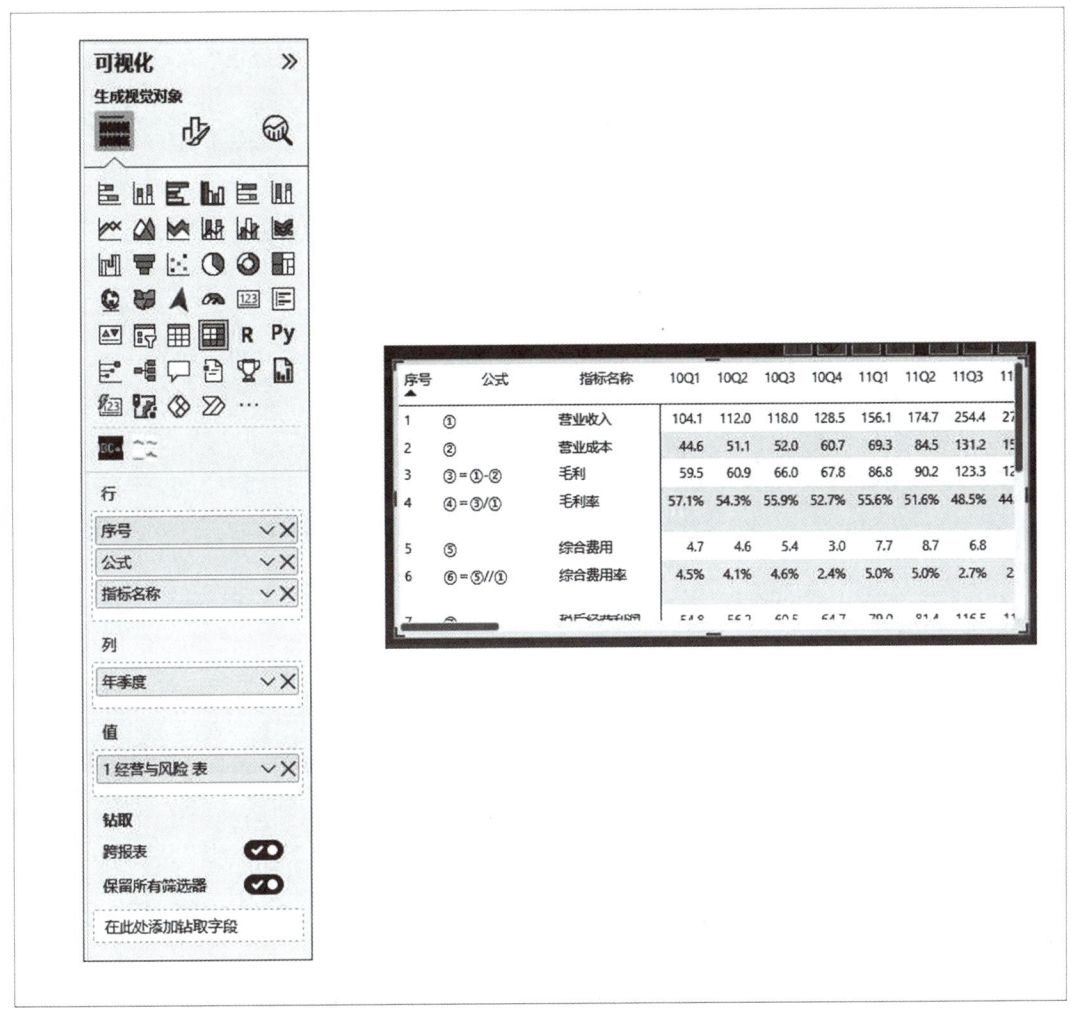

图 7-80　分析指标计算明细表设置

至此，企业经营与风险分析可视化任务完成。

本章详细探讨了大数据在企业经营与风险分析中的应用，从企业战略分析、企业成长性与重要性指标分析到企业价值评估与预测，每一部分都深入解析了大数据如何为企业提供更精准、全面的决策支持。通过本章的学习，读者不仅能够理解大数据在这些领域的应用原理，还能掌握实际操作的方法和工具，从而更好地应对大数据时代的挑战，为企业的稳健发展和风险控制提供有力保障。

练一练

根据所提供的数据资料，能够通过对企业、报表日期、行业、地域、概念、营收分类、占比重要性及金额单位（元、万元、百万、亿元）进行切换，实现企业价值评估与预测的报表数据呈现；实现营业收入历年趋势、行业均值、同业比较、竞争对手分析等指标分析。

课后思考题

1. 如何获取企业外部宏观经济环境、行业特征和企业战略等内外部信息？

2. 如何收集企业未来发展前景和未来业绩的信息？
3. 除了投资者和管理者之外，企业还为其他利益相关者创造了什么价值？
4. 不同行业公司的净资产收益率越高就一定越好吗？
5. 在公司的不同发展阶段，发展能力的评价是否有所变化？
6. 如何进行财务综合分析与业绩评价？